延吉市城区图

至图们
至珲春
至安图
至龙井
S206
G302
园艺农场五队
园艺农场四队
园艺农场一队
卧龙村
民兴三队
果树队
民兴村
民主三队
民主村
东兴村
龙进村
理化村
龙林洞
延南
松林阁食府
爱心幼儿园
市骨科医院
中国移动
延边畜牧开发总公司
市八中
民政综合大楼
五洲饭店
天宝食品
延边大学师范分院附属小学
北山街道
韩兴建筑安装公司
延边大学师范分院
延边北大装饰材料批发市场
北大医院
州牧业管理局
北山市场
天主教堂
州红十字中心血站
市四中
州消防支队
延边肿瘤医院
州慈善总会
延边一中
延边二中
市基督教会
客运北站
东山小学
人民公园
延边医院
申茂购物城
市水务集团
益华广场
市一高中
北山小学
新兴小学
延边大学西校区
延边大学
市市场监督管理局
西国饭店
延边国贸
市水利局
市国税局
德铭宾馆
州委
州政府
西郡名苑
民航小区
市兴盛家具厂
州中法
十二中
乾元翔宇大酒店
州邮政局
州旅游局
延吉三中
联通大厦
千盛购物广场
百货大楼
东市场
州交通运输局
梨花苑
松苑花园
阿里郎广场
中医医院
银浦国际会馆
信合小区
大洋雅苑
延吉诺布尔口腔医院
梨花小学
中央小学
中石油
朝阳街道
市急救中心
州农行
市医院
平安财险
万达广场
州水利局
延新桥
延红桥
白山大厦
经纬国际商业广场
州检察院
市七中
新民桥
天池大桥
惠民桥
延吉大桥
韩正浩口腔门诊
河南小学
阿里郎大厦
局子桥
妇幼保健院
吉林烟草
建新小学
州档案局
州粮食局
市财政局
延吉海关缉私分局
延边州疾控中心
州检验检疫局
州公安局
州国税局
延吉海关
市实验中学
延边皮肤病医院
物流家居广场
市国土局
延河小学
延吉国际会展艺术中心
州工商局
百货家乐特卖广场
工行
客运总站
乐佰大厦
延吉市建工小学校
太平洋保险
阳光四季
州农业局
工行小区
州司法局
州地税局
洲际商务酒店
如家
五中
市委
市政府
朝医医院
市地税局
市六中
州盐务管理局
市规划局
北方家具批发中心
祺林医院
州总工会
延边教育科学研究院
长途客运站
大洲酒店
市公共汽车公司
东明市场
九仁药业
南方航空吉林分公司延吉基地
延吉机场
中国铁通
州建设局
延吉站
吉实建筑材料厂
嘉禾馨苑
州草原管理站
电力花园
高大伟中医骨病诊疗所
迎新木制品加工厂
延南基督教会
州气象局
延南小学
市第二高级中学
州财政局
延平医院
延边友利打叶复烤有限责任公司
州残联
州渔政管理站
市人防办
五粮液延边总代理
延边宾馆
布尔哈通河
长珲城际铁路
图例
州政府
县级政府 管委会
公安 检察院 法院
街道办 乡镇政府
学校
饭店 宾馆 酒店
医院 诊所
商店 商场
公路客运站
加油站
工商银行
建设银行
农业银行
邮政 邮政储蓄
中国移动
中国联通
中国石油
其他单位
铁路及车站
隧道
铁路客运专线
国道及编号
省道及编号
城市环路
河流湖泊
堤坝
县界

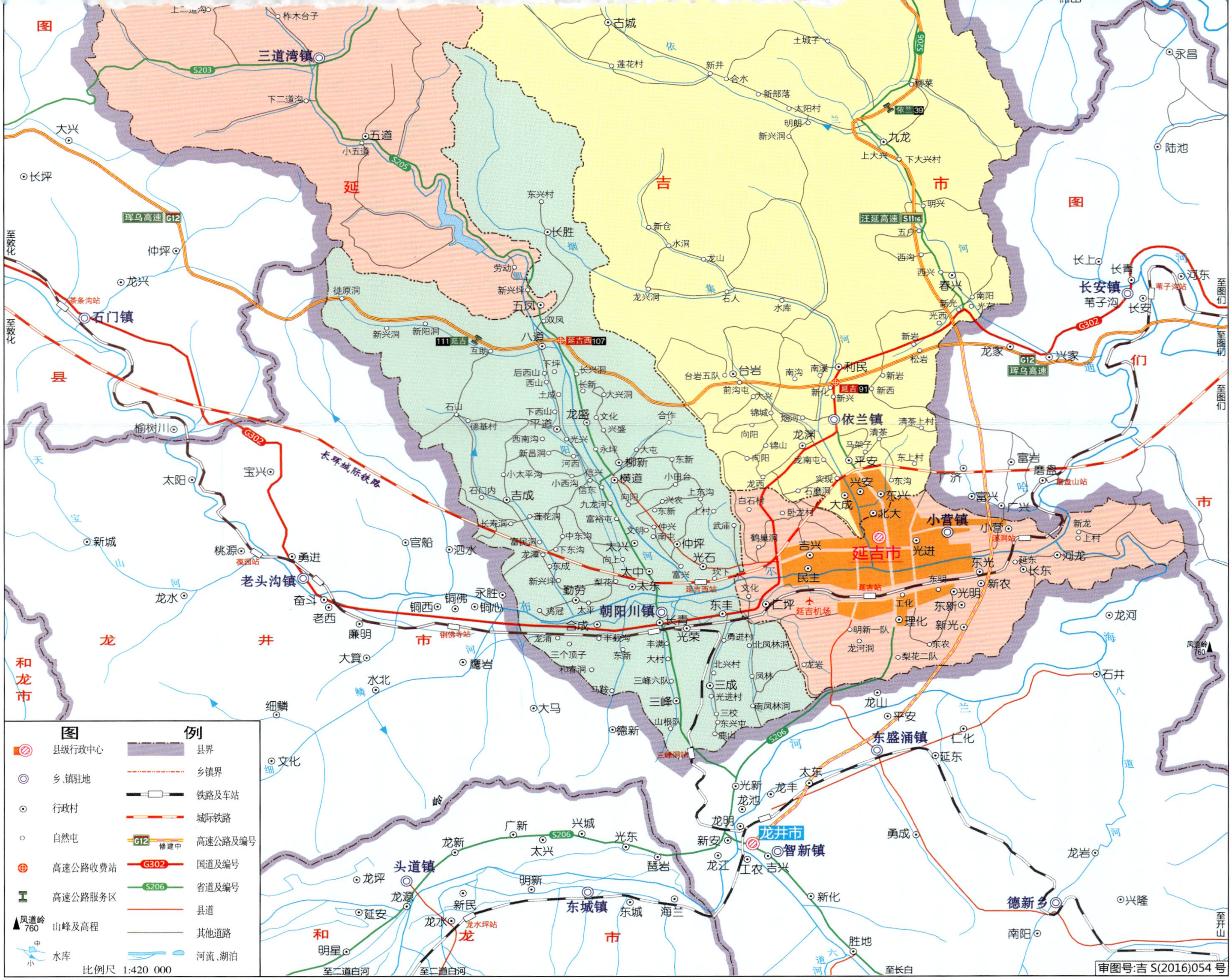
延吉市
小营镇
依兰镇
朝阳川镇
三道湾镇
长安镇
石门镇
老头沟镇
东盛涌镇
龙井市
智新镇
头道镇
东城镇
德新乡
图
例
县级行政中心
乡、镇驻地
行政村
自然屯
高速公路收费站
高速公路服务区
山峰及高程
水库
县界
乡镇界
铁路及车站
城际铁路
高速公路及编号
国道及编号
省道及编号
县道
其他道路
河流、湖泊
比例尺 1:420 000
审图号:吉 S(2016)054 号

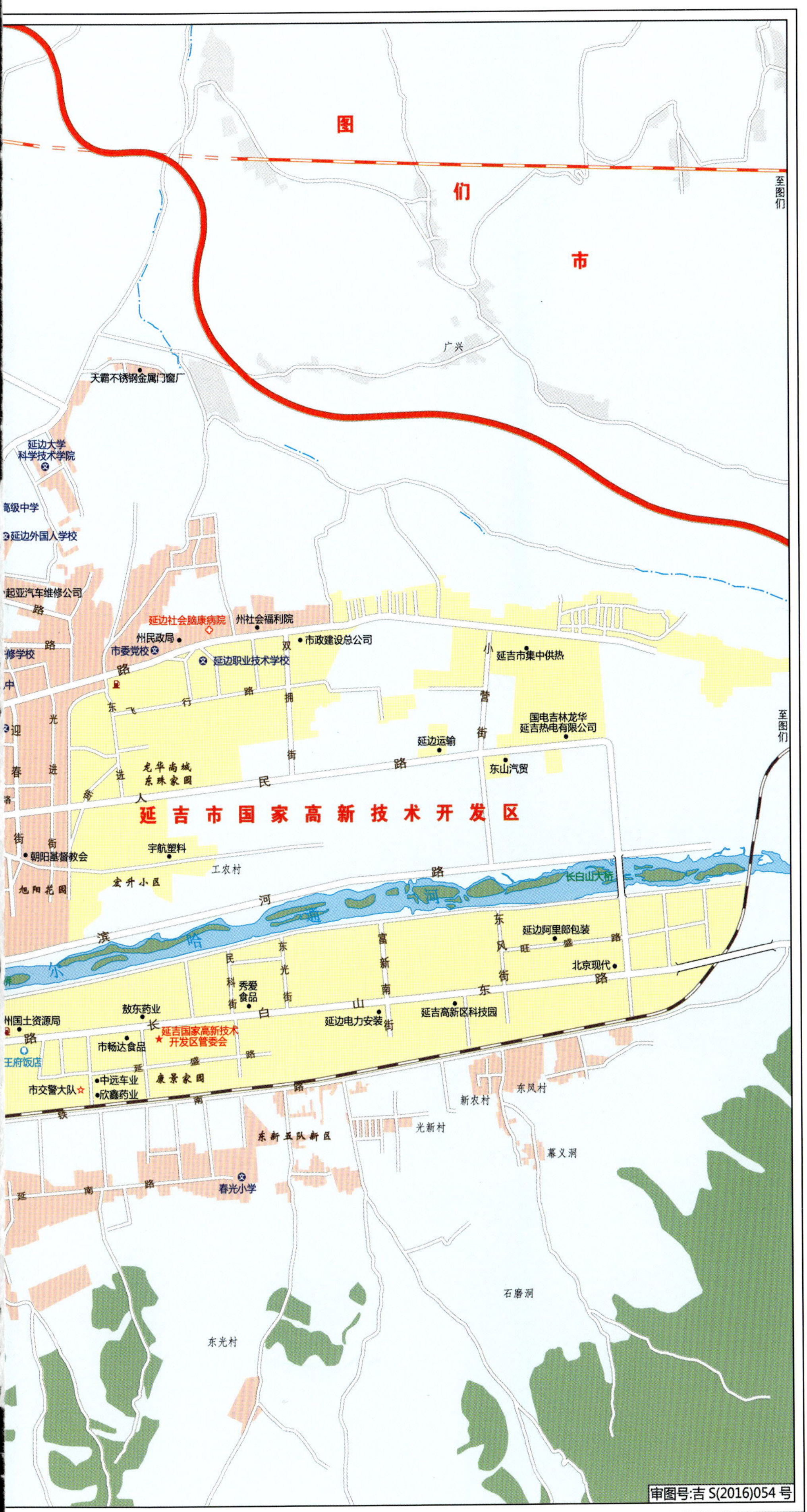

图
们
市
至图们
广兴
天霸不锈钢金属门窗厂
延边大学科学技术学院
高级中学
延边外国人学校
起亚汽车维修公司
延边社会脑康病院
州社会福利院
州民政局
市委党校
延边职业技术学校
市政建设总公司
延吉市集中供热
国电吉林龙华延吉热电有限公司
延边运输
东山汽贸
龙华尚城东珠家园
延吉市国家高新技术开发区
宇航塑料
朝阳基督教会
工农村
宏升小区
旭阳花园
长白山大桥
延边阿里郎包装
北京现代
秀爱食品
敖东药业
州国土资源局
王府饭店
延吉国家高新技术开发区管委会
延边电力安装
延吉高新区科技园
市畅达食品
中远车业
欣鑫药业
市交警大队
康景家园
新农村
东风村
光新村
东新五队新区
慕义洞
春光小学
石磨洞
东光村
布尔哈通河
审图号:吉S(2016)054号

延吉市行政区划图
敦化市
安
汪
清
县
方
台
岭
至牡丹江
大兴沟镇
河西
二甲山
春和
柳树河子
至汪清
东振
沙北
沙南
至图们
前塘
前河
红兴
太和
东台
东阳
富兴
西阳
牡丹池
东崴子
东明
西崴子
6汪清
永和
八棵树
仲安
兴隆
红星
公兴
牡丹川
永兴
大松树
S206
S203
秀顶子山
962
草帽顶子山
781
平安
凤林
西城
吉祥
百草沟镇
正阳
南城
卧龙
新城
百草沟 19
安田
长兴
永坪
龙岩
仲坪
龙河
芳草
梨树
高城
新田
富岩
163
新昌里
四方台
1044
支边
屯田
洪泉
北张芝
南张芝
平岗
东沟
二青
庆农
水东
龙丰
后
河
前
朝
阳
牡
丹
川
嘎
呀

延吉年鉴

YANJI YEARBOOK

2016

（总第15卷）

延吉市地方志编纂委员会 编

方志出版社
Publishing House of Local Records

图书在版编目(CIP)数据

延吉年鉴. 2016 / 延吉市地方志编纂委员会编. --北京：方志出版社. 2015.12
ISBN 978-7-5144-2221-4

Ⅰ. ①延… Ⅱ. ①延… Ⅲ. ①延吉市—2016—年鉴 Ⅳ. ①Z523.43

中国版本图书馆 CIP 数据核字(2016)第 299981 号

延吉年鉴(2016)

编　　者：延吉市地方志编纂委员会
责任编辑：顾　洁
出 版 人：冀祥德
出 版 者：方志出版社
　　地址　北京市朝阳区潘家园东里 9 号(国家方志馆 4 层)
　　邮编　100021
　　网址　http://www.fzph.org
发　　行：方志出版社发行中心
　　电话 (010)67110500
经　　销：各地新华书店
印　　刷：长春容大印务有限公司
开　　本：889×1194　　1/16
印　　张：23.5
字　　数：751 千字
版　　次：2016 年 12 月 第 1 版　　2016 年 12 月 第 1 次印刷
印　　数：0001~500 册
ISBN 978-7-5144-2221-4　　定价：398.00 元

编辑说明

一、《延吉年鉴》是由中共延吉市委领导、延吉市人民政府主办、延吉市地方志编纂委员会编纂的地方综合年鉴。每年出版一册。

二、本年鉴以马克思列宁主义、毛泽东思想和邓小平理论为指导,坚持实事求是的原则,坚持辩证唯物主义和历史唯物主义的观点,贯彻党的以经济建设为中心,坚持改革开放和坚持四项基本原则的基本路线。

三、《延吉年鉴(2016)》为第十五卷,全面、系统、真实地记载了2015年延吉市自然、政治、经济、文化和社会生活等领域的基本面貌和发展状况,为领导决策提供依据,为了解和研究延吉提供资料。

四、《延吉年鉴(2016)》采用条目式纪事体,分类编纂。基本结构为类目、分目、条目三个层次。共设类目32个,下设分目203个、条目1421个,卷首彩页收录图片106幅,正文插入图片197幅、图表40个。大事记以编年体为主,同一个日期的大事,用△表示日期。标题以【 】内加黑体字表示。全书文字量70万字。

五、在保持框架结构基本稳定的基础上,本卷年鉴对部分类目、分目进行了调整,并继续增加动态条目数量。一是体现2015年延吉市大事要闻,设置专文《延吉市连续九届蝉联"中国东北十强县"》《吉林至珲春高速铁路客运专线延吉段建设纪事》,作为全书开篇。二是为突出地方特色,增设"朝鲜族民俗风情"类目;在"教育"类目中增设"朝鲜族教育"分目。三是充分体现分类合理、主题明晰特点。对"市情概貌"内容进行充实,增加社会概貌、旅游景观、精神文明建设内容;将原来的"党政机构"类目所属五个分目"中国共产党延吉市委员会""延吉市人民代表大会""延吉市人民政府""中国人民政治协商会议延吉市委员会""中国共产党延吉市纪律检查委员会"升级为五个类目,取消"党政机构"名称;将"教育科技"类目调整为"教育""科技"独立的两个类目。四是为增加资料信息含量,"附录"中增加"国民经济和社会发展统计公报"内容。

六、本卷所用资料,均由延吉市直各部、委、室、办、局、企事业单位和乡镇街道及中央、省、州直驻延吉市单位提供,并经主管领导审定。统计数据采用国家法定计量单位,涉及全市经济和社会发展全局的数据以市统计局提供的数据为准。统计局缺项的数据,以部门单位提供的数据为依据,并经核实后载入,部分数据因统计口径不同,在不同条目中不尽一致,使用时注意出处。编者在使用计量单位时,力求与国际通用计量单位接轨。

七、本卷配备双重检索系统:卷首刊有目录,卷尾附有索引。索引采用内容分析法,提取主题词并按汉语拼音字母音序(同音字按音调)排列。

八、《延吉年鉴(2016)》在编纂过程中得到了驻延吉市中央、省、州有关部门和市直部门、企事业单位、乡镇街道的鼎力协助,以及省、州地方志编纂委员会领导和专家的指导,在此深表感谢!由于编辑水平有限,疏漏错误之处难免,恳请广大读者批评指正。

延吉市地方志编纂委员会

2016年9月

延吉年鉴编纂委员会

主　　任：蔡奎龙　市委副书记、市政府市长
副 主 任：金昌律　市委常委、统战部部长
委　　员：许家理　市委办公室主任
　　　　　金新刚　市政府办公室主任
　　　　　刘　辉　市政法委常务副书记
　　　　　刘才贵　市武装部副部长
　　　　　金丽峰　市党史地方志办公室主任
　　　　　金　华　市档案局局长
　　　　　康峰镐　市发展和改革局局长
　　　　　温立群　市工业和信息化局局长
　　　　　金仁鹤　市教育局局长
　　　　　孟永均　市民族宗教局局长
　　　　　黄春玉　市民政局局长
　　　　　李万洙　市财政局局长
　　　　　金　峰　市国土资源局局长
　　　　　姜明洙　市文广新局局长
　　　　　刘树泉　市统计局局长

延吉年鉴编纂人员

主　　编：金丽峰
执行主编：郭君志
副 主 编：刘　颖　赵宽石
编　　辑：栾冬梅　王丽屏　李旭柠　刘靖松
摄　　影：李军广
英文翻译：李无忌

魅力延吉

MEILI YANJI

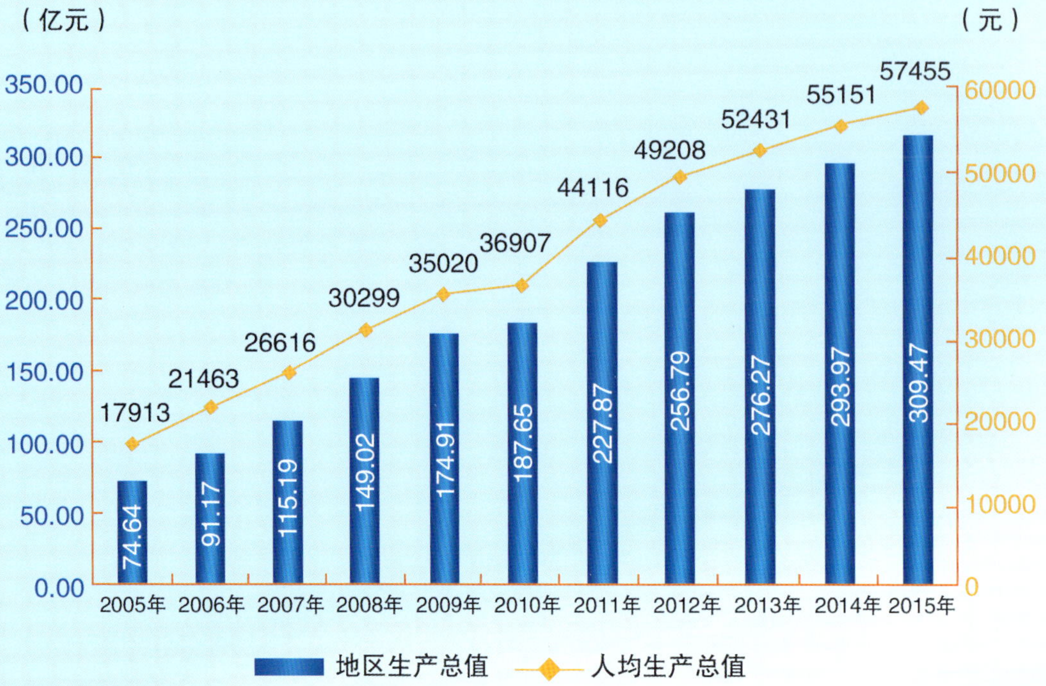

2005~2015年延吉市地区生产总值和人均生产总值

（统计局 提供）

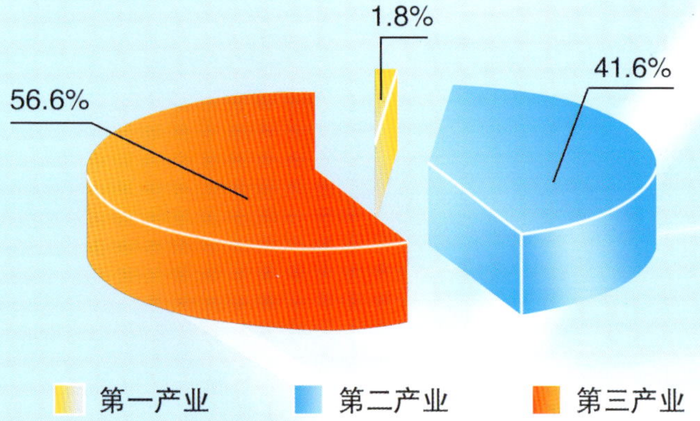

2015年延吉市地区生产总值产业构成

（统计局 提供）

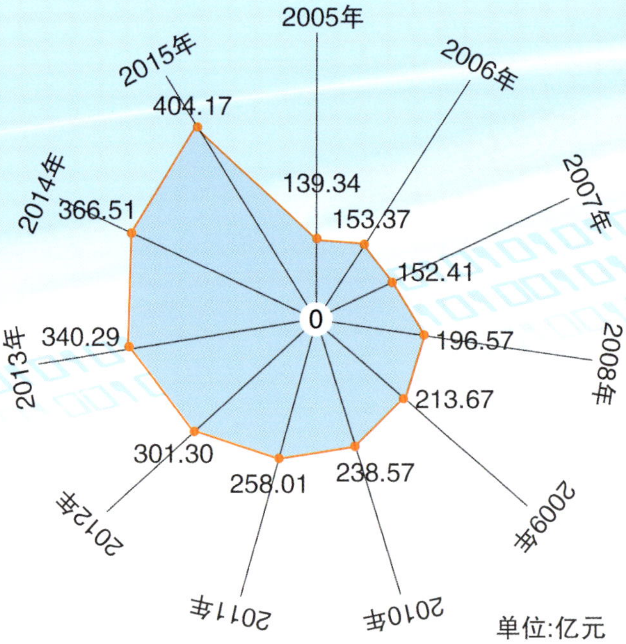

2005~2015年延吉市居民存款年末余额(本外币)

（统计局 提供）

延吉一日

创造的财富	
延吉生产总值	8478.7 万元
农林牧渔业总产值	262.0 万元
工业总产值	9339.3 万元
公共财政预算全口径收入	2150.3 万元
消费量	
社会消费品零售总额	6200 万元
其它经济活动	
清运垃圾粪便	1082 吨
供应自来水	14.3 万吨
铁路客运量	6156 人次
民航客运量	2034 人次
公路客运量	27397 人次
邮寄函件	1700 件
人口变动及婚姻	
出生	14 人
死亡	10 人
结婚	14 对
离婚	6 对

（统计局 提供）

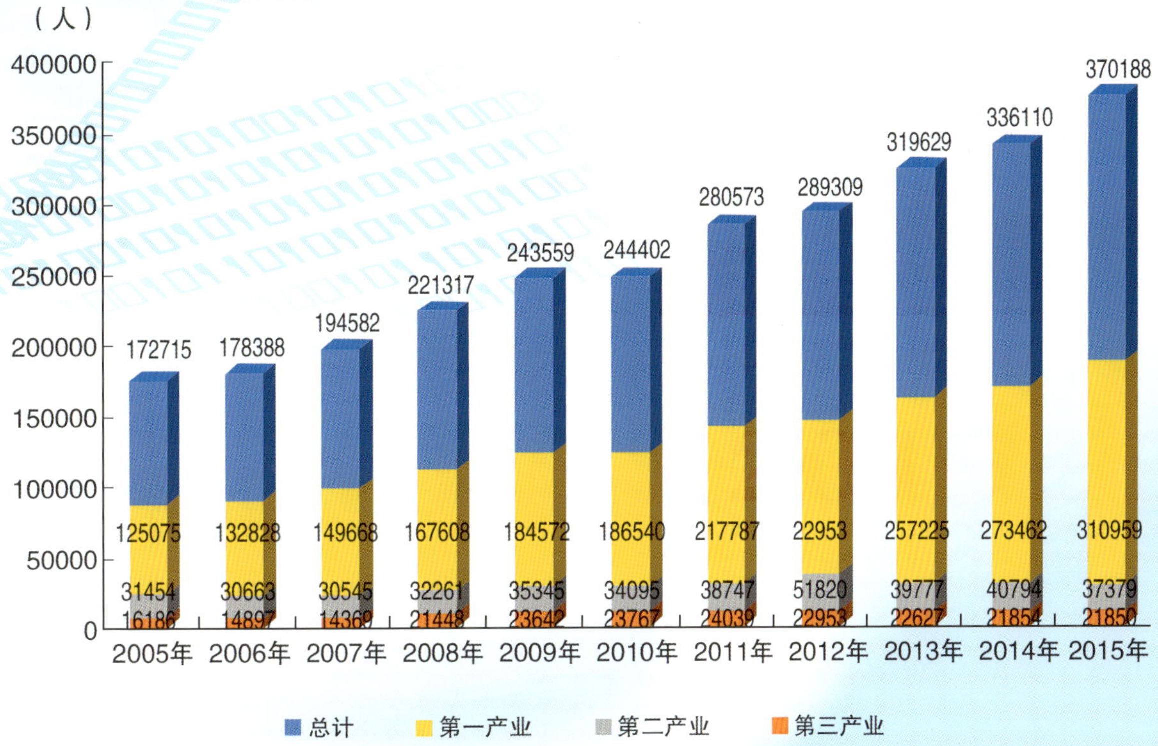

2005~2015年延吉市全部从业人员数及三次产业从业人员数

（统计局 提供）

▲ 建设在布尔哈通河上的延吉大桥　　（李军广 摄）

▼ 朝阳川镇柳新村新貌　　（李军广 摄）

▲ 依兰镇春兴村朝鲜族传统住宅（依兰镇 提供）

▲ 延吉市人民公园　　（孙宝山 摄）

▲ 延吉夜景　　（宣传部 提供）

YANJI SHI
DAMEI CHENGXIANG

大美城乡

▼ 延吉市全景 （崔周范 摄）

▲ 建设中的延吉西部新区 （李军广 摄）

▲1 月 13 日，中国共产党延吉市第十四届代表大会第四次会议在延吉召开。图为中共延吉市委书记姜虎权(中)，常务副书记吴健(右)，副书记、市长宋旭日(左) （金洪石 摄）

▲1 月 14 日，政协延吉市第十三届委员会第四次会议在延吉召开 （金洪石 摄）

▲3 月 24 日，中共吉林省委第四巡视组巡视延边州及所辖县(市)工作动员会在延吉召开 （李军广 摄）

◀12 月 23 日，延吉市第十七届人民代表大会第五次会议在延吉召开。图为代表们在听取政府工作报告 （李军广 摄）

▲ 4 月 7 日，延吉市建成年"消化"300 吨病死动物卫生安全处理中心。图为动物卫生安全处理中心内的热解气化设备

（王　栋　摄）

► 9 月 19 日，国药（延边）林蛙系列产品开发项目开工奠基仪式在延吉举行

（刘　鑫　摄）

▼ 7 月 9 日，安发（长白山）生物科技园在延吉高新区奠基

（李军广　摄）

▲ 延吉国家高新技术产业开发区全景　　（高新区　提供）

▶ 7月6日，延吉机场开通延吉—大阪国际航线　（王　栋　摄）

▶ 12月25日，延吉至松江河旅游专列“游巴客”迎来首批40名到长白山的韩国游客　（王　栋　摄）

▲ 4 月 10 日，外地客商参观延边金刚山食品有限公司。图为客商观看公司介绍视频

（新兴工业区 提供）

► 5 月 29 日，延吉市人民政府与中国药材长白山股份公司签订国药药材工业园项目合作协议

（商务局 提供）

▼ 9 月 20 日，吉图珲高铁延吉西站开通运营

（金洪石 摄）

▲ 延吉紫鑫药业是生产经营人参系列食品保健品企业，位于新兴工业集中区
（新兴工业区 提供）

▶ 新建成的百威英博延吉啤酒有限公司，位于新兴工业集中区 （新兴工业区 提供）

▲ 吉林敖东药业集团延吉股份有限公司技术人员在检测药品 （高新区 提供）

▲ 延吉科技创新园位于延吉高新区，园区入驻企业 46 户，从业人员 3000 余人 （李军广 摄）

YANJI SHI GONGYE FAZHAN 工业发展

▲ 吉林韩正人参有限公司位于新兴工业集中区，生产人参系列产品。图为公司外景

（新兴工业区 提供）

▲ 大京延吉纺织有限公司位于新兴工业集中区，主要生产经营纱和线

（新兴工业区 提供）

▼ 延边金刚山食品有限公司辣白菜生产线

（崔周范 摄）

▲ 延边龙川包装机械有限公司自动钢丝打捆机半成品 （王森宝 摄）

▲ 延吉市朝阳川镇光荣村草莓基地

（农业局 提供）

▶ 10 月 19 日，延吉市秋收工作有序进行。图为农民正在机械化收割 （崔周范 摄）

▼ 延吉市朝阳川镇水稻基地

（农业局 提供）

◀ 延吉市小营镇仁坪村秋白菜基地

（农业局 提供）

农业华章

YANJI SHI NONGYE HUAZHANG

▲ 延吉市仁和禽业规模化养鸡　（李军广 摄）

▲ 专家对粮油高产创建区进行产量测试

（李军广 摄）

▲ 延边苹果梨是中国优良品种之一，产于延边地区，果形扁圆，果面带有点状红晕，酷似苹果

（李军广 摄）

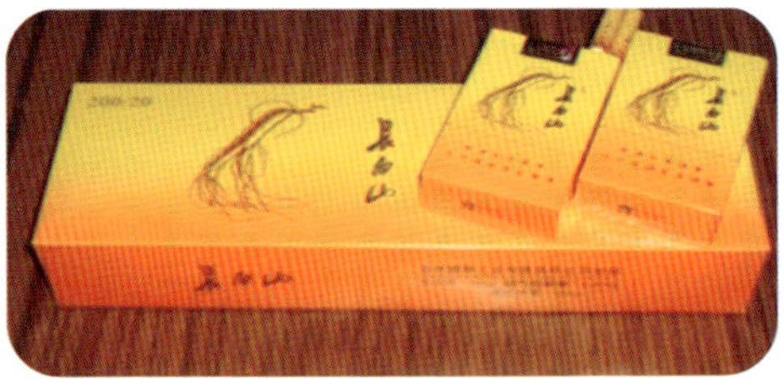

► 人参

（农业局 提供）

延吉特产

YANJI SHI YANJI TECHAN

▲ 延吉市依兰鹿场养殖的梅花鹿 （李军广 摄）

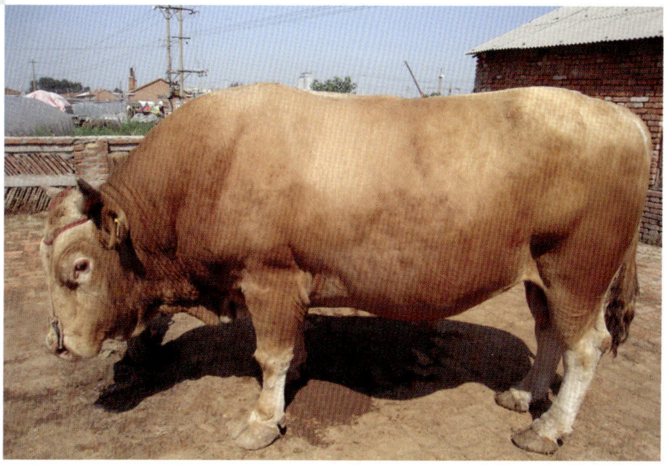

▶ 延吉市小营镇长东村的延边黄牛 （李军广 摄）

▼ 三道湾镇食用菌基地 （农业局 提供）

▲ 金达莱广场，位于延吉西部，是具有民俗特色的休闲广场

（李军广 摄）

▶ 三道湾镇全景

（李军广 摄）

▶ 延吉五道水利风景区

（李军广 摄）

生态画廊

YANJI SHI
SHENGTAI HUALANG

◀ 松涛园位于延西桥西侧，面积 3 公顷，园内栽植大树 1200 余株，是具有生态、娱乐、科普等多种功能的游园绿地　　（李军广　摄）

▶ 4 月 15 日，“鸟中熊猫”中华秋沙鸭光顾延吉。图为中华秋沙鸭在布尔哈通河中觅食　　（张宝顺　摄）

▼ 延西桥桥头绿地景观　　（李军广　摄）

◀ 各民族姐妹和睦相处

（崔周范 摄）

▶ 社区居民为小区内朝、汉族长寿老人祝寿 （李军广 摄）

▼ 延吉市市民学校各族群众在学朝鲜语

（民宗局 提供）

民族团结

YANJI SHI
MINZU TUANJIE

◀ 朝汉民族亲如一家

（李军广 摄）

▼ 延吉百货大楼组织员工共唱民族团结歌，共跳民族团结舞

（李军广 摄）

▶ 延吉特巡警车辆　　（杨东山　摄）

◀ 公安民警在东北亚客运站检查周边秩序

（李军广　摄）

▼ 春节期间，公安民警在人员密集场所巡逻

（李军广　摄）

◀ 驻延部队汉族女兵看望北山街道丹英社区留守朝鲜族儿童

（北山街道 提供）

◀ 1 月 10 日，警官现场指导市民亲身体验武器装备 （杨东山 摄）

▼ 北山街道丹英社区朝鲜族群众与驻延部队汉族官兵共同打打糕

（北山街道 提供）

◀ 2 月 4 日，驻延部队官兵战士体验朝鲜族民俗游戏 （李军广 摄）

▲ 延吉街景　　　（李军广　摄）

◀ 延吉金华城高档服装店
（李军广　摄）

▶ 明珠购物中心韩国化妆品柜台
（李军广　摄）

市场繁荣

YANJI SHI
SHICHANG FANRONG

▲ 百利城购物中心内景　　　　（李军广　摄）

▲ 丽都购物中心手工艺品　　　　（李军广　摄）

▲ 延边闻名的延吉阿里郎美食街 （崔周范 摄）

◀ 市民在社区健身房健身 （李军广 摄）

▲ 5月8日，北山街道社区卫生服务中心为丹华养老院老人免费体检 （许香花 摄）

◀ 市民在社区学习朝鲜语歌曲 （李军广 摄）

▼ 装饰一新的朝鲜族居室 （于佩瑶 摄）

▲ 乡村学校接送学生校车 （邱叶宝 摄）

▲ 市民在社区便民超市购物 （李军广 摄）

▼ 朝鲜族婚礼　　　　　　（金永录 摄）

❶ 朝鲜族传统民居　　　　　（李军广 摄）

❷ 朝鲜族民俗饮食文化——打打糕
（民宗局 提供）

❸ 民俗的街市　　　　　　　（李军广 摄）

▼ 秋夕节表演朝鲜族传统体育项目——摔跤

(宣传部 提供)

▼ 民俗乐器洞箫

(宣传部 提供)

▲ 延边大学　　　　　　　　　　　　　　　　　　　　（崔周范 摄）

▶ 延边长白山队夺得 2015 中甲联赛冠军　　　　　（李军广 摄）

▲ 建工街道美阿里艺术团表演的舞蹈《桔梗谣》　　　（宣传部 提供）

▶ 朝鲜族传统体育项目——跳板　　　（宣传部 提供）

▲ 2 月 6 日，河南街道举行 2015 年快乐大舞台启动仪式，街区工作人员表演《牙拍舞》

（市委宣传部 提供）

▲ 象帽舞 （李军广 摄）

▲ 广场舞比赛 （韩国录 摄）

▲ 朝鲜族乐器演奏 （市旅游局 提供）

▲ 布尔哈通河，自西向东流经延吉市区，是图们江一级支流

（陈　浩摄）

▼ 戍边楼，位于延吉市河南道尹小区内，也称道尹楼，是清朝末期修建的边务督办公署楼

（李军广　摄）

旅游景观

YANJI SHI
LVYOU JINGGUAN

◀ 城子山，位于延吉市东与龙井市交界处，因山上建有古山城遗址而得名

（李军广 摄）

▼ 中国朝鲜族民俗园民俗商业街一角

（金洪石 摄）

美食飘香

YANJI SHI MEISHI PIAOXIANG

▲ 特色咸菜

▲ 石锅饭

▲ 朝鲜族冷面——中国十大面条之一

▼ 羊肉串

▲ 参鸡汤

▲ 玉米面条

▲ 石锅拌饭

（本版照片为本刊编辑部 提供）

目 录

特 载

专 文

大 事 记

市情概貌

朝鲜族民俗风情

中国共产党延吉市委员会

延吉市人民代表大会

延吉市人民政府

中国人民政治协商会议延吉市委员会

中国共产党延吉市纪律检查委员会（监察局）

群 众 团 体

地方武装

法　治

经济调节与监管

环境保护

工　业

农　业

商 务

交通·邮政

信息业

金融业

开发区·对外经济贸易

旅 游 业

住房与城乡建设

教　育

科学技术

卫生计生

文化·体育

社会·民生

乡镇·街道

人　物

附　录

索　引

CONTENTS

Important Documents

Special Articles

Record of Major Events

General Information

Ethnic Korean Folk Customs

The CPC Yanji Municipal Committee

Yanji Municipal People's Congress

Yanji Municipal People's Government

The CPPCC Yanji Municipal Committee

The CPC Yanji Municipal Commission for Discipline Inspection (Supervision Bureau)

People's Organizations

Local Military Affairs

The Rule of Law

Regulation and Supervision of the Economy

Environmental Protection

Industry

Agriculture

Commerce

Transport & Postal Services

Information Technology Industry

Banking

Development Zones & Foreign Economic Trade

Tourism

Housing & Urban and Rural Construction

Education

Science and Technology

Public Health & Family Planning

Culture & Sports

Social Life & People's Livelihoods

Towns & Subdistricts

Personages

Appendices

Indexes

凝心聚力　抢抓机遇
为开创延吉加快发展新局面而努力奋斗

——在中国共产党延吉市第十四届代表大会第五次会议上的报告

（2015 年 12 月 21 日）

姜虎权

一、2015 年工作情况

今年以来，我们在州委、州政府的正确领导下，深入实施“诚信立市、工业强市、依法治市”的战略方针，团结带领广大党员干部群众，顽强拼搏，攻坚克难，圆满完成“十二五”规划任务，经济社会呈现出持续健康发展的良好态势。预计 2015 年，全市生产总值完成 314.5 亿元，增长 7%；规模以上工业增加值完成 119.4 亿元，增长 6%；固定资产投资完成 251.9 亿元，增长 15%；公共财政预算收入完成 29.3 亿元，增长 2.2%；社会消费品零售总额实现 229.2 亿元，增长 8%；城镇常住居民人均可支配收入达到 29009 元，增长 8%，农村常住居民人均可支配收入达到 12784 元，增长 8%，综合经济实力始终位居全省县（市）第一，是全省唯一的全国百强县（市），习近平总书记到延边调研考察时，对我市给予了充分肯定。

（一）项目建设成效显著，发展基础日益牢固。实施 3000 万元以上项目 132 个，其中亿元以上项目 92 个，10 亿元以上项目 25 个。吉珲高铁（延吉段）、百货大楼百利城等项目建成运营；敖东国药基地、万达广场、解放路步行街改造等项目加快推进，东来寺、梦都美民俗旅游度假区等项目稳步实施；国药集团健康产品精深加工基地、安发（长白山）生物科技园等项目开工建设；西市场改造项目正式启动，圆满完成过渡安置工作，市场供应得到有效保证。工业经济提速增效，全力扶持长白山印务、百威英博等重点工业企业做大做强，全市规模以上工业总产值预计达到 338 亿元，增长 6.7%，高新区进入首批国家低碳工业园区试点。电子商务发展迅速，延吉电子商务大厦、延边喜开跨境电子商务产业园等一批电子商务平台运营良好，“两区”一并获批省级电子商务示范基地，我市被列为全国电子商务进农村综合示范县。旅游业蓬勃发展，全年预计接待游客 730 万人次，增长 12%；实现旅游收入 170 亿元，增长 24%。农业产业化进程加快，州级以上龙头企业达到 47 家，农业总产值达到 10.2 亿元。开发开放步伐加快，延吉国家重点开发开放试验区纳入国家“一带一路”规划，延吉机场迁建列入国家发展战略，空港经济开发区正式获批，开辟首条延吉—日本（大阪）航线，空中航线达到 24 条；长珲城际铁路日开行动车组列车 22.5 对。招商引资成果丰硕，积极参与“民企吉林行”“中企联年会”等招商活动，招商引资项目259项，到位资金186亿元，增长12.9%。民营经济快速发展，主营业务收入预计完成976.3亿元，增长7.5%，实缴税金18.3亿元。

（二）城市面貌极大改观，人居环境更加优美。规划体系日益完善。完成《西部新区控制性详细规划及城市设计》，做好地下管廊、新农村建设等各类专项规划。强化规划执行和监督，规划的权威性和严肃性得到有效维护。基础设施建设成效显著。延蒲高速延吉连接线、白石净水厂改扩建等重点工程稳步推进，西客站、高铁站前广场如期竣工，城市功能不断增强。地下综合管廊工程启动实施，“海绵城市”完成健康路试点工作，改造小街小巷50条，完成道路加固15万平方米，城市现代化水平显著提升。城镇化建设步伐加快，城镇化率达到87.1%，首次晋级“2015年度中国中小城市新型城镇化质量百强县市”，位居第61位，成为吉林省唯一入选城市，朝阳川镇进入国家建制镇试点。城市管理全面加强。增加设备投入，环卫保洁水平持续提高；成立管理机构，强化停车场位专业化管理，交通环境综合整治成效初显；实施等级式物业管理，扎实开展老旧小区基本物业管理试点，老旧小区物业管理覆盖面不断扩大。“智慧城市”建设稳步推进，国家“智慧城市”试点申报通过初审。生态文明建设加快推进。加强绿地建设，全市绿化面积达1293公顷，绿地率达36.5%；加强大气环境治理，空气质量好于国家二级标准天数预计达到336天；加强农村环境整治，仲坪村和春兴村被评为全省“美丽乡村”，我市进入全国生态环境竞争力百佳县(市)。

（三）民生质量持续改善，社会事业蓬勃发展。扎实推进《民生事业发展规划》，持续加大民生投入，民生支出达33.5亿元，惠民实事全部完成。教育事业稳步发展，进学小学、职业高级中学活动中心、少年宫等项目稳步推进，建工小学等10所中小学入选首批“全国青少年校园足球特色学校”。医疗服务水平不断提高，继续实行“先住院、后付费”和基本药物零差率销售制度，实现农村标准化卫生室全覆盖。就业规模持续扩大，新增城镇就业23380人，城镇登记失业率为0.8%。保障体系不断完善，“五大保险”参保人数累计达到69.8万人次，实现应保尽保，城市低保标准提高到480元/月，农村低保标准提高到3600元/年，位居全省前列。居住条件持续改善，完成3000套棚户区改造回迁安置房和200套公租房建设，改造400户农村危房和272万平方米“暖房子”。文化体育事业繁荣发展，“快乐延吉大舞台”、“四季如歌”、群众小广场等惠民工程扎实推进，成功举办第八届“中韩青少年体育交流活动”。精神文明建设不断加强，大力弘扬社会主义核心价值观，常态化开展“感动延吉”评比活动，社会文明程度大幅提升。法治延吉建设进程加快，司法体制改革不断深化。信访工作机制日益完善，制定出台《关于进一步加强信访工作的意见》，信访积案化解成效显著。“平安延吉”建设扎实推进，群众安全感和满意度测评位居全省前列。积极推动双拥共建和民兵预备役工作，全国双拥模范城“八连冠”创建通过省级验收。全力推进街道社区、民族宗教、外事侨务、老干部工作，史志档案、广播电视、人口计生、慈善、红十字、残疾人、人防、统计等各项社会事业全面进步。

（四）党的建设全面加强，执政能力不断提高。深入学习贯彻习近平总书记系列重要讲话精神，认真落实总书记延边调研考察重要指示精神，党员干部党性修养不断提高。大力开展“共产党员服务城”创建活动，实施市级领导“社区工作日”和在职党员干部“双岗双责”制度，加强软弱涣散基层党组织帮扶指导，基层党组织战斗堡垒作用进一步增强。落实《干部选拔任用工作条例》，坚持用新时期好干部的标准选好干部、用好干部，大力开展机关干部服务基层工作，选派百名副科级干部、后备干部、中层干部和大学生，到镇、街道、“两区”及企业挂职锻炼，干部队伍整体素质不断提升。扎实开展“三严三实”专题教育，进一步提高党员干部的政治纪律和政治规矩意识，创新实施市级领导包保工作机制，作风建设不断改进。积极配合省委巡视组开展巡视工作，严格按照巡视反馈意见全部整改。认真落实党风廉政建设党委主体责任和纪委监督责任，深化纪律检查体制改革，不断完善惩治和预防腐败体系，严肃查处了一批违纪违法案件，党风廉政建设和反腐败工作取得新成效。

上述成绩的取得，归功于上级党委、政府的正确领导，归功于全市各级党组织、广大共产党员和各族干部群众的共同努力，归功于驻延部队、武警官兵、公安民警和各界人士的大力支持。在此，我代表中共延吉市委，向为我市经济繁荣和社会发展付出辛勤劳动的全市各族人民，以及关心和支持我市发展的各级领导、各界人士表示衷心的感谢和崇高的敬意！

在肯定成绩的同时，我们也应清醒地看到存在的困难和问题，主要是科技型、税源型的大项目、好项目少，产业结构较为单一；城乡发展不均衡，城市承载能力不强，管理方式、管理手段有待于进一步改进；部分干部素质不高、能力不强，责任意识、担当意识有待于进一步提高，不严不实问题在个别党员干部身上仍然存在。对于这些问题和矛盾，我们将在今后的工作中，切实采取有效措施加以解决。

二、"十三五"发展总体设想

"十三五"时期，是延吉深化改革、扩大开放、加快发展的重要时期，也是延吉全面建成小康社会的攻坚时期。科学谋划"十三五"发展，对于推动全市经济社会持续健康发展意义重大。

"十三五"期间全市经济社会发展的指导思想是：高举中国特色社会主义伟大旗帜，以马克思列宁主义、毛泽东思想、邓小平理论、"三个代表"重要思想、科学发展观为指导，全面贯彻党的十八届三中、四中、五中全会和省、州全委会精神，深入落实习近平总书记系列重要讲话和视察延边重要讲话精神，坚持把发展作为第一要务，抢抓战略机遇期，突出绿色生态优势，以项目建设为重点，以城市建设为载体，以民生建设为目标，以党的建设为保障，大力实施创新驱动、投资拉动、开放带动、绿色推动战略，加快新型工业化、信息化、城镇化、农业现代化深度融合步伐，走出一条质量更高、效益更好、结构更优、优势充分释放的发展新路，确保如期全面建成小康社会，全力打造经济更加繁荣、城市更加文明、民族更加团结、城乡居民生活更加殷实的图们江区域生态宜居开放前沿城市。

"十三五"期间全市经济社会发展的主要预期目标是：生产总值年均增长 7.5%以上；公共财政预算收入年均增长 5%以上；全社会固定资产投资年均增长 15%以上；社会消费品零售总额年均增长 12%以上；城镇常住居民人均可支配收入年均增长 8%以上，农村常住居民人均可支配收入年均增长 8%以上。

三、2016 年工作安排

2016 年，是实施"十三五"规划的开局之年。科学谋划明年工作，必须充分认识和准确把握我市发展面临的形势。从国际看，俄罗斯在海参崴建立国际自由港，中韩签署自由贸易协定，区域合作进一步升温；从国内看，"一带一路"、新一轮东北振兴、沿边开发开放等战略深入推进，我市发展空间进一步拓展；从我市看，多年的积淀发展，进一步激发了发展潜力，全市上下干事创业的氛围日益浓厚。这些都将为我市加快发展创造更加有利的环境。同时，我们也要清醒地看到，邻国朝鲜、俄罗斯经济发展不确定因素仍然存在，我国经济仍处于"三期叠加"阶段，特别是增速换挡的挑战不断加大，省内各县市竞争的压力持续增大。为此，我们要把握大势，顺势而为，坚持稳中求进的总基调，在换挡中把准方向，在换挡中积蓄能量，在换挡中提速升级，努力在新的起点上推动我市经济社会发展实现新跨越。

2016 年我市经济社会发展的指导思想是：坚持以党的十八大和十八届三中、四中、五中全会精神为指导，深入贯彻落实省、州全委会议精神，认清形势，把握机遇，以项目建设为重点，以城市建设为载体，以民生建设为目标，以党的建设为保障，大力实施创新驱动、投资拉动、开放带动、绿色推动战略，注重提高发展质量和效益，真抓实干，攻坚克难，为加快建设经济更加繁荣、城市更加文明、民族更加团结、城乡居民生活更加殷实的图们江区域生态宜居开放前沿城市而努力奋斗。

2016 年，我市经济社会主要发展目标是：生产总值增长 7.5%；公共财政预算收入增长 5%；全社会固定资产投资增长 15%；社会消费品零售总额增长 12%；城镇常住居民人均可支配收入和农村常住居民人均可支配收入增长均高于 GDP 增速。

（一）以项目建设为重点，不断扩大经济总量，争做经济发展的排头兵。坚持以转变经济发展方式为主线，加快产业结构调整，深入实施"四动"战略，统筹推进"四化"进程，为实现更高质量、更有效率、更加公平、更可持续的发展奠定坚实基础。

一是突出抓好项目建设，夯实发展基础。牢固树立"抓项目就是抓发展"的理念，努力推动项目建设向纵深开展，不断增强发展后劲。科学谋划项目，深入研究"一带一路"、新一轮东北振兴、沿边开发开放、中韩自贸协定等政策措施，准确把握国家产业导向和投资方向，聚焦产业升级、开放合作、基础设施、生态保护、民生改善等重点领域，做好项目储备，积蓄发展力量。全力引进项目，抢抓延吉国家开发开放重点试验区设立、国际空港经济开发区建设等新机遇，落地实施一批科技含量高、带动能力强、财税贡献大的产业项目，实现大项目支撑、大产业配套。精心包装项目，积极向上做好沟通衔接，力争更多的项目进入国家和省规划，切实提升项目层次、提高项目质量、增强项目效益。

二是不断优化“两区”结构，加快绿色转型。发挥“两区”经济建设主战场作用，引导各类生产要素和优势资源向“两区”集聚，切实把“两区”打造成经济发展的坚实平台。优化“两区”产业结构，加快循环、低碳、环保等战略新兴产业发展，推动传统产业通过技术改造节能降耗，努力实现“两区”绿色布局、绿色生产、绿色运行。全面推进高新区国家低碳工业园区建设，启动高新区扩区工作，扩大园区规模、优化园区功能、提升园区层次。全力推动新兴工业区做强人参、食品、医药健康等优势产业，打造延吉新的经济增长极。大力发展电子商务，整合“两区”电商平台资源，完善电商产业链条，推动地产商品电子交易和跨境电子商务发展，全力争创国家级电子商务示范基地。

三是深入推进开发开放，释放经济活力。统筹图们江区域开放合作，建立常态化交流合作机制，推动同周边国家互联互通。充分释放中韩自贸区政策红利，科学运用国际贸易惯例与规则，不断提升对韩开放合作水平。加强对外通道建设，推进延吉机场迁建工程，申报延吉保税物流中心（B型），开通延吉至台湾航线，加快延蒲高速及延吉连接线等项目建设。发挥中心城市辐射带动作用，有效利用铁路、公路、航空等交通运输网，统筹周边口岸资源，打造图们江区域综合立体交通走廊。强化域外资金利用，对接世界500强、大型央企和行业领军民企，有效利用“图洽会”、“东博会”等平台，确保招商引资到位资金达到204亿元。深化拓展对外贸易，培育壮大外贸企业，力争外贸进出口总额突破3亿美元。

四是倾力发展旅游产业，激发县域潜力。科学编制旅游业发展“十三五”规划，构建“一带四区”的全新发展格局。创新旅游管理体制，切实提高旅游管理效能。加快旅游功能转型，整合全市旅游资源，加速旅游与生态、休闲、文化等产业融合，打造东北亚旅游目的地。做大冬季旅游，加快特色冰雪旅游产品开发，提高冬季旅游吸引力，实现旅游产业提速升级。做强“高铁经济”，将延吉纳入长春、沈阳、哈尔滨等地居民的周末旅游半径，打造东北中东部地区假日短途旅游的最佳选择地。加强景区景点建设，完善配套服务设施，增强旅游承载能力。进一步规范旅游市场秩序，全面提高从业人员服务意识、服务技能和服务质量，营造良好的旅游发展环境。加快“智慧旅游”平台建设，满足游客多样化、个性化旅游需求。

五是持续优化发展环境，提升竞争优势。深化行政体制改革，公开政府权力清单，压缩办事人员裁量权，进一步规范行政行为。加快简政放权，简化办事程序，缩短审批过程，进一步提高行政效能。深入开展“工业企业服务年”活动，认真落实发展民营经济各项政策措施，营造良好的政策环境。加快破解发展瓶颈，深化银企合作，加大资本市场融资力度，营造良好的融资环境。加大涉软案件查处力度，专项整治基层干部“不作为、乱作为”等突出问题，实施“保姆式”服务企业模式，营造良好的服务环境。

（二）以城市建设为载体，不断优化人居环境，争做城市建设和管理的示范市。以打造宜居城市为目标，立足国际视野，在增强城市功能、提升城市品位、彰显城市特色上实现新突破，不断加快城市建设步伐。

一是科学规划城乡布局。树立大规划理念，加强城市规划与经济社会发展、国土资源利用、生态环境保护等规划的相互衔接，积极推进“多规融合”。扎实做好城乡规划工作，科学编制《东新区控制性详细规划及城市设计》，做好消防、新农村建设等专项规划，实现协调有序发展。完善规委会议事规则，认真履行前期研究、专家论证等程序，不断提高规划的科学性、民主性、公开性。健全规划管理长效机制，强化规划执行和监督，切实维护规划的法定约束力。

二是加快建设精品城市。按照“先规划后建设、先地下后地上”原则，坚持新老城区统筹、城乡统筹，推动城市功能实现新提升。加强基础设施建设，全力实施城市道路新建扩建、小街小巷改造等道路工程，棚户区改造、公租房建设、农村危房改造等安居工程，燃气、供热等管网新建改造工程，不断提高承载能力。突出抓好地下综合管廊、“海绵城市”建设，全力做好试点推进工作。加速推进新型城镇化试点建设，加快完善西部新区基础设施，稳步实施延川大桥、村民集中区等工程，持续深入开展环境综合治理，不断提升城镇化水平。加强城建投融资平台建设，拓宽融资渠道，积极稳妥推进政府和社会资本合作(PPP)模式，为城市建设提供有力保障。

三是全面提升管理水平。坚持建管并重，大力实施精细化管理，着力提升城市管理效能。加强城市运行管理，不断提高水电气热安全运营和保障能力，提高城市运行质量。加强公共服务设施管理，不断提升城市公共服务水平。加强数字化管理，扎实推进“智慧延吉”建设，实现城市管理信息化、网络化、智能化。加强交通管理，加大资金投入，完善人行过街通道、地下停车场位等配套设施，严格查处乱停、乱放、乱行等违章现象，打造良好的交通环境和交通秩序。加强卫生管理，健全环境卫生管理长效机制，全力打造最“干净”城市。加强物业管理，探索无物业小区管理模式，逐步实现基本物业管理全覆盖。

四是着力加强生态建设。坚持“生态优先、环保先行”的发展思路，深入实施“青山碧水蓝天”工程，积极创建省级生态市。加强绿色生态环境建设，扎实开展还林造林工作，加大城市绿地建设和养护力度，营造“城更绿”的生态环境。加快建设节水型社会，做好地下水资源储备和养护，加强水源地保护、“两河”治理、污水处理，营造“水更清”的生态环境。大力改善大气环境质量，实施“空气洁净”工程，加强空气质量监测，加大机动车尾气、扬尘、粉煤灰污染防治力度，营造“天更蓝”的生态环境。加大节能环保力度，鼓励节能新技术、新产品运用，推进餐厨垃圾无害化处理、垃圾焚烧发电等工程，实现生活垃圾减量化、无害化、资源化，进一步提高生态文明建设水平。

（三）以民生建设为目标，不断提高群众生活水平，争做民生改善的首善区。牢固树立以人为本、民生为重的理念，发展社会事业，增进人民福祉，维护社会稳定，努力让改革发展成果更多、更公平、更实在地惠及广大人民群众。

一是着力保障改善民生。积极回应群众关切，认真落实民生发展规划，务实推进民生实事，着力解决群众最关心、最直接、最现实的利益问题。加大保障性住房供给力度，完善分配运营管理机制，切实改善困难群众居住环境。健全就业服务体系，积极落实小额担保贷款、税费减免、就业创业补贴等就业政策，不断提升就业服务水平。大力加强社会保障，全面发展社会救助、社会优抚、社会福利和社会保险事业，稳步扩大保障范围，全力保障群众基本生活。扎实做好扶贫开发工作，整合扶贫力量，实施精准扶贫，力争在全省率先完成脱贫任务。

二是统筹发展社会事业。坚持教育优先发展战略，大力发展学前教育、职业教育和民族教育，加快缩小城乡教育差距，全面提高教育教学质量。加强医疗卫生服务体系建设，深化公立医院改革成果，改善乡镇医疗卫生条件，不断满足城乡居民健康需求。优化科技发展环境，增强企业自主创新能力，提升全民科学素养，加快创新型社会建设步伐。繁荣发展文化事业，保护传承民族文化，精心打造知名文化品牌，不断提高延吉文化影响力和竞争力。落实全民健身计划，完善体育场馆、健身路径等基础设施，大力开展全民健身活动，进一步增强市民身体素质。积极应对人口老龄化，全力支持养老服务业发展，着力构建以居家养老为基础、社区服务为依托、养老机构为支撑的养老服务体系。加快街道社区、民族宗教、外事侨务、广播电视、人口计生、残疾人等各项事业发展。

三是维护社会和谐稳定。积极培育和践行社会主义核心价值观，常态化开展“感动延吉”评比活动，弘扬主旋律、汇聚正能量，进一步提升市民思想道德素质。加强和创新社会治理，健全群众利益协调保护机制，扎实做好矛盾纠纷排查化解工作，不断增加社会和谐因素。完善信访工作机制，依法逐级做好信访工作，推动信访工作制度化、规范化、法制化。加快法治延吉建设进程，深入推进司法体制改革，扎实做好“七五”普法工作，大力营造崇尚法治、遵从法律的社会氛围。巩固“平安延吉”建设成果，加强社会治安综合治理，严厉打击各类违法犯罪活动，进一步提高群众的安全感和满意度。强化安全生产监管，健全应急管理机制，坚决遏制重大安全事故发生。筑牢食品药品安全防线，深入开展食品药品专项整治，切实保障群众舌尖上的安全。

（四）以党的建设为保障，不断改进工作作风，争做从严治党的力践者。牢固树立抓好党建是最大政绩的理念，准确把握政治新常态，把党要管党、从严治党贯穿党建工作全过程，进一步巩固党的执政基础，全面提升党建科学化水平，不断推动各项事业发展。

一是加强思想政治建设。坚持用科学理论武装头脑，深入学习习近平总书记系列重要讲话精神，树牢正确的世界观、人生观、价值观。扎实推进学习型党组织建设，创新理论中心组、党校教育方式，积极引入高端“外脑”，邀请中央机关和国家部委领导、高级专家、知名学者授课，不断提升学习实效。大力加强学风建设，坚持理论联系实际，全面提高广大党员干部驾驭复杂局面的能力。突出抓好宣传舆论阵地建设，坚持团结稳定鼓劲、正面宣传为主，牢牢把握话语权、主导权和领导权，弘扬社会正气。

二是加强作风建设。深化“三严三实”专题教育，持之以恒整治“四风”，推动作风建设常态化、长效化。强化工作作风建设，讲政治、顾大局，在关键时刻站得出来、危险关头豁得出去、困难时候挺得起来，严格落实市级领导包保和部门包保工作机制，切实做到敢于担当、善于担当、体现担当。强化领导作风建设，严格党内政治生活，认真落实民主集中制，严守政治纪律和政治规矩，切实做到“一起干事、共同干净”，营造风清气正的政治生态。强化生活作风建设，增强自律意识，加强道德修养，培养健康情趣，永葆共产党人本色。

三是加强干部队伍建设。严格落实《干部选拔任用工作条例》，坚持正确用人导向，绝不能少数人在少数人中选人，更不能个别人在个别人中选人，要多数人在多数人中选人，注重在基层一线发现和选拔干部，真正把品行端正、业绩突出、群众公认的好干部选出来、用起来，切实提高选人用人公信度。加大干部培养力度，实行上挂、下派、外派锻炼方式，进一步提升干部队伍素质。严格干部监督管理，建立健全科学的考核评价体系，加快形成能上能下、优胜劣汰的制度环境。加强党管人才工作，进一步优化返乡创业环境和回乡就业环境，培养造就高层次、高技能人才队伍。

四是加强基层组织建设。全面开展基层服务型党组织建设，大力推进“美丽乡村”、“幸福社区”、非公组织“双覆盖双增强”工程，探索机关、国有企业等基层组织发展格局，进一步强化基层党组织的战斗堡垒作用。拓展“共产党员服务城”创建成果，坚持市级领导“社区工作日”和在职党员干部“双岗双责”制度，进一步发挥党员的先锋模范作用。认真做好换届工作，为各项事业发展提供坚强的组织保障。大力整顿软弱涣散基层党组织，加强带头人队伍建设，进一步提升基层党组织的凝聚力和战斗力。改进发展党员工作，不断完善流动党员教育、管理、评议机制。加强专职党群工作者队伍建设，夯实基层党建工作基础。

五是加强反腐倡廉建设。严格落实党委主体责任和纪委监督责任，进一步增强各级领导班子和领导干部履行“一岗双责”的责任感和自觉性。始终坚持“标本兼治、预防为主”的方针，深化廉政教育，认真学习贯彻《中国共产党廉洁自律准则》和《中国共产党纪律处分条例》，严格落实廉政谈话、党员干部个人有关事项报告等制度，筑牢拒腐防变思想道德防线。扎实推进纪律检查体制改革，创新派驻机构工作方式，提高执纪监督实效。强化监督管理，深入推进“五权”工作，完善行政权力运行和制约监督机制。加大惩治腐败力度，严肃查办违纪违法案件，严格执行“一案双查”，始终保持惩治腐败高压态势。

六是加强民主政治建设。健全民主制度、丰富民主形式、拓宽民主渠道，扩大公民有序政治参与，切实保证人民当家作主。坚持、完善和发展人民代表大会制度、政治协商制度、基层群众自治制度，充分发挥社会主义政治制度的优越性。巩固发展爱国统一战线，支持工会、共青团、妇联等群团组织依法遵章开展工作。扩大“全国双拥模范城”创建成果，积极推进国防动员和后备力量建设，进一步提升军地双拥共建、融合发展水平。

政府工作报告

——2015 年 12 月 23 日在延吉市第十七届人民代表大会第五次会议上

延吉市人民政府市长　宋旭日

一、过去五年的工作回顾

“十二五”期间，在州委、州政府和市委的正确领导下，在市人大和市政协的监督支持下，我们坚持以科学发展观为统领，全面贯彻落实党的十八大精神，紧紧团结和依靠全市各族人民，抢抓机遇，攻坚克难，圆满地完成了“十二五”规划确定的各项目标任务，全市始终保持经济发展、社会稳定、民族团结的良好局面。

积极转变发展方式，加快经济发展，综合实力稳步壮大。预计 2015 年，延吉生产总值完成 314.5 亿元，是 2010 年的 1.7 倍；公共财政预算收入完成 29.3 亿元，是 2010 年的 2.0 倍。延吉综合实力始终位居全省县(市)第一位。调整优化产业结构，加大投资力度，发展后劲显著增强。预计 2015 年，全市规模以上工业增加值完成 119.4 亿元，是 2010 年的 1.7 倍；“十二五” 期间全社会固定资产投资累计完成 963.6 亿元，是“十一五”时期的 1.5 倍；社会消费品零售总额实现 229.2 亿元，是 2010 年的 1.8 倍。不断扩大开发开放，加强区域合作，发展活力持续释放。预计 2015 年，全市完成外贸进出口总额 2.84 亿美元，是 2010 年的 1.7 倍。对外通道进一步畅通，延吉空港开通 24 条国际国内航线，延吉机场迁建列入国家发展战略。强化城市基础设施建设，统筹城乡发展，城乡面貌大幅提升。2015 年末，全市城镇化率达到 87.1%，比 2010 年提高 1.2 个百分点，市区建成区面积达到 48 平方公里，城市亮化、局子桥等一批重大工程相继建成，荣获国家卫生城市、中国十大生态强县(市)称号。大力发展民生事业，改善群众福祉，人民生活更加殷实。五年来，全市财政累计用于民生支出 139.9 亿元，年均增长 10.2%，占财政总支出的 71%。预计 2015 年，城镇常住居民人均可支配收入达到 29009 元，是 2010 年的 1.7 倍；农村常住居民人均可支配收入达到 12784 元，是 2010 年的 1.6 倍。

即将过去的 2015 年，是“十二五”收官之年，也是我市各项事业取得新成绩的一年。面对趋紧的宏观环境和沉重的经济下行压力，全市上下紧紧围绕“稳增长、促改革、调结构、惠民生”这一工作主线，解放思想，开拓创新，经济社会保持了平稳健康的发展态势。预计到年底，延吉生产总值同比增长 7.0%，公共财政预算收入增长 2.2%，全社会固定资产投资增长 15.0%，城镇常住居民人均可支配收入与农村常住居民人均可支配收入均增长 8.0%。这些成绩的取得，不仅为“十二五”规划的全面完成划上了圆满句号，也为“十三五”规划的良好开局奠定了坚实基础。

项目建设稳步推进。全年实施 3000 万元以上项目 132 个，完成投资 177 亿元。长珲城际铁路竣工通车，城市地下综合管廊工程全面启动。高新区总投资 5.6 亿元的敖东国药基地(三期)、总投资 3.8 亿元的科技创新园(一期)、总投资 3.5 亿元的众生云计算基地(一期)、总投资 1.5 亿元的长白山包装异地建设等项目竣工投产，总投资 20 亿元的安发(长白山)生物科技园、总投资 5.04 亿元的生活垃圾焚烧发电、总投资 3.5 亿元的联通云计算基地等项目开工建设。新兴工业区总投资 3.5 亿元的白头山中成药及保健食品加工、总投资 2.2 亿元的可喜安人参系列保健食品、总投资 1.2 亿元的金刚山朝鲜族泡菜生产基地、总投资 5000 万元的东万朝鲜族特色食品等项目竣工投产，总投资 20 亿元的国药集团健康产品加工基地、总投资 2 亿元的泰达食品、总投资 1.6 亿元的韩工坊保健品、总投资 5000 万元的韩食府民族食品等项目开工建设。编制完成“智慧延吉”总体规划，国家智慧城市试点申报工作通过初审。借助“民企吉林行”、“东博会”等重大经贸交流活动，共签约项目 44

个，总投资249.9亿元。预计全年招商引资到位资金186亿元，同比增长12.9%。积极向上争取政策和资金，进入国家县城深化基础设施投融资体制改革试点城市，朝阳川镇进入国家建制镇试点，“延吉（长白）国家重点开发开放试验区实施方案”通过专家评审，延吉国际空港经济开发区获省政府批准设立；到位各类专项资金18.7亿元；争取省地方政府性债券11亿元，每年可节省财政资金7000余万元。

产业实力持续增强。工业经济不断壮大，预计全年规模以上工业总产值完成338亿元，同比增长6.7%；民营经济主营业务收入完成976.3亿元，实缴税金18.3亿元，分别增长7.5%和3.7%。服务业快速发展，百利城竣工开业；西市场重建工程顺利启动，圆满完成过渡期安置工作，市场供应得到保证。高新区延边电子商务大厦、延吉空港海关快件监管中心建成运营，新兴工业区喜开跨境电子商务产业园、中亚电子商务产业园投入使用，“两区”一并获批省级电子商务示范基地。预计全年接待国内外游客730万人次，旅游收入完成170亿元，分别增长12.0%和24.0%，获批吉林省全域旅游示范区。农业经济稳步发展，州级以上龙头企业发展到47家，专业农场和专业合作社分别达到28家和254家；农业总产值完成10.2亿元，增长10.0%。

城市建设步伐加快。编制完成《西部新区控制性详细规划及城市设计》、《海绵城市建设专项规划》和《城市地下综合管廊建设专项规划》。加强建设项目审批后监管，从源头上控制住未批先建、违规售房等现象发生。城市基础设施建设力度加大，投入1.8亿元，完成10万平方米人行步道铺设、15万平方米道路加固和146公里燃气、供热等管网改造工程。栽植树木1.5万株，完成10条主街路、滨河公园绿化建设。投入5.2亿元，征收土地18.5万平方米、房屋121户，延蒲高速连接线新民桥至延吉西站段如期竣工，确保了长珲城际铁路顺利通车。城市管理不断加强，投入2850余万元，增加保洁车、清雪车、垃圾压缩车等设备771台（套），新增环卫人员500人。成立城市停车场管理有限公司，建设2万平方米大中型营运车辆临时停车场，在全市主街路施划停车泊位673个。

群众福祉逐步改善。民生投入不断加大，全年财政用于民生支出33.5亿元，同比增长10.2%。“五大保险”参保人数累计达到69.8万人次，新农合筹资标准由每人每年460元提高到480元。城市低保标准由每人每月430元提高到480元；农村低保标准由每人每年3000元提高到3600元。机关事业单位和环卫、辅警等人员工资待遇得到进一步改善。探索实行政府主导的棚户区改造模式，新建回迁安置房3000套、公租房200套，完成农村危房改造400户，完成“暖房子”改造272万平方米。社会事业稳步发展，开工建设中医医院住院综合楼，完成44所村卫生室标准化建设。全面启动中小学“市长杯”校园足球联赛，建工小学等10所中小学入选首批“全国青少年校园足球特色学校”。深化“平安延吉”创建活动，强化生产安全、质量安全、食品药品安全监管，做好疾病防控、物价稳定等涉及群众切身利益的工作。高度重视信访工作，集中力量彻底解决26件重大历史遗留问题。侨务、广电、气象、地方志和红十字会等各项事业取得了新发展。

自身建设全面加强。认真组织开展“三严三实”专题教育。积极开展“社区工作日”及市级领导、部门包保项目、企业、社区、村屯、学校、贫困户等活动，选派机关干部到基层挂职锻炼，强化基层工作。自觉接受人大的法律监督和政协的民主监督，广泛听取社会各界意见，办理人大建议94件、政协提案169件，满意率和基本满意率达到100%。稳步推进政府机构改革，基本完成事业单位分类改革工作。深入推进政务公开，完成“权力清单”制定工作。加强行政监察和审计监督，认真遵守《廉政准则》，严格落实中央“八项规定”，坚决反对“四风”，政府作风明显转变。

各位代表，过去五年我们取得的优异成绩，离不开上级党委、政府及市委的科学决策和正确领导，离不开市人大、市政协和社会各界的有力监督与大力支持，离不开全市各族干部群众的辛勤奉献和团结奋斗。在此，我代表市人民政府，向全市各族干部群众、驻延解放军、武警官兵和公安干警，以及所有关心、支持、参与延吉建设发展的同志们、朋友们表示衷心的感谢，并致以崇高的敬意！

在总结成绩的同时，我们也清醒地看到，延吉经济社会发展还存在一些困难和问题，主要表现在：经济总量不大、结构不优的突出矛盾还没有得到根本解决，加快发展、转型发展的任务十分艰巨;财政收入增长放缓,刚性支出不断增加,财政收支矛盾突出;安全生产、社会治理等工作面临新压力,统筹经济社会协调发展的难度加大;“四风”问题还不同程度存在,干部整体素质尚需提高,政府自身建设有待加强。这些问题必须引起高度重视,在今后的工作中采取有效措施,认真加以解决。

二、“十三五”时期的工作思路和主要目标

“十三五”时期是我市全面建成小康社会的关键时期。根据市党代会通过的《关于制定延吉市国民经济和社会发展第十三个五年规划的建议》要求,在深入开展调查研究、广泛听取社会各界意见的基础上,市政府制定了《延吉市国民经济和社会发展第十三个五年规划纲要(草案)》,提交本次大会讨论通过。“十三五”时期我市经济社会发展的总体思路是:高举中国特色社会主义伟大旗帜,以邓小平理论、“三个代表”重要思想、科学发展观为指导,深入落实习近平总书记系列重要讲话和视察延边重要讲话精神,坚持把发展作为第一要务,抢抓战略机遇期,突出绿色生态优势,以项目建设为重点,以城市建设为载体,以民生建设为目标,以党的建设为保障,大力实施创新驱动、投资拉动、开放带动、绿色推动战略,加快新型工业化、信息化、城镇化、农业现代化深度融合步伐,走出一条质量更高、效益更好、结构更优、优势充分释放的发展新路,确保如期全面建成小康社会,全力打造经济更加繁荣、城市更加文明、民族更加团结、城乡居民生活更加殷实的图们江区域生态宜居开放前沿城市。

“十三五”期间全市经济和社会发展的主要预期目标是:延吉生产总值年均增长7.5%以上;公共财政预算收入年均增长5.0%以上;全社会固定资产投资年均增长15.0%以上;社会消费品零售总额年均增长12.0%以上;城镇常住居民人均可支配收入和农村常住居民人均可支配收入年均分别增长8.0%以上。

上述目标的提出,既充分考虑了延吉的现实基础条件、未来的发展潜力及实现的可能,又充分考虑了全面建成小康社会目标的实现。今后五年,我们将严格遵照市委作出的战略部署,努力用项目建设扩总量、调结构,在转型发展中促增长、惠民生,确保全面完成《“十三五”规划》确定的各项目标任务。

三、2016年工作安排

2016年是“十三五”的开局之年,开好头、起好步,对于顺利实施“十三五”规划至关重要。明年经济社会发展主要预期目标是:延吉生产总值同比增长7.5%;公共财政预算收入同比增长5.0%;全社会固定资产投资同比增长15.0%;社会消费品零售总额同比增长12.0%;城镇常住居民人均可支配收入和农村常住居民人均可支配收入同比分别增长8.0%。

为实现上述目标任务,要重点抓好以下几个方面的工作:

(一)强势推进项目建设,推动经济转型升级。项目建设是实现延吉振兴的希望,必须时刻放在心上,牢牢抓在手中。加快推进重点项目,力争全年实施3000万元以上项目183个,年内完成投资205亿元。准确把握国家投资方向和重点,围绕结构调整、基础设施、新型城镇化、生态文明和民生建设等重点领域,谋划包装一批成长性好、支撑作用强、关联度高的重大项目,积极向上搞好对接,争取纳入国家和省的计划盘子,保证项目建设梯次推进、滚动发展。千方百计抓好工业项目,以高新区和新兴工业区为依托,进一步加大招商引资力度,加快产业和企业集聚。启动高新区扩区工作,力争完成611公顷土地收储任务,提升园区项目承载能力。全力推动高新区敖东生化药物园、娃哈哈工业园、安发(长白山)生物科技园、利孚生物科技产业园和新兴工业区国药集团健康产品加工基地、泰达食品、韩工坊保健品、韩食府民族食品等项目加快建设。全力争取艾特威生物制药、天士力高山红景天系列产品综合开发、恒大集团人参产业化基地、北京二商集团有机食品产业园、檀君药业红参系列产品开发等项目早日落地开工。全面启动“智慧延吉”建设,积极寻找战略合作伙伴,全力推进智慧交通、智慧旅游、智慧医疗、智慧教育等项目建设,以此带动大数据、云计算、物联网等相关产业发展。深入开展全民创业,充分发挥延吉海外归国者创业协会等组织作用,以返乡创业带动全民创业,掀起“大众创业、万众创新”的新高潮。

(二)全力扩大对外开放,构建开放型经济体系。延吉是吉林省东部最大的区域中心城市,除国际空港外,周边1.5小时半径内拥有11个陆路口岸,发展外向型经济具有得天独厚的优势。我们要充分利用好我市被纳入国家

"一带一路"战略规划的重要机遇,不断加快对外开放步伐,扩大对外合作规模,努力构筑外向型经济体系。全力推进延吉国家重点开发开放试验区报批工作,提前做好批准后建设工作准备。加快延吉国际空港经济开发区建设,做好区内产业规划,完成420公顷新机场核心区域土地征收,启动园区道路等配套工程建设。积极申报延吉保税物流中心(B)型,争取年内获得国家批准。充分发挥延吉空港海关快件监管中心作用,大力发展跨境电子商务。加大航线开发力度,争取开通延吉至台湾的客运航线和延吉至韩国仁川的货运航线。全力办好第11届"延吉·图洽会",营造延吉对外开放的良好形象。大力发展对外贸易,重点扶持秀爱食品、远洋物产等重点外贸企业扩大出口,壮大实力。充分发挥省级农产品及深加工产品出口基地的平台作用,大力发展对外出口加工贸易,争取建设一批食品和果蔬出口加工基地。充分利用我市与俄罗斯希望区、韩国浦项市、朝鲜金策市、日本新泻市等地缔结的友好城市关系,积极搭建平台,鼓励和引导更多的企业"走出去",到周边国家开展基础设施建设、对外劳务承包工程以及资源的加工转化利用。

(三)繁荣现代服务业,培育经济发展新引擎。全力做好西市场重建工作,确保把西市场建设成设施完备、功能齐全、具有民族特色的新型综合市场。推进延吉万达广场首尔街建设工作,继续扶持延百集团等6户重点商贸企业和12家亿元市场,积极发展限上商贸企业。开展"延吉百佳"餐饮名店评选活动,打造信誉好、服务好、具有民族特色的餐饮品牌。加速发展电子商务,加强高新区延边电子商务大厦和科技创新园等平台建设,争创国家级电子商务示范基地。完善新兴工业区喜开跨境电子商务产业园和中亚电子商务产业园配套设施,提高电商企业孵化能力。整合物流资源,建设物流园区,发展保税物流、航空物流等新业态,加速打造区域物流中心城市。充分发挥我市独特的气候、环境和交通等优势,积极发展"候鸟式"休闲度假、养老医疗以及健康养生、美容保健等产业,不断提升服务业发展水平。

(四)突出发展旅游业,增强经济发展新活力。牢牢把握高铁开通为延吉旅游业带来的新机遇,进一步完善旅游设施,开发旅游产品,健全服务功能,尽快将旅游业培育成全市重要的支柱产业。科学编制《延吉市旅游业发展"十三五"规划》,设立旅游发展基金,积极申报省级旅游综合度假区。加强旅游基础设施建设,投资7000万元新建通往千年松旅游风景区的二级公路,进一步完善梦都美民俗旅游度假区附属设施,提高景区旅游接待能力。加大旅游产品开发,重点办好第三届延吉国际冰雪旅游节,建设"金达莱冰雪游乐园",搭建梦都美滑雪场与长白山万达、哈尔滨亚布力、吉林北大壶等国内知名滑雪场之间的快速旅游通道。继续培育延吉至长白山"游巴客"旅游专列,主动对接环长白山特色旅游产业带。不断完善旅游配套服务,改造阿里郎美食街等10条旅游特色文化街区,谋划建设韩国、俄罗斯演艺中心。开发民居客栈等新型旅游住宿方式,缓解旅游旺季住宿难问题。加快智慧旅游平台建设,及时发布餐饮、住宿信息,引导企业深度开发朝鲜族特色民俗旅游纪念品。加强旅游市场监管,严厉打击拉客、宰客等行为,营造安全有序的旅游环境。

(五)加快发展现代农业,促进农业提质增效。立足我市实际,大力发展设施农业和都市观光农业,实现农业增产、农民增收。投入2000万元建设大棚75栋、温室20栋,力争设施农业达到3700亩。积极推广节水灌溉技术,新增节水灌溉面积1万亩,实现全市水田节水灌溉全覆盖。大力发展都市观光农业,统筹各项支农资金,扶持依兰镇大洋生态休闲农场等项目建设。充分发挥国家级农产品质量安全检测中心作用,鼓励市内农产品加工企业在全州范围内实行企农合作,有效利用"互联网+"模式,把延吉打造成全州农特产品加工销售中心。下大力气开展农村环境综合整治工作,以创建省级"美丽乡村"为载体,全面完成台岩村等3个省级重点村建设任务和50个环境整治项目,力争全市50%以上的行政村进入精品村、标兵村行列,将仲坪村、春兴村、河龙村等一批城郊村打造成延吉新农村建设的亮丽名片。

(六)加快城市建设进程,增强城市承载辐射能力。坚持"多规融合",重点做好《延吉市城市总体规划(2009-2030)》修编工作。投资8.5亿元,重点推进延吉西站地下停车场、延川大桥、延川街、金达莱北街、龙南路和南山路新建,天池路、梨花路延伸及机场广场改建等工程,完成10万平方米道路加固、50条小街小巷改造等工程建设。栽植树木2万株以上，完成健康路等10条街道绿化工作。积极申报海绵城市和城市地下综合管廊国家试点，完成人民路等6公里城市地下综合管廊工程。通过州人大制定《首府城市管理条例》，健全城市规划建设委员会议事规则，严格依法管理城市。继续加大投入，进一步提高环卫机械化水平。编制停车设施专项规划，推进停车场建设。加大闲置土地清理力度，重点查处违法违规围地、炒地等行为。成立国有物业公司，提供无物业小区基本物业服务，逐步实现老旧小区基本物业管理全覆盖。加速推进新型城镇化试点建设，投入6200万元，重点完成朝阳川镇村民集中居住区工程建设。深化户籍制度改革，鼓励人口向市区和城镇集中。

（七）加强生态文明建设，建设美丽延吉。正确处理好发展经济、改善民生与保护生态的关系，将良好的生态环境打造成延吉最大的优势和品牌。严格落实污染减排责任制，积极开展省级生态市创建工作。清收林地200公顷，完成植树造林130万株。加强“两河”污染综合治理，适时启动6.4平方公里水生态湿地公园建设。强化水源地保护，加大农业面源污染防治，确保饮用水水质安全。加快明朗水库建设，年内完成立项等前期工作。及早完成污水处理厂二期建设，科学制定污水管网规划，确保城市污水得到妥善处理。加强城市污染综合治理，启动垃圾填埋场渗透液处理工程，加快建设生活垃圾焚烧发电、餐厨废弃物资源化利用等工程。千方百计抓好城市粉煤灰的整治，推进粉煤灰中转站和粉磨站建设，大力推广新型墙体材料。加快生态文明制度建设，严格落实环境保护责任，确保生态文明建设各项工作得到有效落实。加大宣传力度，定期在机场、高铁站等场所公布空气质量和生活舒适度指标，扩大我市生态优势影响力。

（八）全面发展社会事业，推进民生幸福工程。持续增加民生投入，全力办好20件惠民实事。加大教育投入，完成延边示范性综合实践基地、市少年宫、进学小学建设，启动延边职业技术学院新建工程。完善中小学布局规划，鼓励房地产开发企业配建中小学校舍。投资6600万元，完成人防指挥所、残疾人托养康复中心和老年活动中心建设工程。继续改善乡镇医疗卫生机构条件，落实乡村医生待遇。大力发展文化产业，促进文化和旅游产业深度融合。坚持政府主导模式，启动三道煤矿棚户区改造项目，投入18.8亿元进行铁南东新等9个地段棚户区改造，建设回迁安置住房4800套、36.5万平方米，公租房100套。做好“新农保”和“城居保”合并工作，城乡居民养老保险参保率达到90%以上。完成延吉市社会福利院建设，新建社区居家养老服务中心2所、农村“幸福院”15所。启动实施“七五”普法规划，提升社会法治化水平。深化“平安延吉”建设，持续加大投入，增强社会治安技术防控能力，严厉打击各种违法犯罪活动。进一步畅通群众诉求反映渠道，抓好重点信访积案的化解工作，从源头上预防和减少社会矛盾。加强生产安全、质量安全监管，杜绝重特大安全生产事故的发生。严格食品药品安全监管，确保人民群众饮食用药安全。完善应急管理体系，切实做好各项应急工作，确保社会和谐稳定。

（九）坚持抓好自身建设，建设高效廉洁政府。加快政府职能转变，承接好下放的行政许可事项，推进“五证合一”登记制度改革。建设和完善投资项目在线审批监管平台，逐步实现项目在线审批、并联审批、网上监管。严格实施岗位责任制、限时办结制、首问负责制等制度，不断提高行政效能。深入推进依法行政，自觉接受人大的法律监督和政协的民主监督，有效发挥媒体和舆论的监督作用。深入推进政务公开，落实好公众的知情权、参与权和监督权，增强政府工作的透明度。加大反腐倡廉建设，严格落实廉政责任制，严格遵守“八项规定”，坚决反对“四风”，努力实现干部清正、政府清廉。切实转变工作作风，营造勇于担当、敢于作为的良好风尚，坚决整治行政“不作为、乱作为”现象，以实实在在的业绩赢得全市广大干部群众的支持和信任。

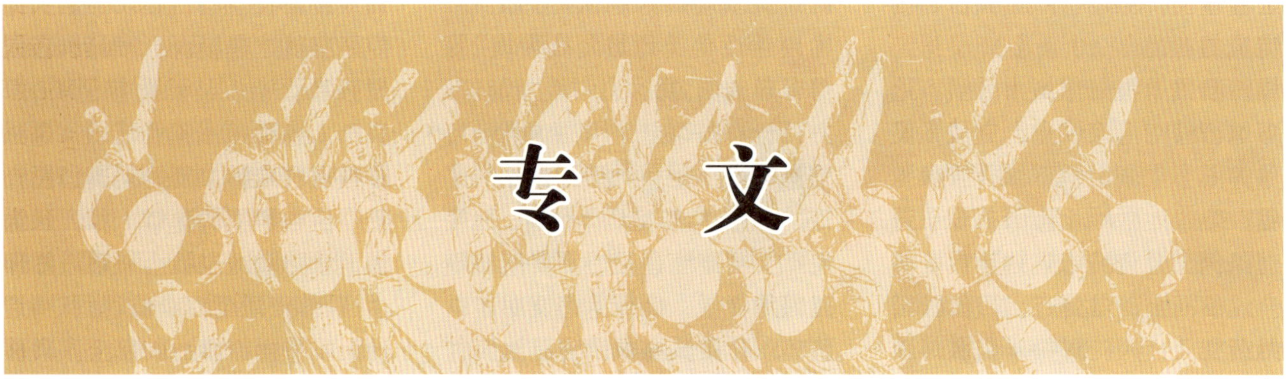

延吉市连续九届蝉联“中国东北十强县”

2015年是东北振兴、吉林发展的攻坚年。

进入2015年，伴随着高潮迭起的东北振兴发展大潮，中共延吉市委、市政府登高望远，面对新问题，迎接新挑战，抓住新机遇，踏上新征程，站在更高的起点上谋划和推动新一轮振兴发展，奏响稳中求进最强音，延吉大地真抓实干的热浪一浪高过一浪，汇聚成推进延吉新一轮振兴发展的滚滚大潮：签约中国企业联合会、世贸中心协会总投资32亿元、30万平方米高标准城市综合体项目；实施总投资20亿元，一期投资4亿元的“国药药材”药材精深加工、保健品和健康食品生产加工及仓储物流基地项目；总投资2.1亿元、总占地面积7万多平方米，总建筑面积1万多平方米的延吉西站综合客运枢纽主体工程进入尾声；年交易金额超3500亿元，上缴税金超5000万元的吉林贵金属（延吉）交易中心交易系统试运行；投资2亿元的“吉林敖东”国药基地建设项目完成投资5000万元，项目主体厂房完工；总投资近1.5亿元保障性安居工程配套基础设施建设项目前期工作紧锣密鼓展开；中国·延吉—日本·大阪定期航线正式开通，延吉与环日本海国家全部通航，融入东北亚空中“一带一路”。

2015年，延吉锁定“稳增长”，开启转型发展攻坚战，决战工业、主攻项目，开足马力向新一轮振兴发展奋力前行，书写着延吉县域经济从吉林最强到东北最强的转变。

中国社会科学院财经战略研究院发布《中国县域经济发展报告（2015）》，延吉市在遴选出的全国县域经济竞争力400强样本县（市）中脱颖而出，跻身“全国县域经济竞争力20强县（市）”行列，位列第16位，是东北唯一入选20强的县（市），成为东北县域经济竞争力最强县（市）。这是延吉作为吉林综合实力最强县连续九届蝉联“中国东北十强县”后，首次突破“东北十强县”中辽宁军团的包围跻身东北最强县，实现从吉林最强到东北最强的历史性跨越。

从吉林最强到东北十强，是延吉赶超发展、加快发展、转型发展、统筹发展、创新发展得到的丰厚回报。

一、自加压力，负重前行，奋力实现赶超发展

面对错综复杂的经济形势和普遍的经济下行压力，延吉市牢牢把握“稳中求进”的工作主基调，结合当地自然禀赋、区位特点和产业基础，在发展县域经济中思路明晰，措施有力，自加压力，积极主动地把全国县域经济十强县作为发展的参照榜样，县域经济差异化发展战略取得辉煌成绩。

作为吉林省综合实力第一强县，延吉市的决策者们深知，只有把战略视野放眼全国，在全国2000多个县域经济体组成的百强发展坐标系中定位发展目标，才能全面认清自身发展的潜力和不足，进而自加压力，不断实现新的

自我超越。正是基于这样的认识，延吉市主动通过与发达县份发展情况的对比，更客观地衡量在县域综合发展方面所达到的水平，更加清晰地描绘今后县域科学发展的基本轨迹。面对标兵实力更强、追兵后劲更足、竞争压力更大的，延吉市进一步理清县域经济发展的思路与对策，化挑战为机遇，化机遇为动力，在竞争中争取主动，创造优势。特别是，牢固树立危机意识，正确评价延吉市县域经济的总量、实力与速度，认清优势与劣势，进一步培育和弘扬敢超发展的精神，使延吉人始终保持一种不惧困难、勇立潮头的胆略，一种奋发进取、敢于胜利的气势，以敢拼敢超的作为全力以赴把发展抓得更快一些、更实一些、更好一些，促进延吉市经济竞争力不断提升，综合实力不断增强。延吉市22项经济指标绝对额占比延边州超四成，人均GDP、财政收入、城乡居民收入、社消总额、外经外贸、科技创新等8项经济指标绝对额超过3~4个省辖市。与全国百强县相比，延吉市经济结构指标三次产业比、经济含金量指标地方级财政收入与GDP之比、城镇化指标城镇化率、经济增长速度指标地方级财政收入增长率、投资增长速度指标固定资产投资增长率、消费增长速度指标社会消费品零售总额增长率、居民收入增长速度指标城镇居民人均可支配收入增长率7项重要指标均超过全国百强县平均水平。延吉在吉林省成为唯一囊括全国百强县、全国中小城市百强县、中国最具竞争力百强县、全国县域经济竞争力百强县四大“全国百强”荣誉的县市。如今，自加压力、自我超越、赶超发展的延吉经验已经浓缩淬炼为新时期“中国县域十大发展模式”。

二、项目带动，扩量提质，全力实现加快发展

抓项目，就是抓发展，抓大项目，就是抓大发展。延吉保持县域经济竞争力快速健康发展的关键就是强力推进投资拉动、项目建设，优化增量，调整存量，以重大项目的强势推进，不断做大经济总量、提升发展质量和效益。

2015年，延吉把战略眼光放在全国乃至东北亚地区，充分利用新一轮振兴东北以及长吉图开发开放先导区、“一带一路”发展战略的政策优势，把投资拉动作为加快发展动力，以更强的举措，强力推进项目建设，努力形成绿色新兴产业集群，构建县域经济的产业竞争力。为加快推进重点项目建设，延吉市对已列入计划的新建项目采取针对性措施，推动项目尽快落地、尽快建设；对继续推进的续建项目，按照规划好的开工时间和工程进度，加强跟踪调度，靠前服务管理，确保项目快开工、快达效。选派机关干部挂职企业抓项目。选送200余名副科级干部、后备干部、中层干部、招聘大学生，到基层项目单位一线进行为期一年的挂职锻炼，让机关干部在下派锻炼和提高中服务基层项目建设。实施市级领导包保成项目。市几大班子领导每位包保两个项目和两个企业，全市34名市级领导包保项目68个、帮扶企业68户，通过现场调研办公帮助解决项目建设实际困难。优化项目建设软环境保项目。举办延吉市招商引资培训班，对百余名“两区”及各招商办工作人员进行专门培训。召开全市优化软环境、治理“中梗阻”动员誓师大会，制订《延吉市优化软环境、整治‘中梗阻’实施方案》，采取有力措施，解决项目建设过程中的“中梗阻”问题，提升行政效能，优化服务软环境，为项目建设提供“保姆式”服务。2015年，延吉市项目建设在总体数量、单体规模和质量效益上实现新突破。实施3000

3月19日，延吉市召开机关干部服务基层工作动员大会

（杨婷婷 摄）

万元以上项目 132 个，总投资 737 亿元，年内计划完成投资 163 亿元，实施亿元以上项目 92 个、5 亿元以上项目 36 个。1 至 5 月，延吉市克服季节性不利因素影响固定资产投资实现 50.55 亿元，比 2014 年增长 12%；截至 6 月末，延吉市招商引资实际到位资金 102.2 亿元，完成全年计划的 56.16%。

三、调优结构，绿色崛起，倾力实现转型发展

2015 年，作为吉林东部绿色转型发展区板块重要组成部分，延吉市以时不我待、不进则退的紧迫感，按照《吉林省东部绿色转型发展区总体规划》确定的目标、任务及发展重点，排兵布阵，完善思路措施，突出调整转型这个主线，开启绿色转型发展的新征程，延吉跻身"中国生态魅力市"。

全力构建绿色转型经济版图。围绕绿色转型发展战略整体思路，把结构调整作为主攻方向，把绿色转型作为根本出路，把投资拉动作为重要力量，谋划、筛选 25 个项目列入《吉林省东部绿色转型发展区总体规划》，努力形成绿色新兴产业集群，构建具有可持续竞争力和支撑力的绿色经济产业体系，不断提升质量效益和综合竞争力。统一思想，理清绿色转型发展思路。作为吉林省东部绿色转型发展区中心城市、国家级生态文明示范工程试点城市、全国 41 个绿色级百强县，延吉市站在发展新起点，以更新的认识、更深的思考，盯住绿色转型发展区建设的目标，确立以"绿色化"为核心，以"绿色转型发展"为主线，以"项目建设"为突破口，以发展"绿色经济"为重点，努力在吉林省率先实现绿色转型发展的战略构想。把"着力推动绿色转型发展"列入延吉市委党代会报告和延吉市人代会政府工作报告"全市经济社会发展总体思路"中，并把绿色发展作为全市经济社会发展重要原则融入转变发展方式、优化产业结构工作布局中，让绿色转型发展区建设落地生根、开花结果。转方式、调结构、稳增长，全市一盘棋，努力构建符合延吉市行政区划小，耕地面积少，以城市经济为主的发展实际和区域中心城市服务周边的职能定位特点，有利于实现三次产业在更高水平上协同发展、相互支撑的产业体系。坚持走新型工业化发展道路，加快发展现代农业，积极发展先进制造业，着力发展现代服务业，不断推进产业结构的优化升级，促进经济发展方式转变。延吉市经济构成中，产业辐射范围由工业、建筑业、商贸流通业、餐饮娱乐业等传统产业向科技、物流、IT 信息、现代服务业等新兴领域扩展，呈现出多元化、多行业发展的良好态势，延吉市三次产业结构优化为 1.7:44.2:54.1，优于全国百强县平均水平。中国社会科学院财经战略研究院《中国县域经济发展报告(2015)》报告显示，延吉市经济结构竞争力指数 0.7062，跻身全国 400 强本县(市)经济结构竞争力第四名。

2 月 28 日，延吉市召开城市建设和管理研讨会 （金洪石 摄）

四、城乡一体、城"区"并进，戮力实现统筹发展

2015 年，延吉市以国家新型城镇化综合试点和首批国家低碳工业园区试点为契机，突出统筹城乡、统筹城市与开发区、工业区，从全市发展战略的空间、项目、人力、资本布局上，科学谋划城乡、城"区"一体化发展，着力推进工业化、信息化、城镇化、农业现代化同步发展，推动农村、产业与城市发展良性互动，实现延吉经济社会发展重大战略的进一步深化。

突出统筹城乡，着力推进城乡一体化。加快推进新型城镇化。启动实施延吉至大蒲柴河高速公路延吉连接线、高铁站广场基础设施工程、农民集中居住区建设工程，加快推进城市污水处理二期、朝阳川污水处理、朝阳川垃圾处理、城市新区供热管网等一批基础设施项目，加速城郊与主城区融城对接，基本打通四通八达的融城对接通道，缩短城乡距离，拉大城市空间，提升城市承载能力，城区面积扩展至40.6平方千米。稳步推进农民市民化进程。先后制定实施《延吉市农民市民化推进办法》《新征地农民基本养老保险实施办法》等政策规定，让进城农民平等享受城市基本公共服务和社会福利。深入推进新农村建设。加快推进农业产业化进程，40家农产品加工企业、28家专业农场、延吉省级农产品深加工出口基地和中国朝鲜族食品生产基地健康发展。投资20余亿元开发建设的延吉万源农副产品批发市场健康营运，加速城乡之间的商贸流通。持续改善农村环境，完成农村集贸市场改造、农村安全饮水工程、沼气综合利用、农村厕所改造等农村环境整治项目，延吉市4个镇全部进入省级卫生镇。大力推进开发区、工业区与城市互动发展。把“两区”的创新发展置于国家新型城镇化“新常态”时代背景下，统筹城市与“两区”发展，加快城区“退二进三”，先后将金刚山食品、春雷药业等重点企业搬迁到“两区”内，大力完善基础设施、健全支撑体系、改善投资环境，发展特色产业，进一步加强产业发展平台建设，发展活力持续释放，产业园区经济效益大步提升。延吉“两区”已成为先进产业集聚区、科技创新核心区和现代化新城区、城市功能提升和创新的示范区，成为展示和见证延吉工业化和城市化成就最响亮的品牌。依托“两区”的迅速发展，延吉城市角色正在由工业化基地、城镇化核心向区域创新载体提升，“两区”转型与城市创新发展相互支撑、密切联动，成为延吉社会经济发展迈入“新常态”的重要推动力量。中国社会科学院财经院《中国县域经济发展报告(2015)》报告显示，延吉市园区发展指数为0.5000，跻身全国400强本县（市）园区发展水平第三名，成为全国园区经济发展最强县(市)。

五、改革创新，科技引领，努力实现创新发展

创新发展是县域发展的必然要求。延吉市坚持创新驱动战略，以创新为手段，全面深化改革，坚持推进各项制度的完善和创新，有效激发社会活力，全力推动科技进步、自主创新，构建创新发展体系，提升产业能级，增强经济竞争力，加快建设充满活力的创新型城市。

大力推进体制机制改革创新。加快县域发展，必须解决体制和机制问题。2015年，延吉市不断深化重要领域和关键环节的改革创新，加快构建有利于科学发展的体制机制，用“强改革”的办法来解决地方行政干预强，经济社会结构单一，社会活力不够等县域发展方面的问题。制定实施《延吉市全面深化改革实施规划(2015~2020)》，立足当前、着眼长远，全面推进经济转型升级与生态文明体制改革等领域、108项改革任务，确立改革路线图，将各项改革任务进行细化分解，把责任落实到各级各部门，明确时间表，有效解决制约延吉市发展的体制性、机制性、结构性深层次矛盾和历史遗留问题。抓好科技进步，大力推进自主创新。实施创新驱动战略，使创新成为经济社会发展的主动力。坚持把科技进步和创新作为县域发展的重要支撑，推动发展向主要依靠科技进步、劳动力素质提高、管理创新转变。实施《关于加强技术创新推进高新技术产业化的若干意见》《延吉市科学技术进步奖励办法》等，进一步形成自主创新政策环境。以产学研合作为依托，实现科技成果转化。加强与清华大学、中规院、中国社科院、中国菌物学会、中国食用菌协会、吉林农大等的联系与合作，与辽宁师范大学、延边大学、延边职业技术学院科技合作健康发展，建立科研院所60余家、技术开发服务机构近70家。清华大学国家服务外包人力资源研究院和延边职业技术学院为延吉市举办的新兴工业集中区延边东北亚跨境电商总部基地专业培训班112名学员考核结业。吉林大学商学院举办的2015年延吉市小微企业经营管理培训班，为150名小微企业经营管理者进行集中培训。大力培育创新型企业和品牌。省级科技企业和双软认定信息产业企业超过100家，IT企业近300家，培育出“高丽村”等多个中国驰名商标。平均每万人拥有各类专业技术人员超500人，位居吉林省县(市)榜首。截至5月，延吉市专利申请量116件，专利授权量40件，均高居全省县(市)榜首，专利申请量超过四平、松原、白山、白城、辽源等五个省辖市，专利授权量超过白山、辽源两个省辖市。

吉林至珲春高速铁路客运专线延吉段建设纪事

一、工程概况

吉林至珲春铁路客运专线(吉珲铁路)起点位于吉林省吉林市，终点位于地处中俄朝三国交界地的吉林省珲春市，全长360千米,途径吉林、蛟河、敦化、安图、延吉、图们和珲春7个县市区,投资约416亿元,项目资本金占50%。其中,铁道部出资90%,使用铁道部建设基金；吉林省出资10%；剩余50%利用世界银行贷款和国内银行贷款解决。世界银行贷款本息由铁道部偿还。设计时速250千米,2010年10月30日开工,2015年9月20日正式开通运营。沿线建有桥梁175座,累计长度125千米,占线路总长25%；全线新建隧道91座,累计长度216千米，占线路总长43.5%。全线设吉林、蛟河西、威虎岭北、敦化、大石头南、安图西、延吉西、图们北、珲春9个乘降站,与长吉城际铁路共同构成长春至珲春快速客运通道。

二、领导关注

2010年10月30日9时,吉林至珲春铁路客运专线建设动员大会在延吉市朝阳川镇光石村举行。近900名铁路建设者参加大会。吉林省委书记孙政才宣布吉林至珲春铁路客运专线开工。

2011年2月22日,中共延吉市委书记金永默到吉珲高速铁路延吉段朝阳川吉成村富民1号隧道口、朝阳川光石村、高铁延吉站选址等地调研，向项目负责部门和施工单位详细了解延吉段土地征收、拆迁和建设情况。

2011年6月14日,中共延边州委副书记、州长李龙熙到吉珲铁路客运专线延吉大型制梁场、搅拌场建设现场及延西变电站拆建工程现场考察。详细了解吉珲铁路客运专线工程进展及所涉及的征地、拆迁等情况。

2011年7月20日,铁道部副部长卢春房等领导在长吉铁路有限公司总经理骆武伟，中铁二十二局董事长、党委书记刘国志,副总经理兼吉图珲客运专线工程指挥长陈宏伟等的陪同下视察吉图珲客运专线重点控制区段延吉段。当日下午,卢春房等人首先驱车视察由哈建公司施工的吉图珲客运专线延吉西段，观看路基软基处理CFG桩施工情况，钢筋加工、砼拌和站施工和沿线标准化建设。

2011年7月21日,铁道部检查组在延吉主持召开“吉图珲客专建设动员大会”,听取长吉城际铁路公司(吉珲铁路筹备组)和中铁咨询公司的工作汇报及施工单位的表态发言,对各级地方政府、沈阳铁路局及各参建单位行动迅速,组织有力,取得良好的开局给予充分肯定，要求各参建单位坚持依法建设,强化施工组织,保证工程质量,确保施工安全,推进标准化管理,加强协调指导,保持和谐稳定。

2013年7月11日,延边州州长李景浩在州政协副主席、州安监局局长纪凯奇，延吉市市长姜虎权、副市长曹永吉及有关部门负责人陪同下,专题调研吉珲铁路客运专线延吉段建设情况。

2015年8月13日,中共延边州委常委、常务副州长韩兴海,在长珲城际线沿线县(市)政府及州直有关部门负责人陪同下，登上试运行中的长珲城际线动车,详细听取并实地察看长珲城际线延边段沿线环境治理情况。韩兴海强调,延边即将迎来高铁时代,这是延边人民的大喜事，延边各族各界群众对长珲城际线的开通热切期待，国内媒体也将其称之为“最美高铁”。长珲城际线延边段沿线环境好坏事关延边形象,沿线县(市)要认真研究解决办法，科学制订实施方案，采取积极有效措施，州直有关部门要密切配合,通力协作,统筹各种资源、项目、资金改善铁路沿线基础设施，提升公共服务水平，全力抓好以铁路沿线绿化和城乡风貌改造为重点的美化工程，使长珲城际线成为名副其实的“最美高铁”。要进一步加大宣传力度，广泛宣传铁路沿线绿化和环境综合整治工作重要意义，动员全社会力量支持参与高铁沿线绿化和环境综合整治活动，形成广泛的环境卫生意识，良好的文明意识，和谐的社会氛围。

三、工程进展

2011 年　根据吉珲高速铁路延吉段规划设计意向，高速铁路经过延吉市境内铁路线有 25 千米（DK253.4—DK278.6），沿线经过朝阳川镇、小营镇和依兰镇，开通 5 个山洞，总长度 5.6 千米；架设桥梁长度 10.6 千米。高铁延吉站规划在延吉白石净水厂西侧，总用地面积约 30 公顷，高铁站附近建设绿地、广场、停车场、客运站等多项配套设施。

1 月 14 日，中铁隧道集团有限公司负责延吉段项目 600 余名施工人员进入施工现场，进行施工前期准备工作，施工人员最多时达到 2000 多人。延吉段内 5 个隧道，有 3 个开工建设。

6 月 21 日，吉珲高速铁路延吉段朝阳河特大桥第一根钻孔桩完成。

7 月 4 日，吉珲高速铁路延吉段朝阳河特大桥第一个承台完成。

7 月 8 日，延吉段拆迁工作进展顺利。沿途现拆迁总户数 152 户，其中住宅 134 户，非住宅 18 户，拆迁总面积 5.8 万平方米，其中温室总面积 7.5 万平方米。

7 月 11 日，吉珲高速铁路延吉段朝阳河特大桥第一个墩身完成，在吉图珲客专线 7 个标段中率先取得开门红。

铁道部曾于 2010 年 11 月提出修建吉图珲铁路（吉林—图们—珲春），要求一年内建成通车，各施工单位接到紧急施工令后，在 2011 年春节后调动上万人施工，并引入施工设备，耗资 3500 万元。但 4 月份接到通知，吉图珲铁路暂缓施工，工期由 1 年改为 4 年。上万人赶工大工程突然停工，施工单位开始撤离，两个月后再度接到通知称一年半要确保吉图珲铁路通车，各施工单位再次调集人手赶工。10 月，各施工单位再度接到上级通知，由于资金问题，吉图珲铁路暂时停工。

2012 年 5 月，由于高铁工程与延吉市配水主管线出现交叉，延吉市白石净水厂主动将配水主管线改移，工程全长约 180 米，全段用口径 900 钢管铺设，弯点多、接头多达几十个、角度无法确定、地下管线复杂，为此，延吉市水务实业有限公司成立工程领导小组，提前设计筹划。5 月 5 日开始施工，5 月 14 日与净水厂主管线进行最后碰头。14 日早 5 时许，白石净水厂 80 余名工作人员开始停水施工，当天下午 3 点对管，晚上 9 时许焊接，在 24 小时内完成全部作业。15 日，延吉市烟集净水厂加大供水量，由原来日供水 5 万吨，增加到日供水 6 万吨。16 日晚，延吉全市恢复正常供水。

7 月 11 日 9 时，中铁二十二局二公司吉图珲客专项目部架桥队操作穿隧式 900T 运架一体机，将一榀 720T 的箱梁稳健地落在位于延吉市西郊朝阳河特大桥第一孔桥墩上，拉开吉珲铁路客运专线延边段桥梁架设序幕。第一榀箱梁架设，为优质、高效完成吉珲铁路客运专线延边段铺架任务奠定坚实的基础。

10 月 29 日，中铁 22 局吉图珲客运专线项目部一工区所负责客运专线敦化到延吉段烟集河特大桥工程，连续梁桥墩桩基建设接近尾声。烟集河特大桥工程是吉图珲客运专线上最长的连续梁，长 2 千米，有 61 孔，其中位于延吉市烟集河边一个桥墩高 38 米，是吉图珲客运专线最高桥墩。

10 月，吉珲客运专线延吉西站场的工人为确保工程进度顺利推进，主动放弃节假日。整个延吉段有 5 个工区，施工人员 1900 多名，中秋和国庆假期都在线上施工。早 6 点上工，到天黑下班，每

2012 年 7 月 11 日，吉珲高铁延吉段朝阳河特大桥施工现场
（李为平）

天连续奋战10小时以上。在该标段工地，材料设备井然有序，各种安全警示标语、标志齐全，吊车正在配合员工转移模板，施工现场忙而不乱，有条不紊。延吉西站场路基2850米，涉及两处“咽喉”交叉道，两处地道，于2011年7月施工，西侧路基下部工程完成，部分地段仍有钩机和铲车在作业。

2014年4月28日，吉林至珲春高速铁路客运专线延边州境内最大的高铁站——延吉西站综合客运枢纽工程正式开工建设。该工程是国家公路运输枢纽和吉林省“十二五”客运基础设施建设规划内项目，位于延吉市朝阳川镇光石村，高铁站西侧，是集公路客运、铁路客运、旅游客运、城市公共交通客运等功能于一体的国家综合客运枢纽。工程总投资2.1亿元，占地面积7.56万平方米，其中客运站部分场地占地面积3.76万平方米（客运站站房占1.13万平方米），高铁站房建筑8000平方米，混凝土框架结构，2层，有柱雨棚2.30万平方米，站台2.29万平方米，旅客进出为下进下出模式。公路客运枢纽站房建筑面积1.13万平方米，3层，并且有连廊与高铁站房衔接，投入使用后，每日可接纳1万人次旅客，实现公路与铁路、城市公交和城市客运出租等多种运输方式的零距离换乘。4月下旬，延吉西站东侧路基开始铺设轨道施工前期准备工作。

5月9日，吉图珲客运专线延吉段梨花屯大桥施工现场，施工人员加深施工，工程器械持续运转。当日气温达到30摄氏度，在延吉段朝阳河特大桥工地上，20多名工人冒着酷热浇铸挡渣墙墙面体。延吉段施工里程20千米，施工人员有1900多人，朝阳河特大桥是该段两座特大桥之一，全长2.8千米。自4月初全面复工以来，工人每天早上5时起施工至晚19时，项目进展顺利。

2014年11月22日，电气工人们在延吉西站施工现场合力拉绳（李为平）

6月下旬，吉林至珲春高速铁路客运专线延吉段开始在路基两侧铺设电缆通道。一块块浇筑好的混凝土电缆槽被工人们严丝合缝地铺设到路边，项目指挥在一旁认真查验。宽阔的路基两边都用水泥或者植物固定住，为了美观，修葺成各种图案。在位于延吉市东兴村的一处隧道工地，几百名工人正在奋力挖掘隧道里的土石，为了和其他几个标段比赛工程进度，工人们常常在隧道里工作到深夜。

10月1日，吉林至珲春高速铁路客运专线延吉西站站台主体建筑基本建成，站台设计规模为4站台面9线，通过2条旅客地通组织进出站人流。除宽15米的一站台还在继续完善外，宽12米的二、三、四站台基本完工。各站台伞状的雨棚为钢架构，由每隔12米的柱子支撑，与站台宽度一致，已全部建成；站台为青色石台面，两侧各铺设一条宽0.6米盲人通道，外侧则有几十厘米悬空，方便旅客无障碍上下车。月末，吉林至珲春高速铁路客运专线延吉段完成桥梁10.6千米，9千米路基土方工程已经完工，全市境内5.6千米的5处隧道全都开通，线上铺轨工程从吉林市经过延吉市，已经铺到图们市，高铁配套的基础设施建设，包括站前广场，还有外电引入等工程有序进行。年末，延吉客运西站综合客运枢纽工程彩钢瓦和保温工程完工。

四、开通准备（2015年）

4月15日，吉图珲铁路客运专线延吉西车站开始进行站台地面工程施工，以及站房内部装修、设备安装。车站站房建设工程2014年完工，为加快工程进度，2015年春节过后，承建方中铁航空港建设集团有限公司工人返回工地继续施工。截至4月中旬，候车大厅棚顶的照明和装饰造型工程完成。通往车站站台的电梯安装完毕。

7月30日,沈阳铁路局决定:新建的吉图珲铁路客运专线将与既有的长吉城际整合为一条线路,并统一命名为长珲城际线,自2015年7月30日23时30分起正式启用长珲城际线名,原长吉城际线名停用。

8月12日,来自中央、吉林省、延边州、延吉市的百余名记者从长珲城际线延吉西站出发,乘坐"和谐号"动车组到达终点珲春站,沿途对"东北最美高铁"长珲城际线进行体验观摩。当日11时30分,由吉林方向驶发的动车组进入延吉西站1号站台。随车而来的记者搭乘扶梯走出出站口,迎接他们的是具有朝鲜族民俗特色的长鼓舞、象帽舞表演。飞旋的飘带、鲜艳的服装、动感的鼓点等极具朝鲜族民俗特色的表演,让记者们忍不住驻足拍摄。在悬挂有民俗壁画的候车大厅内,延吉车务段相关负责人为记者们介绍了延吉西站的总体情况、站台景观雕塑园林建设、出站口设施及开通运营准备、站前广场及交通规划、售票设施及功能等。12时10分,动车组继续前行,开往珲春站,记者们在车上品尝长珲城际线为乘客准备的午餐。仅一顿饭的时间,体验专列到达珲春站。当记者们从出站通道的5部出站闸机走出时,受到身着盛装的珲春人民热情迎接。体验活动结束后,记者们纷纷表示,将积极宣传"东北最美高铁",将长珲城际线及延边的魅力展现在世人眼前。

当月,沈阳铁路局延吉车务段为迎接长珲城际线的开通,专门为延吉西站培养一批高素质的客运工作人员,他们均能够使用朝鲜语、俄语、英语、手语等语言与旅客进行沟通交流。同时,还组建延吉西站"金达莱之约"服务团队和文艺表演团队。

9月16日,沈阳铁路局为迎接延边高铁时代的到来,展现朝鲜族民族特色风情,邀请中央电视台记者为长珲城际线拍摄形象宣传片。15时许,延吉市旅游局联合延吉市建工街道,组织60名身着朝鲜族民族服装的舞蹈演员,在延吉西站表演精彩的舞蹈,展现延边人民积极向上的精神风貌和期盼高铁开通的喜悦心情。

9月20日,沈阳铁路局官方发布列车时刻表。长珲城际线开通运营后,将开行动车组列车21.5对。其中,延吉西(珲春)至长春城际客车开通14对、延吉西至珲春开通城际列车1.5对、延吉西至哈尔滨西开通动车组1对、延吉西至丹东开通动车组1对;珲春至北京开通动车组1对、珲春至齐齐哈尔开通动车组1对、珲春至大连(大连北)开通高速列车2对。根据列车时刻表安排,长珲城际线运营路线不仅将延边与吉林、长春等城市紧密连接起来,更设有开往北京、大连等地的"直通车"。其中由长春开往延吉西站的列车全程只需2小时17分钟即可到达。此外,往来延吉与珲春之间的乘客,还可乘坐高铁体验"城市公交",全程仅需34分钟即可到达目的地。

截至2015年9月中旬,延吉西站内售票、检票、安检、扶梯等各项设施设备调试完毕,站内人员到位,站前广场绿化工作接近尾声,企业文化建设工作也完成。全站设4个站台,8部扶梯,4部直梯,进站和出站通道分别设6部出站闸机。此外,282平方米的售票大厅设置17个售票处所。其中,8台自助售票机、9个人工售票窗口(包括1个为无障碍窗口),具备售票、改签、退票、制证、挂失补、互联网注册实名制核验等功能。在售票大厅上方电子显示屏上,可实时显示列车时刻、剩余售额等相关信息。候车大厅内设2个饮水处、2个卫生间,其中1个可供残疾旅客使用。母婴候车区、特殊重点旅客候车区、民俗餐桌、金达莱之约服务台等服务设施均准备就绪。站前广场面积1.8万平方米,东侧为社会车辆停车场,西侧为公交车辆停车场,正前方通向延吉市区和长珲高速公路的双向6车道主干道,正在紧张有序施工中,数十辆铲车、挖掘机、压路机现场作业,一侧车道沥青路面铺设完毕,施工人员开始铺筑路肩、清洗路面,另一侧车道正在铺设中。此外,与延吉西站外观相似的延吉公路客运中心与出站通道相连,旅客到达延吉西站后可直接由连接通道乘坐客运汽车去往其他县(市),方便快捷。

9月18日,长珲城际线车票开始预售,并迎来"开门红",预售当日上午,9月20日途经延吉西站的C1008次动车车票全部售罄。

五、车站风采

延吉西站位于延边新兴工业集中区,是隶属沈阳铁路局延吉车务段管辖的二等站,总建筑面积7982平方米,站房为线侧下式。车站设到发线9条,设基本站台1座,中间站台3座。设有扶梯8部,直梯4部,进出站地下通道各1条。设置17个售票处所,其

延吉西站外景观全貌 （金洪石 摄）

中人工售票窗口 9 个，自助售票机 8 台。设有旅客座椅 760 个，进站检票闸机 6 部，人工检票口 2 个。候车大厅设有 VIP 候车室，便民超市。出站口与公路客运站联通，铁路与公路零距离换乘。

延吉西站以传统的朝鲜族民居建筑作为设计原点，保留朝鲜族民居的歇山屋顶、飞檐及具有地域特色的纹饰花窗。建筑正中心高起的屋面与候车厅空间完美结合、相得益彰。整个建筑既新颖现代，又舒展大气，完美体现延边朝鲜族自治州的民族风格。

走进3015 平方米的候车大厅，民俗气息扑面而来，大厅顶棚采用朝鲜族传统格式窗棂图案与彩带造型相结合样式，两幅大型民俗立体壁画呈现于正门两侧，画中朝鲜族歌舞、传统体育运动、婚俗、花甲、饮食文化以及延边地区秀丽风光、特色产品等各类文化元素将朝鲜族人民勤劳善良、热情好客、能歌善舞、敬老爱亲、崇尚文化等民族特点展现得淋漓尽致。

在大厅西北角近 100 平方米的朝鲜族民俗文化展区，分类展示着朝鲜族饮食文化、歌舞文体、日常生活、民风民俗、传统农耕等近百件实物展品，绝大部分为具有收藏价值的 20 世纪二三十年代的老物件，展区内设有民俗文化图片墙和电子触摸展示屏，全方位地让候车旅客真实感受感知朝鲜族文化。

经由检票口进站，乘扶梯上一站台，立体化的民俗文化展示再次令人耳目一新：朝鲜族长鼓舞、扇子舞、圆鼓舞、象帽舞等 15 组具有浓郁朝鲜族民族特色的人物雕塑纷纷亮相，为这个“民俗车站”增添一笔神韵。

在售票窗口、检票口两侧，悬挂和摆放各种富有民族特色的小挂件、画框和装饰品，大厅内的标高线、温馨提示等细微之处也都用极富朝鲜族民俗特色的方式装饰，将朝鲜族民俗文化融汇在各个角落。

六、联调联试

2015 年 6 月 25 日，吉图珲客运专线顺利通过中国铁路总公司的静态验收评审。为在联调联试工作中再创佳绩，吉图珲客专线项目部联调联试工作领导组，制定联调联试期间的多种施工预案和应急方案。经过周密论证和细致安排，各专业对每日的施工天窗进行充分利用，施工计划做到有理、有利、有节。随着检测数据的不断更新，一系列故障点被顺利排除，职工们的施工热情也在动检车的稳步提速和各级领导的赞扬中不断高涨。

2015 年 6 月 27 日，吉图珲客运专线全线进入联调联试阶段，以达到设计速度为目标，在工程完成静态验收及相关问题整改完毕并确认合格后，采用检测列车、测试动车组、综合检测列车和相关检测设备在规定测试速度下对专线各子系统及相关系统间接口、匹配关系进行综合测试；评价和验证牵引供电、接触网、通信、信号、客服、自然灾害及异物侵限监测等系统的性能或功能；验证路基、轨道、桥梁等结构工程的适用性，评价综合接地、电磁环境、振动噪声是否满足相关标准的要求；对全线各子系统和整体系统进行调试、优化，使各子系统和整体系统的功能及性能达到设计要求，为全线顺利开通运营提供科学依据。当日，动车组检测车开始进行速度运行实验，运行速度为每小时 80 千米，到 6 月 30 日，检测车逐步提速为每小时 180 千米。7 月初，动车组检测车继续进行阶梯式提速实验，7 月中旬达到 250 千米的设计运行速度。

2015 年 7 月 14 日 9 时 38 分，吉图珲铁路客运专线开行第一列高铁动车组。车组由 8 节白色车厢组成，当日 7 时 40 分从吉林站驶出，中途在图们北站停留 7

分钟,然后直达珲春站。这是6月27日吉林至珲春铁路客运专线全面进入联调联试阶段以来，第一次全程通行整列车组，铁路及地方多个部门对高铁路面平整程度、速度的稳定情况、通信环境等进行综合性测试。列车行驶时以每小时160千米为基本速度,逐渐升高至时速250千米，最高速度达到每小时275千米。监测数据显示膨胀岩深路堑边坡已处于稳定,标志着施工方中铁二十二局集团最终突破大区域膨胀土施工技术难题。列车在珲春站停约5分钟后,又原路返回进行测试。经过轨道、路基、桥梁、通信、信号设备等动态检测,证明全线已经达到安全运营标准,具备试运行条件。

2015年8月5日，长珲城际线全线进入试运行阶段。进入试运行阶段之后，测试人员在车厢里放置沙袋、米袋,模拟真实运营时的乘客重量，按照设计时速载重运行，根据运行时的相关数据再对线路等进行精细调整。动车组进行参数测试、故障模拟及应急演练和按图行车，通过检验各系统在正常与非正常条件下运输组织的适应性，验证行车组织方式能否满足运营要求，通过检验设备故障和自然灾害条件下的应急处理能力，为正式开通运营提供技术依据。为确保联调联试期间开行列车安全，每趟列车开行前两个小时，延吉车务段管内6个高铁站全部对封闭网内施工人员、料具进行拉手式平推清场,并24小时安排专业干部包保，监控接发车作业。

七、开通运营

2015年9月20日,长珲城际线开通运营,延吉正式进入“高铁时代”。当日,延吉西站进出站旅客络绎不绝,堪比春运。工作人员身着朝鲜族民族服装，热情地为乘客服务。车站秩序井然,南来北往的旅客通过安检、购票、实名认证,有序进入候车厅,等待列车到站。在大厅正门两侧,两幅大型朝鲜族民俗立体壁画,色彩艳丽、结构饱满、内容丰富,吸引众多候车旅客的目光。大厅西北角,100平方米的朝鲜族民俗文化展示区，展示朝鲜族饮食文化、歌舞文艺、日常生活、民风民俗、传统农耕等实物展品,大家在欣赏之余,纷纷合影留念。为确保首发当日安全平稳运行，延吉西站提前半个月进行各种模拟演练，制订应急预案。为了应对乘客需求,车站开通6个售票窗口、8个自助售票机，安排2名购票引导员，引导乘客有序购票。同时,延吉西站42名工作人员全员上岗，保障旅客出行方便和人身安全。当日上午,延吉西站发送旅客约1000人次,主要集中在珲春和长春方向，首日车票预售70%。

2015年9月20日,长珲城际铁路开通运营　　（徐东旭 摄）

八、动车特色

车辆:技术先进 安全可靠

长珲城际线所用车辆是中国北车长春轨道客车股份有限公司生产的CRH5型动车组，全称为和谐号CRH5型电动车组，是中华人民共和国铁道部为实行中国铁路第六次大提速，向法国阿尔斯通和中国北车集团长春轨道客车股份有限公司订购的CRH系列高速动车组车款之一，时速250千米。该种动力分散型电动车组采用高强度、轻量化鼓型断面铝合金车体,8辆编组、五动三拖,牵引功率5500千瓦,可采用两列重联运行,适合长距离、大运量的运输需求,适用高寒地区。该型动车组采用微机控制直通式电空联合制动系统,可实现人工常用制动、紧急制动;与信号系统有效结合,实现超速自动停车及安全导向停车功能,确保在任何情况下迅速、平稳停车；通过电制动实现能量反馈电网,节约能源;通过空电联合制动实现高速下的大制动力,有效降低制动盘和闸片的磨耗。乘客走在车厢里平稳如常，即便在拐弯处,除了列车的运行声外,体察不到任何晃动感。

车门：平行站台 方便上下

长珲城际线列车进站后，车门处会自动弹出踏板，踏板连接车门与站台，让车门与站台在一个平面，方便乘坐轮椅的旅客上下车。进入车厢，即便在车厢连接处，仍然平整，列车开动时最高时速203千米，即便在拐弯处，走在车厢里也不会有晃动感，在每个座位后面都有小桌板，列车行进过程中，可以进行简单办公、记录。

车厢：充电插座 方便旅客

在长珲城际线列车的车厢内，体现出贴心的设计，在一等舱每排座椅的后方，都装有一个充电插座，而在二等舱前后两端同样设有充电插座，如果需要为手机、电脑等充电，旅客只需要弯腰将插头插上即可。想要休息的旅客，还可像乘坐飞机般，将随心携带的耳机等插入扶手内侧的插孔中，观看视频或听音乐。

座椅：方向可调 随心所欲

长珲城际线列车一等座每排有4个座位，二等座每排为ABCDF5个座位，其中A和F为窗口座位，座位宽度在60厘米左右。在每排靠近过道的座椅下方，都设置一个黑色的脚踏板。只要旅客运用这个小小的脚踏板，原本固定的座椅就可360度随心调节方向。如果旅途中同行的熟人较多，旅客想三五个聚在一起聊天玩游戏，统一的方向就会成为阻碍。这时，旅客就可以根据自己喜欢的方向，轻轻踩动座椅下方的脚踏板，随后按预定的方向推动座椅，座椅就会立即改变方向，为伙伴们在千篇一律的车厢中，创造属于自己的小空间。此外，座椅除了可以对方向进行调节外，想要休息的旅客还可以前后调节座椅的角度，微微后仰的靠背让旅客能够舒适的到达目的地。

服务：耐心细致 温馨周到

长珲城际线的开通受到全国瞩目，改线的乘务人员在筹备阶段均经过层层选拔后，参加严格培训，着重学习车体设施安全、急救常识、服务礼仪等方面业务，可以为旅客提供全方位的服务。由于延边独特的民族和地域特点，乘务人员在语言上下了很大的功夫，俄语、朝鲜语、英语、哑语等样样精通。为了给旅客提供更好的服务，高铁沿线各景点的介绍也成为乘务人员的必修课。动车每到一站，当车门自动开启后，穿着深统一蓝色制服的乘务员都会走出动车组，站在车门口，面带微笑，礼貌地引导乘客有序上车。途中，乘务人员会温婉有礼，热情、耐心地解答旅客的问题，无论是验票还是为旅客服务，“动姐”们总是笑容甜美，“谢谢”常挂嘴边。在节日期间，乘务员还会身穿民族服装，根据车内活动空间的大小，跳起专门设计的民族舞蹈，跟乘客们一起互动。

盒饭：民族特色 新鲜可口

9月20日，长珲城际线首发车上，沈阳铁路局餐饮服务段为了满足不同旅客的需求，分别推出滑炒鸡丁、滑炒里脊丝、黄焖鸡块、红烧素海参、盐焗大虾及捞汁鲍鱼6种套餐，价格从15元至60元不等。同时，还推出便民套餐，一份盒饭加上两瓶矿泉水仅需15元。高铁快餐主要以冷链盒饭为主，长珲城际铁路列车上的盒饭经由大连、沈阳、长春三个基地进行加工，加工后全部进行冷冻保存。上车前，制作好的盒饭经过严格的卫生标准检测，达标后出厂上车并在列车中进行加热。同时，针对延边地区少数民族口味，列车还推出明太鱼、鱿鱼丝及多种辣味休闲食品，价格从10元至40元不等。午餐时间，餐饮服务人员会将热气腾腾带有朝鲜族特色的盒饭送到旅客面前，食物既安全卫生，又保持新鲜度和口感。

厕所：洁净卫生 顺应大众

长珲城际线列车上的卫生间设施齐全，冲水开关是触摸式，操作方便，洗手液、卫生纸、擦手纸、空气清新剂、排风等设施一应俱全。卫生间干净整洁。为了照顾残疾旅客，列车还特别设计方便残疾旅客使用的卫生间，低矮结实的把手和宽敞明亮的环境，让残疾旅客方便使用。

九、经济效益

长珲城际线开通后，以其“多快好省”的优势悄然改变着人们的生活，乘坐高铁到延吉成为越来越多人的首选。

“多”——列车对数多。长珲城际线日均开行动车组列车21.5对，平均每38分钟一趟。长春去往延吉西方向的动车组列车最短时间间隔19分钟；延吉西去往长春方向的最短时间间隔仅12分钟。

“快”——旅行速度快。长珲城际线运营初期，动车组列车时速200千米。长春至延吉的最短运行时间由原来的7小时28分，缩短至2小时05分；延吉至北京的最短运行时间，由原来的23小时12分缩短至9小时01分；延吉至大连的最短运行时间由原来的18小时01分缩短至6小时07分，大大节省旅客乘车旅行的时间。

“好”——乘车环境好。长珲城际线安排开行延吉西去往北京、哈尔滨、齐齐哈尔、大连、丹东等主要城市的多趟直通动车组列车，旅客不需要中转就能够直接到达目的地，极大方便旅客出行。为给旅客提供快速舒适的出行体验，在长春至延吉西间开行2对一站直达动车组列车。同时，实施“交错停站”，确保每个中间站去往各方向都有列车停靠，满足沿途旅客出行需求。

“省”——票价经济实惠。长珲城际线开行的“C”字头(城际)动车组列车，长春至延吉西二等座票价115.5元，一等座票价138.5元。与公路快客票价比较更具优势。

长珲城际线“多快好省”的优势拉近延吉与内地之间的距离，因而引发接踵而至的2015年的“十一”黄金周延吉旅游“十一”黄金周期间，旅客在延吉西站售票窗口排起长队热潮。

2015年“十一”黄金周期间，旅客在延吉西站售票窗口前排起长队
（王　栋　摄）

自2015年10月1日以来，延吉西站客流始终较大，日乘车1.6万人左右，旅客来自吉林省及国内各个城市。延边州州府延吉市成了游客们购物和品尝美食的天堂。10月5日，延吉市西市场步行街上，都是挎着大包小包，到处购物的外地游客。在西市场步行街附近土特产商店购物的客人是往年国庆节的两倍多。人参、鹿茸、灵芝、木耳、蘑菇，特别是野山参，一天卖出200多根。除了土特产，延吉西市场一楼大厅的明太鱼、朝鲜族小咸菜等销售也非常火爆。其中，辣白菜、牛筋、沙参、萝卜、小根蒜等销量最好。延吉一家知名泡菜店有千盛、开发区和西市场三个分店，其中西市场店销售最火爆。9月份，该分店辣白菜平均销售150千克/天，“十一”黄金周期间，辣白菜销售1000千克/天，牛筋500千克/天，桔梗500千克/天。辣白菜销售量增长近7倍。

虽然“十一”黄金周初期延吉市气温骤降，给出行造成一定的不便，但绝对没影响到外地食客们的兴致，他们拿着手机，按照微信平台的推介，在大街上挨家挨户地寻找，以实际行动践行着“乘坐高铁，吃延吉美食”的愿望。虽然延吉很多饭店早在9月29日就为黄金周做足准备，但很多饭店储备的地产啤酒还是卖光。游客们为了一饱正宗的朝鲜族美食，颇有耐心地在市内知名朝鲜族饭店门外排起长队。延吉一家知名串城从上午10时开始营业至晚上11时一直爆满，一直有客人排队等位子。最多的一次，在全场满座后，排号排到380多号。每天客流量比2014年同期约增加200人。延吉市一家知名石锅饭旗舰店10时30分开始营业，但每天9点之前就有游客前往排队，还没到正式营业时间，饭店内已经全部坐满，“十一”黄金周期间，该店一直座无虚席。

乘坐长珲城际线高铁到延吉自由行的游客若想出入方便一些，必然要租用车辆，带动延吉市汽车租赁服务业发展。自9月26日开始，延吉市很多汽车租赁服务公司的车辆被租赁一空，租车人大多数是外地游客，一般租赁3至4天，去长白山、珲春等地旅游。

2015年“十一”黄金周期间，延吉市接待游客38万人次，比2014年同期增长95%；实现旅游综合收入2.9亿元，比2014年同期增长93%，实现运输效益和社会效益的双丰收。

大事记

1月

7日

中国延吉至韩国釜山首航仪式在延吉机场大厅举行，该航线航班每周三次。

8日

中共延吉市委第一次常委（扩大）会议在市委常委会议室召开。会议传达吉林省经济工作会议、中共延边州委第1次常委扩大会议精神，决定关于召开延吉市第十七届人民代表大会第四次会议相关事宜。

△延吉市举办以“放飞希望，成就梦想”为主题的2015延吉市“阳光校园”艺术风采展演，1000余名师生参加活动，展示延吉艺术教育成果。

11日

延吉市政协召开十三届十二次常委会。审议通过十三届四次会议有关事宜，通过《常委工作报告》《提案工作报告》，通过大会日程议程，大会秘书长、副秘书长名单以及委员调整和常委补选及人事任免事宜。

13日

中国共产党延吉市第十四届代表大会第四次会议在延吉欢乐宫开幕。会上，表决通过《中国共产党延吉市第十四届代表大会第四次会议关于第十四届委员会工作报告的决议》。

14日

中国人民政治协商会议延吉市第十三届委员会第四次会议在延边国际饭店开幕。

15日

延吉市第十七届人民代表大会第四次会议在延吉欢乐宫开幕。

16日

吉林省“体彩杯”雪地足球赛在延吉市十二中学开幕，全省12支代表队参赛。

17日

延吉市首届“天霸”杯少儿武术锦标赛在延边体育馆举行，100余名少年儿童参加比赛。

20日

2015年延吉电视台《百姓春晚》与观众见面。这是延吉电视台时隔20年再度举办的规模最大一次春节联欢晚会。众多本土明星、群众演员汇聚一堂，表演朝鲜族歌舞、小品、合唱等节目。

21日

延边州暨延吉市妇联组织“美丽庭院”创建工作巡回宣讲会在延吉市召开，延吉市各镇、村妇联干部和各级“美丽庭院”典型户100余人参加活动。

24日

第二届“海兰江”杯冰上高尔夫邀请赛在延吉市小营镇河龙村海兰湖冰面上开赛，延边高尔夫球协会会员及嘉宾70余人参加比赛。

△延边假日国际旅行社开发的新型长白山旅游产品“游巴客”首发仪式在延吉欢乐宫门前举行，53名游客登上“游巴客”体验长白山之旅。

2月

5日

中共延吉市委第二次常委(扩大）会议在市委常委会议室召开。传达中央、省、州纪检工作会议、政法工作会议和组织部长会议精神，研究2015年纪检工作、政法工作和组织工作会议相关事宜。

8日

延吉市2014年度工作总结表彰大会在欢乐宫召开。会上，延吉市委、市政府对2014年在全市经济建设和社会各项事业中取得优异成绩的48名突出贡献企业经营者、10个模范单位、20个优秀单位、20个先进单位、20个“五好”社区、12个“五好”村、10名模范领导干部、20名优秀领导干部、30名先进领导干部、219名优秀工作进行表彰。

13日

延吉亲水湾欢乐水世界正式投入使用，项目一期总投资7500万元，占地8000平方米，可容纳2000人游玩。

△中国延吉至俄罗斯符拉迪沃斯托克CZ625航班货运业务正式开通，这是延吉机场继韩国仁川、釜山之后开通的第三条国际货运航线。

15日

2015年延吉市“全民上冰雪”速度滑冰比赛在布尔哈通河滑冰场开赛，全市各年龄段60余名速滑爱好者参赛。

3月

3日

延吉市召开纪念“三八”国际劳动妇女节105周年大会，表彰15个妇女儿童工作先进集体和30名杰出女性代表。

4日

延吉市举行“最美家庭”表彰活动，表彰全市十大“最美家庭”。

5日

由中共延吉市委宣传部、延吉市文明办、共青团延吉市委、延吉市志愿者协会主办的2015年延吉市“学雷锋志愿服务活动月”启动仪式在北山街道丹虹社区广场开幕。

12日

延吉市召开2015年市直机关党建工作会议，回顾和总结2014年市直机关党建工作成果，安排和部署2015年市直机关党建工作任务。

17日

延吉市召开2015年度武装工作会议。

19日

延吉市召开机关干部服务基层工作动员大会，选派50名副科级干部、100名后备干部、100名中层干部、100名大学生，到基层一线进行一年挂职锻炼。

24日

中共吉林省委第四巡视组巡视延边州及所辖县（市）工作动员会在延吉市召开。

30日

延吉市农业综合开发朝阳川中型灌区节水配套改造项目续建工程正式开工，投资1502万元。

4月

7日

延吉市动物卫生安全处理中心投入使用。中心厂区占地面积9210平方米，处理车间占地面积982平方米。

16日

中共延吉市委第四次常委（扩大）会议在市委常委会议室召开。会议研究市工会第二十三次代表大会相关事宜，传达州人才工作领导小组（扩大）会议精神。

24日

2015年延边州暨延吉市读书节在延吉青年广场开幕。各出版社设立图书销售展位，吸引市民前来选书、买书。

△2015年延吉市“中国体育彩票”春季万人长跑活动在延吉国际会展·艺术中心广场举行。

26日

在中国城市经济专家委员会、中国市场调查研究中心、中国城乡发展基金会联合举办的2015生态城乡科学发展年会上，延吉市获“中国生态魅力市”称号。

27日

延吉市与辽宁师范大学签订战略合作框架协议。协议中确定，重点开展区域和行业的发展战略咨询、人才培养、共性及关键技术的合作研发和创新，共建校市产学研合作基地等。

5月

4日

延吉市与国药药材股份有限公司就项目合作举行签字仪式，双方在药材精深加工、保健品和健康食品的生产加工及仓储物流基地建设等方面强强联合，共谋发展。

6日

延吉市慈善总会“慈善助春耕”救助款发放仪式在小营镇政府举行。延吉市人大常委会副主任朴光石，副市长、市慈善总会会长朴林虎，市政协副主席金京春出席仪式。

8日

中共延吉市委第五次常委(扩大)会议在市委常委会议室召开。会上,传达省纪委副书记杨亚杰在全省强化监督执纪问责、深入纠正“四风”工作会议上的讲话。

△总投资1.15亿元的延边电子商务集散中心项目主体改造工程完工,延边天下兴农电子商务有限公司入住并运营,标志着延边电子商务集散中心项目竣工投入使用。

12日

延吉市召开创建“共产党员服务城”活动动员大会,全面启动创建“共产党员服务城”活动。

15日

延吉市第25次“全国助残日”辅助器具发放仪式在时代广场举行。发放辅助器具600余件,价值10万余元。

18日

“延吉万金重信教育投资有限公司”暨“大学生创业能力教育培训基地”成立仪式,在延吉高新技术产业开发区科技创新园举行。

19日

中共延吉市委宣传部、延吉市文明办表彰延吉市“正能量人物”——崔延忠和蔡连东,为他们颁发证书及奖金。

20日

延吉市友好访问团一行4人参加中国吉林省与俄罗斯滨海边疆区经贸洽谈暨签约仪式,延吉市与滨海区希望区签订友好城市协议和农业合作协议。

29日

中共吉林省委书记巴音朝鲁一行到延吉市建工小学和“六一”幼儿园视察。

△延吉市房地产中介协会启动大会在市房屋销售中心召开。15家房地产中介企业法人代表及部分企业职工100余人参加大会。

30日

“延吉市妇女创业就业培训基地”授牌仪式在延吉市举行,延边新职业学校、延边朗逸职业培训学校、延边国艺文化艺术有限公司、延吉市文化艺术协会、延吉市恒正服饰有限责任公司、延边庆熙宫职业培训学校、延吉市圣手职业培训学校、延吉市“七彩虹”家政服务中心8家机构被授牌。

31日

2015年金达莱之夏广场群众文化活动——“快乐延吉大舞台”群众文化演出,在延吉市青年广场启幕。

6月

5日

延吉市在帽儿山国家森林公园开展“践行绿色生活”纪念“6·5”世界环境日宣传活动。

6日

延吉人民广播电台交通之声启动第十届“爱心送考”公益活动,组织社会爱心人士、商企以及935团结车队等200余台车辆,在高考期间,开展爱心免费送考活动。

9日

延边朝鲜族传统大酱日纪念活动在延吉市依兰镇莲花村(民德来生态村)举行。

12日

延吉市朝阳污水处理厂举行通水仪式。朝阳污水处理厂位于布尔哈通河与朝阳河交汇处东侧,布尔哈通河南岸,占地面积4.07公顷,总投资1.56亿元,建设规模为日处理能力5万吨污水处理厂及26.07千米配套污水管网。

15日

延吉市首期“校长高级研修班”开班典礼在辽宁师范大学举行,延吉市副市长郑权、杨文升出席开班典礼。

20日

延吉市2015年端午节民俗文化展示会在中国朝鲜族民俗园开幕。

△2015年海兰江花园美食文化旅游节开幕。6月20日开始,8月31日结束。

22日

中国文学艺术基金会、华商书院北京校友会牵手中央电视台《大手拉小手》栏目组到延吉市仁坪小学,为学校“美育圆梦教室”揭牌。

7月

1日

延边州首家慈善超市在延吉市新兴街道正式挂牌营业。超市总面积450平方米,设有日用品销售区、免费捐赠区、洗衣房、爱心接收站、爱心传承教育基地等。

△延吉市第十二届社区党员文化月开幕。

2日

由中共延吉市委宣传部、市司法局、市依法治市办公室联合举办的“和谐街区法治延吉”综艺大赛在延吉国际会展·艺术中心举行。

9日

延吉市“关爱留守儿童,共享

一片蓝天”暑期实践活动在延吉市延南小学正式启动。

△安发(长白山)生物科技园奠基仪式在延吉高新技术产业开发区举行。

15 日

延吉市残疾人电子商务培训班正式开班,全市 40 余名残疾人参加开班仪式并接受培训。

16 日

中共中央总书记、国家主席、中央军事委员会主席习近平到延边考察调研，在延吉市视察延边州博物馆和吉林敖东有限公司。

23 日

延吉市政协召开十三届十四次常委会议。审议听取市政府关于 2015 年上半年延吉市经济运行及重大项目进展情况通报;听取市政府关于十三届四次会议以来提案答复情况的报告；审议通过关于延吉市急救体系建设情况的调研报告。

24 日

2015 第七届百威英博延吉冰川·哈尔滨啤酒节在延吉市金达莱广场开幕。

25 日

上海世博会签约项目——众乐娱乐城正式落户延吉。娱乐城是集休闲娱乐于一身的大型室内健康娱乐场所，位于延吉市凯尔玛大厦。

27 日

中国社会科学院发布《中国县域经济发展报告(2015)》,延吉市在遴选出的全国 400 强样本县(市）生态环境竞争力测评中,以生态环境竞争力指数 0.8267 晋级全国生态环境竞争力 100 佳县(市),位列第 60 位,成为全国生态环境良好的典型县(市)。

△延边州国税系统首个“24 小时自助办税厅”在延吉市国税局举行揭牌仪式。

28 日

吉林省老年人协会规范化建设现场会在延吉召开,延吉市在会上做“悉心指导、夯实基础、全面加强老协规范化建设”经验介绍。

30 日

中共中央统战部原副部长、国家民委原主任李德洙一行到延吉市中医医院，就发展延边少数民族地区中(朝)医疗卫生事业发展等问题进行调研。

31 日

中共延吉市委召开全委（扩大)会议,总结上半年全市工作情况,部署下半年工作任务。

8 月

3 日至 6 日

延吉市政府携手阿里巴巴集团特别举办中国延吉·朝鲜族网络美食季,在淘宝网、聚划算、淘抢购等上线,掀起火爆抢购热潮。

4 日

由中共延吉市委组织部、市委宣传部主办，延吉市党史地方志办公室承办的《缅怀历史圆梦中华》纪念抗战胜利 70 周年党史图片展在延吉市政府门前举行。

8 日

“2015 年安利纽崔莱全民健身健步走”活动在延吉市金达莱广场举行。延吉市 6 个街道 1000 余名健步走爱好者,从金达莱广场出发,沿长白山路,途经龙进街、天池路,终点回到金达莱广场,进行全程 3000 米健步走友谊赛。

10 日

延吉市残联与韩国报勋福祉医疗公团签约继续合作 10 年协议。合作项目包括免费安装假肢、免费手术、医疗合作、医疗培训等公益活动。

11 日

延吉市—阿里巴巴满天星农特产品溯源计划新闻发布会暨 2015 阿里巴巴满天星“点亮中国”溯源计划启动仪式在延吉市电子商务大厦举行。

14 日

延吉人民广播电台《交通之声》联合延吉市出租车工业工会联合会共同启动“健康护航、幸福延吉”关爱出租车司机眼健康大型公益活动,宣传用眼卫生知识,倡导驾驶员科学健康用眼。

△第二届中国(延吉)民间艺术博览会暨首届动漫嘉年华在延吉国际会展·艺术中心开幕,为期 5 天。

9 月

1 日

中共延吉市委书记姜虎权带领延吉代表团赴长春参加第十届中国——东北亚博览会(简称“东博会”)。延吉市签约合作项目 4 项,投资总额 27.7 亿元。

16 日

延边州外出务工人员返乡创业工作会议在延吉欢乐宫召开，中共吉林省委常委、延边州委书记张安顺出席会议并讲话。中共延吉市委书记姜虎权做延吉市返乡创业工作经验做法汇报。

19 日

国药(延边)林蛙生物科技有限公司林蛙系列产品项目奠基仪式在延吉市举行。

20 日

长珲城际铁路(吉林至珲春段)正式开通。全线建设里程 360 千米,设计运行时速 250 千米,设吉林、蛟河西、威虎岭北、敦化、大石头南、安图西、延吉西、图们北、珲春 9 座车站。

△延吉百货大楼百利城开业。总建筑面积 10 万平方米,总投资 9.6 亿元。

23 日

延吉市妇联与全国妇基会联合在市依兰镇春兴村举办“魅力 40 载臻爱传芬芳”安莉芳 2015 慈善捐赠活动,接受安莉芳集团捐赠价值 50 万元物资。

24 日

中共延吉市委理论学习中心组召开“三严三实”专题教育第二专题学习研讨会。

10 月

10 日

延吉电视台在青年广场举办“延边音乐盛典暨群星公益演唱会”。

14 日

中共延吉市委第九次常委(扩大)会议在市委常委会议室召开。会议听取市商务局提交的《关于推进西市场改造项目情况的报告》,并确定相关事宜。

15 日

延吉市启动 2015 年全国 1% 人口抽样摸底调查工作。

21 日

中共延吉市委第十次常委(扩大)会议在市委常委会议室召开。

26 日

延吉市召开取暖期大气污染防治工作动员会议。

29 日

中国渔政 22810 号渔政执法快艇在延吉市水利局延河水库下水试航成功。

30 日

延吉市召开深化“三严三实”专题教育专项整治基层干部不作为乱作为等损害群众利益问题工作动员部署会议。

11 月

4 日

延吉市朝鲜族中小学课堂教学改革研讨会在公园小学举行。全市朝鲜族中小学校长、副校长、教导主任和教师代表 110 余人参加会议,共同梳理、总结朝鲜族学校课堂教学改革实践经验。

16 日

有 30 年历史的延吉西市场搬迁至临时经营场所“大千城”。

23 日

在《中国中小城市绿皮书 2015》中,延吉市从全国 1981 个中小城市中脱颖而出,首次晋级“2015 年度中国中小城市新型城镇化质量百强县市”榜单,位居第 61 位。

27 日

中共延吉市委第十二次常委(扩大)会议在市委常委会议室召开。

12 月

14 日

中共延吉市委第十三次常委(扩大)会议在市委常委会议室召开。

17 日

延吉市政协召开十三届十六次常委会议。审议通过常委会工作报告;审议通过常委会提案工作报告。

18 日

中共延吉市委第十四次常委(扩大)会议在市委常委会议室召开。

21 日

中国共产党延吉市第十四届代表大会第五次会议在延吉欢乐宫召开。

22日

延吉市政协召开十三届五次全委会议。

24 日

中共延吉市委第十五次常委(扩大)会议在市委常委会议室召开。

△延吉市残联举行特别困难重度残疾人居家护理一次性补贴发放仪式,将 44.64 万元补贴送到 186 名重度困难残疾人手中。

25 日

延吉市召开扶贫开发工作会议,安排部署当前及今后一段时期全市脱贫攻坚工作,动员全市上下统一思想、坚定信心、凝聚力量,坚决打赢脱贫攻坚战。

28 日

延边大学附属中医医院举行签字暨揭牌仪式,延边中医医院正式挂牌成为延边大学附属中医医院。

市情概貌

自然概貌

【位置疆域】 延吉市位于北纬42度47分129秒至43度24分36秒，东经129度1分31秒至129度41分34秒（西安1980坐标系）。地处吉林省东部、长白山脉北麓。东与图们市相邻，南与龙井市相连，西与安图县为邻，北与汪清县、敦化市接壤。距吉林省省会长春市477千米。辖区东西最大距离约27千米，南北宽约72千米，总面积1748.3平方千米。人口密度每平方310人。城区面积40.6平方千米，郊区面积1707.7平方千米。延吉市有着得天独厚的自然条件和优越的地理位置，处于东北亚经济圈腹地，是“金三角”内中国方的一个支撑点。东直距中俄边境仅60千米，直距日本海80千米；南直距中朝边境10余千米，通海条件较好。

【地形地貌】 延吉市地处长白山脉北麓，四周群山环抱，中间盆地低平，盆地平缓开阔，略呈不规则阶梯状起伏，城区主要分布在盆地内，盆地呈近似东西方向展开。延吉市最低海拔165.7米，海拔最高为延吉市与敦化市、安图县毗邻的哈尔巴岭，海拔1054.5米。

【山脉】 山地属长白山脉哈尔巴岭东南支脉，山势陡峭，沟谷纵横。主要包括帽儿山、四方台山、马向山、平岗山、大砬子山、哈尔巴岭、吉青岭等。

帽儿山　矗立在延吉盆地和东盛平原之间，是延吉的独特标志，因状似老头毡帽，故名帽儿山。位于市区东南部，延吉至龙井公路西侧，是延吉市与龙井市界山。海拔高517.2米。由于帽儿山孤悬高耸，远在渤海、辽金时期就为人们所重视，曾是烽火台、瞭望台的设置地。

尖顶山　位于延吉市区北部，原烟集乡东部，距原烟集乡14千米，海拔649.6米。在地图上标为“烟筒砬子”，当地村民称之“烟筒山”，朝鲜族村民称为“尖顶山”。是一座山顶上有突出石峰的奇山。虽然看上去有些像烟囱，但其模样更像瞄准天空的枪头。

四方台山　是长白山脉哈尔巴岭从北向南延伸的一部分，山势高峻陡险，顶部呈四方形，故而得名。位于延吉市三道湾镇三道

四方台山景色　（延吉新闻网 提供）

煤矿东北，汪清县仲安乡驻地西南22千米，延吉市与汪清县交界处。山上不仅有红松、云杉、桦树、椴树、柞树等针、阔叶树种，还有刺老芽、蕨菜、马蹄叶等山野菜及丰富的山药材资源。海拔689米。

城子山　因山上建有古山城遗址而得名。位于延吉市东约10千米与龙井市交界处，布尔哈通河与海兰江汇流处。山顶四周有山石混筑的城垣，中部有宫殿址遗迹，出土过许多东夏国文物。金末时期为东夏国南京址。

黑林子山　位于市区西北部，距原烟集乡25.5千米，海拔861.4米。

马向山　位于原烟集乡东北部，距原烟集乡25.5千米，海拔713.1米。

自子峰　位于市区北部，原烟集乡西侧，距原烟集乡18.5千米，海拔685.5米。

平顶山　位于市区北部，原烟集乡西侧，距台岩村19千米，面积520公顷的高台地，海拔682米。

龙山　位于市区北部，距原烟集乡石人村17.4千米，南临平顶山，北接黑林子，东望烟筒砬子，海拔637.7米。

满堂湖山　满语地名，意为馒头。位于三道湾镇政府驻地西北11千米处，是延吉市与安图县界山，海拔928米，树木以柞桦树为主，有次生林，山上生长野生经济植物。

炮台山　位于三道湾镇政府驻地以北11.5千米处，1931年“九一八”事变后，抗日游击队曾在山上筑过炮台，故得此名，海拔759米。

平岗山　位于三道湾镇北张芝村西北，山顶平坦，东西宽500米，南北长2000米，像一道平岗，海拔898米。

东大砬子山　位于三道湾镇南张芝村东南，海拔900米。

后大顶子山　位于三道湾镇五道村北部，海拔875米。

金矿山　位于小营镇五凤村北部，附近曾有金矿，故得此名，海拔661米。

哈尔巴岭　位于延吉市与安图县交界处，海拔1054.5米，为延吉市最高点。

山嘴子　位于依兰镇莲花村、古城村之间，海拔713米。

吉青岭　位于依兰镇政府驻地北9500米处，是汪清县与延吉市交界岭，海拔644米。

望向山　位于依兰镇政府驻地西南2千米处，据传清朝时期为烽火台而得名，海拔713米。

九龙峰　位于依兰镇九龙坪西北1500米处，始名王八峰，1982年更名，海拔420米。

东风山　位于延吉市中心以东约4千米处，最高峰海拔601米。由多个超过海拔500米的山峰组成，该山的分水岭是延吉市和龙井市的行政界线。

（本刊编辑部）

【河流】　延吉市有布尔哈通河、依兰河、烟集河、朝阳河和海兰河5条河流，其中流经城区的有布尔哈通河和烟集河。延吉市河道总长213千米，境内总流域面积1636.57平方千米，堤防总长度87.94千米。

布尔哈通河　是图们江的一级支流，自西向东流经延吉市区，将城区分为河北、河南。全长172千米，延吉河口以上流域面积3420平方千米，境内总长30.13千米，境内流域面积121.97平方千米，河道自然坡降1.7‰。

依兰河　在延吉市境内长度41.2千米，即从依兰镇清平桥至新光桥。流域面积410平方千米。堤防长度10.74千米，河道坡降7.2‰。

烟集河　长度50.36千米，流域面积291平方千米，河道坡降8.9‰。

朝阳河　长度84.27千米，流域面积772平方千米，河道坡降5.3‰。

海兰河　在延吉市境内长度7.62千米，即从布尔哈通河与海兰河汇合口至河龙水库。流域面积25.6平方千米，河道坡降4.5‰。

（李　南）

【土地资源】　延吉市土地面积17.22万公顷。耕地少林地多，耕地主要分布在朝阳川镇和依兰镇南部，林地主要分布在依兰镇北部和三道湾镇。耕地面积23367.46公顷，园地面积2561.29公顷，林地面积12.56万公顷，草地面积5585.41公顷，城镇村及工矿用地面积9268.40公顷，交通运输用地面积2650.54公顷，水利及水利设施用地面积2919.41公顷，其他土地面积234.91公顷。

【矿产资源】　延吉市的矿产资源主要包括铜、铅、锌、金、银等有色金属，煤、石油、天然气、油页岩、地热等能源资源，石灰石、大理石、沸石等建材资源，以及矿泉水资源等。煤和矿泉水主要分布在三道湾镇。石灰岩主要分布在七道沟，探明储量3000万吨。石油、天然气主要分布在市区，但储量不大。

（唐振祥）

【水资源】 延吉市多年平均水资源总量 3.567 亿立方米（折合径流深 207.7 毫米），占延边州地表水资源量 3.07%，地表水资源量 3.548 亿立方米，浅层地下水资源量 0.603 亿立方米，地表水与地下水重复计算量 0.585 亿立方米。人均水资源量 708 立方米/人。

【林地资源】 延吉市林木主要分布在北部和西部，中部丘陵荒地划为水土保持经济林区，南部为丘陵水土保持特用林区。林地按种类划分，主要为有林地、疏林地、灌木林地、未成林造林地、苗圃地及其他林地。林地上林木资源发生变化，森林覆盖率也会随之变化。截至 2015 年底，延吉市森林覆盖率 64%，林地面积 9.19 万公顷（蓄积量 765.39 万立方米）。林地面积 7.99 万公顷（蓄积量 763.81 万立方米），疏林地 15.5 公顷（蓄积量 228 立方米），灌木林地 5379.34 公顷，未成林造林地 368.7 公顷，无立木林地 54 公顷，苗圃地 32.7 公顷，宜林地 1213.9 公顷，其他林地 4871.02 公顷。

2014~2015 年延吉市林地资源变化情况一览表

面积：公顷 蓄积量：立方米 覆盖率：%

年度	林地		有林地		疏林地		灌木林地面积	未成林造林地面积	无立木林地面积	苗圃地面积	宜林地面积	其他林地面积	森林覆盖率
	总面积	总蓄积	面积	蓄积	面积	蓄积							
2014	91901	7472032	79987	7456187	16	228	5381	371	57	33	1215	4841	64.02
2015	91923.32	7653905	79988.16	7638083	15.5	228	5379.34	368.7	54	32.7	1213.9	4871.02	64

（李文涛）

【野生植物资源】 延吉市是长白山区生物多样性最为丰富的区域之一。区内景观结构较为复杂，随着地形的起伏，水文、地质、土壤以及小气候条件的变化，使地表呈现森林、沼泽和草甸、河流等丰富多样的生境类型。调查与文献记载，区内有植物 926 种，分属于 12 纲 73 目 184 科。维管束植物有 613 种，分别隶属 8 纲 49 目 103 科。其中蕨类植物有 18 科 22 种；裸子植物有 2 科 12 种；被子植物有 83 科 579 种。真菌植物有 4 纲 12 目 42 科 206 种。苔藓地衣有 4 纲 12 目 41 科 107 种。区内分布国家Ⅱ级重点保护野生植物红松、黄檗、紫椴、水曲柳 4 种。

【野生动物资源】 辖区内有脊椎野生动物 274 种，隶属于 5 纲 27 目 71 科。其中，哺乳类动物 42 种，隶属于 6 目 16 科，占吉林省兽类种数的 51.9%；鸟类 179 种，隶属 15 目 40 科，占吉林省鸟种数的 53.6%；爬行类动物 11 种，隶属于 1 目 3 科，占吉林省爬行动物种数的 64.7%；两栖动物 11 种，隶属于 2 目 6 科，占吉林省两栖类种数的 84.6%；鱼类 31 种，隶属于 3 目 6 科，占吉林省鱼种数的 29.5%。区域内有东北虎、远东豹等国家重点保护野生动物 31 种，Ⅰ级重点保护野生动物 3 种、Ⅱ级重点保护野生动物 28 种。尚有 24 种野生动物在中国及世界范围内，处于濒危、易危、近危等状态，分别列入《中国物种红色名录》《IUCN（世界自然保护联盟）红色名录》和《濒危野生动植物种国际贸易公约（附录Ⅰ-Ⅲ）》。本区有东北虎、远东豹、猞猁、黑熊、水獭 5 个物种皆被程度不同列入以上 4 个受胁等级划分标准中，反映 5 个物种濒危状况严峻性。

（李文涛）

【旅游资源】 延吉具有深厚的中国朝鲜族文化底蕴，拥有丰富的旅游资源。自然景观优美宜人。延吉地处长白山腹地，森林覆盖率 78%，山水风光特色天成。以延吉为起点，南有长白山，北有镜泊湖，东有陆岛防川。地区范围内有敦化金鼎大佛、和龙仙景台国家旅游风景区、珲春防川景区、图们口岸等景区（景点）。延吉民俗特色旅游资源丰富。延吉民族文化在长期历史进程中既传承朝鲜民族传统文化，又受到中国传统文化及区域文化影响，形成有别于朝鲜、韩国和国内其他地区的朝鲜族文化，特有人生礼仪、岁时风俗、文化艺术、体育游戏、饮食起居、道德规范、生产活动等民俗。中国朝鲜族农乐舞、跳板、秋千、秋夕节等民俗项目入选国家非物质文化遗产名录。大型歌舞《图们江之歌》《天池传奇》等集中展现中国朝鲜族的民族文化和民俗风情，可以充分满足游客观赏、体验需求。延吉毗邻朝鲜、俄罗斯，具有独特地缘优势。优美的自然风光，独特的民俗文化，神秘的异域风情，吸引着越来越多游客到延吉游玩体验。全市有旅行社 130 家，出境组团社 25 家。国家级导游员 800 余人。旅游星级饭店 14 家，可提供床位 3 万余张。旅游特色接待单位 300 余家。

（杜宇明）

【气候】 2015 年，延吉市气候特点是：气温稍高，降水正常，日照正常。

气温　2015 年平均气温 6.6 摄氏度，比历年平均气温 5.7 摄氏度高 0.9 摄氏度，比 2014 年平均气温 6.3 摄氏度高 0.3 摄氏度。年最高气温 35.3 摄氏度，出现于 7 月 10 日，比历年最高气温 37.7 摄氏度低 2.4 摄氏度，比 2014 年最高气温 34.8 摄氏度高 0.5 摄氏度。年最低气温-22.0 摄氏度，出现于 12 月 27 日，比历年最低气温-31.4 摄氏度高 9.4 摄氏度，比 2014 年最低气温-23.8 摄氏度高 1.8 摄氏度。

降水　全市年总降水量 600.5 毫米，比历年平均降水量 531.4 毫米多 69.1 毫米，比 2014 年总降水量 458.8 毫米多 141.7 毫米。年最大日降水量 56.0 毫米，出现在 7 月 13 日。

日照　年总日照时数 2312.4 小时，比历年平均日照时数 2268.7 小时多 43.7 小时，比 2014 年总日照时数 2466.1 小时少 153.7，年日照百分率 52%。

湿度　年平均相对湿度 64%。

气压　年平均气压 985.4 百帕。

霜　年无霜期日数 180 天。

冻土　年度最大冻土深度 142 厘米。

风　年平均风速 3.1 米/秒。年度大风天数 42 天。年极大风速 28.7 米/秒，出现于 6 月 1 日，风向为西北偏西。

大雾　年度出现大雾现象 25 天。

（唐惠慧）

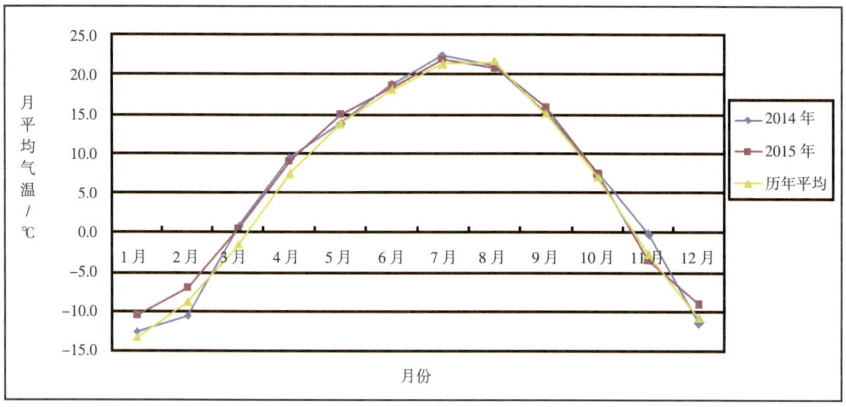

2015 年延吉市逐月平均气温折点图

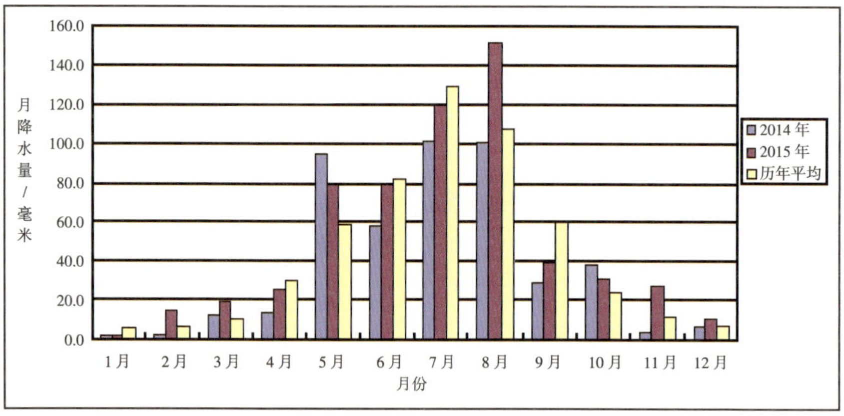

2015 年延吉市逐月降水量柱形图

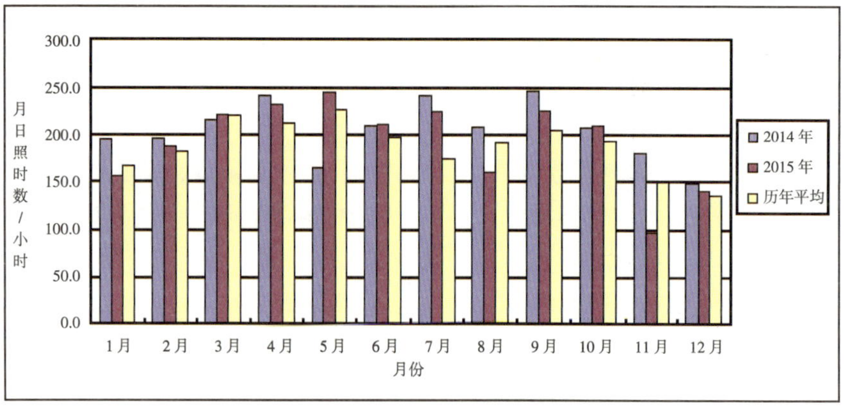

2015 年延吉市逐月日照时数柱形图

社会概貌

【"延吉"地名由来】 延吉市土名烟集岗，又名南岗。"延吉"地名的起源说法不一。明代为瑚叶吉朗等卫地，"叶吉"音转为延吉。清代叫南岗（南荒二字的音转），又名延吉，"延吉"满语山羊之意。在开发初年，此地常常烟气冈冈，雾气笼罩，故称烟集岗，延吉即烟集的音转。延吉乃吉林的延长之意等。清后期又称局子街，即官衙所在地之意。在民国时期，通常叫局子街，也叫延吉。

【历史沿革】 延吉历史悠久，据已发掘的新石器时代出土文物及两千年前的《汉书》记载，早在新石器时代，就有人类在这块土地上繁衍生息。唐朝及以前，延吉曾先后属渤海国、高句丽王朝辖地。元、明时代，延吉地区先后属辽阳行省元路，奴尔干都使司布尔哈图等卫所。至康熙十六年（1677年），清朝廷假"长白山一带为先祖龙兴之地"之名，将兴京以东，伊通州以南，图们江以北划为禁山围场，封禁长达200年之久。19世纪末，朝鲜及中国山东、河北一带遭大灾，始有人冒禁闯入封禁区。光绪七年（1881年），灾民大批迁入，清朝遂废除封禁令，在南岗设立招垦局。光绪二十八年（1902年），随着人口日增，清朝在局子街设延吉厅。宣统元年（1909年），吉林东南路兵备道台公署移住局子街，延吉厅升为延吉府。1912年改为延吉县。东北沦陷时期，延吉沦落于日寇铁蹄下，为伪满"间岛"省省会。解放战争时期，吉林省政府、延边行政督察专员公署等行政机构曾设在延吉。1952年9月，成立延边朝鲜族自治区，后改自治州，延吉亦是州府所在地。1953年5月，延吉从延吉县划出成为县级市。1985年1月，国务院批准延吉市为全国甲级开放城市。

（本刊编辑部）

【行政区划】 延吉市辖进学、北山、新兴、公园、河南、建工6个街道，领导70个社区居民委员会，下设居民小组3512个；辖朝阳川、依兰、三道湾、小营4个镇，领导8个社区居民委员会、54个村委会、2个农场；下设115个居民小组、507个村民小组、267个自然屯。

（马 俊）

【交通现状】 延吉市东邻朝鲜、俄罗斯，与韩国、日本隔海相望，处于东北亚经济圈腹地，是图们江流域"金三角"的支点城市之一，周边有11个对外口岸，国际

2015年延吉市行政区划一览表

街道办事处/乡镇	面积（平方千米）	数量（个）	村/社区居民委员会
进学街道办事处	6.1	14	向阳、娇阳、春阳、正阳、南阳、安阳、旭阳、文庆、文明、文汇、文新、文河、文化、丽阳
北山街道办事处	6.7	11	丹延、丹山、丹明、丹英、丹虹、丹岭、丹华、丹春、丹光、丹吉、丹进
新兴街道办事处	5.8	10	民平、民安、民昌、民盛、民和、民泰、民富、民强、民兴、民旺
公园街道办事处	4.4	12	园城、园月、园新、园辉、园校、园艺、园建、园航、园纺、园法、园锦、恒润
河南街道办事处	8	12	碧水、白玉、白桦、晨光、春光、白梅、烟厂、白菊、白新、白川、白丰、白山
建工街道办事处	8.87	11	延春、延青、延红、延盛、延华、长青、长林、长海、长生、长新、延兴
小营镇	164.21	16	社区：东阳 村委会：小营、光进、吉兴、民主、河龙、长东、新农、东光、东新、理化、仁坪、光明、五凤 农场：东山、果树
依兰镇	334.07	12	村委会：北大、兴安、东兴、大成、平安、兴农、龙渊、利民、台岩、九龙、春兴、古城
三道湾镇	555.7	11	社区：参场、煤矿 村委会：中心、五道、南张芝、北张芝、东沟、平岗、屯田、支边、梨树
朝阳川镇	398.369	25	社区：胜利、文化、和平、朝阳、春光 村委会：吉成、勤劳、太东、光石、合成、三峰、三成、东丰、长青、光荣、朝阳、龙盛、德新、柳新、横道、仲坪、太兴、八道、长胜、平道

（马 俊）

空港延吉朝阳川机场，有直达韩国首尔、北京、青岛、烟台、大连等航线，海路运输开通借俄罗斯、朝鲜港口到达韩国、日本海陆联运航线，铁路、高速公路贯穿境内，形成海、陆、空四通八达的立体交通网络，成为韩国、日本、俄罗斯和北美国家通向中国东北亚及亚欧大陆最便捷的国际通道。

（杜宇明）

【人口】 2015年年末，延吉市总户数200713户，总人口541323人（户籍人口）。男性261875人，占总人口48.4%；女性279448人，占总人口51.6%；出生人数5227人，人口出生率9.70‰，死亡人数3601人，人口死亡率6.69‰，城区人口495413人，乡村人口45910人。

【民族】 延吉市主要居住着朝鲜族、汉族、满族、回族和其他少数民族，是以朝鲜族为主体多民族聚居地区。朝鲜族308445人，占总人口57.0%；汉族218737人，占总人口40.4%；满族11387人，回族1695人，蒙古族766人，锡伯族65人，其他少数民族228人。

（孟祥宇）

【语言】 朝鲜语是朝鲜族的主要交际工具。在延吉，以朝鲜族语言文字进行朝鲜族教育。每年9月2日为“朝鲜语言文字日”，在全社会营造注重民族语言习惯、支持朝鲜语言发展的氛围，推进民族团结进步事业发展。改革开放以来，延边市操用不同语言（方言）的人越来越多，随着联系的扩大，交往的频繁，再加上国家大力推广普通话，促进延边语言向普通话融合。当地人和不同语言（方言）人交际主要说普通话，就是大多数朝鲜族，除使用本民族语言外，都掌握常用的汉语，会说被称为“延边汉语”的准普通话。

延吉市街边门市牌匾上均标有朝汉双语文字 （本刊编辑部 提供）

【宗教】 延吉市有佛教、道教、伊斯兰教、天主教、基督教五种宗教。有宗教活动场所48处，基督教活动场所37处，天主教活动场所4处，佛教活动场所5处，伊斯兰教清真寺1处，道教固定处所1处，另有外国人临时宗教活动点1处。全市信教人数2万余人，占全市总人口3.3%，基督教信徒1.4万人左右，天主教信徒700余人，佛教信徒3050余人，伊斯兰教1350余人，道教信徒500余人。有宗教教职人员116人（包括宗教场所负责人）。

（孟红吉）

【市标与市花】 延吉市市标是

延吉市市花——金达莱 （李军广 摄）

"金达莱之光"，采用金达莱五个花瓣的变化和朝鲜族传统服饰颜色来表达延吉具有活力、开放、浓郁的民族风情城市。周围用朝文、汉文、英文的"延吉"字样环绕，体现延吉的民族特色，有强烈的视觉感和现代感。

延吉市市花是金达莱花，象征着延边人民的坚强和爱国精神，更传播着和平和友爱。

【城市推介语】 "Yes Yanji"(就是延吉)。它的推广标识与市标中核心部分金达莱花融为一体，具有动感和美感，这种语言表达方式反映出延吉作为吉林省东部中心城市的自豪感。同时，具有朝鲜族特色的表达方式，更加凸显延吉的城市特色和现代活力。

【投资环境】 延吉是一座经济繁荣的中心城市。作为图们江区域国际开发与合作的中方支点城市，延吉同时享受国家西部大开发、东北老工业基地振兴、边疆少数民族地区、长吉图开发开放等多项政策，经过不断培育和发展，形成医药食品、能源建材、机械制造、电子信息等支柱产业，经济发展势头强劲，综合实力多年位居全省县(市)第一，是吉林省唯一的全国百强县(市)，也是吉林省唯一获得全国百强县(市)、中国中小城市综合实力百强县(市)和中国最具竞争力百强县(市)三大"全国百强"的县(市)。

延吉是一座区位独特的开放城市。延吉东临朝鲜、俄罗斯，与韩国、日本隔海相望，处于东北亚经济圈腹地，周边有11个对外口岸，国际空港延吉机场有直达北京、上海和韩国首尔、俄罗斯海参崴、朝鲜平壤等23条国际国内航线，旅客吞吐量连续4年突破百万人次。市内延吉国家高新区和延边新兴工业集中区，是延吉市对外开放重要平台，延吉已经成为图们江区域人流、物流、资金流、信息流和技术流的高度集中区，是东北地区外向度最高、经济发展最为活跃的城市之一。

延吉是一座风情浓郁的旅游城市。延吉有源远流长的朝鲜族文化和风情浓郁的民俗，有"教育之乡""歌舞之乡""足球之乡"之称，民俗饮食风味独特。市内有海兰湖高尔夫球旅游度假村、梦都美滑雪场、帽儿山国家森林公园、中国朝鲜族民俗园，旅游设施完备，旅游接待能力增强，获"中国最具魅力节庆城市"和"中国优秀旅游城市"称号。

延吉是一座生态优美的宜居城市。延吉地处中国高纬度地带山林盆地，四季分明，气候宜人，城市三面环山，"两河"绕城，整座城市被森林、植被所环绕，森林覆盖率80%，空气质量好于国家二级标准天数连续多年超过330天，获"国家园林城市""国家卫生城市"等多项称号，成为全国生态良好、生态文化繁荣、生态产业兴旺、人与自然和谐发展的25个"中国生态魅力县(市、区、旗)"之一。

(杜宇明)

旅游景观

【三墩连台】 三墩连台遗址位于延吉市区，延边的"墩台"与古长城依靠，总的布局呈弧形，护卫着延吉布尔哈通河与龙井海兰江间广大肥沃的河谷盆地，构成一个十分壮观的古代军事防御工事体系。墩台遗址有大墩台、小墩台、帽儿山墩台。3个墩台互为犄角，构成三角形军事联络体系，共同守卫着当时的渤海郡国心脏—城子山山城。每墩台有5名军士守卫，若有敌人侵犯，夜放明火、日举狼烟，迅速报警传递军事信息，在古代军事通信技术迟缓的条件下，这种利用地形地势的军事预警系统，非常实用。大墩台遗址在原烟集乡政府东1000米的一条从东北向西南延伸丘陵末端的石山上(石山因劈山采石，只剩北侧1/3)，墩台为土石堆筑，存高约4.1米，是渤海时期修建的烽火台。小墩台遗址在延吉市人民公园最北部的小山丘上。是土石堆筑的高台，呈圆锥状、现存高8米，底部周长180米，底径53米，顶径29米，形如一个大圆锥体。是渤海时期的烽火台。小墩台下有碑石，碑文介绍中国汉代前后，生活在这里的古沃沮人村落情况。山路两旁稀疏地长着榆树、梨树。登上小墩台，一座高大的凉亭矗立在山顶。在那里可俯瞰延吉市。帽儿山墩台遗址位于延吉市与龙井市交界处帽儿山顶上，海拔517米，由火山岩碎石块堆砌而成，高约3米，顶直径约6米至8米，是渤海时期烽火台。墩台下有渤海郡国的军事建筑遗址。与墩台相关的军事设施，是绵延在延边大地上的"古长城"，它是连接各个墩台的纽带。

延边的"古长城"遗迹，断续伸延在延吉、龙井、和龙三市的崇山峻岭之中。多为土筑，也有石筑，或土石混筑，大部分地段修筑在山脊的一侧，部分地段跨越山岭、峡谷及河川“古长城”西自和龙市八家子镇丰产开始，经西城、龙门，再经龙井市的细鳞河、桃源、铜佛、朝阳、八道，再经延吉市的依兰镇、图们市的长安镇磨盘山（城子山山城附近）、东至长安镇的鸡林北山，总长100多千米，至清朝中期，“古长城”逐渐颓败或湮没，只剩下断断续续的遗迹。

【中国朝鲜族民俗园】 国家AAAA级景区。中国朝鲜族民俗园地处延吉南部，紧邻国家级帽儿山森林公园，占地390万平方米。园内含民俗商业街、民俗村、民俗广场、海兰江花园小区等建筑群落。民俗村包含传统文化体验区、百年老宅展示区及农耕文化体验区。民俗园以中国朝鲜族民俗文化为核心，完整的集聚中国朝鲜族民俗文化要素，成为延边朝鲜族民俗旅游面向世界的一张新名片。

【延吉市布尔哈通河国家水利风景区】 布尔哈通河满语意为柳树河，因岸边长满柳树而得名。是贯穿延吉市一条主要河流，把市区分成南北两个城区，是全市最主要景观通廊。

【海兰湖名胜景区】 国家AAAA级景区。海兰湖风景区位于延边州延吉、龙井、图们三市交界处，具有得天独厚的区位优势，是集景观、餐饮、娱乐等为一体综合型旅游景区。游客们可在景区内乘船游湖、登山垂钓、滑冰滑雪，既欣赏美景，观看民俗、歌舞表演，又品尝具有朝鲜族特色的美食。风景区内海兰湖高尔夫球场是东北三省36洞国际标准高尔夫球场之一。从3月中旬至11月中旬，高尔夫爱好者可以在这里一展身手，尤以夏季避暑度假、金秋枫叶时节球场环境和景色最为亮丽。

【梦都美民俗旅游度假村】 国家AAAA级景区。梦都美度假村位于延吉市依兰镇春兴村5队，距延吉市区15千米，是延边州内拥有最大滑雪场的度假村。度假村内完成滑雪场（一期六条雪道）、八层温泉酒店、温泉养生中心、露营公园基础设施及水上乐园建设。滑雪娱乐项目有单板、双板、雪圈、雪地爬犁、马爬犁、雪地摩托等。雪场同时能为3000名游客提供滑雪服务。新建8层酒店，集温泉洗浴（室内/室外）、雪具店、咖啡厅、自助餐厅、豪华客房等于一体，为运动与休息提供更多便捷、优美的环境。

布尔哈通河湿地景观 （林业局 提供）

【延边州博物馆】 国家AAAA级景区。博物馆占地面积2万余平方米，建筑面积1.45万平方米，陈列面积6200平方米。馆藏文物近1.5万件，国家珍贵文物600余件。馆藏文物主要是由古代文物、近现代文物和朝鲜族民俗文物组成。

【石海风景区】 国家AA级景区。延吉石海旅游风景区位于延吉市三道湾镇五道村，海拔267米，距市区仅40千米。景区占地面积25平方千米，主要旅游景点有石海地质观光区、三道湾红色旅游区、民俗生活体验区、小黄牛生态农场及户外文化博览区。

【帽儿山国家森林公园】 位于延吉市南10千米，是延吉、龙井、图们地区重要生态源地和旅游休闲核心区。以山地森林生态环境、自然景观及乡土景观为背景，以山、水、林、田、城相依相融为特色，体现朝鲜民族风俗风情，集区域生态核心、郊野休闲、森林旅游、民俗旅游、遗址旅游、度假娱乐等多种功能于一体，是布尔哈通河与海兰江天然观览台，是延吉的城市地标。

【小河龙千年松景区】 千年松景区位于延吉市河龙村，地处海兰

小河龙千年松　　（旅游局 提供）

江与布尔哈通河交汇处，是延吉人郊游首选之地，在河龙村山坡上，有三棵颇有名气的古树——千年松。三棵赤松，又称三胎松，树高分别为7.5米、9.3米、10.0米，树冠分别为13.0米、14.0米、17.5米，经考证为千年古松。

【延吉旅游集散中心】 延吉旅游集散中心（欢乐宫）位于延吉市火车站站前广场西侧，由3.5万平方米商业服务区和1.5万平方米独立演艺剧场两部分组成。除地下二层停车场外，商业服务区分为地下一层、地上四层，单层经营面积4700平方米。从下至上按楼层依次分为休闲娱乐、欢乐大剧院、功能服务、边疆珍宝、民俗住宿、宴会厅六大区域，是将娱乐、旅游、商贸、餐饮、住宿等经营项目有机结合的综合性商业中心。

【亲水湾欢乐水世界】 亲水湾欢乐水世界位于延吉体育场西侧，室内占地面积1万平方米，设有激情冲浪池、大型梦幻水寨屋、彩虹缤纷滑道、亲子家庭式螺旋蜿蜒滑梯等水上娱乐项目，长白山温泉氧吧，可同时容纳2000人游玩，是一所集游乐休闲为一体水上游园，也是延吉市首家水上世界。2015年2月13日试营业，日均接待游客1300余人。

（杜宇明）

经济和社会发展

【概况】 2015年，实现延吉生产总值309.47亿元，按可比价格计算，比2014年增长6.9%（可比价，下同）。其中，第一产业增加值5.54亿元，增长4.6%；第二产业增加值128.84亿元，增长4.4%；第三产业增加值175.09亿元，增长9.1%。

2015年延吉市社会生产总值主要指标一览表

指标	计量单位	产值	产值构成(%)
延吉生产总值	万元	3094730	100
第一产业	万元	55417	1.8
第二产业	万元	1288388	41.6
#工业	万元	1176680	38.0
第三产业	万元	1750925	56.6
#运输邮电	万元	236084	7.6
#批零住餐	万元	544274	17.6

（本刊编辑部）

【农业】 全年实现农林牧渔业总产值9.56亿元，增长4.4%。其中，农业产值6.64亿元，增长4.0%；林业产值0.46亿元，增长3.5%；牧业产值2.03亿元，增长6.0%；渔业产值0.03亿元，增长1.9%；农林牧渔服务业产值0.41亿元，增长3.0%。

2015 年延吉市农业产值主要指标一览表

指标	计量单位	产值	产值构成(%)
农林牧渔业总产值	万元	95612	—
农业	万元	66352	69.4
林业	万元	4580	4.8
牧业	万元	20275	21.2
渔业	万元	311	0.3

（本刊编辑部）

全年粮食产量 97104 吨，增长 11.2%；蔬菜产量 85877 吨，下降 10.0%；水果产量 25932 吨，增长 13.5%；烟叶产量 391 吨，下降 14.1%；油料产量 401 吨，下降 0.2%。

全年肉类产量 4679 吨，增长 2.5%；水产品产量 195 吨，增长 2.6%；禽蛋类产量 2467 吨，增长 19.0%；奶类产量 353 吨，增长 24.6%；鹿茸产量 170 千克，下降 1.2%。

【工业】 全年规模以上工业企业实现增加值 114.05 亿元，增长 4.0%。全年规模以上工业企业总产值 340.89 亿元。其中，市属企业产值 258.45 亿元。全年工业企业产品销售率 96.6%，下降 1.0 个百分点。全年规模以上工业企业实现主营业务收入 320.21 亿元，增长 6.9%；实现利润 16.92 亿元，下降 8.6%。

2015 年延吉市规模以上工业企业总产值、销售产值一览表

单位：万元

企业类型	工业总产值	工业销售产值	产销率(%)
港澳台及外商投资企业	995771	956184	96.0
私营企业	562710	546374	97.1
有限责任公司	1700277	1631530	96.0
股份有限公司	150092	148288	98.8

（本刊编辑部）

【固定资产投资】 全年完成全社会固定资产投资 252.03 亿元，增长 14.7%。从产业结构看，第一产业投资 5.30 亿元，增长 12.7%；第二产业投资 113.92 亿元，增长 15.8%，其中工业投资 110.80 亿元，增长 13.6%；第三产业投资 132.81 亿元，增长 13.8%。

【交通、邮电】 全年完成货物运输量 1418.4 万吨，增长 6.9%。其中，铁路发送量 4.7 万吨，增长 27.0%；载货汽车货运量 1413.0 万吨，增长 6.9%；民用航空发送量 0.7 万吨，增长 16.7%。全年完成旅客发送量 1299.0 万人次，增长 2.7%。其中，铁路发送量 224.7 万人次，增长 30.6%；公路发送量 1000.0 万人次，下降 2.9%；民用航空出港人数 74.3 万人次，增长 17.7%。民用航空旅客吞吐量 145.8 万人次，增长 17.4%。

全年实现邮政业务总量 9027 万元，增长 2.5%。全市固定电话用户 20.0 万户；移动电话用户 71.4 万户；互联网用户 18.2 万户。

（本刊编辑部）

精神文明建设

【精神文明创建活动】 举办报告会、理论宣讲团、道德模范巡演、演讲征文比赛、学校德育课等多种方式和平台，加强对广大市民教育引导。把培育和践行社会主义核心价值观融入学校教育全过程，推动社会主义核心价值观进课堂、进家庭、进学生头脑。始终做到面向基层、面向社会、面向群众，以形式多样、寓教于乐的实践活动引导群众参与，全年围绕社会主义核心价值观开展各种精神文明创建活动200余次。

【"我们的节日"主题活动】 挖掘优秀传统节日深厚文化内涵，把爱国主义教育贯穿于"我们的节日"主题文化活动始终。清明节期间，市文明办向全市下发《关于开展2015年"我们的节日·清明节"主题教育实践活动的通知》，利用各类爱国主义教育基地，广泛开展缅怀革命先烈群众性纪念活动，引导广大群众移风易俗，破除迷信，以现代文明理念、温馨和谐方式开展祭祀活动，参与人数5万余人。端午节期间，开展"粽叶飘香迎端午军民联欢一家亲""端午促和谐邻里更团结""民族团结'粽'是情朝汉居民一家亲"等各类拥军、睦邻活动40余次。中秋节期间，开展"邻里情、邻里和、邻里乐""中秋一家亲""送月饼献爱心传递社会温情""关爱留守儿童迎中秋"等各类志愿服务、民族团结活动30余次。

【"三讲三爱·感动延吉"评选活动】 从3月份开始，每月开展一次以"三讲三爱·感动延吉"身边好榜样评选表彰和发布工作，评选和发布在本辖区践行社会主义核心价值观及"三讲三爱"活动中涌现出的事迹突出、群众认可度高的道德模范典型人物。全年开展"三讲三爱·感动延吉"好榜样颁奖典礼13场，评选好榜样125人。承办2015年"三讲三爱·感动延吉"道德模范颁奖典礼，全市50位"三讲三爱·感动延吉"道德模范受到表彰。

【"寻找身边正能量"活动】 1月9日，启动"寻找身边正台量"活动，不定期评选表彰"正能量人物"，发掘、传播和奖励社会上好人好事。1月9日，表彰延吉"托举哥"新时代购物广场工作人员尚廷龙；1月22日，表彰"按错号误转3万武汉人急寻原主完璧归赵延吉人美"依兰镇兴安村村民高培龙；3月9日，表彰为环卫工人提供免费午餐的火炉情烤肉城顾文杰；5月19日，表彰两位彻夜守护陌生邻居20余万元财物的残疾人崔延忠和蔡连东；8月18日，表彰见义勇为公交司机倪海忠。市文明办在做好各类评选表彰同时树立先进典型。由市文明办推荐延吉市育龙电脑培训中心校长金旭登上二月份"中国好人榜"。李婉薇、闫巨江、姜学琴、王喆等8人获2015年"吉林好人"称号。太基钝、杨丽珍等13人获得2015年"延边好人"称号。崔太男等18人获得"吉林美德少年"称号、李紫琦等36人获得"延边美德少年"称号。

【公民道德建设】 3月5日，举办"迎三八传递正能量——践行社会主义核心价值观"配乐朗诵比赛、"追随雷锋精神弘扬核心价值观"活动、"践行核心价值观文明礼仪伴我行"活动、"文明礼仪大讲堂"活动等各类活动82项。在延吉新闻网开设曝光台，曝光"公交车站点座椅被破坏站牌被撕毁""绿化隔离带被踩踏支离破碎让人心疼""图省事横跨防护栏实在不该""乱停车是陋习文明出行从自身做起"等不文明行为60余篇。

【未成年人思想道德建设】 9月，开展"美德少年"评选表彰活动，评选表彰100名道德模范学生。推进乡村学校少年宫建设。将未成年人思想道德建设工作的重点和难点放在农村，全面推动、自主发展、重点培植、积极扶持为原则，推动延吉市乡村学校少年宫建设。组织延吉市各乡村学校少年宫项目校教师29人参加"延边州乡村学校少年宫辅导员培训班"。

【志愿服务活动】 3月，开展学雷锋志愿服务活动。全市注册志愿者2万人，志愿服务队伍200余支，包括教育、街道社区、司法、出租车、医疗卫生、文化、企业、机关等10余个行业类型。开展"学雷锋志愿服务月"活动。在市直机关、企事业单位以及各级文明单位开展环境卫生整治、文明交通、关爱空巢老人、关爱留守儿童等各类志愿服务活动150余次，参与人数2万人次。开展"三关爱"志愿服务活动。各街道社区广泛开展敬老、爱幼、帮农民工、助残志愿服务活动为主要内容的"关爱他人"志愿服务活动，为空巢老人、留守儿童、农民工、残疾人提供更多关爱，全市范围内开展"三关爱"志愿服务活动300余次。

（卢平秀）

朝鲜族民俗风情

民俗节日

【元宵节尤茨大赛】 3月3日，新兴街道民富社区举办第十五届元宵节尤茨大赛。社区的空巢老人、留守儿童和延吉市空军部队官兵百余人参加活动。尤茨比赛是朝鲜族群众最喜欢的一项融文化、体育等一体的传统民俗活动，距今已有2000余年历史，尤茨比赛时，三位盛装出席大赛的选手分坐在棋盘三侧，身后的拉拉队则寻找有好“手气”的人作为自己一方代表上台掷尤茨，无论掷得好坏，满场都一派欢腾景象。趣味性极强，常玩儿于春节期间，尤茨比赛成绩往往也被看做新年的运气。

【端午节民俗文化展】 6月20日，延吉市2015年端午节民俗文化展示会在中国朝鲜族民俗园开幕，于8月31日结束。美食文化旅游节期间部分商铺24小时营业。产自长白山脚下的蓝莓等果类食品受到游客喜爱。民俗园里的民族特色文化。开幕式上，伴随着悠扬的音乐产品吸引大量游客，身着民族特色服饰的演员们，表演《响扇舞》《桔梗谣》《假面舞》等舞蹈。展示会上，延吉市摄影家协会展出100余幅摄影作品。

【中秋节民俗文化展演活动】 朝鲜族称中华民族传统节日中秋节为秋夕节。秋夕一词来源于古代天子“春祭朝日，秋祭夕月”一语。秋夕节之际，要到祖坟祭祀，清除祖坟周边杂草，朝鲜族人民穿上民族服装，吃松糕，举行摔跤、秋千、跳板、拔河、斗牛等民俗活动。

9月26日，延吉市“2015年中秋节民俗文化展演”活动在中国朝鲜族民俗园举行，开展民俗文艺展、传统摔跤表演、摄影作品展、非物质文化遗产饮食展等活动。

“我爱家乡”摄影展 9月26日，迎中秋延吉“民俗文化展示会”系列活动“我爱家乡”摄影展在朝鲜族民俗园举行，展出摄影作品130幅。展出图片全部为2015年拍摄的新作品，题材包含风景、人物、事件等内容。

“千人拌饭”迎中秋 9月26日，2015年延吉“民俗文化展示

6月20日，延吉市端午节民俗文化展示会在朝鲜族民俗园开幕
（李军广 摄）

9月26日，延吉市非物质文化遗产饮食展在朝鲜族民俗园举行，图为“千人拌饭”活动 （许昌国 摄）

会”非物质文化遗产（以下简称“非遗”）饮食展在朝鲜族民俗园举行。由考世茂山庄主办的千人拌饭活动中，厨师事先在场地中心的大桶里铺上米饭，将十二道营养配菜平铺在米饭上，引来市民们的围观和合影留念。

中秋朝鲜族摔跤比赛 9月26日，由延吉市摔跤协会举办朝鲜族传统体育项目摔跤表演在朝鲜族民俗园摔跤训练场地举行。朝鲜族摔跤是朝鲜族传统体育项目之一，重大节日或者体育赛事中，摔跤都是必不可少的项目。

“秋夕节”赏民俗歌舞 9月26日，在朝鲜族民俗园内，演员用精彩的节目为观众送上节日祝福上演朝鲜族民俗特色节目。有延吉市文化馆民俗艺术团《彩铃舞》、延吉市故乡艺术团《牙拍舞》、延吉市阿里郎艺术团《顶水舞》民俗舞蹈。

【庆祝老人节活动】 “千寿宴”共庆“老人节” 8月12日，延吉市公园街道园新社区邀请200余名60周岁以上老人共赴“千寿宴”，喜迎延边州“8·15”老人节，为老人祝福。活动现场，延吉市老来乐艺术团为老人们表演乐曲演奏、健美操、合唱等文艺节目。园新社区工作人员和老人们做气球吹扎、击鼓传花等趣味游戏。傍晚时分，社区工作人员为老人们准备美味菜肴。

延吉首届中老年广场舞表演 8月13日，“延吉市2015年迎‘8·15’老人节‘夕阳美杯’中老年广场舞表演赛”开幕。延吉市老龄工作委员会、市文广新局、市老年体育协会、市老年协会共同主办，延边夕阳美科技健康服务有限公司承办比赛。全市33支老年人队伍，800余名老年人齐聚延吉市青年广场，踏歌起舞。7支队伍获得“最佳表演奖”，12支队伍获得“优秀表演奖”，14支队伍获得“优秀组织奖”。

公园街道老人节活动 老人节期间，延吉市公园街道组织开展老人节活动，惠及老人500余名。8月12日，延吉市公园街道园校社区组织在职党员在延吉市人民公园，举办一场趣味运动会。运动会结束后，在职党员走访慰问行动不便的老人，为其送去拐杖。8月13日，延吉市公园街道园月社区青少年阳光驿站孩子们带着礼物到延吉市松鹤园养老院看望孤寡老人，为老人表演文艺节目。园纺社区邀请延边新世纪健康教育协会会长、国际营养师李宝玉就如何保持良好心情、养成正确生活习惯等内容对老人进行健康教育课。8月14日上午，延吉市公园街道园城社区组织开展“相约园城欢度老人节”主题活动，辖区内空巢老人及社区工作人员30多人参加活动。延吉市公园街道园锦社区组织辖区老人进行趣味知识问答，老人们在活动中提高健康意识。延吉市公园街道园建社区组织辖区蒲公英志愿者们到梨花苑小区孤寡老人薛大娘家中为老人送去节日关怀。8月15日上午，延吉市公园街道恒润社区组织辖区70余名老年人举行老人节联欢会。

新兴街道民安社区老人节活动 8月12日，第31个老人节，延吉市新兴街道民安社区精心准备，让辖区老年人在欢乐祥和的气氛中度过属于自己的节日。辖区空巢老人、独居老人、军烈属等20余人，到社区活动室，开展娱乐活动，共度佳节。

河南街道白川社区老人节活动 8月10日，延吉市河南街道白川社区组织辖区内空巢老人、独居老人、留守老人以及社区工作人员，50余人到依兰镇农家乐，为老人们庆祝“8·15”老人节。开展以“喜迎老人节,关爱老年人”为主题的活动,组织老人去依兰镇农家乐野游,赏风景、做游戏,社区工作人员在依兰镇农家乐为老人准备午餐。用餐结束后,在农家乐庭院内唱歌跳舞。

建工街道长青社区老人节活动 8月14日晚,延吉市建工街道长青社区在延吉市文化广场举办“吉林银行延吉建工街支行杯”快乐周末大舞台长青社区庆“8·15”老人节专场文艺演出,有四物乐、少儿现代芭蕾舞、小长鼓舞、独唱、韩服秀等12个节目,社区邀请曾多次获延边青少年歌舞大赛齐舞冠军、中国大学生街舞比赛齐舞季军的延边Gorilla舞团表演《民街舞》。长青社区“七彩虹”志愿者向在场老人行朝鲜族跪拜大礼,祝愿老人节日快乐。演出现场设立老年法律、心理、健康等咨询服务展台,提供各类咨询服务。

北山街道丹岭社区老人节活动 8月15日,延吉市北山街道丹岭社区组织80余名老人到延吉公园做游戏、表演节目,共度老人节。活动在趣味游戏中开幕,进行托球接力、吃西瓜比赛、给狼喂石头、掷沙包、夹球跑、拼衣跑接力赛等游戏。

【生态文化艺术节】 6月14日,由延边生态文化艺术协会主办,延边悟德酱露酒有限公司承办第十一届中国·延吉(延边)生态文化艺术节暨大酱悟德文化节在延吉市依兰镇莲花村(民德来生态村)举行。活动现场,上演延边朝鲜族特色民俗舞蹈、跆拳道技艺。1000户家庭成员穿戴整齐,分别走到各自酱缸前,用现打的井水冲洗酱块,再将酱块掰成小份放入酱缸中,放入佐料,再用白布将缸口封严,扣上盖子,完成腌酱最后步骤。

(本刊编辑部)

6月14日,延吉市生态文化艺术节在延吉市依兰镇莲花村举行。图为“千家腌酱”盛景 (刘 鑫 摄)

民俗游戏

【尤茨】 根据丢掷东西的翻扑来决定分数,按分数走棋(相当于中国的掷十二象游戏)。过去,尤茨游戏只从年末到正月初进行,后来成为一种广泛的群众性比赛项目。尤茨是用四根短木块做成,一面是平面,另一面是半圆形。丢掷尤茨的记分形式为,三扑一翻为1分,两扑两翻为2分,一扑三翻为3分,全翻为4分,全扑为5分。棋盘由25步组成,传说是按星座的位置制成。哪方的棋子先走完所有步数就算取胜。此外还有用栗子和豆瓣玩的尤茨。

【摔跤】 使用腿带,是朝鲜族摔跤的特点。腿带长3米,用麻布或白棉布制作,缠在右大腿上。比赛时,双方先蹲着,身躯略往前倾,右膝着地,左膝弯曲,足掌轻扣地面,互相搂住右肩,各用右手抓对方的腰带,左手抓住对方的腿带。裁判员哨声响起,双方起身进行比赛。比赛过程中,不许扭对方的脖子和胳膊,不准用头或手击打对方,一旦选手故意伤害对方,裁判当即发出警告制止,情节严重者,勒令其退场。摔跤技巧有内勾、外勾、背独自摔倒等多种。这是一种小伙子们比气力、比技巧的剧烈运动。一般采取三战两胜决定胜负。

【拔草龙(拔河)】 绳是用稻草和葛藤搓成的,分主干绳和分支绳,主干绳又分雄索和雌索。雄索的头插入雌索头部,然后插进替木来牢固地连接上。在主干绳上每隔1~2米处栓上若干分支绳。绳索的粗细长短视参赛人的多寡而定。上千人参加的拔河绳一般要半米粗，长度300米左右。赛前，在农乐队的带领下，参赛者抬着拔草龙（拔河）绳，绕村一周，然后直入赛场。将双方的拔草龙（拔河）绳用木棒连接牢固后参赛者各就各位，接起分支绳，笛声吹响后，双方在领队指挥下，一边拼命拉着绳索，一边齐声喊着“嗨唷！”“嗨唷！”。哪方先把绳索拉过分界线就能取胜，一般采取三战两胜决定胜负。

【荡秋千】 朝鲜族妇女最喜欢的一项传统体育活动，具有悠久的历史。荡秋千一般有单人荡和双人荡。比赛时，最初是用树枝或花枝吊起来作为目标，以脚尖踢着或用嘴叼着为优胜，后来发展为以碰铜铃争高低，即在秋千架正前方竖两根竿子，竿子间系一条绳索，绳索中央挂上一只铜铃。离地面高约5米，以此测量比赛者荡的高低，谁碰铜铃次数多，谁就是优胜者。

【跳板】 跳板的跳法多种多样，有直跳，即蹬离板后两腿伸直跳；屈腿跳，即人体腾空后弯曲大腿跳；剪子跳，即腾跃后将腿伸直前后分开跳；空翻跳，即腾跃后向前或向后空翻一周跳。跳板长5.5米、宽35至40厘米、厚5至6厘米，大多用木质坚硬又极具弹性的水曲柳木板制成。跳板中央的下面放“板垫”，使木板两端可以上下活动。“板垫”多用稻草捆，用草袋装满土亦可，高度以30厘米为宜。跳板中间有一个支点，跳时两人分别站在两端，轮流起跳，利用跳板的反弹力把自己和对方弹向空中。这样反复地一起一伏，奋力向上跃起，不断增加腾空的高度并做出各种花样动作。跳板靠两人协调合作，有时边跳边唱，一人唱，一人和。

【画图】 是朝鲜族普遍喜欢的传统民间游戏之一。尤其在新春正月和农闲时，老年人更喜欢玩。画图的玩法较多，人数一般是2人以上6人以下，但最常见的是5个人一组的玩法，如果是5人玩牌，给坐庄人上牌后，坐庄人给每人分两次2张牌，底牌掀8张。其余的牌全部扣下。出牌由坐庄人开始，然后按逆时针方向为序出牌。用自己手里的牌对回下面掀起的与其相同的一张牌，然后从扣下的牌中掀起一张放底牌，若有同一组的图案时也可对回来。依次类推，直到把牌全部对回来为止。最后，算各自所得的分数。分数多的为赢家。各地玩法也不尽相同，一般玩前常讲一些各自不同的规则。画图由于多变化，玩起来更具趣味性。

端午节里朝鲜族人民喜爱玩的传统游戏——荡秋千（旅游局 提供）

【农乐游戏】 是以农乐舞为表现形式的娱乐活动。进行农乐游戏需20余人，其中有5~6人边跳舞边敲打大小锣、长鼓、小鼓和吹奏唢呐等乐器。其中有一人高举写有“农者天下之大本”的大旗，其余人则穿戴各种衣帽和面具进行表演。进行农乐游戏时，小锣手打头，小鼓手殿后。

【朝鲜族象棋】 棋子的名称和数目同汉族象棋完全相同，但棋盘的格子、棋子的摆法以及棋子的运行方法有些区别。传统的朝鲜族象棋呈圆形或六角形，棋子的大小不一样，将（帅）最大，兵（卒）最小，其余各子居中。棋盘的格子与汉棋稍有不同，在“将”与“士”活动区的“田”字内有两条对角线。摆棋时，“将”摆在第二线的“田”字中央，即两条对角线交叉处，即可走直线，亦可走斜线。右侧两个兵（卒）并列摆在第四线的第七、八位，空出第九位。右侧马可与相调换位置。按一般摆法，右相（象）的位置在第一线的第七位，马在第八位，但可以把相马的位置对调。棋子的运行法同汉棋有较大区别。兵（卒）在过河前即可横走；相(象)走“用”字，且可过河吃子或“将军”。炮在行进时须有一子当炮架，但炮不能给炮当炮架，而且炮不能吃炮。其余运行办法与汉族棋无二。

（本刊编辑部）

民族艺术

【《四季如歌》表演】 5月1日晚，由延吉市朝鲜族艺术团编排的民俗歌舞《四季如歌》在延吉国际会展·艺术中心演艺厅演出，免费为市民献上一场视听盛宴。在梦幻般的舞蹈《雪恋》中，演出正式开始。在长达1小时时间中，演员们用精湛的表演，优美的舞姿，配上流动的冬、春、夏、秋四季背景，艺术地展现延边的自然风光、风土人情、人文景观以及悠久的文化历史。让观众们领略中国朝鲜族歌舞神韵，气息感受延边浓郁的民族文化和朝鲜族人民的乐天性格、浪漫情怀与进取精神。

【金达莱少儿艺术团表演】 7月29日至8月1日，“我的中国梦”2015中国青少年宫文化艺术节开幕，全国24个省、自治区、直辖市38家青少年宫1200余名青少年宫教师和学员们参加表演。延吉市青少年活动中心金达莱少儿艺术团极具中国朝鲜族民族风情的表演唱《长白阿里郎》和钢琴二重奏《阿里郎》获得银奖并参加专场演出。表演唱《长白阿里郎》改编自朝鲜民谣，时长2分30秒，融合朝鲜族民族乐器长鼓等民族艺术元素，23名小学生展示延边朝鲜族少年儿童能歌善舞、乐观向上的精神面貌。钢琴二重奏《阿里郎》改编自朝鲜族民谣，由朝鲜族和汉族学生共同演奏。

【200人共练牙拍舞】 7月16日，200名市民在延吉市青年广场上排练，由延吉市文化广电新闻出版局组织编排的民族舞蹈《牙拍舞》。牙拍舞是朝鲜高丽时期重要的宫廷礼仪乐舞，代表朝鲜族的特有风格，是民间舞蹈中珍贵的历史遗存，对丰富和发展朝鲜族舞蹈艺术具有重要研究价值。举行大规模舞蹈排练，是为了迎接7月21日举办的延边州非物质文化遗产巡演启动仪式，参加演出的200名“演员”均来自延吉市各个社区普通居民，没有任何舞蹈功底。

5月1日，由延吉市朝鲜族艺术团编排的民俗歌舞《四季如歌》在延吉国际会展·艺术中心演艺厅演出 （刘 鑫 摄）

【“延边歌曲大家唱——延吉篇”总决赛】 9月28日，由延边人民广播电台和延吉市文化广播电视新闻出版局共同主办的迎国庆“延边歌曲大家唱——延吉篇”总决赛，在延吉国际会展·艺术中心进行。活动旨在继承发展朝鲜族民族歌谣，丰富延吉市民文化生活，让更多的人了解朝鲜族歌曲文化。参赛选手由延吉市各街道推优评选，13人进入总决赛。韩基南凭借一首《长寿之歌》获得比赛金奖，金军、金爱子获得银奖，赵永龙、崔莲花、崔英顺获得铜奖，成香兰等7人获得优秀奖。

【中央小学原创舞蹈参加央视栏目录制】 11月14日至16日，延吉市中央小学艺术团41位小舞蹈演员走进中央电视台综艺频道《舞蹈世界》栏目演播厅，参加《舞蹈世界》品牌系列节目“舞蹈全民星”三周年特别节目录制。中央小学舞蹈“开心辣白菜”是在全国选送的500多个节目中评选出来的，安排在庆祝《舞蹈全民星》三周年特别节目中的一期。11月16日下午，在央视演播大厅中，中央小学艺术团与来自北京文化艺术职业学校、中国电子科技大学、北京丰台区少年宫、美国恒达舞蹈学校等代表队同台竞技。中央小学原创舞蹈作品《开心辣白菜》，展现朝鲜族小朋友学做辣白菜的体验活动。

【中国朝鲜族交响音乐会在延吉举行】 11月22日晚，第三届全国朝鲜族声乐比赛暨“上海城之夜”家乡美故乡情中国朝鲜族交响音乐会在延吉欢乐宫举行。音乐会由中共延边州委宣传部、中国朝鲜族音乐研究会主办，延吉“上海城”、延边广播电视台、延边大学艺术学院协办，延边歌舞团承办。音乐会在管弦乐《阿里郎》中开幕。国家一级演员、国家交响乐团大提琴副首席许玉莲，国家一级演奏员金浩允，国家一级演员李学君，国家一级演员金勇，中央歌剧院女中音歌唱家崔京海，知名歌手金美儿等，与延边歌舞团、延边交响乐团及延边大学艺术学院百余位表演者同台演出。

【建工街道美阿里艺术团赴韩演出】 11月16日，中国延吉市建工街道美阿里艺术团参加第八届首尔国际老年文化艺术节表演。艺术节除韩国本土团体外，还有来自中国牡丹江、苏州、哈尔滨、延边等地朝鲜族老年艺术团体代表，每支代表队至少表演3支舞蹈，按分数评选出金、银、铜三大奖项。建工街道美阿里艺术团参加艺术节演出者16人，年龄最小的52岁，最大的61岁，表演《桔梗谣》《雪花之恋》《美丽江山长白山》等舞蹈并获得银奖。

（本刊编辑部）

民族舞蹈

【象帽舞】 象帽舞是朝鲜族最具特色的舞蹈形式之一，以其活泼优雅的舞姿、欢快舒畅的节奏，充分表现出朝鲜族人民活泼开朗、乐观向上的精神风貌，是朝鲜族人民在长期的劳动和生活过程中创造出来的宝贵的文化财富。2006年，朝鲜族象帽舞经国务院批准列入第一批国家非物质文化遗产名录。甩象帽，属于独特的技巧表演，舞者以颈项的力量频频摇动头部，使所戴象帽的飘带旋转如风，似车轮飞转般在舞者的头部和身体前、后、左、右画出各种光辉耀眼的美妙彩环。

5月1日，演员在朝鲜族民俗园表演象帽舞 （李军广 摄）

【假面舞】 是戴假面表演的男性舞蹈。表演综合唱诵、对话、舞蹈等艺术形式，并具有戏剧性。假面舞多用于变现讽刺性内容，情节活泼、幽默。表演分7幕12场，每一幕有独立的内容。现在表演一般取其中部分情节和动作，在节日及其他娱乐场合表演。舞蹈节奏为“打令”和“古哥里”。伴奏乐器有箫、笛、鼓、三弦琴等。

【长鼓舞】 源于农乐舞中的个人表演，最早以男性独舞为主，后来受即兴对唱表演影响，使长鼓舞有了男、女长鼓舞、双人长鼓舞及长鼓群舞等多种形式，并广泛流传。表演时，舞者身挎长鼓，两手同时击打出各种不同节奏的鼓点，女性长鼓舞风格优雅，男性长鼓舞风格潇洒、活跃。

【扇子舞】 是持花扇表演的女性舞蹈。源于古代巫女活动及民俗活动中的扇子表演，后发展成为单扇舞、双扇舞两种形式。扇舞具有朝鲜族特有的节奏，含而不露的内在情绪和曲线性律动的特点，随着队形的不断变化，舞者将手中的扇组合成丰富多样的图案和造型。扇舞动作细腻，节奏变化多，以朝鲜族女性舞蹈活泼、优美的特点变现纯朴、善良的民族精神。

【农乐舞】 朝鲜族表现农耕生活内容历史最长的舞蹈，源于古代的祭祀和狩猎活动，后发展为农事劳动中的自娱性舞蹈。农乐舞分情节表演与技巧表演两种。表

朝鲜族农乐舞表演 （延吉新闻网 提供）

演队伍均由持小锣的舞者指挥，一般队伍由29人组成，先导者持“令旗”或“农旗”，后面扮演的官吏、猎人、执事、农妪、假女、舞童等各种人物在唢呐、大锣、小锣、长鼓等演奏的“采桑调”和“农夫歌”中翩翩起舞。舞蹈中“象帽”表演别具一格，舞者头戴系有长短两根飘带的特制斗笠，边击小鼓边转动飘带起舞，同时将舞蹈表演引向高潮。农乐舞的伴奏音乐，由12段曲调组成，音乐欢快热烈，舞蹈风趣活泼。

【扁鼓舞】 是持扁形鼓表演的舞蹈。表演时舞者两手击打胸前的扁鼓，女性扁鼓舞多为独舞，舞姿优雅，男性扁鼓舞多为群舞，动作大方、有力，具有强烈的战斗性。扁鼓舞伴随着激动人心的鼓声，给人以欢快、热烈而跃动的情绪感受。丰收的喜悦、生活的快乐，以及现代人的欢快情绪等，都是扁鼓表现的内容，且舞蹈节奏根据主题和情节的要求而不断变化。扁鼓舞不仅能表现朝鲜族妇女细腻的内在感情，还可以表现男性爽朗乐观的性格特征。

【剑舞】 又称剑器舞，是手持短剑表演的女性舞蹈。短剑的剑柄与剑体之间有活动装置，表演者可自由甩动、旋转短剑，使其发出有规律的音响，与优美的舞姿相辅相成，造成一种战斗气氛。舞蹈节奏为“打令”。剑舞原为男性舞蹈，经长期流传，逐渐演变成为一种缓慢、典雅的女性舞蹈。其种类较多，一般为4人舞。还有一种由流浪艺人流传下来的少年剑舞，其风格似武术，具有战斗性。

【顶水舞】 因舞者头顶水罐起舞而得名，是朝鲜族女性表演的传统舞蹈。朝鲜族妇女习惯用头部顶着器物行走，在插秧、锄草季节，妇女们也常头顶水罐将饮水或米酒等送至田间地头。顶水舞以“挫垫步”“踏波步”“碎步”为基本步伐，主要动作有“甜泉舀水”“玉指弹珠”等。舞蹈通过模拟顶罐行进中的各种生活动作，抒发欢乐喜悦的内心感情，舞姿轻松优美。

【牙拍舞】 是朝鲜高丽时期的一种宫廷歌舞。19世纪时，随着封建王朝的衰落，一些宫中艺妓流落民间，于是该舞得以在社会上传播。牙拍舞由舞女各持牙拍一对，通过击打牙拍发出清脆的有节奏的响声，边击边舞的形式表演。表演时人可多可少，分情况和场地而定。舞蹈以朝鲜族音乐为基调，以朝鲜族服饰和朝鲜族典型舞蹈动作为基础，表现朝鲜族人民能歌善舞的个性。

（本刊编辑部）

民族餐饮

【中友冷面】 延吉市中友冷面牛肉面部将十余位原服务大楼制作冷面、制作牛肉面、制作锅包肉和拌制小菜的厨师集结到一起，用精湛的手艺和来自原服务大楼的器皿打造最传统的冷面与中餐，最大特色是原汁原味。以荞麦、橡子粉、地瓜粉等秘制而成的面条弹性十足，配以咸菜、黄瓜、牛肉等配菜一同食用。延吉市中友冷面牛肉面部面积300余平方米，可容纳300人同时就餐；包房15间，满足食客对优质环境的需求；工作人员20余人，其中18人为原“服务大楼”工作人员。

【丰茂烤串】 总店位于延吉市老德意楼后街，经营烤串26年，装修时尚、舒适，是招待外地客人的首选。由新鲜的羊肉、牛肉、猪肉、鸡肉、海鲜组成的各种串品，自助烧烤。各种蔬菜、培根金针菇搭配食用。现场串制、售卖,秉持传统民俗烤串的特色,同时融合韩式烧烤的烤制厨艺,保留食材原滋味。

【全州拌饭】 延边传统的正宗朝鲜族拌饭馆,老店位于参花街,24小时营业。分店位于公园街恒润社区。拌饭秘制独特配方,味道正宗、品种多样。拌饭是在石锅内放入米饭及菜肴,再烤到锅底有一层锅巴。

【元奶奶包饭】 总店位于延吉市,是延吉正宗的包饭馆。在米饭上面放上一片蘸着秘制酱的五花肉、小菜、酱料,用苏子叶包起后食用,味道香嫩可口。

【偶巴尔坛】 位于延吉市河南街警察公寓斜对面太平洋保险三楼,是一家正宗的韩国烤肉店。以专营韩国传统炭烤牛肚牛肠、韩国传统料理为主,菜品均选择新鲜食材,肉类精选优质部位,独家烧烤工艺,秘制的腌制方法,肉质醇香。

【百年石锅饭】 老店位于局子街丰盛胡同内,石锅饭是在特制的石头锅里做出的米饭,上等米经过10个小时浸泡后制作。做好的石锅饭松软、米香味浓,锅底有一层锅巴,别具风味。

【枫叶爱紫菜屋】 位于延边大学正门对面胡同,是一家极具韩国饮食特色的风味小吃。店内有各种韩国料理,如蛋包饭、石锅飞鱼籽饭、烤猪肉盖饭10余种饭类;奶酪拉面、米糕拉面、韩式炸酱面10余种面类。以紫菜饭最具特色,店主专门从韩国学习制作,有牛筋紫菜卷、辣椒紫菜卷、沙拉紫菜卷、辣白菜紫菜卷、金枪鱼紫菜卷、小鱼紫菜卷、烤牛肉紫菜卷、飞鱼籽紫菜卷等16种不同风味的紫菜卷,用料充足。再配以店内的石锅酱汤、软豆腐汤、鱼籽汤、鱼饼汤等,及店主特制小菜。味道别具风味。

【张师傅参鸡汤】 在延吉颇有名气,店内有正常座位和炕桌两种,炕桌桌子下面是空的可以放脚。参鸡汤营养丰富,能消除暑热疲劳,以童子鸡为主要材料,肚里塞进人参、红枣、糯米、栗子,人参鸡汤,还可作为一家人的主食,鸡肚里面塞的是江米,鸡胸肉和鸡腿肉不柴。原味参鸡汤每份40多元。

【小木屋米酒店】 总店位于人民路新梅花狗肉馆对面,富有朝鲜族特色。特色菜品有无骨鸡爪米糕铲、风味鱿鱼,米酒、烧酒口感香甜。

【朝鲜族风味小吃】 打糕 制作时,将糯米淘净蒸熟,放在打糕槽内或石板上,用打糕槌子把米粒打碎黏合在一块。打糕具备糯米的香气以及打制而成的劲道口感,搭配红豆或黄豆磨成的豆面蘸料食用,味道香甜。

糯米糕 将磨成面的糯米粉面,加水以及调料塑成型,再蒸熟上桌。味道与打糕较相似。

土豆饼 将新鲜的土豆磨成沫,混合一定比例的面粉,根据口味加适量的糖和盐加水搅拌后,用油煎制而成。盛盘后,蘸着加入葱花和蒜蓉的酱油食用。

朝鲜族饺子 用大米面或是土豆面制作。馅料一般为白菜、猪肉和辣白菜。

米肠 用猪肠、大米、糯米、鲜猪血调味制成。猪肠衣用精盐、醋搓洗干净,入冷水浸泡2小时。卷心菜焯水后剁成颗粒状,猪板油切成小丁,糯米、大米混合洗净,鲜猪血加入冷水搅拌均匀。将以上用料加上熟豆油、酱油、精盐、葱末一起搅拌均匀,灌入肠衣内扎紧,放热锅中煮熟。

辣椒饭 糯米配以少许芹菜、青椒、肉馅、猪血、苏子叶,调味混合均匀装入处理好的大青椒,蒸熟食用。

【朝鲜族泡菜】 辣白菜 是朝鲜族世代相传的一种佐餐食品,朝鲜族家庭中粗茶淡饭或是美酒佳肴,都离不开辣白菜。朝鲜族辣白菜制作工艺讲究,口味辣、脆、酸、甜。

腌萝卜块 将萝卜切成小块做成泡菜。发酵程度较高的萝卜块泡菜可增进食欲;爽脆可口、辣中带酸、酸中微甜。

(本刊编辑部)

中国共产党延吉市委员会

主要工作

【概况】 2015年，中共延吉市委实施“诚信立市、工业强市、依法治市”战略方针，团结带领广大党员干部群众，完成“十二五”规划任务，经济社会持续健康发展。2015年，全市生产总值完成309.47亿元，增长6.9%；规模以上工业增加值完成114.05亿元，增长4.0%；社会消费品零售总额实现226.3亿元，增长9.7%。综合经济实力位居吉林省县（市）第一，是全省唯一的全国百强县（市）。

【决策部署】 全面贯彻落实党的十八大和十八届三中、四中全会，中央经济工作会议以及吉林省、延边州委十届四次全会精神，坚持“诚信立市、工业强市、依法治市”战略方针，解放思想，实事求是，以民为本，改善民生，统筹兼顾，科学发展，全力抓好“四大建设”，着力推动绿色转型发展，加快推进具有民族特色的图们江区域宜居旅游开放中心城市建设进程。重点抓好四项工作：转变发展方式，优化产业结构，扩大经济总量；创新社会治理，坚持民生优先，激发社会活力；统筹城乡建设，完善基础设施，改善人居环境；加强党的建设，转变工作作风，不断提高执政能力。

【项目建设】 实施3000万元以上项目132个，其中亿元以上项目92个，10亿元以上项目25个。吉珲高铁（延吉段）、百货大楼百利城等项目建成运营；敖东国药基地、万达广场、解放路步行街改造等项目加快推进，东来寺、梦都美民俗旅游度假区等项目实施；国药集团健康产品精深加工基地、安发（长白山）生物科技园等项目开工建设；西市场改造项目正式启动。高新区进入首批国家低碳工业园区试点。电子商务发展迅速，延吉电子商务大厦、延边喜开跨境电子商务产业园等一批电子商务平台运营良好，“两区”一并获批省级电子商务示范基地，延吉市被列为全国电子商务进农村综合示范县。全年招商引资项目259项，到位资金186亿元，增长12.9%。民营经济快速发展，主营业务收入完成976.3亿元，增长7.5%，实缴税金18.3亿元。

【城市建设】 完成《西部新区控制性详细规划及城市设计》，做好地下管廊、新农村建设等各类专项规划。延蒲高速延吉连接线、白石净水厂改扩建等重点工程稳步推进，西客站、高铁站前广场竣工，城市功能不断增强。地下综合管廊工程启动实施，“海绵城市”完成健康路试点工作，改造小街小巷50条，完成道路加固15万平方米，城市现代化水平显著提升。城镇化建设步伐加快，城镇化率87.1%，首次晋级“2015年度中国中小城市新型城镇化质量百强县市”，位居第61位，成为吉林省唯一入选城市。“智慧城市”建设稳步推进，国家“智慧城市”试点申报通过初审。生态文明建设加快推进。

【社会建设】 推进《民生事业发展规划》，加大民生投入，民生支出33.5亿元，惠民实事全部完成。教育事业稳步发展，进学小学、职业高级中学活动中心、少年宫等项目稳步推进，建工小学等10所中小学入选首批“全国青少年校园足球特色学校”。医疗服务水平不断提高，继续实行“先住院、后付费”和基本药物零差率销售制度，实现农村标准化卫生室全覆盖。就业规模持续扩大，新增城镇就业23380

人,城镇登记失业率0.8%。保障体系不断完善,"五大保险"参保人数69.8万人次,实现应保尽保,城市低保标准提高到480元/月,农村低保标准提高到3600元/年,位居全省前列。居住条件持续改善,完成3000套棚户区改造回迁安置房和200套公租房建设,改造400户农村危房和272万平方米"暖房子"。

【党的建设】 学习贯彻习近平总书记系列重要讲话精神,落实总书记延边调研考察重要指示精神,党员干部党性修养不断提高。开展"共产党员服务城"创建活动,实施市级领导"社区工作日"和在职党员干部"双岗双责"制度,加强软弱涣散基层党组织帮扶指导,基层党组织战斗堡垒作用进一步增强。落实《干部选拔任用工作条例》,坚持用新时期好干部的标准选好干部、用好干部,大力开展机关干部服务基层工作,选派百名副科级干部、后备干部、中层干部和大学生,到镇、街道、"两区"及企业挂职锻炼,干部队伍整体素质不断提升。开展"三严三实"专题教育,提高党员干部的政治纪律和政治规矩意识,创新实施市级领导包保工作机制,作风建设不断改进。落实党风廉政建设党委主体责任和纪委监督责任,开展纪律检查体制改革,完善惩治和预防腐败体系,严肃查处一批违纪违法案件。

(刘福超)

重要会议

【市委第一次常委(扩大)会议】 1月8日在市委常委会议室召开。会议传达吉林省经济工作会议、延边州委第1次常委扩大会议精神。会议决定,中国共产党延吉市第十四届代表大会第四次会议于1月13日在欢乐宫召开。会议讨论并通过《中国共产党延吉市第十四届代表大会第四次会议工作报告》《中国共产党延吉市纪律检查委员会工作报告》《市委委员补选候选人建议名单》《市纪委委员补选候选人建议名单》《关于召开中国共产党延吉市第十四届代表大会第四次会议的决议(草案)》《中国共产党延吉市第十四届代表大会第四次会议日程安排(草案)》《列席人员建议名单》《代表团团长、副团长调整建议名单》《主席团成员调整建议名单》《主席团常务委员会委员调整建议名单》《执行主席调整建议名单》《党费收缴、使用和管理情况报告(草案)》。会议讨论并通过关于召开延吉市第十七届人民代表大会第四次会议相关事宜。讨论并通过关于召开政协延吉市委员会第十三届委员会第四次会议相关事宜。讨论并通过《在延吉市第十七届人民代表大会第四次会议上的政府工作报告》。

【市委第二次常委(扩大)会议】 2月5日在市委常委会议室召开。会议传达中央、省、州纪检工作会议精神。会议讨论并通过关于召开2015年全市纪检工作会议相关事宜。会议传达中央、省、州政法工作会议精神。会议讨论并通过关于召开2015年全市政法工作会议相关事宜。会议传达中央、省、州组织部部长会议精神。讨论并通过关于召开2015年全市组织工作会议相关事宜。会议决定,对市级领导包保项目和包保企业进行调整,包保项目由工业项目调整为工业、商贸和旅游项目,包保企业由工业企业调整为工业、商贸和旅游企业。会议讨论并通过"民企吉林行"对接包保方案。讨论并通过2014年度先进集体和先进个人建议名单。

【市委第三次常委(扩大)会议】 3月19日在市委常委会议室召开。会议传达州委常委扩大会议精神。传达省委巡视工作领导小组《关于对延边州及所辖县(市)开展巡视工作的通知》。书面传达《中共吉林省委组织部转发〈中共中央组织部关于授予高德荣同志"全国优秀共产党员"称号的决定〉的通知》。会议要求,全市广大干部要认真学习高德荣先进事迹和崇高精神,切实做到心中有党、心中有民、心中有责、心中有戒。会议讨论并通过市委常委会2015年工作要点。讨论并通过市级领导重点工作。讨论并通过市级领导包保方案。讨论并通过2015年惠民实事。讨论并通过《关于进一步加强信访工作的意见》。讨论并通过2015年基层党建工作需要重点解决的问题。讨论并通过延吉市机关干部服务基层工作实施方案。

【市委第四次常委(扩大)会议】 4月16日在市委常委会议室召开。会议讨论并通过市工会第二十三次代表大会议程、代表名额分配、新一届委员会构成等相关事宜。会议传达全州人才工作会议精神。会议讨论并通过2名干部任免事宜。

【市委第五次常委(扩大)会议】 5月8日在市常委会议室召开。会议讨论通过《延吉市2015年财政预算(草案)》。讨论并通过成立市委全面深化改革领导小组相关事宜。会议决定，成立由市委书记为组长，市委常务副书记及市委副书记、市长为副组长，其他市委常委及相关人大常委会副主任、政协副主席为成员的市委全面深化改革领导小组。领导小组下设办公室（简称市委改革办），办公室主任由市委常务副书记兼任，副主任由市委财经办（政策研究室）主任担任。市委改革办作为常设性机构，设在市委财经办，负责处理市委全面深化改革领导小组日常事务工作。会议传达杨亚杰在全省强化监督执纪问责、深入纠正“四风”工作会议上的讲话。讨论通过纪委增加行政编制相关事宜。会议听取一季度安全生产情况并研究二季度安全生产工作。会议讨论通过《关于调整市委党建工作领导小组成员的建议名单》。会议讨论并通过《延吉市创建“共产党员服务城”活动实施方案》《延吉市创建“共产党员服务城”活动领导小组名单》《延吉市创建“共产党员服务城”活动领导小组工作规则》《延吉市创建“共产党员服务城”活动领导小组办公室工作规则》等相关事宜。会议讨论并通过4名干部任免事宜。

【市委第六次常委（扩大）会议】 5月30日在市常委会议室召开，会议讨论并通过《延吉市关于在县处级以上领导干部中开展“三严三实”专题教育的实施方案》《市委常委同志开展“三严三实”专题教育工作方案》《关于成立市委“三严三实”专题教育协调小组的方案》。

【市委第七次常委（扩大）会议】 8月7日在市委常委会议室召开。会议讨论并通过9名干部任免事宜。

【市委第八次常委（扩大）会议】 9月24日在市委常委会议室召开。会议传达《关于转发中共河南省委〈关于新乡市原书记李庆贵落实党风廉政建设主体责任和新乡市纪委落实监督责任不到位问题的通报〉的通报》精神。传达《中共中央关于“四川南充拉票贿选案”“湖南衡阳破坏选举案”的通报》精神。讨论并通过3名干部任免事宜。

【市委第九次常委（扩大）会议】 10月14日在市委常委会议室召开。会议讨论并通过落实省、州巡视整改要求相关事宜。会议通报2013年5月以来延吉市新提拔州、市级和域外领导干部子女或近亲属较为集中的情况。会议要求，在今后工作中，延吉市凡涉及提拔领导干部子女及其亲属时，在提名、酝酿、考察等环节中将公开其与领导干部关系，严格审核把关，多层次、多角度分析研判，对岗位匹配度较低、群众公认度不高的人员坚决不予提拔。会议决定，按照省、州委巡视整改要求，撤销市委、市政府督察局（正科级建制），恢复为市委、市政府督察室，将现有人员退回至原工作单位安置。

【市委第十次常委（扩大）会议】 10月21日在市委常委会议室召开。会议讨论并通过西市场改造相关事宜。会议听取市商务局提交的《关于推进西市场改造项目情况的报告》、市消防大队提交的《关于西市场存在重大火灾隐患情况的报告》以及吉林省建筑材料产商品质量监督检验站对西市场安全性、抗震、适修性等指标进行综合鉴定评估结果。会议确定，市政府与延边长宁房地产开发有限公司签订房屋租赁合同，租用该公司开发的大千城商业楼，作为西市场业户临时经营场所，最大限度地满足改造期间西市场业户和全体市民的需求。在临时安置场所经营期间，不收取经营业户摊位、水电、取暖、卫生、物业等费用，待西市场改造完成后，将临时安置场所经营的原西市场业户统一回迁到改造后的西市场内。

【市委第十一次常委（扩大）会议】 11月13日在市委常委会议室召开。会议讨论并通过18名干部任免事宜。会议讨论并通过《关于延吉市环境保护综合督察整改建议、整改方案及主管市长、责任部门、部门负责人和实施责任人的报告》。会议由州纪委常委，市委常委、纪委书记暴刚对新修订《中国共产党廉洁自律准则》《中国共产党纪律处分条例》进行解读。

【市委第十二次常委（扩大）会议】 11月27日在市委常委会议室召开。会议讨论并通过4名干部任免事宜。研究《延吉市国民经济和社会发展第十三个五年规划纲要（草案）》。

【市委第十三次常委（扩大）会议】 12月14日在市委常委会议室召开。会议传达省、州全委会议精神。会议讨论并通过《中共延吉市委关于制定国民经济和社会发展第十三个五年规划的建议（讨论稿）》。讨论并通过调整主要经济

12月14日，延吉市委召开第十三次常委（扩大）会议 （金洪石 摄）

指标相关事宜。议讨论并通过《中共延吉市第十四届代表大会第五次会议工作报告》《中国共产党延吉市纪律检查委员会工作报告》《关于召开中国共产党延吉市第十四届代表大会第五次会议的决议（草案）》《中国共产党延吉市第十四届代表大会第五次会议日程安排（草案）》《列席人员建议名单》《代表资格审查委员会主任、副主任、委员调整建议名单》《代表团团长、副团长调整建议名单》《主席团成员调整建议名单》《主席团常务委员会委员调整建议名单》《大会秘书长、副秘书长调整建议名单》《党费收缴、使用和管理情况报告（草案）》。会议讨论并通过关于召开延吉市第十七届人民代表大会第五次会议的其他事宜。会议讨论并通过关于召开政协延吉市委员会第十三届委员会第五次会议的其他事宜。讨论并通过延吉市图们江地区开发开放领导小组办公室相关事宜。讨论并通过《关于开展2015年度全市各级党组织书记抓基层党建工作述职评议考核的实施方案》。会议讨论并通过“三严三实”专题民主生活会方案及基层干部损害群众利益问题摸底排查清单。会议听取供热管线检修工作情况汇报，并同意对延吉市集中供热一次网供水补偿器全面检修。会议讨论并通过31名干部任免事宜。

【市委第十四次常委（扩大）会议】 12月18日在市委常委会议室召开。会议传达省扶贫开发工作会议精神。会议讨论并通过在延吉市第十七届人民代表大会第五次会议上的政府工作报告。会议讨论并通过2016年惠民实事。讨论并通过《延吉市国民经济和社会发展第十三个五年规划纲要（讨论稿）》。

【市委第十五次常委（扩大）会议】 12月24日在白山大厦3楼国际会见厅召开。会议讨论并通过《延吉市关于全面推进脱贫攻坚的实施方案》。

（刘福超）

组　织

【“三严三实”专题教育实践活动】 按照中央和省州委要求，及时成立“三严三实”专题教育协调小组，制定《关于在县处级以上领导干部中开展“三严三实”专题教育的实施方案》和《市委常委领导班子成员开展“三严三实”专题教育工作方案》，组织召开“三严三实”专题党课暨动员部署会议，全市6个县级领导班子及30名县级领导干部通过深入学习贯彻党的十八大和十八届三中、四中全会精神和习近平总书记系列重要讲话精神，对照“严以修身、严以用权、严于律己，谋事要实、创业要实、做人要实”要求，组织召开专题研讨会6次，上党课30余次，听课人员900余人，查找自身存在问题380个，切实解决“不严不实”问题，举办“三严三实”专题培训班8期，集中培训局级干部393人，后备干部300人，公务人员1800余人，严格落实“市级领导包保”“社区工作日”和在职党员“双岗双责”等工作机制落实，5800余名在职党员干部为群众办好事4500余件。

【领导干部服务基层活动】 2015年，延吉市实施机关干部服务基层工作，制定《机关干部服务基层工作方案》，择优选派50名副科级干部、100名后备干部、100名中层干部、100名大学生，到街道、乡镇、“两区”及规模以上企业进行为期1年挂职锻炼，制定《机关干部服务基层工作挂职干部管理办法》，组建7个考核组，采取日

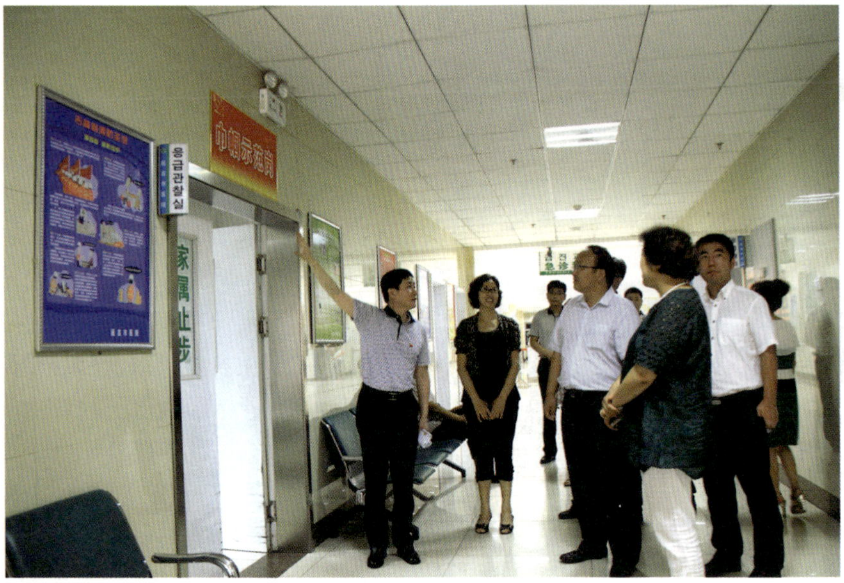

8月6日，延吉市委常委、组织部部长李延军（中）到延吉市医院调研“党员服务城”创建活动情况 （组织部 提供）

常考核与期满考核相结合、定量考核与定性考核相结合、组织考核与群众测评相结合综合考核办法，全程跟踪考察挂职干部，召开月例会5次，调度工作周报4500余份，召开挂职干部座谈会1次，撰写考核情况汇报5篇。

【“共产党员服务城”创建活动】 年内，全市全面启动“共产党员服务城”创建活动，成立由市委书记任组长，市委组织部、宣传部、党工委和镇街等12个部门密切配合的创建活动领导小组，制定下发《延吉市创建“共产党员服务城”活动实施方案》等6个活动方案，在州委组织部拨付50万元工作经费基础上，市财政再配套50万元，打造幸福社区系民生”“美丽乡村付行动”“党员窗口践承诺”“红领企业促发展”等党员服务模块，开展各类服务活动3062次，解决实际困难9576个。充分发挥快乐延吉大舞台功能，协调广电局、文体局、各镇、街道等部门，依托市广电局演播大厅打造快乐延吉大舞台冬季专场，实现快乐延吉大舞台全年不间断演出，举办大型文化演出100余场，参与群众30余万人次。

【返乡创业人才“回引工程”】 落实州委返乡创业人才工作会议精神，协调人社、工信等28个部门成立返乡创业工作领导小组，在镇、街道等相关部门设立14个基层返乡创业工作服务站，形成横到边、纵到底、全覆盖返乡创业工作体系。组织召开返乡创业工作座谈会，听取各职能部门和返乡创业代表意见和建议，印发《延吉市返乡创业指导手册》1000余份，邀请清华大学国家服务外包人力资源研究院、长春工业大学等培训机构知名专家授课，先后举办“东北亚跨境电子商务”“延吉市返乡创业”等培训班13期，培训人员1500余人。充分发挥中小企业服务平台功能，免费为返乡创业人员代办企业注册200余次，组织100余户企业开展银企对接5次，切实为解决企业融资难问题助力。全市发放再就业小额担保贷款2961万元，地方财政支出贷款贴息资金296万元，小额担保贷款2.6亿元。延吉市返乡创业工作经验文章在《吉林日报》刊登。

【机关党的建设】 围绕“服务中心、建设队伍”两大核心任务，市委组织部全面加强思想、组织、作风和制度建设。组织召开机关党建规范化建设经验交流会，编制印发《党的建设制度汇编》《市直机关工作人员行为规范手册》，提高机关工作质量和服务水平。开展“双岗双责”在职党员服务社区群众活动，983名在职党员干部深入社区服务，认领服务岗位1013个，为群众办好事实事1892件。组织开展党务干部专题培训，专题学习延边革命历史和东北抗联史，组织党务干部和机关干部赴汪清革命教育基地现场教学。全年发展党员28名，转正党员29名。在延吉新闻网和延吉电视台开办机关党建专栏，38个党组织机关党建工作经验得到宣传报道。推进廉政文化创建活动，征集廉政文化原创作品412件，44个单位的58件作品获奖。先后组织开展全市机关排球比赛、朝汉族象棋比赛、乒乓球比赛和登山健身活动；举办快乐延吉大舞台“唱延吉赞歌，展机关风采”机关专场演出，丰富机关业余文化生活。

【干部队伍建设】 执行《干部选任工作条例》，严把“动议关、民主推荐、组织考察、酝酿审核、讨论决定”等关口，严格执行干部选任程序，从严审核干部“三龄两历”及相关问题，年内审核领导干部档案548卷，提交常委会研究干部4次，提拔2人，调整7人。配合州委组织部考核组对县级领导班子及领导干部、副县级后备进行全面考核，通过科级领导干部民主测评、"两代表一委员"民意调查、领导干部个别谈话和家访，对领导干部基本情况进行全面了解。全面实施"四项监督制度"，对提交市委常委会任免干部实行全程监督，对1名调整局级领导干部进行离任审计，对3名局级领导干部进行任中审计。加强领导干部出国境审批管理，重新修订出台《领导干部出国（境）证件管理和审批工作规定》，集中保管出国（境）证件350本，注销各类证件11本，提醒谈话3人，防止领导干部私自出国境现象。

【人才队伍建设】 实施市委常委会定期研究人才工作制度、市级领导联系高层次人才制度、人才服务专项例会制度。加大人才政策宣传力度，在进出城主要路口设立11处大型擎天柱广告牌，与专业动漫企业合作，精心制作"返乡创业"主题漫画，建立"延吉市返乡创业微信公众服务平台"，为来延创新创业人才提供政策解读、项目对接、在线注册等服务。加强人才公共服务和法律保障体系建设，在市政务大厅设立返乡创业一站式服务平台，在各基层单位成立返乡创业服务站14个，为返乡创业人才提供创业信息、技能培训、产品推销、信贷担保、财政支持等方面帮扶。充分发挥政府桥梁纽带作用，探索建立"校地企"人才资源共享机制，搭建"产学研"合作平台和创新研发平台。延吉市与辽宁师范大学签订战略合作协议、高新区与延边大学签订校外基地共建协议，促进校企对接，提高科技成果转化率。

【社区党的建设】 严格落实州委关于党员干部联系服务群众岗位职责化有关部署，结合延吉市实际制定出台《关于推进全市党员干部联系服务群众岗位职责化的实施意见》及《延吉市在职党员干部"双岗双责"制度实施方案》。大力实施党政领导干部"社区工作日"和机关在职党员干部"双岗双责"两项制度，14位市级领导每周一18时至20时点到指定社区，面对面听取群众意见，解决群众困难，全市1011名机关干部利用8小时以外时间认领社区服务岗位，每人包保一名贫困户，为机关干部直接联系服务群众工作创建平台。针对换届选举后，部分社区干部理论底子薄，工作经验不足等情况，对全市社区"两委"班子成员及大学生主任助理524人进行集中培训。坚持文化惠民，完善快乐延吉大舞台服务功能，协调广电局、文体局、各镇、街道等部门，完成室内专场演出11场，室外专场演出68场。扎实开展软弱涣散社区党组织排查工作，完成6个软弱涣散社区党组织整治提升工作。

【农村党的建设】 扎实推进村部"社区式"改造升级，投入资金300余万元，完成41个村级组织规范化建设任务。发展村级集体经济，2015年村集体经济收入超过5万元以上村有38个，10万元以上村有22个。支持省级扶持项目10个，市配套资金60万元，5个项目获收益。强化农村党建人员保障，选优配齐4个镇党委副书记、组织委员、专职党务工作人员，从全市机关后备干部中选派20名驻村"第一书记"，实现软弱涣散村和建档立卡贫困村全覆盖，加强乡镇党建工作力量。加大资金保障力度，市财政拨付472万余元资金，使全市村级组织运转经费每个村达到每年10万元以上、村干部报酬待遇达到当地农村劳动力平均收入水平（2.2万元）。加强大学生村干部管理力度，组织4个考核组与各镇党办共同对2011和2013届大学生村干部进行聘期期满考核，5名大学生村干部被评为优秀等次，大学生村干部"七一"慰问活动经验在《中国青年网》刊载。

【非公企业党的建设】 研究制定2015年全市非公组织党建要点，统筹推进非公组织党建各项工作。加强非公党组织党员队伍建设，采取企业内部选、"派出组建带"、联合起来管等方式，全力抓好现有100个"派出党支部"和300名非公党建指导员帮建工作。依托机关干部服务基层活动，选派29名机关干部到非公企业挂职，扩大非公党建指导员队伍。完善非公组织管理机制，办理市非公组织党工委机关法人登记证和市非公组织党工委专用财务账户，全年发放"红领"党务津贴33.36万元。

【党员队伍建设】 落实《细则》要求，严把党员发展"源头关"，组织全市447名入党积极分子进行集中培训和考试，针对不同领域、不同部门积极分子，提出切合实际分类考察意见，联合公安局、检察院、法院、610办公室等部门，全面审查参加培训积极分子近3年来涉案、涉法、涉诉等情况，对于存在不良记录，实事求是分析原因，综合评估，确保党员队伍纯洁、可靠，全年确定计划发展对象339名。综合运用行政大厅党组织服务民生窗口及"两网一卡"服务平台，举办农村、社区发展党员培训班7期，制作下发《延吉市党的群众路线教育实践活动材料汇编》200套，严格落实工作责任，严把材料审查关口，接收州外转入党员327名、州外转出党员96名，无一出错。

指导基层不合格党员处置试点工作，在延吉市依兰镇、新兴街道试点启动处置不合格党员工作，下发《关于查找与党组织失去联系党员的公告》，理顺组织关系，登记党员2754名，查找流动党员987名，找回失联党员65名，民主评议1381名党员，初步认定不合格党员13名，依照党章处置不合格党员2名。

【党内帮扶工程】 年内，延吉市开展"百千万"走访慰问活动，走访慰问6000余名新中国成立前老党员、生活困难党员、困难群众。发放市管党费配套慰问补助专项资金45万元，全市发放慰问金210余万元。加强党费的管理和使用，为基层组织建设、党员教育服务提供资金支持，开展迎"七一"走访慰问活动，走访慰问新中国成立前老党员、生活困难党员、困难群众620余名，发放慰问金37.5万余元。

（刘　文）

宣　传

【理论学习】 围绕培育和践行社会主义核心价值观、"三严三实"教育活动，把提高思想政治素养、深化理论武装作为学习型党组织建设的首要任务，下发《学习活页文选》《改革热点面对面》等理论系列丛书500多册。与延边大学联合开展"文化超市"活动，协调专家根据市民需要设置课程，组织市民听讲。组织开展各类宣讲活动50余场，受教育人数5000余人。强化理论中心组学习。加强市委理论中心组学习，着重在提高学习质量上下功夫。3月23日，延吉市邀请长春工业大学工商管理学院市场营销系主任、教授、硕士生导师陈守则做题为"适应新常态，转变工作作风"工作报告。市委理论学习中心组全体成员、部分副科级以上领导干部参加学习。建立理论中心组学习公众平台、在延吉新闻网开设"理论学习"专栏、在常委会召开时期下发理论中心组学习资料。用通俗易懂的方式，加强基层理论学习建设。

创新学习活动载体。抓好"读书节"系列活动，建设学习型社会，推动全民阅读工作深入开展，结合党的群众路线教育实践活动，以"市民文化节""农民文化节"为主要载体，组织相关单位为社区、农村捐献图书，开展全民阅读。活动捐献图书500余册。组织全市论文征集活动，结合抗日战争暨世界法西斯战争胜利70周年这一契机，征集征文1000余篇。切实抓好"长白山讲坛"建设，全年开展活动500余场，参与人数7.2万余人次，上报优秀讲稿20余篇。

【主题宣传】 做好主题宣传工作。围绕市委、市政府中心工作，创新工作思路，在旅游宣传推介、节日慰问和扶贫帮困等工作上，制订专题宣传方案、开辟专题专栏，做好宣传、引导工作，推动党群、干群关系，为和谐延吉营造舆论氛围。做好民生报道工作。抓住各个阶段民生热点，做大做强民生节目，不断增加民生新闻比重，强化专题报道，对城市建设、城市绿化、城市亮化、"暖房子"工程、冬季供热等涉及民生的敏感问题进行正面舆论引导，及时化解矛盾，消除不稳定因素，推进和谐延吉建设，2015年民生类宣传报道5000余篇。

加大舆论监督力度。围绕民生热点和城市文明建设，充分利用媒体资源，通过曝光台等多种形式加大舆论监督力度，在延吉新闻网、延吉市电视台、延吉市交通之声电台、延吉市阿里郎电台、《延边晨报》等媒体上播发监督曝光类稿件60余条。

【对外宣传】 在新华社、《人民日报》《光明日报》《经济日报》、中央电视台、中央人民广播电台、人民网、创先争优网、中国共产党新闻网等中直媒体上刊发涉延稿件600余条；在《吉林日报》、吉林电视台、吉林人民广播电台、《新文化报》《城市晚报》、吉林新闻网等省直媒体上刊发涉延稿件400余条。邀请中央、吉林省及域外媒体采访团到延吉采访20余次。《习近平在吉林调研》在中央电视台7月18日新闻联播中播出，《"东北最美高铁"即将投运》刊登在《人民日报》8月13日海外版第4版上。充分利用传统节日、航线开通等重要节点，邀请境内外及本地媒体宣传报道延吉，扩大延吉市影响力。

【新闻发布】 相继组织媒体参与“延吉—万达专列运行情况说明会”“关于‘新增测速卡口、电子警察启用’新闻通报会”“第七届百威英博延吉冰川·哈尔滨啤酒节新闻发布会”“中国延吉朝鲜族网络美食季新闻发布会”“吉林省延吉市阿里巴巴满天星农产品溯源计划新闻发布会”等重大活动的新闻发布会。坚持正确导向，舆论引导能力进一步增强。7月，被中共中央宣传部选为舆情直报点，吉林省仅4家。每个工作日向中共中央宣传部舆情局上报舆论热点10条以上，被采用6条。做好涉及本地的舆情监控工作，形成“舆情专报”20期，上报延吉市委市政府主要领导，为领导科学决策提供及时、有价值参考。

（卢平秀）

统一战线

【非公经济发展】 立足统一战线职能，促进非公有制经济发展。通过中国特色社会主义建设者推荐表彰，增强广大非公有制经济人士对中国特色社会主义道路、理论、制度政治认同、思想认同。围绕“百企进百村共建新农村”等载体，动员非公有制经济人士参与非公经济组织212次，深入开展光彩事业、感恩行动、“同心”工程，实施村企共建项目，鼓励社会公益捐助，惠及各族贫困群众。6月，组织开展企业管理培训，邀请知名专家、学者做“民营企业经济理论与实务高端知识”“企业战略营销管理”“中小企业转型”等讲座5次，听课人数280余人次，组织观摩学习和企业交流4次，参观人数300余人次。

【党外知识分子活动】 组织延吉市党外知识分子联谊会，发挥其群众性、高知性和统战性特点和优势，团结1030余名党外知识分子。继续加强党外知识分子和无党派人士思想政治建设，通过学习习近平总书记系列重要讲话、学习身边的榜样及建言献策、建功立业的“同心·双学双建”活动，深入开展以“同心”为主旨的系列活动。9月，组织开展以“牢记战争历史、关心国家安全”为主题的国防教育实践活动，全市50余名无党派人士代表和部分网宣网评员参加活动。11月，举办2015年全市统一战线理论学习班，全市无党派人士和各统战组织中青年骨干140余人参加学习。

【侨界统战】 延吉市有1010名侨胞、5万余名侨属。贯彻中央对台工作方针政策，开展走访贫困台属、扶持台属企业发展等系列活动，发挥牵头、协调职能，充分发挥各团体的作用，以争取人心为出发点和落脚点，不断拓展海外统战工作空间。加强与海外各社团、各界人士在经济、文化、教育等各领域交流与合作，促进全市对外开放和经济社会发展。

【宗教界统一战线】 同宗教界保持联系，建立宗教工作联席会议制度，健全党委、政府领导挂钩联系宗教界代表人士工作体制。走访52家宗教场所，多种方式培养政治上靠得住、学识上有造诣、品德上能服众、关键时刻起作用的爱国爱教代表人士，打牢宗教与社会主义社会相适应的思想、人才、组织基础。开展爱国主义教育法制宣传教育以及和谐寺观创建活动，创新宗教工作方式方法，为促进各宗教和谐相处创造条件、搭建载体。帮助宗教界人士解决生活、医疗、社保等方面困难和问题，巩固党同宗教界的统一战线，增强党和政府对宗教界人士的凝聚力、感召力。

（崔银姬）

机构编制

【行政体制改革】 根据《吉林省人民政府办公厅关于推行市县政府部门权力清单制度的通知》精神，会同法制办、政务服务中心对全市行政部门行政职权，根据分类标准和政策要求进行全面梳理，逐项审核，规范整理，形成部门行政权力清单、行政职权基本信息表和行政权力运行流程图，即“一单、一表、一图”。先后征求延吉市人大、市政协以及法律专家意见和建议，经延吉市政府第十五次常务会议审议通过后，6月30日，在市政府门户网站上全面公开行政权力清单。延吉市涉及部门、单位36个，梳理十类行政职权3292项（5项为涉密项不予公开），其中行政许可295项、行政处罚2350项、行政强制83项、行政征收21项、行政给付31项、行政检查125项、行政确认52项、行政奖励8项、行政监督48项、其他职权279项，实现非行政许可项目零审批，确保按“单”用权，按“图”行权，规范权力运行，建立权力在阳光下运行机制。

【事业单位分类改革】 按照《关

于印发〈吉林省事业单位分类实施方案〉和五个配套文件的通知》要求，年内基本完成事业单位分类工作。分类后，设置230个事业单位。行政类4个，公益一类152个，公益二类22个，暂缓分类32个，暂不定类别12个，不纳入分类范围8个。对公益类事业单位，研究拟定“三定”规定。对暂缓分类的事业单位，重新理清职能，重新定位功能，明确属性，为事业单位分类后续政策实施与推进奠定基础。

【整合不动产登记职责】 根据《吉林省人民政府办公厅关于做好不动产统一登记制度实施有关工作的通知》精神，会同延吉市国土局，先后到住建、水利、农业、林业、房产等部门进行多次调研，整合分散在多个部门不动产登记职责，形成《关于整合不动产登记职责设立不动产登记机构的方案》，经市编委会讨论通过，10月20日，印发《关于整合不动产登记职责有关问题的通知》，在市国土局设立市不动产登记局，建立全市统一登记机构，做到一件事由一个部门负责，优化职能，提高行政效率。

【机构编制“零增长”】 严把审批关口。除中央、省政府明确要求外，不予增设机构和增核领导职数。超编制限额，不予批准公开招聘、人员调入，把住编制入口关。严把公开招聘关。以2012年年底各部门（单位）实有人数为基数，在有空编且实有人数少于2012年年底实有人数前提下，批准其公开招聘补充人员，确保财政供养人员逐年减少。做好人员横向调剂。充分用好调配权，市内部门（单位）缺少人员时，优先考虑从其他部门（单位）调剂，既不增加财政负担，又有效解决结构性缺人问题。通过以上措施，守住机构编制“零增长”、财政供养人员“只减不增”红线。

【机构编制管理】 组织召开编委会4次，提交议题42项，研究调转人员64人次、机构设置议题17项、部门（单位）编制调整议题3项，大学生村干部、免费师范生和免费医学生等人才引进落编9人，提升机构编制决策民主化、科学化水平。

【机构编制调查研究】 组织人员到全市教育系统、卫生系统、文化系统、街道和乡镇，开展机构编制专项调研，全面掌握各系统事业单位规模、发展状况、人员配备结构等情况，以此为依据调整各系统内事业单位的编制配备，缓解结构性缺编缺人难题，建立系统内编制动态调整机制，机构编制管理能力与水平提升。

【机构编制信息化】 4月21日至6月18日，根据《关于做好领导职数信息系统数据维护工作的通知》（吉编办发〔2014〕35号）文件，延吉市开展党政机关网站开办审核、资格复核和网站标识管理工作，完成注册中文域名部门（单位）235个，加挂网站标识部门（单位）233个。加强信息网络平台建设，及时维护实名制数据库。

【事业单位网上检验】 按照《事业单位登记管理档案管理办法》规定，对每个事业单位档案，登记（备案）、变更、年检、注销进行分类、排列、组卷、编制目录、装订，统一立卷归档保存。在开展事业单位登记管理过程中，严格按照《事业单位登记管理条例》要求，严格把住档案管理“入口关”。在对已登记事业单位档案收集整理过程中，对于材料不齐全和填写不规范、公章加盖不全单位材料，一律不得入档，及时查缺补漏，全年分批、分类、分时间段年检282家事业单位，年检率100%。事业单位法人变更120家、注销1家、新设立事业单位法人2家，有效保障法人治理严肃性。

（吕京勋）

老干部工作

【老干部政治待遇】 “两节”前夕，市级领导走访慰问部分老干部；纪念抗日战争胜利70周年，“九三”前夕慰问3名抗日老战士（李启刚、刘淑敏、李凤岐），颁发“荣誉牌”和慰问金；2月8日，组织召开实职副县级以上离退休老干部迎新春座谈会，市领导到会座谈；走访慰问集中管理企业离休干部，发放慰问品。组织离休干部、副县级以上离退休干部200余人，参观考察梦都美综合旅游项目和东来寺，小营镇仁坪村、朝阳川镇仲坪村、依兰镇春兴村及朝鲜族古村落；参观延边朝鲜族民俗园，到步行街、万达广场、青少年活动中心视察城市建设情况等；结合抗战胜利70周年，请党校老师讲授东北抗联精神，传达十八届四中全会精神，解读十八届三中全会精神等内容；表彰10名“三好”老干部。

【老干部生活待遇】 协调社保、

财政等部门，及时足额发放企业离休干部住房和生活补贴；加强与医保中心联系，及时为异地就医老干部报销医药费；统一调整护理费标准，由600元提高到1000元；为61位企业离休干部死亡家属补发抚恤金，及时办理老干部工资调整、生活补贴、统外补贴等手续；利用“两费”资金，给240位老干部解决20万元的药费；向上级争取帮扶资金，老干部局领导分别带队入户走访全体离休干部，详细掌握离休干部家庭实际困难，帮扶70余名困难离休干部，发放帮扶款15万元。

【老干部服务管理】 落实老干部联系人制度和“三必访”制度，做到生日必到家里祝贺，有病必到医院探望，重大节日必到家中走访，工作中随时联系老干部。在联系和服务过程中，做到“八清楚”(清楚老干部基本情况、思想情况、身体状况、生活困难、爱好特长、学习活动、作用发挥、当前需求)、“三帮助”(帮助促进健康、帮助稳定心态、帮助解决困难)。全年联系老干部2260人次，入户走访慰问324人次，住院探望69人次，生日祝寿124次，解决实际困难122人次，协助家属处理老干部丧葬事宜32人。

【老干部文体活动】 在亲情化服务基础上，合理安排各类活动做到“天天有活动、月月有安排、季季有赛事”，丰富老干部文化生活。围绕主要节假日、活动日组织开展内容丰富，形式多样活动。组织迎“三八”妇女节、“8·15”老人节等重大节日文体活动、离退休干部门球赛、消防安全知识讲座、棋牌、台球、乒乓球、钓鱼等活动。全年组织326次活动，参加人数5.4万人次，平均每天165人次以上参加活动。

【老年大学建设】 谋求内涵发展，实现“两个阵地”辐射效应。老年大学开设书画、摄影、声乐、舞蹈、乐器、中医、计算机7个专业，26个班级，在校学员800余人次。加强“四就近”建设，协助社区老年大学工作，为街道社区培养文艺骨干；参加“快乐延吉大舞台”专场演出等活动。延吉市老年大学成为延吉市“文化养老”主阵地、标杆地。

6月24日，快乐延吉大舞台——老年大学专场演出在青年广场举行

（老干部局 提供）

【老干部工作创新】 加强对老干部和老干部工作者宣传，老干部工作信息被吉林省委老干部局《老干部工作情况》简报采用2条，《延边日报》采用1条，《延边晨报》采用5条，延边电视台采用2条，延吉新闻网采用6条，延吉电视台采用2条，《延吉组工信息》采用2条。10月，在吉林省基层老年大学工作推进会上，延吉市老干部局局长金月淑作老年大学经验介绍。

【老年活动中心】 延吉市老年活动中心外部完工，进行内部装修阶段。老干部活动中心和老年大学硬件设施逐年完备，软件管理相应完善，老年大学教室安装隔音门，购置乐器音箱等设施。为老干部征订《老年世界》《夕阳红》《参考消息》《人民日报》《吉林日报》《延边日报》等50余种报纸杂志，用于老干部学习。

（赵云强）

党校（行政学校）

【概况】 延吉市委党校（行政学校）位于延吉市爱丹路137-10号。内设教研室(1)、教研室(2)、教研室(3)、办公室、财务科、教务科6个职能科室。有管理人员5人，专业技术人员17人，工勤人员6人，高级讲师11人，讲师6

人，馆员1人，研究生学历10人。

【干部培训】 全年举办各类培训班16期，参训3414人次。举办局级领导干部培训班3期，参训418人；举办副科级后备干部培训班2期，参训251人；举办公务员培训班3期，参训2000人；举办市区干部培训班6期，参训540人；举办村书记主任、大学生村干部培训班1期，参训125人；举办党务干部培训班1期，参训80人。

【精品课打造】 推进东北抗联红色教育基地建设，利用延吉监狱遗址和二十八勇士殉难地这两个基地，深入开展党史党性现场教学研讨活动。3月，骨干教师参观延吉监狱越狱斗争遗址、烈士陵园、延边州博物馆《千秋正气》展览、延吉市高新技术开发区企业，通过实地踏查、收集资料、集体备课，打造出一堂精品课《抗联精神在延边》，分别在延边州委党校和吉林省委党校进行汇报，得到省委组织部和省委党校认可。12月，参加延边州委党校组织的党史党性教育研讨会，学习先进经验，为进一步加强党员领导干部党性教育奠定基础。

7月28日，延吉市局级领导干部培训班在党校多媒体教室开课
（党校 提供）

【主题宣讲活动】 宣传贯彻落实中共十八大精神和党的群众路线教育实践工作，在全市各级党员领导干部中开展“习近平总书记系列讲话精神”学习和宣传活动，提高党员干部群众意识，为敦化市委党校、延边州委党校少数民族干部班、图们市委组织部、延边州国税局、延吉市国税局、延吉市总工会、延吉市开发区地税局、延吉市老干部局、延吉市延河小学、延吉市市水利局、延吉市建工街道延春社区、延吉市妇联基层妇女干部培训班、延边运输公司、延吉市延南小学等多家单位宣讲《抗联精神在延边》《在全社会大力培育和践行社会主义核心价值观》《以“三严三实”加强党的作风建设》等专题，培训人数1973人。

【科研兴校】 提出“教师必科研，科研促教学，成果进课堂”工作目标，制定教学科研成果奖励办法，从制度上给予经费保障。年初由常务副校长雷文举、教学副校长

2015年中共延吉市委党校培训班一览表

序号	培训班名称	培训地点	培训时间	培训期数	参训人数
1	延吉市社区干部培训班	党校	4月14日至4月30日	6	540
2	延吉市党务干部培训班	党校	4月8日至9日	1	80
3	延吉市村级干部、大学生村干部培训班	小营镇政府	4月14日至18日	1	125
4	延吉市公务员学习“十八大”精神及职业道德培训班	延吉市四中	6月26日至28日	3	2000
5	延吉市局级领导干部培训班	党校	7月28日至8月14日	3	418
6	延吉市后备干部培训班	党校	8月19日至28日	2	251

（苏俊荣）

于艳华带队，指派苏俊荣等3名教师及相关部门负责人成立调研组，针对延吉市“金达莱之夏——快乐延吉大舞台”群众广场文化活动进行调研，完成3万余字科研成果《关于延吉市群众文化活动的调研报告》，被吉林省委党校顺利结项。

【党校信息宣传】 党校教师撰写1篇调研报告，2篇论文、70多篇信息稿件。向延吉市互联网信息中心上报35篇舆情信息，向延吉市委办信息科、宣传部信息科、延吉市新闻网等部门上报25篇动态信息稿件，在延吉新闻网、延吉电视台、延吉广播电台、《延边晨报》等媒体上发表动态信息15篇。5月1日，《抗联精神在延边》发表于《吉林党校报》上；9月15日，《抗联精神代代传》发表于《吉林党校报》；6月26日，《党校教师拾金不昧找失主还钱包》发表于延吉新闻网。《网络安全教育要从娃娃抓起引起广泛关注》《“河北官员将孩子送内蒙古高考考生被取消资格”引关注》两篇舆情信息被选送省舆情信息网等。

【教师进修学习】 通过订购与教学有关的报纸杂志、收看中央党校远程教学、参加各类班次听课、进修学习、挂职锻炼、社会调查、学习考察等方式，丰富教师理论知识，提高社会实践能力。5月，选派4名骨干教师到吉林省委党校参加习近平总书记四个全面讲话精神专题培训班；6月，6名骨干教师到吉林省靖宇县“杨靖宇殉国地”调研考察；组织4名骨干教师到延边州委党校聆听中央党校教授党章专题授课；10月，参加州委党校组织的党性教育基地教学考察团到陕西省委党校、铜川照金、遵义市委党校、龙岩市委党校、焦裕禄干部培训学院、临沂市委党校等地学习考察；4名骨干教师到延安干部培训基地调研考察；选派5名骨干教师参加州党史党性现场教学工作领导小组组织的党性教育教学培训班；11月，2名骨干教师参加吉林省党校系统“十八届五中全会精神师资培训班”；12月初，由常务副校长带4名骨干教师到珲春和敦化，参加全州党校系统精品课体系建设现场会。

（苏俊荣）

党史研究

【《中国共产党延吉执政实录》编纂】 10月，印刷出版《中国共产党延吉执政实录（2012~2013）》上下卷和《中国共产党延吉执政实录（2014）》，向延吉市各市直机关单位以及党史示范社区、党史示范军营、党史示范学校，“一包四”单位等相关部门免费发放2套书籍各300册。该书内容包括2012至2014年各单位工作综述、年度重要文献、决策、表彰纪实、大事记、特载、经验交流文章等，系统准确地记述全市各级党组织贯彻党的路线、方针和政策，带领全市各族人民全面推进改革和社会主义现代化建设新成就，为各党组织执政实践和自身建设提供借鉴。

【执政实录资料征集】 通过政府QQ群下发征稿通知，向全市94个单位征集《中国共产党延吉执政实录（2015）》相关文献、图片资料。主要内容包括各单位工作综述、年度重要文献、决策、表彰纪实、大事记、特载、经验交流文章等。

【抗战胜利70周年系列活动】 组织“纪念中国人民抗日战争暨世界反法西斯战争胜利70周年”系列活动。向全市机关、学校、各企事业单位、社会团体征集纪念抗战胜利书画、文学、摄影、音乐等1500余份作品。8月4日，向全市展出《缅怀历史圆梦中华》党史图片展。陆续走进机关、学校、社区、军营、企业单位以及人民公园、帽儿山20余场，讲解20余场，观展群众6万余人。与延边大学经管学院青马沙龙党史宣讲团合作，联手走进中小学，开展宣讲活动。在延吉新闻网开辟“缅怀历史圆梦中华”专栏，分10期陆续刊登征集的1500余份抗战作品；在延吉电视台播出纪念抗战胜利70周年专题节目2期；在《延边晨报》上刊登图片展相关专题信息5期；为延边电台录制《不屈的金达莱》3期；为延吉电视台录制《延吉党史人物》11期；为党史示范社区新兴街道民盛社区制作“践行党的群众路线 知史爱党共圆中国梦”党史长廊。征集革命后人口述史。向全市6个街道，4个乡镇下发《延吉市党史地方志办公室关于寻找延吉市籍牺牲的革命先烈亲属及后人（知情人）的通知》，收集220余条相关信息，协调延吉市电视台、《延边晨报》共同参与采访抗战老兵李启岗、王家兴和抗战先烈金明柱、洪仲默的后人。

【“9·30”烈士纪念日活动】 宣传国家第二个“9·30”烈士纪念日。组织进学街道正阳社区党员干部、革命退伍军人及烈军属代表共同观看《著名党史人物专题片》;史志办与市教育局在市五中联合举办"缅怀历史圆梦中华"暨迎接"第二个烈士纪念日"主题活动;协助《延边晨报》、延吉电视台等媒体,围绕"烈士纪念日"集中开展宣传报道。

(李旭柠)

档　案

【概况】 2015年,延吉市档案局组织继续教育培训、新上岗业务人员培训、农村土地承包经营权确权和重大建设档案工作等专项培训。开展文书立卷指导工作,培训人数108人,推进全市档案工作规范化建设、法制化建设、信息化建设、功能建设。市档案局被吉林省档案局评为"全省档案工作先进集体",副局(馆)长尹国柱被评为"全国档案系统先进工作者"称号。

【档案便民服务】 推行"当场代理+全程代理+免费查档+电子查档"档案便民服务,增设电话查档、信函查档、上门服务等档案查阅利用服务,确保服务零距离、流程零障碍、质量零差错、效率零投诉,建设服务型档案。制订档案人员岗位职责、档案首接首问责任制度和限时办结制度、档案利用管理制度等,明确档案受理项目、服务范围、办理程序、需要提供的资料以及承诺办理时限,实现档案工作制度化和规范化。结合"一讲二评三公示",每月定期公开公示档案承诺、践诺、服务等情况,广泛接受群众社会监督,倾力打造"阳光档案",全年提供查档服务1019人次,查阅档案1239卷。处理群众来信来访11件,结案11件,结案率100%,提升档案公信度和群众满意度。

【档案数字化】 推进馆藏档案现行档案数字化工作。新增档案数据条目1.7万条,电子全文1.10万卷,给档案利用者查阅提供快捷方便。定期检查档案保管情况,做好档案防盗、防火、防虫、防潮、防尘等"八防"安全生产工作,健全应急预案并做好应急演练,加强档案保密及划控工作,加强档案网络管理,严控数字化档案信息,形成档案安全管理模式,加大档案安全保密工作力度,使档案保管更加安全。

【丰富馆藏档案】 加强档案征集力度,征集到各类档案资料和实物42卷(册),重点档案和特藏档案资料1613页,"抗日抗战题材"档案资料19份,一批老领导和知名人士的重要档案资料、照片213页,接收10个市直机关单位文书档案和破产企业档案36卷。加强档案抢救保护工作。利用馆藏档案数字化机会,对部分纸张破损和字迹褪色的档案进行修复、更换卷皮,对馆藏重点档案进行登记和专门管理,抢救修复档案1.13万页。

【档案执法】 按照《中华人民共和国档案法》、国家档案局8号令、9号令要求,完成对各镇街、市直机关、事业单位80个单位文书立卷执法检查工作。9月15日,国家档案局副局长许士平率国家行政执法检查组一行到延吉市就贯彻落实《档案法》情况开展行政执法检查,检查组对延吉市的档案行政执法工作给予高度评价。加强专业档案指导监督工作。提高新农合医疗业务档案工作管理水平,指导新农合医疗业务档案3000件。

【档案宣传】 开展形式多样档案宣传活动,举办"走进档案"征文活动;开展《国际档案日》宣传活动,利用社区公开栏和人群密集场所向群众广泛宣传,发放档案宣传资料550余份,提升群众档案法律法规知晓率。做好省示范档案室晋升工作,上报延吉市检察院晋升省示范档案室1个单位,对其单位晋升省示范档案室进行工作指导。

(赵海涛)

市直机关党建

【政治思想学习】 2015年,机关党工委采取集中授课形式对党务干部进行基层党组织建设、发展党员工作细则等方面培训。专题学习延边革命历史和东北抗联史,组织党务干部和机关干部赴汪清革命教育基地现场教学。围绕全市发展大局,注重提升机关党建品牌,在延吉新闻网和延吉电视台开办机关党建专栏,38个党组织机关党建工作经验得到宣传报道。

【机关文体活动】 开展公务礼仪和应急救护讲座,提升干部文明素养和健康意识。加强机关文化阵地建设,根据机关干部需求,先后组织开展全市机关排球比赛、朝汉族象棋比赛、乒乓球比赛和登山健身活动;举办快乐延吉大舞台"唱延吉赞歌,展机关风采"机关专场演出，丰富机关业余文化生活。全年组织开展市级活动15次，参加活动干部6000余人次。

【载体活动建设】 开展在职党员服务社区群众活动，983名在职党员干部深入社区服务，认领服务岗位1013个，为群众办好事实事1892件，宣传报道活动典型26人次。开展服务基层活动，在人财物方面给予包保社区、学校、企业和农村一定帮助，组织包保社区、企业、学校的党员到村屯开展迎"七一"主题党日活动。

【发展党员】 按照"坚持标准，保证质量、改善结构、慎重发展"方针，优化机关党员队伍知识结构、年龄结构、性别结构，全年发展预备党员28人，转正党员29人，接转党组织关系120人。

【机关作风建设】 推进廉政文化创建活动，征集廉政文化原创作品412件(幅)，44个单位58件作品获奖。严格落实中央八项规定，开展"四风"整治专项检查，两节期间对各部门落实中央八项规定精神情况进行明察暗访，检查18个部门"三公经费"使用情况，责令4个部门进行整改。编制印发《市直机关工作人员行为规范手册》，为机关工作人员处理公务提供准则和规范。

（庄晓明）

政策研究

【概况】 撰写完成《延吉全国县域经济竞争力400个样本县测评分析报告》《上半年延吉市县域经济发展形势分析》《保持战略定力，奋力实现率先发展》(2015年上半年延吉与梅河口经济发展形势简析)等，有针对性地向省委和市委市政府反映宏观经济趋紧背景下延吉市经济运行存在的突出问题和建议，《延吉开启融入"一带一路"发展新篇章》和《探秘延吉东北最强经济竞争力之路》在新华网、中国宗教网等刊载，市财经办主任权世荣执笔《立足新起点，实施新跨越，全力推动县域经济社会科学发展》一文被评为"2014~2015年度(全国)经济建设与科学发展理论实践成果"特等奖。

【县域经济研究】 针对年初以来宏观经济环境不利，经济运行压力增大形势，及时搜集相关数据，全面掌握全省各季度县域经济发展态势，横向对比延吉市县域经济在省内县(市)所处位置，为市委、市政府科学决策提供参考依据。从各层面和不同角度全面总结延吉市县域经济发展经验，撰写完成《多点支撑绿色崛起推动县域经济加快发展》理论分析文章及推介资料申报入册中国2015县域经济年鉴；研析县域经济评价体系，撰写《认清形势理清思路，加快延吉县域经济发展步伐》，收集、查询、核对上报数据，加强与全国县域经济评价中心的网络联系，全方位多角度宣传和推介延吉县域经济发展成果，获评"2015年度全国县域经济竞争力百强县（市）"，位列第81位；获评20015年度"中国中小城市综合实力百强县（市）"61位、"中国中小城市新型城镇化质量百强县"。

【经济社会发展成果宣传】 加大与人民网、中国城市发展网、中国县域经济网沟通联系，以新闻报刊、网络专刊、电视专题报道等形式宣传延吉市经济和社会发展成果。撰写完成《延吉：从吉林最强向东北最强华丽裂变》《2015年全国信息社会发展百强》《延吉开启融入"一带一路"发展新篇章》《延吉荣膺"中国电子商务发展百佳县"》《发展与民生同频共振，延吉城乡居民人均收入再拔全省头筹》等50余篇宣传延吉市经济社会发展成就的稿件。《延吉市三个"100条"构建和谐社会》获20个2015全国创新社会治理优秀案例奖。《吉林县域发展报告》向全省推介延吉"五大发展"经验。

【深化改革规划研究】 起草关于成立市委全面深化改革领导小组和5个专项小组及小组成员名单确定等工作，提交常委会审议通过，为全面推进深化改革建立组织架构；启动对全面深化改革中长期规划研究探索，组织专题调研，撰写修改完善《延吉市全面深化改革2015年工作要点》，形成《延吉市全面深化改革2015~2020年实施规划》；创建《延吉改革简报》，联系相关部门，宣传改革事项，实时撰写改革信息、发布改革动态，编发6期改革简报，修改整理上报11条信息至省、州委改革办，联系民政局，约稿编写延吉市社区建设方面典型改革案例上报省委改革办。

（柳香花）

延吉市人民代表大会

【概况】 延吉市人大常委会机关下设8个委办(办公室、信访办、人选工委、财贸农林工委、工交城建工委、法制工委、教科文卫工委、民侨外工委)。

2015年，常委会围绕全市的中心工作，在经济建设、社会建设、城市建设等方面，针对重大发展问题和群众关切热点问题，听取和审议各项工作报告17项，视察调研25次，撰写视察、检查和调查报告16篇，依法监督并全力支持和促进“一府两院”工作。

重要会议

【人大常委会第二十七次会议】 3月26日召开，会议审议通过《延吉市人大常委会2015年工作要点》；向市政府转交市人大代表提出的建议、批评和意见；听取市人大常委会法制工作委员会关于2014年规范性文件备案审查工作情况报告；审议通过关于市人大代表辞职相关事宜；进行人事任免事宜。

【人大常委会第二十八次会议】 4月15日召开，会议进行人事任免事宜。

【人大常委会第二十九次会议】 5月21日召开，会议听取和审议市人民政府关于2015年财政预算具体安排情况报告；听取和审议市人民政府关于贯彻落实《延边朝鲜族自治州就业促进条例》情况报告；听取市人民政府关于延吉市公立医院改革工作情况报告；听取市人民政府关于“六五”普法工作情况报告；听取市人民政府关于贯彻落实《延边朝鲜族自治州外国人管理条例》情况报告；审议通过关于州、市人大代表辞职相关事宜；审议通过《关于补选市人大代表的代表资格审查报告》；讨论人事任免事宜。

【人大常委会第三十次会议】 7月30日召开，会议听取和审议市人民政府关于2014年财政决算报告和2014年市本级预算执行和其他财政收支情况审计工作报告；听取市人民政府关于2015年上半年工业经济运行和工业项目建设情况报告；听取和审议市人民政府关于人大代表提出建议、

3月26日，延吉市第十七届人大常委会召开第二十七次会议
（刘　鑫　摄）

批评和意见办理情况报告；听取和审议市人民法院关于行政审判工作情况报告；审议通过州、市人大代表辞职相关事宜；审议通过关于补选州人大代表相关事宜。

【人大常委会第三十一次会议】 8月20日召开，会议审议通过关于州、市人大代表辞职相关事宜；审议通过关于接受辞去职务相关事宜；进行人事任免事宜。

【人大常委会第三十二次会议】 9月25日召开，听取市人民政府关于2014年1至8月财政预算执行情况报告；听取市人民政府关于2014年1至8月国民经济和社会发展计划执行情况报告；听取市人民政府关于2015年惠民实事进展情况报告；听取和审议市人民政府关于贯彻落实《延边朝鲜族自治州职业教育条例》情况报告；审议通过关于州、市人大代表辞职相关事宜。

【人大常委会第三十三次会议】 11月18日召开，会议听取和审议市人民政府关于贯彻落实《中华人民共和国食品安全法》情况报告；听取和审议市人民检察院关于反贪污贿赂工作情况的报告；审议通过关于调整市十七届人大常委会代表资格审查委员会组成人员相关事宜；审议通过关于许可对市人大代表采取刑事强制措施相关事宜；审议通过关于州、市人大代表辞职相关事宜；审议通过关于补选州、市人大代表相关事宜；进行人事任免事宜。

【人大常委会第三十四次会议】 12月16日召开，审议通过关于州、市人大代表辞职相关事宜；审议通过关于补选州、市人大代表相关事宜；进行人事任免事宜；审议通过《关于召开延吉市第十七届人民代表大会第五次会议的决定》；审议通过关于延吉市第十七届人民代表大会第五次会议相关事宜。

12月23日，延吉市第十七届人民代表大会第五次会议城建代表团讨论现场 （季芳旭 摄）

【延吉市第十七届人民代表大会第五次会议】 12月23日至25日在欢乐宫召开。会议听取和审查《延吉市人民政府工作报告》；审查和批准《延吉市国民经济和社会发展第十三个五年规划纲要》；审查和批准《延吉市2015年国民经济和社会发展计划执行情况及2016年计划（草案）的报告》；审查和批准《延吉市2015年财政预算执行情况和2016年财政预算（草案）的报告》；听取和审查《延吉市人民代表大会常务委员会工作报告》；听取和审查《延吉市人民法院工作报告》；听取和审查《延吉市人民检察院工作报告》；批准有关决议。会议依法补选李根刚为延吉市人民代表大会常务委员会副主任；补选成伟、朴光春、金宇为延吉市第十七届人民代表大会常务委员会委员。

（赵世森）

人大监督

【经济建设监督】 坚持以经济建设为中心，把提高经济运行质量作为监督工作重点，听取和审议市政府关于2014年财政决算报告、2014年本级预算执行和其他财政收支情况审计工作报告、2015年财政预算安排情况报告、1~8月财政预算执行情况报告、1~8月国民经济和社会发展计划执行情况报告。组织代表视察延吉市经济运行和工业项目建设情况，听取市政府关于1~8月工业经济运行和工业项目建设情况报告。为加快经济运行和推进项目建设，常委会提出加快发展区域经济，鼓励发展第三产业，推进新兴产业，加大传统产业科技创新力度建议，并针对“两区”及其他重点工业项目建设，进行定期调研，促进全市经济健康发展。

【城市建设监督】 围绕延吉市城市建设重点项目和民生工程，先后组织人大代表视察高铁西站建设、百货大楼百利城建设、万达广场建设、解放路步行街改造、西市场改造、小街小巷改造、棚户区改造、暖房子改造以及道路加固、城市绿化等工程项目进展情况，提出加大服务力度，提高办事效率，加强环境保障，强化责任追究等方面意见和建议，促进各项工程顺利进行。

【重大事项决定权行使】 围绕全市经济社会发展以及涉及人民群众根本利益重大事项，做出《关于批准延吉市2014年度财政决算的决议》等23项决议、决定，及时做出关于批准《市人民政府关于提请将延吉市光石村土地整治项目列入市财政预算的议案》等8项决议，支持政府解决项目资金20.69亿元。

【人事任免】 坚持党管干部和人大依法行使任免权统一，充分发扬民主，行使人事任免权。全年依法任免人大常委会各工作部门负责人6人(次)，政府组成人员26人(次)，检法两院法律职务人员79人(次)，为全市经济社会事业发展提供组织保障。

【司法公正监督】 发挥司法机关在经济发展和构建和谐社会中作用，市人大常委会听取和审议市人民政府关于“六五”普法工作情况报告、市法院关于行政审判工作情况报告、市检察院关于反贪污贿赂工作情况报告，并针对具体内容进行视察。促使司法机关牢固树立社会主义法治理念，贯彻落实“依法治市”战略，完善内部工作机制，优化司法环境，充分发挥职能作用。

【法律法规实施监督】 市人大常委会采取实地踏查、听取汇报、召开座谈会等多种形式，先后对《中华人民共和国食品安全法》《延边朝鲜族自治州就业促进条例》《延边朝鲜族自治州外国人管理条例》《延边朝鲜族自治州职业教育条例》等法律法规贯彻实施情况进行执法检查，并协助省、州人大常委会对《中华人民共和国残疾人保障法》《吉林省残疾人保障条例》《延边朝鲜族自治州延边黄牛管理条例》《延边朝鲜族自治州发展朝医药条例》《延边朝鲜族自治州企业和企业经营者权益保护条例》等法律法规的实施情况进行执法检查，促进法律法规在延吉市贯彻实施。

【规范性文件备案审查监督】 对规范性文件进行备案审查是法律赋予各级人大常委会一项重要职权。2015年审查市政府报送备案《延吉市国有土地上房屋征收与补偿暂行办法》等规范性文件6件，各镇人大报送备案规范性文件9件。通过对规范性文件备案审查，督促市政府依法制定规范性文件，确保规范性文件合法适当。

【惠民实事跟踪监督】 市人大常委会把市政府年初确定的惠民实事作为改善民生重点大事来抓，组织人大代表通过视察方式对惠民实事进展情况进行逐一跟踪监督并听取专项汇报，针对存在问题提出改进意见，确保惠民事实得到真正落实。

【民生热点关注】 抓住群众关注医疗、教育、食品、就业、环境等民

12月24日，延吉市人大代表为城市建设建言献策 （翟宇佳 摄）

生热点问题开展监督检查，视察全市物业管理、暖房子改造、医疗资源配置、村卫生所建设、节水配套改造、开采河沙治理、病死动物无害化处理、校园周边食品安全、“群众大舞台”活动开展情况等25项工作，提出统筹兼顾，科学配置，加大违规违法行为查处力度等意见建议。

【信访问题处理】 完善与“一府两院”沟通协调制度，联合司法、信访等相关部门健全诉求表达、协商沟通、救济救助等机制，引导并帮助信访群众通过法律渠道解决相关矛盾和问题，全年受理群众来信来访106件256人（次），其中省、州人大转办信访件3件，分别提出意见，转交“一府两院”妥善处理，发挥人大信访工作监督作用。

（赵世森）

7月，延吉市人大代表向困难学生捐助高考助学金现场

（李军广 提供）

代表工作

【代表活动基地建设】 在全市4个镇、6个街道成立“人大代表工作办公室”，在54个行政村设立8个“人大代表之家”，在70个城市社区设立70个“人大代表之家”。以改革思维和创新模式，率先成立人大代表服务管理中心，统一指导镇村和街道社区代表工作，组织州、市代表开展选民接待日、代表述职等活动。全市223名代表全部参加选民接待日活动，接待选民1658人（次），帮扶困难群众216人，化解矛盾和问题368项。通过开展各项活动，使代表能够深入基层，听取人民群众意见和建议，并及时向市政府及相关部门沟通反馈，切实解决实际问题。

【代表作用发挥】 组织代表“三查（察）”活动16次，410多人（次）围绕工业生产、项目建设、惠民实事等十几个方面工作进行集中视察、专题调研和执法检查，代表们提出37条意见和建议；邀请16名人大代表列席常委会会议；对223名人大代表进行集中培训；主任接待日接待代表235人（次）；开展代表“三个一”活动，代表为选民做好事99件，帮贫扶困捐资15万元。

【代表建议督办】 市十七届人大四次会议期间及闭会后，收到代表提出建议、批评和意见97件。常委会高度重视办理工作，重点抓好交办、承办、督办、答复四个工作环节，提出承办标准、质量要求和办结时限。市政府加大办理力度，落实承办部门责任制并督办到位。代表提出建议、批评和意见全部办结，代表满意率96.8%。

【镇人大工作指导】 常委会把指导镇级人大工作作为重要职责，经常深入乡镇沟通情况，指导工作。通过人大代表服务管理中心有效载体，指导各镇不断完善“人大代表工作办公室”和村“人大代表之家”各项制度，开展代表联系选民活动。组织市、镇两级人大代表围绕镇村卫生所建设情况、节水配套改造情况、病死动物无害化处理情况等工作，开展视察、检查、调研活动，提高镇人大工作水平，推动基层民主政权建设。

【人大代表进社区】 11月10日，人大代表接待选民日暨社区民生研讨会在建工街道延春社区二楼会议室召开。各相关部门、驻街单位负责人及居民代表参会。居民代表们围绕取暖、小区环境建设、居家养老设施完善、延吉市目前交通情况等贴近民生话题各抒己见，各相关部门负责人就居民代表提出问题给予回应，现场不能解答的，分类别记录下来，向上级部门汇报，为居民和相关部门搭建平台，关注民生。

（赵世森）

视察、调研活动

【延边州人大领导视察】 3月17日，延边州人大常委会副主任纪凯奇一行检查组，到延吉市检查《中华人民共和国残疾人保障法》《吉林省残疾人保障条例》贯彻实施情况，市人大常委会副主任尹林、市人民政府副市长朴林虎陪同检查。

4月2日，延边州人大常委会副主任闵光道一行视察组，在市人大常委会副主任朴光石、市政府副市长曹永吉陪同下，视察延吉市开展医疗资源配置工作情况。

4月14日，延边州人大常委会副主任纪凯奇一行调研组，在市人大常委会副主任乔嘉陪同下，调研市物业管理情况。

5月11日，州人大常委会副主任纪凯奇一行检查组，在市政府常务副市长秦晓明、市人大常委会副主任朴光石陪同下，检查延吉市《延边朝鲜族自治州外国人管理条例》贯彻实施情况。

7月9日，州人大常委会副主任闵光道一行视察组，在市人大常委会主任副朴光石、市政府副市长郑权陪同下，视察延吉市学校及校园周边食品安全情况。

8月11日，延边州人大常委会副主任闵光道一行检查组，在市人大常委会副主任乔嘉陪同下，检查《延边朝鲜族自治州企业和企业经营者权益保护条例》贯彻落实情况。

10月28日，吉林省人大常委会调研组到延吉市调研民生实事落实情况 （刘 鑫 摄）

【吉林省人大领导视察】 10月20日，吉林省人大常委会党组副书记、副主任陈伟根一行调研组，在市人大常委会主任李俊杰、副主任朴光石、市政府副市长曲建军陪同下，调研推进东部绿色转型发展区建设情况。

10月28日，吉林省人大常委会副主任王云岫一行调研组，在州人大常委会副主任闵光道、市人大常委会副主任乔嘉、市政府副市长朴林虎陪同下，调研延吉市暖房子改造、村卫生所建设情况。

（赵世森）

延吉市人民政府

主要工作

【概况】 2015年，延吉市政府以科学发展观为统领，全面贯彻落实党的十八大及市委第十四届党代会第四次会议精神，把“稳增长、促改革、调结构、惠民生”作为工作主线，抢抓机遇，破解难题，全市经济社会稳步发展。2015年，延吉市公共财政预算收入完成29.45亿元，增长2.8%；社会消费品零售总额实现226.32亿元，增长6.7%；外贸进出口总额完成2.27亿美元。

【经济发展】 转变经济发展方式，扩张总量、提升存量、优化结构、打造特色，提升产业竞争力，到2015年底，三次产业结构比重调整到1.8:43.9:54.3。工业经济不断壮大，全年规模以上工业总产值完成340.89亿元，民营经济主营业务收入完成976.3亿元，实缴税金18.3亿元，分别增长7.5%和3.7%。服务业快速发展，百利城竣工开业；西市场重建工程顺利启动，完成过渡期安置工作，市场供应得到保证。高新区延边电子商务大厦、延吉空港海关快件监管中心建成运营，新兴工业区跨境电子商务产业园、中亚电子商务产业园投入使用，“两区”一并获批省级电子商务示范基地。全年接待国内外游客730万人次，旅游收入完成170亿元，分别增长12.0%和24.0%，获批吉林省全域旅游示范区。农业经济稳步发展，发展特色产业，推进农业规模经营，州级以上龙头企业47家，专业农场和专业合作社分别28家和254家；农业总产值完成10.2亿元，增长10.0%，农业生产效益提升。

【城市建设】 完善城市功能、提升宜居度，城乡面貌提升。编制完成《西部新区控制性详细规划及城市设计》《海绵城市建设专项规划》和《城市地下综合管廊建设专项规划》。城市基础设施建设力度加大，投入1.8亿元，完成10万平方米人行步道铺设、15万平方米道路加固和146千米燃气、供热等管网改造工程。栽植树木1.5万株，完成10条主街路、滨河公园绿化建设。投入5.2亿元，征收土地18.5万平方米、房屋121户，延蒲高速连接线新民桥至延吉西站段如期竣工，确保长珲城际铁路顺利通车。城市管理不断加强，投入2850余万元，增加保洁车、清雪车、垃圾压缩车等设备771台（套），新增环卫人员500人。成立城市停车场管理有限公司，建设2万平方米大中型营运车辆临时停车场，在全市主街路施划停车泊位673个，改善城市交通拥堵状况。

【民生建设】 加大民生投入，全年财政用于民生支出33.5亿元，比2014年增长10.2%。新农合筹资标准由每人每年460元提高到480元。城市低保标准由每人每月430元提高到480元；农村低保标准由每人每年3000元提高到3600元。

新建回迁安置房3000套、公租房200套，完成农村危房改造400户，完成“暖房子”改造272万平方米。社会事业稳步发展，开工建设中医医院住院综合楼，完成44所村卫生室标准化建设。启动中小学“市长杯”校园足球联赛，建工小学等10所中小学入选首批“全国青少年校园足球特色学校”。深化“平安延吉”创建活动，强化生产安全、质量安全、食品药品安全监管，进行疾病防控、物价稳定等涉及群众切身利益工作。高度重视信访工作，彻底解决26件重大历史遗留问题，社会秩序保持和谐稳定。

【党的建设】 学习贯彻习近平总书记系列重要讲话精神，落实总书记延边调研考察重要指示精神，提高党员干部党性修养。开展“共产党员服务城”创建活动，实施市级领导“社区工作日”和在职党员干部“双岗双责”制度，加强软弱涣散基层党组织帮扶指导，基层党组织战斗堡垒作用进一步增强。落实《干部选拔任用工作条例》，坚持用新时期好干部的标准选好干部、用好干部，大力开展机关干部服务基层工作，选派百名副科级干部、后备干部、中层干部和大学生，到镇、街道、“两区”及企业挂职锻炼，提高党员干部政治纪律和政治规矩意识，创新实施市级领导包保工作机制，改进作风建设。配合吉林省委巡视组开展巡视工作，严格按照巡视反馈意见全部整改。落实党风廉政建设党委主体责任和纪委监督责任，深化纪律检查体制改革，不断完善惩治和预防腐败体系，严肃查处一批违纪违法案件，党风廉政建设和反腐败工作取得新成效。

【政府服务建设】 把加强政府自身建设作为做好政府工作根本保证，转变政府职能，政府服务水平，政府执行力、公信力和凝聚力提升。开展“社区工作日”及市级领导、部门包保项目、企业、社区、村屯、学校、贫困户等活动，选派机关干部到基层挂职锻炼，强化基层工作。自觉接受人大法律监督和政协民主监督，广泛听取社会各界意见，办理人大建议94件、政协提案169件，满意率和基本满意率100%。深化行政体制改革，全力解决制约发展体制性、机制性、结构性矛盾和问题。稳步推进政府机构改革，基本完成事业单位分类改革工作。深入推进政务公开，加大简政放权力度，完成“权力清单”制定工作，全市36个行政事业单位353项审批项目进驻行政服务大厅。加强行政监察和审计监督，遵守《廉政准则》，严格落实中央“八项规定”，坚决反对“四风”，政府作风明显转变。

（张凌峰）

10月30日，延吉市召开深化“三严三实”专题教育会议

（李军广 摄）

【法治延吉建设】 法治延吉建设列入市委常委工作重点，实行领导责任制和部门负责制。在市本级和镇、街全面建立完善依法治理指标体系和考核标准。在各镇、街组织开展法治镇街、民主法治示范村（社区）创建工作推进会。镇街与所属村（社区）层层签订创建责任书，实现创建工作全覆盖、全动员、全推进。教育系统组织召开推进法治学校暨“六五”普法验收工作动员会。教育局与各学校签订责任书，确保创建工作推进取得实效。联合延吉市电视台，开展“建设法治机关推进法治延吉建设”系列专题展播。各职能部门加强行业依法治理工作。开展专线执法检查226次，开展部门、行业依法治理活动911次。在全市组织开展法律进机关、学校、社区、农村、企业、单位和军营“菜单式”宣讲活动511场次。建立“法治延吉”微信公众平台，发送信息206条。用户378人。联合延吉市电台，开办《法治与生活》专栏。依托各大主流媒体开展法制宣传。有322篇信息被国家、省、州、市级媒体采用。

（于 飞）

重要会议

【安全生产工作会议】 1月28日，延吉市召开全市安全生产工作会议，表彰 2014 年度全市安全生产工作先进集体和先进个人，并部署 2015 年安全生产工作。?会议通报 2014 年度全市安全生产目标责任制考核控制指标情况，宣读《延吉市人民政府关于表彰 2014 年度全市安全生产工作先进集体和先进个人的决定》，授予新兴工业集中区等 20 个部门为“2014 年全市安全生产工作先进集体”；授予董永辉等 24 人为“2014 年全市安全生产工作先进个人”。

【农村工作会议】 3 月 11 日，延吉市召开全市农村工作会议，传达学习 2015 年省、州农村工作会议精神，安排部署 2015 年全市“三农”工作任务。会议强调，要坚持科学谋划、统筹兼顾，抢先机、抓提前、赢主动，确保“三农”工作取得新实效。市委常委、市城镇化工委书记朴林虎，市人大常委会副主任朴光石，市政协副主席徐成鹏，及相关部门负责人参加会议。就如何做好 2015 年的农业农村工作进行具体安排部署。要求抓好粮食生产，大力发展畜牧业、林业、园艺特产、棚膜蔬菜等产业，拓展增质增效空间。促进农业绿色转型发展，

【党风廉政工作会议】 3 月 19 日，延吉市召开全市政府系统党风廉政工作会议，安排部署政府组成部门 2015 年党风廉政建设和反腐败工作。市委常委、纪检委书记邓开举，市委常委、常务副市长秦晓明，市委常委、副市长、工行吉林省分行私人银行中心副主任施歌，副市长曲建军、郑权参加会议。着重解决人民群众反映强烈的突出问题，全力抓好反腐倡廉各项工作，就做好 2015 年党风廉政建设和反腐败工作提出要求。

（本刊编辑部）

综合政务

【公共机构节能减排】 开展节水、节电、节油、节纸等工作落实，向吉林省机关事务管理局争取节能改造专项资金 20 万元，用于政府办公楼节能水泵和 LED 节能灯改造，节能工程经招标结束进行改造施工。改造后使用水、用电费用比 2014 年降低 40%。降低行政运行成本，节能宣传周期间张贴宣传画 500 余幅、悬挂条幅 200 余条，制作展板 300 余个。全面提升公共机构能耗统计工作信息化和科学化水平，在全市组织 180 余家公共机构进行能源资源消费统计信息系统培训，向网格化和无纸化办公迈进，被评为吉林省公共机构能源资源消费统计工作先进单位。在全市遴选推荐市延河小学为国家第二批节约公共机构示范单位，10 月 16 日，通过国家专家组验收。机关事务管理局被评为全省节约型公共机构示范单位，省局为市机关事务管理局和延河小学各拨付 10 万元节能建设专项资金。市延河小学被省政府评为全州唯一一家节能示范学校。

【网络管理】 抓好机房维护管理工作，对政务机房光纤线路、网络设备、服务器、配电设备、恒温恒湿空调、空气灭火器等进行定期巡检，巡检 50 余次，发现并及时处理解决故障 3 次；定期对各类非法乱用设备进行清理，做好互联网及专用网络维护工作，解决各部门电脑、网络技术方面问题 240 余次，定期检查专网线路、网络设备、终端设备、系统软件，检查 50 余次，发现和处理各种网络故障 10 余次。及时为省政府督察系统上线运行和政府专网连接省州应急管理平台铺设专网线路，保证系统正常运行。每次视频会议做到“会前调试、会中保障、会后维护”，同省州定期联调 40 余次、会前联调 50 余次，承接国家、省、州级视频会议 50 余次，普通视频会议 40 余次，完成视频会议承接工作。对市政府网站及各部门网站平台进行管理和维护。为各部门协调解决固定电话故障 100 余次，按照国家“光进铜退”光改政策，协调运营商设计合理光改方案，历时一周分批次对 500 余部固定电话和 100 多个财政专网进行改造完毕，完成光改工作。

（孙卫蓉）

【全流程并联审批业务】 结合延吉市返乡创业工作，构建以行政审批电子监察系统为枢纽的行政审批信息综合服务平台，推进并联审批和网上审批机制。完善和规范政府服务直通车运行，审核修改政务公开网站行政审批项目及办件信息等内容，启动实施全流程并联审批工商注册登记和社会组织注册登记网上并联审批工作运行。先后对系统进行二次升级改造，解决受理及退办等运行环节中存在问题，全面更正进厅 169 大项、353 小项，修复 114 个并联审批事项关联程序。协调延吉市公安局、延吉市消防大队、延

吉市环保局、延吉市地税局、延吉市民宗局等部门，做好相关审批项目及人员进驻工作，根据机构调整情况，将原延吉市卫生局、延吉市计生局、延吉市工商局、延吉市食药监局、延吉市质监局等单位的行政审批项目和已办结件进行系统合并，对相应并联审批流程进行跟踪调整和及时培训。

【政务监管】 完善监管措施，优化交易流程，把搞好服务放在第一位，构建管理规范、运转有序、服务优良、监督有力政府公共资源交易平台。严格按照文件要求执行，把分散在各部门、各企事业单位交易项目纳入中心进行统一交易。截至11月份，完成各类交易项目203项，政府采购90项，建设工程招投标109项，交通工程3项，水利工程1项。

【政务公开】 完善政务公开工作机制，制定下发《2015年延吉市政务公开工作要点》，调整全市政务公开工作领导小组，全面摸底调查乡镇街道便民服务中心及公共企事业单位政务公开情况。制订《关于做好政府信息公开自查工作的通知》《2015年政府信息公开工作考核指标》等4个指导性文件，举办全市政府信息公开培训，编制《延吉市政府信息公开文件资料汇编》，更新完善政府信息公开操作系统，新增市档案局、市外事办2个信息公开成员单位，推进财政预决算、“三公”经费等重点领域政府信息公开。全市56个成员单位公开政府信息4812条。有37个部门和单位进驻中心办理，受理行政审批及收费事项8.34万件，办结8.34万件，月办结率99.98%。其中，即办件70154件，办结70154件，按时办结率100%，实现收费3.47亿元。

【“12345”市长公开电话】 城市管理指挥中心按照《市长公开电话工作暂行办法》，畅通服务渠道，力求做到“真情服务群众、真心引导群众、真正幸福群众”，完善市长公开电话服务群众方式方法，加强市长公开电话办公室与各部门单位之间联系，提高处置群众反映问题效率。2015年，市长公开电话受理案件3343件，答复率100%，书面交办208件，办结率100%。省长公开电话交办案件3件，办结率100%；州长公开电话交办案件46件，办结率100%。对群众集中反映热点问题进行梳理和分析，编发43期《市长公开电话简报》。

（董园园）

应急管理

【概况】 编发《延吉应急信息》39期，转呈各类信息73期，发布各类预警信息89条，妥善处置各类突发事件370起，指导延吉市相关部门和单位开展各类应急救援演练306次，提升部门在应对各类突发事件组织救援处置能力。

【应急救援和预防管理】 从完善体系，健全机制入手，坚决做到第一时间做好优先处置，第一时间赶到现场，第一时间报告准确信息，实现“信息一体化，指挥实战化、工作常态化”的应急救援管理工作格局。城市管理指挥中心注重各部门间协作和交流，提升全市应急指挥调度能力，在遇到突发事件时，可以准确清楚了解需要调动哪些部门联动处置。与应急办密切配合开展应急专业培训和应急演练，参与指挥调度组织的各类应急演练236次；受理“三台合一”报案19.93万件、120急救热线2.56万件，指挥、调度各部门联动妥善处置突发事件179件。

（权　学）

人事管理

【人事人才管理】 制订《2015年延吉市公务员培训方案》，组织公务员集中培训三期，指导各单位有效开展自主培训，完成2000名公务员培训任务；完成对全市247个事业单位，6191名专业技术人员继续教育计划备案工作；有247个事业单位纳入事业单位岗位聘用管理范围，办理事业单位续签聘用合同备案8951人次；落实《延吉市事业单位人员聘用办法》，做好事业单位岗位聘用管理（聘用合同）备案工作，有188个事业单位纳入事业单位岗位聘用管理范围。办理事业单位聘用合同变更备案961人次；2015年延吉市事业单位公开招聘计划是175个岗位、199个职位通过笔试、面试、体检、考察等环节落编180人。举办春、秋两季人才交流会、春、秋两季高校毕业生就业专场公益交流会，有100余家企业到现场招聘，提供就业岗位3284个，1400余人到场参会，1105人登记求职，初步达成

8月28日，延吉市召开2015年秋季高校毕业生就业专场公益交流会
（人社局 提供）

意向526人次，现场招聘84人；完成2015年军转干部安置接收工作，接收4名计划安置军转干部，全部安置到市属机关和参公单位。接收29名自主择业军转干部，全部完成落户、办理工资核定、医保卡等工作。

【军转干部安置】 完成2015年军转干部安置接收工作，接收4名计划安置军转干部，全部安置到市属机关和参公单位。接收29名自主择业军转干部，全部完成落户、办理工资核定、医保卡等工作；做好困难企业军转干部解困维稳工作，坚持“八一”、春节走访慰问。重点关注特困人员，加大个案救助力度。全年纳入解困企业军转干部146人，发放解困资金和缴纳养老、医保339万元。

【劳动者素质培训】 各类职业技能培训总人数7547人，困难企业在岗职工技能提升培训1517人，城镇失业人员技能就业2012人，新生劳动力技能储备815人，创业促就业60人，农民工912人，其他职业技能2231人。有17家培训机构通过考核，被认定为劳动者素质培训定点机构。

（陈世超　朴丽燕）

民　政

【未成年人保护】 3月，延吉市救助管理站加挂延吉市未成年人社会保护中心牌子，在延吉市公园街道园辉社区和河南街道白山社区设立未成年人社会保护中心工作站，指导社区开展未成年人保护工作，统计未成年人信息1856人，走访161名困境未成年人，分类登记基本信息，其中孤儿3人，留守儿童92人，重大疾病儿童32人，残疾儿童2人，生活无着落儿童31人，服刑人员未成年子女1人，针对分类情况进行各类帮扶活动。5月26日，省民政厅调研未成年人保护工作给予肯定。

【“五保”供养水平提高】 建立“五保”供养标准增长机制，集中供养标准提升为7963元/年、分散供养标准提升为4363元/年，全市“五保”集中供养对象50人，“五保”分散供养对象70人，全年发放生活补助资金99.3万元；争取资金78.2万元，维修改造全市3个农村社会福利中心，改善办院条件。

【优抚安置】 开展优抚对象数据核查工作，按时足额发放优抚抚恤、补助资金，为1817名重点优抚对象发放抚恤金1848万元；投入130余万元医疗补助优抚对象548人次；完成69名伤残人民警察证件换发工作；组织重点优抚对象参加“纪念抗日战争胜利70周年”活动，为4名抗日老兵发放慰问金和纪念章；走访慰问烈士遗属、重点优抚对象200人次，发放慰问金10万元；做好“烈士纪念日”公祭活动承办工作，烈士陵园全年接待祭扫群众6.5万人次。

【双拥共建】 以构建全要素、多领域军民融合深度发展为中心，通过“雷锋班”“青春驿站”等载体为双拥共建搭建平台，促进社区双拥工作融合发展，实现基层拥军服务全覆盖。5月，沈阳空军军区在驻延93011部队召开“三互活动”现场会。延吉市新兴街道与驻延93011部队创新双拥活动载体，军地基层党组织开展“三互活动”加大军地深度整合做法得到肯定，其典型经验在军区范围内进行全面推广。集中慰问和表彰2014年立三等功8名延吉籍现役军人家属；

做好“两节”“八一”期间驻延部队慰问工作，赠送慰问金39.5万元；与驻延部队、市文广新局举办“庆祝建军88周年军民联欢晚会”；制订《延吉市争创全国双拥模范城“八连冠”实施方案》，全力做好争创国家级双拥模范城宣传工作，以广播、电视、报纸、互联网等新闻媒体为主阵地，开设双拥专栏，报道150余条；在各街道社区设置双拥永久性宣传栏10余个、在主要街路设置双拥宣传牌匾20余个，通过街道社区宣传栏、双拥一条街、双拥广场、文艺会演相结合方式，多角度、全方位、立体式营造社会化双拥大氛围。完成时长11分钟双拥工作专题片制作、双拥工作汇报材料撰写工作及双拥迎检材料汇编整理工作。12月，延吉市代表团赴吉林省委省政府参加全国“双拥模范城”申报会，延吉市市长宋旭日做申报发言。

【退役士兵安置】 建立退役士兵“阳光安置”工作机制，全面推进菜单式培训+订单式选训新模式，为自主就业退役士兵提供22个培训项目，培训知晓率和有培训意愿退役士兵培训率100%。将3名重点安置军人安排到事业单位；在事业单位招聘中，为大专以上学历退伍军人设立2个岗位；通过开展技能培训，召开招聘会等形式，为复转军人就业创业搭建平台，全年安置率100%。

【延边烈士陵园设施改造】 做好延边烈士陵园设施日常修缮维护及园区绿化、美化工作，加强对零散烈士纪念设施保护维护工作。发挥“爱国主义教育基地”和“民族团结进步教育基地”作用，开展爱国主义教育和国防教育。3月，开设延边革命烈士陵园官网。网站设置陵园简介、资讯动态、烈士事迹、网上参观、网上祭奠、所获荣誉、政策法规等内容；举办“烈士纪念日”大型公祭活动、纪念抗日战争胜利70周年《长白魂—延边人民抗日斗争史》大型图片巡回展览活动、《战争胜利70周年》纪念活动等系列活动，全所接待来自海内外祭扫参观众6.5万人次。8月，经党中央、国务院批准，延边革命烈士陵园被列入第二批国家级抗战纪念设施、遗址名录。

9月30日，延吉市举办大型公祭活动，老战士李启岗向革命烈士纪念碑鞠躬默哀 （民政局 提供）

【区划地名】 做好《延吉市地名志》编纂工作，完成对《延吉市地名志》市州省三级审校工作，按省审校结果进行修改，补入新增地名；做好地名公共服务工作，及时更新国家地名地理信息库，做好地名命名工作，全年完成11个小区命名工作；做好平安边界创建工作，与毗邻的五个县市完成第三轮界线联检工作，签订共建平安边界协议书。

【居家养老试点工作】 以点带面，逐步推进全市政府购买居家养老服务工作，确定公园街道园法社区为试点单位，开展政府购买居家养老服务工作。主要做法是园法社区与小棉袄公司联手，为公司免费提供场所，小棉袄公司实行会员管理制度，使每项服务都完善信息管理，为每位老人进行指纹认证，启动健康理疗、心理慰藉、文化娱乐、餐厅服务等功能活动。受到辖区服务对象欢迎，得到国家民政部和省民政厅领导好评。争取国家养老信息网络试点项目支持资金50万元，确定建工街道延青社区为试点单位，指导试点社区推进居家和社区养老信息网络试点工作。

【残疾职工权益保障】 全市有福利企业13家，残疾职工人数243人，占职工总数38.9%，残疾职工月平均工资1950元，全部纳入五项保险范围；开展关爱困难残疾职工送温暖活动，春节、助残日期间慰问优秀福利企业1家和困难残疾职工60名（每人发放500元），发放慰问金3.5万元，为残疾职工送去节日祝福和问候；组织福利企业参加全州残疾人就业供需对接会议，现场招聘15人，有51人与9家福利企业达成用工意向，满足福利企业用工需求和残疾人就业需求。开展无障碍设施建设试点工作，确立延边亿方实业公司为无障碍设施建设试点企业，现生产车间、厂库、院内、职工食堂等残疾职工无障碍设施建设完工，办公楼无障碍设施在建设中，通过试点工作示范引领推进福利企业无障碍设施标准化建设。

【社会组织管理】 严把登记关，规范审批程序，全年新增各类社会组织74家，变更38家，注销3家，全市注册登记的各类社会组织595个，社会团体185个；民办非企业单位410个；组织开展社会组织年检工作，应检社会组织426个，参加年检407个，占年检总数95%，年检合格率100%。组织开展社会组织评估工作。全市符合评估条件社会组织有296家，报名参评社会组织有38家，参评率12%。通过评估委员会评定，有2家社会组织评定为4A级，6家社会组织评定为3A级单位，并进行公示。在建工街道试点成立社会组织孵化基地，重点培育和发展社区社会组织，试点入驻社会组织5个。

【民政信访】 畅通诉求渠道，受理各类信访247件，来访事件51件、来电32件、来信1件、百姓热线回复163件，初信初访一次性办结率100%。开展局领导信访接待日活动，坚持每周四局领导接访工作，全年接访46人次。每月按时上报各类信访数据统计报表及矛盾排查报告，上报率100%。

（马　俊）

外事侨务

【因公出国审核】 按照吉林省、延边州有关审核政策及审批程序和处理方法，灵活把握政策尺度，协调省、州外事部门，取得上级支持，特事特批，急事急办，发挥经济服务窗口的工作。审批办理10个团组的公务出国手续，21人次出访俄罗斯、韩国、日本、朝鲜等4个国家。外侨办审核报批APEC商务卡4家/9人次（APEC商务卡用于直接出入实施APEC商务旅行卡计划的经济体16个，为企业节省大量的人力、财力。它有效缓减民营企业前往部分亚太国家签证难、签证慢的问题，推动延吉市外向型经济发展）。外侨办借助这一政策优势，让更多企业能够更便捷、更安全地“走出去”。市党政干部因公出国实行严格控制、严格审核，没有发生一起公款出国（境）旅游和出国人员违反外事纪律的情况。

【涉外事件处理】 2015年，处理1件韩国领馆照会、3件朝鲜领馆照会，处理韩国市民在中国死亡事件、中国延吉市市民在法国失踪事件、中国延吉市市民在朝鲜被扣押事件、中国延吉市市民对朝贸易中货款拖欠事件。

【友城工作】 外侨办协调友好城市访问接待工作，宣传延吉，提高延吉市知名度，巩固友城关系，稳固对外交往渠道。5月，延吉市与俄罗斯滨海边疆区希望区签署友好城市交流协议，推进延吉市与俄罗斯地方政府间多领域、多层次友好交流。2015年10月，延吉市政府邀请韩国高阳市代表团访问延吉。

【社区侨务】 外侨办积极响应省、州侨办的社区侨务工作创建活动，开展工作，社区侨务工作得到国家、省、州的认可。年初，延吉市河南街道白川社区被确定为全国社区侨务工作明星社区，于10月15日揭牌。延吉市建工街道延青社区被吉林省侨办确定为2014年度吉林省社区侨务工作示范点，并被授予牌匾。各社区之间实现社区化、网络化管理，灵活运用联手、互助、共建等形式，最大限度实现侨务信息、社区资源共享。

【归侨扶贫】 加大贫困归侨救助力度，实行配套资金，建立侨务扶贫工作长效机制，通过上级拨付的贫困归侨低保户补助资金，对城镇低保户归侨每人补助1000元。为3名贫困归侨家庭子女申请每人500元的助学金；实行临危特殊救助，通过家访、电话访贫困归侨侨眷200余人次，了解他们生产生活中存在的困难，并及时解决困难。具体情况具体解决，对身患重病的归侨王庆哲给予3000元的救助金。对年老体迈的归侨王桂英和残疾儿子韩亭日实行户口分离，办理低保，解决他们生存难题。为贫困归侨低保户争取低保补助金4.62万元。

【华侨落户审核】 解决旅朝华侨回国探亲滞留人员的定居落户问题，对于基本具备落户条件和其他申请要件的，加快向上申请速度，最终 11 名旅朝滞留不归华侨领到“定居证”。

（广丽萍）

信　访

【概况】 2015 年，以开展“信访法治建设年”活动为载体，着力打造“阳光信访”“责任信访”“法治信访”，被吉林省委、吉林省政府授予 2015 年度吉林省推进“阳光信访”“责任信访”“法治信访” 先进单位称号；李洪波被吉林省委、吉林省政府授予 2015 年度吉林省矛盾纠纷排查化解工作先进个人称号。

【信访责任落实】 3 月，下发《中共延吉市委、延吉市人民政府印发〈关于进一步加强信访工作的意见〉的通知》，建立健全信访工作责任制，强化信访工作责任落实。健全研究信访工作制度，党委常委会和政府常务会每季度听取信访工作汇报 1 次以上，遇重大或紧急信访事项随时研究部署信访工作。市级领导每月至少进包保村、社区 1 次，采取专题接访、重点约访、带案下访等方式，包保调处和化解可能引发集体访、越级访、非正常访等信访维稳突出问题。健全信访联席会议制度，充分发挥信访联席会议综合协调、组织推动、督导落实等作用，注重分级分类研究攻关，整合资源，综合施策。健全信访工作网络，在延吉市各镇、街道成立专门信访工作机构，配备专职信访工作分管领导和 3 名以上专职信访工作人员。要求易产生信访问题部门确定信访工作分管领导，配备 2 名以上专职信访工作人员，承担本系统、本部门职权范围内信访事项调查处理、对外协调联络，疑难案件化解等工作。

【信访受理】 坚持市级领导干部接访制度，继续开展领导干部接访、下访活动，延吉市委、市政府主要领导带头接待群众信访，其他市级领导按照分管工作分别接待，做到“谁分管谁接待”，推进信访问题化解。做好群众来信来访接待办理工作，以信访局接访大厅为平台，解决群众诉求，全年信访局受理信访纯案 449 件 2826 人，集体访 128 件 2333 人，单人访 321 件 493 人。加快信访信息综合平台建设，建立信访事项网上办理平台，加速实现信访信息的互联互通和资源共享，加速镇、街道及各部门的系统覆盖面，让数据多跑路、让群众少跑腿。6 月份，对延吉市各部门61 名信访工作专职人员进行相关业务培训，实现各职能部门直接受理网上信访事项。全年网上受理国家、省、州交办及群众网络投诉信访事项 140 件，接听群众来电投诉 317 件。

【矛盾纠纷排查化解】 定期开展矛盾纠纷排查化解工作。强化重心下沉、关口前移，充分发挥市、镇（街道）、村（社区）三级网络作用，做到早排查、早介入、早化解。全市每月排查一次，镇（街道）每半月排查一次。实行重点排查和重点督办制度。对可能在敏感时期赴省、进京上访人员重点排查，做到实时掌握和监控，坚决把问题解决在基层，把人员稳定在本地。做好敏感时期信访维稳工作。在信访工作重要节点、国家重大会事等敏感时期，启动信访工作预案，形成一日一研判、两日一协调、三日一督办工作格局，维护国家、吉林省、延边州、延吉市“两会”、抗战胜利 70 周年纪念活动期间信访秩序。在吉林省委巡视组进驻延吉市期间，对群众反映的问题和省委巡视组交办的涉及延吉市 213 件信访事项分类分批交办各责任单位，在限期内办结。

【信访积案化解】 落实市级领导包案制度，排查梳理全市重大信访事项，按照市级领导分管工作确定案件包保，将责任落实到部门及具体负责人。市级主管领导主动接待信访人、亲自组织调查案情、研究化解方案，切实推动案件化解。开展积案化解工作，对信访积案落实责任主体，明确化解时限，通过督察、督办，力促“案结事了”。省交办延吉市 2 件信访积案，全部按时办结。做好疑难案件协调处理工作，排查梳理全市重大信访事项，梳理重大信访事项 26 件，提交市长办公会逐件研究。

【信访信息调研】 实行舆情日常监测机制，分析掌握群众信访活动规律，对信访隐患及时进行预警，编发《信访动态》《信访反映》16 期。加大信访宣传舆论引导力度，开展《信访条例》颁布十周年等宣传活动，推广解决群众合理诉求、维护群众合法权益典型做法，树立正确导向，营造依法有序上访舆论氛围，引导群众有序上访。报送各类信息、调研报告、经验材料等 57 条，吉林省、延边州采用 33 条。

（李　丽）

中国人民政治协商会议延吉市委员会

【概况】 延吉市政协内设办公室、经济科技委员会、文教法制委员会、提案委员会、文史与学习委员会。在职县级干部4人,科级干部12人,工勤5人。政协延吉市委员会设委员活动组12个。经济科技委员会下属经济一、经济二、科技、城建、工商联和农林6个活动组;文教法制委员会下属教育、台侨、社科、医药卫生、民族宗教、文体新闻6个活动组。各委员活动组设组长一名、副组长2名,均兼职。

重要会议

【政协十三届十二次常委会】 1月11日召开,审议通过十三届四次会议有关事宜:通过十三届四次会议召开的时间,时间为2015年1月14日至16日;通过《常委工作报告》;通过《提案工作报告》;通过大会日程议程,大会秘书长、副秘书长名单;通过大会拟表彰的先进委员名单;通过委员调整和常委补选及人事任免事宜。

【政协十三届十三次常委会】 3月25日召开,学习传达《中共中央关于加强社会主义协商民主建设的意见》和《全国政协会议精神》;审议通过《市政协常委会2015年工作要点》;听取《关于政协延吉市十三届四次会议委员提案征集、立案、交办及重点提案的说明》;通过关于设立政协委员扶贫济困基金的有关事宜。

【政协十三届十四次常委会】 7月23日召开,审议听取延吉市政府关于2015年上半年延吉市经济运行及重大项目进展情况通报;听取市政府关于十三届四次会议以来提案答复情况报告;审议通过关于延吉市急救体系建设情况调研报告;组织市政协常委视察延吉市在建重点项目;延吉西站综合客运枢纽、延边白头山制药有限公司中成药及保健食品加工、生活垃圾焚烧发电厂、东来寺等项目。

【政协十三届十五次常委会】 10月10日召开,审议通过关于老旧居民楼物业管理情况调研报告;视察在建重点项目:吉林贵金属交易中心项目、延吉电子商务大厦、吉林敖东延吉国药基地三期项目、延吉空港海关快件监管中

3月25日,政协十三届第十三次常委会会议现场 (韩 丹 摄)

心项目等。

【政协十三届十六次常委会】 12月17日召开，审议通过常委会工作报告；审议通过常委会提案工作报告；审议通过市政协十三届五大会议程、日程；审议通过延吉市政协十三届五次大会执行主席建议名单；审议通过大会秘书长、副秘书长建议名单；审议通过大会提案审查委员会建议名单和截止日期；审议通过会议决议；审议通过关于政协2015年度先进小组、优秀委员组长、优秀委员、提案承办先进单位、优秀提案人表彰人员名单；审议通过委员调整事项；关于市政协专委会调整情况的说明。

【政协延吉市第十三届委员会第五次会议】 12月22日至24日，在延边国际饭店召开。大会听取《关于市政协十三届五次会议提案审查情况的报告》。会议期间收到提案127件。经审查，立案121件，不予立案6件。按类别分，经济建设类25件，占总数19.69%；城建环保类44件，占总数34.65%；科教文卫体类18件，占总数14.17%；交通类28件，占总数22.05%；社会保障类9件，占总数7.09%，其他类3件，占总数2.35%。大会通过《中国人民政治协商会议延吉市第十三届委员会第五次会议决议》。

（黄美敬）

参政议政

【围绕中心工作协商议政】 2015年市政协常委会围绕市委、市政府中心工作，带领全体委员进行协商议政，提出建设性意见和建议。通过全委会整体协商、常委会重点协商、主席会专题协商、专委会对口协商等形式，围绕“十三五”规划制定、重点工程项目进展情况、重点企业运营情况、20件惠民实事落实情况等全市经济社会发展热点难点问题及市委、市政府其他重大事项进行协商讨论，提出具体意见和建议，很多建议被市委、市政府采纳。在十三届四次会议期间，市委、市政府领导深入到各委员小组，听取委员讨论，面对面进行协商；在第十四次常委会上，常委们听取市政府关于《上半年经济运行情况及重大项目建设情况的通报》，对相关问题进行协商讨论。

12月23日，政协十三届委员会第五次会议委员各讨论组组长汇报讨论情况 （杨婷婷 摄）

【重点课题调查研究】 结合延吉市经济社会发展实际，将急救体系建设和老旧住宅楼房物业管理作为重点调研课题，由主管副主席带领专门委员会和部分政协委员深入基层开展调研，形成《关于我市急救体系建设情况的调研报告》和《关于我市老旧住宅楼房物业管理情况的调研报告》以下简称《调研报告》。《调研报告》在全面掌握基本情况基础上，找出存在的深层次问题，并有针对性地提出解决问题的对策，就推动延吉市医疗急救体系建设发展步伐、保障群众健康，提升城市形象、改善和提高城市居民生活环境方面提出重要参考意见和建议。

【调研考察活动】 配合延边州政协和外埠政协做好来延调研考察活动，收到较好成效。先后配合州政协开展全州食品安全监管情况、农村饮用水安全工作、城市社区卫生服务工作等方面调研工作，受到州政协好评。组织接待内蒙古鄂尔多斯市政协到延吉市考察职业教育和民族教育、辽宁省东港市政协考察民族团结进步创建工作及少数民族社会事务管理工作、大连市政协考察民俗旅游发展、安徽省蚌埠市政协考察古村落建设、甘肃省嘉峪关市政协考察民族食品和旅游产品开发及汪清县政协关于职业教育发展情况等调研工作。

（李　芸）

视察监督

【院前急救体系建设视察】 3月17日，延吉市政协教科文卫委组织医药卫生组委员，视察延吉市院前急救体系建设情况。视察组一行先后到延吉市急救中心第一分站、延边医院、延吉市医院和延吉市急救中心听取医院急救体系建设指挥调度、日常运行、人员培训和重大任务保障等工作情况介绍。

【企业发展情况视察】 11月18日，延吉市政协副主席徐成鹏带领政协委员，先后到延边金刚山食品有限公司、吉林紫鑫初元药业有限公司、吉林敖东药业集团延吉股份有限公司、中亚电子商务产业园、喜开跨境电子商务产业园，视察重点企业发展和项目建设情况。委员们听取企业负责人介绍情况，参观工厂生产线。

【民办教育发展情况视察】 11月19日，延吉市政协副主席金京春带领政协教育组委员来到延吉市马骁星海钢琴艺术培训中心、圣手职业培训学校和通达外语培训学校，视察延吉市民办教育发展情况。了解各民办教育机构办学条件和规模，促进延吉市民办教育事业健康发展。

【新农村建设工作视察】 11月11日，延吉市政协副主席徐成鹏带领市政协委员，到延吉市朝阳川镇仲坪村、柳新村、太兴村视察“美丽乡村”、蔬菜专业农场建设、现代化农民小区建设、乡村公路等新农村建设情况。突出朝鲜族民居特点，打造宜居舒适、特色鲜明的社会主义新农村。

11月19日，市政协委员视察民办教育发展情况

（李军广　提供）

【供热准备情况视察】 9月29日，延吉市政协副主席徐成鹏带领城建组委员对延吉市供热企业运营情况和2015年至2016年度供热准备情况进行调研。调研组到泵站和迎光小区换热站查看设备运行状况，并到延吉市集中供热有限责任公司热源生产调度中心锅炉运行处实地查看，了解供热系统生产工业流程。要求供热企业继续做好供暖前期准备工作，确保如期供热，提高服务质量。

11月11日，市政协委员视察新农村建设工作　（李军广　提供）

【安全生产工作情况视察】 9月23日，延吉市政协副主席徐成鹏带领部分政协委员深入生产一线，视察全市安全生产工作情况。视察组到长春燃气（延吉）有限公司、大京延吉纺织有限公司和延吉三道煤业有限责任公司实地查看安全生产情况，听取企业负责人和安全生产管理人员介绍企业安全生产工作情况。就隐患整改、安全生产责任落实、防控体系建设等情况与企业负责人进行交流。要求企业抓好各自安全生产工作，从思想上树立安全生产意识，从行动上落实安全生产责任，营造安全稳定的生产生活环境。

（本刊编辑部）

提案交办

【提案办理】 市政协十三届四次会议期间，收到委员提案157件，经严格审查立案131件。按照分级负责，归口办理原则，将立案提案及时转交市委、市政府相关部门办理。有10件提案列为重点提案，分别由市委书记、市长、市政协主席和副主席亲自督办。通过采取电话联系、上门走访，召开见面会、联合督办和重点提案督办会等多种形式，及时掌握办理进度、注重解决实际问题，促进提案办理效率和质量提高。提案办复率、委员对提案办理满意和基本满意率继续保持100%。

【提案办理协商】 开展提案“办中”协商，及时召开提案办理调度会，由29个承办单位通报办理进展情况，协商解决办理过程中遇到问题，有针对性地提出下一步办理要求，促进提案落实。加强重点提案办理协商，确定10件市级领导重点督办提案，通过市级领导督办、界别和专委会联合督办等形式，加强与承办单位沟通协商，先后召开3次重点提案协商督办会。委员提出加快西部基础设施建设、治理城市大气环境污染、加强消防设施安全监督等领导督办提案，得到采纳落实。

【提案工作机制健全】 规范提案办理运行机制。对于收集到的提案，政协提案委与市委、市政府督察部门联合督办，严格责任，限时办结。强化提案办理协商机制。建立提案人、承办单位、督察部门、政协提案委四方联动的沟通协商机制。重点提案由市委、市政府主要领导及政协主席、副主席亲自督办，加大办案力度。各承办单位与提案人面对面交流，点对点沟通，共同探讨办结时限和解决问题的办法与措施。完善提案表彰机制。通过考核，评选出提案办理先进单位、优秀提案人，在政协全会上进行表彰。

（李　芸）

重要活动

【政协委员爱心助学活动】 2015年，在原有爱心助学基金基础上，市政协常委会发起建立扶贫帮困基金，组织全体政协委员帮扶献爱心，捐款9.95万元。8月中旬，举行2015年委员爱心助学金发放仪式，为20名家庭贫困中小学生和应届高考成绩优异考生发放2万元爱心助学金。“六一”儿童节前夕，工商联组、文体法制组、城建组委员慰问锦城小学、春光小学困难学生及留守儿童，分别送去价值1万元校服及各类助学帮扶金2万余元。

【政协委员进社区】 开展“政协委员进社区”活动，组织委员走进包保社区，了解民意民情，帮助社区群众解决困难，对一些需要协调解决的问题进行汇总反馈。文体法制组邀请韩国常爱协会耳科专家为北山街道居民群众进行免费检测听力，发放总价值7万余元助听器；城建组为建工街道延青社区送去电脑、摄像机等价值1.5万元设备；医药卫生组医疗专家团队到新兴街道开展“送医送药”活动，为新兴街道10个社区群众免费检查身体，赠送价值1万多元药物。台侨组、社科组、城建组、教育组、民宗组和文体法制组到包保街道社区及延边社会福利院、社区养老院、延边希望孤儿院和延吉市麒麟医院儿童康复基地等处开展捐资扶贫、爱心救助、慰问演出等活动。

【第四届政协委员运动会】 8月30日，“上海城杯”延吉市第四届政协委员运动会在延吉市人民体育场举行。延吉市政协委员和市政协机关工作人员350人、分成12支队伍参加比赛。运动会设男女60米跑、男女吊瓶、男女混合三人四足跑等项目。经过大会组委会综合评比，科技组代表队、教育组代表队、社科组代表队获得优秀组织奖。农林组代表队、文体法制组代表队、台侨组代表队获得精神文明奖。

（黄美敬　李　芸）

中国共产党延吉市纪律检查委员会(监察局)

纪检监察

【概况】 中国共产党延吉市纪律检查委员会(简称纪检委)与市监察局合署办公，实行一套工作机构、两个机关名称的体制。下设办公室、党风室、审理室、宣教室、信访室、检查一室、检查二室、检查三室、检查四室、案件管理室，政法、开发区、新兴工业区三个派出纪工委以及五个派驻纪检组。委局在职人员64人。

【纪律检查体制改革】 清理议事协调机构，只保留11个理应由纪委牵头或参加的议事协调机构，其余84个不应由纪委牵头或参加的议事协调机构全部归还给主责部门，清理率88%。调整内设机构，撤销软环境办、绩效办、宣教室、执法监察室，合并党风室和纠风室成立党风政风监督室，成立组织部，新增设4个纪检监察室，新增加6个行政编制，案件检查机构和办案干部占比均超过80%。会同延吉市组织、编办和财政部门，研究恢复乡镇(街道)纪检监察组织建设和专职纪检监察干部配备。

（张洪魁）

【案件查办】 以创新机制为动力，以侦破大案要案为目标，增强查办案件防腐功能和综合效果。加强与公安、检察院、法院、审计等执纪执法机关协调配合，建立全员办案、功过奖惩、通报沟通、联动配合、限时查办、线索统一管理等办案制度。强化主业意识，切实把查办案件作为反腐败工作重中之重，召开案件检查工作会议，全面部署案件查办工作。坚持以零容忍态度惩治腐败，“老虎”“苍蝇”一起打，既坚决查办领导干部严重违纪违法案件，又严肃查办发生在基层、损害群众利益案件，保持惩治腐败高压态势。2015年年初核线索244件，比2014年增长142%；转立案104件，增长67.7%；结案103件，增长66.1%；查处党员干部103人，分别增长66.1%；移送司法机关3人，“两规”案件1起，挽回直接经济损失700余万元。注重加强信访举报工作，健全问题线索管理和处置机制，调动人民群众参与反腐败斗争积极性。全年受理信访事项245件次，接待上访群众300余人次。配合省委巡视组开展工作，抽调骨干力量全程参与接访、联络等事宜。其间，受理省委第四巡视组交办案件28件，立案10件19人，了结16件，初核2件。

【纪委定点派驻监督工作】 3月11日，延吉市纪委监察局召开第二轮定点派驻监督工作动员大会，明确派驻监督工作组工作目标和任务，强化责任意识，力求定点监督工作取得成效。针对定点派驻监督工作，延吉市纪委选派18名骨干力量组成3个工作组，定点派驻监督延吉市教育局、市城市管理行政执法局、市依兰镇政府3个单位。

纪委监督组进驻市教育局 3月16日，延吉市纪委召开定点派驻监督第二工作组进驻延吉市教育局工作大会，市纪委对市教育局开展为期两个月定点派驻监督工作正式启动。其间，第二工作组不干预市教育局正常工作，不查办案件。受理信访的范围仅限于反映市教育局党政领导班子以及成员、党员和行政监察对象问题，不受理涉及当事人、老百姓个人诉求、征地拆迁、涉法涉诉等其他方面问题。监督组总结被监督单位在领导班子建设、党风廉政建设中值得肯定的经验和做法，做到客观、真实；总结在监督工作中发现的实际问题，特别是领导班子、领导干部存在的突出问题和干部群众反映强烈的问题，为市委决策、干部考核任用、提拔交流、机制制度建设等方面提供依据。

纪委监督组进驻依兰镇 3月16日，延吉市纪委定点派驻监督第三工作组对延吉市依兰镇开展为期两个月定点派驻监督工作。重点对象是依兰镇领导班子及其成员。派驻监督组不干预市依兰镇正常工作，不查办案件。受理信访范围仅限于反映市依兰镇领导班子以及成员、党员和行政监察对象的问题。不受理对于当事人、老百姓个人诉求、征地拆迁、涉法涉诉等其他方面问题。在定点派驻监督期间，第三工作组听取市依兰镇党组织工作汇报，召开听取意见座谈会，与该镇党组领导班子成员和其他干部群众个别谈话，调阅、复制有关文件、档案、会议记录、财物账等资料，对镇党组织领导班子及其成员进行民主测评、问卷调查。

纪委监督组进驻市城管局 从3月12日至5月10日，延吉市纪委定点派驻监督第一工作组对市城管局开展为期两个月定点派驻监督工作。监督重点对象是市城管局领导班子及其成员。第一工作组不干预市城管局的正常工作，不查办案件。受理信访的范围仅限于反映市城管局领导班子及其成员、党员和行政监察对象的问题。不受理对于当事人、老百姓的个人诉求、征地拆迁、涉法涉诉等其他问题。在定点派驻监督期间，第一工作组采取听取市城管局党组织工作汇报，召开听取意见座谈会，与局党组领导班子成员和其他干部群众个别谈话，调阅、复制有关文件、档案、会议记录、财物账等资料，对局党组织领导班子及其成员进行民主测评、问卷调查。

【纪检监察工作会议】 2月6日，延吉市召开2015年纪检监察工作会议，会议传达十八届中央纪委五次全会、十届省纪委四次全会和十届州纪委五次全会精神，部署2015年纪检监察工作任务。市委书记、高新技术产业开发区党工委书记姜虎权，市委常务副书记吴健，市委副书记、市长宋旭日，市人大常委会主任李俊杰，市政协主席安范虎，新兴工业集中区党工委书记、管委会主任李福祥等全市副县级以上领导、市纪委委员、各单位主要负责人和主管纪检工作负责人、市纪委监察局全体干部参加会议。市委常委、纪检委书记邓开举主持会议。

【信访宣传月活动】 5月是信访举报知识宣传月，延吉市纪委监察局在全市下发《延吉市纪委关于开展信访举报知识“宣传月”活动方案》，明确宣传内容、活动安排和活动要求。利用宣传栏、电子屏幕、微博、微信等媒介，宣传信访举报相关法律法规，坚持正确舆论导向，回应群众关切问题，完善“信、访、网、电”四位一体信访举报格局。在延吉电视台制作一期《纪检监察之窗》专题片，宣传延吉市纪检监察信访举报工作，教育引导广大群众依纪依法参与反腐倡廉建设，规范群众信访举报行为和纪检监察机关受理办理工作秩序。

（张洪魁）

党风廉政建设

【党风责任落实】 召开全市党风廉政建设和反腐败工作会议，制定出台《关于落实党风廉政建设主体责任和监督责任的实施意

10月30日，延吉市召开专项整治基层干部不作为乱作为工作启动会议 （杨婷婷 摄）

见》《惩防体系建设五年规划实施办法》等文件，明确各级党委(党组)班子、党委(党组)书记、班子成员责任。坚持调研、约谈、检查、问责相结合，市委、市纪委主要领导分别对全市各机关单位“一把手”进行约谈、指导，加强监督检查，强化责任意识，明确责任要求。严格执纪问责。对春防期间9起森林火灾、3起造成人员死亡的安全生产事故、2起旅游公司客车事故、2起行政应诉败诉等相关责任单位及责任人给予严肃处理。

【廉政监督检查】 抓住元旦、春节、中秋、国庆等重要节点，针对公款送礼、公款吃请、公车私用及其他铺张浪费问题，开展监督检查，进行明察暗访20余次，检查大型酒店、商场14所，查处在职人员参与赌博3起、公车私用1人，核查问题账目13笔。开展专项整治行动。先后组成50多个检查组，分4次对损害群众利益、利用婚丧喜庆事宜敛财等问题进行集中整治，发现疑似问题377个，纠正违规发放津贴补贴近500万元。开展优化净化政行风活动。通过调研座谈、问卷调查、实地走访、网上评议等办法，深入企业200多家，协调解决问题30多件，对反映问题较多的7个单位下发整改通知、免职1人。

【执纪问责】 受理群众来信来访。健全问题线索管理和处置机制，全年受理信访事项245件次，接待上访群众300余人次。配合参与省委巡视工作。受理省委第四巡视组交办案件28件，立案10件19人，了结16件，初核2件。坚决查办领导干部严重违纪违法案件，严肃查办侵害群众切身利益案件，全年初核线索257件，比2014年增长86%；转立案110件，增长42.9%；结案109件，增长41.6%；查处党员干部109人，增长41.6%；移送司法机关4人，采取“两规”案件1起，挽回直接经济损失700余万元。

【廉洁从政教育】 开展党风廉政宣传教育，利用“廉洁延吉”官方微博、微信，播发信息2200多条，获全省政务微博工作先进单位；在延吉电视台开辟《纪检监察之窗》栏目，播放电视专题节目9期；充分发挥市委党校教育基地作用，在各级各类培训中增设廉政教育课，培训6期900余人次。加强廉政文化建设，向全社会征集并上报廉政文学作品、廉政曲艺节目、廉政动漫、廉政书法绘画作品、廉政公益广告等166件。加强警示教育，根据延吉市查处的4名局级干部违法违纪案件，拍摄警示教育片《权力的禁区》；组织党员干部参观省级廉政教育基地，开展典型案件公开法庭审理；组织召开全市新提拔和新任职局级干部集体约谈会，对33个部门70人进行任前谈话，警诫党员干部坚守廉政底线，促进廉政知识学习，增强廉政意识。

【纪检队伍建设】 加强纪委监察局领导班子建设，加强规范化管理，建立健全机关干部考核办法，细化周三学习日、月工作调度、车辆管理、请销假等一系列内部管理制度。加强思想作风建设，开展“创先争优”、争当“八个表率”等系列活动，开展以打造忠诚纪检、民本纪检、无私纪检、高效纪检、阳光纪检为内容树立“五种形象”活动，按照上级纪检监察机关“三转”要求，强化主业转职能，理清思路转方式，严明纪律转作风。制定《关于加强机关内部管理若干规定》，详细规定考勤制度、公务接待、公车管理、报销审核、慰问管理。加强纪检监察干部教育、管理和监督，发挥纪检监察机关内部监督委员会作用。开展“党员服务城”活动，通过设置“亮身份做承诺”“设岗创星”、群众评议等载体，提升纪检监察干部思想境界、宗旨意识和业务水平。加大教育培训力度，邀请州纪委及检察院办案专家，开展纪检监察机关及基层纪检组织业务培训。加强职业道德教育和机关文化建设，开展结对帮扶、党员志愿服务、慈善义工服务等活动。利用内部监督委员会建立内控措施，加强自身监督。

(张洪魁)

群众团体

延吉市总工会

【工会组织建设】 2015年，组建工会59个，发展会员846人，进一步壮大工会队伍。抓好工会干部培训。按照《延吉市工会干部2014~2016年教育培训规划》要求，1月5日，举办全市工会干部培训班，围绕深入学习贯彻党的十八届四中全会精神，“学宪法、学党章”进行集中学习。全市各系统工会、非公企业工会专兼职工会干部以及市总机关干部200余人参加培训。

【全委会换届选举】 完成全委会换届选举工作。4月22日，召开延吉市工会第二十三次代表大会，应到会代表223人，因事、因病请假代表41人，实到代表182人。回顾总结过去五年工作，安排部署今后五年工作任务，选举产生新一届延吉市总工会领导机构。

【劳动竞赛活动】 组织焊工和动漫制作参赛队参加全省职工职业技能竞赛，推荐3项职工技术创新成果参加全省职工优秀技术创新成果评选，动画绘制员比赛获得个人第一名。

4月22日，延吉市工会召开第二十三次代表大会　（总工会 提供）

【劳模选树服务】 以“优中选优”为原则，推荐2名个人为省五一劳动奖章获得者、推荐3个集体和28名个人为州劳动模范集体和州劳动模范，3名个人为州特等劳动模范。落实劳模待遇，“两节”其间走访慰问困难劳模15人；为50名省、州级劳模免费体检；为22名省、州级劳模发放“三金”补助14余万元。

【企业民主管理】 6月8日，结合创建“共产党员服务城”活动，组织召开《吉林省企业事业单位民主管理条例》座谈会。延吉市总工会主要领导和全市财贸、科教文卫、基建交通、外企和乡镇、街道中小企业等20名企业工会主席代表参会。搜集问题和难点11个，意见建议8条。培养选树“厂务公开民主管理示范单位”2个、“最佳职工代表大会”3个、“全心全意依靠职工办企业最佳经营者”5人。企业集体合同签订率80%以上，劳动用工备案库中所有企业集体合同签订率100%。

【职工维权】 通过调查问卷、座谈等形式在基层工会中开展提高工会组织维权维稳实效工作调研，撰写6000多字调研报告。办理州12351维权热线转办案件7件，为农民工讨薪3万余元。

【职工互助保障】 全市职工互助保险参保6998人次，参保金额37.7万余元；为470名职工赠送互助保险2.24万元。受益职工21人，获得赔付16.5万元；有24名困难会员获得职工互济金1.5万元。

【“安康杯”竞赛】 督促生产经营单位按要求成立劳动保护监督检查委员会，在全市规模以上企业开展安全隐患排查。有37家企业自查出安全隐患76件，全部整改完；检查、抽查34家企业，发现和整改隐患28件。向基层工会印发新颁布《中华人民共和国安全生产法》、职业病危害及防护知识职工普及读本，增强广大职工的安全健康意识。2015年，1家企业被评为吉林省“安康杯”竞赛优胜企业，2个班组被评为优胜班组。

【服务职工】 健全完善常态化帮扶工作机制。明确专项资金使用范围、发放办法、发放工作组织领导，完善职工服务中心信访接待、政策咨询、生活救助、法律援助、医疗救助等工作程序和实施帮扶具体办法。严格按照全国帮扶工作管理系统进行分类建档，滚动式管理，形成困难职工电子档案系统化，实现职工服务中心工作规范化，制度化，常态化。创新和丰富“两节”送温暖、春送岗位、夏送清凉、女职工“关爱行动”等品牌活动。2015年，生活救助2500余人次，助学救助108人次，救助金额130余万元。

【“金秋助学”活动】 8月25日，延吉市总工会举办2015年度“金秋助学”活动启动仪式暨助学金发放活动。延吉市委常委、宣传部部长盖映红、市人大副主任朴光石、市政协副主席金京春，受助学生及家长，部分基层工会干部参加活动。对考入大学的68名困难职工、农民工子女每人发放助学金3000元，总数20.4万元。

【职工队伍建设】 协调延边州总工会和基层工会开展企业所需各种技能培训，参加人数300名。4月14日，与延吉市就业局联合举办“助推民营行动”春送岗位招聘会，为中小民营企业和广大求职者（包括进城务工人员和外来务工人员）搭建一用工求职平台。在现场进行劳动用工法律政策咨询，发放《职工法律维权手册》和职工互助保障等宣传材料700余份。

【职工文体活动】 4月11日，与延吉市直机关党工委联合举办全市职工排球比赛；8月28日至29日，举办第六届全市职工羽毛球比赛；9月28日，组织参加延边州企业职工羽毛球大赛；7月13日，组织“快乐延吉大舞台”总工会专场演出，丰富职工业余文化生活。

（张韶春）

共青团延吉市委员会

【概况】 共青团延吉市委员会（简称团市委）内设办公室、青工部、青农部、学少部、学校部、组宣部6个机构。延吉市少先队组织16个，幼儿园团总支3个，初中团委15个，中职团委5个，高中团委3个，街道团工委6个，乡镇团委4个，开发区团工委1个，机关团工委12个，“两新”团组织54个。

【青少年理想信念教育】 开展“红领巾相约中国梦”等主题队日活动，通过入队仪式、少先队活动课和少先队知识学习教育等方式，引导少先队员继承和发扬中国共产党光荣传统，参与师生1.3万余人次。开展“与人生对话——我的中国梦”主题团日活动20余次，引导中学生思考正确的人生观和价值观。

【共青团十九届三次全委（扩大）会议】 3月31日，共青团延吉市委召开十九届三次全委（扩大）会。全面总结2014年工作，研究部署2015年工作。延吉市委常委、宣传部部长盖映红，共青团延吉市第十九届委员会委员、候补委员及市直机关、企事业单位、“两新”组织和部分基层团组织负责人参加会议。会议审议并通过《共青团延吉市十九届委员会常委会关于团市委委员卸免、增补的议案》和《共青团延吉市十九届委员会常委会关于团市委常委卸免、增补的议案》，表彰2014年有突出贡献的延吉市建工街道团工委等16个先进集体、李勋等19名先进个人及18个“青年文明号集体”。

【爱国主义教育】 清明节前夕，组织全市5万余名师生，以“缅怀革命英烈继承革命传统弘扬社会主义核心价值观”为主题，开展祭扫烈士墓、参观爱国主义教育基地、网上祭奠英烈、读英烈书籍、讲英烈故事、看英烈影片、唱爱国主义歌曲等活动。团市委组织全市各级团、队负责人前往汪清县革命教育基地，参观童长荣烈士陵园和小汪清抗日游击根据地遗址，引导教育青年干部干事铭记历史、传承精神，增强责任感。

【青年就业创业】 组织基层团干部参加“网络文明志愿者培训班”“电子商务培训”“吉青家园试点培训”等培训班，提高基层团干部对共青团工作认识。向上级争取无息贷款资金 150 万元，加大团组织和银行对返乡青年创业信贷支持力度，解决返乡青年的资金难问题。为帮助基层青年掌握创业就业所需要的信息技能，提高青年群体的信息化能力及水平，全面增强青年的创业就业能力，组织基层青年 50 人开展青年创业就业信息技能培训班。联合各镇、街道开展就业创业技能培训，培训 1073 人。

【青年服务平台拓展】 以大学生实训基地为平台，开展“1+X”大学生实训计划。联合延边大学、延边州水利局、延吉市司法局、罗京饭店等企事业单位共同对接，提高大学生社会实践能力。成立延吉市少先队活动课实践基地，组织春光小学及北山小学、中央小学等 10 所学校辅导员和少先队员们，举行“红领巾牵手播种节”活动，培养其合作意识、科学意识和环境意识。为园辉社区，丹英社区，延华社区，春兴村申报“吉青家园”项目，争取建设配套资金 8.5 万元，强化基层青年活动阵地建设。

【团组织爱心活动】 组织开展“爱心认领”活动，收集农村贫困学生和留守儿童的新年愿望，号召社会各界爱心人士认领爱心愿望，收集各类认领愿望 211 个，各类礼物折合人民币 2 万余元。启动爱心助学圆梦行动，向团省委、省青基会等机构争取“希望工程圆梦大学”助学金，为 16 名考入大学优秀学生申请助学金 8 万元，帮助贫困大学新生圆梦校园。协调北京金水田公司，给全市 44 所中小学捐赠国学等经典图书 1200 套。挖掘青年联合会外部资源，接待韩国密阳青年联合会到延吉市参观经济社会发展情况，建立长期友好合作关系，为兴安小学贫困学生捐赠助学金及学习用品，约合人民币 1 万元。接待韩国青年社团为朝阳川镇朝阳小学捐赠助学金及教学器具，约合人民币 2 万元。

【青年业余生活】 开展四期单身青年联谊活动，为延吉单身青年搭建交友平台，促进广大青年间相互交流，帮助解决青年男女婚恋问题，团市委登记单身男女会员 200 余人。承办青年湖广场“快乐延吉大舞台”2 场文艺演出，学校、企事业单位等战线优秀青年同台义演。

【“爱心寒托班”活动】 成立爱心寒托班。缓解小学生寒假期间“看护难”问题。结合各街道社区活动中心软、硬件条件，为留守儿童提供作业辅导、兴趣拓展、互动交流、休闲娱乐、影视欣赏、体育活动、艺术体验、文字阅读、益智游戏等看护服务。全市在职教师 268 名志愿者及延边大学师范学院 16 名大学生志愿者参与志愿服务，200 名小学生参与活动。

【青年志愿服务】 组织全市 34 家企事业单位和志愿服务团队开展“雪中送暖”活动，先后 8 次为 1500 名环卫工人送热豆浆。开展以“心手相牵健康成长”为主题的青年志愿者进社区助残“阳光行动”，与残疾人结成对子，在家政服务、康复医疗、残疾预防、无障碍环境等方面提供志愿服务。3 月 3 日爱耳日，开展以“爱的分贝”为主题助残活动，关注 7 岁以下低听力儿童，通过网络联系爱心医院、慈善组织为 15 名贫困失聪儿童安装人工耳蜗，定期开展心理咨询活动，组织聋哑学校专门义工为孩子做心理辅导。3 月 5 日，动员志愿者队伍开展助残帮扶活动，动员社会公众、企业、相关机构等捐献慰问资金，为残疾人送去大米、豆油等生活必需品，帮助残疾人家庭改善生活条件。全年组织开展志愿服务活动 20 余场次，参与人数 1 万余人。

【“青年好榜样”评选】 纪念五四运动 96 周年，5 月 11 日，主办“三讲三爱·感动延吉”青年好榜样颁奖典礼，李智超、崔美琳、楚春宝等 12 位“青年好榜样”受到表彰。通过展现延吉青年好榜样的感人事迹，以培育和践行社会主义核心价值观为根本，寻找和发现一批具有时代特征、体现延吉精神青春榜样，营造“好青年就在身边，人人争当好青年”社会氛围。

【“四关爱”活动】 开展关爱农民工子女、关爱残疾青少年、关爱青少年心理健康、关爱青少年法律维权为主题的“四关爱”活动。组织东山小学学生们到革命烈士陵园、延边博物馆参观,让学生们更多地了解延边历史发展进程以及朝鲜族生产、生活等民俗文化。联合延吉市慈善总会到延边州中、重度残疾人托养中心，为残疾人儿童送上水果、拖鞋、床单、玩具等日用品。联合延边大学师范学院共同成立“延吉市青少年心理健康教育实践基地”,优化未成年人心理素质。联合吉林吉延律师事务所共同成立“延吉市青少年法律维权服务站”,对预防和减少青少年违法犯罪、促进青少年健康成长发挥作用。协调延吉市教育局、公安局、法院、司法局、人社局、民政局等 11 个部门,排查五大类重点青少年群体，对其实施相应帮扶措施,及时更新数据。

【团中央调研】 9 月 7 日,以共青团中央书记处第一书记秦宜智为组长的团中央调研组一行来到延吉市调研共青团工作。在中央小学,秦宜智详细了解学校师资队伍建设、青少年民族团结教育、学校道德模范少年评选等方面情况，要求学校、家庭、社会各方共同努力。落实习近平总书记的重要要求，教育引导少年儿童从小学习做人、立志;创造、塑造健全人格，培养优良品格,锻炼强健体魄。

（文首峰）

延吉市妇女联合会

【概况】 延吉市妇女联合会(简称妇联)机关内设办公室、组织宣传部、城市农村部、维权部、妇女儿童工作部 5 个部室,市政府妇女儿童工作委员会办公室设在妇联。

2015 年，延吉市妇联以打造服务型基层妇联组织工作为要求,立足基层,面向妇女,扎实开展各项载体活动，完善社区早教发展教育模式，为延吉市园辉社区、延青社区争取到国家级项目——億未来社区儿童运动馆项目和吉林省“共享蓝天、快乐成长”项目,为延吉市梨花小学争取到吉林省“共享蓝天、快乐成长”关爱儿童项目。

【基层妇联组织建设】 重点加强基层妇联干部能力建设，每月定期组织开展政治学习和工作例会,强化党章教育、忠诚教育、廉政教育,及时传达“三严三实”相关知识、上级妇联工作指示精神和进行相关业务指导。7 月 3 日、8 月 28 日分别召开全市妇女干部、农村妇代会主任培训班，邀请各领域专业教师授课，市妇联各部部长走上讲台，为基层妇联干部详细讲解业务工作。将加强基层妇联组织建设工作纳入全年工作重点,与市委组织部联合下发《坚持党建带妇建全面推进服务型基层妇联组织建设的意见》文件,全力支持加强基层妇联组织建设,明确市级示范妇女、儿童之家评选标准，采用基层申报、市级审核、综合评定方式,全市 10 个儿童家园、20 个妇女之家被评为市级示范单位。

【纪念“三八”妇女节活动】 3 月 3 日,组织召开延吉市纪念“三八”国际劳动妇女节 105 周年大会,全市各族各界妇女代表、各级妇联干部 300 人参加会议。会上,表彰 15 个先进集体和 30 名先进个人。市妇联向全市各级妇联组织和广大妇女发出“坚定凝聚家庭正能量·全力践行社会主义核心价值观”倡议。在延吉市电视台、延吉新闻网设立《巾帼风采》专题节目和专栏，弘扬女性自尊、自信、自立、自强时代精神,引导广大妇女投身延吉经济社会建设中。“三八”节期间,全市各级妇联组织评选表彰、健康体检、法律宣

3 月 4 日,延吉市妇联举行“十大最美家庭”颁奖仪式 （妇联 提供）

2015 年延吉市“十大最美家庭”一览表

获奖家庭	所在单位
朴英爱家庭	延吉市人民检察院
孙荣花家庭	小营镇东阳社区居民委员会
朱灿兰家庭	进学街道向阳社区居民委员会
李月兰家庭	朝阳川镇太东村村民委员会
陈伯祥家庭	河南街道碧水社区居民委员会
吴连洁家庭	公园街道园建社区居民委员会
金贞姬家庭	延吉市公共汽车有限公司
金今石家庭	新兴街道民富社区居民委员会
姜惠兰家庭	建工街道延华社区居民委员会
崔连玉家庭	北山街道丹明社区居民委员会

（潘莎莎）

讲、志愿服务、文艺演出等多种多样庆祝活动 400 余场次，惠及妇女群众 1000 余人。

【妇联主题宣教活动】 结合延吉市《关于在全市做好社会主义核心价值观公益宣传的通知》要求，市妇联在全市广大妇女中开展“凝聚巾帼正能量·践行社会主义核心价值观”主题宣教活动，组织全市各行各业优秀女性典型，成立“巾帼好榜样”宣讲团，深入机关、各镇、街道妇女之家和“两新”组织妇委会常态化开展巡回宣教活动。专门拍摄 14 分钟《凝聚巾帼正能量·践行社会主义核心价值观》主题宣教片，在每次宣讲活动中播放。全年组织大型宣讲活动 10 场，各基层妇联开展培育和践行社会主义核心价值观活动 853 场。以寻找“最美家庭”活动为载体，发动全市 142 个妇女之家，在全市范围广泛开展寻找“最美家庭”活动，广泛宣传普及家庭建设理念，号召全市广大妇女投身家庭建设。母亲节期间与市文明办联合开展“寻找最美母亲·共建最美家庭”活动，评选出 10 位最美母亲典型。发动各妇女之家广泛征集好家风好家训和最美家庭故事，与延吉市教育局联合，在全市各幼儿园、中小学校开展相关活动，全年收集到好家风好家训 1400 余条，最美家庭故事 400 余个。2015 年，全市 1868 个家庭、15788 名群众在“妇女之家”参与各类“晒、议、讲、展、秀”活动，晒出家庭照片 996 幅，组织开展最美家庭故事会、家风家训展示、评议会 300 余次，城乡社区“妇女之家”建立“最美家庭”光荣榜 142 个，展示“最美家庭”1300 余个。

【巾帼志愿服务活动】 各级妇联对巾帼志愿者队伍进行动态管理，统计登记并随时调整充实，调动巾帼志愿者服务参与度，每月开展不同主题志愿服务活动，打造巾帼志愿服务品牌。以邻里守望、“六走进”“迎三八·送关爱”等为主题开展环境整治、义务植树、邻里互助、关爱帮扶等巾帼志愿服务活动 264 次，参与志愿者 3.96 万人次。

【城乡妇女协调发展】 开展科技下乡农业科技培训活动，发放 9000 多份宣传资料和 1100 份光盘；与农业局联合开展“美丽庭院”创建活动；组建“延吉市农村女能人团队”，由全市 84 名具有一定影响带动力的从事涉农产业合作社女理事长、各级“双学双比”女状元和女村干部组成，定期开展各项活动；以“美丽庭院我做主”为主题，发放活动宣传画、倡议书、制作活动宣传标语和展板、召开“美丽庭院”创建工作宣讲会。开展“巾帼文明岗”创建活动。各街道、社区、妇委会通过组织知识竞赛、技能比武、轮训、文明礼仪服务竞赛等活动 18 次，打造具有鲜明行业特点和榜样示范作用的“巾帼文明岗”和“巾帼建功标兵”；依托妇女创业就业培训基地，开展手工、电脑、家政服务等培训 79 次，培训城乡妇女 1269 人次；协调建立延边朗逸职业培训学校等8家市级妇女创业就业培训基地，充分发挥示范引领、创新发展等作用，帮助更多城乡妇女创业就业；依托市牵手家政服务中心成立延吉市“巧媳妇”家庭服务员俱乐部，搭建家庭服务从业人员学习交流、沟通提升平台。

【留守儿童关爱】 注重留守儿童心理健康，邀请专业教师志愿者团体，以心理游戏、团体咨询、心理疏导、释放压力等方式，让留守儿童们形成积极向上人生态度；提高留守儿童综合素质，组织50余名学生举办未来社会指导者领导力培训班，邀请延边大学心理健康教育与咨询中心总督导刘惠善博士及其团队通过相关专业课程，全方位提高留守儿童综合能力；开展留守儿童思想教育，以教育引导儿童自觉践行社会主义核心价值观，传承和弘扬良好家风家教为重点，开展“六一”节庆祝活动，组织开展爱心树认领、家庭趣味运动会、认领微心愿等庆祝活动63场，参加儿童4266人。

【妇女关爱活动】 开展为一线女职工送健康活动，联合市妇幼保健所，为环卫工人、家政服务人员、商场售货员工等900余名一线工人提供“两癌”、甲状腺、肝胆等价值2万余元体检项目，为她们送去健康服务和健康理念。为三道湾镇中心村和依兰镇兴农村两位患两癌妇女分别争取到“贫困母亲两癌救助专项资金”1万元。深入延吉市各乡镇(村)开展“母亲邮包”公益项目发放活动，为62位贫困母亲发放价值1.24万元“母亲邮包”。9月23日，由中国妇女发展基金会和安莉芳集团主办、吉林省妇儿工委办协办、延吉市妇联承办“魅力40载臻爱传芬芳”安莉芳2015慈善捐赠活动在延吉市依兰镇春兴村举行，在活动中，安莉芳集团为延吉市妇联捐赠价值50万元物资。

【妇女儿童权益维护】 以“建设法治中国·巾帼在行动——万家联动·送法到家”为主题开展“三八”维权月系列活动，为基层妇女群众“送法律、送健康、送关爱”，联合市法院、市司法局以“模拟法庭”形式，共同开展妇女儿童维权合议庭典型案例公开演示活动。开展“平安家庭”创建、男女平等基本国策、《中华化民共和国妇女权益保障法》《婚姻法》等宣传教育60场次，参与者2682人次；设立板报、展板数76块，横幅28个，发放宣传单、宣传册5700余份，帮扶慰问帮扶贫困妇女群众670人，慰问金额3.5万余元。联合市综治办、市司法局深入开展“公益维权行动”，印发《关于成立“公益律师服务组”的决定》，整合妇女儿童维权志愿者队伍，聘请引入专业律师志愿者成立延吉市妇女儿童维权服务团“公益律师服务组”，组织志愿者深入基层，宣传国家法律、法规、政策，为妇女儿童提供维权服务，全年开展法律知识讲座87场，参与人数3765人，开展免费诉讼服务10次，惠及群众13人，开展法律咨询等活动109场，惠及群众1460人；做好日常妇女信访接待工作，接待信访案件83件，处理83件，处理率100%；继续与法院合作，由28名女法官组成蔷薇志愿者服务队每周三下午到延吉市妇联接听妇女维权热线，接待来访妇女，解答法律问题、传授法律知识，提供专业化维权服务。

【基层妇联调查】 组织各级妇联继续开展“妇女需求调研月”活动，走进基层妇联组织、妇女和家庭，倾听广大妇女群众心声，全面了解基层妇女儿童所思所想、所需所盼，走访群众3600余户。组织延吉市妇联机关干部和镇（街道）妇联主席开展“三个一”活动，即当一天村(社区)妇联主席，参与一次妇女之家活动、满足一件百姓微心愿。

（潘莎莎）

延吉市工商业联合会

【概况】 延吉市工商业联合会(以下简称工商联)又称延吉市商会，是社会团体业务主管单位。内设综合科，在职人数6人。截至2015年年底，执委以上会员企业187家；设有餐饮行业商会、美容美发行业商会、医药行业商会、建设行业商会、IT行业商会、服饰行业商会、家居行业商会、汽车行业商会、新型墙体材料行业商会、延商商会等10个行业商会和咖啡师行业协会、调酒师行业协会。

【工商联招商引资】 2015年，在经济下行压力增大，投资不足的形势下，依托会员企业、省内外友好商会和外地工商联资源优势，开展招商引资工作。截至9月底，引进爱尔汇锋眼科医院、中普互联网金融等项目，完成招商引资到位资金3.03亿元，完成固定资产投资 1.12 亿元。

【非公经济人士活动】 通过主席办公会、企业家交流会、培训会以及商会会刊等不同形式，组织机关干部和非公经济人士学习十八届四中全会精神、中央关于全面深化改革和全面推进依法治国若干重大问题重要决定、中央和省经济工作会议精神，提高机关干部和非公经济人士法制意识；组织青年企业家在清明节前夕，开展纪念先烈，重温延边革命史为主题的理想信念教育实践活动；聘请中央党校孙建杭教授做“国际环境的新变化与中小企业走出去”讲座，组织 60 家会员企业参加中小企业服务中心、市场监督管理局组织的法律培训讲座。依托商会会刊、微信公众平台及成长中的民营经济，理想教育实践电视专栏，宣传 6 家民营企业先进典型，树立非公有制经济人士的良好社会形象；5 月，医药商会到朝阳川镇合成村 7 队义诊，爱尔汇锋眼科到锦城小学送校服、送眼健康检查，隆马特韩国食品超市、管家婆科技有限公司为社区捐献 3 台电脑，延商商会、美容健康商会、政协工商联组委员为贫困学生捐款 3 万元。

【参政议政】 走访会员企业，了解企业运行情况，帮助解决困难，出主意，找对策，组织政协工商联组委员调研视察，撰写 15 份提案。与延边州工商联联合对延吉市民营企业用工情况进行调研，为政府决策做参考。

【服务会员企业】 开展“民企吉林行”活动，配合两区、招商引资责任部门及相关单位，衔接上海、北京工商联拜访全国工商联执委企业，落实对接企业等工作。协助接待民企延边行、中企联会议的参会企业家。开展“五百工程”(走访 100 家以上企业、兴办或引进 100 个项目、解决企业 100 个难题、帮扶 100 个贫困对象、征集 100 条合理化建议)活动，为非公有制经济发展做好服务。通过编发 2 期《延吉商会》会刊和工商联微信平台，及时宣传和报道国家的各项方针政策，引导企业正确把握发展方向，提高经营管理水平。搭建融资服务平台，深入会员企业，调查企业融资需求。与民生银行、建设银行等金融机构合作，组织召开银企对接会，为 20 家企业融资 2.5 亿元。聘请工商联法律顾问，提供法律咨询服务，提高非公经济人士法律意识。与异地友好商会的联系，学习发达地区好的经济和做法。与内蒙古包头土右特旗、宁波鄞州区、福州鼓楼区、鹰潭贵溪市、烟台芝罘区等 22 个县市区建立友好工商联。接待通辽市科左旗工商联到延吉考察电子商务企业，参加州工商联赴上海静安区、浙江省湖州市、宁波市工商联学习考察活动，搭建双方企业交流平台。

【工商联会员企业送医送药活动】 5 月 26 日，工商联组织 8 家会员企业 12 名医生，到朝阳川镇合成村开展送医送药活动。延吉市工商联组织延吉市王麻子综合诊所、延吉市崔氏正骨医院、延吉天衡门诊部、延吉市朝阳门诊部、天泉医院、应来门诊部耳鼻喉科、铁南医院、延边滋仁堂药业有限公司 8 家民营医院中的党员到朝阳川镇合成村开展送医送药活动，分别为村民提供测量血压血糖、检查耳鼻喉、妇科检查及针灸等服务项目并现场发放治疗感冒和疼痛等病症的常用药物。

【商会管理】 加强会员管理，完善会员管理办法，加强会员履职情况评定工作，发展新会员 5 名；规范行业商会、协会发展。规范美容商会、延商商会，咖啡师、调酒师协会、小微企业协会工作；举办第二届延边美博会。

（董基男）

延吉市科学技术协会

【全国科普教育基地创建】 根据“中国科协办公厅关于开展全国科普教育基地认定工作的通知”精神，市科协组织市科技馆开展“科技馆进校园”等青少年科普活动，做好科普教育基地申报材料收集、整理、经验总结及项目包装、申报等工作。5 月，延吉市科技馆被中国科协命名为“全国科普教育基地”。

【基层科普行动计划】 按照吉林省科协和吉林省财政厅联合下发“关于组织开展 2015 年国家‘基层科普行动计划’项目申报推荐工作的通知”精神，组织开展“社区科普益民计划”和“科普惠农兴村计划”先进典型创建工作，及时做好科普工作基础材料收集、整理、经验总结及项目包装等工作，通过科协、财政等多渠道申报科普项目，完成项目申报工作，多次到省、州科协、财政部门协调，宣传延吉市科普工作，争取上级部门支持。延吉市小营镇大葱协会被中国科协评为全国“优秀农村专业技术协会”；依兰镇春兴村申境赫被评为全国“科普带头人”；河南街道白山社区被评为省级“科普示范社区”；延吉市三道湾镇食用菌协会被评为省级“优秀农村专业技术协会”；小营镇苏冠文被评为省级“科普带头人”。

【青少年科技创新比赛】 4月，组织开展青少年科技创新比赛活动。在活动中突出项目主题和项目科技含量，严格挑选出2所小学的7个项目报到省组委会，6个发明创新项目获得第30届吉林省青少年科技创新大赛三等奖。

【吉林省青少年科技艺术大赛参赛】 4月，与市青少年活动中心合作，组织学生参加第23届吉林省青少年科技艺术大赛，经过预选，上报全市27所幼儿园、中小学校1098幅学生作品参加比赛，超额完成省青少年科技中心下达的200幅作品任务。

【中国青少年机器人竞赛参赛】 5月，组织参加第十五届中国青少年机器人竞赛吉林分赛区比赛。中央小学和建工小学等6个代表队35名学生代表延边州参加比赛，中央小学代表队在足球机器人项目中获省一等奖，并代表吉林省参加全国比赛，延吉市科技馆代表队在机器人创意比赛中获一等奖。

【学校科普体验教育活动】 组织开展学校科普体验教育活动。在部分学校学前班开展4D空间结构兴趣学习班活动，培训儿童3800人次；组织开展延吉市青少年生命科学探究实践活动，全市10所小学、42个班级1667名学生参加实践活动；举办首届延大师范分院附小校园科技节活动。全校1至5年级1050多名学生按照年级不同选择10个项目开展动手制作及竞赛活动。

【“科普杯”科学健身广场舞大赛】 为迎接2015年“全国科普日”，由延吉市科协牵头，协调相关部门组成“延吉市科学健身广场舞大赛”组委会，从7月开始在全市开展延吉市科学健身广场舞大赛初选。9月19日，选拔出7支队伍1000名选手参加总决赛。宣传科学健身理念和方法，提高公众科学健康养生意识。

【“社区科普大讲堂”活动】 9月，组织开展“社区科普大讲堂”活动。各街道按照市科协工作部署，加强领导、精心策划，根据自身特点精心设计活动。组织专家、学者及科普志愿者到社区开展以“万众创新，拥抱智慧生活”为内容的科普讲座、科普报告会及现场会，带动社区科普活动开展。

【科普惠农】 协调大中专院校、农技推广单位、研究所和专家，通过组织宣讲团举办现场会等方式，突出抓好“农业科技示范户、骨干专业农民、政策与技术明白人”培训工作。各镇书记、镇长亲自负责，各村和农民技术员宣传组织参与，保证科普培训质量和效果。培训内容上根据各地实际选择木耳栽培、测土配方施肥技术、有机蔬菜栽培技术、蔬菜保护地高产栽培技术、大田农作物高产种植技术、果树栽培技术、白菜根肿病及其防治等内容，按照“农民点菜、专家上灶”有针对性地开展培训。全市受益农民5000多人次。

【科普基础设施建设】 加强“科普服务站”建设，投入3万元制作4000张科普宣传光盘，发放到社区和农村；投入1万元购置科普图书，发放到民昌社区等重点社区。继续加大科普画廊建设，投入2万元在建工街道长生社区、公园街道园城社区等部分社区新建30米科普画廊；投入2.5万元在重点街区安装4处大型科普广告宣传牌和1处电子科普宣传屏。

（刘立娜）

延吉市文学艺术界联合会

【概况】 延吉市文学艺术界联合会（简称文联）内设办公室1个，有编制8名。2015年，举办参与各项文学艺术展演活动100余项，展出书法、美术、摄影作品400余幅。获得各类奖项40余人次。

【文化惠民】 1月，组织协调市舞蹈家协会、市手牵手艺术团、市曲艺家协会本着贴近生活、贴近实际、贴近群众原则，创作和编排群众喜闻乐见朝、汉语文艺节目，于“三节”期间到依兰镇、三道湾镇、朝阳川镇、小营镇部分村屯，开展20余场文化惠农文艺演出，观众3000余人。2月，为丰富“两节”期间群众文化生活，推动文化扶贫

8月，延吉市文联在人民公园组织"我爱家乡"暨"纪念中国人民抗战胜利70周年"摄影展 （杨东山 摄）

工作深入实际、深入生活，满足广大群众文化需求，组织协调市书法家协会、市摄影家协会到依兰镇东兴村、朝阳川镇胜利社区、河南街道白菊社区、白玉社区、三道湾镇中心村、屯田村、五道村、北张芝村为当地居民送去春联、年画、窗花1.4万余幅，为村民现场拍摄全家福。

【主题文化活动】 8月，由延吉市委宣传部、延吉市文联主办"我爱家乡"艺术摄影展暨"纪念中国人民抗战胜利70周年"图片展在延吉公园、延吉帽儿山国家森林公园展出。图片展分为《我爱家乡》《抗战胜利70周年》两个展区，展出历史图片130余幅，再现延吉人民在党的领导下与侵略者生死搏斗长达14年的烽火岁月及延边自然与城市风光、人文纪实；在延吉市委组织部、延吉市委宣传部、延吉市党史地方志办公室共同开展的"纪念中国人民抗日战争暨世界反法西斯战争胜利70周年系列活动"中，文联参展作品20余幅。"吉图珲"高铁开通，组织协调市摄影家协会承办"乘高铁、游延边——延伸幸福、快乐无边"摄影展在延吉西站展出，展出作品120余幅；9月，组织协调延吉市文联手牵手艺术团承办"中国人民抗日战争暨世界反法西斯战争胜利70周年专场演出"，演出舞蹈、小品、歌曲、戏曲等13个节目。

【展览活动】 5月，由延吉市委宣传部、延吉市直属机关工作委员会共同举办的廉政文化原创作品展在政务大厅前展出。本次活动包括美术、书法、摄影、诗歌散文，征集作品400余个，文联下属协会提供书法、美术、摄影作品50余幅；在延边州纪委主办的关于开展廉政文化创作活动中，延吉市文联上报书法、漫画作品30余幅。8月，由延吉市文联、延吉市老龄委共同主办张树实、郑介良书画联展在延吉市会展中心开幕，展出活动分为两个阶段，8月20日至23日进行个人书画联展，8月24日至25日展出延吉市老年书画研究会会员为纪念抗战胜利七十周年创作的书画作品。

（陈丽敏）

延吉市归国华侨联合会

【侨界合法权益维护】 6月，成立以侨联干部、委员、分会负责人为主要成员的"侨法宣讲团"，深入基层，以宣传展板、印发宣传册等方式开展侨法宣传，设点发放宣传资料400余份，接受归侨法律法规咨询30余人次，直接受教育归侨200余人；开展侨法知识竞赛，内容涉及《中华人民共和国归侨侨眷权益保护法》《护照法》等方面法律知识，50多名侨务工作者、归侨侨眷代表参加比赛；坚持接访制，接待涉及工资福利、子女入学、出境出国等方面归侨来信来访47件次，信访办结率98%以上，保障侨界群众合法权益。

【侨界海内外联络联谊活动】 开展与重点侨乡、侨领间交流合作。接待朝鲜清津总领馆总领事，清津华联会委员长及中国浙江省温州市侨联、广西壮族自治区玉林市侨联领导等一行30余人，签订2个友好侨联协议。强化海内外联络联谊，8月，接待朝鲜中国人学校夏令营活动团以及2005届朝鲜归侨同学会成员。

【侨界"爱祖国爱家乡"系列活动】 以地域文化、节庆文化为主题，开展一系列侨界活动。5月，根据省侨联《关于参加庆祝吉林省侨联成立35周年系列活动》文件精神，在延吉市侨界群众中开展选拔推荐工作。活动内容包括文艺会演、青少年作文征集以及归侨侨眷子女“红色之旅”夏令营等8项活动。3月，组织侨界群众开展“送健康、赠阅读”活动。9月，组织延吉市侨界代表、委员及新老侨联工作者等80余名侨界人士，开展纪念抗日战争胜利70周年暨迎中秋庆国庆座谈联谊会。

【“侨心工程”活动】 延吉市侨联以物质援助、精神慰藉等多种方式，及时解决归侨侨眷在生产、生活中遇到实际困难。在“两节”期间，协调相关部门争取慰问金，走访慰问40户贫困归侨；“六一”儿童节之际，为8名贫困归侨子女送去慰问金及学习用品；中秋、国庆节日前夕，为贫困归侨家庭和离退休侨联干部送去慰问金和慰问物资。开展侨属企业与贫困归侨结对帮扶活动，协调侨属企业为12名贫困归侨提供工作岗位。协调红十字会、街道等相关单位为孙洪吉等4名重点贫困归侨争取廉租房及低保。开展“一包四”等载体活动，定期到包保单位了解情况、开展义务劳动、捐赠物资等，为包保单位投入4000余元。

【侨企扶持】 组织召开侨属企业家交流座谈会，协调相关部门，为侨属企业解决劳资纠纷等经营中遇到实际问题8件。7月，根据延边州侨联《关于开展侨界“助创业”活动的实施方案》通知要求，摸底调查延吉市新侨自主创业情况，通过实地调研等方式深入基层，了解企业经营情况，从中挑选2家企业作为典型上报州侨联。

（韩春花）

延吉市残疾人联合会

【概况】 2015年，延吉市残联以改善残疾人生活状况为重点，在全市开展残疾人基本服务状况和需求专项调查工作，查明应调查残疾人12069人，因死亡、外迁等原因失联272人，实际调查11797人，占总调查人数97.75%。着眼于残疾人最关心、最直接、最现实的利益问题，康复、教育就业、扶贫、维权、文体等各项工作有序展开。

【残疾人救助】 为符合条件的3192名残疾人办理城镇居民（新型农村）社会养老保险。做好“阳光家园计划”工作。争取省州486户每户500元的居家托养经费指标。两节期间争取专项资金11万元，走访慰问贫困残疾人家庭200余户。帮扶包保社区、村、学校贫困残疾人和残疾人子女13人，送去图书、大米和豆油等慰问品价值5000余元。补贴残疾人个体工商户养老保险1150人，金额13万元。确保残疾儿童和贫困残疾人子女不因贫困而辍学。全年资助13名残疾学生和73名贫困残疾人子女，资助金额4.3万元。资助贫困残疾人子女大学生和残疾大学生9人，资助金额15.1万元。为186名残疾人发放居家护理一次性补贴，补贴金额44.64万元。为363名残疾人发放机动轮椅三轮车燃油补贴9.4万余元。为115名领取机动车驾照的残疾人，发放驾驶证补贴11.5万元。为31户残疾人家庭进行无障碍改造。

【残疾人就业】 建立社区、街道、市残联三级残联一体的残疾人就业和职业培训实名制管理系统，明确分级管理职责。录入求职人员8193人(录入已接受培训残疾人员1878人)。新安置残疾人就业205人，利用就业保障金扶持个体就业22人，集中安置45人，分散安置20人，灵活就业118人。培训按摩人员6人，计算机人员5人，扶持1名盲人，新建1处盲人按摩院。举办首届电子商务、手工艺等培训班，培训430名残疾学员，向省、州职培中心各推荐2名和33名残疾人。10月中旬延吉市承办《全省残疾人远程教育和就业服务系统培训班》，全省残联系统60余人参加培训。12月，在中国残疾人联合会组织的2015全国残疾人就业培训总结会上汇报交流安阳社区残疾人就业培训工作经验。做好“就业援助月”活动，走访残疾人就业困难家庭220户，帮助35名就业困难人员实现就业，105名就业困难人员享受政策；举办残疾人就业供需对接会，提供就业岗位36个，81名残疾人和招聘企业达成就业意向。以“带传培训”为载体做好农村培训工作。依托农业技术推广站和科技局等部门，以养殖业、种植业、加工业为主进行集中培训，培训110名残疾人，培养一级带头人2人，二级带头人20人。征收就业保障金450万元。

【残疾人康复】 为248名贫困白

内障患者进行白内障复明手术；对65名贫困精神病患者进行免费住院医疗救助，为1100名贫困精神病患者提供免费药品，与韩国报勋福祉公团重新续签合作合同，增加新的医疗项目。为57名贫困肢残人员免费进行假肢取模和安装工作。开展各项专题活动。组织开展全国“爱耳日”宣传教育活动，为375名居民进行免费听力筛查；在“全国助残日”期间发放残疾人各种辅助器具703件；结合“爱眼日”活动主题组织开展健康知识讲座和义诊活动，为全市城乡居民1465人进行眼疾筛查；宣传残疾人参加医疗保险，参加新农合残疾人7705人；城镇残疾居民参加医疗保险1.90万人。开展康复人才培训和康复工作。举办两期社区康复协调员培训班和三期精防医生业务培训班，培训150人。举办两期智力残疾儿童家长培训班，培训25人。为肢体残疾人提供康复训练3000余人次。

【残疾人维权】 修订《延吉市人民政府关于改善残疾人生产、生活若干的意见》。开展维护残疾人权益活动。帮助残疾人法律救助4人次。接待上访案件35件，结案率99%。州人大到延吉市进行执法检查。走访两户残疾人家庭，对延吉市进一步完善和改善残疾人工作提出要求和指导意见。举办两期残疾人工作者普法培训班。培训班分别对《中华人民共和国婚姻法》《中华人民共和国继承法》《中华人民共和国道路交通安全法》以及如何开展司法救助等方面进行阐述。全市各镇（村）街道（社区）的残疾人工作者160余人参加培训。

【残疾人宣传】 组织第二十五次“全国助残日”活动。为10名义务教育阶段贫困残疾学生捐赠助学金每人500元；联合恒正服饰爱心企业为贫困残疾人捐赠衣物百余件。发放万余份残疾人知识政策解答、康复知识等宣传资料；设置法律咨询台及免费义诊和宣传展板等活动。组织开展“肢残日”“全国特奥日”等活动。通过体育健身让残疾人走出家门，融入日常生活中。为残疾人搭建一个平等、参与、共享平台。推进文化体育工作。争取上级资金建立盲人图书馆，在助残日期间延吉市少年儿童图书馆盲人阅览室正式对外开放，为视障人群提供专享“阅读”空间。北山街道丹山社区被评为吉林省残疾人文化体育示范点；新建福利企业长白山包装材料有限公司为残疾人文化体育示范点；为建工街道延华社区“七彩绘画班”配备电子琴等文化设备。

【延吉与韩国报勋福祉医疗公团合作十周年庆典】 8月10日至11日，韩国报勋医疗公团一行14人到延吉市参加庆典活动。8月10日，延吉市残联与韩国报勋福祉医疗公团签约继续合作10年的协议。合作项目包括免费安装假肢、免费手术、医疗合作、医疗培训等公益活动。市残联理事长出席仪式并致欢迎词。全市各镇、街道主管领导和理事长以及专职委员150余人参加庆典活动。

【残疾人康复项目建设】 2014年4月，延吉市申报残疾人托养中心项目；2014年7月，被吉林省发改委立项，项目资金全部到位。2015年3月，根据延边州政府专题会议纪要（2015年1月8日）会议精神，原延边州残联申请的州康复中心项目转移给延吉市，即由延吉市残联建设残疾人康复中心项目。会议确定延吉市残联负责报建审批、组织施工、管理，由州财政局负责将州残疾人康复中心已到位的1100万元建设资金全部

8月10日，中国延吉残联与韩国报勋福祉公团签约仪式现场

（残联 提供）

拨到延吉市残联，康复中心建成后，人、财、物由延吉市管理。上述两个项目统称为延吉市残疾人托养康复中心。残疾人托养康复中心位于延吉市依兰镇春兴村，占地面积1.44万平方米，建筑面积6500平方米，设置床位80张，设立康复室和日间照料室。项目总投资3000万元，延吉市托养中心国家专项资金390万元，州康复中心国家专项资金1100万元。项目总投资差额部分由地方政府配套。供延吉市需要托养和康复的残疾人使用。

（姜伟宏）

延吉市红十字会

【概况】 2015年，延吉市红十字会全年收缴红十字会会费56.30万元，发放救助物资74.2万元，救助4823人。获得“全国红十字青少年防灾避险知识竞赛”最佳组织一等奖；承办吉林省红十字工作现场会；在全州红十字青少年应急救护技能大赛中获小学组第一名，中学组第二名。

【红十字基层组织建设】 加强红十字组织建设。全市4个镇、6个街道、78个社区、54个村全部成立红十字组织，红十字进村、进社区、进学校率100%；针对基层兼职红十字工作者采取以会代训形式进行业务指导，在社区组织开展“六个一”活动（即召开一次工作会议、进行一次会费收缴、搞一次宣传、开展一期培训班、组建一支队伍、开展一次志愿服务活动）。加强业务指导。印制并下发村、社区、学校工作簿册，对基层红十字组织实行目标管理。建立网络平台。利用镇、街红十字会、村、社区红十字服务站工作联系群、网络信息工作群、救护培训师资群，进行工作部署、上报信息、经验交流。

【善款筹集】 开展会费收缴工作。下发《关于收缴红十字会费的通知》，召开镇街会费收缴工作联席会议，采取发展新会员与会费收缴相结合、弘扬人道理念与会费收缴相结合方式进行收缴。各社区、村红十字服务站负责收缴本辖区成人会费（低保家庭、残疾人免交会费），收缴成人会费、青少年会费56.30万元。开展定向募捐。针对白血病患儿争取专项救助资金11万元。投放募捐箱。在人员密集、流动人口较多商场、车站等场所投放14个募捐箱，便于过往群众献爱心。

【红十字救心工程】 发挥红十字会民间外交独特优势与作用，加强对外交流与合作，争取援助项目，开展“红十字救心工程”，6月25日，将6名5周岁至18周岁先天性心脏病患儿送往韩国接受无偿手术治疗，治愈率100%，为患者节省医疗费用72万元。邀请韩国东医星檀园医院院长、医学博士、心脏病专家金秉烈一行到延吉，对20名做过手术的患儿进行复查。

【初级救护培训】 5月13日至15日，举办为期3天救护师资复训班，全市6个街道70余名救护培训师资参加培训。开展初级卫生救护培训。与市应急办联合下发文件，在全市应急成员单位中开展应急救护培训，27个单位1350人接受培训。举办延吉市党务干部初级卫生救护技能培训并发放《应急救护手册》。针对中小学实践教育基地校教师举办倡导型应急救护培训。救护培训志愿者每季度到结对社区开展培训，全年培训1.21万人次。普及应急救护知识。在全国“防灾减灾日”期间开展防

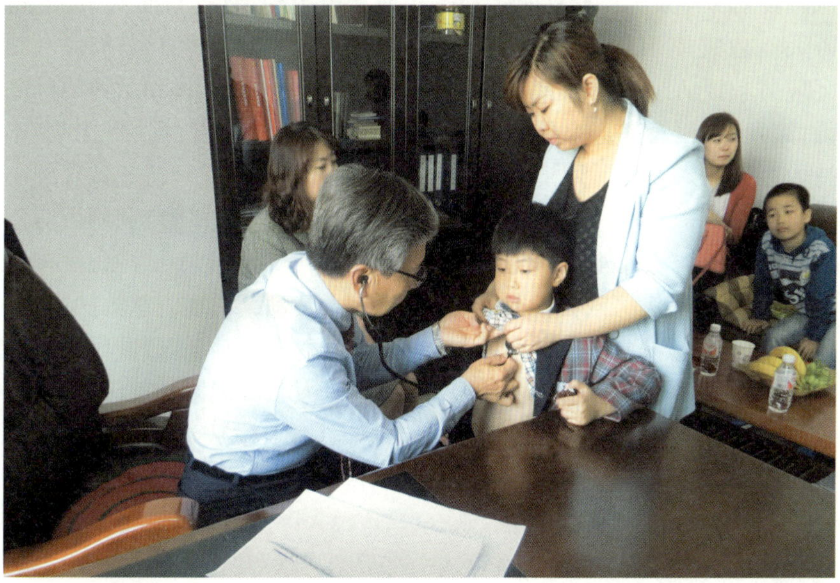

4月28日，韩国心脏病专家在延吉市红十字会办公室为先天性心脏病患儿义诊 （红十字会 提供）

灾减灾知识讲座、防灾减灾演练、防溺水专题教育,强化辖区居民安全自救意识,提高自救能力。

【人道帮扶救助】 "两节"期间开展"博爱送万家"系列慰问救助活动,在集中救助的同时,注重对大病患者、残疾人、孤寡老人、特困职工、贫困归侨等弱势群体的临时救助,发放救助物资 60.9 万元、救助 4659 人。针对贫困学生开展救助工作,坚持以支持教育事业的发展、资助品学兼优的特困学生为出发点开展圆梦大学助学活动,发放助学金及学习用品 11 万元,165 名学生受益。

【应急体系建设】 开展备灾救灾工作。加强救灾备灾储备库建设,新建 1 个红十字备灾库,储备救灾物资;修订《延吉市红十字会自然灾害及突发事件应急预案》;作为全市重点应急成员单位,坚持第一时间赶赴受灾现场,核实灾情,迅速筹备赈灾物资,及时有效安顿受灾群众,全年赴火灾现场 20 次,救助 164 人次,发放物资 7.9 万元,救灾率 100%。加强红十字应急救援队组织建设及能力建设,加大对红十字应急救援队的扶持力度,投入 2 万元用于购置应急救援器材;开展初级卫生救护培训、应急演练及避险逃生知识普及工作,自然灾害或突发事件发生后,应急救援队立即赶赴现场开展应急救援、野外搜救工作。

【红十字志愿服务】 以"三献"(无偿献血、造血干细胞捐献、遗体和人体器官捐献)工作为核心开展志愿服务。充分发挥延吉市无偿献血志愿者服务队示范带动作用,动员 45 人参与造血干细胞采样,动员 6498 人次参与无偿献血;举办 54 期造血干细胞捐献知识讲座。1 人捐献遗体、1 人捐献造血干细胞,打造流动城市名片开展志愿服务。红十字巾帼爱心车队作为流动城市名片,定期到敬老院开展清洁、探访等慰问活动,高考期间与考生采取"1+1"结对帮扶形式,接送考生 200 人次。以学"雷锋月"为契机开展志愿服务活动 2905 人次。组织 20 余名志愿者到海星福利院慰问"三无"老人,帮助打扫室内外卫生、清理垃圾等。延吉市救护培训师资志愿者服务队,走进社区、街道开展应急救护培训,培训 10757 人次;组织心理干预志愿者对学生进行考前心理疏导 100 余人次;以志愿者服务基地为依托开展志愿服务。组织 348 名志愿者到志愿者服务基地开展慰问、清洁、义演等志愿服务活动,为老人们送去经济上的帮助、精神上的慰藉。

【红十字宣传】 强化媒体宣传,与延吉电视台、延吉新闻网、延边晨报等地方主流媒体协调,加强对红十字精神、重点工作和品牌项目宣传,先后通过国家、省、州、市媒体宣传报道 57 篇次。建立延吉市红十字会微信公众平台。利用微信公众平台,宣传红十字精神和发布各项公益活动,讲解应急救护知识。开展纪念日活动。以"世界红十字日"为契机,开展博爱宣传周活动,设计、印刷、发放 1 万份无偿献血宣传资料,组织会员、志愿者利用"市民大讲堂"举办红十字运动知识及"三献"知识讲座;在"延吉党建网"、政务大厅电子屏、出租车车载显示屏等弘扬人道理念,利用市内 7 处大型高清电子屏播放捐献造血干细胞公益宣传片。

【红十字青少年活动】 加强组织建设,在全市 49 所中、小学建立红十字基层组织,与教育局联合成立红十字青少年工作委员会,加强红十字青少年工作领导,规范工作;加大培训力度,举办红十字青少年指导教师培训班,提高兼职红十字工作人员业务能力。加大经费投入,为学校下拨活动经费 6 万元,用于开展红十字青少年活动。开展"六个一"活动,5 月 8 日,组织 1.2 万名红十字青少年参加"全国红十字青少年防灾避险知识竞赛"。

(刘佳丽)

关心下一代工作委员会

【概况】 延吉市关心下一代工作委员会(简称关工委),驻会领导班子由 3 名退休老干部组成,下设办公室。8 月 25 日,市关工委获全国关心下一代工作先进集体称号。

【青少年社会教育】 在全市开展中国抗日战争和世界反法西斯战争胜利 70 周年教育活动,举办 5 个展览:配合延吉市党史研究室举办《缅怀历史圆梦中华》图片展;"五老"(老干部、老战士、老专家、老教师、老模范)李贤顺在市关工委和新兴街道及民盛社区支持下举办 650 米长延边人民斗争史和"五爱"教育纸塑影印条幅展;"五老"徐淑子在各级关工委和延吉市"四叶草"义工协会支持下举办革命英烈事迹图片展；市关工委和市老摄影家协会举办“纪念抗战胜利70周年图片展”和“我爱家乡”摄影作品展；市关工委所属安重根事迹研究协会举办抗日义士安重根事迹图片和中国历届革命英雄奖章展。

【民族团结教育】 2月3日，延吉市委办和政府办联合印发《延吉市青少年民族团结进步教育活动实施方案》，教育活动正式展开；教育中主要进行“六互”活动，即在各民族“五老”和青少年之间互交感情、互学文化、互帮关爱、互传技术、互建和谐、互谋发展。法治教育成果好，组织两股法治教育力量，调整充实加强市青少年法制教育报告团，各街道和镇普遍建立法制教育报告团，在中小学和幼儿园组织法治副校长（园长）、法律顾问和法制教育辅导员进行法治教育；组织依法治国教育宣讲，进行138场次，受教育人数21830人次。

【特殊群体青少年关爱】 继续抓好“两帮一关爱”（帮扶贫困学生、帮教失足青少年、关爱留守儿童）基础上，扩大关爱领域，增加“帮安”工作，保护学生安全；延吉市建工街道延华社区关工委配合党总支开展关爱帮助孤独症孩子活动，市内外40多名患儿受益。部门关工委结合本部门“一包四”活动，延吉市新兴街道等关工委结合“共产党员服务城”活动开展关爱活动；延吉市进学街道丽阳社区关工委常务副主任徐淑子多处开办爱心摊床，收入全部用于扶贫助学；进学街道南阳社区关工委建立贫困学生数据库，保证精准扶贫；延吉市公园街道园月社区成立青少年阳光驿站，寒假期间组织“留守儿童到韩国会父母”活动。

【关工委基层建设】 经半年调查研究，市关工委向市委组织部正式上报关于在基层关工委配备兼职秘书长的请示，市委常委、组织部长李延军亲自签批同意，各级关工委主动与基层党组织协调，全市6个街道、4个镇、城内70个社区关工委配备80名在职人员兼职秘书长，加强基层关工委常务副主任队伍建设，年底召开以“我是如何当好常务副主任”为内容的社区关工委经验交流会，6位社区关工委常务副主任介绍经验。抓队伍建设，培育一批“五老”精英，延吉市青少年爱国主义教育报告员徐淑子10年义务宣传革命英烈事迹，市委组织部印发全市开展学习徐淑子活动通知；新兴街道民和社区老干部金贞宪变废为宝，教孩子们用废品制作工艺品。总结几年来组织动员关心下一代工作志愿者队伍情况和经验，撰写并报送上级关工委《“五老”有情洒余晖“一新”无声献朝阳》经验材料。加强对“五老”和志愿者培训，注重制度建设，草拟关工委工作长效机制和协调制度，上报延边州关工委；建工街道延青社区制定延吉市第一个基层关工委工作规则。始终抓住两新组织关工委工作不放，在企业现场召开民营企业关工委工作会议。新成立市民族团结“五老”摄影团，市关工委每月出一期简报。

【延边州关工委常务主任工作经验交流会】 7月21日，延边州关工委常务主任工作经验交流会在延吉市召开，中共延边州委常委、组织部长郭灵计，州关工委驻会班子成员，延吉市委常委、组织部长李延军，8个县（市）关工委主任、各街道和镇及全市部门关工委常务副主任等170多人参加。会议代表到新兴街道民盛社区观摩关工委工作。会议表彰19名模范“五老”，市关工委主任金东烈和北山街道关工委原常务副主任王晓萍等4人介绍经验和事迹。

【关心下一代工作表彰大会】 10月15日，延吉市委、市政府召开关心下一代工作表彰大会，市委书记、延吉高新区党工委书记姜虎权，市委常委、组织部部长李延军和副市长郑权，市人大常委会副主任朴光石，市政协副主席郭毅，先进集体代表和先进个人等120人参加会议。会上向市关工委颁发全国先进集体奖牌，表彰26个先进集体、2个特殊贡献单位、70名先进个人。北山街道丹英社区和“五老”徐淑子及新兴街道民和社区做经验事迹介绍和表态发言。

【省关工委领导到延吉调研】 10月27日，吉林省关工委主任聂文权、副主任王葆光一行，在州委常委、组织部部长郭灵计，延吉市委书记、延吉高新区党工委书记姜虎权，市委常委、组织部部长李延军等领导陪同下，到延吉市新兴街道民和社区调研关心下一代工作。参观“五老”金贞宪教孩子们用废品制作工艺品活动及其展品、青少年之家和“三点半”课堂。参观结束后进行座谈，社区党总支书记兼关工委主任南福顺汇报社区关工委工作情况，聂文权肯定民盛社区、延吉市、延边州关心下一代工作。

（金正文）

地方武装

人民武装

【概况】 延吉市人民武装部（简称人武部）设军事科、政工科、后勤科3个科室，负责全市民兵训练、征兵工作，协调全市军事工作和军事设施保护工作。下设10个基层（镇、街道）武装部和15个企事业单位武装部。

【军队政治建设】 把深入学习贯彻习主席系列重要讲话精神作为重大政治任务，采取与上级同步学、借助地方资源拓展学、党委机关集体学、体会交流启发学等形式，开展思想政治学习。党委机关参加各级授课辅导50余课时，编印《学习文选》《延吉武装视窗》12期，汇集学习文章110余篇，组织机关干部、专武干部和包保单位6次党课辅导，加强党员干部理论根基。抓好全军政治工作会议精神学习贯彻，加强军营政治环境建设，开展“牢记强军目标、献身强军实践”主题教育实践活动，持续深化“战斗力标准”大讨论，组织机关干部和民兵参观炮兵旅、延吉卷烟厂和新兴街道武装部。开展缅怀烈士活动，组织学习“精武戍边爱民模范”王长义先进事迹等活动，提高官兵忠诚使命、精武强能、建功延吉热情。

【基层武装部建设】 细化《改进和加强训风演风考风建设规定》，制订《民兵训练考核实施方案》《民兵应急连训练管理细则》，着力整治组训施训不规范、训练实战不衔接、民兵训不实、训不够、训不全方面问题。制定《加强廉洁征兵工作规定》，分发《廉洁征兵监督卡》，各单位和相关人员签订《廉洁征兵责任书》，各类媒体公示《廉洁征兵“八个严禁”》，联合市纪委全程监督检查，开展廉洁征兵“回头看”，完成新兵征集任务。重点整治打仗准备不足问题，对所管坑道进行国防工程春季普查，更新完善数据库；组织召开基层武装部建设和战备执勤分队库室、战备执勤分队民兵连部规范化建设现场会，10个基层单位补充防火、防汛、防暴物资器材达到规范化建设标准。规范单位管理、地域联动、定期通信制度；完善国防动员潜力和支援潜力数据库；对基干民兵进行出入队调整，在军分区民兵整组点验中，点到率100%，点装率100%，军分区考验验收全部合格；组织专武干部集训，在分区组织新任职专武干部集训中，取得综合成绩第二名，3名民兵教练员参加省军区“四会”教练员考核，1名干部被省军区评为优秀“四会”教练员。

【民兵整组】 走访基层单位调研，专门召开整组工作部署会议，逐级签订责任书；制订下发4课民兵教育教案，组织4次集中授课，悬挂民兵整组固定宣传标语50余条，充分利用LED、电台、广播、报纸等媒介宣传动员，播放标语和发布消息500余条次；调整相关机构和成员，帮助健全相关资料，确保各办公室正常运转；完善国防动员潜力和支援潜力数据库，全面普查车辆、油料、通信、粮油、被装等军民通用物资和高技术人才情况。

【党管武装制度落实处】 设立在乡重点优抚对象金。为老军人、军烈属、病故军人家属、带病回乡退伍军人200多人每人每年发放优待金3344元，位列全省第二；实现优抚对象门诊、住院医疗补助

"一站式"结算服务。为65118部队减免有线电视初装费。为延边军分区解决饮用水费问题，由原来按机关用水标准，改为按百姓生活用水标准。为8名立功受奖家庭发放奖金4000元。将服役12年以上退役士兵、烈士子女、立二等功以上荣誉、5级以上伤残士兵列为事业单位重点安置人员。市委、市政府为延边驻军建设保障住房。经审核400多户符合条件，陆续发放钥匙，为军队保障房减免部分配套设施费约800万元。

【征兵工作】 召开本级征兵工作会议，对各基层武装部征兵工作情况逐个讲评，对矛盾问题逐个破解，制订对策；成立由副市长任组长，人武部领导、纪委领导任副组长，宣传、广电、教委、卫生、公安等11个部门领导为成员的市征兵工作领导小组和办公室；由市纪委、市人武部纪委、监察局联合组成纪检监察办公室，相关部门领导分别签订《征兵工作责任书》，用责任落实强势推进征兵工作。3月初，召开武装工作会议，专门部署兵役登记工作。全市设立10个兵役登记站，在街道醒目处设置30余个兵役登记宣传栏，先后发放宣传单3000份，普及宣传兵役登记的重大意义。针对延吉市人口流动性大的实际，采取集中登记与分散登记结合办法，预先确定时间，预先通知，专门时间登记。对学历层次较高、参军意向明确、居住相对固定预征对象，实施重点跟进，着眼预征对象行为特点，采取人武部、学校、派出所、家庭和村（社区）"五位一体"管理模式，建立双向联系、指定专人负责预征对象跟踪管理，做到既摸实情，又防止人为因素造成预征对象流失。组织召开征兵宣传协调会3次，制订机关科室和干部包保计划，部首长带机关干部深入10个乡镇街道走访调研。制作宣传资料5000余份，在全市设置宣传栏30余个，悬挂条幅200余条，宣传图板40个。7月10日，在青年广场举办征兵宣传活动，6000余观众到场观看；发放宣传单4000余份。在《延边晨报》、延吉广播电视台和延吉新闻网等媒体上开展专题宣传；在学校、社区、主要商圈集中组织征兵咨询活动，利用微博、微信平台、手机短信等新媒体广泛宣传，确保征兵信息第一时间推送到适龄青年手中。动员高学历大学生适龄青年参军入伍。深入延边大学、延边职业技术学院全面调查摸底，详细、准确掌握适龄学生数量、质量情况，先后4次组织政策宣讲；联合延边大学在各学院举办"大学生当兵入伍政策宣讲"知识竞赛19场，重点宣传国家和各级地方政府出台的鼓励高校毕业生入伍政策，特别是2015年新增6条优惠政策，人武部机关全体干部和基层专武干部现场面对面答疑解惑。部党委站在党风廉政高度，坚持把廉洁征兵工作当做讲政治具体表现，公开发布廉洁征兵承诺、监督举报电话，向市民发放"廉洁征兵卡"，开展廉洁征兵工作"回头看"，回访4个镇13名新兵家长，抽样电话调查52名新兵，与州纪委、军分区纪委和市纪委全程跟踪督察，未发生一起不良事故。

（安　涛）

7月10日，延吉市人武部在青年广场举行2015年夏季征兵宣传活动

（王　栋　摄）

人民防空

【人防专业队伍整组训练】 按照统一整组，归口建设、归口管理、归口使用原则，组建780人的防化防疫、通信、医疗救护、抢险抢修、交通运输、治安、消防七支人防专业队。根据《人民防空训练与考核大纲》，制订年度综合训练计

11 月，人防通信专业队开展岗位练兵活动 （人防办 提供）

划。组织人防综合救援队伍和人防专业队伍开展岗位练兵，依兰镇开展治安专业队、消防专业队 50 人岗位练兵、在预备役基地开展综合救援队 30 人岗位练兵、在烟厂开展防化防疫专业队 10 人岗位练兵、在延吉市医院开展医疗救护专业队 20 人岗位练兵等，指导长生社区群众防空志愿者队伍 10 人开展志愿服务活动。

【通信警报建设】 投入 70 余万元，购置安装 15 台电声警报器，开通户外多媒体电子屏发放空袭警报功能，并对延吉市现有警报器进行大排查 2 次，确保防空警报器处于良好工作状态，保障“九一八”警报器正常试鸣。全年电声警报器的数量 80%，警报器覆盖率 96%。

【人防工程结建审批】 全年报建民用建筑项目 51 项。新建人防工程 15 项，审批收取易地建设费项目 36 项，实际收取易地建设费 4000.18 万元，验收 1 项，在建单建式人防工程 1 项。结建率 90%，建设率 64%，收费率 36%。

【人防工程维护管理】 加大检查力度，加强人防工程维护管理，坚持“谁负责，负什么责，负责到什么程度”原则，落实各项安全防火责任制和工程定期检查制度，做到有布置、有检查、有维护，保证人防工程安全无重大责任事故。多次组织人员检查早期人防工程，发现安全隐患 2 处，及时进行整改处理；开展消防疏散演练 1 次，对人防商场职工及业主进行消防安全“四个能力”建设培训和灭火器及消防栓使用方法培训等，受教育面 99%以上。2015 年，人防工程开发利用完成值（营业额）7800 万元，税金 288 万元，利润 811 万元，平战结合收入 470 万元，工程利用率 78%，维管率 97%，完好率 96%。

【人防工程项目检查】 现场检查 25 家建设单位人防工程项目，通过执法检查查处 12 家建设单位违规建设行为，改造合格项目 5 项、7 家建设单位进行局部整改，质量监督覆面 100%。

【人防宣传教育】 建立利用户外多媒体电子屏发放空袭警报、宣传人防知识机制，与多媒体电子屏经营单位主管部门签订合作协议，利用重要时间节点宣传人防知识。按照《延吉市初级中学防空

9 月 18 日，人防办在时代广场开展纪念“九一八”宣传活动 （人防办 提供）

知识教育工作安排》,制订延吉市初级中学人民防空知识教育18课时安排表，全市初级中学人防知识教育开课率100%。新闻稿件在国家级刊登2篇,省、州级刊登5篇,上报人防学术论文2篇。指导基层人防办结合“5·12”防灾减灾日开展纪念宣传活动，组织基层人防办、协助教育局指导初级中学开展包括“九一八”宣传在内的人防知识宣传月活动。

【城市防空袭预案修订】 修订完善信息化条件下人民防空预案基本方案和人口疏散方案，完成人防综合信息管理系统电子地图的人防指挥所、单建式人防工程、人防警报器等要素标绘工作。

【人防队伍建设】 通过“军事日”活动训练，提高人防干部队伍理论素质和业务水平。坚持建章立制,执行《延吉市人防办考勤及工作纪律建设实施办法》,使人防办管理规范,有章可循,有法可依。截至6月,人防办到包保社区、学校、企业及村屯走访慰问10多余次,参加义务劳动4次,为社区及贫困学生、党员送去慰问金1万余元。

（任万存）

消　防

【概况】 2015年，延吉市公安消防大队围绕安全发展总要求,完成以防火、灭火和抢险救援为中心的各项工作任务。全年大队接警711起，出动消防车1439辆次,消防人员6889人次,抢救被困人员68人,疏散人员67人,抢救财产价值463.8万元,直接财产损失29.7万元。

【消防工作责任落实】 按照“三推动一落实一提高”工作要求,推动政府、行业部门行使自身职责,组织召开养老机构消防专项整治、易燃易爆危险品和夏季消防检查等专题会议7次，组织各部门每季度召开一次消防工作联席会议，督促各部门认真落实消防职责;调度安监、商务、民政、民宗、文广新等行业部门共同开展联合检查和重要节点“零点夜查”,严格落实单位消防安全主体责任。

加强对派出所消防监督工作指导,完善考评机制。联合延吉市公安局印发《延吉市公安局2015年度消防安全集中整治行动方案》和《派出所消防监督指导手册》，每季度组成督导组进行督导,建立考评制度,提高派出所消防工作在全年验收工作中的分值，将消防工作与民警的个人业绩考核挂钩,同评比、同考核。调查研究消防专项规划、西市场火灾隐患整治等工作，向市政府形成专题工作报告。

【消防专项整治】 组织开展高层建筑、商场和市场、建筑消防设施、养老机构、劳动密集型企业和易燃易爆危险场所等专项整治,以及5次节日期间“零点夜查”错时检查。通过限时督办、跟踪督导、技术服务等超常规举措,保持整治隐患高压态势。检查单位2996家(次),发现火灾隐患或违法行为1646处，督促整改火灾隐患或违法行为1723处,下发责令限期改正通知书1336份,下发行政处罚决定书124份，下发临时查封决定书26份,责令“三停”单位28家,罚款65.6万元,拘留5人。

【消防宣传教育】 利用电视台、广播电台、户外视微博等电子通讯平台的时效性。组织开展“文明祭祀，平安清明”“开学第一课”“防震减灾日”“119消防宣传月”“全市青少年自护教育”等主题鲜明的宣传活动。发放消防知识宣传单2万余份，制作消防宣传展板200份,发送短信8千余条,举办培训100余期,培训人员1.5万余人，消防微信公众平台注册8000余人。

【消防演练】 开展布尔哈通河水域搜救演练以及中国石油延吉市长春燃气危险化学品泄漏事故应急救援演练。大、中队开展熟悉135次,演练单位475家,年度熟悉演练、战评任务完成率100%,辖区消防安全重点单位预案完成率100%;针对西市场整体搬迁重要节点期间，大队每天派出消防车进行驻点执勤，并在主要街路进行流动执勤，消防监督员在西市场内进行流动巡查。特别是完成国家重要领导人来延调研安保工作、全国民族自治州全面建成小康社会经验交流现场会和抗战胜利70周年消防安保工作。

（张淑芳）

法 治

政法工作

【矛盾纠纷排查化解】 落实不稳定因素月排查、重大敏感节点日排查制度，组织全市各部门对热点、难点问题进行排查分析，落实“6+1”包保责任，及时有效化解矛盾。排查社会矛盾纠纷 8201 起，化解 8118 起，化解率 98%。对全市 46 个社会稳定风险事项实行科学评估。

【房地产专案办理】 北松、隆峰案件进入收尾阶段。“8·21”政府常务会议决定，北松案件 4200 万元资金缺口和原广隆房地产提供 1000 万元房源由市城建集团负责处理。专案组核对账目剥离本息，确认涉事群众本金，最终账目形成同城建集团进行交接。隆峰案件欠税问题由市财政支付税金，收购被扣押资产，收购后资产用于偿还历史性债务。

【法律服务站建设】 争取法律服务站专项经费 25 万元，完善全市 83 个法律服务站规范化建设。实行“10+10”包保服务模式，由 10 家律师事务所分别负责全市 10 个镇、街道法律服务工作，每个事务所每天派出 1 名律师，对包保镇、街道进行法律服务，律师进法律服务站成为常态化。全市通过法律服务站提供法律咨询服务 331 人次，化解各类矛盾纠纷 846 件。延吉市法律服务站工作得到中国法学会、吉林省延边州法学会及其他省市法学会高度评价。

【涉法涉诉信访】 贯彻落实《关于依法处理涉法涉诉信访问题的实施意见》，重点抓好政策指导、执法监督、综合协调等工作。接到涉法涉诉初信初访 75 件 131 人次，通过解释、引导、协调，全部化解。争取上级司法救助资金 32 万元，化解涉法涉诉信访积案 5 起。推进律师参与涉法涉诉信访案件化解工作。依托法律服务站，聘请律师和法律工作者入驻法律服务站，对政法机关生效裁判和决定不服而上访群众提供法律咨询，引导信访当事人按照法律程序解决信访诉求。开展公益律师进社区、进村活动 200 余场次，办结法律援助案件 101 件。运用法治方式解决和处理信访突出问题。依法处理恶意非访、无理闹访、缠访人员 8 人。在全市范围内组织开展集中打击拒不执行法院判决、裁定等犯罪行为专项行动，向公安机关移送涉嫌拒执犯罪案件 50 宗。

【司法体制改革】 稳步推进司法体制改革试点工作，市法院确定 51 名员额制法官，市检察院确定 11 名主任检察官，实行主任检察官办案责任制，将所有科室整合为 9 个大部，办案工作更加高效顺畅，司法体制改革试点任务取得阶段性成果。

【政法机关服务民营经济】 按照《全省政法机关深入实施省委“三五”发展战略服务稳增长、调结构、转方式的意见》部署要求，全市政法机关出台一系列针对性强的服务举措。司法行政部门建立重大经济项目跟踪服务机制，成立 7 支法律服务团，开展“法企对接”活动，为各项经济活动提供法律保障。审判、检察部门出台《便民利企服务措施》，及时向企业通报经营过程中重大风险或可能受到违法犯罪侵害信息，对本地企业中违法犯罪风险较大岗位工作人员，开展法制宣传和警示教育。

公安机关加强涉企矛盾排查和周边治安整治力度，严厉打击非法集资涉众型犯罪。

【政法干部队伍管理】 按照《政法部门中层后备干部管理办法》规定，以“选、育、管、用”为重点，规范中层干部推荐、培养、选任等管理程序。落实协管措施，通过考前预告、民主测评、谈话推荐、会议研究、任职公示等程序，对拟任政法部门中层干部和提交法律职务干部进行全面考察考核。考核任免政法系统中层干部239人次，任职139人，免职100人。制定出台《全市政法机关六个问题专项整治方案》，着力解决政法队伍中存在违规经商办企业、接受利益相关人请托、违规办理财产保全手续、违反法律程序做出裁定、向当事人索要赞助费、办案费形成“小金库”、执法不公等问题。接到上级交办、群众举报案件15件，立案查处1起。

（任升浩）

社会治安综合治理

【治安防控】 开展“百警保平安”治安巡防活动，每天出动64台巡逻车，170名干警在市内进行网格化巡逻，对重点路段和重点区域，特警武装巡逻，震慑各类违法犯罪活动。2015年，全市刑事案件发案比2014年下降12.6%，社会治安持续平稳。

【特殊人群服务管理】 多次联合公安、卫生、民政、残联、财政等部门召开肇事肇祸严重精神障碍患者救治救助工作协调会，明确各部门在现场处置、送诊、收治、住院监管、返送等过程中具体职责，划拨5万元救治专项经费，确保精神障碍患者及时得到治疗。全市救治救助精神障碍患者37人次，未发生因脱管而引发肇事肇祸案件。探索吸毒人员服务管理新模式，加强吸毒人员管控力度，严防吸毒人员肇事肇祸。延吉市被中央综治办、国家禁毒办确定为全国10个推进吸毒人员网格化服务管理试点市。

【预防未成年人违法犯罪】 按照《延吉市创建未成年人零犯罪社区工作实施方案》要求，对全市各部门预防未成年人违法犯罪工作进行验收，授予工作成效突出24个社区、15个行政村、15所学校“延吉市预防未成年人违法犯罪工作先进单位”称号。从政法各部门挑选87名优秀干警，担任各中小学校法制副校长和法律顾问，增强学校法制宣传教育工作力量。法制副校长、法律顾问为师生、家长提供法律咨询210次，法制讲座76场。

【平安延吉宣传】 联合延边州综治办拍摄平安建设宣传片，在延吉电视台开设平安延吉建设专栏，定期制作平安建设专题片，集中宣传平安建设措施和成效，播出41期，扩大综治工作正面宣传影响。

【铁路护路联防】 根据中央、省、州护路办统一部署，加强全市铁路沿线社会治安管理，严厉打击违法犯罪活动。下发《2015年延吉市铁路护路联防工作要点》《关于加强汛期铁路护路联防工作确保线路安全通知》《延吉市铁路沿线社会治安专项整治行动实施方案》，对延吉市管内沿线危行事件频发重点区段、重点问题进行集中整改，加强沿线治安管控和护路宣传。

【中央综治办、国家禁毒办调研】 5月15日，中央综治办、国家禁毒

5月15日，中央综治办、国家禁毒办负责人到延吉市调研禁毒工作开展情况
（政法委 提供）

办负责人到延吉调研禁毒工作开展情况，调研组一行对延吉市戒毒工作和特殊人群服务管理工作给予肯定。6月25日，全国禁毒工作会议在北京召开，延吉市北山街道丹英社区被授予"全国禁毒工作先进集体"称号，是全国唯一受到表彰的社区。丹英社区党委书记王淑清代表社区领奖。

【基层平安建设】 对全市基层平安建设试点工作开展情况进行调度，申报中央小学、丹山社区、市中医院、百利城工程项目、市妇联负责的平安家庭为"全省平安建设基层示范单位"。在教育部举办的第二届全国平安校园建设优秀成果评选中，延吉市延河小学推荐《打造"147"模式交通安全进校园》安全教育成果，获全国三等奖。

（任升浩）

法治政府建设

【规范性文件审查】 延吉市法制办审查市本级规范性文件草案55件次，特别对涉及面广或与公民、法人和其他组织利益密切相关的重大事项，要求起草部门完善制定程序或通过召开座谈会、论证会、听证会等形式，向社会公开征求意见。审查《延吉市国有土地上房屋征收与补偿暂行办法》《延吉市行政审批项目并联审批实施办法》《延吉市事业单位合同制工作人员管理管理办法》等文件。

【行政执法监督】 健全行政执法监督机制，规范行政执法监督行为。制订执法检查方案，采取行政执法专项监督检查、行政执法案卷评查和行政执法个案监督等三种主要监督形式，明确从启动到检查结果运用等一系列工作要求、工作规程，完善延吉市行政执法监督机制。加大行政执法监督力度。制订《行政执法监督检查实施方案》，明确检查责任人、内容、方式、完成时间。全年牵头或配合省、州法制办开展年度执法检查，主要从违法征收，违法用地和违法建设行为等主要方面进行行政执法专项监督检查工作，有效监督行政机关依法履行工作职责，纠正不当执法行为。推行规范行政处罚裁量权工作。延吉市22个行政机关具有行政处罚权，所有行政执法部门在已经细化行政处罚裁量权基础上，继续加强指导、督促，全市所有行政执法部门细化行政处罚裁量权率100%。

【行政复议规范化建设】 重点围绕行政复议受理、审理、决定、指导监督、基础建设等方面推进行政复议规范化建设。畅通复议渠道，依法受理行政复议申请。完善审理方式，提升行政复议审理质量。全办收到复议申请3件，受理1件，不予受理2件。

【政府法律事务办理】 围绕市委和市政府中心工作开展法律服务。参与政府制定重大行政决策、开展重大经济活动、解决重大社会矛盾纠纷等涉法性事务，依法、合理提出法律意见和建议。派员参加市政府常务会议10次、涉法事务决策会议60次，为政府重大行政决策提供法律意见和合理性建议。对行政合同、企业改制、收回或转让国有土地、土地纠纷确权案件等经济社会管理政策性文件、具体行政行为等法律事务100件。

（李　晶）

公　安

【概况】 延吉市公安局机关内设机构有指挥中心、政治工作办公室、纪检监察办公室、警务督察大队、警务保障办公室、考核监督办公室、情报信息中心、法制大队、国内安全保卫大队、刑事犯罪侦查大队、便衣侦查大队、视频侦查大队、交通管理大队、治安管理大队、经济文化保卫大队、网络安全保卫大队、经济犯罪侦查大队、禁毒大队、出入境管理大队、侦审大队、户政管理大队、巡逻警察大队和特种警察大队。直属机构有延吉市看守所、拘留所。派出机构有城区（户籍）派出所（进学派出所、北山派出所、新兴派出所、公园派出所、河南派出所、建工派出所、高新技术产业开发区派出所）、镇（户籍）派出所（小营派出所、依兰派出所、三道湾派出所、朝阳川派出所）、治安派出所（机场派出所、城建派出所）。

2015年，市公安局锁定基础信息化建设、警务实战化建设、执法规范化建设、队伍正规化建设四项建设，主攻平安、和谐、合成、法治、网络"五大高地"。开展"打黑除恶"专项斗争、"两节"（元旦、春节）"两会"（人大会、政协会）期间安全保卫工作，"飓风""严厉打击严重暴力犯罪""打盗抢、防诈骗""打盗骗、保民安"冬季治安攻势行动等专项战役和专项行动，打掉恶势力犯罪团伙4个，拦截

4 月 17 日，延吉市公安局在办公楼门前举行返赃大会

（王立伟 摄）

通信网络诈骗案件 37 起，避免经济损失 280 万元。市公安局 30 个集体、164 名个人获得州级以上表彰和奖励；立集体三等功 4 次，2 人立个人二等功，29 人立个人三等功。

【侵财犯罪案件侦破返赃大会】 4 月 17 日，延吉市公安局侦破“4·8”系列租车合同诈骗案、河南派出所侦破特大汽车诈骗案以及刑事犯罪侦查大队和进学派出所侦破系列盗窃皮卡车、摩托车案件，在市公安局办公楼门前举行返赃大会。延吉市公安局党委副书记、政治委员杨平平，市公安局党委委员、副局长兼政治工作办公室主任楚春荣等领导出席会议，市公安局部分民警及受害群众参加会议。将追回 17 辆被诈骗、盗窃车辆退还给受害群众，价值 350 万元。

【全国警察执法资格考试】 5 月 10 日，全国公安机关人民警察进行基本级和中级执法资格考试。延吉市公安局组织部分民警参加吉林省公安机关人民警察基本级和中级执法资格考试。市公安局有 14 名民警参加基本级执法资格考试，副职以上中层领导及 111 名民警参加中级执法资格考试。

【国内重点保卫警卫】 7 月 16 日至 18 日，中共中央总书记、国家主席、中共中央军事委员会主席习近平在中央政治局委员、中央政策研究室主任王沪宁，中央政治局委员、中央书记处书记、中央办公厅主任栗战书等领导陪同下，到延边博物馆、和龙市东城镇光东村、吉林省敖东药业集团延吉股份有限公司等地考察调研。延吉市公安局出动警力 787 人、辅警 335 人，调用地方大客车 3 辆、动用警车及机动车 299 辆，完成住地外围、现场、行车路线以及社会面治安和维护社会政治稳定、治安稳定、边境稳定工作安全警卫任务。

【电子台胞证启用】 9 月 21 日起，延吉市正式启用 2015 版台湾居民来往大陆通行证（简称电子台胞证）。延吉公安出入境窗口民警开始受理台湾居民来往大陆通行证申请，同时废止签发现行本式台湾居民来往大陆通行证。在大陆台湾居民可向县级以上公安机关出入境管理部门申请补发、换发 5 年有效电子台胞证，包括持一次有效台胞证入境的台湾居民。根据修改后《中国公民往来台湾地区管理办法》有关规定，台湾居民往返大陆无须办理签证。仍然有效本式的台湾居民来往大陆通行证可以继续使用，持证人也可申请换发电子台胞证。未持有效出入境证件直抵口岸的台湾居民可以在没有办证机构的口岸申请办理一次有效台湾居民来往大陆通行证。持一次有效台胞证入境台湾居民可以按规定申请换发 5 年有效证件。

【“纪律作风建设年”活动】 1 月至 12 月，延吉公安机关开展“纪律作风建设年”活动，由市公安局纪检监察办公室牵头组织全局民警学习《中国共产党章程》《八项规定》《中国共产党廉洁自律准则》《中国共产党纪律处分条例》《吉林省公安机关纪律作风“十不准”》等规定 33 次；组织民警观看警示教育片《手莫伸》、宣传教育片《父亲的恩泽》、党风廉政建设微电影《我的抉择》3 次、参加人员 2670 人次；开展“党风廉政建设书画、摄影作品评选”活动 2 次。签订《延吉市公安局廉洁从政“八项规定”承诺书》1780 份，研究制定落实党风廉政建设“两个责任”（延吉市公安局党委主体责任和纪检监察监督责任)等制度5份，监督检查各部门开展党风廉政建设责任制落实情况7次。督导检查各部门开展纪律作风建设进展情况51人次，整改各类问题26个。回复百姓热线问题700个，聘请警风警纪监督员80人，召开警风警纪监督员座谈会3次，解决警风警纪监督员问题22个。受理群众来信来访案件60起，查处民警违纪案件3起、4人，自查整改3大类、14个问题。

【“实战化训练推动年”活动】 3月至12月底，组织开展“实战化训练推动年”活动，由市公安局政治工作办公室教育培训科牵头组织各警种开展专业警种、科技应用、规范执法、警衔晋升、机关民警综合、小教员培训和“岗位练兵”活动以及计算机信息化建设、网上法律法规知识、网上警务实战基础知识、六大警种岗位练兵(指挥中心通信科、情报信息中心、国内安全保卫、刑事犯罪侦查、视频侦查、网络安全保卫)、技能战术、基本体能、手枪射击等实战化训练。参加公安部车辆查控和警械使用专题培训班小教官民警2人次；参加吉林省公安机关实战化专题培训班市公安局领导班子成员9名；参加吉林省公安警司晋警督警衔晋升培训班民警17名；参加吉林省公安第二、第五期新录用民警入警培训班新民警33名。

【“110”“119”“122”报警服务台】 接到报警196678起，派民警处警88972起。在全部警情中，有各类刑事案件77起，行政案件3570起，交通事故26378起，火灾事故504起，公民求助6431起，举报投诉2458起，各类纠纷3464起，其他报警45581起，无效报警107706起。受理警民心连心互联网上报警15起，办结15起。处理各类技防报警4968起，办结4968起。

【惩罚犯罪】 全年延吉市破获各类刑事案件1492起(含涉命案件8起，经济犯罪案件68起)。补立年前各类刑事案件289起，破年前刑事案件310起；破外省区市刑事案件10起。各类刑事案件直接受害人3633人，死亡37人，受伤205人，其他3391人。抓获各类刑事作案成员979人；查获各类犯罪集团46个，成员169人，涉案53起。刑事拘留犯罪嫌疑人689人，移送审查起诉犯罪嫌疑人1287人。抓获各类在逃人员401人，本市361人，协外40人。缴获赃款赃物总价值76.22万元。延吉市公安局被延边州公安局评选为2014年度“命案全破”先进局。

12月15日，“110”“119”“122”接处警窗口服务办公平台接警

(王立伟 摄)

【禁毒工作】 完成“百城禁毒会战”“秋风1、2号”扫毒专项行动等禁毒工作任务，禁毒工作在延边州公安机关禁毒部门绩效考核中排名第一。全年破获毒品案件355起，抓获涉毒违法犯罪人员361人(含韩国国籍4人，其他1人)。破获刑事案件100起，抓获刑事犯罪嫌疑人106人。刑事拘留犯罪嫌疑人57人，取保候审36人，监视居住13人，移送审查起诉犯罪嫌疑人85人。查处行政案件255起，行政处罚255人，行政拘留190人，罚款51人，并处14人。社区戒毒56人，强制隔离戒毒36人。缴获冰毒420.21克，麻古3341片。

【两会维稳】 破获各类刑事案件195起(含涉命案件1起)，抓获各类刑事犯罪嫌疑人135人。刑事拘留犯罪嫌疑人105人，移送审查起诉犯罪嫌疑人145人。打掉各类犯罪团伙5个，成员17人；抓获各类在逃人员26人。查处行政案件500起、违法人员430人次。行政处罚300人，罚款187

人，拘留 62 人（含并处罚款 10 人），吊销许可证 51 人；罚款总金额 1.6 万元。查处违反治安管理处罚法案件 281 起、违法人员 212 人次。治安处罚 83 人，罚款 23 人，拘留 60 人（含并处罚款 10 人）；罚款总金额 1.6 万元。查处“涉黄、涉赌、涉毒”案件 41 起、66 人；收缴各类枪支 4 支，子弹 160 发，管制刀具 95 把。缴获冰毒 94.6 克，麻古 3208 片。查处违反道路交通管理法律法规案件 214 起、违法人员 214 人次。行政处罚 214 人，罚款 161 人，拘留 1 人，吊销许可证 52 人。

12 月 6 日至 9 日，延吉市公安局开展突击清查行动

（王立伟 摄）

【“打盗抢、防诈骗”专项行动】 破获侵犯财产犯罪案件 424 起（不含敲诈勒索案件、故意损坏财物案件），破抢劫案件 12 起，破抢夺案件 2 起，破盗窃案件 325 起，破诈骗案件 85 起。抓获侵犯财产犯罪嫌疑人（不含敲诈勒索犯罪嫌疑人、固意损坏财物犯罪嫌疑人）133 人。刑事拘留犯罪嫌疑人 119 人，移送审查起诉犯罪嫌疑人 174 人。打掉盗窃犯罪团伙 3 个，成员 10 人，缴获财物总价值65.72 万元。

【“打黑除恶”专项斗争】 破获各类刑事案件 18 起，查处行政案件 2 起。打掉恶势力犯罪团伙 4 个，抓获团伙成员 16 人，移送审查起诉犯罪嫌疑人 16 人，行政拘留 2 人。

【“飓风”专项行动】 破获各类刑事案件 999 起（含涉命案件 4 起）。抓获各类刑事犯罪嫌疑人 673 人。刑事拘留犯罪嫌疑人 461 人，移送审查起诉犯罪嫌疑人 813 人，其中移送审查起诉“两抢一盗”（抢劫、抢夺，入室盗窃）犯罪嫌疑人 150 人，诈骗犯罪嫌疑人 61 人。抓获各类在逃人员 334 人。

【立案突出问题专项治理】 梳理警情 78930 起，各类刑事案件警情 4019 起（110 移送刑事案件 1954 起、办案部门受理刑事案件 2065 起），受理刑事案件 3800 起，立各类刑事案件 3611 起，受理行政案件 4607 起。发现和整改问题 9 类、1487 个，不按规定处警受案问题 58 个、符合条件未及时立案问题 133 个、违规立案或立案不准问题 89 个、不履行告知等程序问题 54 个、立案而不侦查和侦查而不立案问题 848 个、不依法行政处理或移交问题 4 个、检察机关发司法监督文书纠正案件问题 1 个、信访部门发现案件问题 5 个、其他问题 295 个。

【行政、公共管理】 市公安局推出旅馆业（含宾馆、旅店、住宿洗浴中心和按摩院等场所）签到制度新举措，开展“冬季治安安全隐患排查整治”“枪支爆炸物品大清查行动”“缉枪治爆”“打四黑、除四害”（“四黑”：黑作坊、黑工厂、黑市场、黑窝点。“四害”：害百姓、害家庭、害社会、害国家）等专项行动，协助国家公安部核查“打四黑、除四害”通报案件 16 起，涉及河北省、浙江省、山西省、湖南省、山东省；集中销毁收缴各类赌博游戏机 410 台，价值 92 万元，完成公共娱乐场所、特种行业管理及爆炸危险物品监管等行政、公共管理任务。全年查处行政案件 5840 起、违法人员 5495 人次。行政处罚 2101 人，警告 3 人，罚款 1271 人，拘留 624 人（含并处罚款 148 人），吊销许可证 202 人，其他 1 人。查处违反治安管理处罚法案件 4524 起、违法人员 4180 人次。治安处罚 786 人，警告 2 人，罚款202 人，拘留 582 人（含拘留不执行 9 人，并处罚款 148 人）；罚款总金额 16.44 万元。查处违反治安管理行为 28 人，查获违反治安管理团伙 1 个，成员 11 人,赌博团伙 1 个,成员 11 人。查处“涉黄、涉赌、涉毒”案件 209 起、380 人，捣毁赌博游戏厅 19 家，收缴各类赌博游戏机 221 台,总价值 98.9 万元。收缴各类枪支 69 支,子弹 4055 发,炸药 12.5 千克,雷管 345 枚,废旧炮弹 142 枚,剧毒化学物品 600 克,管制刀具 241 把。受理违反道路交通管理法律法规案件 1289 起，查处违反道路交通管理法律法规案件 1289 起、违法人员 1289 人次。行政处罚 1289 人，罚款 1047 人，拘留 40 人,吊销许可证 202 人。受理违反消防管理法律法规案件 20 起,查处违反消防管理法律法规案件 20 起、违法人员 20 人次。行政处罚 20 人,其中罚款 20 人。

【公安信息应用】 完善农村监控系统建设，安装高清摄像头 129 个。成立视频侦查大队、特种警察大队,新增辅警员编制 230 名。筹措资金 1700 万元,更新警务车辆 75 辆,执法办案车辆 15 辆,特种车辆 8 辆。投入资金 20 万元,研发警务实战应用平台，通过信息检索、轨迹跟踪,抓获盗窃犯罪嫌疑人 10 人、各类在逃人员 2 人。投入资金 200 万元，改造进学派出所、新兴派出所、公园派出所、河南派出所、朝阳川派出所,建成多功能情报研判室。深化社会信息采集工作，采集录入吉林省内社会信息 1.11 亿条。

【巡逻防控】 2 月 11 日至 28 日、9 月 28 日至 10 月 7 日,开展“保年安”“百警保平安” 巡逻防控工作,局党委组织机关巡逻组、特种警察武装巡逻组、便衣侦查巡逻组、巡逻警察巡逻组、进学派出所巡逻组、北山派出所巡逻组、新兴派出所巡逻组、公园派出所巡逻组、河南派出所巡逻组、建工派出所巡逻组,深入延吉火车站、延边运输有限公司延吉公铁分流客运站、延吉百利置业股份有限公司、延边成宝大厦有限公司、西市场、丽都商贸城、河南市场、人民公园、千盛购物广场、中关电子科技大厦有限公司百货大楼股份有限公司、延吉公路客运北站、延吉公路客运总站，进学街道、北山街道、新兴街道、公园街道、河南街道、建工街道等重点街(路)段和区域展开巡逻防控，形成网格化巡逻防控机制。出动警力 1640 人次,动用各种机动车辆 820 台次,每个巡逻防控点每日保证 2 名民警全副武装上岗巡逻，在市内设立巡逻组和巡逻防控点各 82 个。通过巡逻防控抓获各类现行犯罪人员 55 人、各类在逃人员 5 人。

【户籍管理】 推出办理户籍手续扫一扫便民利民新举措(即按照户籍业务种类及公民办理户籍手续日常需求,将常规户籍业务按种类制作成二维码和成牌板,在政府政务服务中心各户籍窗口摆放。公民办理户籍手续根据自身需求扫描二维码后存入手机内,明确受理户籍条件、申领户籍材料、办理户籍流程,可随用随看),深入开展人口信息无相片人员清理工作,完成受理公民出生落户、死亡注销、迁出、迁入及人口统计等户籍管理任务。全年办理市外迁入 10254 人，市外迁出 4933 人,出生人口登记 5227 人，死亡人口注销 3601 人。延吉市有总户数 200713 户,总人口 541323 人,男性 261875 人,女性 279448 人。其中,汉族 218737 人,朝鲜族 308445 人、满族 11387 人、回族 1695 人、蒙古族 766 人、藏族 2 人、苗族 32 人、锡伯族 65 人、壮族 33 人、土家族 49 人、瑶族 8 人、俄罗斯族 6 人、傣族 13 人、达斡尔族 30 人、维吾尔族 4 人、黎族 6 人、彝族 12 人、侗族 9 人、布依族 6 人、傈僳族 3 人、鄂伦春族 1 人、白族 1 人、哈尼族 2 人、水族 1 人、景颇族 2 人、仫佬族 1 人、毛南族 1 人、仡佬族 3 人、阿昌族 1 人、鄂温克族 1 人、裕固族 1 人。解决恢复户口问题 69 人,注销双重户口 1634 人、清理人口信息无相片人员 1846 人。

【居民身份证管理】 推出居民身份证照片“任意选”便民利民新举措。由市公安局户政管理大队负责升级改造居民身份证办理系统,增加照片“任意选”设备,与拍摄相机同步展示照片效果；民警为每位办理居民身份证人拍摄多张照片,由办证人通过照片“任意选”系统,选择一张最满意照片办理居民身份证。开通为急于出国和参加全国普通高校、中考考试学生办理居民身份证快证绿色通道,进一步推行值班服务、延时服务、错时服务、弹性服务、预约服务、上门服务、绿色通道等工作机制,切实为群众解决困难问题。在节假日期间，市公安局户政管理大队居民身份证窗口服务民警办理居民身份证 107 件，办理临时居民身份证 80 件。全年为老、弱、病、残等特殊群众上门服务拍摄居民身份证照片 59 件,为急于出国和参加全国普通高校、中考考试学生办理居民身份证快证 130 件;办理居民身份证 35443 件,办理申领居民身份证 7272 件，换、补领居民身份证 28171 件。办理军人身份证 386 件，临时居民身份证 12588 件。

【人口管理】 在打击、防范、管理和服务上下功夫，完成常住人口，暂住人口，寄住、从业和户口待定人口管理，境外居留人口管理，重点人口管理，五种监管对象监督管理等人口管理任务。全年流动人口 263165 人。其中，暂住人口 87384 人；办理暂住证、居住证 25924 件；寄住人口 169929 人。租赁房屋 22588 户、56566 人，签订治安责任书 2.26 万份。登记实有人口 466990 人，重点人口新列 129 人，重点人口撤管 842 人，五种监管对象 250 人，掌握人员 574 人，熟悉人员 2182 人。

【派出所警务转型升级】 延吉市公安局进学街道、北山街道、新兴街道、公园街道、河南街道、建工街道、高新技术产业开发区、小营镇、依兰镇、三道湾镇、朝阳川镇派出所民警实施“一警多能”（一名社区民警履行既要下管辖区，又要办理刑事、行政、违反治安管理处罚法案件等工作职能）警务运行模式及弹性工作制，深化派出所警务改革模式，推行派出所警务转型升级；健全完善派出所警务运行机制，推动派出所警务工作从简单粗放向规范精细转型升级；健全完善基础信息采集机制，推动派出所基础信息采集工作从突击会战向常态开展转型升级；健全完善实有人口管控机制，着力推动派出所基础工作从纸质登记向计算机管理转型升级；健全完善治安防范机制，着力推动派出所治安防范工作从被动反应向主动攻防转型升级；健全完善矛盾纠纷排查化解机制，着力推动派出所矛盾纠纷排查化解工作从事后化解向源头预防转型升级；健全完善服务群众工作机制，着力推动派出所工作从管制思维向民意导向转型升级。

【出入境管理】 巩固吉林省公安优秀基层单位成果，争创“最赞出入境民警”。推行吉林省公安出入境五项便民利民新举措，筹措资金 16.5 万元，购置自助填表机 3 台；通过新添自助填表机简化出入境手续和节约时间，改善公民过去手动填写申请表及高峰时段办理证照排队等候现象，进一步提高申请办理证照效率。出入境窗口服务民警进驻延边州旅游局办公，设立公安出入境河北受理点。完成清理整治“三非”（非法越境、非法居留、非法就业）外国人、“打三非、控犯罪、净边境”百日攻坚专项行动，在公安部国际合作局、吉林省公安厅出入境管理局、延边州公安局出入境管理局协调下，延吉市公安局出入境管理大队将国际红色通缉犯李某遣送出境。全年受理和办结护照 15401 本，往来香港、澳门特别行政区通行证 4445 本，往来台湾地区通行证 820 本。办理外国人住宿登记 36573 人次，受理上报外国人居留许可申请 1024 人次。查处“三非”外国人 105 人，处罚未申报住宿登记外国人或责任人 15 人，报备法定不批准出境人员 907 人。

【交通管理】 严厉打击各类交通违法行为，开展春运攻坚 50 天集中整治行动、“夏季道路交通安全专项整治”活动、整治严重道路交通违法行为“秋冬会战”等道路交通专项整治行动，侦破“1·17”“7·3”“10·31”交通肇事逃逸案等交通事故案件，完成道路交通设施、交通违法查处、交通安全宣传教育、车辆、驾驶员管理与服务、法制、交通事故处理等交通管理任务。全年组织早检、夜查 179 次，纠正各类交通违法行为 152361 起，查处醉酒驾驶机动车 56 起，

6 月 15 日，延吉公安局出入境安装自助填表机

（朴玉华 摄）

饮酒后驾驶机动车 1092 起，无机动车驾驶证驾驶机动车 312 起，超速行驶 11974 起，超员 44 起，超载 8 起，涉牌涉证违法行为 996 起，其他 20.52 万起。查扣各种违法机动车 446 辆，暂扣机动车驾驶证 812 本，行政拘留 34 人。抓获各类在逃人员 12 人。发生交通事故立案 39 起，死亡 34 人，伤 17 人，直接财产损失 6.87 万元。交通管理大队被吉林省精神文明建设指导委员会授予“2013~2015 年度吉林省文明单位”称号。

（张淑芳）

检 察

【概况】 延吉市检察院设职务犯罪检察部、刑事检察部、民事行政检察部、控告申诉和刑事执行检察部、政治部、检务管理部、检务保障部、监察部 8 个部门。2015 年，延吉市检察院依法打击刑事犯罪，严厉打击职务犯罪，全面强化法律监督，全年立案监督 14 件，向侦查机关发出纠正违法通知 19 份。先后获得“国家一级规范化检察室”“吉林省十佳行政执法检察监督基层院”“吉林省反渎职侵权办案工作优胜单位”等称号。公诉部门被延边州检察院记集体三等功。

【司法责任制落实】 组织全院学习交流讨论吉林省检察院改革方案，准确把握改革的指导思想、工作目标和基本原则，明确改革方向。全面摸底机构、人事、财务等问题，做好各项准备。科学制定实施方案，有针对性地制定实施具体措施，确保各项改革措施稳步、扎实推进，如期完成员额内检察官选任和内设机构整合。新制定执行《刑事检察部人员职责分工》《刑事检察部主任检察官责任清单及审批权限清单》《刑事检察部部务会议制度》《刑事检察部主任检察官联席会议制度》《刑事检察部刑事案件提前介入规定》《民事行政检察部制度汇编》，将工作职责全面细化，使办案人工作目标更加清晰，有章可循。7 月 1 日起，延吉市检察院完全按照新机构运转，运行平稳。司法改革总体进展顺利，各项措施逐步落实。

【干警分类管理】 按照吉林省检察院统一要求，延吉市检察院实行人员分类管理，全体干警划分为员额内检察官（包括主任检察官和检察官）、检察辅助人员、检察行政人员。在人员分类之前，事先进行全面个人意向选择摸底，反复讲解不同选择利弊得失，引导干警审慎做出选择。为使检察官选任顺利进行，仔细研究省州院要求，在考试、面试等各细节上数次演练，保证选拔工作顺利完成。按照分类管理要求，全院干警划分为 3 类，即检察官（包括主任检察官）、检察辅助人员、检察行政人员，三者所占比例 43%:43%:14%（这是省院专门针对延吉市院特殊规定，其他基层院是 40%:46%:14%）。延吉市检察院 88 名政法编制，按照省州院设定比例要求，可选任员额内检察官 38 名，实际选任 33 名（其中主任检察官 11 名），预留 5 个检察官名额。

【内设机构整合】 重组内设机构，全院整合成刑事检察部、职务犯罪检察部、控告申诉和刑事执行检察部、民事行政检察部、政治部、监察部、检务管理部、检务保障部 8 个部门。改革后，各业务部门不再分科室，实行办案组模式，每组由 1 名主任检察官负责。职务犯罪检察部分为 4 个办案组，每组 5 或 6 人，另有 2 名检察辅助人员负责职务犯罪预防工作。刑事检察部分为 5 个办案组，其中 4 个组由 5 人组成，另有 1 组暂时只有 2 人。民事行政检察部 6 人，主任检察官 1 人，检察官 2 人。控告申诉和刑事执行检察部共 6 人，其中主任检察官和检察官各 1 人。在改革过程中，结合延吉市检察院“案多人少”实际情况，在刑事检察部和职务犯罪检察部实行“1 名主任检察官+2 名检察官+2 名辅助人员”大办案组模式，使主任检察官能集中精力处理重要事项，同时每个承办检察官都有 1 名辅助人员，可以全力开展工作。每组 3 名检察官的配置，也能及时有效应对重大或疑难案件。为应对“双语”办案压力，进入员额内朝鲜族检察官 22 人，占员额内检察官总数 61%。统筹全院办案需要，将有限“双语”办案人才科学分配，每个组都有能熟练使用“双语”办案的检察官和检察辅助人员各 1 名。

【司法责任制落实】 严格落实省检察院制定下发《主任检察官责任清单》，结合自身实际情况，新制定执行《刑事检察部人员职责分工》《刑事检察部主任检察官责任清单及审批权限清单》，突出检察官办案主体地位，压实业务一线办案责任。在具体办案过程中，将案件事实和证据调查认定、非

5 月 7 日，检察院组织工作人员进行办案业务知识考试
（检察院 提供）

重大敏感案件等事项，全部交由主任检察官组织实施，主任检察官对本办案组办案质量和规范性进行监督管理，承担相应责任。

【优化综合管理】 及时升级换代相关应用系统更新设备，通过三级网络分机保护检查。全面规范看押、押解等具体行为，未发生办案安全事故。提升案件管理水平，硬件更加完善，检务信息公开名列吉林省前列。完善服务保障，上传下达及会务安排及时高效，机要、文书、综治等均经市委验收合格，组织整理、扫描、装订、录入案卷 1.2 万册，档案工作进入全市先进行列。应对财务省级统管新形势，做好过渡衔接工作，向上争取资金，保障办案办公经费。

【民生民利保障】 控告申诉科全年受理群众来信来访 101 件，接待来访群众 196 人次，通过答疑解惑、法律指导、联系转交相关部门等方式，全部妥善处理，继续保持涉检赴省进京零上访。帮助相关基层组织修建食堂、活动室、宣传栏，帮助解决用水、排污、办公设备等问题。实地走访学校、社区，定期慰问贫困学生和贫困户，帮助解决生活困难。继续开展“破坏环境资源和危害食品药品安全犯罪”专项立案监督活动，查办非法制售“骨痛灵 2 号”“三七粉”假药等案件。

【刑事案件办理】 受理移送审查批准逮捕案件 452 件 589 人，经审查批准逮捕 284 件 378 人。受理移送审查起诉案件 1089 件 1523 人，经审查向法院提起公诉 831 件 1053 人。规范司法行为，探索捕诉一体办案机制，创新多项工作制度。刑事部门在案多人少压力之下，没有出现错案和超审限情况，完成各项办案工作任务，有 5 人办案数超过 100 件，其中 1 人超过 150 件。

【社会矛盾化解】 参与构建司法、行政、社会三位一体“大调解”格局，完善公诉环节与人民调解组织间工作对接机制。落实宽严相济刑事政策，对犯罪情节轻微、危害不大案件，促成刑事和解 133 件 202 人，实现案结事了，消除社会矛盾隐患。

【职务犯罪查处】 重视群众反映和举报，解决发生在群众身边不正之风和腐败问题。立案侦查职务犯罪案件 14 件 15 人，大要案件 10 件 11 人，挽回经济损失 2200 余万元，查处正处级干部 3 人。开展预防职务犯罪警示教育 27 次，接待参观 1100 余人次，协助各行业办理行贿犯罪记录查询 116 次。

【重大案件查办】 查办吉林省纪检委、吉林省检察院交办案件，涉案地分布于多省市、多地区，取证难度大，牵涉范围广，涉案人员多，侦查难度很大。干警克服异地办案各种困难查办一批重大案件。通化市法制局原局长刁某某（正处级）受贿一案，案情敏感复杂，经吉林省检察院和四平市检察院先后侦查无果，延吉市检察院排除各种阻力和干扰，将案件攻克。查办省高速公路建设集团原董事长韩某某（副厅级）受贿和巨额财产来源不明一案过程中，韩某某及其亲属、朋友都具有一定反侦查能力，利用各自影响力消除犯罪证据，不断逃避侦查，数次藏匿和转移涉案赃款，反贪干警紧盯严控，不放过任何疑点，辗转多地，终于在通榆县某乡村养殖场鸭舍内起获被埋藏大量黄金、美元、欧元。韩某某受贿金额 1600 余万元，另有 300 余万元无

12月18日,各界代表和群众到检察院参加"检察开放日"活动
(检察院 提供)

法合理说明来源,涉案数额特别巨大。吉林省纪检委、省检察院、延边州检察院领导对延吉市检察院反贪队伍给予认可。

【职务犯罪预防】 与延吉市纪检委、党校等部门共同构建"大预防"格局,在全市划分预防责任区并落实责任人。坚持打防结合、预防为主,主动深入重大项目工程和重点企业走访,帮助建章立制,堵塞管理漏洞。深入重大项目工程和重点企业走访,重点监督工程招投标、账目管理等环节,帮助建章立制,堵塞管理漏洞。结合查办案例,到易发多发部门开展个案剖析15件,开展预防调查10件。成立预防职务犯罪工作讲师团,到机关单位举办预防讲座12次,进一步将预防"关口"前移,扩大预防工作影响力。建立永久性的预防职务犯罪警示教育基地,与市纪检委、党校等部门共同设计教育形式和内容,结合新查办案件不断更新内容,先后接待驻延部队、延边大学、延边供电公司、国电龙华延吉热力有限公司、中国银行延边支行、部分州市直部门等单位机关干部参观,参观人数2100余人次。

【侦查活动监督】 加强对刑事侦查活动监督,重点监督规范派出所,纠正有案不立、有罪不纠、以罚代刑等问题,促进刑事侦查活动规范化。监督侦查机关立案14件,追捕1人,追加起诉遗漏同案犯4人,追加起诉遗漏罪行5笔,向侦查机关发出纠正违法通知19份,检察建议16份。

【审判活动监督】 强化对司法审判监督,对刑事判决提出抗诉4件。受理民事诉讼监督案件63件,向上级院提请抗诉7件,向法院发出再审检察建议5份,发出规范诉讼行为检察建议38份,办理执行监督案件13件。向行政机关发出检察建议51份。排查梳理房屋变更登记档案1335件,梳理出房屋变更登记不规范等问题,督促相关部门及时整改。

【刑罚执行活动监督】 维护刑罚执行场正常的监管秩序,开展出入看守所检查517次,受理在押人员约见申请70人次,未发生监管安全事故。社区矫正更加制度化和规范化,脱漏管率控制到0.06%。

(吴智辉)

法 院

【概况】 延吉市法院内设26个职能部门,即党总支、干部科、翻译科、研究室、监察室、审判管理办公室、技术科、办公室、民一庭、民二庭、民三庭、河北法庭、交通法庭、朝阳川法庭、刑一庭、刑二庭、行政庭、审监庭、立案庭、速裁庭、信访室、综合监督科、执行一科、执行二科、执行调查科、法警队。有审判员83名,员额制法官51名。

2015年,延吉市法院推进司法体制改革、电子法院建设等重点工作,首次通过官方微博和官方微信平台方式对外直播庭审,在东北三省首创。联合市房产局开通内部涉房案件网上查询绿色通道,缩短法院对涉诉房屋进行信息查询时间,提高法院工作效率。获得"全国网络宣传先进单位""全省学术讨论会组织工作先进单位""全州优秀法院"等称号。

【案件受理】 2015年收案12980件(含旧存1034件),比2014年上升22.42%,审(执)结10733件,

6 月 13 日，延吉市法院深化司法体制改革，经过笔试、面试，考察合格的入额法官确定为 51 名。图为法官员额选任笔试现场

（法院 提供）

上升 12.10%，结案率 82.69%。

【刑事审判】 参与社会治安综合治理，严厉打击地区多发性犯罪和恶性暴力犯罪，严惩贪污、贿赂等职务犯罪，强化职能作用，坚持宽严相济刑事政策，做好规范化量刑，落实未成年人刑事政策，注重对轻刑人员缓刑适用，严把案件证据关、事实关、适用法律关，确保案件及时审结和案件质量不断向好。集中审理武学峰吸收公众存款案、美籍韩国人韩德秀私开发票案等在全州、全市具有重大影响案件。全年收案 944 件（含旧存 31 件），审结 858 件，结案率 90.89%，判处五年以上有期徒刑 42 件 54 人，五年以下有期徒刑 325 件 441 人，缓刑 374 件 463 人，拘役 85 件 87 人，单处罚金 4 件 4 人。

【民商事审判】 坚持把维护好人民群众利益、实现社会和谐稳定作为根本出发点和落脚点，为产业结构调整和转型升级以及城镇化建设提供优良司法保障，面对案件类型纷繁多样和案件数量“井喷”压力，迎难而上，处理大量合同、侵权、婚姻家庭、物业管理、供用热力、交通事故纠纷。重视发挥速裁、交通法庭作用，探索类型化审判，民一、民二、民三、河北、朝阳川法庭从各庭实际出发严保案件质效，发挥民商事审判在服务和保障全市经济社会发展方面职能作用。全年收案 8807 件，比 2014 年上升 26.37%，审结 7511 件，上升 15.48%，结案率 85.28%，调解结案 1130 件，撤诉 3549 件，调撤率 62.30%。

【行政审判】 发挥职能作用，化解行政争议，促进依法行政，推进民行交叉案件合并审理和简易程序试点工作，在做好相对集中管辖的同时，畅通行政诉讼渠道，落实行政机关负责人出庭应诉制，做好案件庭外协调，维护行政相对人合法权益，发挥司法建议在社会管理中作用。全程介入延蒲高速连接线征收工作，着力支持棚户区改造。行政审判庭全年受理行政案件 454 件（含非诉行政案件 296 件），上升 87.45%，审结 440 件，上升 74.60%，结案率 97.07%，9 件国家赔偿案件全部审结。

【执行工作】 重视执行案件陡增，被执行人诚信缺失严重实际，在确保各个工作节点有效衔接和良性循环同时，整合执行资源，调动各方力量，形成执行合力，稳妥采取民事强制措施，大力清理执行积案，做好案件信息录入、网络查控、执行宣传、诚信惩戒等工作，全面落实失信人员信息公开曝光制度，在《延边晨报》上刊登失信被执行人名单 22 期，对 45 个失信被执行人法人单位、305 名失信被执行人公开曝光，并通过限制出境，限制高消费，限制乘坐高级交通工具，限制融资、注册、招投标等手段，促使被执行人履行裁判文书确定义务。全年执行收案 2729 件（含旧存 530 件），执结 1885 件，执结率 69.07%。

【涉诉信访】 坚持以法治思维和法治方式开展信访工作，开展案件甄别和评查工作，妥善解决信访突出问题，探索推行“一案一评估”信访评估制度，对重点信访人员采取“6+1”包保稳控措施，坚持院领导开门接访、有访必接，法官带案下访、巡回接访。强化审判执行公平公正，着力从源头上减少涉诉信访问题发生，运用司法救助和启动再审等方式化解信访矛盾，通过信息化手段，着力推进涉诉信访信息化改革，依托全国法院远程视频接访系统完成接访4件，实现100%远程接访，减少当事人上访支出，增强解决涉诉信访问题灵活性。全年投入司法救助金98.38万元，救助18个案件申请执行人，接待信访869人次，化解积案24件，起到较好息访效果，保证重要敏感时期和重大会议期间社会稳定。

【立案工作】 自2015年5月1日实行立案登记制以来，立案数量呈大幅增长趋势。立案庭坚持“面向群众、面向基层、面向实际”原则，大力加强诉讼服务中心建设，强化基本功能，规范服务制度，突出窗口特色，完善绿色通道，加强对当事人诉讼引导，做好诉前财产保全等工作，着力推进网上预约立案，分两次对全市律师进行网上预约立案方面培训，2015年立案11344件，其中1555件通过网上预约立案，网上预约立案数量位居全省第二。

【审判监督】 本着“有错必纠”与维护一审既判力相结合原则，通过院长监督程序启动再审，为上级法院减轻再审压力，在全院办案压力极为繁重情况下，审监庭全庭人员开展结案会战，全年受理各类再审案件270件(含旧存10件)，审结244件，结案率90.37%。

（侯晓辰）

司法行政

【概况】 延吉市司法局内设科室7个：政治处、综合科、基层科、宣传科、监管科、安置帮教科、社区矫正科。3个下属事业单位：延吉市社区矫正中心、延吉市法律援助中心和延吉市至诚公证处。派驻镇街10个司法所：进学街道、北山街道、新兴街道、公园街道、建工街道、河南街道、依兰街道、小营镇、三道镇、朝阳川镇。2015年，获得“全国推进吸毒人员网格化服务管理首批试点地区”“全国法治社区建设示范单位”“全省安置帮教工作先进集体”“全省法律援助工作先进集体”“全省示范彩虹基地”“实施‘五大工程’助推民营经济发展法律服务活动优秀团队”“全省诚信公证处”等称号。

【普法宣传】 举办全市副科级以上领导干部法律知识考试，组织机关干部开展法治讲座24场次，参加人员800余人次。围绕“一月一主题”，在多领域、多层面开展法治宣传活动，营造尊法学法守法用法氛围。全年开展各类普法宣传活动400余场次。开展法律拥军，在武警机动大队、驻延空军部队、65334部队开展法治讲座30余场次，提供法律援助16人次。按照整体联动要求，组织开展法治宣讲活动30多场次，发放法律书籍1000余册，发放法律宣传折页2000余张。新建一座法治广场，在帽儿山国家森林公园设立法治标牌，利用市公交车车内空间，张贴法治漫画，打造流动法制宣传车。联合延吉市电视台，开展“建设法治机关推进法治延吉建设”系列专题展播。开通“法治延吉”微信平台，联合延吉新闻网，设立专栏，全面展示延吉市“六五”普法工作成果。全年在市级以上宣传媒体刊登稿件609篇。通过举办“和谐街区法治延吉综艺大赛”“快乐延吉大舞台—延吉司法专场”演出活动、“普法30周年征文活动”以及镇、街组织的法治小品、相声大赛、法治书画、演讲等各种形式活动，提高法治影响力和渗透力。制订《普法依法治理工作责任分工方案》，将10万元普法经费列入财政预算，保障普法依法治理工作顺利开展。将法

5月14日，延吉市司法局在市政府8楼会议室举行全市副科级以上领导干部讲座 （苏展照 摄）

治延吉建设列入市委常委重点工作，实行领导责任制和部门负责制，全面落实依法治理指标体系和考核标准，争创“六五”普法先进县市。开展专项执法检查226次，开展部门、行业依法治理活动911次。

【人民调解】 按照司法部、财政部、省司法厅、财政厅文件精神，结合延吉市工作实际，制订《延吉市人民调解员“以案定补”方案》和《延吉市人民调解员“以案定补”考评细则》，将第一批补贴款4500元发放到位。对各街道司法所及78个社区开展业务指导活动，建立规范化人民调解工作室，为成绩突出12个社区调委会配置电脑，定期组织全市基层人民调解员进行培训。组织开展“我最喜爱的人民调解员”、人民调解协议书和人民调解理论性文章评比等活动，选树优秀司法所及调解员，向吉林省延边州推荐。有2人被授予“全省我最喜爱的人民调解员”称号。在两节、两会等特殊节点，组织调解工作者针对重点区域、重点人群开展拉网式排查30余场次，针对有上访倾向案件及时进行调处化解，维护社会和谐稳定。以“人民调解在身边，情法相融促和谐”为主题开展接访日活动，组织各司法所在人口密集区定期开展接访日活动，调处各类矛盾纠纷3622件，调解成功率99%，有效预防群体访13件。

【矛盾纠纷调处】 在全市各村、社区中建立“百姓说事点”225个，完善各点规范化运作工作，向省州推荐10个模范点，作为基层法律服务单位，充分利用各模范点大力宣传党和政府政策及法律法规，向农村群众发放便民服务卡。各专业性、行业性调委会调处矛盾纠纷668件，道路交通事故调委会调处案件362件，涉案金额1600余万元。诉前调解中心调解各类纠纷22件，公安派出所受理调处民事纠纷135件，检调对接中心调解案件9件。

【社区矫正】 对暂予监外执行罪犯集中开展定期专项复查行动，组织开展拉网式排查，购置“人脸识别仪”，加强日常监管，将重新犯罪率控制在0.2%以内。排查社区矫正对象627人，将1名脱管人员情况上报至有关部门。组织工作人员校对司法部信息管理平台与市社区矫正人员信息管理系统内部数据，全市有在册矫正人员649人，2015年接收471人，解除471人。组织全市基层司法所所长及社区矫正工作人员开展业务培训活动，围绕如何规范日常管理和撰写社区矫正执法文书等内容进行深入讲解，促进社区矫正工作规范化发展。

【安置帮教】 定期开展走访排查、谈心交心、信息报告等活动，做到不脱管、不失控。衔接释解人员179人，有在册释解人员1233人，无脱管和重新违法犯罪人员。坚持每季度及特殊节点全面摸底走访在册释解人员，对重点帮控人员普遍谈话一次，家访一次，及时掌握释解人员思想动向和存在困难。以“关注弱势群体，作风建设在路上”活动为载体，走访慰问1600多名特殊人员家庭，对116名困难特殊人员及子女实施生活救助，发放救助金5.9万元。为60余名生活困难特殊人员及子女发放节日慰问金3.15万元，为6名刑满释放人员办理“低保”，为1人申请政府廉租房。在北兴糕点厂、宝达脚手架租赁有限公司建立2家过渡性安置基地，对新出监179名释解人员进行就业指导，安置释解人员22名。建工街道延吉大地单板安置基地被省司法厅和省人力资源社会保障厅授予“全省示范彩虹基地”称号，事迹被省厅采用入编《全省示范彩虹基地简要事迹汇编》。

【社区戒毒】 坚持每周对重点社区戒毒(康复)人员进行排查和信息报告反馈，每月定期进行尿检。有在册社区戒毒人员149名，对650人次进行尿检，对7名复吸和容留他人吸毒涉毒人员移交公安机关和强戒所进行强戒处理。建立10个社区戒毒(康复)指导站，为每个指导站购置冰箱储存尿检板，确保对社区戒毒(康复)人员实时监控，衔接率和管控率100%。组织召开全州社区戒毒(康复)规范化建设现场会，打造全州社区戒毒（康复）工作标准化样板，在全省进行示范推广。延吉市被中央综治办和国家禁毒办纳入全国推进吸毒人员网格化服务管理首批七个试点地区之一。

【法律服务】 推进法律援助向“三农”、低收入人群、社会弱势群体、关系群众利益重点领域延伸，全年解答法律咨询2800余人次，受理各类法律援助案件180件，为当事人挽回经济损失数百万元。全力推动“12348”法律服务热线运行，在市妇联、市民政局、市总工会等部门设立法援机构，充分发挥律师事务所、法律服务所、各镇(街道)法律援助工作站和联络点作用，扩大法律援助覆盖面。通过报纸、电视、广播、网络等形式，全方位、多层次宣传《法律援助条例》。深入街道、社区设置咨询台，开展法律知识讲座。举办“携手共治、畅享消费”“春风送暖寄书香”“小学生大战法律知识”等活动。参加空军部队举办的座谈会，解读《国务院中央军委关于进一步加强军人法律援助工作的意见》，在快乐延吉大舞台广场开展“党员律师义务法律咨询”活动，解答群众咨询，普及法律知识。

【律师事务】 联合政法各部门，召开律师与法官、检察官、警官联席会议，规范政法部门间业务联系，建立州内首个法官、检察官、警官与律师联席机制。年内，完成10家律师事务所年检注册工作，为律师事务所正常执业提供保障。各律师事务所办理案件1465件，业务收费530余万元。组织全市82名律师参加职业道德考试，提升律师职业道德水平，增强律师自觉遵守执业纪律意识。经过州司法局规范化管理考核验收，延吉市10家律师事务所全部达到州级规范化律师事务所标准。

【公证服务】 开展便民、惠民活动，对残疾人、老年人、监所人员、老人等特殊群体，实行电话预约上门服务。对存在疑点无犯罪公证案进行实地调查核实，完成延边州、延吉市政府交办各项公证任务，为长白山管委会韩国旅客车祸补偿协议、“国贸集资案”“吉珲”高铁建设等项目进行公证，完成市政府交办棚户区改造拆迁现场公证30余场次，与延吉市征收局开展提存公证业务，参与延边州及延吉市政府采购公证，涉及标的6.5亿元。办理涉外公证12026件，国内公证6424件。

(王　曼)

行政执法

【概况】 延吉市城市管理行政执法局(简称行政执法局)设有党委办公室、行政办公室、纪检科、督察科、业务科、法制科、培训科、受理中心、市容科、信访科、指挥中心11个业务科室，下辖规划监察大队、西市中队、开发区中队、步行街中队及6个街道和4个乡镇执法中队，延吉市公安局城建派出所协助市行政执法局开展执法保障工作。

2015年，行政执法局以抓执法队伍建设为中心，不断提高服务执法水平，采取“非现场执法、现场执法和联合执法”等执法方式，依法执法、严格执法，申请法院执行案件55件，扎实推进城市管理各项工作。清理白川社区“乱贴乱画”5万余处、清理垃圾100余处；清理光明村建筑垃圾600余立方，为村里节约经费1万余元；帮助学校、企业治理周边环境，清理流动商贩200余人次。接待群众585人次，解决问题453件，回复“百姓热线”问题613件，满意率98%以上。

【行政执法制度建设】 坚持党建工作与队伍管理工作有机结合，加强党员干部引领示范作用，严格落实《内部运行工作责任机制》《早晚巡查监督机制》《“非现场执法”理念及法律实施程序》等长效机制，对执法人员承担工作做出明确标准和承诺，落实工作责任。加大局内部《纪检通报》和《督察通报》通报力度，集中整治不按程序执法和不作为、乱作为、慢作为等违纪行为，通报批评8人次，辞退2人。

【“门前四包”管理】 重新制订“门前四包”管理标准，根据实际情况全局创建7条示范街路。在管理中全面推行“网格化”和“早晚巡查”管理模式，采取“提前告知、主动服务、化解矛盾、检查评比”等措施，全面落实“门前四包”管理责任，有效治理店外经营，签订《门前四包责任书》1.58万份，对1850家不履行义务的商家进行教育和处罚，改善城市环境。

【乱贴乱画治理】 加大对全市“乱贴乱画”清理整治工作，采取小街小巷和无物业小区由街道牵头，主次干道由执法局牵头办法，分工负责，每天进行巡查清理和监管。新增103处开放信息宣传栏，合理疏导“乱贴乱画”行为。开展6次大型集中整治行动，清理“乱贴乱画”33余万张，抓获“乱贴乱画”人员32人，行政拘留11人，行政处罚21人，停机电话614部。全面推进居民小区“乱贴乱画”市场化运作机制，发动17家合作单位和社区群众5869人次，及时清理居民小区及楼道内“乱贴乱画”80余万张。

【占道经营治理】 按照“主次干

道严禁、小街小巷严控、居民小区严管”工作原则，严格管理“占道经营、室外烧烤、流动商贩”等违法违章行为。5月份以来，利用新闻媒体、发放传单和下发政府通告等方式，开展违章占道经营行为法制宣传活动，组织开展10次联合整治“室外烧烤、流动商贩”专项行动，扣押各类经营工具256件，教育处罚流动商贩1035人次，处罚室外烧烤业户136家。

【建筑、装修垃圾监督管理】 按照属地管理、分工负责原则，开展对全市“建筑垃圾”监督和处罚工作。协调相关部门对无主建筑垃圾进行集中清理；做好宣传工作，对房屋改造、装修等行为由社区工作人员和执法人员提前告知倾倒地点，做好服务工作。行政处罚11起随意倾倒建筑垃圾行为人。

【违章建筑查处】 对未取得“规划许可证”及未按要求执行违法行为进行查处。全市有在建项目79个，符合条件开工项目56个，未开工12个，手续不全或涉嫌违规停工项11个。处罚开发企业10家，罚款203万元；处罚乡镇违法建设20起，罚款4万元。对建成区新建违法违章建筑发现一起，拆除一起；配合相关单位，依法查处“暖房子”“棚户区”等改造区域内的违法违章建筑，坚决杜绝抢建、乱建行为发生。配合相关部门执行强拆任务5起，查处各类违章建筑25起，拆除违法建设23处，拆除面积8000平方米。

【市区场外市场规范管理】 完善市区场外市场规范管理工作。延吉市有8家场外市场，早市3家、夜市5家。通过签订《场外市场管理责任书》等形式，严格控制好市场规模和开、闭市时间，实行经营品种划行归类，保洁措施完善，经营秩序管理到位，坚决杜绝场外市场影响交通和扰民现象发生。

【停车场规范化管理】 市行政执法局管理市区收费停车泊位有303个，收费管理员37名，停车泊位具体分布在人民路、海兰路、新华街、西市场、百货大楼等路段。为解决运输车辆违章占道现象，工作中采取疏导办法，在高新区投资建设特种车辆停车场，在长白山路施划公益性停车泊位404个，逐步缓解市区主要路段停车压力。加大全市其他收费停车场管理力度，规范停车场审批管理工作，通过法律手段依法取缔原“玉华”停车场。

【临时占道审批管理】 规范占道审批程序，实行“网格化”管理措施，由基层队员根据辖区实际情况，合理划定可经营区域及时间，上报中队领导初审，在由业务科进行把关，最后由分管领导审批，完善工作措施，避免随意乱批摊现象发生。办理临时占道审批手续312家（次），更换临时占道摊点审批手续70个，取缔8家不合理摊位，对未获得审批和不按审批内容开展促销行为进行制止和清理。

【市容环境综合治理】 成立步行街执法中队，协调步行街改造工作，确保改造工作顺利完成；对全市215个占道棚亭进行规范管理，计划整改22处，拆除22处；完成清明节、中元节焚烧冥纸监督清理工作；完成“禁粘”查处工作；出动执法人员800余人次，完成15场中甲联赛、快乐延吉大舞台执勤；完成迎接反法西斯战争胜利70年、国庆悬挂国旗等市容环境综合整治工作；完成中央领导到延边考察市容环境综合整治工作任务，在整治工作中，采取全员盯岗等形式，清理各类违章占道行为120处，拆除影响市容各类构筑物12处，确保考察期间市容环境整洁有序。

【市政设施监管】 监督城市环境卫生清扫保洁工作，督促环卫、市政、通信等部门及时修复环卫设施、破损井盖等市政公用设施，确保城区主要道路干净整洁，各类设施完好无损。监督清扫保洁不到位1821处，监督修复市政设施142处，监督修复亮化设施169处。

（杨 薇）

经济调节与监管

宏观经济管理

【概况】 2015年，延吉市生产总值完成309.4亿元，比2014年增长7%。规模以上工业增加值完成119.4亿元,增长6.0%;限额以上社会消费品零售总额实现226.32亿元,增长6.7%;公共财政预算收入完成78.49亿元,增长2.2%;固定资产完成251.9亿元,增长15.0%。

【《规划纲要》编制】 按照“十三五”规划编制总体要求,先后8次对专题规划和乡镇规划责任部门编制情况进行跟踪指导。按“高起点谋划、高质量编制、高效率推进”的原则,委托专业机构,在深入调研分析，广泛征求意见的基础上,于6月份编制完成《规划基本思路》。11月,编制完成《规划纲要》初稿。其间,开展组织涵盖高新区、新兴工业区、全市各委办局、乡镇、街道、人大委员、政协委员等各部门征求意见7轮，发放征求意见稿1000余册,召开座谈会7次，充分吸纳各界意见和建议。《规划纲要》于年内上报延吉市人大通过。

【项目建设】 固定资产投资加大。2015年,延吉市固定资产投资任务252亿元，比2014年增长15%,完成253.6亿元,超额完成年度计划。计划实施3000万元以上投资项目132个，总投资932.96亿元,2015年计划投资163.94亿元,1月至11月份完成投资74.95亿元。其中,续建项目52个,总投资323.46亿元,年内计划投资82.73亿元,1月至11月份续建复工项目45个,完成投资58.16亿元;新建项目80个,总投资609.5亿元，年内计划投资81.2亿元,1月至11月份开工项目29个,完成投资16.79亿元。其中,亿元以上项目92个,总投资908.34亿元,2015年计划投资147.94亿元,1月至11月份完成投资70.41亿元。重点推进亿元以上续建项目44个,总投资318.74亿元,年内计划投资81.44亿元,1月至11月份续建复工项目37个,完成投资57.22亿元。

【重点项目】 重点推进天楹生活垃圾焚烧发电厂项目和餐厨废弃物资源化利用和无害化处理试点示范项目，帮扶企业推进前期手续的办理，破除重点项目建设进程中的障碍。总投资5860.75万元的延吉市生活垃圾收集转运系统工程，完成13个转运站改建工程。吉林敖东国药基地项目、延边神圣制药异地新建中成药及保健食品加工项目（白头山制药)、高新区创业中心科技创新园一期项目、春雷药业2万吨生物制药项目、2014年棚户区改造工程、万达广场、梦都美度假村等项目进展顺利。大千城延吉西市场过渡经营场所开放使用,百利城、吉珲客运专线项目于9月20日营业、通车。

【亿元以上新建项目】 推进亿元以上新建项目48个，总投资589.6亿元，年内计划投资66.51亿元,1月至11月份开工项目13个,完成投资13.19亿元。其中,延边轩通新建年产5万吨塑料制品加工基地项目、铁南供热年处理100万吨建筑垃圾项目、嘎呀河治理工程(含布尔哈通河)延吉段、2015年城市绿化项目、延边跨境电子商务总部基地项目、国电龙华延吉热电有限公司1、2号机组烟气脱销改造项目、吉林贵金属交易中心项目、芝麻开门延边电子商务集散中心项目等13个新建亿元以上重点项目开工建设。

【项目储备】 2015年，储备项目总数451个，总投资1580.2亿元。对项目储备库加强动态管理，立足市情市况，结合国家重大战略与延吉实际发展，抢抓国家实施“一带一路”战略、新型城镇化、吉林延吉国际空港经济区建设等有利契机，不断加大项目谋划力度，对口研究国家相关产业政策，进行有针对性的策划包装。3000万元以上谋划项目任务50个，其中亿元以上25个。完成亿元以上谋划项目25个，编制谋划方案（模板）22个，8个项目转化实施。跟进2014年长吉图重大项目谋划工作，完成延吉市现代物流产业园、延吉市循环经济产业园、延吉市人参产业园实施方案初稿编制；编制完成《延吉市东部绿色转型发展实施方案》。

【项目专项稽查】 配合中央、吉林省、延边州、延吉市检查组做好中央投资项目和专项治理项目稽查工作和自查工作。加强国投项目监管，确保项目规范化实施。配合国家发改委稽查组稽查延吉市生活垃圾收集转运系统工程、延吉市生活垃圾焚烧发电工程；配合省发改委稽查组稽查延吉市2013~2014棚户区改造工程配套基础设施建设项目。开展稽查20余次，稽查项目32个。

【融资】 延吉市发改局领导班子常年赴省进京，奔走在上级各级部门之间，了解投资导向，捕捉投资动态。变被动服务为主动服务。从项目前期要件准备到可研编制再到项目立项审批、评审，对项目单位提供“保姆式”服务；定期调度、分析项目进展情况，项目单位遇到困难时帮助解决，为项目顺利上报争取宝贵时间；开展主动沟通协调工作，与相关科局、专家加强联系，奔走争取政策支持，确保项目不减量、不减质。经过不懈努力，为棚户区改造配套基础设施工程争取配套资金1.28亿元；为五道水库除险加固工程申请省级重大水利项目专项资金1000万元。争取水利建设、退耕还林、保障房、节能减排、城镇化等62个项目，中央预算及省级专项资金7.5亿元。

【招商引资】 协调相关部门，加强对外联系，全力以赴开展招商引资工作。利用一切洽谈、会议等活动，加强与大企业、大公司沟通联系。与项目单位开展广泛沟通合作，建立良好互动协作关系。2015年，市发改局招商引资任务12亿元，完成12.2亿元。

【存量资金盘活】 延吉市发改局重视盘活财政存量资金对于稳增长、促改革、调结构、惠民生的重要意义，上下联动，与财政等相关单位加强横向沟通和联系，摸清存量、分类推进，细致梳理2014年以前的中央预算内存量资金，盘活存量资金0.26亿元。

【新兴城镇化建设试点】 成立延吉市国家新型城镇化综合试点工作领导小组，统筹新型城镇化工作，落实各部门职责；制订《延吉市2015年推进国家新型城镇化综合试点的工作计划》和《2015~2017年延吉市国家新型城镇化试点工作的实施方案》，并按照方案内容制订《工作推进计划表》；申报进入国家县城深化基础设施投融资体制机制改革试点城市，朝阳川镇进入国家建制镇示范试点和省级重点城镇扩权强镇试点；包装融资项目。制订2015年融资项目计划，重点实施供水、排水、垃圾处理与市容环卫、市政道路与桥梁、供热、燃气、地下管网、海绵城市8大领域15个项目；推进智慧城市建设进度，“智慧城市”总体规划编制工作，并通过国家智慧城市试点初审；科学规划城乡布局，国土部门完成调整完善前期摸底工作，根据土地利用现状和土地资源配置，科学划定“三线”，将土地利用规划和城市总体规划融入国民经济和社会发展规划，并纳入到“十三五规划”当中，实现“三规合一”“多规融合”同步推进。

（王英明）

财　政

【概况】 2015年，延吉市完成公开招标95次，集中采购金额13.55亿元，节约财政资金1084万元，节约率8%。

【财政收支管理】 在全国经济持续下行，全市经济非常严峻形势下，延吉市财政局强化收支管理，努力做到收支平衡。完成全口径收入78.5亿元；地方级财政收入29.5亿元。延吉市公共财政预算支出完成56亿元。通过强化收入管理，合理安排支出，财政收支基本正常。

【支持地方经济发展】 争取上级

财政补助资金。争取到位上级各类专项资金 21.59 亿元，比 2014 年增加 5.74 亿元，增长 36%。压缩出国经费、招待费、会议费等一般性支出，民生支出和重点项目支出得到有效保障；在年初预算中继续将"三公"经费压缩 10%，节约财政资金约 360 万元；支持中小企业发展，争取到位各类支持中小企业发展的专项资金 4703 万元，退税 3030 万元，促进了延吉市经济发展；加大城市基础设施建设投入，上级下达城市基础设施建设专项指标到位数 10.52 亿元，拨付 5.83 亿元，用于暖房子工程、保障性安居工程、延吉西客站、廉租房建设、公安局办公用房等重点工程建设；非税收入完成 16.24 亿元，其中一般预算收入完成 66825 万元，政府性基金收入完成 93615 万元，预算外收入完成 2000 万元；全年科学技术支出完成 6537 万元，增长 59.7%。

【民生改善】 逐步加大"三农"投入力度。完成农林水项目支出 3.10 亿元，增长 11.4%；落实各项强农惠民政策，发放种粮农民粮食直接补贴资金和农资综合补贴资金 2484 万元，大豆目标价格补贴资金 167 万元；支持教育事业优先发展，安排教育总投入 8.88 亿元，比 2014 年增长 17%；社会保障和就业支出完成 7.32 亿元，增长 19.3%；城乡社区支出完成 10.5 亿元，增长 38.3%。

【预算管理】 规范部门预算编制、执行、决算和监督等工作，从严控制一般性支出，按时完成市级部门"三公"经费公开工作，在政府网站上全面公开各部门 2015 年预算和三公经费预算；试点 16 家预算单位熟练操作非税管理系统，非税收入 1018 万元，缴国库 950 万元。

【支付管理】 提高财政资金支付管理的规范性、安全性和有效性，查出各种违规、不规范支付行为 2372 次，涉及金额 1.14 亿元，其中阻止违规操作 181 次；加大国有资产管理力度，委托评估 10 次，审批报废资产 863 万元；无偿转让或调拨资产 93 万元；国有资产处置收入 1.80 亿元。

【国有资产保值增值】 推进企业债权回购工作，起诉延吉鸿发公司申诉政府债权并胜诉，等待法院执行；与国贸大厦土地纠纷已向州法院提请诉讼，等待开庭审理；成立延吉市城乡发展投资控股集团有限公司，下设五个子公司；为保证西市场重建项目的顺利推进，成立延吉市市场投资建设开发有限公司；开展延吉市地下管廊的建设维护工作，协助市建设局成立延吉城市地下综合管廊建设有限责任公司；协助征收局征拆民主砖厂、鹏程实业、娃哈哈净水厂、美人松门厂等企业。

【会计人员继续教育】 完成继续教育 1984 人，会计从业人员调转 120 人次，完成从业资格考试报名审核 732 人。完成全市范围内 86 户行政事业单位内控规范手册检查。组织 1 次全市珠心算大赛，选出 12 名优秀选手参加延边州十六届少儿珠心算技术比赛并获团体第一名。

【财政监督检查】 完成罚没收入 3678.5 万元，比 2014 年增加 57.1 万元，增长 1.6%。配合延吉市纪委做好纠正"四风"工作系列行动专项检查工作，查出滥发津贴补贴 6942 万元、不正规发票 23.3 万元。完成 3 个单位的会计监督检查任务。

（韩万爽）

国家税务

【概况】 延吉市国家税务局（简称国税局）内设 10 个职能科室（办公室、人教科、监察室、机关党办、征管科、政策法规科、收入核算科、纳税服务科和信息中心、税源管理一科），5 个税务分局（新兴、朝阳、小营、西市和朝阳川）以及稽查局。2015 年，延吉市国税部门组织入库市级税收收入 9.39 亿元，其中"两税"收入约 6.00 亿元，延吉市国税局辖区内组织入库 2.03 亿元。

【《征收征管规范管理》推行】 扎实做好《全国税收征管规范》（以下简称《规范》）推行工作。延吉市国税局组织学习上级文件精神，深入研究制订推行工作方案，成立领导小组，在全局范围内召开推行工作动员大会。利用各类平台和媒体广泛开展宣传活动，形成良好的舆论氛围。由征收管理科下达学习培训任务，各业务部门制订学习计划，筛选学习重点，使干部尽快掌握业务。对《规范》中涉及的新表格重点梳理，梳理出37 项常用表格及时转发给各业务部门，更新办税服务厅的常用表格栏，方便干部和纳税人使用。

【增值税发票系统升级版】 2015年，延吉市国税局贯彻落实全省增值税发票系统升级的整体工作要求，采取有力措施，科学部署推行计划，大力营造宣传氛围，广泛开展增值税发票系统升级专题培训，制订升级推行服务方案和应急预案，及时为纳税人进行系统装置发行并督促服务单位做好系统安装调试工作。截至12月30日，发行增值税发票升级版3273户，其中一般纳税人发行设备997户、小规模纳税人2276户。

【纳税评估】 延吉市国税局将风险管理和内控理念融入征管改革，以延边州国税局《风险战略规划》为指导，加强风险监控和应对。截至12月30日，对延边州国税局下发的2065条日常风险任务反馈结果进行核查和清理，174户次涉及补税，入库税金10万元，加收滞纳金2万元；接收并完成延边州国税局评估任务28户，补缴税金30万元，转出进项税额5万元，减少可弥补亏损44万元；注销检查企业近600户。开展风险应对和纳税评估工作，提高纳税人税法遵从度，降低税收执法风险，减少税收流失。

【"金税三期"系统上线】 "金税三期"是推进国税工作向"互联网+税务"迈进的重要一步，延吉市国税局党组高度重视，成立领导小组和14个工作小组，制订一系列配套工作方案，优化系统岗责和工作流程，明确各项工作责任人。不断对业务流程进行测试，提升实际操作能力和熟练程度，顺利完成金税三期双轨试运行、人海压力测试等工作。争取地方党政和社会各界，特别是纳税人的理解和支持，营造良好外部环境。"金税三期"系统录入受理税务登记、申报、发票发售等业务2000余笔，运行平稳有序，为单轨运行打下坚实基础。

【依法治税】 延吉市国税局通过设立咨询台、媒体宣传、上门送税法等多种形式，广泛宣传各项税收优惠政策。利用纳税人学校，开班14期为3600名纳税人开展政策培训辅导。市局、分局层层进行数据监督，确保各项税收政策落实到位。截至12月30日，为纳税人减免税金2654.18万元，其中：减免增值税2553.79万元；企业所得税备案减免100.39万元；落实小微企业增值税优惠政策6411户次，免税284万元；落实小微企业所得税优惠政策966户次，免税357.75万元。贯彻落实好上级局税收执法权力清单制度，明确责任人、责任部门，制订下发全局各部门、各岗位的责任清单，印制成册，下发给每位干部，不断增强干部的责任感和紧迫感，减少税收执法的随意性；加强一般纳税人的资格管理，严格按照《增值税一般纳税人认定管理办法》进行登记认定；全面推行行政处罚权力清单制度，研究制订市局税务行政处罚权力清单和标准，主动对外公布，自觉接受广大纳税人和社会各界监督。开展打击虚开增值税专用发票等违法犯罪行为工作，对违法违规纳税人保持高压态势。全年稽查查补税款404万元。

【出口退税】 落实《全国税务机关出口退(免)税工作规范1.0版》，抓好审批权限下放后的出口退税管理岗位设置、分类管理等重点工作，成立领导小组，充实人员，按要求做好岗位设置工作，通过开展学习培训和到延边州国税局现场实际操作等方式，使相关岗位人员尽快掌握《退税规范》的具体内容；落实《出口退(免)税企业分类管理实施办法》，对辖区内正常经营的228户出口企业进行分

4月1日，税收宣传月期间，延吉市国税局干部在时代广场开展税收宣传活动
（国税局 提供）

类评定，确定出口退免税企业二级19户、三级207户、四级2户。为纳税人办理出口退税1883万元,免抵调195万元。

【纳税服务】 8月,延吉市国税局在延边州国税局的支持下对办税服务厅升级改造，改造后办税服务厅按照总局《办税服务厅管理办法》有关规定,科学划分办税功能区。并配备电子显示屏、导税台、纳税服务查询机、排队叫号机等设施。办税窗口由原来13个增加到19个。在打造标准化办税服务厅的基础上，开通全州首家24小时自助办税服务厅,提高办税效率;开展适应不同纳税人和涉税事项的个性化服务,满足纳税人各方面要求，利用网络开通微信平台、税企QQ群在线为纳税人答疑解惑；在办税服务厅开展延时服务、预约服务为纳税人前台办税提供最大便利；为纳税A级信用企业提供快速办税“绿色通道”。召开专题会议,研究部署落实《全国县级税务机关纳税服务规范》工作,制订全局便民办税服务方案，建立健全纳税服务工作标准和服务规范,严格按照“窗口受理、内部流转、限时办结、窗口出件”的要求,规范办税业务流程,为纳税人提供规范的办税服务。

【税务培训】 延吉市国税局把思想教育理论与实际相结合，把思想教育工作重点放在基层，将思想政治工作贯穿于日常工作生活，面向广大干部根据每人实际情况,及时发现和掌握思想动态、问题苗头,及时谈心交流,做好思想政治教育工作。开展干部分级分类日常培训。结合干部日常工作实际需求,开展“全国税收征管规范1.0”“企业所得税申报表填写及有关税收文件说明”“营改增税收业务”等内容业务培训,平均每月一次,取得较好效果。选派干部参加上级局各类培训。组织近百名干部赴省内、外参加“纳税服务培训班”“企业所得税汇算清缴业务培训班”“十八届四中全会精神专题研修班”“绩效管理专题培训”等各类培训。

（孙延涛）

7月28日,延边州首个24小时自助办税厅在延吉市国税局正式启用

（国税局 提供）

地方税务

【概况】 延吉市地方税务局（简称地税局)设有调研室(考核办)、办公室、人教科、监察室、党办、计财科、征管科、风险监控中心、税政科、法规科、督察科、定额管理科、纳税服务科、信息中心14个机关科室和办税服务中心，房地产税源管理一、二科，企业管理一、二、三科,个体一、二科,委托代征科,纳税评估一科、二科、三科，乡镇管理科，朝阳川分局14个业务科室。负责全市7286户各类经济性质的企业和2.57万户个体工商户的税收征管工作。为地方财政收缴副食品价格调节基金、防洪基金、残疾人就业保障金和工会经费等三金一费。

【税收收入】 2015年，延吉市组织全口径地方税收收入22.27亿元，比2014年增收1.37亿元,增长6.5%(其中延吉市地方税务局10.28亿元，完成年计划任务的108.2%,增收1.05亿元,比计划超收7800万元)。

【信息管税】 市地税局发挥第三方信息系统平台作用,传递涉税信息1.73万条，推送应对风险管理任务43户，完成重点建设项目税务专项清查及纳税评估工作84户,入库本金3180.63万元,滞纳金入库37.71万元,《旅游业税收风险管理评估模型》取得全省第一名成绩。欠税清理成效明显,清理

5 月 7 日，延吉市地税局在依兰镇开展税法知识培训

（地税局 提供）

陈欠税款 7928 万元。自查、清查税款 6330 万元，组织入库 4755 万元。重点税源、重点行业监控管理持续发展，重点税源企业入库 2.85 亿元，政府性投资所产生存量税源转为现实收入入库 2.45 亿元。信息技术支撑能力不断提高，加大投入力度，局域网改造工作顺利推进；引入“一户式评估系统”，实现数据来源真实化、信息平台智能化、分析方法系统化；精心组织，靠前指挥，顺利完成“金税三期”上线运行推广任务。联合市国税局开设“纳税人学堂”，国地税合作作用凸显。发票管理不断规范，监督检查力度逐步加大，以票控税工作进一步加强，重点税源企业发票管理水平进一步增强。

【税收执法】 重新制定并完善定期定额户管理规程，组织人员开展专项检查，恢复征税 18 户。税收优惠政策落实到位，为 4298 户纳税人减免税金 1951 万元。落实清单制度，公开税收权力清单 45 项，清理保留行政许可和非许可审批项目 21 项，税收执法进一步规范，做出简易处罚案件 185 户次，一般处罚案件 32 户次，审理移交州稽查局案件 1 件。“法治税务示范基地”创建工作平稳推进，“六五”普法教育和法制宣传工作得到延边州依法治州办公室和市依法治市办公室的好评。

【纳税服务】 成立纳税服务首问责任制咨询中心，集中悬挂“进一个门，问一个人，办所有事”的首问责任制标语，安装使用中税答疑咨询软件，实行主管局长和办税服务厅主任双领导带班制度，配备熟练掌握系统和业务精湛的能手干部负责咨询解答工作，实现咨询模式、咨询平台及答复口径“三个统一”，纳税服务进一步规范化。以第 24 个全国税收宣传月为契机，联合延边州地税局直属局、延吉经济开发区地税局、延吉市国税局及农商行延江支行举办“春风送暖—税银互动—缴税贷”税收宣传月主题活动，现场接受“缴税贷”咨询及纳税信用等级查询，发放宣传资料 200 余份，现场互动 20 余次，便民办税春风行动进一步巩固。发挥 QQ 群作用，管理员通过群公告及时发布各项通知、税收优惠政策，并对网上申报、个税申报、企业所得税申报等操作进行说明，同时在线解决纳税人提出的各种问题。加大宣传力度，印制办税指南 2000 份，纳税服务平台作用进一步凸显。委托“第三方机构”在全局范围内开展 2015 年度纳税人满意度调查评议工作，调查纳税人 700 户，涉及税收管理员 70 人，其中 48 名干部评议得分 100 分，占评议总人数的 67.60%。在做客百姓热线直播间，解读二手房交易新政的同时解答纳税人提出的关于“二手房交易”问题，受到纳税人好评。

（单晓梅）

物价管理

【收费项目简化】 根据中央文件精神，取消收费许可证核发和年度审验制度后，市价监局建立行政事业性收费单位及其收支状况年度报告制度。结合延吉市情况，全面审核并汇总各收费单位收费项目、收费依据，在“全国收费动态监管系统”平台按时完成“收费数据和收费情况年度分析报告”上报工作。通过政府网站向社会公布行政事业性收费单位以及收费项目和标准。实施中央和省级简政放权、清费减负政策，简化政府收费项目，做到全面、公开、透

2月，延吉市价监局与延边州价监局联合检查节前平价商店
（杨明阳 摄）

明，减轻企业和群众负担，促进全市经济社会健康发展。

【价格检查】 重大节日期间，州、市价监局联合开展市场价格巡查，检查人员在农贸批发市场、超市、零售网点巡查粮、油、肉、菜、蛋等生活必需品价格，规范节日市场价格秩序；针对群众反映强烈部分物业服务企业在经营服务过程中不合理收费现象，开展物业收费专项检查。检查全市10家规模较大物业企业收费情况，对存在强制收取不合理费用物业企业给予警告，并责令整改，退还群众价款21.84万元；对全市药店、商场超市、三大农贸市场、建材市场开展行业明码标价检查，确保其规范。通过开展明码标价检查活动，提高经营业主商品标价意识，重点规范行业商品标价率100%。

【价调基金征收】 2015年，继续做好价调基金征收工作，确保价格调节资金储备充足，征收价调基金610万元。春节前夕，为确保节日蔬菜市场供应总量充足价格平稳，2月11日启动9家平价商店，以低于市场零售价15%、不少于10个蔬菜品种作为平价补贴蔬菜销售，以低于市场平均价格5%、不少于5个品种作为平价补贴粮、油、肉、禽、蛋等平价副食品销售。9家平价商店销售平价副食品219万千克（是2014年的2.5倍），总销售额1030万元。市价监局向州局汇报有关情况，累计争取州价调基金50万元，结合延吉市自有价调基金储备进行补贴，总补贴金额超过130万元。扩大价格调节基金库容。指定专人审核，委托地税、文体、交通等4部门代征，全年价调基金征收563万元，使用249万元。全市基金库容总额扩充至3100多万元，为政府调控物价提供资金后盾。配合市农业局争取项目资金，为发展万亩蔬菜基地建设争取资金80万元。

【政府价格改革】 长春燃气（延吉）有限公司向市政府提交《关于紧急申请燃气销售价格调整的请示》报告，按照市政府要求，市价监局及早开展管道天然气阶梯价格调研工作，派人与燃气公司人员一起赴外地考察，汲取经验。根据省局精神，延吉市首次在价格监审工作中引入第三方独立评估，通过政府采购办招标平台公开招标，中标企业延边经纬会计

12月4日，延吉市召开城市居民阶梯用水价格简易听证会
（张 莹 摄）

事务所有限责任公司对长春燃气（延吉）有限公司 2012 年至 2014 三年管道燃气平均成本进行监审，提出监审报告和价格建议。提升政府对民生价格调整公信力，推进调价工作顺利开展。按时完成公交公司运营成本、医疗垃圾废弃物成本、供热成本等监审任务。在市相关部门根据成本监审情况提出书面意见后，市价监局提出综合意见，上报市政府审定（调价或财政补贴）。

【价格服务】 做好价格信访维稳受理“12358”网络平台举报案件 44 件、“12358”电话举报案件 185 件，接待来人来访咨询、投诉 6 件 38 人次，回复“百姓热线”群众咨询投诉 166 条，回复办结率 100%。完成人大、政协提案书面答复和面对面征求提案人意见 5 份，州长、市长公开电话交办事项 2 份，满意率 100%。配合省局创建“12358”价格举报联网工程，完善价格举报受理机制。成立本单位官方微博，加强舆情分析，创建价格政策咨询互动平台。继续发挥物价部门在服务司法、打击犯罪、维护社会稳定方面作用。全年完成各类刑事涉案物品价格鉴定 246 件，总鉴定金额 607 万元。受理民事案件价格鉴定 39 件，总鉴定金 359 万元。监测并上报延吉市 26 种主要粮油、副食品集贸市场价格运行状况，上报监测数据 120 条，增强预测预警能力，提高监测分析质量。农调人员深入田间地头和 33 户农户家中指导农调户采集数据，核准农调户价格与市场价格的差异，保证农产品成本数据质量。

（张　莹）

安全生产管理

【安全生产控制】 工矿商贸企业发生 3 起生产安全责任事故，死亡 3 人，占全年控制指标的 100%（延边州政府下达给延吉市的生产安全责任事故死亡控制指标是 3 人）。生产经营性道路交通事故 4 起，死亡 4 人，占全年控制指标的 57%（延边州政府下达给延吉市的经营性道路交通事故死亡控制指标是 7 人）。

【安全隐患排查】 组织开展春季、夏季、秋季等安全生产大检查。为落实省、州安全生产工作精神，切实将安全生产责任落实到每个行业、每个领域、每个企业、每个人。采取“四不两直”方式，加大巡视暗访力度，严厉打击非法违法生产经营行为。在全市重点排查企业 4451 家，排查出一般安全生产隐患 2122 个，整改 1964 个，整改率 92%，暗访企业 38 家排查一般隐患 54 处，整改 54 处，整改率 100%。全市无重大生产安全事故发生。

【煤矿领域专项整治】 突出抓好煤矿瓦斯治理及隐患排查工作。开展隐患整改巡查工作。市安监局根据各阶段特点，每周至少对各矿井检查 1 次，每周检查时间 3 天至 4 天。出动执法人员 200 多人次，执法排查隐患 172 项，整改 172 项，下达执法文书 66 份。按照省、州要求，市安监局协调和龙市安监局、和龙煤矿专家、煤矿救护队，有针对性地开展各矿井安全隐患排查、复查工作。开展瓦斯治理工作。按照《吉林省煤矿防治瓦斯和防治水“双七条”红线》文件精神，煤矿企业设立专门的瓦斯防治机构，配齐瓦斯防治专业人员，建立以矿井主要负责人为首的行政管理体系和以总工程师为首的技术管理体系，完成全年市长下井工作。

【重点领域专项整治】 突出抓好非煤矿山、危险化学品和烟花爆竹企业的专项整治工作。制订春季、夏季和“秋冬会战”非煤矿山安全整治方案，重点检查矿山企业特种设备、矿用车辆，防范因冬季停产造成的设备故障、电气短路、制动失灵，企业职业卫生防治情况，劳动防护用品的购买、发放记录及领取人签字等情况。检查企业 20 家，下达责令改正指令书 11 份，排查并整改隐患 54 处，整改 54 处，整改率 100%。开展加油站、烟花爆竹、冷库、化工企业、医药企业等单位安全专项整治。4 月 13 日，延边州安监局对全市 6 户烟花爆竹零售网点进行检查。发现多数企业存在网格化公示板填写不规范，延边州烟花爆竹企业安全生产“九个不准”未张贴等情况。8 月，聘请省里专家检查企业 62 家，排查一般隐患 218 条，整改 196 条，责令立即整改。检查危化领域企业 123 家，下达责令限期整改指令书 93 份。对查出安全隐患，要求生产经营单位落实隐患整改责任人、整改期限、整改措施。

【安全生产目标责任制考核】 制定《2015 年延吉市安全生产工作目标责任制考核细则》，对与市政府签订 2015 年安全生产工作目标责任状的市属 34 个部门及重点企业进行量化考核，落实一票

1月28日，延吉市部署安全生产工作，图为市直部门代表和重点企业代表分别向市政府递交“2015年度安全生产工作目标责任状” （金洪石 摄）

否决制。

【安全生产培训】 协助州安全生产培训中心，培训危险化学品、汽车维修生产经营单位负责人及安全管理人员300余人次、特种作业人员350余人次，教育、商贸、文体等非高危行业主要负责人、安全管理人员200余人次，督促煤矿主要负责人和管理人员到省、州进行培训和复训，上岗率和合格率100%，提高基层安全生产管理水平。

【安全生产宣传】 6月16日，全国第十四个“安全生产宣传月”，市安委办协调安委会各成员单位在青年广场举行州暨延吉市安全生产月宣传咨询日活动。州、市有关领导、主办单位、安委会成员单位、各企业、文艺团体以及新闻媒体600余人参加咨询日活动，在活动中各单位以宣传展板、事故图片、演示台、咨询台和发放宣传单等形式进行广泛宣传，发放2000余份各类宣传单和100余本安全生产知识手册，宣传车队沿街进行安全生产各类知识宣传。

【安全生产演练】 加强安全生产应急管理及应急救援演练。按照延边州、延吉市应急委要求做好各项应急工作。全局煤矿、非煤矿山、危险化学品等高危企业应急预案备案率100%。组织开展全市性应急演练。6月23日，在中国石油吉林延边销售分公司延吉溪洞油库举行应急救援演练，由州政府副州长赵利任总指挥，相关部门100余人参加演练。增强安全生产工作和应急救援处置认识，增强应急演练意识。

（林 学）

市场和质量监督管理

【概况】 2015年，延吉市市场和质量监督管理局以服务全市经济社会发展为中心，深化机构改革，依法履行市场监管职能。为11户个体工商户办理住房公积金贷款，协调邮政银行为38家个体业户融资，融资金额701万元。办理动产抵押业务10件，融资金额91453万元。被评为“全国个体私营经济监督管理调研工作先进联

6月16日，延吉市安监局举行安全生产月广场咨询日活动 （金洪石 摄）

系单位”“吉林省工商行政管理系统先进集体”称号。

【行政执法规范】 6月,实施第二轮机构改革。局党委本着科学谋划、公开透明原则,完成机构改革任务。实现“符合上级要求、工作正常开展、队伍思想稳定,改革一次到位”既定目标;全面清理原工商、质监、食药监方面法律法规,以延吉市市场和质量监督管理局为主体,明确行政权力清单721项,行政处罚528项、行政许可84项、行政检查72项、行政强制27项、其他职权10项;统一行政执法文书,重新制定全局重大行政处罚案件集体讨论制度,做到行政执法案件程序全局统一;根据州政府要求,9月30日对酒类行政处罚暂停执行4项;注重法制建设及队伍素质提升,全年组织《中华人民共和国食品安全法》等内部依法行政培训13期,参加国家、省、州、市相关培训46次,开展网络培训5期。

【商事登记制度改革】 严格执行“先照后证”“非禁即入”政策,简化办事程序,提供延时、预约、上门等服务,为各类市场主体发展创造更加宽松准入环境。2015年,登记注册各类市场主体总数54560家,比2014年增长11.8%,包括内资企业6973家,新设1371家,比2014年同期增长60.6%;农民专业合作社260家,新设22家,比2014年同期增长17.4%;外资企业231家,新设立15家,比2014年同期增长4.2%;个体工商户47096家,新设6741家,比2014年同期增长39.3%。全面贯彻落实企业信息公示制度,完成3748家企业和1.97万家个体信息录入,开通企业信息查询系统;与吉林华烁律师事务所合作,在全省率先实行工商登记免费代理,有200余家企业得到实惠;帮助44家个体工商户实现实力升级,引进企业21家,招商引资3.8亿元,超额完成223.5%;对重点产业和重大项目跟踪服务率100%。

【商标名牌战略实施】 提升企业品牌意识,鼓励和引导企业积极申报驰名、著名商标,以及省市级名牌,组织专人深入企业,重点筛选出一批产业结构合理、特色优势突出、发展潜力较大优质企业,建立“三名”商标储备库,给予全方位培育指导。帮助吉林敖东药业集团延吉股份有限公司获得省政府设立最高质量奖项—吉林省省长质量奖,争创延吉北本电器有限公司等名牌产品4个;推荐省著名商标2件、州知名商标4件。获“延吉市工业企业服务年暨突出发展民营经济工作突出贡献奖”。

【市场经济秩序维护】 开展农资、成品油、禁塑、侵犯商标专用权、非法网络交易、黑网吧、化妆品、打击传销等各类专项整治行动,严厉查处制售假冒伪劣和不正当竞争等违法行为,举报案件处置率100%;全年受理各类消费者投诉93件,解决81件,为消费者挽回经济损失18.7万元,答复率100%;接到“百姓热线”咨询、投诉292件,均在24小时内及时予以回复;全年查办各类案件74起,罚没总计80余万元。被国家工商总局评为“诚信市场创建工作突出单位”。

【直销监管】 对从事直销行业经营主体以及保健食品销售经营主体建立台账,直销企业产品介绍备案登记138次,约谈直销企业网点负责人26人,重点监管直销员培训授课内容并收集存档。发送宣传单1000余份。

【传销查处】 组织开展以打击传销为主题宣传活动15次,发放《传销洗脑揭秘》等宣传材料1.7万余份,制作宣传条幅、标语42幅,建立无传销社区7个,无传销社区(村)覆盖率96%;查办传销案件6件,案值300万元,罚没金额244万元;捣毁取缔传销窝点77处,教育遣散传销参与人员3296人,移送司法机关传销案3件。

【农资市场整治】 以农药、兽药、饲料和饲料添加剂、肥料、种子、种苗、农机等为重点,开展农资打假百日行动。与农资经营单位签订《流通领域农贸市场监管工作责任书》,明确工作责任,执行“两账两票”“一卡一书”制度并及时准确开具信誉卡。检查74家种子化肥生产单位,抽检5种化肥5个批次,抽检结果全部合格,检查农资经营户174户次,立案调查1起涉嫌种子虚假宣传案件。

【食品专项检查】 开展“两节”“两会”“五一”“中秋”“国庆”等节日期间食品安全大检查。检查农贸市场9家、食品经营户3398户,食品小作坊11户,城乡接合部业户183家,下发限期整改通知书149份,下架不合格果酒57瓶。开展无证经营专项整治行动。检查71户食品企业和食品小作坊;排查餐饮企业629家,依法取缔5家。中高考期间餐饮保障。检查学校食堂23

家，集体用餐配送单位1家，下达监督意见书10份。

【“禁塑令”贯彻落实】 按照《吉林省禁止生产销售和提供一次性不可降解塑料购物袋、塑料餐具规定》要求，1月1日起在全市开展“禁塑令”工作。通过《延边日报》《延边晨报》等各类媒体宣传“禁塑令”14次。向经营业户发放告知书7000份，全市40余个市场签订责任书，1100余户经营业户签订承诺书。行政约谈5家塑料袋、塑料餐具批发零售商，3家大型购物广场超市负责人。根据《中华人民共和国产品质量法》“禁塑令”等法律法规对违法违规行为给予处罚。张贴宣传画150份、宣传册1.5万份，悬挂“禁塑令”宣传条幅50件，检查7000户，责令整改并处罚2户，全市使用可降解塑料袋、塑料餐具的市场主体4000户。

【食品药品安全监管】 突出“两节”等重要时间节点、城乡接合部等重点区域、学校食堂等重点对象，强化举措、加大力度，确保有的放矢、行之有效。全年推广普及食品药品电子可追溯终端3220套，缴费2209户、投入使用1507户，处于全省领先水平；全面开展餐饮食品安全监督量化分级管理工作，量化率100%。A级店42户，B级店930户、C级店614户；为餐饮服务单位安装油水分离器675家、建立“阳光厨房”123家；建设集快速检测、科普宣传、举报受理、咨询服务、预警交流为一体的便民服务站15个；对米、面、食用油、乳制品、肉及肉制品等17类、7815个批次食品实施快速检测，合格率99.9%；在全市30家医疗机构药房开展规范药房建设，指导全市18家药品批发企业、8家药品零售连锁总部、136家零售连锁门店和29家零售单体店通过新修订GSP认证现场检查。全年开展“食品药品安全知识大讲堂”活动7次。延吉市入围全国餐厨废弃物资源化利用和无害化处理试点城市，被评为“吉林省食品药品安全示范县(市)”，新兴工业集中区被评为“吉林省食品安全示范园区”。

【医疗器械整治专项行动】 检查141家单位，医疗器械使用单位66家，专营单位67家、生产单位8家，责令整改25家。开展化妆品专项整治。

【化妆品专项整治行动】 开展美容美发单位经营使用化妆品专项整治行动，摸底调查辖区403家美容美发企业，监管档案基本情况登记。发放自查自纠通知书225份，检查美容美发店143家，检查化妆品580盒(瓶)，针对检查中发现主要问题如索证索票制度不健全和台账管理不规范等问题进行指导。

【创卫专项整治】 重点检查延吉市农贸市场及周边，包括场区公共场所及所有市场摊床环境卫生、证照情况、食品安全、病媒生物防治等情况。对市场内乱堆乱放、乱牵乱挂、乱倒垃圾、污水乱流等现象进行制止，指导规范市场内除四害措施及区域，警示告知个别食品经营户证照不全、食品流通许可证过期问题。对全市36户农贸市场不定期检查，通过创建卫生城市复审。

【特种设备安全监察】 开展“计量与光”“5·20”计量日宣传活动，以及“计量惠民进乡镇”“光明计量进学校”“计量免费服务进社区”等载体活动，服务百姓生活；开展集贸市场“短斤少两”专项整治，在用计量器具检定率100%；持续推进标准化战略，帮助延吉市东方蜂蜜产品研究所延边泉水洞椴树蜜完成省级农业标准化示范区考核验收；按照“严执法、重实效”要求，全年排查安全隐患368处，整改366处；组织百威英博(延吉)啤酒有限公司开展氨泄漏事故应急救援演练活动，及威远城小区电梯困人应急救援演练，参与人员200余人次；通过开展特种设备安全理念、安全文化、安全法律和安全知识进企业、进社区、进校园等一系列宣传教育活动，提升广大群众及企业安全防范意识和自救逃生能力。

（徐　平）

审　计

【概况】 2015年，完成审计（调查、审查)项目77个，查出违规金额72154万元，管理不规范金额4413万元。经审计决定，应上缴财政50453万元、应减少财政拨款或补贴19501万元、应归还原渠道资金300万元、应缴纳其他资金1667万元、应调账处理金额4645万元，核减工程款13181万元。

【重大政策执行审计】 推动中央重大政策贯彻落实，促进经济平稳运行、健康发展和转型升级，按照审计署统一部署，跟踪审计2015年度涉及延吉市30个单位和部门、22 个方面、91 项稳增长调结构惠民生防风险重大政策措施落实情况，出具跟踪审计报告 9 份。

【预算执行审计】 以推动政策措施落实，促进提高财政资金使用绩效，完善制度规范管理，维护财政及经济安全为目标，审计 2014 年度市本级财政预算执行及其他财政收支。市审计局坚持“财政审计大格局”理念，深化“同级审”与部门预算、经济责任、政府投资等多种审计有效结合，延伸审计 39 个项目，扩大审计覆盖面。重点关注预算编制完整性、科学性和财政管理绩效等问题，检查贯彻落实中央八项规定精神和国务院“约法三章”情况、“三公”经费管理等。代表市政府向市人大常委会作《关于 2014 年度延吉市本级预算执行和其他财政收支的审计工作报告》，获全票通过。

【税收征管审计】 促进地税部门严格执行《税收征管法》，使税收政策在转变经济发展方式和经济结构调整方面更好地发挥作用，审计延吉市地税局、延吉开发区地税局 2014 年度税收征管及财政收支。重点关注“税源企业退付税金户、减免税户、纳税人欠税户”和税务部门代征基金情况，推动税收政策落实。

【投资项目审计】 加大固定资产投资审计力度，维护建设资金安全，提高资金使用效益，规范建设项目管理，揭示和查处项目和资金管理中存在主要问题。全年审计（审查）工程项目 48 个，包括审计重点工程项目 11 个，审查规模较小工程项目 37 个。

【行政事业审计】 深化行政事业单位财政财务收支审计，重点关注行政事业单位预算编制、执行情况，部门决算编制情况，财政资金存量规模和结构情况、落实中央八项规定精神、厉行节约反对浪费相关要求、“三公”经费管理情况，揭露在财政收支中存在违法违规问题，审计发改局、住建局、国土局、畜牧局、市医院、妇幼保健院 6 个单位。

【经济责任审计】 围绕加强领导干部权力监督，促进被审计领导干部守法守纪尽责，重点关注被审计领导干部贯彻执行国家法律法规、经济工作政策，财政资金和国有资产资源管理，重大决策情况，目标责任制落实情况，落实中央“八项规定”、厉行节约反对浪费，遵守廉洁从政规定情况等，审计司法局原局长姜力军、经济合作局局长金宇等 7 名领导干部。

【专项审计】 围绕城市扶困资金收支情况真实性、合法性，资金使用范围、标准及审批程序合规性，是否存在侵占、挪用等问题，审计人力资源和社会保障局 2012 至 2014 年度城市扶困资金收支情况；以规范人防基金征收管理使用，提高资金使用绩效为目标，专项审计调查 2014 年度延吉市人防易地建设费征收管理使用情况。

【企业审计】 为全面了解企业经营状况，促进改善企业经营管理、提高效益、实现国有资产保值增值目标，审计延吉市集中供热有限责任公司 2013 年度资产负债损益情况。

【项目审计】 按照审计署、省审计厅和州审计局要求，选派 1 人参与审计署长春特派办组织的光大集团、税收征管审计；抽调 11 人次参与州审计局对延吉市保障性安居工程、棚户区改造工程审计；完成州审计局交办的地方政府存量债务清理甄别、闲置土地调查、教育费附加等 4 个项目。先后抽调 39 人次，完成市政府临时交办的威远公司债务、全市公共停车泊位收费情况、公共汽车公司运营成本等 16 件审计调查任务。

【专项检查】 抽调 2 人协助纪委专项检查 15 个单位“三公”经费；抽调 4 人会同财政、人社等部门开展“清理滥发津贴补贴、利用机关食堂违规违纪和购买商业预付卡、虚假发票入账情况”集中整治，检查 78 个单位；抽调 2 人协助州委组织部清查敦化、图们“三资”情况；抽调 1 人参加损害群众利益问题专项整治督导组。

【审计法规宣传】 组织学习《中华人民共和国宪法》《中华人民共和国审计法》及与审计相关法律法规，提高依法审计能力。借助审计进点会、征求意见会等时机，向被审单位相关人员宣讲审计、财经法规，发放《审计基本知识手册》，为市直各部门提供财务、会计、审计等法规咨询 120 余次，为教育系统宣讲工程审计基本知识及相关法规 1 场。全年在各级各类媒体发表稿件 41 篇，在《中国审计报》《中国审计》和中国审计网等国家级媒体发表稿件 31 篇。取得全省审计系统信息宣传工作第三名成绩。

（江　强）

统　计

【1%人口抽样调查】 2015年年初，按照省州政府要求，组建市、镇（街道）两级1%人口抽样调查机构。印发延吉市2015年全国1%人口抽样调查协调小组职责分工及其办公室组织机构通知，明确人员分工。6月，制订实施方案，8月，完成乡级抽调办公室组建，召开抽样调查样本框整理会议，对数据工作时间节点和质量提出具体要求。通过横幅、海报、电视新闻、平台发布等多种渠道多形式宣传1%人口抽样调查工作。11月，调查登记工作全面展开，国家、省统计局先后两次到延吉市进行督导检查，以及全省互检组检查，对延吉市统计局工作成绩给予肯定。

【统计信息服务】 围绕市委、市政府中心工作，加强对主要经济指标动态监测，及时评估预判，发展走势，主动开展调查研究，提出合理预警以及应对措施，为领导宏观决策提供数据和分析依据。发布《2014统计公报》，编印《2015数据延吉》和《统计分析选编》，印制《统计年鉴》并附有中英对译本及电子年鉴，撰写《“十二五”经济发展评估报告》，以及《延吉市第三次经济普查公报》三篇，全年撰写政务信息147篇，统计分析55篇，经济信息181篇。

【统计基础调查】 完成文化产业调查、旅游业调查、民营经济调查、大豆种植面积调查、妇女儿童发展纲要监测、“四上”企业（规模以上工业，有资质的建筑业，限额以上批发和零售业、限额以上住宿和餐饮业，限额以上服务业）审批工作、亿元项目入库工作、固定资产投资、房地产、建筑业、非金融资产投资报表数据统计上报工作。2015年年末“四上”企业457家，亿元项目入库44家，新增20家。

9月23日，延吉市统计组织开展“统计开放日”活动

（统计局　提供）

【统计执法检查】 加强统计法制建设，加大统计法和统计法规宣传力度，开展弄虚作假行为专项整治活动。全年统计执法检查369家，给予7家单位警告行政处罚，47家予以责令改正。组织完成2015年统计业务培训以及考试工作，强化统计人员业务培训，完成继续教育年检以及各项制度制定和上报工作。

【统计开放日宣传】 9月23日，第六届“中国统计开放日”，延吉市统计局、延边州统计局和延边调查队共同举办统计机构进高校活动，在延边大学设立宣传展板，建立咨询台，发放统计法律宣传单和知识手册，现场答疑讲解统计知识和统计法律法规，扩大统计宣传面。

【延吉市统计信息学会成立】 2014年12月16日成立延吉市统计信息学会，2015年4月10日选举产生第一届理事会领导机构，延吉市统计局局长王春宇任会长，副局长李柱林任副会长，副局长邹云海兼任副会长及秘书长，出台《延吉市统计信息学会章程》。

【干部人事档案专项审核】 6月，开展干部人事档案专项审核工作，重点审核干部“三龄两历一身份”（工龄、党龄、年龄，学历、工作经历，干部身份）。10月份，进行县以下机关公务员职务与职级并行制度实施，符合职级晋升条件的根据审核程序进行资格初审、测评公示、上报审核。

（孟祥宇）

国土资源管理

【概况】 2015年，市国土局以保护资源保障发展为重点，促进国土资源节约集约利用，重点做好耕地保护、土地开发整理、新增建设用地管理、集体建设用地审批、矿产资源管理等方面工作，被国土资源部、人力资源和社会保障部评为全国先进集体。

【耕地保护】 以落实延边州政府年度耕地保护目标责任书为己任，同4个镇签订耕地目标责任书，做到责任、任务、人员三落实，守住全市2.23万公顷耕地“红线”；加大土地执法监察动态巡查力度，确保基本农田总量不少于1.81万公顷硬性指标；严格执行占补平衡制度，做到全市呈报各类新增建设用地占用耕地“先补后占、占优补优、占一补一”。2015年，补充耕地4公顷，实现占补平衡；利用吉林省国土厅补充耕地指标交易平台，投入5217万元，竞买大安市和镇赉县151公顷补充耕地指标。

【用地保障】 紧紧围绕中共延吉市委、市政府确定的3000万元以上和亿元以上重大项目用地需求，主动参与，提前介入，优化流程，提高效能，实现政府重大项目早落地、能落地。2015年由省政府批准7个批次9个用地项目（商住用地占14%；公共管理与公共服务用地11%；交通用地占75%），面积323公顷（耕地面积4公顷）。

【资源节约集约利用】 强化土地有形市场职责、功能和动态监测监管，严格执行《划拨用地目录》，全面执行招拍挂出让、土地使用权有偿使用和集体会审制度。2015年，国有建设用地审批67件，面积50公顷。建设用地30件，面积9.3公顷；新建37件，面积40.7公顷（挂牌出让21件，面积35.9公顷）。收缴各类规费5.04亿元。

【矿产资源管理】 延吉市有效采矿权14家，延吉市国土资源局发证9家（采石场），州局发证1家（采石场），省厅发证4家（煤矿3个、金矿1个）。通过“探矿权年检”，对原有探矿权27家进行全面整合，合格探矿权10家，其“三率”100%。

【卫片检查】 2015年，国土资源部提供延吉市土地疑似违法图斑165个，经核查，合法图斑79个；违法图斑86个；矿产疑似违法图斑1个（属于越界开采），该工作通过吉林省国土资源厅验收，实现“零问责、零约谈”。

【土地违法行为查处】 提前介入2014年度变更调查及卫片执法检查工作，对违法违规行为保持高压态势，按照预防在先、早发现、早制止原则，采取定期、不定期方式组织国土动态巡查229次。2015年，依法查处土地矿产违法案件64件，土地违法案件61件，面积33公顷，（耕地10公顷），收缴罚款83万元，申请法院强制执行13件，移送公安机关1件；矿产违法案件3件，依法收缴罚没款7.3万元。

【土地服务社会民生】 先后制订《延吉市2015年地质灾害防治方案》《延吉市2015年国有建设用地供应方案》和《关于集中开展农村集体土地非法流转利用情况专项执法监察实施方案》等。对延吉—三道公路等7处易发生山体滑坡、泥石流地质灾害隐患点勘查32次，逐个提出防治措施，2015年全市无人员伤亡和重大经济损失，完成地质灾害防治工作；做好信访工作，解决涉地、涉矿信访案件，以“事要解决”“案结事了”为原则，办理省厅、州局、市督办信访案件9件，受理群众来电、来信、百姓热线（延边信息港）、“12336”国土资源违法举报热线145件，回复率、办结率100%。

【土地资源管理】 完成2014年度土地变更调查统计上报工作；完成延蒲高速连接线延吉段33公顷土地收储工作。投入专项资金620万元，分别完成城镇基准地价更新与评价、耕地质量等别更新评价、耕地后备资源调查评价、建设用地节约集约利用评价、建设用地建库与管理系统开发、“十三五”国土资源开发利用规划编制、1:5万地质灾害调查、农村土地承包经营权确权、集体土地确权登记工作；推进不动产统一登记发证工作，设立延吉市不动产登记中心，整合房产、林业1260条不动产登记数据，建立不动产登记数据库，再造不动产登记工作流程，完成朝阳川镇仲坪村365户宅基地和集体建设用地使用权及房屋所有权权籍调查试点工作；推进农村集体土地确权登记发证工作进度；全年发放国有、集体土地使用权登记发证14243件；加快“一张图”等信息化建设步伐，完善《延吉市地籍调查管理系统》，开发研制《建设用地管理系统》;开展以"4·22"世界地球日、"6·5"普法日、"6·25"土地日为主题土地法律法规宣传活动,开展农村集体土地非法流转利用情况专项执法监察工作,开展清理整顿闲置土地工作,继续开展节约集约模范县创建工作,上报国土资源部等批复;做好政务公开和行政职权清理工作,完善集体会审制度,落实联办审批工作。

(唐振祥)

金融监管

【概况】 全年4次对全州10家县域农村商业银行下调人民币存款准备金率。加强信贷结构调整,引导金融机构将释放的信贷资金近10亿元用于支持"三农"和小微企业发展。年末,涉农贷款增长12.89%,中小微企业贷款增长13.42%。

【存款保险制度宣传】 组织辖内人民银行各县(市)支行和10家地方性法人银行业金融机构召开专题会议,强化宣传活动统一部署,并结合辖区居民语言习惯,编制中朝双语宣传手册。指导督促辖区银行业金融机构除通过在网点摆放折页、利用电子显示屏宣传外,要求银行机构走进街道社区、走进校园、深入农村等开展宣传。

【银、政、企对接】 与延边州金融办联合开展融入一带一路"经济振兴金融先行"创新产品发布暨网上银企对接活动,通过建立常态化银企对接平台,形成政府部门负责企业基础信息库,银行负责金融创新产品信息库,企业、个人自愿加入贷款信息库的长期合作模式,促进形成信息对称,政府、银行、贷款人三方合作共赢机制。2015年年末,延边州地方性法人金融机构存款余额504.7亿元,贷款余额306.4亿元。

【"产融研"新模式试点】 联合延边州农委召开"延边州农业产业化龙头企业金融服务对接推进会",与金融学会、农委签署三方《课题联合立项协议书》,确定联合开展"金融支持延边州农业产业化龙头企业发展模式研究"课题研究。选取带动效应突出、代表性强的敦化鸿发现代生态农场作为首批试点的金融研究实践基地。先后有77家龙头企业获得授信意向,发放贷款26亿元。

【农村信用体系建设】 专门出台《关于金融支持和龙市国家级农村信用体系建设试验区的实施意见》,从再贷款、再贴现等方面为农村信用体系试验区建设提供政策支持。7月24日,中国人民银行总行在重庆召开"中国人民银行农村信用体系建设座谈会",作为全国8个汇报地区之一,中国人民银行延边州中心支行在座谈会上向人民银行总行专题汇报和龙市农村信用体系建设工作的典型做法和取得的积极成效,得到总行高度评价。

【互联网金融】 针对国家提出的"互联网+"发展战略,银行尝试推动农业产业互联网化发展和地方性法人金融机构依托现有成熟互联网平台发展的创新模式。推动金融机构广泛参与州农委创建的"中国长白山特产品物流网",探索"网络电商+信用贷款"的融资模式。以延边农村商业银行为试点,与"蚂蚁金服"集团合作,推动中小地方性法人金融机构借助互联网金融转型发展。

【韩元统一挂牌报价】 自主研发搭建集报价、监测、分析、查询、统计为一体的多功能吉林省延边州区域韩元统一报价平台。延边州

4月,延边州人民银行"深化SAFE理念,打造研究型、智力型干部队伍"党委中心组扩大学习现场 (人民银行 提供)

93 个银行营业网点及 12 家代兑点全部实现以平台报价进行韩元交易，韩元现钞结售汇交易突破 1000 亿韩元。

【社会化现钞清分中心试运行】 7 月 7 日，吉林省首家社会化现钞清分中心试运行，开启吉林省钞票处理社会化的新起点，促进现钞处理管理的标准化和结构优化。

【国库资金运行】 2015 年，国库资金运行制度化、规范化，国库资金安全、高效运行，核算质量稳步提高。全辖受理各类国库凭证 120 万笔，全辖收纳预算收入 185 亿元，支出 379 亿元。发挥国库资金统计分析服务效能，为地方政府准确把握财政结构情况和发展趋势提供决策依据。中国人民银行延边州中心支行参与撰写的“全国国库收支情况”分别被国务院总理李克强和国务院副总理张高丽批示。

【金融安全维护】 协助调查侦破“9·1”和“10·19”非法经营地下钱庄案，涉案账户近两千户。协助调查侦破一起信用卡非法经营套现案，涉案金额 400 万元，维护边疆金融稳定。

（人民银行延边支行 提供）

海 关

【概况】 中华人民共和国延吉海关是隶属中华人民共和国长春海关正处级机构，业务管辖范围为延边州内延吉、敦化、和龙、龙井、安图、汪清 6 个县（市），主要负责进出境运输工具、货物、行李物品、邮递物品的查验、征税、缉私和海关统计等业务。辖区内中朝边境线长 422 千米，设有 5 个对朝鲜民主主义人民共和国陆路口岸、1 个国际航空口岸和 1 个国际邮件互换局。延吉海关平行设立正处级延吉海关缉私分局；外设驻机场办事处、驻邮局办事处 2 个副处级派出机构，和南坪、三合、开山屯 3 个正科级海关，在古城里口岸（国家一类、尚未验收）设有海关筹建组；内设办公室、人事政工科、纪检监察科、财务关务保障科、服务中心、技术科、综合业务科、接单审核科、监管科、稽查科、风险监控科 11 个正科级部门。截至 12 月 31 日，延吉海关在编人员 136 人，其中，关员 106 人，缉私警察 30 人；关长 1 人，第一副关长（缉私分局局长）1 人，副关长 2 人，缉私分局政委 1 人、副局长 1 人、副处级办事处主任 2 人。

【监管通关】 全年监管进出口货物 122 万吨，比 2014 年（下同）减少 5%。进口货物 111 万吨，减少 7%；出口货物 11 万吨，增长 25%。进出口货运总值 2.6 亿美元，减少 4%，进口 1.1 亿美元，减少 23%；出口 1.5 亿美元，增长 16%。监管进出境人员 73 万人次，增长 20%；进境人员 36 万人次，增长 18%；出境人员 37 万人次，增长 23%。监管进出境运输工具 6.97 万辆次，与 2014 年持平。航空口岸监管进出境航班 4238 架次，增长 29%；进出境人员 63.7 万人次，增长 24%。邮递渠道监管进出境邮递物品 35.4 万件，增长 2%；进出境印刷品及音像制品 8 万件，减少 25%。

【税收征管】 税收入库 1.13 亿元，增长 1%。其中关税 2049 万元，增长 70%；进口环节税 9022 万元，减少 9%。税收持续突破亿元大关。

【综合治税】 走访重点税源企业，宣传“通关一体化改革”“集中汇总征税”等改革新政，支持企业借助政策优势降低通关成本，提高通关效率，扩大进口。密切关注国际大宗商品价格波动情况，每月向长春海关关税处报备铁矿砂价格资料，及时调整一级价格参数做好基础性工作。对辖区加工贸易企业按行业开展风险分析，筛选出木制品、水产品等 6 个行业 10 家高风险企业，集中力量开展稽、核查作业，“以打促税”，立案 9 起，案值 706 万元，涉嫌偷逃税款 44 万元。

【加工贸易备案】 备案加工贸易合同（电子化手册）102 份，减少 29.66%；备案进口金额 1.09 亿美元，增长 14.3%；备案出口金额 1.44 亿美元，增长 4.4%。

【减免税】 审批征免税证明 84 份，审批总货值 565.85 万美元，减少 20.31%，减免税实际进口总货值 540.59 万美元，增长 8.45%。审批货值减少的主要原因是科教用品审批货值减少。审批减免税款合计 657.83 万元人民币，减少 26.67%。实际减免税款合计 631.23 元人民币，增长 1.8%。全年减免税审批项目性质主要为教学科研用品，进口单位均为延边大学，进口主要商品为医疗用仪器设备等，进口货值较大商品主要有高分辨液质联用仪、小动物活体成像系统、小角 X 射线散射仪、透射电子显微镜等。

【企业管理】 全年新增注册企业

2015 年延吉海关业务情况一览表

指标名称	单位	2015 年	累计同期增减%
货运量	吨	1217163	-5%
# 进口	吨	1111961	-7%
# 出口	吨	105202	25%
货运总值	万美元	25931	-4%
# 进口	万美元	11008	-23%
# 出口	万美元	14923	16%
运输工具	辆艘	69713	0%
# 进口	辆艘	34807	0%
# 出口	辆艘	34906	0%

（孙　磊）

184 家，减少 19.6%。现有高资信企业 24 家，其中高级认证企业 2 家，一般认证企业 22 家，一般信用企业 932 家。

【缉私工作】 树立“打私就是最好监管”理念，明确符合辖区实际的打私重点。全年立案行政案件 50 起，案值 1143 万元。立案刑事案件 5 起，涉税案件 1 起，案值 261 万元，偷逃税款 64 万元。立案违规携带货币案件 30 起，涉案人民币 384 万元；立案毒品走私案件 4 起，涉案冰毒 23.2 克；查获散发性宗教宣传品 6400 余件、反宣品 1374 件。延吉海关驻机场办事处被评为吉林省“扫黄打非”先进集体。

【通关改革】 建立物流监控指挥中心，将监管、通关、风险 3 个职能部门集中统一办公，实行实体化运作。针对风险企业、风险商品联合开展即决式布控，提高查验指令下达的科学性和有效性，搭建各部门联合作业统一平台。全年提炼上报预定式布控指令 15 条，纠正各业务现场执法不规范问题 16 个，查获 3 起申报不实案件和 1 起侵权案件。全面深化关检合作 “三个一”。对朝口岸现场实现关检“一次申报”“一次查验”“一次放行”全流程数据对碰，并在三合口岸开展“一站式”作业试点工作。

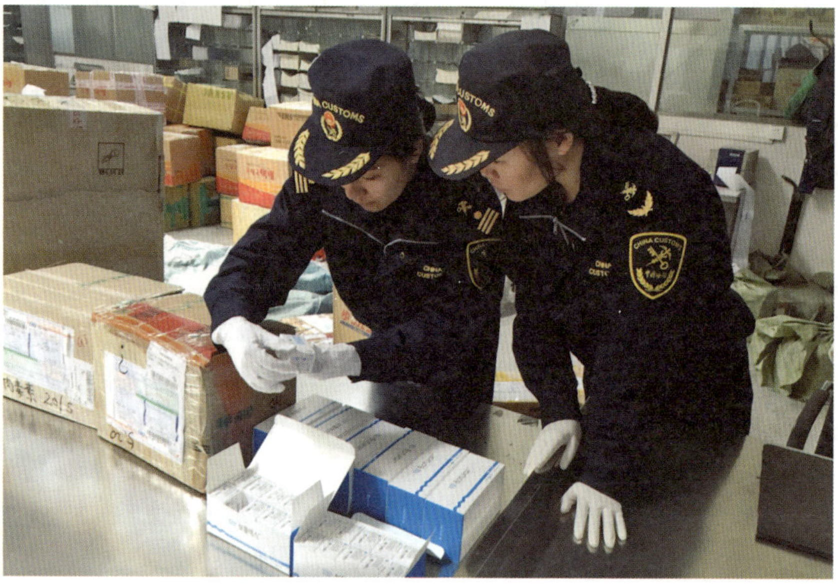

5 月，延吉海关在邮递渠道查获涉嫌伪报进行的医用美容针剂

（延吉海关　提供）

【海关服务地方经济发展】 主动融入国家“一带一路”和长吉图开发开放战略，充分发挥职能，推动延边州外贸发展。支持延边州快件监管中心项目建设，响应政府需求，提出建设快件监管中心、培育快件物流、逐步向电子商务过渡的建议和意见，在功能定位、设备设施、系统功能等方面高标准、严要求，促进跨境电商业务发展。支持延吉市保税物流中心（B 型）、敦化市公用型保税仓库等项目建设。组织业务骨干开展中韩自贸协定课题研究，形成《中韩自由贸易协定对延边州外经贸的影响及对策》专题报告，从自贸协定内容、税率变化、原产地知识及应对措施等方面进行深入解读。支持延吉航空口岸新增 13 条航线。

（孙　磊）

环境保护

环境监察

【概况】 2015年，延吉市环保工作以污染物总量控制为主线，以提升全市环境质量为目的，全面强化治污减排措施，着力解决危害群众健康、影响可持续发展突出环境问题，重点开展项目建设、现场监察、环境监测、生态文明等工作。全市空气优良率86%，空气质量好于国家二级标准天数连续五年超过330天被授予“全国生态文明示范工程试点市”“中国十大生态强县(市)”称号。

【环保专项资金争取】 加大燃煤小锅炉淘汰力度，争取专项资金200万元，争取延吉铁南供热有限公司烟粉尘污染防治项目资金215万元，争取国电龙华延吉热电有限公司提效改造项目资金200万元，争取吉林敖东制药(延吉)股份有限公司医药高污治理项目资金200万元，争取农村连片整治设施运行项目资金44万元，争取畜禽养殖污染防治项目资金32万元，总计891万元。

【燃煤锅炉运行监管】 通过开展“打黑”专项行动，提高燃煤锅炉运行管理水平，针对延吉市锅炉分布情况结合路街走向，采取“6+4”监管方式。即把延吉市分成四大区域(延东区、延西区、河南区、朝阳川区)，6条路街（长白路、滨河路、公园路、参花街、局子街、朝阳街)，每片、路街由领导包保监管，根据实际情况建立环境执法人员现场监察、大队长巡查、领导督察；三级监管体系，确保全方位、无盲区，全时掌控。以锅炉起炉时间，从早晨6点钟开始，分早、中、晚三个时间段进行现场监察，保证锅炉运行与现场监察同步，锅炉使用单位及个人不正常使用大气污染物处理设施，或者未经环保部门批准，擅自拆除、闲置大气污染物处理设施等违法行为，造成冒黑烟现象的，依据《中华人民共和国大气污染防治法》相关规定，给予行政处罚确保燃煤锅炉达标排放，杜绝冒黑烟现象发生，实现重污染天气大幅减少的工作目标。

【环境监管】 延吉市环境监察大

11月24日，延吉市环保局开展冬季“打黑”专项行动

（环保局 提供）

队始终以污染减排为中心，以环保专项行动为载体，强化环境监管，有效打击环境违法行为。集中开展环境保护大检查，实施“条块管理、网格划分、责任到人”环境监管模式。对延吉市区域内各类环境污染企业数量、分布、监管任务、监管力量等情况，按行政区域按镇（街道）划分成8个网格状单元。各镇、街道联合监管辖区内排污单位，做到无缝对接，不留死角。开展饮用水源地、加油站、危险化学品、放射源、尾矿库、医疗废物、畜禽养殖、重金属等行业环境安全隐患排查工作，对集中式饮用水水源地、布尔哈通河等重点流域开展专项整治和执法检查。通过排查发现问题，采取限期治理、限期整改、取缔关闭、挂牌督办、行政处罚等措施，处理环境违法案件20余起，打击不法排污行为，保障人民群众环境权益。狠抓百姓热线平台。环保“12369”热线受理群众信访3500余次，处理率100%。

小营镇农民使用秸秆还田代替秸秆焚烧　　（季芳旭　摄）

【露天焚烧农作物秸秆整治】 贯彻“推进秸秆综合利用，注重标本兼治，坚持疏堵结合”原则，延吉市环境保护局在辖区内所有道路视线范围以及延吉市所辖乡镇各个乡村成立3个秸秆禁烧督察；巡查组负责对全市范围内进行巡查，巡查人员分工到村，做好火点巡查工作，及时将发现的火点信息提供给镇禁烧办。各巡查人员负责指导各村因焚烧秸秆或秸秆抛下河道造成突发环境事件的应急处置，与乡镇组织禁烧禁抛巡回宣传车，各村通过广播、横幅、展板、《致农民一封信》等形式加强宣传。全年出动人员260余人次，车辆60余台次，禁烧排查数42起。

【环境宣传教育】 密切跟踪舆情，正确引导舆论，向国家级、省级、州级、市级各主要纵、横向媒体投稿57篇信息2680多篇次，送新闻口径47个部门；刊发、播出环保工作新闻稿件达到国家级40篇次、省级29篇次、州级248篇次、市级141篇次。延吉市环保局门户网站更新40多条信息。《延吉再创蓝大新纪录》《科学举措提升市民“绿色福利”》等2篇大稿，分别通过《中国环境报》和《吉林日报》、中国新闻网、中国环境网、新浪网、吉林省人民政府门户网站等主要媒体广泛推广延吉市环保工作经验。

6月，环保局在帽儿山举行第44个“六五”世界环境日宣传活动　　（环保局　提供）

【重点水源地水污染防治】 开展布尔哈通河流域环境整治专项行动。制订《2015年延吉市布尔哈通河流域环境整治专项行动实施方案》，对布尔哈通河主干流、延吉河支流开展污染集中整治专项行动。出动人员300余人次、车辆80余辆次、清理各种垃圾1858吨。开展水源地保护工作，每月组织监察人员对五道水库水源地周边进行检查，密切关注水质变化情况，出动人员30余人次。联合延吉市水务实业有限公司工作人员到五道水库、二水源上游调查污染源分布情况16次，协调三道镇政府清理水源上游生活垃圾。加强二水源上游八道金矿尾矿库管理，防止雨季流失、坍塌等污染事故发生。

（刘相日）

节能减排

【延吉热电除尘器提效改造工程】 完成国电龙华延吉热电有限公司2x210兆瓦机组除尘器提效改造工程和烟气脱硝改造工程，建成并通过验收。项目总投资1.1亿元，1号机组于6月30日完成脱硝和除尘改造投入运行，2号机组于9月18日完成机组调试后投入运行。运行后2015年实现氮氧化物减排746.15吨。

【朝阳川污水处理工程】 项目总投资1.56亿元，设计能力5万吨/日，配套修建26.07千米污水管网，6月12日举行通水仪式，通水仪式结束后进入活性污泥培养阶段。朝阳污水处理厂仪表鉴定比对全部完成，延边州环境保护局签发鉴定报告。环保验收水质、大气、噪声监测完成，报吉林省环境保护厅准备专家组现场验收。项目运行后2015年实现COD减排422吨、NH3-N减排67.3吨。

【污水处理厂中水回用工程】 项目总投资9587万元，设计规模5万吨/日，2015年实现COD（化学需氧量）减排35.78吨、NH3-N（水中氨氮含量）减排12.52吨。

【农业源减排项目建设】 完成延吉市小营镇牧业小区、延吉市平达牧业有限公司和延吉市盛源牧业有限公司3家畜禽养殖企业农业源减排项目建设，项目建成并通过国家核查。实现COD减排20.5吨、NH3-N减排3.3吨。

6月12日，延吉市朝阳污水处理厂正式通水运行　　（黄丽华　摄）

生态市建设

【生态文明示范市创建】 出台《延吉市人民政府办公室关于印延吉市创建生态市工作实施方案的通知》《中共延吉市委延吉市人民政府关于成立延吉市生态市建设领导小组的通知》。延吉市生态市建设规划通过省厅论证。全市城市绿地率、绿化覆盖率、人均公园绿地面积分别为36.5%、40.2%和9.8平方米，绿化总面积1424万平方米，森林覆盖率64%。2015年，全市空气优良率86%，空气质量好于国家二级标准天数连续五年超过330天。4月26日，在中国城市经济专家委员会、中国市场调查研究中心、中国城乡发展基金会联合举办的2015生态城乡科学发展年会上，延吉市获“中国生态魅力市”称号。延吉市三道湾镇被评为国家级生态镇，小营镇河龙村通过环境保护部国家级生态镇（村）现场验收，朝阳川镇勤劳村等4个村、三道湾镇中心村等9个村获州级生态村命名。

【绿色示范区创建】 将环境教育宣传延伸到各社区，4月，在河南街道白川社区开展迎接第 46 个“世界地球日”活动，组织环保“绿色大讲堂”。延吉市创建省级“绿色社区”7 个、州级 6 个、市级 12 个。

【绿色学校创建】 拓宽创建“绿色学校”领域，保障延吉市创建“绿色学校”工作没有盲区，指引各学校将环境教育列入学校工作计划。充分利用“3·12”植树节、“4·22”世界地球日、“5·31”世界无烟日、“6·5”世界环境日等纪念日，鼓励学校组织开展丰富多彩的社会环保实践活动，充分发挥“绿色学校”教育影响作用。延吉市“绿色学校”国际级 3 所，国家级 1 所、省级 12 所、州级 3 所、市级 10 所，居全省首位；延吉市污水处理厂被命名为首批吉林省中小学环境教育社会实践基地。

（刘相日）

2015 年延吉市“绿色社区”一览表

名称	级别	批次
省级 7 个		
河南街道烟厂社区	省级	第三批
朝阳街道吉融社区	省级	第三批
新兴街道民安社区	省级	第三批
新兴街道民泰社区	省级	第四批
北山街道丹华社区	省级	第四批
北山街道丹英社区	省级	第四批
河南街道白川社区	省级	第四批
州级 6 个		
金山家园小区	州级	第三批
春阳社区东部家园小区	州级	第三批
公园街道信合花园小区	州级	第四批
进学街道 112 勘探小区	州级	第四批
新兴街道民富社区	州级	第四批
建工街道延华社区	州级	第四批
市级 12 个		
进学街道联谊小区	市级	第三批
北山街道丹春社区	市级	第三批
公园街道天宇生态花园	市级	第三批
河南街道春光社区	市级	第三批
公园街道远航社区	市级	第四批
新兴街道民盛社区	市级	第四批
河南街道白玉社区	市级	第四批
河南街道白丰社区	市级	第四批
北山街道丹虹社区	市级	第四批
建工街道富元小区	市级	第四批
建工街道长生小区	市级	第四批
建工街道延青小区	市级	第四批
“绿色社区”25 个		

（刘相日）

2015 年延吉市“绿色学校”一览表

名称	级别	批次
	国际级 3 所	
新苗幼儿园	国际级	第三批
六一幼儿园	国际级	第五批
向阳幼儿园	国际级	第五批
	国家级 1 所	
延河小学	国家级	第四批
	省级 12 所	
北山小学	省级	第二批
实验中学	省级	第四批
延北小学	省级	第四批
建工小学	省级	第五批
延南小学	省级	第五批
新兴小学	省级	第五批
延新小学	省级	第六批
中央小学	省级	第六批
第三中学	省级	第八批
第五中学	省级	第八批
进学小学	省级	第八批
第十中学	省级	第九批
北山小学	省级	第二批
	州级 3 所	
第七中学	州级	第八批
公园小学	州级	第八批
朝阳小学	州级	第八批
	市级 10 所	
春光小学	市级	第六批
河南小学	市级	第七批
四中	市级	第七批
十三中	市级	第七批
兴安小学	市级	第八批
烟集学校	市级	第八批
锦城小学	市级	第八批
三道学校	市级	第八批
小营中心校	市级	第八批
朝阳川光华小学	市级	第八批
	“绿色学校”29 所	

（刘相日）

环境监测

【城区大气环境质量监测】 城区大气环境质量监测3个点位、6个主要项目，获得监测数据7665个。2015年API(空气污染指数)指数好于国家环境空气质量Ⅱ级标准的天数354天，AQI(空气质量指数)指数好于国家环境空气质量Ⅱ级标准的天数314天。

【城区水环境质量监测】 城市降水(省控)25次、275个监测数据，市区域地表水(下游溪洞断面为省控)、城区集中饮用水源地(白石、烟集)及五道水库每月进行监测，获得有效数据2568个。

【噪声点位监测】 对11个功能区噪声点位，每季度1次、每年4次进行监测，1年1次对全市119个区域噪声点位和52个点位交通噪声点位进行监测，获得8589个监测数据。

(刘相日)

2015年延吉市日均值未达到国家环境空气质量Ⅱ级标准的天数

月份	1月	2月	3月	4月	5月	6月	7月	8月	9月	10月	11月	12月
GB3095-1996	4	2	0	0	2	0	0	0	0	0	1	2
GB3095-2012	11	7	6	2	4	0	1	0	0	0	9	11

说明：API指数≤100的天数：354天；API指数≤100的天数占全年天数比例：96.99%。AQI指数≤100的天数：314天；AQI指数≤100的天数占全年天数比例：86.03%

(刘相日)

2015年延吉市月平均水质情况一览表

测站名称	水温	水位	pH	电导率	透明度	溶解氧	高锰酸盐指数	生化需氧量	氨氮	总氮	总磷	叶绿素a	化学需氧量	氟化物	粪大肠菌群
	W_temp	Wd	pH	W_cond	Transp	DO	CODMn	BOD5	NH4-N	N_total	P_total	Chl_a	CODCr	F	Colo_org
	℃	M		ms/m	cm	mg/L	mg/L	mg/L	mg/L	mg/L	mg/L	mg/L	mg/L	mg/L	个/L
2015-1-4	1.5	305	6.99	10.7	200	8.8	2.1	1.0	0.142	0.85	0.039	0.0012	11	0.097	50
2015-2-2	0.3	302	6.50	14.7	110	13.2	4.3	0.7	0.187	0.73	0.043	0.0197	17	0.083	20
2015-3-2	2.0	301	6.67	12.4	80	11.5	4.2	0.9	0.215	0.50	0.048	0.0441	17	0.184	20
2015-4-2	4.0	303	6.79	12.0	-1	9.4	3.1	1.4	0.233	0.50	0.038	0.0353	14	0.127	50
2015-5-4	7.0	311	6.74	11.4	-1	9.5	5.0	0.9	0.323	0.77	0.042	0.0239	16	0.123	20
2015-6-4	17.5	303	6.98	9.4	160	9.2	5.4	1.9	0.298	0.83	0.047	0.0240	17.5	0.070	40
2015-6-4	15.7	310	7.03	9.8	160	9.5	4.7	1.6	0.262	0.74	0.044	0.0196	17.3	0.065	20
2015-7-1	20.7	301	6.85	8.5	90	7.8	5.2	2.5	0.396	0.65	0.043	0.0116	17	0.221	20
2015-7-1	18.3	314	7.28	9.4	90	7.1	5.4	2.1	0.372	0.61	0.046	0.01	15.3	0.232	20
2015-8-5	21.7	313	6.84	9.0	130	8.5	5.1	2.1	0.279	0.67	0.044	0.0133	15.7	0.165	27
2015-9-1	20.7	299	6.80	8.7	160	7.7	5.7	2.0	0.288	0.66	0.042	0.0105	16	0.028	138
2015-9-1	20	320	6.73	9.1	160	8.4	5.6	1.4	0.294	0.67	0.044	0.0165	17	0.032	161
2015-10-8	11.3	304	6.69	9.1	170	5.8	5.8	1.3	0.260	0.77	0.045	0.0046	15	0.186	20
2015-11-3	10.7	304	6.84	10.4	220	7.3	5.8	0.6	0.283	0.83	0.034	0.0059	16	0.028	20
2015-12-1	3.0	303	7.30	7.1	220	9.2	5.9	1.7	0.269	0.86	0.033	0.0053	20	0.030	20

(刘相日)

工 业

工业综述

【概况】 2015年，市工信局围绕“工业强市”战略方针，以投资拉动，项目带动，创新驱动为抓手，全面落实国家、省、州、市有关工业暨民营经济发展政策措施。全市完成工业固定资产投资110.8亿元，比2014年增长10%。招商引资任务14亿元，完成招商引资项目14个，到位资金14.04亿元，完成年任务100.31%。全市规模以上万元工业增加值能耗0.8吨标准煤，下降6.47%，超额完成全市工业节能指标。组织实施节能减排项目建设，对2个工业减排除尘节项目给予重点支持，争取资金100万元。

【工业经济运行】 制订2015年全市工业经济目标计划，出台《2015年全市工业经济运行工作指导意见》，组织召开延吉市工业和信息化工作会议，做好运行监测调控。实行市级领导“一包二”制度，每位市级领导包保2户规模以上工业企业，共68户企业，扶持企业尽快做大做强，2015年新增小进规企业8户、微进小企业10户。兑现市级上年度奖励资金287.3万元，表彰“突出贡献企业经营者”206万元，表彰“突出贡献企业”57万元。兑现省、州、市8户新入规工业企业奖励148万元。为初次升级为限额以上11户商业企业、升级为有限公司44户企业以及获得省名牌3户企业争取各级专项奖励资金48.3万元。为20户企业申请省、州级流动资金贷款贴息1046万元。2015年，全市规模以上工业企业总产值340.89亿元，比2014年增长6.9%，实现增加值114.05亿元，可比增加4%，实现主营业务收入316亿元，增加额29.4亿元，实现利润16.9亿元。

【民营经济和个体私营经济】 提升民营经济发展速度、规模和质量。先后组织16户企业到省内外参加展洽会，组织52户企业召开本地企业产需衔接大会，为企业搭建信息交流平台。组织12户企业20名营销人员参加电子商务培训班，邀请并配合省、州、市电视台等媒体对企业进行采访、报道，宣传企业，推介产品，提高知名度，为企业赢得更多商机。2015年民营经济主营业务收入976.3亿元，比2014年增长7.5%；实缴税金17.65亿元，增长0.3%；从业人员25.08万人，增长3.6%；企业

2015年延吉市中国驰名商标一览表

序号	企业名称	商标
1	吉林烟草工业有限责任公司	长白山
2	延吉插秧机制造有限公司	春苗
3	延吉喜来健医疗器械有限公司	喜来健
4	延边边城酒业有限公司	高丽村

（田晓玲）

2015 年延吉市吉林省著名商标一览表

序号	企业名称	商标
1	延吉市北兴糕点厂	北斗泉
2	延边三汉物产有限公司	三农
3	延吉插秧机制造有限公司	春苗
4	延边春雷生物药业有限公司	天池
5	延吉喜来健医疗器械有限公司	喜来健
6	延边海宇服饰有限公司	海宇
7	延边边城酒业有限公司	高丽村
8	延边开城医药有限公司	檀君
9	延边东方电控设备有限公司	卓业
10	延吉大恒玻海有限公司	双三角
11	延边金刚山食品有限公司	金刚山
12	延边边城酒业有限公司	金达莱
13	延吉鲜明实业有限公司	太阳鸟
14	延边丰义土特产有限公司	丰益
15	延边边城酒业有限公司	阿里郎
16	延边龙川包装机械有限公司	梅花鹿
17	延边伟业食品有限公司	春江月
18	延边阿拉里食品有限公司	阿拉里
19	吉林敖东药业集团延吉股份有限公司	延比尔
20	延边韩味食品有限公司	양씨한미
21	延吉可喜安医疗器械有限公司	可喜安
22	延吉长白山神人参工贸有限公司	长白山神
23	延边佳禾米业有限公司	延田 연전
24	延边光华集团有限公司	WOHUA
25	吉林省义财参茸制品有限公司	义财
26	延吉永真食品有限公司	智程
27	延吉海彼拉因日用电器有限公司	海彼拉因
28	吉林省善生堂药业有限公司	善生堂
29	延边韩食府民俗食品有限公司	延盛

（田晓玲）

户数 7780 户，增长 5.7%；个体工商户 45500 户，增长 6.8%。民营经济行业辐射范围由工业、建筑业、商贸流通业、餐饮娱乐业等传统产业向科技、物流、仓储、IT 信息、现代服务业等新兴领域扩展。

【支持“新三板”企业上市】 举办多期“新三板”（“新三板”市场原指中关村科技园区非上市股份有限公司进入代办股份系统进行转让试点，因为挂牌企业均为高科技企业而不同于原转让系统内的退市企业及原 STAQ、NET 系统挂牌公司，故形象地称为“新三板”）专题培训班，打破小成即满、小富即安思维，促进企业实现“脱胎换骨”式改造，培育出一批具有核心竞争力大企业。2015 年，组织有意愿上市企业管理者参加州、市培训3次，200多人参加培训。2015年，延吉企业上市工作实现零的突破，延边创业软件开发股份有限公司、延边白山国际旅行社2户企业在全国中小企业股份转让系统（“新三板”）挂牌上市。

【项目建设推进】 8个亿元项目、13个3000万以上续建项目全部开工建设，其中6个项目进入安装调试设备阶段。计划投资1.2亿元的延边金刚山食品有限公司朝鲜族泡菜生产基地项目投产；计划投资2.36亿元的延边方向电子科技有限公司电子产品生产基地项目一、二号厂房进行装修、设备订购；计划投资5.5亿元的吉林紫鑫初元药业股份有限公司人参稀有皂苷分离项目平整场地及修建围墙。计划投资8.15亿元的吉林烟草工业有限责任公司烟草工业园一期工程项目获得国有土地使用权证批复。

【工业资金争取】 与吉林省、延边州工信部门领导沟通，采取应报尽报，多级申报等方法增加扶持资金额度。向省工信厅申报2015年争取专项资金项目18个，申报省技术改造专项项目2个，特色工业园区建设专项项目1个，节能减排项目2个，省信息化专项项目4个，中小企业民营专项9个，到位资金797.34万元。

【企业培训】 先后开展“返乡创业”培训、员工职业素养培训、经济管理（招商引资）培训、“国家中小企业银河培训工程”小微企业经营管理培训、税务知识培训等12次，培训715人次。开展管理咨询服务座谈会2次，服务企业26户；开展法律培训2次159人，签订免费法律服务协议20户；开展各类融资服务活动3次，服务有资金需求的企业60户；开展免费注册等创业服务，服务新创办企业80户。

【小额贷款公司监管】 按照省、州金融办总体工作部署，创新工作思路，防控风险，加大发展工作力度，促进全市小额贷款公司发展壮大。新筹建开业小额贷款公司1家，全市开业小额贷款公司31家，注册资金5.95亿元，为29名农村创业者发放贷款1334万元，为568名城镇创业者发放贷款2.1亿元，为38户企业发放贷款3713万元。支持延吉“三农”和小微企业发展。

【企业安全生产】 开展各项安全生产行动，对132户行业企业进行安全生产督促指导，对36户企业68处一般安全隐患提出整改意见。参加全市安全生产宣传咨询日活动，发放安全宣传册200余份，宣传单600多份。根据州、市安委会关于安全生产四化融合要求，分4组对全市工业7大行业132户企业网格化公示板工作进行督促指导，公示率100%。全市7大工业行业部门无死亡及重大责任安全事故。

（田晓玲）

食品业

【概况】 2015年，全市规模以上食品工业企业有16户，实现产值111.8亿元，利润8.7亿元，占全市规模以上工业产值33%。延吉市食品工业产品结构调整明显，形成烟草制造业、酿酒制造业、民族特色食品制造业、农副食品加工业、以长白山矿泉水为主的长白山生态食品为主导五大门类食品业。

【吉林烟草工业有限责任公司】 2006年12月1日，经国家烟草专卖局正式批复，延吉卷烟厂与长春卷烟厂联合重组，成立吉林烟草工业有限责任公司，总部设在延吉市。公司下辖延吉卷烟厂、长春卷烟厂和朝鲜平壤白山烟草有限责任公司、大同江烟草有限公司、罗先新兴烟草会社3家境外企业。公司注册资金17.9亿元，资产总值79.5亿元，固定资产28亿元，负债40.4亿元，净资产39亿元，全部在岗员工3292人，主要生产“长白山”牌和“人参”牌系列卷烟，年设计生产能力为生产各类烟120万大箱。其中“长白山”牌卷烟商标于2006年被国家工商总局认定为“中国驰名商标”。2008年7月，“长白山”品牌系列卷烟被国家烟草专卖局列为全国20个重点骨干品牌进行考核。公司烟草工业园项目总投资27.47亿元，占地35万平方米。2015年，完成工业总产值82亿元，比2014年减少3.6%；完成主营业务收入7.9亿元，减少6.6%；完成利润8.2亿元，减少25%。

【百威英博（延吉）啤酒有限公司】 位于延吉市新兴工业区，前身为延吉市啤酒厂，始建于1958年，2003年由哈尔滨啤酒集团控股冰川啤酒公司收购并成立哈尔滨啤

百威英博(延吉)啤酒有限公司全景

(延边州经济技术合作局 提供)

酒(延吉)有限公司,2004 年被美国啤酒集团 A-B 公司收购,2008 年 11 月 18 日被英博公司收购,2011 年 6 月更名为百威英博(延吉)啤酒有限公司。2010 年 11 月,百威英博与延吉市人民政府签署在延边州新兴工业集中区易地搬迁改造投资协议,2013 年 7 月 25 日,百威英博(延吉)啤酒有限公司新厂建成并正式生产。公司占地面积 9.41 万平方米,注册资本 2.31 亿元,资产总计 4.29 亿元,净资产 3.31 亿元,负债 9764 万元。其中固定资产 3.73 亿元。公司有职工 247 人,月平均工资 3841 元/人。年设计生产能力 12 万吨。2015 年,完成工业总产值 1.8 亿元,比 2014 年减少 9%;完成主营业务收入 1.8 亿元,比 2014 年增长 8.7%;完成利润 1243 万元,减少 43%。

【延吉秀爱食品有限公司】 位于延吉市长白山东路 1767 号,成立于 2004 年,由日本正荣食品工业株式会社出资设立,是一家集生产、研发、加工、销售于一体坚果类食品企业。该公司占地面积 2 万平方米,注册资本 806.2 万美元,资产总计 1.88 亿元。公司有职工 306 人,月平均工资为 2350 元/人。公司主要从事松子加工,年设计生产能力 5000 吨。2015 年,完成工业总产值 16.6 亿元,完成利润 670 万元。

延吉秀爱公司厂房外景 (高新区 提供)

【延边阿拉里食品有限公司】 位于延吉市朝阳川镇光石村,成立于 1985 年,是生产经营粮食收购、粮食加工、面条加工,熟面条加工企业,占地面积 5000 多平方米,注册资本 639 万元,资产总计 2014 万元。公司有职工 50 人,月平均工资 2300 元/人。公司年设计生产能力 2000 吨杂粮面条,主要产品有 100%纯玉米面条、100%纯荞麦面条、100%纯燕麦面条、延边冷面、破壁松花粉玉米面条、白面面条、大米面条等。2015 年,完成工业总产值 5027 万元,完成主营业务收入 5027 万元。

【延边伟业食品有限公司】 位于延吉市依兰镇兴农村三队,成立于 2012 年,是生产经营糕点、饼干、月饼的企业,占地面积 7000 平方米,注册资本 500 万元,资产总计 780 万元,净资产 780 万元,负债 250 万元,其中固定资产 500 万元。公司有职工 70 人,月平均工资 2500 元/人,年设计生产产值 1500 万元。2014 年 8 月,重建的生产车间竣工使用。2015 年,完成工业总产值2626万元，比2014年增长18%；完成主营业务收入2171万元，增长29%；完成利润261万元，增长40%。

【延边娃哈哈启力饮料有限公司】 位于延吉市长白山东路395号，成立于2008年，是由中国和塞舌尔共和国共同投资组建中塞合资企业，注册资金500万美元，占地4.42万平方米，建筑面积1.5万平方米，资产总计5142万元。公司有职工78人，月平均工资3500元/人。主要产品有娃哈哈系列冰红茶、冰绿茶、橙汁、红葡萄、晶莹葡萄、水蜜桃和冰糖雪梨等饮料，设计生产能力2.40万瓶/小时。2015年，完成工业总产值7054万元，完成利润521万元。

【延边娃哈哈长白山食品饮料有限公司】 位于延吉市小营镇民主四队，成立于2002年，是主要生产经营娃哈哈596毫升纯净水企业，占地面积1.5万平方米，注册资本500万元，资产总计1202万元，净资产809万元，负债393万元，其中固定资产149万元。公司有职工41人，月平均工资3500元/人。主要产品有娃哈哈596毫升纯净水、1.9升娃哈哈桶装水，年设计生产能力6万吨。2015年，完成工业总产值7054万元，比2014年增长3.5%；完成主营业务收入5192万元，减少8.7%；完成利润521万元，增长198%。

【延边金刚山食品有限公司】 位于延吉市依兰镇利民村，成立于2003年，是生产经营辣白菜、萝卜块、拌料等朝鲜族特色泡菜企业，产品主要销往东北三省，远销韩国、日本、俄罗斯等多个周边国家。公司在全国有400余家直营店、加盟连锁店、专卖店。注册商标“金刚山”被认定为延边知名商标、吉林省著名商标；2010年公司被延边州政府评定为“州农业产业化龙头企业”；2011年“金刚山”牌辣白菜获第九届中国国际农产品交易会金奖、第十届长春国际食品博览会金奖、延边名牌产品称号；被吉林省政府授予“吉林省农业产业化重点龙头企业”称号；公司作为起草单位，将延边朝鲜族辣白菜申报为国家地理标志保护产品。公司占地面积2万平方米，建筑面积7800平方米，注册资本1400万元，资产总计4514万元，净资产1332万元，负债3182万元，其中固定资产800万元。公司有职工95人，月平均工资2333元/人。公司年设计生产能力451万千克。2014年，公司完成新厂房建设及设备调试，1月末试生产。2015年，完成工业总产值7360万元，比2014年增长79%；完成主营业务收入6929万元，增长73%；完成利润277万元，减少45%。

【延边可利亚特产有限公司】 位于延吉市局子街6266号，成立于1990年，是生产经营朝鲜族辣菜系列的企业。公司占地面积2.02万平方米，注册资本600万元。资产总计4166万元。公司有职工123人，月平均工资1800元/人。公司有原、辅料加工及储备基地1万平方米，原料生产基地200多公顷，并拥有从韩国引进5000吨/年辣菜生产线，主要产品有辣菜系列产品、辣椒酱、土酱、酱腌菜等，年设计生产能力5000吨。2015年，完成工业总产值4634万元，完成利润229万元。

【延吉永真食品有限公司】 位于延吉市依兰镇台岩村三队，成立于2009年，是生产经营“鳕鱼深加工”进出口贸易企业，主营水产品加工，主要产品包括冻鳕鱼片、干鳕鱼等，年生产设计能力为3000吨海产品。公司占地面积2.2万平方米，注册资本500万元，资产总计3700万元。有职工45名，月平均工资2200元/人。2015年，完成工业总产值3311万元，完成利润86万元。

【延边三汉物产有限公司】 位于延吉市依兰镇兴农村，成立于1992年，注册资金78万元，是集种植、生产、加工和出口于一体的农业产业化省级龙头企业。公司有资产2090万元，固定资产1600万元，负债310万元，占地面积8200平方米，建筑面积5000平方米，拥有1500吨冷库一座，2000平方米加工车间，2800平方米仓储车间等，年设计生产能力4500吨，产品分为保鲜、盐渍、酱制、脱水蔬菜四大项，有干萝卜条、苏子籽、盐渍苏子叶、蒲公英、香菇片等30多个品种。公司建立“龙头企业+基地+农户+专家”经营模式，在延边州内各个县（市）建设8000公顷苏子基地、100公顷蒲公英基地、53.3公顷辣椒基地和46.6公顷延边朝鲜族特色蔬菜基地，并与基地保持订单种植。2015年，完成工业总产值4.1亿元。

【延边弘康天然植物开发有限公司】 位于延吉市依兰镇兴农村1001号，成立于2004年，是生产经营保健食品企业，占地面积1.50万平方米，注册资本500万元，资产总计500万元。公司有职工22人，月平均工资2300元/人，主要产品为铁锌钙咀嚼片。2015年，完成工业总产值4401万元，完成利润336万元。

【延边真香食品有限公司】 位于延吉市依兰镇龙渊村三队，成立于2009年，是生产经营水产品加工（干制水产品—明太鱼）企业，占地面积2万平方米，注册资本500万元，资产总计3200万元。公司有职工60人，月平均工资2000元/人。主要产品有真香明太鱼。年设计生产能力3000吨。2015年，完成工业总产值3735万元，完成主营业务收入2315万元。

【延边边城酒业有限公司】 位于延边新兴工业集中区内，成立于1999年。是生产经营白酒企业，年设计生产能力5000吨，占地面积2万平方米，注册资本300万元，资产总计1675万元，净资产725万元，负债950万元，其中固定资产850万元。公司有职工44人，月平均工资2500元/人，主要产品有"高丽村"牌、"金达莱"牌、"阿里郎"牌、"朝阳川"牌等系列白酒，其中"高丽村"牌系列白酒商标2012年获"中国驰名商标"，成为延边著名产品。2008年、2009年，"金达莱"和"阿里郎"牌商标先后被吉林省工商总局认定为吉林省著名商标。2013年，公司被国家出入境检验检疫协会授予"中国质量诚信企业"称号。2015年，完成工业总产值9147万元，比2014年增长49%；完成主营业务收入7461万元，增长43%；完成利润279万元，增长25%。

【延边悟德酱酒有限公司】 位于延吉市新兴工业区内，成立于2005年，注册资金650万元，占地面积5000平方米，资产3500万元，职工63人，月平均工资2800元/人。公司主要生产酱香型"悟德"牌系列白酒，年设计生产能力30万吨。2015年，完成工业总产值4303万元。

（田晓玲）

医药业

【概况】 2015年，全市规模以上医药工业企业10户，实现产值69亿元，利润3.1亿元，占全市规模以上工业产值20%。医药产业初步形成以中成药生产为主，化学药品、生化药品、药用包装品、医疗器械产业并存的生产体系。全市医药工业可生产11个制剂、9个剂型、140多种中西药和生化药品、输液瓶药品包装材料及家用温热治疗仪器等多种医疗器械产品。2015年，推进国药药材股份有限公司、神圣制药有限公司等项目的落地投产。

【吉林敖东药业集团延吉股份有限公司】 位于延吉高新技术产业开发区内，成立于1998年，是由上市公司吉林敖东药业集团股份有限公司控股的全资子公司，注册资本6948万元，占地面积20万平方米，建筑面积9万平方米，拥有资产6.57亿元，净资产5.71亿元，固定资产2.48亿元，负债8580万元，职工263名，月平均工资2600元/人。主要生产大容量注射剂、冻干粉针剂、小容量注射剂、胶囊剂、颗粒剂、片剂和化学原料药7个剂型130多个中西药、生化药品种；先后开发近20个国家新药，部分产品被评为国家重点新产品，获得科技部创新基金。公司是全国少数民族用品定点生产企业，拥有国内独家品种和中药保护品种，51个品种分别纳入国家基本药物及城镇职工医保目录，核心产品为"注射用核糖核酸II"，年设

敖东药业生产设备 （组织部 提供）

计生产能力 3000 万支。2015 年，完成工业总产值 7.8 亿元，比 2014 年增长 11.4%；完成主营业务收入 7.8 亿元，增长 15.8%；完成利润 2.2 亿元，减少 14.9%。

【延边开城医药有限公司】 位于延吉市朝阳川镇胜利街水源胡同 3 号，成立于 2002 年，生产经营中药饮片、预包装食品，占地面积 3 万平方米，注册资金 1000 万元。拥有资产 4680 万元，固定资产 2761 万元，职工人数 62 人，月平均工资 2600 元/人。主要生产、销售人参制品、土特产品、中药饮片加工、食用菌制品、山珍制品。产品有高丽参、高丽红参精等。2015 年，完成工业总产值 7.4 亿元。

【吉林紫鑫初元药业有限公司】 位于延边新兴工业集中区，成立于 2010 年，是生产经营人参系列食品保健品企业，占地面积 9.60 万平方米，注册资本 2000 万元，资产总计 8.08 亿元，净资产 3.00 亿元，负债 5.07 亿元，其中固定资产 1.68 亿元。公司有职工 151 人，月平均工资 2013 元/人，主要产品有鲜人参蜜片、人参果蔬发酵饮料、人参皂苷粉等，年设计生产能力为水参加工 700 吨，人参果蔬发酵饮料 200 万瓶，人参茎叶皂苷粉 9000 千克。2015 年完成工业总产值 1.66 亿元，比 2014 年增长 13%；完成主营业务收入1.37 亿元，增长 19%；完成利润 512 万元，增长 66%。

【延边白头山实业有限公司】 位于延边新兴工业集中区，成立于 1986 年，注册资金 1.50 亿元，是集制药、中药浓缩液提取、矿泉水生产、食品和保健食品加工、果菜生产、特种动物养殖（熊）、房地产开发、外经外贸为一体的综合性民营企业，拥有资产 2.09 亿元，净资产 9900 万元，职工 554 名，月平均工资 1600 元/人。公司主要生产中药固体制剂、中药、人参系列保健食品。加工中草药浓缩液、人参脱毒浓缩液、熊胆粉、颗粒剂，高丽人参茶、片、液及圣露丸产品。年设计生产能力为人参脱毒液 100 吨，各种中药浓缩液 720 吨，熊胆粉 800 千克，人参系列包装 10 万盒。2015 年，完成主营业务收入 2000 万元。

（田晓玲）

机械制造业

【概况】 2015 年全市规模以上机械工业企业 4 户，实现产值 8.2 亿元，利润 65.6 万元，占全市规模以上工业产值的 2.4%。插秧机、包装机械和医疗器材为主导产业特色。春苗插秧机、龙川扎捆机等产品性能和产量均列全国第一。

【延边光华集团有限公司】 位于延吉市朝阳川镇东丰村，成立于 2005 年，是生产经营“沃华”牌塔式起重机系列产品、混凝土搅拌机、施工升降电梯等建筑机械设备企业，年设计生产能力 2000 台。公司占地面积 8.70 万平方米，注册资本 1500 万元，资产总计 5033 万元，净资产 2033 万元，负债 2000 万元，其中固定资产 1560 万元。公司有职工 100 人，月平均工资 3000 元/人，主要产品均通过国家技术鉴定。企业先后获得 A 级生产许可证、国家机械制造企业安全质量标准化二级企业、“吉林省质量诚信单位”“无投诉企业”“延边州质量管理先进企业”“吉林省名牌产品”“吉林省著名商标”等称号，并于 2003 年通过 ISO 9001:2000 标准国际质量管理体系认证。2015 年，完成工业总产值 7.1 亿元，完成利润 1323 万元。

【延边龙川包装机械有限公司】 位于延吉市朝阳川镇胜利西路 8-1 号，成立于 1996 年，是生产经营冶金包装机械企业，占地面积 8 万平方米，注册资本 600 万元。资产总计 5595 万元，净资产 4082 万元，负债 1513 万元，其中固定资产 800 万元。公司现有职工 212 人，月平均工资 3200 元/人，主要产品有组合式扎捆机、分离式扎捆机、自动钢丝打捆机，年设计产值 3800 万元左右，每年开发新产品 4~5 种。2015 年，完成工业总产值 3508 万元，比 2014 年减少 4.8%；完成主营业务收入 2073 万元，减少 8.5%；完成利润 80 万元，减少 12%。

【延吉插秧机制造有限公司】 位于延吉市长白山东路 4539 号，成立于 1999 年，是生产经营水稻插秧机企业，占地面积 5.77 万平方米，注册资本 1000 万元，资产总计 7171 万元，净资产 6229 万元，负债 942 万元，其中固定资产 2230 万元。公司有职工 67 人，月平均工资 1536 元/人，参加五险一金，主要产品有“春苗”牌水稻插秧机和半喂入收割机。2015 年，完成工业总产值 2249 万元，比 2014 年减少 93%；完成主营业务收入

延吉插秧机厂全景 （高新区 提供）

2264 万元，减少 93%；完成利润 11 万元，减少 84%。

【延吉喜来健实业有限公司】 位于延吉经济开发区，成立于 2001 年，是生产经营物理治疗设备、康复设备及其零部件、加工玉石制品、CGM 系列家用温热治疗器、家用电热器具和相关产品咨询服务企业。公司占地面积 5000 平方米，注册资本 1400 万元，资产总计 7826 万元，净资产 4076 万元，负债为 3750 万元，其中，固定资产 2145 万元。公司现有职工 76 人，月平均工资为 3818 元/人，参加五险一金。公司年设计生产能力为 6 万台。2015 年，完成工业总产值 33 亿元，比 2014 年增长 4.3%；完成主营业务收入 29 亿元，增长 27%；完成利润 4801 万元，增长 6%。

【延吉可喜安医疗器械有限公司】 位于延吉市长白山东路 2998B-1 号，成立于 2004 年，是生产经营医疗器械企业，占地面积 8100 平方米，注册资本 467 万元，资产总计 1872 万元。公司有职工 185 人，月平均工资 3030 元/人，主要产品有 KCM-6000 型温热电位治疗仪。2015 年，完成工业总产值 2.9 亿元，完成利润 10 万元。

【延吉乐喜医疗器械有限公司】 位于延吉市长白路 288 号，成立于 2006 年，占地面积面积 500 平方米，注册资本 160 万元，资产总计 231 万元。公司有职工 65 人，月平均工资 1800 元/人，主要生产各种温热治疗仪（226 物理治疗及康复设备）、电热垫、褥垫、日用品。公司连续 5 年通过 ISO 9001 质量体系、ISO 13485 医疗器械专用标准认证。2015 年，完成工业总产值 6.7 亿元，完成主营业务收入 6.6 亿元，完成利润 612 万元。

【延边亿方实业有限公司】 位于延边新兴工业集中区，成立于 1994 年，是生产经营医疗器械系列企业，占地面积 5600 平方米，注册资本 500 万元，资产总计 820 万元，净资产 705 万元，负债 115 万元，其中固定资产 182 万元。公司有职工 40 人，月平均工资2500 元/人，主要产品有综合治疗仪、GP 系列特种光宫颈糜烂与盆腔炎治疗仪、特种光外阴白斑治疗仪、生物美容仪和各种拔罐器 4 大系列 22 种。2015 年，完成工业总产值 4404 万元，完成主营业务收入 4143 万元，完成利润 155 万元。

（田晓玲）

延吉可喜安公司生产车间 （高新区 提供）

木制品业

【概况】 全市有规模以上木制品企业3户，实现产值18.9亿元，利润0.09亿元，占工业总产值5.6%。主要产品为单板、地板、家具和木屋等。

【延吉富临实业有限公司】 位于延吉市长白山东路2988B-17号，成立于2008年，生产经营单板、木制品加工销售。公司占地面积800平方米，注册资本1000万元，资产总计2730万元，净资产1200万元，负债1530万元。公司有职工46人，月平均工资1960元/人。2015年，完成工业总工会值1亿元。

【延边朝阳木业有限公司】 位于延吉市朝阳川镇合成村，成立于2002年，生产经营实木家具制品，占地面积2.39万平方米，注册资本2100万元。资产总计4800万元，净资产2600万元，负债2200万元，其中固定资产997万元。公司有职工82人，月平均工资3000元/人，主要产品有实木家具、家具部件、楼梯板，年设计生产能力为家具3万件，楼梯板15万件。2015年，完成工业总产值7.2亿元，比2014年增长30%；完成主营业务收入7亿元，增长33%；完成利润699万元。

【延吉新树杰木业有限公司】 位于延吉市依兰镇龙渊村，成立于2002年，生产经营木材精加工和深加工，占地面积1.4万平方米，注册资本1050万元。资产总计5458万元，净资产888万元，负债3054万元，其中固定资产888万元。公司有职工188人，月平均工资2248元/人，主要产品有木制房屋、各种木制品、朝鲜族家具、单板、胶合板、建筑用模板以及各种具有民族特色木屋产品，年设计生产能力为各类板材1700立方米，各类木屋产品8500平方米。2015年，完成工业总产值6.67亿元，比2014年增长34%；完成主营业务收入6.67亿元，增长34%；完成利润45万元，减少25%。

（田晓玲）

印制业

【概况】 全市有规模以上印制业企业4户，实现产值24亿元，利润1.1亿元，占工业总产值7%。主要产品为纸张制造等产品。

【延边新华印刷有限公司】 位于延吉市河南街818号，成立于1948年，生产经营书、报、刊印刷，占地面积面积2.56万平方米，注册资本783万元，资产总计4204万元，净资产1414万元。公司有职工208人，月平均工资3000元/人，主要产品有出版物印刷、包装装潢印刷、其他印刷等，年设计生产能力23万令。2015年，完成工业总产值2033万元。

【延边长白山印务有限公司】 位于延吉市长白山东路2700号，成立于2005年，主要生产经营制版、印刷、包装材料。占地面积6700平方米，注册资本2.10亿元，资产总计3.52亿元，净资产3.24亿元，负债2800万元。公司有职工123人，月平均工资4000元/人，主要产品有长白山系列卷烟产品包装材料印刷，年设计生产能力40万大箱卷烟包装产品。2013年，公司进行二期工程改扩建，投资900万元，新盖厂房及辅房4幢，建筑面积1.23万平方米，购进德国海德堡速霸七色胶印机、电子传动凹版印刷机等其他一系列配套生产设施。2015年，完

延边长白山印务厂区大门 （高新区 提供）

成工业总产值 9.1 亿元。

【吉林长白山包装材料有限公司】 位于长白山路东 3800 号，成立于 2004 年，生产经营烟用接装纸、烟用内衬纸及卡纸，占地面积 3.6 万平方米，注册资本 3632 万元，负债 7090 万元，其中固定资产 4499 万元。公司资产总计 1.31 亿元，职工 184 人，月平均工资 2936 元/人，主要产品有烟用接装纸、烟用内衬纸及卡纸，年设计生产能力为烟用内衬纸 2400 吨、烟用接装纸 900 吨，卡纸 2400 吨。2013 年，公司启动异地搬迁二期工程，项目计划投资总额 1.52 亿元。其中，固定资产投资 1.17 亿元（其中土建工程 5878 万元，设备 5822 万元）；流动资金 3500 万元。项目占地 1.20 万平方米，规划总建筑面积 1.47 万平方米。其中，综合办公楼 6640 平方米、生产车间 4650 平方米、仓储库房 3460 平方米。2015 年，完成工业总产值 9.6 亿元，比 2014 年增长 64%；完成主营业务收入 9.6 亿元，增长 64%；完成利润 5257 万元，增长 40%。

【延边阿里郎包装有限责任公司】 位于延吉市旺盛路 299 号，成立于 2006 年，生产经营烟用及各类包装纸箱，占地面积 2.70 万平方米，注册资本 1000 万元，资产总计 7184 万元，净资产 1215 万元，负债 5969 万元，其中固定资产 3594 万元。公司有职工 121 人，月平均工资为 3125 元/人，主要产品有烟用及各类包装纸箱，年设计生产能力 2000 万平方米。2015 年，完成工业总产值 5.1 亿元，比 2014 年增长 42%；完成主营业务收入 4.8 亿元，增长 41%；完成利润 336 万元，增长 53%。

（田晓玲）

纺 织 业

【概况】 全市有规模以上纺织企业 2 户，实现产值 9.1 亿元，利润 3250 亿元，占工业总产值的 2%。

【大京延吉纺织有限公司】 位于延边新兴工业集中区，成立于 1993 年，占地面积 5.6 万平方米，注册资本 642 万美元。资产总计 1.53 亿元，净资产 8396 万元，负债 6880 万元，其中固定资产 1.16 亿元。公司有职工 454 人，月平均工资 2700 元/人，主要产品有各种纱和线，有棉、腈纶、涤纶、粘胶、亚麻、羊毛 6 大系列 60 多个品种。公司有纱锭 5.11 万枚，线锭 4560 枚，织机 176 台。其中，喷气织机 114 台、毕加诺有梭织机 62 台。公司年产纱 9000 吨，布 800 万米，线 2700 吨，年设计生产能力 5000 吨，95%以上产品出口到韩国、日本以及东南亚等国市场，是吉林省出口创汇大户和重点出口企业之一。2015 年，完成工业总产值 8.4 亿元，比 2014 年增长 21%；完成主营业务收入 7.2 亿元，增长 17%；完成利润 2670 万元，增长 33%。

【延边海宇服饰有限公司】 位于延吉市长白山东路清新南街 661 号，成立于 1993 年，注册资金 100 万元，总资产 5986 万元，净资产 2517 万元，负债 3469 万元，其中固定资产 3400 万元。公司是延边州首批获得“吉林省名牌”称号企业，拥有面积 3500 平方米办公大楼和生产厂房，生产的“海宇”牌系列服装分为绅士服、淑女服、风衣、休闲服等中高档常用服，以及各行各业的标志服装和校服、运动服等。2007 年，“海宇”牌系列服装被命名为“吉林省著名商标”。2015 年，完成工业总产值 7057 万元，比 2014 年增长 47%；完成主营业务收入 4636 万元。

（田晓玲）

能 源 业

【概况】 全市有规模以上能源企业 10 户，实现产值 26.7 亿元，利润 1 亿元，占工业总产值 7%。主要产品为水、热、电等公共产品。

【国电龙华延吉热电有限公司】 位于延吉市人民路东头，成立于 2008 年，是由国电吉林龙华热电有限公司投资的国有控股企业，注册资金 1000 万元，占地面积 20 万平方米，主要从事发电、供热，职工 238 人，月平均工资 7203 元/人。企业拥有资产 16.03 亿元，固定资产 14.35 亿元，年设计发电量 22 亿千瓦时。2015 年，完成工业总产值 1.77 亿元。

【国家电网延边供电公司】 位于延吉市光明街，隶属于国网吉林省电力有限公司，是以建设、运营电网为主营业务的国家中型一类供电企业，担负着延边州 6 市、2 县供电任务，供电营业面积 4.27 万平方千米，拥有供电客户 107.2 万人，供电服务人口 215 万人。公司本部设置职能部门 11 个，直属机构 7 个，县级供电公司 7 家，集体企业 1 个。公司经营的延边电网位于吉林省东部，西与吉林地区电网相连，北与黑龙江电网相连，是吉林省电网“井”字形网架的末梢，有 500 千伏场站 1 座，220 千伏场站 13 座，变压器 25 台，总变电容量 3351.5 兆伏安；66 千伏变电所（塔）182 座，变压器 308 台，总变电容量 2780.35 兆伏安；220 千伏线路 27 条，亘长 1263.266 千米；66 千伏线路 210 条，最大日供电量 1251.6 万千瓦时，最大电力 676 兆瓦。连续 15 年实现电费回收 100%“双结零”，实现第 10 个安全年。连续 2 届获得国网公司“文明单位”，连续 4 届获得“全国文明单位”。

【延吉市集中供热有限责任公司】 位于延吉市小营镇小营 10 队，成立于 2005 年，生产经营热力供应，占地面积 11.4 万平方米，注册资本 5700 万元，资产总计 8.67 亿元，净资产 2.86 亿元，负债 5.81 亿元，其中固定资产 5.74 亿元，职工 482 人，月平均工资 3552 元/人。公司主要产品是民用热力供暖，年设计热力生产能力 638 兆瓦。2015 年，完成工业总产值 12.6 亿元，比 2014 年增长 33%；完成主营业务收入 9.3 亿元，增长 11%；完成利润 2234 万元，增长 1%。

【国电龙华延吉热力有限公司】 位于延吉市人民路 5555 号，成立于 2012 年，生产经营供热、供热设施的维护和管理，占地面积 5 万平方米，注册资本 4650 万元，资产总计 3.68 亿元，净资产 6564 万元。该公司有职工 127 人，月平均工资 5712 元/人。2015 年，完成工业总产值 5.8 亿元。

【延吉铁南供热有限公司】 位于延吉市长白山东路 2998B-1 号，成立于 2005 年，生产经营热力生产和供应，占地面积 18 万平方米，注册资本 4000 万元，资产总计 3.12 亿元，净资产 1.25 亿元，有职工 125 人，月平均工资 2400 元/人。公司供热面积 250 万平方米。2015 年，完成工业总产值 1.68 亿元。

国电龙华热电厂全景 （高新区 提供）

【延吉市荣德环能供热有限公司】 位于延吉市河南街龙进街 88 号，成立于 2004 年，生产经营热力供应，占地面积 2 万平方米，注册资本 1500 万元，资产总计 1.11 亿元。公司有职工 130 人，月平均工资 2402 元/人，年设计热力生产能力 263 兆瓦。2015 年，完成工业总产值 1.43 亿元。

【延边荣祥热力有限公司】 位于延吉市解放路 69 号，成立于 2007 年，生产经营供热，占地面积 500 平方米，注册资本 500 万元。资产总计 1.28 亿元，净资产 2099 万元。公司有职工 160 人，月平均工资 2000 元/人。2015 年，完成工业总产值 1.2 亿元。

【延吉龙泉热水有限公司】 位于延吉市人民路 5518 号，成立于 2009 年，生产经营洗浴用水加热和湿洗服务，占地面积 1.50 万平方米，注册资本 500 万元，资产总计 4314 万元，净资产 3000 万元，负债 3408 万元。公司有职工 42 人，月平均工资 2500 元/人，年设计生产能力为 1852 吨热水。2015 年，完成工业总产值 9078 万元。

（田晓玲）

油气业

【延边耀天燃气集团有限责任公司】 总部位于延吉市，成立于 2003 年，注册资本 8250 万元人民币，主要从事天然气（含煤层气）勘探、开采、利用等经营项目，拥有 11 家全资子公司。业务网络覆盖吉林省延边州各县（市）及黑龙江省东部地区。是中国燃气协会理事单位，吉林省燃气协会常务理事单位。在延边州图们市、龙井市、珲春市、和龙市、汪清县和黑龙江省穆棱市拥有6个城市燃气管道特许经营权，铺设天然气管道156.99千米，室内天然气管道安装5.14万户，管道天然气气化人口17.99万人。2015年，完成工业总产值2606万元，比2014年增长4.2%；完成主营业务收入4823万元。

【长春燃气（延吉）有限公司】 位于延吉市小营镇民主村，占地面积3万平方米，注册资金3500万元，资产总计1.32亿元，净资产3595万元，负债9592万元，其中固定资产6029万元。公司有职工127人，月平均工资2000元/人，主要产品为管道燃气。

（本刊编辑部）

建材业

【概况】 全市有规模以上建材工业企业8户，实现产值33.9亿元，利润0.46亿元，占工业总产值的9.9%。延吉市通过全面提升建材工业结构，重点发展水泥与混凝土、粉煤灰砖等新型建材，建材工业成为延吉市优势产业。

【延边诚信混凝土有限公司】 位于延吉市小营镇光石村，成立于2007年，主要生产预拌混凝土。2012年与延吉信德砼业有限公司、延边鑫誉建材有限公司和延边盛隆商砼有限公司一同被中国建材集团北方水泥有限公司收购。2013年，北方建材把收购后的4家公司合并为一家，取名延边诚信混凝土有限公司。新公司注册资本1000万元，占地面积3.5万平方米，拥有资产4.10亿元，净资产1.21亿元，固定资产1.77亿元，负债4.18亿元，职工174人，月平均工资2500元/人。新合并后的延边诚信混凝土有限公司具有7条生产总线，分别位于小河龙东站、光石村西站、利民村北站、盛隆站、鑫誉站、珲春站和敦化站。公司生产不同强度等级的普通混凝土、特种混凝土、高性能混凝土，应用于建筑、道路、桥梁、水利等混凝土工程，年设计生产能力360万立方米。2015年，完成工业总产值8.8亿元，比2014年减少6.6%；完成主营业务收入8.8亿元，减少6.6%；完成利润4万元，减少96%。

【延边新友建筑节能玻璃有限责任公司】 位于延吉市小营镇小营村8队，成立于2010年6月，是生产经玻璃门窗加工制作销售为一体企业，占地面积2万平方米，注册资本500万元，资产总计3000万元，净资产2200万元。公司有职工25人，月平均工资2200元/人，主要制作加工玻璃门窗，钢化玻璃、夹胶玻璃，年设计生产能力10万平方米。2015年，完成工业总产值3502万元。

【延吉铁南新型建材有限公司】 位于延吉市长白山东路2998B-1号，成立于2011年，生产经营新型墙体材料制造及批发零售，占地面积18万平方米，注册资本1000万元，资产总计2.32亿元，净资产8354万元。公司有职工37人，月平均工资2500元/人，主要产品为蒸压粉煤灰砖。2015年，完成工业总产值3577万元。

【吉林东邦集团有限公司】 位于延吉市朝阳川镇三峰路32号，成立于2001年，生产经营泥子，水性漆，年设计生产能力3000万吨泥子、水性漆。公司占地面积面积4209.5平方米，注册资本4000万元，资产总2438万元，净资产1442万元。公司有职工11人，月平均工资1800元/人。2015年，完成工业总产值7.3亿元。

【延边鹏程实业有限公司】 位于延吉市朝阳川镇光石村，成立于1987年，利用工业废渣（粉煤灰、炉渣、页岩）生产多孔砖、利用煤矸石生产烧结空心砖，年设计生产能力为8000万块（折标砖）工业废渣烧结多孔砖。公司占地面积2500平方米，注册资本1000万元，资产总计9700万元，净资产7200万元，负债2300万元，其中固定资产7400万元。公司有职工65人，月平均工资3000元/人。2015年，完成工业总产值6.7亿元，比2014年增长35%；完成主营业务收入6.3亿元，增长32%；完成利润2275万元，减少9%。

【延吉市银象装饰材料有限公司】 位于延吉市依兰镇兴农村，成立于2007年，生产经营装饰材料，占地面积1万平方米，注册资本20万元。资产总计1420万元，净资产21万元，负债1399万元，其中固定资产1318万元。公司有职工32人，月平均工资2650元/人，主要产品有地板、贴面板，年设计生产能力地板2万平方米、贴面板3万张。2015年，完成工业总产值5亿元，比2014年增长59%；完成主营业务收入2.9亿元，减少46%；完成利润97万元，减少46%。

【延吉鲜明实业有限公司】　位于延吉市长白山东路延铁胡同338-3-1号，成立于1995年，是中外合资经营企业。主要生产经营聚乙烯泡沫材料、通信设备、转动门锁，占地面积1.12万平方米，注册资本60万美元，资产总计690万元，净资产486万元，负债204万元，其中固定资产233万元。公司在职工人5人，月平均工资3680元/人，主要产品有泡沫塑料，年设计生产能力100万元。

【延吉银球粉煤灰砖业有限公司】位于延吉市北山街爱丹路143号，成立于2001年，生产经营建筑材料，占地面积面积9万平方米，注册资本50万元，资产总计5600万元，净资产2334万元。公司有职工160人，月平均工资2000元/人，主要产品有10万立方米粉煤灰蒸压加气混凝土砌块及粉煤灰烧结多孔砖，年生产设计能力5000万块。2015年，完成工业总产值3.1亿元。

【延吉市新韩装饰材料有限公司】位于延吉市长白山东路清新南街661号，成立于2009年，生产经营装饰材料，年设计生产能力3万套左右。公司占地面积5000平方米，注册资本500万元，资产总计3000万元，净资产2000万元，负债700万元。公司有职工78人，月平均工资2000元/人。2015年，完成工业总产值7163万元。

【延边世一环保建材有限公司】位于延吉市长白山东路开发区东段韩国工业园，成立于2009年，主要生产经营涂料，建筑面积5000平方米，注册资本100万元，资产总计1235万元，净资产733.6万元。公司有职工30人，月平均工资2500元/人，主要产品有弹性涂料、环保石纹涂料。2015年，完成工业总产值7.9亿元。

（田晓玲）

化学工业

【延边长白山天池日化有限公司】位于延边新兴工业集中区，成立于2007年，是由延吉卷烟厂香精分厂改制成立的综合性日化公司。1999年4月，韩佛化农(株)合资成立延边长白山香料有限公司，2007年成立延边长白山天池日化有限公司。生产经营烟用香精、香料及封箱胶带，占地面积1.50万平方米，注册资本600万元，固定资产产值1200万元，净值900万元。公司有职工34人，月平均工资2000元/人，拥有2条香料浸提系统、2条香料合成系统、1套制冷系统、1套真空减压系统、1套塑料膜印刷设备、1套涂布设备、1套分切设备，年设计生产能力为香精、香料1000吨、封箱胶带400平方米。2015年，完成工业总产值2.9亿元。

【延吉新元管业有限公司】　位于延吉市经济技术开发区内，成立于2000年，主要生产套管式塑料(PP-R)分配器、PE-Xa、PE-RT、PP-R地暖辐射专用管材、PE给水管材、PE燃气管材、PP-R套管式塑料管接头、热熔件制品，是国内第一家规模化生产地暖辐射专用管材厂家。总投资9500万元，注册资本1780万元，资产总计1.02亿元。公司有职工64人，月平均工资2000/人，厂区面积4万平方米，建有现代化标准厂房2万平方米。拥有韩国先进柱塞式挤出机生产线48条、卧式挤出机生产线6条、塑料注射成型机53台，配备数控车床、电火花数控线切割机、精密电火花成型机床等先进机加工设备，以及各种橡胶机械，并通过ISO 9001-2000国际质量管理体系认证。2015年，完成工业总产值5.9亿元。

（田晓玲）

生物制品业

【延边德康生物技术有限公司】位于延边新兴工业集中区新兴大道101号，成立于2009年，是生产经营食用菌产品研发、菌种培育、低温木质香菇栽培技术推广、有机香菇生物制品提取及生物制品深加工等于一体的现代生物科技企业，占地面积9.65万平方米，注册资本1000万元，资产总计9661万元，净资产1587万元，负债8074万元。公司有职工60人，月平均工资3000元/人，年生产香菇菌棒500万棒。2015年，完成工业总产值7276万元。

【延边春雷生物药业有限公司】位于延边新兴工业集中区，成立于2000年，生产经营生物农药系列，占地面积面积20万平方米，注册资本1600万元，资产总计2.78亿元，净资产4214万元。公司有职工260人，月平均工资1800元/人，主要产品有1.5%多抗霉素可湿性粉剂、4%春雷霉素可湿性粉剂、1.5%多抗霉素粉剂、2%春雷霉素粉剂、25.75%多抗福美双粉剂、13%春三环粉剂、32%多抗霉素原药、55%春雷霉素原药。完成投资3.6亿元，完成发酵车间、提炼车间、粉剂车间、水剂车间、动力车间、综合库、质检楼、办公楼、生活楼、车库全部主体封闭并安装门窗。2015年，完成工业总产值8亿元。

（田晓玲）

电子产品业

【延吉银河照明有限公司】 位于延吉市经济开发区韩国工业园内，成立于2001年10月，生产经营木制吸顶灯，厂房面积1300平方米，注册资本58万元，资产总计70万元，负债8万元，负债率11%。公司有职工20人，月平均工资2500/人。公司拥有从韩国引进的先进生产线，是生产FPL系列节能高档灯具产品的韩国独资企业。

【延边科源新能源科技有限公司】 位于延吉市爱丹路101号，成立于2010年，占地面积3.86万平方米，注册资本500万元，资产总计4111万元，净资产1929万元，负债2182万元。公司有职工70人，月平均工资2500元/人，主要产品为6063、6061、6005、3003等铝合金工业用型材、汽车空调零部件，年设计生产能力2000吨，拥有一条喷涂生产线、一条氧化生产线，一条热挤压生产线（2014年7月正式投产），主要设备从西班牙引进。2015年，完成工业总产值7.6亿元。

【延吉北本电器有限公司】 位于延吉市长白山东路2998B-1号，成立于2008年，占地面积1700平方米，注册资本101万元，资产总计92万元，净资产30万元。公司有职工26人，月平均工资2200元/人，主要产品为超声波水槽，年设计生产能力104万台。2015年，完成工业总产值8.1亿元。

【延边东方电控有限公司】 位于延吉高新技术产业开发区内，占地面积1.44万平方米，建筑面积9200平方米，注册资本800万元，资产总额2969万元，负债总额1915万元，资产负债率64%。公司有职工102人，拥有精良数控加工设备，先进液压母带折弯机等工艺装备以及工频耐压试验台等检验仪器设备，年设计生产能力为高、低压电控设备8000台。公司通过ISO 9001质量认证体系，获得“强制性产品认证”（CCC认证）。生产的“卓业”牌箱式变电站曾经获得吉林省著名商标、吉林省名牌产品。2009年，公司被吉林省科学技术厅评为“吉林省科技企业”。2015年，完成工业总值2亿元，完成利润66万元。

（田晓玲）

农 业

农业综述

【概况】 农业局内设机构有行政审批办公室、综合科、生产指导科、科学技术教育科，下属事业单位有农机管理总站、农业行政执法大队、农业技术推广总站、农村经营管理总站、农业环境保护监测站。

2015年，延吉市农业总产值10.2亿元，比2014年增长10%，农民人均纯收入1.28万元，增长8%。完成万亩蔬菜基地建设项目投资1425万元，建设大棚45栋，温室45栋。

【农业综合开发】 全市有农业产业化龙头企业46家，其中国家级1家，省级10家，州级35家。加大龙头企业扶持力度，金刚山、德康生物、阿拉里等省、州龙头企业核心竞争力明显提高。2015年，州级以上龙头企业完成销售收入134.2亿元，比2014年增长10%。启动3000万元以上产业化项目3个，完成投资2亿元。开展龙头企业和金融部门贷款对接，对接意向资金5000余万元。

【农业综合执法】 加强农资市场监管和行政执法，开展农资打假专项整治行动，全面检查全市76家种子商店、69家化肥商店、54家农药商店、4个农贸大集。出动执法车辆180台次，出动执法人员770人次，查处农资案件2起，罚款金额0.7万元。协商解决小营镇五凤村水稻品种纯度问题、小营镇东新三队药害过期问题、朝阳川镇长胜玉米药害问题。

【农业保险】 召开全市农业保险工作会议，全市农作物保险参保户数912户，参保面积5566公顷，收取农民自交保费34.89万元。农作物受灾面积6211.67公顷，理赔43万元。

【农业科技】 以“生态型、智慧型、效益型、特色型、开放型、安全型”农业发展为导向，以提高农民科技文化素质和生产经营能力、提高农业系统和农村基层管理人员管理水平为重点，以集中培训和入户指导为主要方式，开展农业科技培训工作。全年培训农民2.5万人次，发放技术资料3万余份。

（高 洁）

3月11日，延吉市召开全市农村工作会议 （农业局 提供）

8月1日 延吉市组织新型职业农民培训(现代蔬菜产业培训班)
(农业局 提供)

种植业

【农作物生产】 2015年，全市农作物播种面积1.82万公顷，粮食作物播种面积1.57万公顷。其中，玉米面积1.21万公顷，比2014年增加11.53%；水稻面积2484公顷，减少18.53%；大豆面积859公顷，减少55.28%；薯类面积247公顷，增加19.28%；经济作物播种面积2481公顷，蔬菜面积1679公顷，减少9.49%。全年全市粮食作物总产量9.71万吨，增加11.23%。其中，水稻产量1.53万吨，减少15.5%；玉米产量7.93万吨，增产22.38%；大豆产量0.15吨，减少53.13%。

【农作物良种补贴】 延吉市良种补贴面积1.5万公顷。其中，玉米面积1.15万公顷；水稻面积2680公顷；大豆面积830公顷。良种补贴金额245.11万元。其中，玉米补贴金额172.49万元；水稻补贴金额60.25万元；大豆补贴金额12.37万元。

【粮油高产创建】 延吉市创建粮油高产三个示范片涉及2个镇、8个村，涉及农户226户、耕地2071公顷。水稻、玉米万亩高产创建示范片落实在朝阳川镇。水稻万亩高产创建示范片涉及横道村、太东村、朝阳村3个村，51户农户，面积700公顷；玉米万亩高产创建示范片涉及太兴村、吉成村2个村，31户农户，面积696公顷。大豆万亩高产创建示范片落实在依兰镇，涉及九龙村、春兴村、古城村3个村，144户农户，面积675公顷。

(高 洁)

2015年延吉市粮食作物产量一览表

项目	谷物		稻谷		其中:粳稻		糯稻		玉米	
	播种面积(公顷)	总产量(吨)	播种面积(公顷)	总产量(吨)	播种面积(公顷)	总产量(吨)	播种面积(公顷)	总产量(吨)	播种面积(公顷)	总产量(吨)
延吉市	14626	94554	2484	15291	2468	15199	16	92	12142	79263
小营镇	1037	7575	107	795	107	795	—	—	930	6780
依兰镇	2903	19468	212	1452	201	1391	11	61	2691	18016
三道湾镇	284	810	93	405	—	—	93	405	191	405
朝阳川镇	10370	66576	2072	12639	2067	12608	5	31	8298	53937
其他	30	120	—	—	—	—	—	—	30	120
参场	2	5	—	—	—	—	—	—	2	5

(高 洁)

2015年延吉市经济作物产量一览表

项目	蒜头		其他蔬菜		食用菌		干品		黑木耳		鲜品	
	播种面积(公顷)	产量(吨)	播种面积(公顷)	产量(吨)	播种面积(公顷)	产量(百公斤)	播种面积(公顷)	产量(百公斤)	播种面积(公顷)	产量(百公斤)	播种面积(公顷)	产量(百公斤)
延吉市	56	2261	3	175	—	8510	—	5860	—	5260	—	2650

续表

项目	蒜头		其他蔬菜		食用菌		干品		黑木耳		鲜品	
	播种面积(公顷)	产量(吨)	播种面积(公顷)	产量(吨)	播种面积(公顷)	产量(百公斤)	播种面积(公顷)	产量(百公斤)	播种面积(公顷)	产量(百公斤)	播种面积(公顷)	产量(百公斤)
小营镇	1	25	1	25	—	600	—	600	—	—	—	—
依兰镇	24	751	—	—	—	2810	—	160	—	160	—	2650
三道湾镇	—	—	—	—	—	5100	—	5100	—	5100	—	—
朝阳川镇	31	1485	2	150	—	—	—	—	—	—	—	—

（高　洁）

绿色农业

【概况】 延吉市有5种产品通过中国绿色食品发展中心认证，获得绿色食品A级标准；有4种无公害产品。

【农产品质量安全】 以“坚决杜绝使用禁用高毒农药行为、严查限用农药超范围使用、强化常规农药规范使用情况检查”为目标，快速检测全市批发市场、农贸市场、农产品生产基地进行蔬菜农药残留。加强农产品抽样检测，合格率99.7%。开展农业综合执法，检查农资商店350次，检查农贸集市8次。

（高　洁）

农业机械化

【农机补贴】 2015年，吉林省实施国家农机购置补贴政策由补贴资金总量控制、动态调剂管理转变为补贴资金普惠制开始，使补贴工作操作程序简化，实施各环节要求更高监管。延吉市农机管理总站全年发放补贴资金479.48万元。购置农机271台，受益农户199户。

【机耕机收】 延吉市机械耕地面积15.8万公顷、机械播种面积1.58万公顷、机械收割面积8940公顷，耕种收综合机械化水平83.3%，比2014年耕种收综合机械化水平提高4.2%。

【农机监理】 全年检验拖拉机3700台，年检率76.3%。年检同时，为3000余台检验合格车辆粘贴反

2015年延吉市绿色产品一览表

序号	产品名称	申请人全称	品牌	证书编号	地址	等级
1	苹果梨	延边精诚果品有限公司	雪景	LB-18-1008072336A	延吉市园艺农场	绿色
2	大米	延边绿洲农业生产资料有限公司	金珠宝	LB-03-0711072931A	延吉市建工街2号	绿色
3	大米	延边绿色食品加工有限公司	天宫	LB-03-0510072090A	延吉市朝阳川镇朝阳路23号	绿色
4	大米	延吉市朝阳川镇繁儿粮油加工部	八道沟大米	LB-03-1307071930A	延吉市迎春街	绿色
5	大米	延吉市泉水大米加工厂	九水村大米	LB-03-1307072138A	延吉市朝阳川镇太东村	绿色

（高　洁）

2015年延吉市无公害产品一览表

序号	产品名称	申请人全称	证书编号	等级
1	八道沟小米	延吉市朝阳川镇繁儿粮油加工部	WGH-13-02373	无公害
2	八道沟黍米	延吉市朝阳川镇繁儿粮油加工部	WGH-13-02374	无公害
3	八道沟大豆	延吉市朝阳川镇繁儿粮油加工部	WGH-13-02375	无公害
4	八道沟玉米	延吉市朝阳川镇繁儿粮油加工部	WGH-13-02376	无公害

（高　洁）

光标识;新办理拖拉机注册登记188台、联合收割机注册登记61台。

【农机新技术推广】 开展新型职业农民培育工程，培育新型职业农民215人,开展宣传活动3次,向农机手发放宣传资料3000余份,发放或张贴条幅、宣传挂图、宣传册等100份。

（高　洁）

农业产业化

【特产产业】 全市园艺特产业、加工业总产值105.9亿元。园艺特产业产值4.4亿元,特产加工业产值101.6亿元。蔬菜产量8.59万吨,蔬菜产值1.7亿元;水果产量2.59万吨,产值6093万元;人参面积10公顷、林下人参面积403公顷、西洋参面积2公顷、五味子面积18公顷,中药材种植发展面积431公顷; 食用菌以黑木耳为主，袋料黑木耳发展1056万袋、平菇发展到36万袋;野生采集产业,庭院经济、经济毛皮动物保持稳定发展。

【蔬菜生产基地建设】 延吉市蔬菜作物总面积1679公顷，总产量8.59万吨,总产值1.7亿元,品种主要有白菜、萝卜、洋葱、辣椒、黄瓜、西红柿、角瓜等品种;经济作物主要是油料、烟叶、药材、瓜果类。在朝阳川镇和依兰镇实施万亩蔬菜基地建设，全年新建面积8.33公顷。其中,大棚70栋,面积7公顷;温室20栋,面积1.33公顷。

【专业农场农民合作社】 2015年末，延吉市有28家专业农场,农场经营面积2356.5公顷，流转农民二轮承包面积2069公顷。农场获得贷款1065万元。农民合作社发展到258个。

（高　洁）

林　业

【概况】 延吉市林业园林局(简称林业局)设有党办、行政办、财务科、绿化办、林政科、资源科、设计队、检疫站、生产科、动保科、总工办、园林执法大队、园林管理科、园林工程科、园林规划设计科、园林绿化工程管理办公室、人民公园、青年广场、行政审批办、森保大队、林政稽查大队(木材检查站)、防火办、帽儿山国家森林公园管理中心,以及2个公司(园林建设投资有限公司、帽儿山旅游产业开发有限公司)、3个林场(依兰镇、烟集镇、八道林镇场)、4个林业站(依兰镇、小营镇、三道镇、朝阳川镇林业站)等30多个职能部门。有在职职工246人，其中高级工程师24人,中级45人。

【全民义务植树】 结合城市绿化年，植树节期间在帽儿山开展以“爱绿护绿，提高全民绿化意识”为主题的全民义务植树绿化宣传活动,组织配合州委州政府、市委市政府和州市政协等领导部门,开展领导义务植树示范活动3次,协调配合报刊、广播、电视等新闻媒体，面向社会进行广泛宣传报道,揭开年度绿化动员序幕,开展全民绿化工作，实现义务植树130万株,新建义务植树基地4个,面积12.8公顷。

【造林还林】 开展集体、个人育林抵押金收取工作，完成封山育林866.7公顷，迹地更新造林22.46公顷，总用苗量5万株,更新造林总面积96.01公顷。国有林场造林面积31.9公顷，乡村造林总面积64.11公顷，成活率均在85%以上。完成中幼林抚育133.33公顷，林地清收还林1386公顷,朝阳川镇还林246.67公顷、小营镇还林28.67公顷、三道湾镇还林17.6公顷、依兰镇还林164.33公顷、林场还林4.73公顷。

【公益林管护】 国家级公益林管护工作规范完善,2015年公益林

2015年延吉市公益林统计表

单位:万公顷

林场	烟集林场	八道林场	依兰林场	帽儿山林场
级别	国家级	国家级	国家级	国家级
面积	0.72	1.4	1.86	0.08
合计	4.06			

（李文涛）

面积4.06万公顷，与往年持平。年内投资35万元，为八道林场和依兰林场新建两座管护房，对依兰林场和烟集林场原有所有管护房进行维修和改水。

【森林病虫害防治】 定期到物流、苗圃等部门检验检疫林木，到帽儿山开展森林病虫害防治宣传活动1次，开展有害生物普查，踏查180多次林地并采集标本，完成130多种，600多只，110套标本。全年检疫木材产品12.05万立方米，苗木检疫27.26万株，防治森林鼠害、落叶松枯梢病、落叶松落叶病等病虫害600公顷，遏制病虫害对森林生态植被的侵蚀和破坏。

【林木采伐管理】 全程监督林木采伐，降低森林资源消耗，严格控制采伐在计划指标内。审批118个小班，面积356.07公顷，蓄积量1.10万立方米，出材量6564立方米。国有41个小班，面积170.7公顷，蓄积量4198立方米，出材量2297立方米；集体77个小班，面积185.37公顷，蓄积量6888立方米，出材量4267立方米，未有超标设计采伐问题发生。

【林政审批】 办理木材运输证569件、木材经营加工许可12件、检疫证602件、驯养繁殖证3件、经营许可证10件。办结率100%，满意率100%，无延期，无投诉。在办理木材运输证与植物检疫证明时，在明确无误情况下，对个别身居山村、出入不方便林农，实行先作业后办证便捷办证方式，便捷林农办事。

【山林权属调处】 针对集体林权属尚存争议问题，抽调技术人员，配合州森林规划调查设计人员，开展森林资源规划设计调查（又称“二类调查”），以此为集体林权属确权提供新的科学依据。发放林权证1298份，地块数14334.85块，发放面积2.30万公顷。

【森林防火】 春防期间，开展大型森林防火宣传活动2次，印发宣传材料6万份，印制防火旗帜5000面，增设防火宣传牌10处，通过延边移动公司通信平台，发布森林防火公益短信120万条，防火宣传车每天深入林区村屯和旅游景区进行宣传，动员6个街道和各个防火成员单位开展防火宣传活动；增加26台进口风力灭火机，为4个乡镇购置收割拖拉机和秸秆粉碎打捆机20台，邀请技术人员指导农民进行设备操作，新建260平方米扑火队营房全部投入使用，部分乡镇村屯增加灭火设备，防火队加强防火训练和设备维护，防火检查站加强巡查力度，提高全市整体预防和扑灭森林火灾能力；加强完善火情火警监测和24小时值班制度，及时接警、及时处置，实现连续35年未发生重大森林火灾。

【林业保护】 组织开展“利剑”行动、“枪爆物品大清查”“护林2号”“打击破获野生动物资源违法犯罪专项行动”等专项行动，进行法制教育宣传25次，散发宣传单5000余份，悬挂宣传条幅14幅。破获林业刑事案件10起，重大刑事案件3起，取保候审8人，查获林业行政案件42起，林业罚款9.02万元，没收各种猎具351个，没收野生动物12只。清查集贸市场4次，熊场2次，放生野生蛇30余条，现场勘验野猪吃地100余次，立卷47件。

（李文涛）

4月末，林业工作人员在山中开展有害生物普查

（林业局 提供）

畜牧业

【概况】 2015年，全市生猪饲养量7万头、牛1.8万头、羊1.8万

只、家禽 27 万只，分别比 2014 同期增长 5%、2%、2%、19%。养蜂 5170 箱。全市禽蛋产量 2165 吨，增长 4%，全市肉类总产量 4902 吨，增长 8%。

【标准化规模养殖】 争取国家畜牧产业扶持资金，全年争取标准化规模养殖场项目等各类项目资金 684万元，比 2014 年增长 20%。以政策项目为引导，鼓励有条件的养殖场创建省级标准化规模养殖场。三峰泉水农场投入 200 多万元，完成 1000 平方米牛舍、饲料加工间和工人值班室建设。龙盛春山养羊场等 3 家畜禽养殖场投资 378 万元，完成畜禽圈舍、兽医室、办公室等设施设备建设。

【无规定动物疫病区建设】 开展宣传发动和人员培训，落实工作任务和工作责任。建设市级病死动物无害化处理场、乡镇病死动物无害化处理池、动物检疫申报点和养殖屠宰监控平台等。重点推进动物卫生监督监管体系建设。完成病死动物无害化处理场建设任务。投资 74.1 万元，完成病死动物无害化处理设备改造及小型冷库和库房建设；投资 16 万元，购置病死动物专用封闭运输车并投入使用。投资 26.1 万元，完成乡镇病死动物无害化处理窖建设任务。3 个重点镇建设 100 立方米病死动物无害化处理窖及附属设施。开展畜禽养殖普查工作。协调局属站所及 4 个镇畜牧兽医站普查全市畜禽养殖情况。延吉市按照无疫区管理技术规范要求，对无疫区建设相关资料实行痕迹化管理、档案化保存。健全完善养殖档案、免疫档案、疫苗领用和发放记录、免疫效果评价档案、人员培训管理考核档案等。健全产地、屠宰、调运等检疫工作记录，完善“四类场所”动物防疫条件监管档案，实现检疫监督、执法办案、病死动物无害化处理监管、证章标志管理等工作记录痕迹化管理。

6 月 11 日，畜牧局对养殖户进行规模化养殖场建设现场指导

（吴　超 摄）

【动物疫病防控】 开展春秋动物集中免疫工作，落实责任制度，注重防疫督导。集中免疫各类畜禽 90 多万头（只），应免畜禽免疫密度 100%，抗体合格率达到相关标准。开展人畜共患病强化免疫、净化工作。对全市奶牛、羊进行布病和结核病监测及净化。健全动物防疫监管网络。规范免疫档案和防疫登记表；建立电子档案，实行电脑化管理。强化消毒监管。在全市范围内开展“消毒月”活动，对全市饲养场户、交易市场、新老疫点开展地毯式消毒，消毒面积 800 万平方米。强化封闭式饲养监管。教育专业户在生产过程提高自我防范意识，做到封闭式饲养，加强农贸市场监管监测，切断疫情传播源。

【畜产品质量安全监管】 加强动物饲养环节和定点屠宰企业监管。监测全市规模化养殖场（小区）投入品，出动 66 人次，监测养殖企业 25 家、尿样 238 份，监测合格率 100%。宣传畜产品质量安全方面法律法规，与全市 4 家规模饲养场及 5 家定点屠宰企业签订食品安全责任书。开展病死动物无害化处理监管及排查工作。排查处理乱丢弃病死畜禽 366 头（只），无害化处理不合格动物产品 0.8 吨，饲养环节无害化处理病死猪 730 头。加强动物检疫申报点管理。产地检疫畜禽 1.9 万头（只）；屠宰检疫畜禽 2.4 万余头；贮藏后检疫动物产品 300 余吨。开展动物流通环节监管工作。加强对冷库动物产品贮藏后分销检疫出证监管；加大对加工、屠宰、运输、经营等环节违法行为打击力度和巡查次数，纠正动物防疫违规行为

20多起,立案结案4起。开展动物诊疗活动监督管理工作。责令整改动物诊疗机构3个,取缔2个不符合条件动物诊所。

【畜牧业安全生产监管】 开展畜牧行业隐患大排查、大整改,安全生产“春季专项行动”“夏季攻坚战”和“秋冬会战”,落实责任,分片承包。加强畜禽养殖、屠宰环节隐患排查,加大饲料、兽药等投入品使用,加大安全隐患排查工作力度,强化畜禽屠宰加工检疫工作措施,对养殖场、屠宰企业生产建筑安全,用火用电情况、消防设施储备等方面进行重点排查,检查规模养殖场(户)30家,饲料生产企业3家、屠宰场4家,兽医诊疗经营场所14家,对于存在安全隐患的涉牧企业均要求其限期整改。

【草原饲料产业发展】 宣传草原法律法规和推广粗饲料调制技术。举办培训班8次,参加人数600余人次,发放宣传材料2000多份,悬挂宣传横幅30个。加强草原防火。签订草原防火责任状,落实责任,加强草原防火值班和火情监测预报制度,确保信息畅通。春秋防火期间,组织人员到各镇进行草原防火监督检查,加大草原火灾隐患排查,杜绝野外用火行为。加强草原执法监督工作。全市种植青贮玉米80多公顷,种植苜蓿草等种草面积50公顷,2家养殖场建设青贮窖4000多立方米,全市制作青黄贮饲料的养殖场(户)12家,完成青黄贮饲料5500吨。查处牧业用地非法开垦案件3件,退耕还草面积10多公顷。一起破坏草地面积较大、屡教不改继续开垦草地,严重造成社会不良影响案件,移交公安机关依法追究刑事责任。

【畜禽良种化】 健全畜牧业技术推广体系改革与建设各项工作制度,以肉牛、蜂为主推品种,建设2个试验示范基地和56个示范户,成立15名专家、28名技术指导员组成的推广体系队伍,举办2期技术指导员培训班,培训技术指导员86人次。开展延边黄牛繁育、提纯复壮和良种登记建档工作,成立延吉市延和纯种延边黄牛养殖农民专业合作社,对9家、21头纯种延边黄牛加挂纯种标识,签订纯种延边黄牛养殖合同,进行防疫、繁殖、治疗、养殖技术培训,免费提供纯种延边黄牛精液和冷配,为每头母牛补贴400元。实施畜禽良种补贴项目,发放良种肉种公牛冻精500剂。开展黄牛保险融资项目,完成571头黄牛保险,化解养殖业风险,拓宽融资渠道。全年完成牛良种改良1326头;三元杂交猪出栏4.08万头;猪良种改良5573头;羊良种改良2976只,延边黄牛良种登记21头,蛋鸡良种覆盖率93%以上。

【畜牧业科技培训】 全年举办7期技术指导员培训班,培训技术指导员361人次。指导规模养殖大户56户。1月2日至20日,以朝阳川镇、小营镇、依兰镇、三道湾镇养殖户和防疫员为主,举办4次延吉市畜牧业技术推广培训,培训215人次。8月19日、8月20日、9月8日,延吉市动物卫生监督所先后在猪屠宰场、牛羊屠宰场和延边大学农学院举办3次检疫技能现场操作培训活动,邀请延边大学农学院教授现场解剖动物脏器组织,讲解动物疫病的临床症状和病理变化等业务知识。市动物卫生监督所、动物疫病预防控制中心和乡镇畜牧兽医站、村级防疫员等70余人参加培训。

【瘦肉精集中整治】 加强瘦肉精等违禁物品非法添加集中整治,与30家规模户签订《养殖场安全生产承诺书》,畜产品质量监管覆

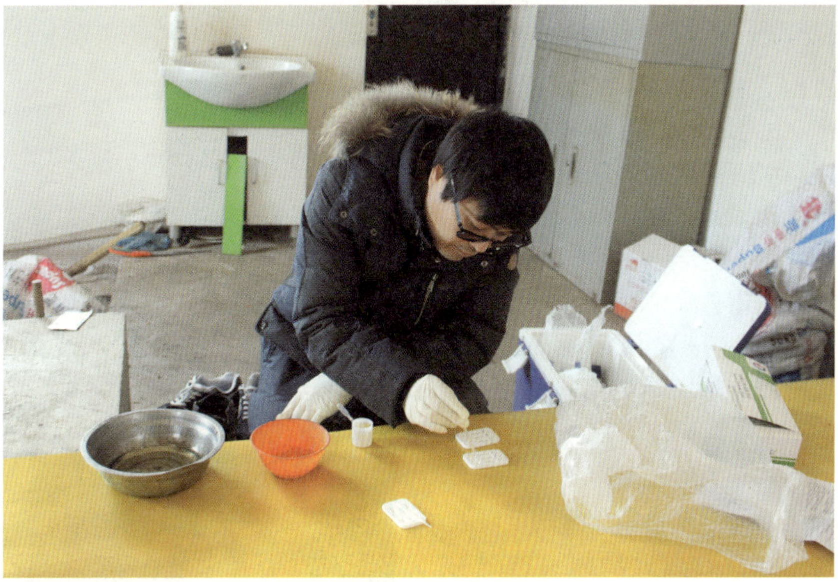

12月10日,检疫站工作人员进行瘦肉精抽样检测

(崔成峰 摄)

盖养殖各个环节。12月，检查养殖企业25家，抽尿样538份，监测合格数538份，合格率100%（瘦肉精三联）。

【畜牧业社会化服务】 与朝阳社区、延南学校、梨树村衔接“一包四”事宜，向社区和包保村负责人了解社（村）情民意，倾听群众心声，探讨发展良策，解决实际问题。结合“在职党员进社区”活动，局机关干部深入到社区开展2次义务劳动，参加3次社区组织的文体活动，为社区送去贫困户慰问金2000元，价值1400元的档案柜和办公用品；为延南小学学生送去2300多元学生用品；组织畜牧专家和畜牧兽医师，结合畜牧业技术推广体系建设，为梨树村农民召开养牛、养蜂技术培训班各1次，为梨树村委会送去1台电脑和办公桌。走访慰问朝阳社区贫困户并送去慰问金。

（吴 超）

水 利

【水利工程建设】 争取资金及项目建设。2015年争取各级水利建设资金3.5亿元，投资9212万元实施河道整治、水库加固、农田改造、饮水安全等19项涉及民生重大工程。

嘎呀河治理工程。投资2578万元修建嘎呀河治理工程（含布尔哈通河），延吉市朝阳川上段城市防洪工程等7项河道护岸项目，修建堤防8700米。

五道水库除险加固项目。投资1860万元实施五道水库除险加固项目收尾工程，消除水库安全隐患。

旱涝保收高标准农田建设示范重点县工程。投资4134万元实施旱涝保收高标准农田建设示范重点县工程等7项节水灌溉项目，改造4个镇灌溉渠道30.5千米。

农村饮水安全工程。投资417万元，实施延吉市2015年农村饮水安全项目，建23处农村饮水安全工程，解决3700名农村人口的饮水安全问题。

【防汛抗旱】 汛前检查水库、河道、塘坝、排洪沟等危险设施，维护和保养山洪灾害信息平台，确保防汛设施完好、设备有效、物资充足、保障有力。开展防汛抗旱宣传，向各镇、街道、社区、学校和山洪灾害危险区农户印制发放《山洪灾害防御知识宣传手册》1万份、《防汛知识手册》2000份，提高全民防汛意识。6月中旬，组织4个镇35个行政村开展2015年山洪灾害防御演练工作。

【河道管理】 维修保养布尔哈通河五座拦河坝及音乐喷泉，保证正常蓄水。每天派出保洁员50多人次，对两河（布尔哈通河和烟集河）两岸进行卫生保洁，各种垃圾日产日清，保持环境整洁。派出执法人员1800多人次，沿河两岸全天候巡逻，依法制止非法捕鱼、乱倒垃圾等违规行为。5月1日，音乐喷泉正式运行，每晚18点30分至20点30分对亲水广场、大型游乐场和青年创业街进行夜间巡逻，5月1日至10月7日音乐喷泉安全无事故运行160天。

【亲水广场清理整顿】 6月17日晚，延吉市水利局联合市城市管理行政执法局采取宣传教育形式清理整顿布尔哈通河亲水广场观景台处流动商贩。开展为期半个月整顿行动，向流动商贩警告，若再有发现违反《吉林省市政公用设施管理条例》对行为人处以暂扣商品并处500元至1000元罚金。巩固延吉创卫成果，保障市民休闲娱乐环境。

6月24日，延吉市召开2015年全市防汛抗旱工作会议

（水利局 提供）

【延吉市防汛抗旱工作会议】 6月24日，延吉市召开2015年防汛抗旱工作会议，贯彻落实省、州防汛抗旱工作会议精神，部署2015年延吉市防汛抗旱工作。会议要求，各级防汛抗旱责任人要立即上岗到位，全面履行职责，各防汛成员单位要严格执行24小时值班制度，加强应急值守，一旦市防汛指挥部发布防汛预警信号，要按规定及时启动应急响应机制，有关领导和责任人要迅速到岗到位，靠前指挥。要严肃防汛工作纪律，强化责任追究，做到令行禁止、政令畅通，巩固发展"协调配合、军民联防、社会参与"的防汛防旱工作良好局面。会上，延吉市与4个乡镇防汛抗旱负责人签订防汛抗旱工作责任状。

7月，延边州政协调研农村饮水安全情况 （水利局 提供）

【水资源管理】 贯彻实行水资源费有偿使用制度，加大水资源费征收力度，严把审批关，未批准新的取水申请；进行地下水动态监测、水质监测工作，完成枯水期、丰水期26个水质监测点采样工作和50个统测点监测工作。年初，通过省、州政府对延吉市2014年度落实最严格水资源管理制度考核；完成节水型社会建设试点工作，获"节水型社会建设示范区"称号；查处水资源案件6起，河道案件6起，执法检查11次，处罚金额4.5万元。

【水产渔政】 开展春季水产品质量安全专项行动，对全市典型养殖户、水产品批发市场、活鱼销售点进行专项检查；向延吉市渔业企业、渔民提供鱼病防治、渔药使用技术咨询服务10余次。争取补助资金10万元，在延河水库进行鱼苗投放；元旦、春节、"五一"、端午、中秋和"十一"等节假日进行专项检查，争取抽检名额，对全市主要水产市场、活鱼批发店、大型超市、水产养殖场所等进行抽检化验，完成34个抽检任务，确保水产品质量安全。与公安、工商等部门联合，对重点河段、重要市场进行检查，查获电捕器、违规网具89件。

【水土保持】 加强开发建设项目水土保持方案审批工作，完成水土保持方案审批36份；开展《中华人民共和国水土保持法》贯彻落实情况专项检查，对照《水保法》梳理水保工作各项工作，对延吉市吉泰房地产建筑工地等15处建筑工地进行水保检查，下发补报方案通知书2份。

【水库移民扶持】 开展移民群众技能培训，拓宽移民群众就业渠道，组织20名水库移民及子女进行驾驶技能培训；9月中旬，通过吉林省移民管理局稽查审计延吉市2012年至2014年度大中型水库移民后期扶持政策落实情况，做好后期扶持项目监测评估工作，为延吉市后期扶持项目建设起到指导作用。

【水库管理】 加强五道水库、延河水库安全运行管理，及时清理库区，打捞水面漂浮物，保证库区环境清洁和水质安全。加强工程巡护查险，观测分析大坝渗漏和浸润线变化情况，确保大坝安全。实施五道水库电厂增效扩容改造工程，发电能力提高。

（李 南）

商务

商务管理

【商务监管】 参加省、州商务综合行政执法培训班 7 人次，组织 20 名执法人员参加全市行政执法证换证培训学习。配合安监、质监、消防等部门对人员密集型商贸企业、成品油经营企业和涉氨制冷企业采取现场检查、联合检查、暗访等形式，加强对监管企业监督管理，通过走、听、看，提高指导企业业务水平。

【酒类商品流通监管】 开展酒类商品抽检工作。年初为保证全市人民在两节期间饮酒安全，对全市酒类流通市场部分酒类商品（重点是散装白酒、葡萄酒）进行抽样检验。被抽检酒类商品检验全部合格。利用“3·15”，开展消费维权宣传活动。现场设立真假酒辨别台、咨询台、资料发放台、举报投诉受理台，接待消费者咨询 30 人次、发放宣传资料 200 余份，让广大消费者增强辨别真假，提高自我权益保护的意识和能力。根据《关于调整市商务局相关职责等事项的通知》要求，将商务局承担的酒类流通监督管理职责划归市场监督管理局，同行划归执法人员 2 人。

【西市场改造】 延吉市西市场始建于 20 世纪 80 年代，是延边州人员最密集的商场。经过 30 多年历程，现有消防和安全设施远远达不到消防安全标准。8 月 19 日，市政府研究决定，由市政府投入资金对西市场进行整体改造，成立西市场改造工作领导小组，建立健全包保责任制，实现 12 个工作组与 3821 户业主“一对一”保包服务全覆盖，集中力量做好拆迁安置工作。改造期间政府统一安排，全部西市场业户临时安置到大千城。

【再生资源回收市场管理】 规范再生资源回收市场经营秩序，根据集散交易市场原有 65 个摊位和社区内设置 130 个回收亭基础上，配合延吉市安委会、爱委会、城管逐街逐巷进行检查。下达限期整改通知 16 份，口头警告 110 余次。出动检查人员 150 余人次，车辆 100 余台次，检查社区重点回收亭 70 个。

【商业预付卡管理】 巩固规范企业开展商业预付卡管理。按照《关于印发关于集中开展纠正“四风”

10 月 22 日，延吉市召开西市场改造协调对话会　　（李军广　摄）

系列行动的工作方案》通知，抽调2人参加全市纠正“四风”工作小组。检查延吉市委、市政府114个部门商业预付卡购买情况，未发现违规购买情况。

【成品油流通监管】　根据《关于调整市工业和信息化局的职责的通知》要求，2月5日，延吉市商务局接管全市成品油流通监督管理职能。职能接管后，走访并登记造册延吉市32家零售经营企业（中石油19家、中石化9家、个体4家）。对32户经营户进行统一年检换证。

【商务安全监管】　责成监管企业签订安全生产（消防）承诺书。针对延吉市市场服务中心西市分中心人员密集特点，联合市消防大队开展西市场消防安全救援演练。组织新世纪购物广场、百货大楼、乐佰家居、太东加油站等企业开展火灾疏散演练。加强对人员密集型场所重点监管企业进行归纳整理，制订商务系统监管企业详细名单，建立联系人制度。组织商务系统企业参加州、市安全生产工作培训和传达上级文件落实会议8次，迎接省、州、市领导检查督导组检查12次。出动检查人员235余人次，检查企业110家次，复查率100%，排查一般隐患56项，整改隐患54项，整改率96%。

（庚虎男）

9月10日，延吉市商务局参加西市场消防疏散演练　（庚虎男　摄）

物资储备

【储备系统监测】　为及时发现并有效控制市场异常波动，监测全市生活必需品市场，重点监测粮油、肉类、水产品、蛋品、蔬菜、豆制品、食糖、食盐和清洁卫生用品等生活必需品，根据居民生活消费需求变化及市场动态，做出相应分析、预测。监测及信息报送时间要严格按照《吉林省商品流通业市场运行监测报表制度》执行，以便及时了解和掌握农副产品批发市场、综合超市和其他商品销售场所生活必需品价格、供应变化情况。及时掌握早期发现的潜在隐患以及可能发生的市场异常波动。

【商品应急储备】　对重要生活必需品实行政府储备与政府支持下企业储备相结合储备方式。实行政府储备品种：粮食、食用油、食糖、肉类、食盐。其他重要生活必需品实行政府支持下的企业储备。政府确定生活必需品（蔬菜、方便面、矿泉水等）储备的品种及数量，由市商务局负责委托相关企业代理储备。发生应急情况时，企业要保证代储物资及时足额供应，对按指定价格和定向渠道销售商品实行市场结算，对按政府指定价格（低于约定价格）销售的亏损部分由财政在应急终止后核定补贴。

【重点联系企业储备】　延吉百货大楼储备食盐、饼干、方便面、矿泉水、奶粉、毛巾被、雨衣、净水器、清洁用品、应急灯、手电筒、蜡烛、打火机、干电池；大商集团延吉千盛购物广场储备食盐、饼干、方便面、矿泉水、奶粉、毛巾被、雨衣、净水器、清洁用品、应急灯、手电筒、蜡烛、打火机、干电池；吉林省延吉国储库储备大米、面粉、食用油；延吉市韩吉牧业储备活猪储备；延边畜牧开发总公司储备牛、羊肉储备；延边仁和禽类有限公司储备禽、蛋；延吉市华隆卫生消毒储备卫生消毒用品储备。

（庚虎男）

商贸流通

【概况】　2015年，延吉市社会消费品总额完成226.32亿元，增长

8 月 21 日，延吉市商务局领导到千盛购物广场调研检查

（庚虎男 摄）

9.7%；有各类商业网点 3 万个，营业面积超 300 万平方米；限额以上企业总数 174 家。联合“两区”、统计、工商、税务、药监、旅游、文(化)广(播)新(闻)等部门建立统计工作联运机制。申请突出贡献商贸流通企业奖励资金 160 万元，对延吉百货大楼股份有限公司等 32 家流通领域纳税大户予以奖励。根据《关于突出发展民营经济实施办法》，确保延吉市商贸流通企业持续健康发展，对升级为限额以上企业，每家一次性给予 5000 元中小企业和民营经济发展专项资金补助。

【促进消费】 2015 年，以为民、便民、惠民和扩大消费为目的，以全市百货、超市、汽车、家电、家居、餐饮等行业为主开展“惠民生、扩消费、保增长”促销活动，全年促销场次 83 次，实现促销金额 5.2 亿元。

【商务流通企业培育】 培育并做大做强商务流通企业，限上企业 172 户，实现社销总额 63.4 亿元，占全市社销总额 40%。为促进商务流通跨越发展，适应商务发展新常态，争取吉林省城乡市场流通发展引导资金项目 61 万元，其中农村电子商务试点市补助资金 50 万元，大力开展农村消费市场。

【延吉百货大楼百利城投入运营】 9 月 20 日，经过三年建设，延吉百货大楼百利城正式开业，是延边州建成的第一家集休闲、娱乐、购物为一体的大型体验式购物中心。百利城项目总建筑面积 10 万平方米，总投资 9.6 亿元。其功能性配比占整体面积 65%，引进 112 个轻奢品牌和青春时尚潮牌，引进影院、健身、餐饮、儿童游乐场等休闲娱乐品牌，拥有地下 1~3 层的 723 个停车位。百利城购物中心、城市休闲广场、时尚商业步行街、大型停车场与已有的百货大楼融为一体，总面积超过 20 万平方米。

（庚虎男）

电子商务

【电子商务示范基地项目】 以电子商务示范基地项目为核心，加强产业集聚。2015 年，延边新兴工业集中区和延吉高新技术开发区分别被评为省级电子商务示范基地，延吉市通过发挥两区企业集聚效应，扩大产业规模，完善产业

延吉百利城购物中心内景 （李军广 摄）

链条,提高服务水平。

延边新兴工业集中区启动延边东北亚跨境电子商务总部基地项目,建设电商产业园,引进知名电子商务企业。延边喜开跨境电商产业园是延吉市最大的跨境产业园,成为一个集商务办公、产品展示、在线交易、仓储物流、人才培训、技术交流等多功能中韩跨境电商综合性服务平台。中国医药集团是由国务院国资委直接管理的中国规模最大、产业链最全、综合实力最强的医药健康产业集团。旗下国药(延边)电子商务有限公司落户工业区。年销售额10亿元,实现税收1亿元。

延吉高新技术产业开发区把发展电子商务产业作为优化经济结构、推动经济转型升级一项重要工作,全力推进延吉空港海关快件监管中心、延吉电子商务大厦、智能仓配一体化中心、O2O(即On line To Offline在线离线/线上到线下,是指将线下商务机会与互联网结合,让互联网成为线下交易平台)线下体验展示馆等多个电子商务项目建设,加强服务外包、软件开发、大数据应用、互联网金融等产业融合。区内有电子商务相关企业40余家,2015年实现网络销售18亿元,形成较为完整电子商务产业链条。

【电子商务进农村综合示范项目】 全面提升城乡电子商务发展水平。2015年,延吉市被商务部、财政部评为电子商务进农村示范县(市),依托"五大项目建设"推进电子商务进农村综合示范工程。电子商务运营中心建设,延吉市电子商务公共服务中心设立在延吉市电商大厦,负责统领农村电子商务各项工作。村级服务站建设,本着资源利用,便民惠民原则,建设66个村级(社区)服务站,实现农村网点全覆盖,为农村居民提供便捷网购通道及农产品上行服务。物流体系建设,分别在高新区及工业区建设集配仓储中心,通过补贴形式鼓励农村物流配送,优化延吉市城乡物流网络,打通城乡物流阻隔。电子商务进农村培训,通过与知名电商培训机构合作,线上线下同步开展电子商务进农村系列培训。品牌培育和质量保障体系建设,从农产品源头开始,通过环境监测、视频影像等形式开展产品溯源,引导企业加强品牌意识,提高产品标准化程度,挖掘产品的网络营销特质,推广延吉特色品牌。

【跨境电子商务】 打造国际化外向型边贸城市。延吉是图们江地区人流、物流、资金流、信息流和技术流高度集中区,是中国东北地区外向度最高、经济发展最为活跃的边贸城市,跨境电商蓄势待发。以延吉高新区空港海关快件监管中心提供通关支持。每天进港快件27吨,每年100万件以上,年跨境贸易额10亿元人民币。快件监管中心投入使用,结束以往延边地区国际快件只能在沈阳、大连等设有海关快件监管中心的异地口岸通关历史,实现货品从海外直接运达延吉,大大减少快件运送时间和物流成本。由本地跨境电子商务平台提供跨境交易支持。工业集中区内中韩跨境交易网络平台"喜开网",是东北地区唯一中韩跨境电商交易平台,有韩国13个城市一千多家企业和国内1万多家企业进行在线交易,在美国、韩国建立海外仓,2015年,促成网络交易额2亿美元。

【电商配套体系建设】 提高电子商务服务水平。支持入住高新区农村商业银行、建设银行等金融机构参与电子商务支付体系;延边农商行为小微企业量身定做微贷中心,专为延吉市小商户,小微企业及电子商务企业提供无抵押贷款。提供金融支持。完善物流配送体系。全市有22家快递公司,140余个快递网点,实现延吉市快递网络全覆盖,解决电子商务物流配送"最后一公里"问题。开展普及性电子商务培训,与延边大学、清华大学国家服务外包人力资源研究院、吉林万和电子商务培训学校、延边职业技术学院、延吉市技工学校建立合作关系,对返乡创业青年、电商从业人员、政府企业管理人员进行普及性电商培训,构成本科、专科、中高职多层次电商人才梯队。延吉市通过智慧城市项目建设,实现城乡网络覆盖率100%,互联网宽带接入用户30万户,互联网普及率60%,远超过全国平均水平。

【企业信息化】 电子商务应用不断普及。大型企业信息化程度提高,品牌化意识增强。企业利用信息技术实现产品网上交易,提高网络集中采购水平和透明化程度,供应链管理水平不断提高。以延吉百货、百利城购物广场、千盛购物广场为代表的商贸流通业,逐步转变运营模式,探索线上线下协同发展。2015年,大商集团延吉千盛购物广场有限公司通过进行实体零售店转型升级,依托大商集团旗下电子商务平台—天狗网，实现1000万元网络销售，被评为吉林省电子商务示范企业。延吉北本电器有限公司通过开展B2B网络批发业务，实现网络销售额1.2亿元。生产加工业加快调整产业结构，提高品牌意识，以延边烟草公司、金刚山食品、紫鑫医药、佳禾米业为代表生产企业逐步开始组建电子商务运营团队，打造延边特色品牌，拓展网络购销渠道。2015年，吉林省烟草延边分公司通过国家烟草网上订购系统，实现15亿元线上销售。延边金刚山食品有限公司网上销售额500万元。中小企业电子商务应用不断普及。延吉市政府鼓励中小企业融入龙头企业电子商务购销体系，引导中小企业应用第三方电子商务平台，开展在线销售、采购等活动。延吉入驻淘宝商铺有2000余家，入驻慧聪网商铺有800余家。延边海迪科技有限公司旗下的婴桃树品牌，经过2年多迅速发展，生鲜果蔬年销售额500万元。延边小林仙食品有限公司的“小林仙”蓝莓干始终在“淘宝网”全网销售排名第一，仅在“双十一”当天，销量8000件，交易额50多万元。延吉市餐饮服务业、社区商业、物业、家政等服务业通过开展O2O营销模式，为市民提供更为舒适的服务体验，餐饮娱乐业全年O2O网上零售额超过5000万元。

【商超对接会】 12月7日，“邮乐购”（由中国邮政与TOM集团携手，是一个结合高端线上网购和线下零售于一体的独特创新购物服务平台）电子商务对接会在延边白山大厦举行。此次与上海邮乐网络技术有限公司和延边邮政联合举办电子商务对接会，依托邮政“邮乐购”品牌，“邮掌柜”系统，发挥邮政网络优势，实现网络代购、便民服务、网络批销、线上下单、线下配送等协同发展的居民生活电子商务生态链。16个供方企业与延吉市各商品超级市场业主展开对接，洽谈合作。可口可乐、雪碧、达利园、联合利华等16个厂家20多个品牌千余种商品在对接会现场展出。供方企业向业主详细介绍各自产品优势和良好品质。商品超级市场业主现场体验商品，在洽谈区与供方企业负责人进行一对一沟通交流，洽谈合作订货事宜。会后，可在“邮掌柜”客户端实现网络追单和后续线上合作。对接会成交金额162万元。

（庚虎男）

12月7日，由上海邮乐网络技术有限公司、延吉市商务局主办，延边邮政承办的“邮乐购”电子商务对接会在延吉市白山大厦举行

（邮政局 提供）

商务会展

【概况】 延吉国际会展·艺术中心（简称会展中心）占地2.1万平方米，总建筑面积1.38万平方米。是集展览、商贸、会议、科技、信息、旅游、娱乐为一体的多功能活动中心。内设3个机构，办公室、艺术部、会展部。

2015年，会展中心主办、承办、协办各类展会40次，专业展17次。主要包括冬季车展、“329工厂直通车”家电展示会、第二届户外节、动漫展、美容美发展、延边好家居联盟展、第八届2015年港澳服饰折扣商品（延吉站）直销展、第二届民博会、第二届幸福装修日（延吉站）北大建材展、第三届家居建材惠民工程采购大会。

【延吉第二届户外用品装备展】 4月24日，延吉第二届户外用品装备展在会展中心正式开幕，22家商户参展，观展市民1万余人。展会以“全民户外运动”为主题，展示优势资源，引领社会各界人士参加户外运动及健身、协同各行业各商家共同发展户外运动事业，打造

会展中心楼体外观　（会展中心　提供）

集展示、交流、体验、洽谈、采购等功能为一体的平台和载体。

【第二届中国(延吉)民间艺术博览会】 8月3日,第二届中国(延吉)民间艺术博览会正式开幕,设380个展位，其中展销展位202个、展示展位178个。展会以根雕、紫砂、珠宝、奇石等9大类民间艺术品为主要展品种类,推广、传播民间艺术,其间,邀请中央电视台《寻宝》栏目著名专家单国强、荆治中亲临民博会现场,为延吉百姓免费鉴宝。

【第三届家装建材文化节】 6月26日，延吉市第三届家装建材文化节暨惠民工程采购大会在会展中心举行，行业内30个一线品牌和延边知名装饰公司参加展会。让广大市民对家装企业、居住文化和环保装修了解和认识,打造延吉舒适居住生活环境新理念。

【年终钜惠汽车展】 12月19日至12月23日，在延边宏炜汽贸城举办“2015第二届年终钜惠汽车展”。展会由延吉市商务局主办,延吉市贸促会、延吉市工商联汽车商会、延边宏炜汽车贸易有限公司、《延边晨报》、延广交通文艺台承办,延吉市交通局、延吉市城市管理行政执法局、延吉市工商行政管理局、延吉市国家税务局、延吉市地方税务局、延吉市公安局、延吉市工商联协办,《延边日报》、延边新闻台、延边电视台、延边电视台经济文化频道、延边信息港、延吉市电视台、延吉市交通之声广播电台等单位提供支持。

【第十二届延吉春季汽车展】 4月25日至4月29日，在延边宏炜汽贸城举办“2015第十二届延吉春季汽车展”。此次展会由延吉市政府主办,延吉市贸促会、延吉市工商联汽车商会、延边宏炜汽车贸易有限公司承办，延吉市商务局、延吉市交通局、延吉市城市管理行政执法局、延吉市工商行政管理局、延吉市国家税务局、延吉市地方税务局、延吉市公安局、延吉市工商联、《延边晨报》协力,《延边日报》、延边新闻台、延边电视台、延边电视台经济文化频道、延边信息港、延吉市电视台、延广交通文艺台、延边新闻广播、延边旅游生活台、分众传媒、星空快讯、延边车网等单位提供支持。

【第十二届延吉秋季汽车展】 9月19日至9月23日，在延边宏炜汽贸城举办“2015第十三届延吉秋季汽车展”。展会由延吉市人民政府主办,延吉市贸促会、延吉市工商联汽车商会、延边宏炜汽车贸易有限公司承办，延吉市商务局、延吉市交通运输局、延吉市公安局、延吉市城市管理行政执法局、延吉市市场监督管理局、延吉市建设局、延吉市国家税务局、延吉市地方税务局、延吉市工商联、《延边晨报》协力,《延边日报》、延边新闻台、延边电视台、延边电视台经济文化频道、延边信息港、延吉市电视台、延广交通文艺台、延边新闻广播、延边旅游生活台、分众传媒、星空快讯、延边车网等单位提供支持。

（张　莹）

餐饮服务

【概况】 延吉市餐饮业结构以民族特色餐饮为主，本地民俗餐饮与外来餐饮文化相融。延吉市餐饮商业网点6857家，比2014年增长29%，从业人员4.6万人,增长4%。2015年，全市餐饮收入46.60亿元,增长17.9%,占社会消费品零售总额20.6%。

（庚虎男）

2015 年延吉市重点餐饮企业一览表

序号	名称	地址	电话
1	延边威远实业有限公司大连海润美食城	朝阳街	0433-2535807
2	延吉金达莱民族餐饮有限责任公司	河南街与长白山路交汇处	04335087119
3	延吉友谊有限公司考世茂饭店	新兴街 788	0433-2917828
4	延边兴豆餐饮有限公司	海兰路与新兴街交汇处东侧	0433-2515371
5	延吉市丰茂餐饮有限公司	延吉市信息产业园 4 楼	0433-2738288
6	延吉市百年石锅	局子街(近黄金公司)	0433-2563888
7	延吉市牛犁烧烤城	天池路 2088 号	13029088181
8	延吉市天池画图明太屋	河南街天池路	13624337374
9	延吉市满多楼饭店	新华街 57-9	0433-2539222
10	延吉市村林黑猪肉饭店	河南街新园公寓 105 栋	15844339848
11	延吉市爱丹釜山石锅饭店	参花街与爱丹路交汇处北侧	0433-2564477
12	延吉市国府肥牛	天池路与长河街交汇处西侧	0433-5008282
13	延吉市海兰江民俗宫饭店	华美胡同与新华街交汇处	0433-2558235
14	延吉市宏野肥牛火锅城	局子街 2569 号	0433-3344999
15	延吉市君鼎李朝饭店	爱丹路中友大厦对面 3 楼	0433-2567377
16	延吉市考丽亚饭店	友谊路 118 国际饭店 2 层	04332541988
17	延吉市纽考阿餐饮有限公司	信息产业园 4 楼	0433-2738288
18	延吉市梅花狗肉馆	人民路 1860 号	0433-2368421
19	延吉市艺林烧烤城	军民路与青杨街交汇处西侧	0433-2587738
20	延吉川俞竹苑餐饮	新华街中国农业银行北侧	13009081693
21	延吉市吉韵小厨	朝阳街人民路 175 号	0433-2439999
22	延吉市重庆德庄火锅	友谊路与进学街交汇处大洲运动城 4 层	0433-2530999
23	延吉市服务大楼冷面	局子街与爱丹路交汇处北侧	0433-2555577
24	延吉市全州拌饭	参花路 142 号	0433-2514297

（庾虎男）

供销合作

【概况】 2015 年，延吉市供销社围绕服务“三农”，助农增收工作重心，强化为农服务基础，加强农村社会化服务体系建设，创新组织体系和服务机制，在促进农业产业发展、服务农民生产生活、推进项目建设等各项工作上取得进展。主要经济目标全部完成，实现商品销售总额 7802 万元，完成年计划 100%；实现利润总额 55 万元，完成年计划 100%；招商引资到位资金 2.42 亿元，完成年计划 110%；固定资产 1.23 亿元，完成年计划 102%。

【农资供应】 增加农资供应量和壮大经销户，帮助社属企业筹措资金，投资 100 万元引进建设掺混肥先进生产线，生产掺混肥近 4000 吨，添补延吉市掺混肥市场缺口，满足农民备耕生产需求。采取灵活多样销售方式确保供应，充分发挥农资配送中心、农资直营店、农资连锁加盟店和村级综合服务社等服务功能，开展预约订货、送货上门服务、指导农民科学配方施肥等便民措施，保障春耕农资供应，确保全市在最佳节令完成春耕生产任务。销售化肥 2 万吨，二铵 3000 吨；40%~60%复合肥 1.1 万吨；钾肥 1000 吨；尿素 5000 吨；销售农药25吨。

【农村合作经济组织建设】 提高农产品经纪人的组织化程度，帮助从业人员提升专业技能。举办1期农产品经纪人培训，提升农产品经纪人队伍素质，促进农业增效和农民增收；组织人员参加延边州供销社举办各类培训班。加强专业合作社规范化建设，新增延吉市林天种植专业合作社、延吉市北疆种植专业合作社2家，延吉市光兴种植专业农场1家。推进基层社改造，通过吸收社会资本，成立延吉市诚信农用物资有限公司(原依兰镇供销社)。

6月18日，延吉市朝阳川供销社为村民讲解灭火器使用方法

（金燕丹 摄）

【供销项目建设】 针对实情，做好项目建设统筹规划，重点推进延边诚信农用物资有限公司投资100万元扩建项目，争取全国总社项目资金和省社改革发展资金，争取系统外项目资金，壮大供销社所属企业实力，提高社属企业带动能力。加强“新网工程”建设。为促进城乡流通，实现乡村无缝覆盖，采取品牌经营、优质优价、连锁代理、送货到户等办法，加强供销网络建设，增强供销配送功能，保障商品供应和农村需求，建设农资物流配送中心，占地面积5万平方米，投资资金1亿元。

【供销安全生产】 突出重点，加强日常安全督察，结合供销社系统行业特点，落实行业管理和监督职责，加大排查力度，构建隐患排查无漏洞天网，确保隐患排查全覆盖、无缝隙、无死角、无漏项。对已经出现问题要做到一清二楚，做到防微杜渐、防患于未然。进行安全生产检查10余次，在朝阳川供销社开展1次消防演练，确保全系统未发生任何安全生产事故。强化责任、落实到人，年初，与社属企业及基层社签订安全生产责任状。

（韩玉姬）

粮食购销

【概况】 2015年，延吉市粮食局完善全市粮食宏观调控体系，依

2015年延吉市名牌粮油企业产品一览表

单位	品牌产品	地址
延吉市延旭粮食加工厂	延旭牌大米	小营镇
吉林众鑫绿色米业集团有限公司延边分公司	平岗牌大米	光华路5号
延边绿色食品加工有限公司	天宫牌大米	朝阳川镇朝阳路23号
延边佳禾米业有限公司	延田牌大米	飞行路888号
延边白力王面业有限公司	白力王牌面粉	飞行路888号
延吉市锦城豆油加工厂	锦城牌豆油	依兰镇台岩村
延边阿拉里食品有限公司	阿拉里牌面条	公园路园西胡同168号

（刘淑苗）

据《粮食流通管理条例》和《粮食流通监督检查暂行办法》,加强粮食流通监督和管理。加强应急能力建设,做好保供稳价工作。全年完成招商到位资金 3.08 亿元。固定资产投资全年完成 1.20 亿元,完成计划 100%。

【粮油安全生产】 根据省、州粮食局和市安监局工作统一部署,粮食局开展粮食行业生产领域查隐患、除隐患、防事故专项行动,着重检查国有粮食企业安全生产责任建设情况以及各项安全生产制度建立和执行情况。粮食生产企业各项安全生产制度能落实执行,延吉市国有粮食企业能够有效防范生产事故发生。

【粮食应急能力建设】 修改完善《延吉市粮油应急预案》,明确责任落实,确保预案可操作性,按照"政府主导、部门运作、财政补贴、企业供货"原则,与延边佳禾米业有限公司和吉林丰正大豆食品有限公司签订 2335 吨大米和 233.5 吨大豆油应急动态储备协议。使延吉市在国有控股粮食经营企业空白情况下,建立供应全市人口 10 天粮油量应急动态储备体系,增强保障供应、稳定粮价物质基础。不定期对这两家企业库存数量、质量进行监督检查,确保应急粮油储备安全。

【粮食科普宣传】 做好《粮食流通管理条例》颁布实施 11 周年宣传工作,5 月 20 日,在延吉青年广场,围绕"爱粮节粮、健康消费,粮食科普进家庭进学校"主题,以粮食科普知识进校园、进社区、进家庭、进军营、进乡村为载体,开展

5 月 20 日,延吉市粮食局在时代广场开展粮食科技周宣传活动

(粮食局 提供)

粮食科学普及活动,发放宣传资料 2000 多份,制作 25 块展板,现场解答问题。普及爱粮节粮、膳食平衡、合理营养、科学消费知识。

【粮油市场执法检查】 秋粮收购期间,组织人员出动 150 余人次,车辆 60 余次,对粮食收购企业、收购点进行监督检查。从检查情况来看,延吉市粮食收购能严格执行国家粮食收购政策,执行粮食收购公示制度,没有出现损害售粮户利益行为。按照国家发展和改革委员会、国家粮食局、财政部、中国农业发展银行等文件要求,安排两名检验员,分批参加全省粮食库存检查工作,历时 21 天,对 5 个地区 44 个粮库进行检查。

【安全储粮】 为促进农民增收,根据农民需求,2015 年筹建 700 套"科学储粮仓"。争取中央和省级财政资金 165.1 万元、县市配套资金 58.9 万元。700 套农户科学储粮仓送到农户手里,为农民科学储量减少粮食损失发挥作用。

【放心粮油工程】 推进放心粮油工程,发挥延吉市粮食行业协会作用,向吉林省、延边州推荐延吉市名优企业和名牌产品。参加全省放心粮油示范加工企业称号评选活动,通过初审、复审,2015 年延吉市民营企业(白力王面粉)评为省级名优企业。

【军粮供应】 要求军粮供应站坚持强化军粮质量意识,保证让部队官兵吃上放心粮油。为保证产品质量,军供粮油指定品牌产品,使用专用包装和标识,建立军粮质量三级检验制度,坚持每批必检,在粮源采购、加工、包装、出入仓库、运输和销售等环节上严格把关。无偿为部队送粮到前哨 30 多次,占供应总量 95%以上,满足战士品味进行品种串换,串换数量占供应总量 3%以上。

(刘淑苗)

烟草专卖

【概况】 延边州烟草专卖局（公司）是依据《中华人民共和国烟草专卖法》对全州烟草专卖品的种植、销售实行行政管理和监督职能部门。下辖敦化、珲春、和龙、龙井、图们、汪清、安图7个县级局（分公司）和敦化、和龙、龙井、汪清4个烟叶生产管理部。2015年，全局（公司）在岗员工528人，朝鲜族员工占总员工总数32%，党员占职工49%。州局（公司）班子成员6人，内设20个科（室）、中心，一个金叶公司。全州卷烟零售商户9065户。

【卷烟经营】 抓住“税利保增长”核心目标，从货源供应、品牌整合、销售调度等环节，全面向提结构和增效益方向倾斜，重点品牌市场基础牢固，细支烟增长强劲，企业效益有所提升。加大地产卷烟培育，长白山（777）市场反响良好，在全部二类卷烟销量中排名第三。现代零售终端建设持续推进，延边州有932户客户完成功能终端建设，占全州商户9.8%。提税顺价工作平稳过渡、市场化取向改革全面启动、卷烟物流非法人实体化运作工作稳步推进、物流精益管理显著增强，完成纸箱回收、托盘联运等重点工作。2015年，全州总销卷烟7.95万箱，占年计划100.01%，比2014年减销2370箱，下降2.89%。一、二类卷烟销售1.77万箱，占总销比重22.27%，提高1.31个百分点，实现销售收入15.18亿元，下降0.11%，单箱销售收入（含税）2.23万元，增长3.11%，实现税利3.67亿元，增长20.01%。下属延边金叶有限责任公司（全州零售连锁店），全年实现销售收入3325万元，下降6.2%，实现税利416万元。

【烟叶生产】 落实烤烟种植面积2340公顷，签订种植收购合同1508份，涉及23个种烟乡镇、111个种烟村、1508家种烟户，户均面积1.53公顷，完成烤烟收购11.8万担，占年度计划100%，上等烟比例52.64%，比2014年提高4.22%。全年实现销售收入3.70亿元，下降0.86%，实现税利1.76亿元，增长15.54%。保证烟农利益，每千克烤烟收购均价25.56元，增加1.5元，提高6.23%。发展科技种烟，优质烟叶生产规范化技术得到推广和普及。蚜茧蜂防治蚜虫技术得到应用，全州放蜂面积1260公顷，占总种植面积54%，生物防治效果通过国家局专家组验收。

完成全国基准样品送审工作，在郑州召开的全国基准样品审定会上，代表吉林省送审3套34个烤烟等级样品，全部通过终审。组织实施科技创新工作，“吉林省低焦低害烟叶技术研究与开发”“推广蚜茧蜂防治蚜虫技术的应用研究”“吉林省晒黄烟品种及栽培调制技术引进与推广应用研究”“烤烟简易卸烟器研制”等省级科研项目取得阶段性成果。稳步推进专业化分级散叶收购工作，新建收购线1条、改扩建5条，组织培训专业分级队员366人以上，全州专业化分级散叶收购2.5万担，分级效率每人日挑选量120千克至140千克。充分利用烟叶基础设施，拓宽烟农增收渠道。在反复咨询论证和研究基础上，选择辣椒、角瓜子两个项目作为延边综合利用项目上报省局（公司）立项并组织实施。

【烟草专卖管理】 查办涉烟违法案件92起，查获违法卷烟215万支，破获较大规模的走私烟网络案件2起，依法判处有期徒刑5人，批准逮捕2人，上网追逃2人，取

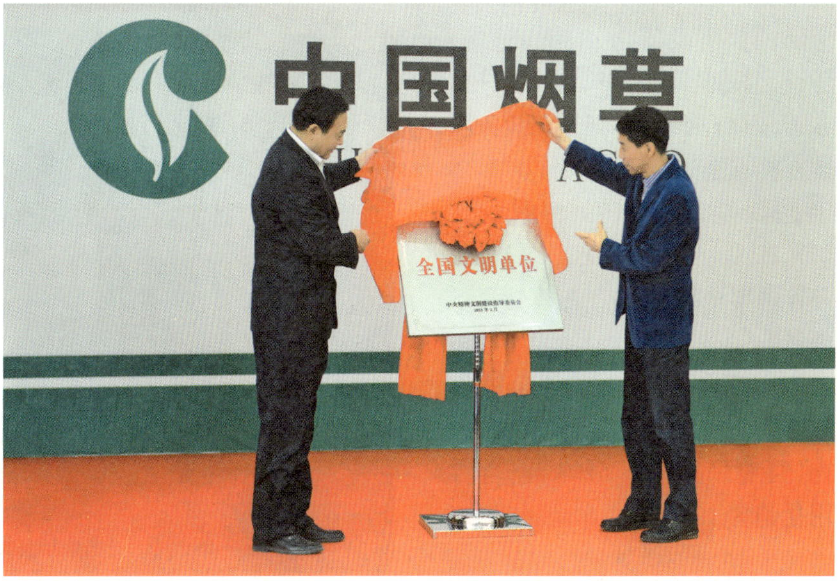

4月23日，延边州烟草专卖局（公司）举行“全国文明单位”揭牌仪式
（王剑锋　摄）

保候审 7 人。珲春市局查办“8·5”案件,破获横跨三地市涉案百余万元重大案件,当场查获朝鲜走私卷烟 50 万支。汪清县局从历年违法网络案件中提炼有价值线索,最终查清违法网络架构,查获一起涉案金额高达 170 余万元重大走私朝鲜卷烟案件。延边州烟草专卖局“10·7”案件,直接案值 30 余万元,总涉案金额 60 余万元,保证全州卷烟市场规范、有序、受控、干净。加强全州烟叶收购工作监管,确保收购期间良好秩序。充分利用“3·15”“6·29”“12·4”等宣传日,组织开展社会宣传,维护消费者权益。

(王剑锋)

盐务管理

【概况】 延边州盐务管理局位于延吉市建工街 48 号与吉林盐业集团延边有限公司合署办公,承担着盐业市场管理和食盐供应任务。公司内设办公室、财务部、盐政科、生产部、党办、检测站 6 个部门。下设敦化、安图、和龙、汪清、图们、珲春 6 个县(市)盐务管理局(公司)。延边州盐务局被吉林省盐务管理局评选为“2015 年度盐政管理先进单位”,由大勇、李光日、张法刚、周景龙被吉林省盐务管理局评选为“2015 年度盐政管理先进个人”。

2015 年,全州商品盐销售 1.50 万吨,民用食盐销售 7606 吨,行业用盐销售 6203 吨,畜牧用盐销售 1246 吨。

【盐业市场管理】 开展“两节”期间市场清查整顿专项行动。下发《关于加强节日期间食盐市场管理工作的通知》,加大对邻省边界、行业用户及各大批发市场、早市、集市、餐饮业检查力度,防止假冒伪劣盐流入民用食盐市场,确保“两节”期间民用食盐市场健康、稳定、有序。开展春秋两季清查行动,有效加强市场监管。结合延边地区盐业市场实际情况,分别于 5 月和 10 月开展春秋两季盐业市场清查整顿行动。在行动中,各县(市)局都按地区要求,把稽查重点放在下酱户、腌制户、饲料加工厂和边界市场上。各单位提前赶在下酱期和腌菜期前进入到乡村农户和商家进行检查宣传。重点检查商店有无大包装盐和假冒小包装食盐行为。全面检查饲料厂和大型养殖场,重点检查饲料加工企业是否购进饲料添加剂氯化钠违法行为,规范盐政执法工作。

【打击假冒小包装食盐违法行为】 针对吉林省乃至全国假冒小包装食盐违法行为猖獗形势,根据省集团公司文件指示精神,7 月初,延边地区组织发起“严厉打击假冒小包装食盐违法行为清查整顿行动”。在行动中,全州各盐务局主动向当地政府进行汇报当前盐业所面临严峻形势。与食安办、食药监、公安、工商、质监等相关单位配合,由盐务局牵头确定市场检查重点,对市场进行检查,防止延边地区出现食盐安全问题。与延边州公安治安支队和延吉市治安大队成立联合检查组,重点对城乡接合部、客运站、农贸市场、有过违法行为重点商户以及饲料加工厂进行检查和宣传,检查中没有发现假冒小包装食盐和饲料添加剂氯化钠违法案件。

【边界市场检查行动】 6 月,针对延边地区与黑龙江省接触点较多实际情况,州稽查支队在主管局长带领下,检查存在省际边界的敦化雁鸣湖镇、汪清春阳镇、罗子沟镇、复兴镇以及珲春春化镇等区域村屯。在汪清复兴镇四道村一个商店里发现黑龙江省小包装食盐,在全州市场分析会上给予

3 月 15 日,盐务管理局在延吉市时代广场开展“3·15”国际消费者权益日宣传咨询服务活动 (张 萍 摄)

通报批评。

【行业用盐市场整顿】　严格审批制度，检查与审批分离外，采取逆向整顿行业用盐市场方法，走访消费终端。根据审批情况，稽查人员严格执行跟踪、检查、走访制度。走访检查行业用户辐射的居民及盐罐子。防止行业用户多购、套购，冲销民用食盐市场。延边地区全年出动人员3507次，出动车量1182次，发放宣传单1.57万张，发放举报卡4220张。

【盐政宣传】　增强宣传力度。配合地方政府进行“3·15”消费者权益日宣传。利用“5·15”碘缺乏病宣传日进行集中宣传。为了解决延边市场面临主要问题——韩国盐案件和过境盐案件较多现状，5月，州盐务局多次主动加强与州食安办、州公安局、州食药监局沟通和协调，召开四局联席会议，联合发布《确保食用盐安全的通告》，引起商家重视，警示涉盐违法行为。针对北京和江苏警方查获2万吨假盐案，主管盐政副局长与州委宣传部进行汇报沟通，将省集团公司统一制发的宣传清样，在《延边日报》《延边晨报》、延边广播电台、政府网站等媒体上发出通稿。在检查的同时，到饭店和乡村进行宣传，让更多人了解掌握食盐加碘知识。

【食盐储备管理】　严格执行吉林盐务集团下达的计划指标及规定的品种和数量使品种齐全，结构合理。全州储备盐业指标2440吨，精制盐指标980吨，粉洗盐指标1460吨，全州实现储备盐2473吨，精制盐8792吨。粉洗盐1594

5月15日，盐务管理局在延边医院门前开展第22个防治碘缺乏病日宣传活动　（张　萍　摄）

吨，储备盐指标运行情况良好。

（张　萍）

石油销售

【概况】　延吉经营处隶属中国石油天然气股份有限公司吉林延边销售分公司，位于延吉市延龙路1156号。主要负责延吉市行政区划内企事业单位、社会团体及其他各种型号成品油、润滑油供应工作，提供便利店购物、汽车服务等增值业务。经营处下设3个综合办公室，下辖20座加油站，1座对外租赁。资产型加油站16座，租赁加油站4座。在岗员工178人。2015年，被中国石油吉林销售公司授予“先进集体”称号，被中国石油吉林延边销售分公司授予2015年度纯枪非油“特殊贡献单位”和2015年“保后路增份额增纯枪增效益先进单位”称号。

2015年，成品油销售总量实现11万吨，销售收入实现7亿元，实现利税720万元。非油品业务实现销售额1000万元。

【加油站管理】　严格执行《加油站管理规范》，所属加油站统一“一个规范、一套标准、一种模式”。强化加油站包括优质服务、站容站貌、安全操作、设备管理、资金和库存商品、账表簿册等方面工作规范化管理和稽查力度，全面提升加油站科学化、制度化和规范化管理；开展社会监督工作，设立“95504”客户服务中心，密切与客户之间联系，树立品牌形象；4月，举办延吉经营处首届加油站岗位技能比武大赛。77名站经理、核算员、计量员、发卡员、收银员、班组长、加油员7个岗位选手参加大赛，大赛决出两个团体第一名，各岗位分别产生前2名，对获得加油、收银、发卡3个岗位员工授予“金牌”称号，提高员工技能水平。推进标准站建设和达标创星工作。2015年，省级

3 月，延吉经营处所属加油站开展“惠农送油下乡”活动

（延吉经营处 提供）

精品标杆示范站 1 座，省级精品示范站 2 座，五星级加油站 5 座，四星级加油站 2 座，三星级加油站 4 座。

【石油安全管理】 按照中国石油 HSE 体系管理要求，严格落实领导干部安全包保责任制度，完善《加油站突发事件应急预案》。持续开展“三违”行为稽查整改，严查重处三违单位和责任人；组织大型应急预案实战演练 2 次，加油站应急预案演练常年开展，提高全员安全防范意识，增强员工处置突发事件和自防自救能力；组织安全大检查 12 次，覆盖面 100%。加大重点部位巡查频次和重点岗位监督，对查找出安全隐患 100%整改；加快推进 ISO 9000 质量管理体系建设和内部控制体系建设，强化对内部控制关键点检查和整改，每月对加油站库存商品盘点进行全方位监督检查；实行公务和流动加油车辆统一管理，加强驾驶员安全教育，全年无任何安全等级事故发生。

【非油业务管理】 强化加油站便利店进货、现场、货品陈列、库存、商品安全和设施管理，利用中国石油品牌效应和全员商品营销能力，加强现场服务营销，2015 年实现百万元以上门店加油站 3 座、50 万元店 3 座、30 万元店 3 座；在非油业务中加大化肥销售力度，保障周边农业种植户对化肥需求，销售化肥 405 吨，销售收入近 90 万元；加油站不断培育新的效益增长点，通过开展自助加油、IC 卡刷卡抽奖、节假日优惠和新闻媒体互动等多重促销活动，增加非油销售收入。非油业务汽车服务不断发展，销售呈现上升态势。延吉经营处有新丰、延南、北山、爱丹 4 座加油站具备洗车、车饰品销售等汽车服务项目，为不同层次需求客户提供便捷、舒适、优质服务。2015 年，非油业务销售 1026 万元。

【石油企业基础设施建设】 对新建和改建站严格按照新版《加油站管理规范》和《加油站细节管理手册》等制度标准建设，增加设施功能，提升外观亮化。加强零管系统、桌面安全系统、身份认证系统、远程视频系统升级改造。对 9 座加油站进行“油气回收”项目改造，提升加油站安全性能。信息化建设步伐加快，提高加油站自动化水平，提升现代化管理水平。

（郎丰晟）

交通·邮政

公 路

【概况】 2015年，延吉市有客运车辆771台，线路94条，年运输乘客1030万人次；货运车辆9545台，年运输货运量1451万吨；城市公交车辆709台，51条线路运营线路长度1297千米，年运输乘客1.20亿人次，总里程6881万千米；出租汽车2686台，年运输乘客1亿人次。延吉市交通运输局按照城市优先发展公共交通战略的总体部署，通过实施“城市畅通工程”“公交便民工程”等民生工程，公共交通基础设施功能不断完善，承载能力显著提升，群众出行更加安全便捷，全行业文明服务水平、市民满意度明显提升。新增和更新环保公交车辆84辆，暖车厢280辆，改善市区环境，提升市民满意度。连续2年在全市出租汽车行业开展以“规范经营、文明服务”为主题的出租汽车诚信考核等级评定和出租车驾驶员星级评比活动。

【公路建设】 延吉市的公路建设可归纳为“一环、四出口、一场站、村村通”。“一环”为302国道改造工程（延吉西北环线），项目全长14千米，依托即将建设的空港区，对其重新进行规划及建设，打造成为一个连接延吉西部至延吉北部的快速通道。“四出口”之一为“北出口”，延吉市北出口加宽工程于2010年交工通车进入试运营；之二为“西北出口”，是指延吉至三道公路建设项目；之三为“南出口”，是指延吉至龙井一级公路加宽工程，完成通车运营；之四为“西出口”，是指延吉至大蒲柴河高速公路延吉连接线建设项目，项目为在建工程。“四出口”建成后将形成以延吉为经济辐射中心，通过“四出口”为渠道继而带动周边经济快速发展的良好态势。“一场站”为延吉西站综合客运枢纽工程，9月20日高铁开通之时正式投入使用。延吉西综合客运枢纽与吉珲客运专线高铁延吉西站相连，集公路客运、城市公交、出租客运一体的综合枢纽，是交通运输部和吉林省“十二五”规划及延吉市重点工程之一，位于延吉市朝阳川镇河北区新兴工业区东侧、高铁站西侧。“村村通”项目是指，朝阳川镇长胜村路的通车，标志着延吉市完成全市所有建制村路面硬化通车。

【延蒲高速公路延吉连接线建设项目】 延吉至大蒲柴河高速公路（S1116）（以下简称延蒲高速）是吉林省高速公路网规划的重要组成部分，也是吉林省东部地区连接延边州及三合、珲春口岸的一条重要干线公路。其主要功能是为延边州去往长白山以及白山、通化、大连等方向开辟快捷通道，同时对加强国防建设具有重要意义。项目总投资11.6亿元，分为主线及连接线两部分，主线起点设在延吉市西侧的八道镇，与珲乌高速连接，止于头道镇的清河村。建设里程32.29千米，采用设计速度80千米/小时的四车道高速公路标准，路基宽度24.5米；延吉连接线起于延吉市公园路，终点顺接延吉西互通立交。路线全长9.05千米，采用设计速度80千米/小时的四车道一级公路标准，路基宽度24.5米。公园路拓宽项目是在延蒲高速延吉连接线的基础上，根据延吉市城区总体规划要求以及避免重复建设的原则，将延吉连接线拓宽至55米，一次性建成六车道的城市道路。增设中央分隔带、人行道、绿化

9月20日，延吉至大蒲柴河高速公路延吉连接线工程完成社保局至高铁站3.2千米路段施工 （朴文哲 摄）

带、排水系统及路灯等城市道路设施。9月20日，完成社保局至延吉西站约3.2千米路段的路基、路面、路灯、地下排水、人行道等全部主体工程的施工，保障高铁通车后来往旅客的通行。

【延吉西站综合客运枢纽场站建设项目】 延吉西综合客运枢纽场站建设项目集公路客运、铁路客运、旅游客运、城市公共交通客运等于一体，占地面积7.57万平方米，建筑面积1.32万平方米，场地总硬化面积6.61万平方米，绿化面积7535平方米，建设一级站，发送能力1万人次/日，总投资2亿元。服务范围立足于朝阳川片区，面向全市区域，为全市居民出行服务，为周边市县的旅客转乘长珲快速铁路提供集散服务。4月份复工后，客运站主体、站前广场、停车场、附属用房以及消防、装修等项目按照既定时限完成，并于9月20日高铁开通之时正式竣工使用，通往高铁站的公交车和出租车正式开始运行。长途客运及城市公共交通资源整合，实现延吉西综合客运枢纽公铁零距离换乘。

【延三公路局部路段地质灾害防治工程】 延三公路局部路段地质灾害防治工程自2013年因建设资金紧张一直未能开工，两次招标均无人投标。5月，为保障公路通行安全，交通运输局及时启动防治工程，经过4个月的紧张施工，于9月末完成防护网、挡墙和清理边坡等全部施工内容。会同交警部门、设计院、公路段和养护公司共同对延三公路安全隐患进行实地复查，及时消除安全隐患，确保过往车辆和行人的安全。

【农村公路建设】 完成农村公路10千米路面结构改造是2015年惠民实事之一。完成小营镇民主村路（公园路至卧龙沟老年公寓段）、朝阳川镇吉成村路、横道村路、八道村路、柳新村路、太东村路、光石村路、龙盛村路以及三道湾镇小梨树沟桥等38千米农村公路路面改造及新建16米桥梁一座。重建和维修依兰镇新光二队桥梁。

【公路养护】 2015年是交通运输部“国检年”，交通运输局把握国检契机，加强公路日常养护管理，提升公路管养水平。在年初除雪

9月末，延吉市完成延三公路局部路段地质灾害防治工程防护网施工 （朴文哲 摄）

防滑中，以雪为令、及时清雪，调动使用人工550人次，融雪剂150吨，防滑料250立方米，各种机械240台班，路面清雪率95%以上，实现雪停路清。夏秋两季，完成修补坑槽2882平方米、改造危桥1座、清理垃圾2815立方米、油路灌缝176千米、清理边沟222千米、塌方650立方米，路树刷白2970棵、整修路肩428千米、处理翻浆30立方米、清理桥涵淤泥205立方米、种植花卉5.5万平方米，达到公路"畅、洁、绿、美"的要求。为保障韦特恩国际自行车赛等重大活动顺利举行，大规模修补赛会活动途经路线，投资383万元对延三公路和滨河西路开展中修工程，对自行车赛道进行全面修补和保洁。加强重点路段巡查力度，联合交警、城管等部门建立联运机制，严控公路用地和公路控制区的涉路违法行为，清理非法非公路标志53块。全面调整延吉市县道及乡道规划，重新梳理功能与行政等级不符的道路。经调整，县道里程增加46.7千米，乡道里程增加26.5千米。

【道路运输市场整顿】 开展"道路运输市场集中整治"活动，重点监管和查处客运站、火车站、高铁站、公铁分流站、公园桥、开发区路口等重点区域从事异地营运，出租汽车乱要价、拼客、主动揽客、非法营运等违法行为。查处违章车辆305台次，其中，非法营运51台次，未按规定使用计价器95台次，异地滞留42台次，主动揽客30台，其他87台次。

【公交车管理】 根据"城市畅通工程"工作规范要求，更新20辆节能环保型混合动力公共汽车。稳步推进暖车厢工程，在没有暖风设施的130辆公交车车体内安装暖风设施，暖车厢达到150辆。改建、新建停车场1万平方米，新建候车厅8个，新建、更新站杆、站牌96个，新增朝阳川6条线路、30辆无人售票公交车，改善市民乘车环境，方便群众出行。

【维修、驾训市场管理】 清理和梳理维修业户基础档案，5户二类维修企业降类为三类，取缔51户三类维修业户。组织辖区内5家维修企业建立配件采购、使用维修质量追溯系统。对1.74万台营运车辆进行二级维护作业并办理二级维护技术合格证明，其中客运车辆1831台，货运车辆1.56万台。全市各驾训机构举办41期培训班，培训道路客货从业人员6138人，驾培机构质量信誉考核工作完成17家，教练员教学质量信誉考核236人，各级驾校培训结业考试161期，结业学员1.53万人。

【出租汽车行业管理】 检查审批出租汽车经营权转让95起，二级维护5094台次，服务监督卡4808人次，计分考核驾驶员468人次，其中加分84人次，扣分384人次，经营权延期41起，延期三年36起，经营权延期二年的5起，补发从业资格证185个。根据《吉林省出租汽车诚信考核实施办法》完成9家出租汽车企业、1135家个体户、6020名驾驶员的2014年度的诚信考核等级评定及2015年度诚信注册工作。开展朝阳川籍出租汽车经营权接收工作，将186台朝阳川籍出租汽车经营权和划归延吉市的工作程序予以公示，办理112台朝阳川籍出租汽车经营权划归事宜。

【道路安全生产监管】 加强交通行业安全监管，以"春季行动""夏季攻坚"和"秋冬会战"行动为载体，开展交通运输安全生产大检查和隐患排查治理工作。出动人员1398人次，出动执法车辆486台，检查企业782家(客运站81家，客运企业55家，旅游企业113家，危险货物运输企业28

2015年更新的节能环保型混合动力公交车 （朴文哲 摄）

家，维修企业465家，驾训企业31家，公交企业9家），查处违法行为8起，排查隐患17个，整改16处，整改率94.1%。

（朴文哲）

民　航

【概况】 吉林省民航机场集团延吉机场公司隶属于吉林省民航机场集团公司。下设综合办公室、规划经营部、财务部、安全质量部、现场指挥中心、公安分局、安全检查部、应急救援护卫中心、航务保障部、飞行区管理部、航站区管理部、地面保障部、运输服务部、信息管理中心、配餐部、商贸部16个部门及延吉机场客货销售有限责任公司1家独立法人公司。主要业务范围有航空客货销售，旅客、行李和货物地面服务，中转休息服务，地面客货运输，机上供应品，飞机配载平衡，航班调度，机务维修，地面车辆保障等航空运输专业服务工作。延吉机场获得吉林省2013–2015年度"精神文明建设先进单位"称号。安全检查部获得吉林省"青年安全示范岗"称号，运输服务部值机室获得省级"青年文明号"称号。

2015年，保障航班起降1.26万架次、完成旅客吞吐量145.84万人次、完成货邮吞吐量6731.70吨，比2014分别增长21.31%、17.41%、6.58%。国际旅客吞吐量59.45万人次，增长26.01%，占旅客吞吐量的40.76%。

【新航线开通】 首次开通延吉至日本国际航线。7月4日，延吉机场开通中国延吉—日本大阪定期航线，是延吉机场开通的第五条国际定期航线，航班由东方航空公司空客A320机型执行，有156个座位，航班计划为每周二、六执行。航班号为延吉—大阪(MU5055)，12:50从延吉起飞，15:30到达大阪；大阪—延吉(MU5056)，12:10从大阪起飞，14:50到达延吉(以上时间均为北京时间)。航线的开通标志着延吉机场实现与环日本海国家的全部通航。2月13日、2月17日开通延吉—温州、延吉—宁波往返旅游包机，延吉机场通航后首次开通温州、宁波航点。延吉—温州往返旅游包机执行8架次，分别于2月13日、17日、21日、25日执行；延吉—宁波往返旅游包机执行6架次，分别于2月17日、21日、25日执行。8月16日，延吉机场开通延吉—长白山空中直通车，航班由奥凯航空公司新舟60机型执行，有56个座位，航班计划每天执行。航班号及时刻为延吉—长白山（BK3004)，14:20从延吉起飞，15:00到达长白山；长白山—延吉（BK3003)，13:00从长白山起飞，13:40到达延吉。7月初，在扬州举行的两岸航空运输沟通会议上，延吉至台湾航点被民航局列入两岸客运定期通航点。

【出港安全检查】 2015年，检查出港旅客74.51万人次，检查行李252.25万件，检查货物18.82万件、邮件4.22万件。查获伪造、变造身份证件1起，冒用身份证件2起，枪支类6起，弹药类8起，军械、警械18起，电击器等防卫器材64起，易燃易爆物品1起，管制刀具22起，6厘米以上非管制刀具5起，隐匿携带火种类128起，超规锂电池1起，其他违禁品和危险品19起；监护飞机6513架次；公安分局处理安全检查部移交各类情况275起。

【专机保障任务】 延吉机场根据上级部署和要求，通过一系列有效安保措施，完成"7·16"专机保障和"抗战胜利70周年"安全保障任务。7月16日，中共中央总书记、国家主席、中共中央军委主席习近平抵离延吉机场。延吉机场全面贯彻落实警卫任务决策部署，确定"内外两线、安全三区"的保障区域，实行值班1号分工，内部细化责任区域，进行实地勘察，制订联动方案，并组织多次演练，完成"7·16"专机保障任务。

【净空管理】 延吉机场坚持对机场净空保障区域进行定期检查，现场核对净空数据23次。对1项疑似超高建筑物，提出整改建议并书面上报。

【场区维护】 完成飞行区场地作业平整、碾压约200万平方米，顺利通过春、秋两次季密实度测试；清理飞行区荒草及杂物约110万平方米，清理飞行区防洪排水明暗沟1000米。

【飞机保障】 维护短停飞机4697架次；配合国航、南航吉林分公司机务完成航前1419架次，航后1419架次；机务排故14起，除冰架225次。

【机场服务建设】 创建"吉·吉·丝蜜达"民俗服务品牌，贵宾通道提供优质的朝鲜族民俗特色服务；将"与客同乐"系列民俗活动常态化，得到社会各界及广大中外旅客好评。机场成为延边民俗旅游文化的第一站。在原有29路、45路两条公交线路基础上，新增7路公交线路，方便机场、高铁旅客出行；完成候机楼主体盲道和国内头等舱卫生间改造；候机楼内WI-Fi信号实现全覆盖。开展“我为航班正常争取1分钟”活动，公司各部门定期进行小结并运用到实际工作中。2015年延吉机场航班正常率比2014年提高6%。

【非正常航班运输保障】 延吉机场严格掌握飞行标准，各保障部门实行“全员保障制”，缩短机场关闭时间。延吉机场按时开放比2014年增长1.5%，机场提前开放增长2%。

【启动航空口岸签证业务】 2月9日，吉林省公安厅联合延边州政府在延吉机场举行“中国延吉航空口岸签证启动仪式”，延吉机场口岸签证处正式开办航空口岸签证业务。

【非航业务开发】 探索配餐市场化运营，为6家幼儿园配送餐食，5月市内专营店采取承包经营方式开业；新增候机楼商业资源8家。

【现代民航物流建设】 2月13日，开通延吉—海参崴货运业务，是延吉机场继仁川、釜山之后开通的第三条国际航线货运业务。9月22日，开通贵重物品国际运输业务，延吉机场成为东北地区唯一一家可以承运贵重物品国际运输的机场。

【PBN仪表飞行程序实地试飞】 3月10日，按照民航东北地区管理局“十二五”PBN仪表飞行程序实施计划要求，由沈阳广通测绘设计有限公司完成飞行程序设计；6月23日在延吉完成飞行程序审查会议；8月6日，在上海完成PBN飞行程序模拟机验证试飞，9月17日，完成PBN仪表飞行程序设计和验证的全部程序。

（唐青昆）

2月9日，吉林省公安厅联合延边州政府在延吉机场举行“中国延吉航空口岸签证启动仪式” （唐青昆 摄）

铁 路

【概况】 延吉车务段隶属沈阳铁路局，是以运输生产为核心任务的正处级编制单位。位于延吉市站前街1333号。下设8个行政科室：安全监察科、技术和统计科、职工教育科、客运和收入科、劳动人事科、计划财务科、办公室、保卫科（武装部）；党群机构下设4个部门：纪委、工会、团委、党委办公室，管辖4个党总支、41个党支部。

2015年，延吉车务段管辖44个车站、2个线路所、1个辅助所，营业线里程804.09千米。其中，二等站6个，三等站10个，四等站28个。管辖区间包括图佳线：鹿道—图们间8个车站，里程146.22千米；长图线：图们—黄泥河间21个车站，里程193.16千米；朝开线：朝阳川—开山屯间2个车站，里程58.36千米；和龙线：龙井—和龙间1个车站，里程49.73千米；白和线：和龙—白河间5个车站，里程104.18千米；和坪线：和龙—南坪镇间2个车站，里程42.52千米；和坪联络线：富兴线路所—和南村线路所，里程3.08千米；浑白线：白河站，里程1.26千米；长珲城际线：珲春—敦化间6个车站，里程205.59千米。管内配备固定调车机2台；图们站设半自动化驼峰1座；有21个车站办理客运业务，6个车站办理行包业务。

【铁路经营管理】 2015年，延吉车务段客收指标完成超计划、超

延吉火车站快运站台 （沈铁延吉货运中心 提供）

同期、超历史。旅客发送量完成553.9万人，是年度计划的105.5%；中转时间完成6.9小时，较年度计划压缩0.6小时，比2014年压缩0.2小时。作业时间完成18.6小时，较年度计划压缩1.9小时，比2014年延长3.2小时。

【车务段安全生产】 2015年，在安全管理上，车务段严防安全现实风险。全面修编安全管理制度、职工岗位作业流程和标准汇编等，修订12项制度办法和56条干部安全管理职责；坚持日、周、月定点、定项分析方法，整治问题，梳理9类41项安全风险点、制定181项控制措施；投入207万元更新安全技术设备，组织64人成立科室除雪突击队、分路不良打磨队，集中解决7个方面365件安全管理问题，常态开展12项专项整治，对三新人员、客专开通、冬春暑运、汛期行车、施工组织、应急处置等开展87轮专业培训和现场指导。实现全年运输安全生产秩序整体平稳有序。

【便民货运快车】 车务段始终秉承"客户至上，让货主满意"的服务理念，组织铁路快货运输。组织"门到站""站到门"运输，让货主节省短途运输及装卸车费用；组织"点对点"运输，缩短货物的运到时限；实施"一户一策"，真诚为货主服务，解决其实际困难，消除货主后顾之忧。

【吉图珲高铁延吉西站开通运营】 2015年6月26日起开始联调联试，对轨道、路基、桥梁、通信、信号设备等进行动态检测，8月5日开始全线试运行，9月20日，正式开通运营，被誉为"东北最美高铁"。延吉西站位于延吉市朝阳川经济技术开发区，车站总建筑面积7982平方米，站房为线侧下式。车站设到发线9条(含正线2条)，设基本站台1座，中间站台3座。

【铁路道口管理】 开展季节性检查、重点时期检查及"春季行动、夏季攻坚、秋冬会战"活动，协调图们铁路工务段对延吉市新开通延吉至松江河旅游列车所经过8处无人看守道口进行看护，确保新开通列车运行安全。长图线铁路道口、延边面粉厂专用线道口、朝开线8处无人看守道口实现无交通事故工作目标。

（崔颖海）

邮 政

【概况】 中国邮政集团公司延边朝鲜族自治州分公司（简称延边邮政）担负着延边州邮政普遍服务和行业管理的双重职责。延边邮政下辖7个县(市)分公司：敦化、图们、珲春、汪清、龙井、和龙、安图(池北)。公司从业人员1361人，比2014年减少251人，其中转劳务承揽141人，实际用工总量减少110人。

2015年，邮政局所162个(其中金融网点26个、邮政网点48个、邮储合一网点88个)、书报刊零售亭83个、邮政信箱(筒)329个、便民服务站1558个，其中农村便民站448个。城市投递段区119个，农村投递段区238个。延吉至首尔国际航空邮路1条；延吉至北京国内航空邮路1条；延吉至长春省内一级汽车邮路1条；火车邮路1条；省内二级汽车邮路5条；图们至朝鲜南阳国际汽车邮路1条；珲春至俄罗斯海参崴国际汽车邮路1条；珲春至朝鲜罗先国际汽车邮路1条。延吉市汽车投递量占比60%以上，延边州其他县(市)45%以上，实现城市大户投递汽车化；城市投递电动化(含摩托车)率90%以上；农村投递摩托化率100%。延边州内报刊亭83处，是城市、自有产权、自办经营的类型；在延吉市设有智能包裹柜2处10组。延边州内邮政标志车辆(汽车)52辆。

【邮政业务】 2015年，延边州实现业务总收入3.38亿元，完成吉林省公司预算的98.42%，比2014年增长4.81%，收入绝对值列吉林省第三位。有效收入完成2.72亿元，完成吉林省公司预算的105.51%，增长6.74%，有效收入绝对值列全省第三位；揽收436万，窗口完成1613万元，项目22项710万元（含边境包裹650万）。包裹快递业务收入完成2775万元，创2009年邮速改革以来最高峰。

【电子商务建设】 邮乐网韩国馆和延边馆投入运营，延百网商开业，常惠生活和优阅读项目进入常态运营。“邮乐购”线上代购业务发展迅速，以“邮掌柜”为系统、“村邮乐购”为品牌的邮政农村电商业务发展迅速。拓展珲春至俄罗斯海参崴与朝鲜罗先两条国际邮路，发出229车次，寄递边境包裹581.3吨，实现业务收入1437万元。

【重点项目拓展】 延边州各级邮政企业加强对政府、企事业单位项目营销与组织策划活动。安图“稻米节”主题营销活动，销售额55万元，创收27.5万元；珲春、汪清送戏下乡活动、和龙局国际半程马拉松赛、图们斗牛节等项目得到政府和社会认可。与宣传部合作举办儿童剧商演20场，创收99万元。文化节营销模式成效显著，“第三届延边珍邮集藏文化节”实现邮品销售400万元；借助集邮网上营业厅，完成新邮预订收入670万元，比2014年增长29.8%。争取财政三农补贴购置农资实现收入58.57万元。完成2016年报刊一次收订流转额指标，实现收订2853.62万，完成进度101.91%，全省排名第三。

【邮政平台经营】 启动“一站式服务生态圈”建设，加快推进邮政由经营产品向经营平台转型。延边州便民服务站完成建站1558处(其中农村便民站448处，覆盖所有行政村)。年底，平台业务种类达到10余种，“十二五”期间累计交易金额26.88亿元，实现平台缴费收入1394.65万元。

【农村电商发展】 依托“邮乐网”电商平台与“邮掌柜”信息系统，布局农村电子商务市场，创新和拓展面向“三农”的电子商务服务，推进网络购物、网络销售、网络寄递等新业态成长。建成邮掌柜1013处（其中农村邮掌柜210处），其中有交易网点950家，形成销售笔数54.9万笔，销售额1714万元。代购订单1420笔，金额2.35万元。各县市分公司开办率除安图外均90%以上，其中延吉、和龙、敦化开办率100%。延吉、汪清、敦化、龙井翻牌数量达到开办网点数的50%以上。争取地方财政补贴210万元购置农村投递车辆100台，邮政发挥农村电商的主导作用被列为政府重点工作。

5月15日，延边邮政分公司与延吉市百货集团举行网上商城战略合作签约仪式　　（延边邮政分公司 提供）

【邮政基础设施建设】 投入建设资金1942万元，其中基本建设投入1221万元，完成普遍服务网点改造和机要通信设施改造等23处。完成延吉前进支局网点迁址。技术改造投入721万元，更新各类设备274台，新增ATM/CRS设备24台。

【流程优化与合作运营】 优化调整延边州各单位全部工作岗位及生产环节流程，优化生产环节、精简机构、盘活人员，提高工作效率，降低企业运营成本，提高邮件寄递时限，增强企业的核心竞争力。合作运营工作在全州全面展开，签订4个合作方，15个合作网点，全州8个市县全部覆盖。形成平台收入120万元，预收71万元。

【服务质量管理】 履行普遍服务和特殊服务职责，延边州空白乡镇局所补建工作全部完成并开业，实现邮政普遍服务营业场所乡镇全覆盖。合规经营、服务质量管理、邮件传递时限管控等工作得到各级企业高度重视，各项服务指标达到吉林省公司标准；6月，向全州各县市缮发260份邮政服务意见征询函，回收率84.6%，客户综合满意度86.90分。全州机要通信实现连续31年质量达标。

（黄家奇）

现代物流

【延边邮政速递物流分公司】 位于延吉市公园路1821号，有员工247人，拥有自主上门服务及运输车辆74台，手持终端151台。公司速递业务市场占有率70%，上门揽收率75%，用户满意度95%以上。

【延边多源快运有限公司】 位于延吉市延弘大厦一楼，前身为延边快易通空运代理有限公司，在开展UPS国际快递业务基础上，和OCS、DHL等国际知名快递公司建立合作关系，开辟韩国、日本专线，韩国海运专线，国际件可以到达韩国、日本、美国等200多个国家和地区，并以投递速度快、安全性高，受到广大客户信赖。国内件通达全国2000多个城市和地区，在3个工作日内基本上都能到达，而且多源快递设计不同的计费标准，尽最大努力让利于客户。每日进港快件处理量7000余票，出港业务量日700余票，均以每季度30%~40%速度递增。在延边州快递企业占进港件量45%左右，出港量30%左右，在全州发展网点17个，拥有员工180余人，各类车辆80余台。其中大型班线货车2台，中型班线货车3台，其余均为微型面包车。

【吉林省顺丰速递有限公司延吉分公司】 位于延吉市朝阳街双阳小区北门，有工作人员85人，车辆15台，1台5吨车，1台7吨车，13台1.5吨车，网点10个，年收件量79万票，派件量116万票。公司所有营业场所均采用无死角监控，遗失快件可追溯；所有中转环节均为顺丰自有员工包装、打板。快件得到最好的包装；采用自动化中转分拣设备，杜绝野蛮分拣；公司专人专车派送，全程跟踪监控，对快件行踪了如指掌，为客户提供高标准门到门快递服务，凭证签收，准确送达专属理赔；用标准定价、标准操作流程，各环节均以最快速度进行发运、中转、派送，一年365天，不分节假日全天候服务；国内服务网络覆盖全国各个省、直辖市、自治区及港澳台地区；国外开通韩国、新加坡、马来西亚、日本、美国等国家的收派件业务；通过特殊的营运模式、专门的包装，对托寄物价值在2万以上的高价值物品快件提供优质安全的快递服务。

【延边圆通快递公司】 延边州分布26个网点和8个乡镇级的代理点，拥有100余名员工，以及各种快递服务车辆60余辆，形成网络化、规模化、品牌化经营格局，公司立足国内，面向国际。主营50千克以内的小包裹快递业务。围绕客户需求，形成8小时当天件，12小时次晨达，36小时隔日

延边邮政速递物流公司(EMS)的运营车辆

（延边邮政分公司 提供）

延边圆通快递公司运营车辆 （本刊编辑部 提供）

上午达，48小时隔日达等时效件和到付业务，代收货款，签单返还，代取件业务，仓配一体等多种增值服务。开通多条优势航班线路，涵盖江、浙、沪、皖、北京、广州等直线航班。做到同城当天到，省内次晨达，江、浙、沪、皖、北京、广州等地区隔日达，华南地区隔日达的快件时效。在延边大学校园内开通网点，学生不出校园就能取件，在营业厅内设立免费无线网络、休息吧，提供免费的咖啡和饮料。

【延吉中通快递公司】 位于延吉市公园路西山小区6号楼，员工90名，服务网点10家，运输派送车辆60辆。服务产品有国内快递、国际快递、物流配送等，提供“门对门”服务和限时（当天件、次晨达、次日达等）服务。并开展电子商务配送、代收货款、签单返回、到付、代取件、区域时效件等增值业务，为客服提供“售后宝”主动服务、VIP等增值服务。

【延边聚星货运站】 公司注册资金1300万元，总占地面积8.6万平方米，总建筑面积4.6万平方米，综合服务楼5400平方米，仓库5000平方米，停车场3万平方米，货场1.2万平方米，园区内有52家配货站，年货物吞吐量500万吨，挂靠公司客货车300余台，日进出车辆平均600台次。

【延边公路建设股份有限公司货运站】 位于延吉市开发区长白山东路。占地面积2.5万平方米，建筑面积4000平方米，堆场面积3500平方米，仓储面积3800平方米，设计吞吐能力1000吨/日。

【延边东龙运输有限公司】 延边东龙运输有限公司是延边现通海运集团与韩国mss海运会社共同投资的合资企业，位于延吉市依兰镇利民村。占地面积1.3万平方米，办公楼面积2700平方米，堆场面积3500平方米，仓储面积1万平方米，以国际集装箱运输为主。

【延边新合作连锁超市有限公司】 延边新合作连锁超市有限公司配送中心位于延吉市经济技术开发区，商品库房面积2万平方米，配送车辆15辆，人员50人，电脑设备20台。

【延吉百货大楼冷链物流中心】 位于延吉市爱丹路125号，占地面积2.7万平方米，建筑面积3万平方米。冷库低温冷藏量1万吨，高温冷藏量2000吨，速冻量600吨/天，年农副产品、水果蔬菜、肉类及水产品冷链物流量25万吨。

【延吉农副产品批发市场】 延吉市新建的农副产品批发市场位于依兰镇兴安村，占地面积22公顷，建筑面积43万平方米。主要有蔬菜和水果批发中心、冷冻冷藏批发中心、水产海产批发中心、药材（土特产）批发中心、畜产品批发中心，项目总投资17亿元。

【延吉市再生资源集散中心】 位于小营镇东新村，占地面积6万平方米，包括再生资源商品交易区、分拣加工区、仓储配送区、商品展示区、配套服务区和信息中心。延吉市再生资源回收利用基地辐射延边8个县市，年再生资源回收处理量22万吨。

【烟草物流配送中心】 位于延吉高新区，占地面积3.74万平方米，建筑面积2.61万平方米，总投资2.5亿元，建设内容包括配送中心、营销中心、信息中心。

（本刊编辑部）

信息业

信息化建设

【智慧城市建设】 2015年，市政府委托华为技术服务有限公司编制“智慧延吉”总体规划。对未来7年“智慧延吉”建设项目发展目标、主要任务、重点工程、总体设计和实施方案进行详细阐述。“智慧延吉”建设不仅抓住大数据、物联网、云计算等新一代信息技术快速发展的机遇，突出城市信息资源开发利用，加强资源共享，减少重复建设，更要进一步完善、深化顶层设计，突出项目带动和模式创新。2015年至2020年，“智慧延吉”建设立足于吉林省、自治州信息化总体规划和延吉未来信息化发展实际，完成“1147”总体布局，即“一个平台、一个网络、四大体系、七大类重点”项目。“一个平台”即城市大数据运营管理中心平台，“一个网络”即覆盖延吉城乡的宽带智能网络；“四大体系”即打造“智慧政务”“智慧城市管理”“智慧民生”“智慧产业”四大智慧城市应用服务体系，“七大类重点项目”即智慧城市大数据运营管理中心工程、智能基础设施建设、“智慧政务”应用建设工程、“智慧城市管理”应用建设工程、“智慧民生”应用建设工程、行业信息化应用建设工程和产业信息化引领工程。

【信息产业管理】 完善行业政策、法规、为行业发展保驾护航。通过扶持存量，引进增量，加强服务，支持民营经济发展，不断壮大电子信息企业数量与实力，信息产业产值实现60.6亿元。新培育延边智慧城市投资管理有限公司等30家IT企业。多方调研，为行业发展提供智力支持。依据行业发展状况及延吉市重点IT企业人才需求情况，为用人单位与人才培训机构搭建桥梁，为IT企业争取人才资金，开展软件开发、动漫设计、网站设计、硬件维修人才培训，重点培养具备双语能力的应用软件终端人才，培训各类IT人才1200人。截至12月，延吉市有298家IT企业，其中内资企业251家，外资企业47家。

【信息产业项目】 为企业争取资金，加大扶持企业力度。吉林省益牙网络科技有限公司的“吉林省中检综合服务平台”项目、延边创智科技有限公司的“面向工业企业移动电商平台”项目、延边龙寻科技有限公司的“基于微信平台协同管理系统”项目、延边巨龙信息技术有限公司的“互联网+延吉市教育互动平台”项目申报吉林省电子信息产业发展专项资金。

（荆　伟）

电子信息产业

【概况】 以创建科技创新园、电子商务示范基地为主，加快IT产业建设，发展服务外包业务，离岸外包占吉林省近1/4。科技创新园入驻企业50家，包括日资企业1家，韩资企业12家，成为全省服务外包重点产业园区。延吉电子商务示范基地入驻电子商务企业33家，包括跨境电子商务企业11家。2015年底，延吉市信息服务业企业298户，其中内资企业269家（3家国企），外资企业47家（韩资41家，日资6家）；从业人员总数3500人。企业类型方面，通信国企3家，软件开发企业192家，信息咨询及服务业50家，电子信息产品制造业 17 家，系统集成、网页制作 39 家。

【延边巨龙信息技术有限公司】 公司主营业务是建筑智能工程、计算机信息系统集成、软件设计开发、IT 产品与电子设备、消防设施工程、安全技术防范工程设计施工、企业信息化管理软件的开发、实施、顾问服务。公司占地面积 2700 平方米，建筑面积 2700 平方米，注册资本 700 万元，资产总计 2500 万元，净资产 600 万元，其中固定资产 1000 万元，职工 46 人。公司拥有消防二级资质、系统集成三级资质、建筑智能化三级资质、安防一级资信。2015 年，完成总产值 2800 万元，比 2014 年增长 60%；上缴税金 30 万元，增长 1%；利润总额 15 万元，增长 150%。

【延边第五媒体资讯有限公司】 公司主营业务是软件开发、信息咨询。公司建筑面积 800 平方米，注册资本 3000 万元，资产总计 876 万元，净资产 826 万元，负债 50 万元，固定资产 195 万元。公司现有职工 35 人。公司拥有多项知识产权和商标，主要产品有东北亚丝路商城、丝路购 APP、熊猫猪在延边。完成总产值 1000 万元，上缴税金 2 万元，利润总额-115 万元。

【延边创智科技有限公司】 公司注册资本 3265 万元，主要为跨境出口电子商务平台运营企业。根据业务需要，开展中国商品跨境出口业务，自主研发“华品街”跨境电子商务平台，取得“华品街跨境电子商务平台”软件著作权，并注册“华品街”商标，获得增值电信业务许可证。完成总产值 624 万元，比 2014 年增长 23%；上缴税金 131万元，增长 22%；利润总额 187 万元，增长 20%。

【延边创业软件开发股份有限公司】 公司主营业务是计算机软件开发及销售。公司建筑面积 753 平方米，注册资本 2050 万元，资产总计 3151 万元，净资产 2580 万元，固定资产 148 万元，职工 42 人。公司是吉林省双软认定企业、吉林省十强软件企业、国家重点扶持的科技型中小企业、吉林省科技企业，是延边大学计算机技术专业学位研究生实践基地、东北林业大学软件工程专业学位教育创新基地。现有 23 个软件著作权、增值电信业务许可证。完成总产值 1123 万元，上缴税金 146 万元，利润总额 649 万元。

（经济局提供）

9 月，延边联通公司客服人员开展业务宣传活动（本刊编辑部 提供）

中国联通延边分公司

【概况】 中国联合网络通信有限公司延边州分公司（简称延边联通）是中国联通在延边州境内分支机构，历经邮电局、电信局、网通公司等多次改革。公司下辖州公司本部及 7 个县市分公司，员工 1464 人，企业固定资产 39.98 亿元，拥有世界先进水平数据宽带通信、3G/4G 移动通信、云计算、固定电话通信等网络。截至 12 月，移动宽带用户 73 万户。

【基础网络建设】 延边联通 IP 数据网出口带宽 320G，光缆纤芯长度 43.4 万芯千米，拥有省内领先、全州最大的 IDC 互联网与计算数据中心机房。延边联通响应“宽带中国”战略，在城市区域实现“光纤入户”的基础上，在延边州投资近 2 亿元推进“全光网络”的建设，实现广大农村“光纤入户”的梦想，抹平城乡信息通信的鸿沟。拥有世界领先的 WCDMA3G 以及 LTE-FDD4G 网络技术，实现 3G/4G 网络在城区、乡镇、3A 以上景区全部覆盖，铁路、公路沿线覆盖。同时加紧建设实现农村行政村的 3G/4G 深度覆盖。

【宽带网络】 延边联通在2014年至2015年间，投资2.08亿元，大力推进城市和农村的光纤改造，宽带网络能力实现跃升，用户宽带接入速率实现10兆以上，宽带光用户占94.7%，延边联通所有宽带、语音用户光接入改造完毕，实现“全光网”延边。4G网络商用后无线宽带将达到100兆至150兆下载速度，以“上网更快，覆盖更广，体验更好”为核心，为用户提供最好的宽带解决方案。

【通信服务】 延边联通提升宽带装机服务能力，优化服务流程，用户可根据自身需求申请装机，延边联通通过“及时应、限时装、极速修、及时通、定时达、足不出户、违诺敢赔付”的八项承诺，提供上门安装及调试服务，为用户提供个性化的服务；建立大服务运营与升级督办机制，将服务还原于生产过程，管理者介入投诉处理，形成扁平化、透明化的服务管理模式，从制度上改善服务工作，达到处理一个投诉，解决一类问题的目的，避免同样问题反复发生；全面梳理用户服务协议，规范营销活动中产品服务条款以及与用户的签约行为。营业厅对服务标准进行公示，遵守相关服务时限规定，及时向用户提供优质电信服务；针对客户投诉优化内部流程，建立客户触发的升级督办机制，规定处理时限不超过8小时，从根本上解决客户投诉问题。

（张艳枫）

5月6日，延边移动公司举行“全国文明单位”揭牌仪式

（移动延边分公司 提供）

中国移动延边分公司

【概况】 中国移动通信集团吉林有限公司延边州分公司（以下简称延边移动）内设10个部门、下辖7个县市分公司及营销服务中心、7个生产中心；有员工782人，其中，朝鲜族员工190人，占全体员工的24.30%；实现运营收入7.7亿元，比2014年增长1.31%；固定资产总额18亿元，缴纳税款2426万元。

【网络服务】 延边移动坚持以客户需求为导向的网络建设模式，以加快LTE建设、提升网络支撑能力为核心，打造以LTE为核心的精品网络。截至2015年底，延边移动基站总数超过4000个，其中4G基站1900余个，延边各城区4G网络覆盖率100%。

【客户服务】 延边移动在全力提

2015年延吉市自建自营移动营业厅一览表

营业厅新名称	营业厅地址	营业时间
延吉市移动大楼营业厅	人民路745号	7:30-17:30
延吉市电报大楼营业厅	人民路87号	夏:8:00-17:00 冬:8:00-16:30
延吉市北大营业厅	局子街135号	
延吉市长白路营业厅	长白路3511号	
延吉市河南街营业厅	河南街69号	

（李佳佳）

升网络质量同时，完善产品品质，强化所有客户接触层面，提升营业厅、10086热线、10086门户网站等服务质量，扎实深入推进精准计费，通过新业务扣费主动提醒、订制业务0000查询退订等举措，让客户透明消费、放心消费，使客户满意度持续提升。

【信息化服务】 延边移动利用4G网络优势，拓展智能社区、便民一卡通等项目，为全州居民实现便利、快捷的生活应用；结合现有业务情况，深入开展网上缴费、购机、办业务，推进水、电、煤、气、公交便民缴费功能应用上线，推进民生服务项目的建设；与民生类、服务类部门加强合作，打造延边州国税辅助办税平台、珲春组织部、党建平台等行业标杆项目。

（李佳佳）

中国电信延边分公司

【概况】 中国电信股份有限公司延边分公司（简称中国电信延边分公司），隶属于中国电信集团公司。中国电信集团公司是中国特大型国有通信企业、海外上市公司，拥有全球最大的固定电话网、CDMA移动通信网，是世界500强企业。中国电信延边分公司内设12个部室，下辖7个县（市）分公司，员工536人，主营范围包括移动通信（177/180/181/189/153/133）、固定电话、卫星通信、互联网接入及应用等综合信息服务。

2015年底，公司固定资产总额6.5亿元，服务用户数24万户，经营收入1.3亿元。

【网络建设】 公司构筑一张覆盖面广、网络容量大和技术先进的通信网络，响应“宽带中国”战略，在城市区域实现“光纤入户”基础上，加大投资全面推进“全光网络”建设。在移动网方面，公司拥有3G网络覆盖，并同步推进LTE建设，重点打造以LTE为核心的网络建设，实现3G/4G网络在城区、乡镇、村屯、边境、景区以及铁路、公路沿线全覆盖。

【通信保障】 公司拥有专业的应急通信保障队伍和专业的通信维护队伍，在抗震救灾、防洪抢险以及各项重要通信应急保障活动中起到重要通信维护和保障作用。不断提升用户体验，公司加大力度对乡镇农村地区、中朝边境、延边大学校园、长白山二道，以及部分区域网络负荷过重等问题进行重点优化和整治。完成和龙金达莱国际文化旅游节、敦化六鼎山庙会、中国好声音百城百场演唱会延吉站、图们江文化旅游节、和龙国际马拉松等州内重大活动及赛事的应急通信保障任务。

【综合信息服务】 依托中国电信强大的研发能力、高速的移动网络与广阔的覆盖优势，公司全方位为州内各级政府、企事业单位及商业客户提供优质的综合信息服务。综合办公、警务E通、税务E通、数字校园以及手机监控、手机对讲、手机定位、手机刷卡等各类专业的信息化应用解决方案在延边州内各级政府、公安、边防、税务、银行、文卫、交通等系统中得到广泛应用；公司先后组织开展“动监E通”“翼校通”“金保工程”以及网络发票等信息化合作项目，提升延边州内相关企事业单位的信息化应用能力；公司以“翼支付”业务为承载，加速推进加油、供电、供暖、燃气四大民生项目的签约上线工作；在日常生活中，用户既可以使用“翼支付”手机实现刷卡加油和消费，也可足不出户实现水费、电费、燃气费等在线支付，拓展普通民众的信息化应用范围。

（姜军剑）

12月，电信延边分公司举办公司渠道终端订购会

（电信延边分公司 提供）

金融业

【概况】 2015年，延吉市金融机构本外币各项存款余额641.34亿元。境内存款余额639.31亿元，境外存款余额2.03亿元。全市金融机构本外币各项贷款余额338.76亿元。境内贷款338.74亿元，境外贷款0.02亿元。全市有各类保险公司27家，全年实现保费收入24.60亿元，比2014年增长24.9%。全年各类保险赔款支出4.41亿元，增长40.0%。全年证券市场股票、基金交易总量1499.50亿元。

中国工商银行股份有限公司延边分行

【概况】 中国工商银行股份有限公司延边朝鲜族自治州分行（以下简称中国工商银行延边州分行），本部坐落在延吉市长白山西路56号，下辖延吉光明、延吉海兰江、延吉宏银、延吉明珠、敦化、珲春、龙井、图们、和龙、汪清、安图、延边长白山12个一级支行，34个营业网点，从业人员1091人。

【存贷业务】 2015年年末，各项存款余额144.28亿元，比年初增加8.44亿元。其中，储蓄存款余额105.4亿元，增加3.71亿元；对公存款余额38.84亿元，增加4.72亿元。各项贷款余额78.96亿元，增加6.31亿元。其中，公司贷款余额43.72亿元，增加1.13亿元；个人贷款余额30.76亿元，增加2.66亿元；票据贴现余额4.36亿元，增加2.51亿元；信用卡透支余额4.17亿元，增加5076万元。

【国际业务】 完成结售汇量2.32亿美元，比2014年下降23%，其中韩币结售汇完成392亿韩币；完成跨境人民币1.47亿元，增长44%；完成国际结算量3.6亿美元，增长42%。办理全国首笔韩币现钞跨境调缴业务，实现境内外分行资源共享，降低韩币调缴成本，通过加大核心客户和中型客户拓展力度和走访频率，使核心客户的业务量大幅提升，客户规模和质量大幅提高。

【业务拓展与渠道建设】 私人银行签约客户217户，私人银行客户金融资产9.52亿元，私人银行

8月6日，工商银行延边分行参加延边大学附属医院“银医一卡通”启动仪式
（工商银行延边州分行 提供）

客户资产配置余额6.5亿元元;新增个人手机银行客户4.2万户,企业网银客户607户,网上银行交易额实现1773亿元;新增工银E支付客户5.58万户;新增融E购注册客户数3.33万户。根据总行深入推进“服务体验建设年”要求,银行强化服务管理,提升全辖网点整体服务质量和管理水平,加快渠道布局和网点竞争力提升工作,对域内网点开展网点标准化建设和装修改造,新增8家离行式自助银行,原址改造营业网点2家,迁址改造营业网点4家,改善营业环境,为广大客户提供便利。

【经营效益与资产质量】 实现中间业务收入1.13亿元,比2014年增加2066万元;实现净利润1.38亿元,增加1009万元。清收处置不良贷款1.65亿元,不良余额2150万元,较年初增加1.41亿元,不良率0.27%,下降1.97%。银行综合运用多种清收处置手段,根据省行关于推进不良资产批量转让工作的相关规定和要求,把握时机,清收处置客户全部不良资产,优化资产质量。

(相 妍)

中国农业银行股份有限公司延边分行

【概况】 中国农业银行股份有限公司延边分行(简称农业银行延边分行)。银行下辖3个城区支行、8个县(市)支行,62个营业机构,员工1155人。2015年,获得“2015年中国农业银行优秀综合管理先进单位”“延吉市2015年经济发展突出贡献单位”“吉林省农行2015年特殊贡献单位”等称号。

【经营业绩】 2015年,农业银行延边分行以客户价值最大化为中心,依托庞大的分支机构、电子化网络和多元化的金融产品,实施城市综合化经营和县域市场战略,在新的公司治理架构下,各项工作顺利运转,服务“三农”、经营转型和内部改革取得显著成效,经营效益明显提升,综合竞争能力不断增强。年末,本币各项存款余额133.84亿元(不含同业),各项贷款余额59.98亿元,实现中间业务收入7564万元。

【贷款业务】 银行以优质法人客户重点项目、优质中小企业客户为主导,支持支柱型企业、集团、优质中小企业项目建设和基础建设,投放各类贷款39.99亿元。大力实施农户贷款转型,拓展财政直补、专业大户、家庭农场、产业链农户贷款等13项产品,发放农户贷款5.47亿元,惠及延边州1.5万户农民,通过土地贷、财政直补、农村个人生产经营贷款方式支持专业农场贷款3.23亿元,建立惠农通服务点1148个,覆盖行政村1047个。

(凌淑平)

中国建设银行股份有限公司延边分行

【概况】 中国建设银行延边分行本部设在延吉市光明街238号,内设16个部门,全行机构总数27个。员工总数726人,其中在岗员工655人。银行实现账面利润2.0亿元,全口径存款余额117.11亿元,各项贷款余额81.95亿元。

【公司业务】 做好大客户日常服务,加强同业调查,建立十大存、贷款目标客户公关名单,建立“全州项目汇总表”,对重点跟踪营销项目进行持续关注。编写特色产品营销要点,指导精准营销。对公目标客户综合服务流转单、综合化服务方案推进实施流程创新。实现三个转变:以营销存贷款为主向营销有效客户金融总量

中国建设银行延边分行本部办公大楼 (本刊编辑部 提供)

转变，依靠增量资源为主向存量增量并重转变，以依赖贷款为主向贷款和结算服务相结合转变。

【机构业务】 加强与政府相关部门联系，以财政业务作为“一把手”工程，拓展县域财政机构业务。分别与安图县政府、龙井市政府和延边医院进行延伸费用投入。累计办理金融社保卡7.8万张，实现金融社保卡的战略落地。

【国际业务】 利用银行庞大的外汇资源优势，为企业提供先进的汇率走势分析和规避风险方案，根据企业情况提供综合服务方案。对有资金需求的企业及时向相关业务部门反馈，各部门销售产品附加营销电子银行产品，开创本外币、各条线业务联动营销新局面。

【小企业业务】 加强与延边州工信局、州担保公司等平台合作，拓展“五贷一透”“助保贷”等大数据产品。针对小企业业务带来的潜在风险，对风险控制难以把握的项目，增量业务略有放缓，把重点放在不良资产的化解上。

【住房信贷业务】 重点拓展“衣食住行”生活消费类业务和有实体经营的个体经营户，加快推进“快贷”业务和G系统营销。区分客户，实行差别化的楼盘营销和准入审批制度。倾斜政策资源，加快二手房发展，逐步加大“房易安”业务推广力度，树立“买房、卖房都到建行”的好口碑。加强与经合局、商务局、开发区等职能部门联系，对外发展客户。首次办理海外代付业务，实现零的突破。

【个人金融业务】 开展各种形式的个人存款竞赛活动，组织产品销售工作。大力拓展基金客户，提高人身保险产品的渗透率。借助新开业的黄金旗舰店，扩大贵金属客户群体。强化全量客户经营，提高客户资金总量，批量式客户发展。开展“走进市场，深耕客户，再创佳绩”个人存款与投资业务营销及细分市场“六走进”活动。加快专业市场拓展和助农取款服务。顺利实现韩元区域统一报价。着力于产品和流程创新，发行海兰江龙卡IC联名卡、延边正道医药龙卡IC联名卡。开展“个人客户品牌服务年”活动，有效落实转型发展规划要求。银行业协会五星级网点的评定顺利通过验收。

7月23日，延边州建行与延边州国家税务局举行“税易贷”业务合作启动仪式 （建设银行延边分行 提供）

【电子银行业务】 综合同步签约率44.50%，比年初提升7.85%。微信银行客户净新增3.31万户。新增e路惠团购支付商户127户，完成全年计划147.67%。

【信用卡业务】 开展“龙的传人用龙卡，策马迎春喜洋洋”多种形式竞赛活动，与延吉百货大楼合作开展商户分期业务。注重做好新开账户电子银行产品同步签约，完成吉林贵金属交易中心E商贸通商户的上线工作，实现图们水费、敦化振发热力费和延吉水费电子渠道代缴费。

【网点建设】 龙井支行、和龙支行开办对公外汇业务。原延吉海兰江支行迁址并更名为延吉市梨花路支行。新增1个自助服务点，全行自助设备124台。

（聂　勇）

中国银行股份有限公司延边分行

【概况】 中国银行股份有限公司延边分行职工721人，退休人员108人。经营机构29家，其中二级分行1家（分行本级），县（市）

支行6家，分别为中国银行敦化、珲春、图们、龙井、安图、汪清支行，城区机构16家。撤销敦化红旗大街支行和翰章大街支行，县支行经营机构减至6家。分行机关部（室）10个。

【业务拓展】 通过抓重点、补短板，营销优质重点客户，使公司业务取得显著成效。不断拓宽发展思路，夯实客户基础，增加存款来源，实施“一把手”首席客户经理制的高层营销策略，使存款业务有新突破。对发展缓慢的业务做重点指导、督办，使县（市）支行及网点对公司金融业务的认识有了飞跃，效果显著。落实省（吉林）行个金“1号工程”升级版，实施过程管理和正负激励政策，巩固连续八年市场份额第一的地位，个人存款保持当地同业领先。抓好信贷项目的营销和储备，促进个人资产业务发展，人民币个人贷款增幅13.38%。经过筹备、考察、研究、论证，于6月15日正式实施韩元兑换统一挂牌，促进延边地区各金融机构个人外汇业务发展。重点打造特色借记IC卡产品和通过举办大型贵金属巡展活动，促进财富业务发展。

【存款业务】 人民币各项存款余额150.46亿元（含表内理财），增加9.32亿元（含表内理财），增长0.84%。其中储蓄存款余额114.11亿万元，增加8.56亿元（含表内理财），增长0.87%；公司存款余额24.70亿元，增加7603万元，增长0.59%；金融机构存款余额10亿元，增加9万元。外币各项存款增长，余额2.04亿美元，比年初增加3861万美元。

【信贷投放】 人民币各项贷款余额57.12亿元，增加13.05亿元，增长2.63%。其中公司贷款余额32.93亿元，增加102363万元，增长5.10%；个人贷款余额24.19亿元，增长28548万元，下降0.67%。

【资产质量】 贷款不良余额2.50亿元，比2014年增加1.75亿元，增幅233.34%；不良率4.33%，上升2.66%，其中公司贷款不良余额2.32亿元，比年初增加1.73亿元，增幅295.74%；不良率6.92%，增长4.44%。个人贷款不良余额1802万元，不良率0.75%，比年初下降0.02%；信用卡不良余额897万元，比年初增加296万元，不良率3.62%，上升1.53%。扣除银团授信1.83亿元，不良授信余额6659万元，不良率1.15%，比年初下降0.51%。

【银行卡业务】 实现收入2189万元，比2014年增长11%，增量210万元；银行卡发卡1.1万张，新增有效客户数4178张；直销额1.8亿元，增幅6%；商户收单7.6亿元，下降26%；外卡收单1793万元，下降3%；全口径分期投放量1.1亿元，其中专向分期投放量2424万元，卡户分期投放量8514万元；银行卡不良余额897万元，不良率3.62%。

【国际结算】 国际贸易结算量1.86亿美元，比2014年下降23.79%。中间业务收入289万元，下降64.54%。跨境人民币结算量2.63亿元，增幅3.87%。国际贸易结算市场份额21.59%，比年初下降11.82%。非贸易结算量2967万美元，下降23.02%。

（赵蓟宁）

交通银行股份有限公司延边分行

【概况】 交通银行股份有限公司延边分行（简称交通银行延边分行）位于延吉市光明街172号，内设综合管理部、公司业务部、零售业务部、国际业务部、授信与风险

交通银行延边分行办公大楼　　（本刊编辑部 提供）

管理部、营运管理部、监察保卫部7个专业部门，下辖分行营业部、河南支行、河北支行、财富支行、延西支行、天池路支行、吉利支行、百花支行、春晖支行、时代广场支行、延南支行11个营业网点。2015年，营业部被总行评为专项竞赛“优秀网点”，春晖支行被中国银协评为规范服务“四星级网点”，百花支行被总行授予“会计营运示范行”称号；营业部和部分员工分别受到延边州总工会的表彰。

【经营业绩】 截至年末，交通银行延边分行资产规模82.6亿元，比年初增加9.79亿元。人民币各项存款余额75.92亿元，比年初增加8.58亿元，市场占比21.3%、比年初提升1.38%。在延吉市8大银行中，对公存款余额、各项存款和储蓄存款增加额、各项存款增幅、对公存款市场占比、各项存款和储蓄存款市场占比增加额7项指标列第一位。实现中间业务收入计划完成率107.89%；实现经营利润计划完成率110.12%；实现经济利润计划完成率128.40%。资产质量优化，不良率下降0.55%，实现不良贷款“双降”。分行广义日均存款、时点存款增长，多家网点超额完成年度计划。营业部、百花支行、时代支行、零售部、国际部综合绩效考核保持前位，被分行评为“经营管理优胜单位”。

【业务营销】 对公存款方面，开展全员营销，加大重点客户的营销跟进，持续推进重点项目营销，拓展低成本负债，强化名单式管理，加强业务指导，开展季度小指标竞赛；储蓄存款方面，注重分层管理客户、差异化产品精准营销，坚持厅堂管理与“走出去”并举，批量拓展基础客户群，通过推出自主组盘理财产品、为网点配备理财POS机、开展社区行企业行、推出“最红星期五”优惠特享活动、到网点实地调研加强业务指导、整合队伍加强客户经理考核等一系列举措，促进零售业务持续稳步发展。

【经营效益】 公司贷款方面，走访企事业单位，收集融资需求信息，筛选目标客户；个贷业务方面，开展小指标竞赛，加强客户经理培训和考核，控制二手房贷风险，做好按揭项目储备，鼓励网点发展资产业务，个贷业务规模再创新高；突出重点产品，拓宽收入渠道；公司深化与重点客户业务关系，零售方面紧抓资本市场机遇，推广明星产品，国际方面参与区域韩元挂牌统一汇率工作，扩大银行收益区间；适应利率市场化，加强存贷款利率定价精细化管理，严格控制负债成本；引导经营单位算好资本账、成本账、效益账，持续节约经济资本，降低资本占用。

【风险管理】 深化全面风险管理体系建设，剖析重点领域风险和资产质量变化趋势，充分发挥职能作用；落实《授信业务考核办法》，召开“行长讲合规”宣讲会，推进合规文化建设；加强风险“三早”（早发现、早预警、早处置）激励约束，强化经营单位和客户经理“三早”风险意识。加大贷后管理考核力度，每季通报未尽职人员，加强临期贷款和逾期贷款管理；加强重点领域风险管控，加大授信业务审查审批力度；关注低迷行业贷款风险；坚持一户一策，加大不良贷款清收力度。

（荣米健）

吉林银行股份有限公司延边分行

【概况】 吉林银行股份有限公司延边分行位于延吉市友谊路66–2号。内设综合管理部、风险管理部、公司银行部、社区银行部、小企业金融服务中心、会计结算部、贸易金融部、计划财务部及营业部9个部（室），下辖延吉公园支行、延吉乐佰支行、延吉天池路支行、延吉延大支行、延吉建工街支行、敦化支行及敦化敖东大街支行。12月29日，延吉爱丹路大街支行获得银监局筹建批复。吉林银行延边分行在职员工215人（含2名业务派遣工），其中女职工110人；7~6级的中层管理人员17人，9~8级的骨干人员45人，公司客户经理4人，小企业客户经理13人，个贷客户经理13人。员工平均年龄33岁，大专以上文化占97%，其中研究生以上学历8人。

【存款业务】 按吉林银行总行2015年的经营思路和发展战略，延边分行结合实际情况，加大营销力度，不断拓展生存空间。截至年末，各项存款余额33.7亿元，比年初增加1.67亿元。其中，对公存款25.98亿元，比年初增加2.36亿元；储蓄存款7.8亿元，比年初下降6905万元。

【贷款业务】 营销优质客户，优化信贷投向，保证信贷资产优良。截至年末，贷款余额36.3亿元，比年初增加4.69亿元。其中，公司条线贷款余额26.25亿元，小企业条线贷款余额6.14亿元，个贷余额3.92亿元。

【国际业务】 重点发展对公外汇业务，扩大对公客户群体。截至年末，国际业务结算量754.31万美元，外汇结售汇金额618.61万美元。

【银行卡业务】 截至年末，吉林银行延边分行借记卡发卡量47.43万张，比年初增加6.22万张，增长15.08%。新增信用卡发卡223张，其中，员工卡46张、个人卡177张。有效卡量223张、活跃卡量150张，活跃卡率67.36%，逾期率0%。

【小微企业贷款】 小微企业中心成立之后，先后走访延边州内8个县(市)的部分小微企业，并为其中一些优质客户办理授信业务，向吉林省集宏木业有限公司、吉林凤泉酒业有限公司、延边大信外语培训学校、延吉市丰茂餐饮有限公司、延吉友谊有限公司、延吉新树杰木业有限公司、延吉金达莱民族餐饮有限责任公司、延边世纪经典装修有限公司等客户发放贷款。截至12月末，小企业贷款余额6.1亿元，比年初增加3亿元，完成全年计划指标138.82%，收息率100%。2015年，在小企业条线客户经理少，同业竞争激烈的情况下，贷款余额实现增长。

【个人贷款】 2015年，发放个人贷款678笔，金额2.65亿元，比2015年增加248笔。营销13个楼盘按揭项目，授信金额10.15亿元；截至12月末，个人贷款1210笔，余额3.9亿元，比年初净增519笔，金额2亿元。完成年初计划的363.34%。个人贷款计划完成银行内部排名第二。

（王　乐）

邮政储蓄银行延边州分行

【概况】 中国邮政储蓄银行延边州分行位于延吉市延西街559号，内设综合办公室、人力资源部、纪检监察部、计划财务部、会计与营运部、风险管理部、法律与合规部、信息科技部、个人金融业务部、公司业务部、授信管理部、三农金融部、消费信贷部13个部门，下设一级支行7个，二级支行139个(银行自营网点26个，邮政代理网点113个)。拥有员工545人，硕士生11人，大学本科317人，大专178人，占员工总数的90.82%。454名员工取得银行从业资格证书，持证上岗率90%，其中全科资质人员21人，培养国际和国家级理财师39人。拥有140个金融业务网点，金融服务网络遍布城乡。其中76%以上分布在县及县以下地区，覆盖延边州各乡镇，形成连接城乡经济社会的金融服务网络。

【业务种类】 开办本外币储蓄存款、公司结算、票据贴现、小额贷款、个人商务贷款、个人消费类贷款、小企业贷款、结售汇、国内外汇款、电话银行、手机银行、网上银行、信用卡、代理保险、代销基金、本外币理财、贵金属等三十余种业务，基本实现本外币一体化经营，形成涵盖个人、理财、公司、信贷、外汇、资产六大业务多元化经营格局。

【经营发展】 2015年，各项存款规模185.75亿元。其中，延边州居民储蓄存款余额164.31亿元，实现公司存款21.43亿元。各项贷款规模42.86亿元；依托和发挥网络优势，个人金融业务形成储蓄业务、绿卡业务及个人结算三大板块业务，并陆续推出信用卡、电子银行、POS结算等新产品，全方位满足社会个人金融服务需求；开办人民币单位活期存款、单位定期存款、单位通知存款、单位协定存款、票据贴现、供应链融资、公司理财、支票结算、汇划、代收代付和企业网上银行等业务种类。为机构客户提供较为全面的综合性金融服务；履行社会责任，坚持以客户为核心，以市场为导向，不断加大产品创新力度和信贷投放力度。陆续推出农民合作社贷款、农机购置补贴贷款、烟农小额贷款等个人小额贷款，个人商务贷款、消费类贷款、小企业增信贷、互惠贷、快捷贷等多项贷款业务，并建立以“微贷技术”为核心的专属服务流程，提升金融服务水平，满足不同客户群体的融资需求。

（胡建军）

保 险 业

【概况】 延边保险行业协会位于延吉市人民路1188号千盛购物广场七楼，系吉林省保险行业协

2015 年延边保险行业所属会员单位一览表

单　位	地　址	服务热线
中国人民财产保险股份有限公司延边分公司	友谊路 431 号	95518
中国平安财产保险股份有限公司延边中心支公司	光华路 129 号	95512
中国太平洋财产保险股份有限公司延边中心支公司	长白山西路 538 号	95500
中国大地财产保险股份有限公司延边中心支公司	太平街 6 号	95590
安华农业保险股份有限公司延边中心支公司	天池路 3418 号	95540
安邦财产保险股份有限公司延边中心支公司	河南街 86 号	95569
天安财产保险股份有限公司延边中心支公司	人民路朝阳小区 12 号	95505
阳光财产保险股份有限公司延边中心支公司	明豪现代城	95510
都邦财产保险股份有限公司延边中心支公司	丛柳街 1039 号	5010001
中国人寿财产保险股份有限公司延边中心支公司	新园街 99 号	95519
中航安盟保险股份有限公司延边中心支公司	光华路华府嘉苑 1-3 号	4008868199
中国人寿保险股份有限公司延边分公司	天池路 31 号	95519
中国平安人寿保险股份有限公司延边中心支公司	解放路 170 号	95511
中国太平洋人寿保险股份有限公司延边中心支公司	建工街 500 号	95500
新华人寿保险股份有限公司延边中心支公司	友谊路 661 号	95567
泰康人寿保险股份有限公司延边中心支公司	光明街 1166 号	95522
中国人民人寿保险股份有限公司延边州分公司	天池路 2088 号	2553757
生命人寿保险股份有限公司延边中心支公司	站前街 29 号	95535
太平人寿保险有限公司延边中心支公司	朝阳街欣都嘉苑 140 号	95589
合众人寿保险股份有限公司延边中心支公司	局子街 1019 号	95515
英大泰和人寿保险股份有限公司延边中心支公司	局子街 333-10 号	4000188688
中国人民健康保险股份有限公司延边朝鲜族自治州分公司	长白山西路乐佰家居 1750-14 号	95518
阳光人寿保险股份有限公司延边中心支公司	河南街延边商务中心 B 座 14 楼	95510
百年人寿保险股份有限公司延边中心支公司	站前街 469-20 号	95542
安邦人寿保险股份有限公司延边中心支公司	延西街 168 号	95569
天安人寿保险股份有限公司延边中心支公司	公园路信息产业大厦六楼	4000555800
中国平安养老保险股份有限公司延边中心支公司	解放路 170 号	95511

（刘　霞）

会的派出机构。协会工作人员 6 人，其中社会招聘 4 人，公司派员 2 人，文化程度全部大专以上。

【保险业务】 2015 年，延边州内保险机构 27 家，其中财险公司 11 家、寿险公司 16 家，分支机构 160 个，保险营销员 6500 人，会员覆盖率 100%。2015 年，业务规模平稳健康发展，经营能力提升。延边州全地区实现保费收入 42.17 亿元。其中财险公司保费收入 8.29 亿元，比 2014 年增长 21.9%；寿险公司保费收入 33.88 亿元，增长 2.7%。延边地区支付赔款、给付 7.98 亿元。保险保障服务社会能力明显增强，财险公司整体经营能力提升，承保利润水平上升。寿险公司险种结构调整效果明显。

【保险市场秩序规范】 市场秩序不断规范，内控管理，自律意识加强。2015 年，各公司围绕效益经营核心，细化经营成本核算，承保和理赔管理水平均有改观，不正当竞争行为得到有效遏制。内控售后服务加强，代理人队伍素质提升，各公司高管人员依法合规经营意识增强。

【保险代理人考试管理】 按照吉林省保监局委托交办的关于保险代理人考试管理相关工作，协会严格执行吉林省保监局和省协会考试中心关于电子化考试的相关要求，履行职责，开展保险代理人考试管理工作。6月末，延边考点组织代理人考试120场，报考4300人，参考3815人，及格2228人，及格率58.4%。

（刘 霞）

中国民族证券延吉营业部

【概况】 中国民族证券延吉营业部位于延吉市友谊路28号大洲运动城6楼。内设总经理室、副总经理室、财务部、电脑部、综合部、财富中心、客户服务中心7个职能和业务部门，员工32人。

【业务范围】 A、B股实时开户，A股及B股股票、债券、公募基金、股票型基金、债券型基金、货币型基金、LOF基金、ETF基金、黄金基金代理买卖；代理分红派息；投资咨询及中国证监会批准的其他业务。委托交易方式：现场委托、电话委托、网上委托、网站委托、手机委托。

【创新业务】 融资融券、新三板、股指期货IB业务，代销信托、银行、保险、阳光私募等理财产品，资产证券化业务、约定式购回业务、股票质押业务、现金港理财业务、承销中小企业私募债，发行定向资产管理、集合资产管理、私募基金等理财产品。

【经营业绩】 2015年，开立账户1.73万户，营业部交易总额685.41亿，收入8525.50万元，实现净利润6269.44万元，上缴税金1975.83万元。

【硬件设施建设】 延吉营业部采用双线路双数据服务器互联结构，使用千兆光纤网络连接主干线和桌面工作站，利用卫星接收系统、SDH专线系统等通信手段连接沪深交易所行情，并结合因特网海量数据采集，为客户提供安全、准确、快速、便捷的行情与交易服务。

【软件设施建设】 营业面积1473平方米，主要有业务办理区、贵宾交易区和休闲娱乐区。营业大厅设有实时行情揭示系统、LED点阵屏等设施，为客户提供最新行情与投资产品信息。贵宾室宽敞、整洁，配备现场自助和互联网交易型电脑，为每一个客户提供专业、周到的现场交易环境。12名投资顾问为客户提供现场咨询服务，实时广播分析市场。营业部还建立VIP客户QQ服务群。

（宫晓生）

东北证券延吉营业部

【概况】 东北证券股份有限公司延吉光明街营业部（简称延吉营业部）设在延边交行大厦三、四楼，营业面积3000平方米，员工29人，其中正式员工20人，营销员9人。

【证券业务】 延吉营业部实现多元化的服务模式和多渠道的交易模式，营业部交易品种齐全，包括深沪交易所上市的A股、B股、国债、债券、基金、权证、融资融券、各项创新业务等，具有股指期货IB业务资格。

【业务经营】 2015年，营业部利润7892万元，纳税496万元。东北证券延吉营业部不仅凭借优质的服务带来经济效益，也使东北证券在延边朝鲜族自治州树立品牌形象。

【证券设施建设】 延吉营业部地处市中心，交通便利；交易环境宽敞明亮，空气清新；交易设施安全稳定、方便快捷；服务团队勤勉敬业，经验丰富；报刊阅览室、乒乓球运动室、网络信息室、电视休息室、棋牌娱乐室等学习、健身、休闲、娱乐场所对投资者全天开放；敦化、珲春、和龙营业部设施完备、功能齐全，网上证券交易技术服务覆盖全州。

【股票业务】 东北证券股份有限公司是东北地区最大的综合类证券公司，中国第四家证券类上市公司，于2007年8月27日在深圳证券交易所挂牌上市，股票代码为000686。

（石沙沙）

开发区·对外经济贸易

延吉高新技术产业开发区

【概况】 2015年，延吉高新技术产业开发区全力实施“科技创新园、烟草工业园、敖东国药基地”等重点项目，加快产业优化升级步伐。食品加工、生物制药、电子产品制造等支柱产业规模进一步扩大，文化创意、电子商务、服务外包、软件开发、现代金融、云计算等信息技术和现代服务业进一步扩张，科技创新能力显著提升，延吉高新区成为全国39家国家低碳工业园区试点之一。

【高新区经济运行】 全年实现技工贸总收入280亿元，比2014年增长15%；公共财政预算全口径收入完成45.6亿元，公共财政预算收入完成4.2亿元，增长8.7%；完成招商引资到位资金36亿元，增长20%；完成固定资产投资33.8亿元。2015年，高新区推进和实施14个续建项目和25个新建项目，有11个投资超亿元续建项目复工建设，9个投资超亿元新建项目开工建设，通过全力实施“科技创新园、烟草工业园、敖东国药基地”等重点项目，加快产业优化升级步伐。烟草食品、生物制药、信息技术(包含现代服务业)3个“百亿级产业”建设得到稳步推进。

【高新区招商引资】 开展与项目企业对接和洽谈工作。根据年初制定的工作计划，以招商引资为工作第一要务，不断创新招商方式、拓宽引资渠道、强化项目服务。围绕“民企进延边”“民企吉林行”“中企联”“央企进吉林”、东博会等一系列招商引资活动，制定翔实招商活动方案，细化责任分工，落实工作责任，谋划、包装、洽谈项目。招商队伍分别到北京、上海、天津、重庆、辽宁、安徽、浙江、广东、四川、云南10多个省、市拜访全国工商联执委企业50余家，与中国高新投资集团、安徽静安集团、安徽联华实业集团、内蒙古温州商会、安发国际集团、华泰集团等国内外知名企业和商会进行洽谈，港原国际商贸城及物流配送园区、高山红景天种植基地及系列产品综合开发、赛伯乐跨境电子商务、东华软件智慧园区等项目进展顺利。在东博会上，高新区分别与延边利孚生物科技有限公司、安发国际控股集团签订总投资23亿元投资项目。组织协调各招商部门分别参加2015年中韩经济合作论坛、吉林省投资说明会、东博会等14个会议，与800多位国内外客商结识。

【高新区项目建设】 以“两园区、一基地”为重点，全年推进实施14个续建项目和25个新建项目，有11个投资超亿元续建项目复工建设，9个投资超亿元新建项目开工建设，6个投资超亿元项目签订投资协议。储备亿元以上项目25个，其中10亿元以上项目5个。

“两园区、一基地”项目 延吉科技创新园：园区入驻企业46户，其中日资企业1户，韩资企业12户，从业人员3000多人，引进朝鲜IT人才300余人。一号楼进行装修改造。长白山烟草工业园（项目投资13亿元）：项目办理《土地使用批准证书》及《建设用地规划许可证》，完成土地整理和设计招标工作。敖东国药基地三期项目（项目投资5.62亿元）：完成厂房建设和装修工程建设，大输液车间和中药提取车间设备调试，进行试生产，研发检测中心内部装修结束。

延吉高新区科技创新园景观 （高新区 提供）

延吉电子商务示范基地项目 由延吉科技创新园、吉林贵金属交易中心、延吉高新区电子商务大厦、延吉海关空港快件监管中心、电子商务智能仓储物流中心、延吉云计算基地6个主要载体组成，该项目被列入省级电子商务示范基地。

延吉电子商务大厦项目 总投资1.15亿元，完成电子商务大厦改造工程，O2O线下体验厅投入使用，入驻电子商务企业28家，跨境电子商务企业11家。淘宝中国、北京新农商学院与延吉市政府、高新区管委会共同推进的“码上淘”农特产品二维溯源示范点项目启动实施。为电商大厦项目配套的1.8万平方米仓储物流中心投入使用。从8月份项目运营以来到年底快件出港总量17.5万件。

延吉海关快件监管中心项目 项目总投资3000万元，完成装修工程和监控、查验、传输设备安装工程，北京运营团队进驻监管中心，进行海关验收程序，于年末投入试运行。

吉林贵金属交易中心项目 项目总投资20亿元，完成投资3亿元，项目于1月28日开始试运行，招入43家会员企业落户高新区，分别在郑州、深圳、杭州设立三个区域性运营中心（郑州运营中心、华南运营中心、华东运营中心），完成总交易额260亿元。

众生云计算基地项目 项目总投资3.5亿元，一期项目完成室内装修、设备安装和调试，于年末投入使用。

联通云计算基地项目 项目总投资3.5亿元，项目签订合同，进行厂房装修。

英特华云电子商务产业园项目 项目总投资1亿元，达成项目协议，进行收购标准化厂房和项目设计。

安发长白山生物科技园项目 项目总投资20亿元，完成商标注册、公司注册和项目设计，完成20公顷土地征用工作，进行产品研发和14公顷项目用地征地等前期工作。

娃哈哈工业园项目 项目总投资25亿元，一期投资15亿元，二期投资10亿元。项目建成后可实现年销售收入8亿元，利润5亿元，税金3亿元。项目签订框架协议，正在进行征地。

利孚生物科技产业园项目 项目总投资3亿元，年产朝药材饮片5万吨、参蛭肝康丸208吨、各类食品500吨。可实现年销售收入33亿元，年上缴税金6.5亿元。该项目确定在河北片建设，进行征地、编制可研等前期准备工作。

【高新区基础设施建设】 完成区内东段供热管网及蒸汽管网改造工程，包括供热管网4160米、蒸汽管线1500米和三座换热站，完成1000米新建蒸汽管网工程招标等前期工作；完成延铝南街、科技创新园区域绿化工程，完成公租房二期项目的征地、拆迁等前期工作；完成科技创新园消防水池及长白山东路消防水鹤建设工程，完成云计算中心10千伏配电线路架设及10千伏配电室安装工程。

【高新区企业服务】 采取“一站式”“一条龙”“首问负责制”“领导包保制”“效能联络员”等亲情化、暖人心服务，全力打造亲商、富商、安商高效服务机制。优化区内融资、法律、咨询等服务体系建设。完善政务服务大厅服务功能，直接面对企业进行服务；完成外商投资企业年检工作。在“中企联”活动中，协调对接企业15家，组织敖东药业、娃哈哈饮品、丰义土特产、仁德工艺品等14家公司在展厅进行产品展示。帮助延边伊典网络公司、延吉吉艾斯科技开发有限公司、延边长白山印务有限公司3家企业协调解决员工子女入学问题；协调解决延吉新元管业有限公司、延吉众鑫信息科技有限公司等5家企业劳资纠纷问题；加大对朝鲜IT技术人才引进力度，协调朝鲜领事馆和朝鲜会社，保证朝鲜IT人才引进数量和质量，全区招用朝鲜IT技术人才企业14家，累计引进朝鲜IT技术人才312人。

（历建政）

延边新兴工业集中区

【概况】 2015年，延边新兴工业集中区坚持低碳环保原则，加快推进园区绿色转型升级，项目建设、招商引资、企业服务等各项工作，全区规模以上工业企业总产值完成18亿元，招商引资到位资金完成34亿元，固定资产投资完成31.04亿元。

【工业区项目建设】 白头山制药项目、可喜安人参系列保健食品项目、东万食品项目、金刚山食品项目、春雷生物农药项目、亿方医疗器械项目等顺利复工建设，东万食品项目、金刚山食品项目、亿方医疗器械项目竣工投产，其他项目进入试生产阶段。新上项目9个，超亿元项目8个。延边东北亚跨境电子商务总部基地项目、国药药材股份有限公司林蛙油项目、延边泰达集团食品产业园项目、韩食府民族食品项目、延边韩工坊项目开工建设，长白娃健康科技保健品项目、檀君药业红参系列产品项目、仁韩生物科技参茸加工项目、吉林佑康科技孵化器项目等办理相关手续筹备建设。包储长白山特色食品产业园、紫鑫药业二期、延边雄风食品产业园、森林山速冻山野菜、天坊米酒、阿拉里玉米面条等项目。有序推进吉林恒大人参有限公司人参加工生产基地项目、亚泰集团保健品项目等重点项目，延吉长白山人参产业园、食品安全示范产业园区、物流保税中心（B型）建设。

【工业区基础设施建设】 完善园区规划，协调市规划局做好园区规划调整工作，协助韩食府民俗食品生产项目等新入区项目办理规划建设前期手续，保证入区项目工程建设顺利实施。加快园区建设。完成至春雷药业项目道路、给排水管线等市政基础设施延伸工程；完成园区道路加固、养护，排水管网清掏等市政基础设施维护工作；完成区内供水、供电等市政公用设施建设、维护、协调工作；完善道路、综合管网等基础设施资料测绘备案管理工作；完成园区已征地块回填平整工作，回填土方量32万立方米；完成园区鸿运街等绿化工程建设。保障项目用地。征地一期，2015年第九批次用地，面积1.09公顷；为檀君红参实业有限公司、韩食府食品有限公司等企业挂牌出让土地合计23.05公顷。

【工业区企业服务】 组织区内企业参加“延边东北亚跨境电子商务培训”“2015年延吉市中小微企业法律培训班”“延吉市经济管理（招商引资）培训班”及新三板上市等培训，增强企业核心竞争力。协调州、市相关部门，为国药（延边）林蛙生物科技公司等13户新成立企业提供工商注册、机构代码申请、税务登记等“一站式”服务。及时帮助协调解决企业生产经营中困难。协调解决延边金刚山食品有限公司食品安全管理问题；为德康生物科技、金刚山食品协调建立原料生产基地事宜；协助吉林韩正人参有限公司推进代理国内销售韩国正官庄产品事宜等。加强区内企业安全生产管理，

5月，国药药材股份有限公司与延吉市人民政府举行合作签字仪式

（刘 鑫 摄）

坚决遏制重大事故发生，确保全区安全生产良好态势。

【工业区招商】 坚持以发展低碳环保产业为核心，重点发展人参产业、食品产业、生物医药产业和现代服务业。各招商局借助“民企吉林行”“民企进延边”等活动广泛开展招商引资工作，分别赴北京、上海、杭州等地进行招商推介，与中国国药药材股份有限公司、吉林省长白娃健康科技有限公司、延边韩食府民族食品有限公司、延边韩工坊健康制品有限公司、延边檀君药业有限公司、延边仁韩生物科技有限公司、北京东华原科技公司等企业签订入区合同，国药药材股份有限公司的林蛙油项目、韩食府民族食品项目和延边韩工坊项目开工建设。工业区注册企业达到100家。

（黄　强）

对外及港澳台经济贸易

【概况】 2015年，延吉市进出口2.86亿美元，比2014年增长5.04%。出口2.18亿美元，增长2.65%；进口6795.88万美元，增长13.54%。

按照进出口企业分类情况

延吉市进出口额超过1000万美元企业有延吉秀爱食品有限公司、延吉烟草进出口有限公司、大京延吉纺织有限公司，超过100万美元企业有延边远洋物产有限公司、延吉永真食品有限公司、延边铭仁医药经销有限公司、延边天汇商贸有限公司等25家。

按照进出口国别分类情况

延吉市进出口按照国别区分，完成1000万美元以上国家有朝鲜、韩国、日本、美国、德国等国家。朝鲜进出口1.35亿美元，比2014年下降14.27%，占全市进出口47.1%；韩国进出口4954.08万美元，增长16.7%；日本进出口2814.38万美元，增长15.71%；美国进出口2529.61万美元，增长89.33%；德国进出口1212.44万美元，增长1574.68%。

【外贸企业管理】 加强外贸企业管理、备案和数据库建设。全市新增外贸企业70家，外贸企业数665家。新批境外投资企业1家、变更5家，核准边境小额贸易企业有2家。走访进出口额1000万美元以上、100万美元以上及新批企业，把握企业实际情况，了解企业存在困难。利用国家、省外经贸发展相关政策，引导、扶持企业发展，支持外贸企业国际市场考察、参展、认证、网络营销、软件设计等项目。申报外经贸发展专项资金373.43万元，拨付中小企业国际市场开拓资金168.7万元。

【出口基地建设】 成立延吉农产品及其深加工产品出口协会，协会会员企业50家。协会由延边三汉物产有限公司总经理李相根担任协会会长。出口产品主要以坚果、山野菜、松茸、明太鱼为主；秀爱、三汉、永立、永真、御棒等龙头企业在基地中发挥重要带动作用；秀爱食品“Shoei”干果、三汉物产“三农”牌山野菜等均评为省名牌；永真“智程”明太鱼系列、三铉物产“三铉”牌面条、阿拉里食品“阿拉里”面条、可利亚特产“可利亚”泡菜系列等均为延边名牌；延吉海关、延边检验检疫局、食品药品监督管理局等服务单位设施、资质齐备，具备建设基地基本条件，促进“基地”形成规模。基地2015年进出口额1.3亿美元。

【对外投资】 延吉市境外投资企业27家，总投资额1.42亿美元，中方投资9282万美元。投资朝鲜15家、韩国7家、日本2家以及中国香港2家。2015年度新批境外投资企业2家。投资总额1547万美元，中方投资425万美元。

【对外经贸交流】 组织企业参加大图们江（GTI）区域国际贸易投资博览会、日本富山经贸活动等各种国外博览会、经贸交流会等，2015年度商务局组织7次国外展会、参加人员22人次。

【外派劳务】 延吉市在商务部门备案外派劳务企业有3家，分别是吉林省创业经济合作有限公司、延边大洋国际经济技术合作有限公司、吉林省国信经济技术合作有限公司。延吉市外派劳务基地备案人数363人，派出100人，公司招选48人，主要务工国家以韩国、日本、新加坡为主，涉及机械、电子、缝纫、农产品种植及加工、建筑等10余个工种。

（庾虎男）

经济技术合作

【概况】 2015年，延吉市经合局以“民企进延边”“中企联年会”“民企吉林行”等重大活动为契机，强力推进招商引资工作。全年固定资产投资完成 9.6 亿元，完成年计划 100%。

【招商引资】 以年度系列经贸交流活动为契机，采取小分队“叩门招商”和“以商招商”相结合方式，先后赴北京、上海、天津、重庆等 10 多个省市开展招商引资工作，结识各地客商 120 多人，接待韩国等国家及中国香港、台湾、深圳、杭州等地区的企业家考察团 140 余人。全市招商引资项目（含续建）259 项，合同投资总额 486.8 亿元，资金到位 186.3 亿元，完成年计划 102.4%，比 2014 年增长 12.9%；实际利用外资完成 3819 万美元，完成年计划 112%。局属招商引资到位资金完成 12.03 亿元，完成年计划 100.1%。

【经贸交流活动】 进行“民企进延边”“中企联年会”“民企吉林行”“央企进吉林”“第十届东北亚博览会”等载体活动参会企业家联络、接待、洽谈工作，推行市级领导包保责任制，即全市 24 位副县级以上领导负责包保和联络全国工商联执委企业、来延中企联部分企业家。组织相关人员研究各项工作方案，反复修改推介词，精心设计制作 PPT，将延吉市当前最好的资源情况、最美的投资环境、最优的工作状态予以展示，让与会企业家了解延吉。

【项目对接】 在与全国工商联企业对接中，着重洽谈安发北药科技园、娃哈哈工业园区、居然之家综合体、红参功能饮料等 38 个项目，签约及开工项目 30 个，总投资 200.28 亿元。在中企联年会和“央企进吉林”活动中，重点接洽人参深加工系列产品、高山红景天种植基地及系列产品综合开发等项目，签订总投资 40 亿元国药药材工业园项目。在“东博会”期间，重点接洽跨境电子商务、韩国电子工业园、跨境物流合作等 5 个项目，签约项目 4 个，投资总额 27.7 亿元。

【项目储备】 强化项目质量，围绕重点产业和地区发展需要，结合年度重大经贸交流活动计划，加强与两区及各责任部门协调配合，收集、整理、储备招商项目，经过筛选于 5 月下旬完成 67 个项目包装工作，重新制作《延吉市重点招商合作项目》。

【重大项目建设】 加大重大项目推进力度，总投资过亿元项目开工建设，包括延吉高新技术产业开发区总投资 20 亿元的安发（长白山）生物科技园、总投资 5.04 亿元生活垃圾焚烧发电、总投资 3.5 亿元联通云计算基地等项目，以及新兴工业区总投资 20 亿元国药集团健康产品加工基地、总投资 2 亿元泰达食品、总投资 1.6 亿元韩工坊保健品等项目。有 7 个总投资过亿项目竣工投产，包括高新区总投资 5.6 亿元敖东国药基地（三期）、总投资 3.8 亿元科技创新园（一期）、总投资 3.5 亿元众生云计算基地（一期）、总投资 1.5 亿元长白山包装异地建设等项目，以及新兴工业区总投资 3.5 亿元白头山中成药及保健食品加工、总投资 2.2 亿元可喜安人参系列保健食品、总投资 1.2 亿元金刚山朝鲜族泡菜生产基地等项目。全年实施 3000 万元以上项目 132 个，完成投资 177 亿元。

【外资企业审批管理】 全年办理外商投资企业设立、变更 43 件，审批办结率 100%。新批准外商投资企业 9 家，投资总额 2279 万美元，合同利用外资 1718 万美元。年初，配合州调研组，专题调研全市外商投资企业运行情况，组织部分企业召开座谈会，了解当前企业生产经营过程中面临问题和困难。4 月份，根据年初以来在华日资企业相继撤资行为，调研全市外商投资企业撤资关厂情况。帮助外商独资企业延边长白山生态住宅有限公司解决场地租用纠纷问题。

【长吉图开发开放】 先后协助延边州开发办完成《延吉市出口外向型企业信息调研》《延吉市对外开放重点项目》《长吉图专项资金扶持项目资金使用情况》等文字材料调研、整理、分析工作；研究编制《长吉图战略实施“十三五”规划》，在指导思想、战略目标、重要举措等方面进行深入研讨，为省长吉图办编制规划提供参考依据。

【中国企业家年会】 5 月 29 日，2015 年全国企业家活动日暨中国企业家年会在延吉市开幕。全国政协原副主席、中国企业家联合会会长王忠禹作主旨讲话，吉林省委书记巴音朝鲁致辞，省长蒋超良、省政协主席黄燕明、全国政协人资环委副主任王国发出席会议。年会内容包括企业家论坛、签约仪式、民俗文化旅游推介等。会上，延吉市人民政府与中国药材长白山股份公司就投资总额为 40 亿元国药药材工业园项目签订合作协议。

（刘　杰）

旅 游 业

旅游行业监管

【概况】 2015年，延吉市拥有星级宾馆12家，其中四星级宾馆4家，三星级宾馆6家。旅行社130家，其中出境组团社23家。全年接待海内外游客750.12万人次，比2014年增长15.3%。其中，接待国内游客704.47万人次，增长15.7%；接待入境游客45.65万人次，增长10.0%。全年实现旅游总收入170.33亿元，增长23.4%；旅游外汇总收入1.98亿美元，增长23.8%。

4月，延吉市旅游局工作人员向旅行社工作人员发放政策宣传单
（王 栋 摄）

【旅游安全生产管理】 将安全工作纳入重要议程，每季度召开安全生产调度会。全面落实安全生产责任制，与全市147家旅游企业签订安全生产责任状。落实旅游企业安全生产网格化管理工作，做好隐患排查和整改。全年开展旅游安全宣传活动5次，发放旅游安全手册9000份，开展旅游安全检查80次，排查一般隐患79项，整改隐患79项，整改率100%，保证旅游行业安全形势平稳有序。

【旅游行业违规检查】 开展旅游进社区、进景区、进学校活动，开展文明旅游引导活动，减少游客不文明行为。加大行业检查力度，重点整治旅行社超范围经营、强迫游客消费等违法行为。打击无许可资质经营旅游业务、“不合理低价”等扰乱旅游市场秩序行为。及时妥善处理旅游投诉。全年开展专项检查80次，出动检查人员300人次，打掉无证“黑社”3家，对29家违规企业实施处罚，净化旅游市场环境。受理并及时办结旅游投诉8起，游客满意率100%。

【旅游市场专项整顿】 1月开始，开展旅游市场整顿活动，为期10个多月。重点检查旅行社是否超范围经营，旅游合同签订情况，旅游包车协议签订情况，导游安全协议签订情况，投保旅行社责任险情况，旅游景点景区安全状况等方面。检查全市196家旅游企业，28家旅游企业存在不同程度违规行为，7家旅行社存在没有经过旅游者书面同意，不签订委托合同以默认方式转拼团情况；18

4 月，延吉市旅游局工作人员在旅行社检查相关合同 （王 栋 摄）

家旅行社以各种理由不投保旅行社责任险，3 家旅行社营业部超范围经营等情况。根据相关规定对其进行相应处罚。针对个别旅游企业负责人安全生产责任制落实力度不够，部分旅游星级宾馆灭火器过期，个别旅游星级宾馆厨房应急预案不健全，缺乏石棉被等应急物品等情况，市旅游局做出行政处罚。

【白山国旅挂牌上市】 10 月 19 日，延边白山国际旅行社有限公司正式在全国中小企业股份转让系统“新三板”挂牌上市，这是延吉市全行业在新三板上市的首家企业，也是吉林省首家上市的旅游企业。延边白山国际旅行社有限公司建于 1998 年 7 月，主营入境旅游、国内旅游。2014 年 10 月正式与恒泰证券股份有限公司、北京盈科律师事务所、瑞华会计师事务所签订新三板上市业务合同。2015 年，公司正式在新三板挂牌，股票简称为“白山国旅”，股票代码为 833809。

（杜宇明）

旅游宣传推介

【延吉旅游宣传】 通过召开新闻通报会、邀请媒体和旅游企业采风等形式，在中央电视台、新华网、《中国旅游报》《吉林日报》等媒体上大力宣传延吉旅游资源。与网络信息公司合作，完善“延吉旅游”公众微信平台，丰富服务内容。定期开展平台活动，提高平台关注度和活跃度。

【客源市场拓展】 先后组织主要景区、景点和部分旅行社，到长春市、吉林市等省内高铁沿线主要客源地，北京、上海、广东等省外客源地，开展系列旅游宣传促销，推介延吉丰厚的旅游资源，吸引多地旅游界高度关注；组织参加中国国内旅游交易会、中国国际旅游交易会、参加俄罗斯太平洋旅交会，吸引俄罗斯游客到延吉观光。

【旅游惠民宣传】 5 月 19 日，2015 年州暨延吉市“中国旅游日——公益惠民”主题宣传活动在延吉市开幕，州内 30 余家旅行社及旅游景区面向广大游客推出一系列优惠活动。20 余家旅行社与 10 家旅游景区在步行街中央设立宣传台，向过往市民发放旅游产品宣传资料，推出精品特惠线路或发放代金券。延边农村商业银行工作人员现场为市民办理延边旅游年卡，享受 8 折优惠。

（杜宇明）

旅游项目建设

【中国朝鲜族民俗园项目】 位于小营镇理化村，项目总投资 20 亿元，总规划占地面积 390 公顷。项目集民俗村、民俗广场、民俗商业街、海兰江花园、夏都园林、温泉疗养中心、滑雪场、竞技马场、儿童游乐场、植物园等 12 大特色功能区，由北京宇辰集团投资开发建设。2015 年年末，完成民俗村、商业街、民俗广场等项目建设。5 月 26 日，2015 年中国旅游产业促进座谈会在北京举行，国家旅游局联合中国开发银行、中国进出口银行、中国工商银行、中国农业银行、中国银行、中国建设银行、招商银行、平安银行、兴业银行 9 家银行，在各省上报 667 个旅游项目中综合考虑项目成熟度、开工条件、市场前景和引领示范作用等因素，最终评选出 500 个符合条件的优秀项目，中国朝鲜族民俗园项目以其朝鲜族独特民俗风情与文化特色旅游，入选 2015 年全国优选旅游项目名录。

【延吉梦都美综合度假村项目】 位于依兰镇春兴村，总投资30亿元，占地面积336公顷。建设内容有滑雪场、雪上乐园、水上乐园、温泉洗浴中心、高尔夫球练习场、露天演出场、度假酒店、低密度住宅、攀岩、山体壁画、奥特莱斯购物中心等。2015年年末，建成滑雪场、温泉中心、温泉酒店、水上乐园、露营公园基础设施等。

【春兴朝鲜族古村落生态农业旅游度假区项目】 位于延吉市依兰镇春兴村，依托少数民族特色村寨基础，为转变延吉市依兰镇春兴村经济发展方式，促进农村经济社会的和谐、有序、快速发展，发展以"农家乐"为主的生态旅游项目。2015年完成民俗住宅、民俗美食街、采摘园、烧烤营地等建设，并投入使用。

【"经纬乐天地"项目对外开放】 8月28日，2015年中韩（台湾地区）大型商业旅游项目"经纬乐天地"韩式综合购物中心正式开业。延边经纬和信置业发展有限公司投资15亿元在延吉市友谊路建设大型室内外商业旅游项目——"经纬乐天地"韩式综合购物中心。项目于2011年4月开工建设，占地面积2.5155万平方米，总建筑面积12万平方米，其7层，地下2层为停车场，地下1层为大型超市，1~5层为休闲、养生、娱乐、餐饮、购物大型广场。该项目由韩国商业设计团队设计，注入韩国流行时尚元素，以韩国流行品牌和韩式餐饮为主，引进众多国际品牌和连锁超市，建成集购物、休闲、养生、餐饮、娱乐、文化、商务、旅游于一体的高端城市综合体。对开发、延伸延边州旅游产业娱乐项目发展以及拉动外地游客在延边消费具有积极促进作用。

【梦都美滑雪场雪道开放】 12月4日延吉市梦都美民俗旅游度假村滑雪场初、中、高级雪道全部开放。延吉市梦都美民俗旅游度假村位于延吉市依兰镇春兴村五队，是延边州内唯一集户外滑雪与温泉养生于一体大型度假村。自2013年梦都美滑雪场一期工程投入运营以来，每年冬季都吸引来自全国各地滑雪爱好者齐聚在此，共享冰雪盛宴。为满足不同层次滑雪爱好者需求，2015年，梦都美再次对滑雪场进行升级改造，新增总长1000米山地滑雪道，扩建占地近6000平方米温泉区。改造后的滑雪场总占地面积80万平方米，有高级滑雪道3条，初、中级滑雪道各1条，总长近6000米，宽50米，最大落差300米，能同时容纳近2000人滑雪，并有3000套雪具供游客租赁。日均接待游客数量600人次。为方便游客出行，梦都美在延吉市西市场和延吉西站设立直通车乘车点，西市场站点首班发车时间为早上7时，每天9个班次，延吉西站站点首班发车时间为上午8时20分，每天1趟，票价均为5元。

（杜宇明）

旅游交通线路

【延吉开通多条旅游线路直通车】 12月19日起，延边东北亚客运集团有限公司开通多条辐射延边各大景区旅游线路直通车，并配套推出多种旅游套餐，助力冬季冰雪旅游。随着长珲城际铁路开通，越来越多自由行游客乘坐高铁来到延吉。为方便市民和游客前往景区游玩，东北亚客运集团开通延吉至长白山西景区万达国际度假区、延吉至长白山北景区、延吉至敦化雁鸣湖度假区、延吉至和龙老里克湖景区、延吉至龙井海兰江滑雪场、延吉至梦都美滑雪场、延吉至汪清满天星滑雪场、延吉至珲春防川旅游景区旅游直通车，为游客提供一站式旅游体验服务。旅游直通车班线开通丰富的自由行套餐线路，给国内外游客带来前所未有的旅游体验，游客不再受时间和出行方式约束，自由安排游玩时间，全方位感受延边人的热情好客，充分了解延边风土人情。

延吉至长白山西景区万达国际度假区直通车 每日上午7时自延吉东北亚客运总站发车，途径和龙老里克湖、二道白河宝石小镇，到达长白山西景区万达国际度假区；次日下午13时30分自长白山西景区万达国际度假区出发返回延吉，为了让游客尽情体验冰雪魅力，特推出499元长白山万达滑雪、娱雪2日游套餐。

延吉至长白山北景区直通车 每日上午7时自东北亚大酒店门前发车，次日下午15时返回延吉，并配套推出399元的长白山蓝景温泉、滑雪、娱雪2日游及299元长白山蓝景温泉、魔界、长白山两日游套餐。

延吉至敦化雁鸣湖度假区直通车 每日上午7时30分自东北亚大酒店门前发车，下午15时返回延吉。

延吉至和龙老里克湖景区直

通车　每日早 8 时自东北亚大酒店门前发车，下午 14 时 30 分返回延吉。

延吉至龙井海兰江滑雪场直通车　每日上午 9 时自东北亚大酒店门前发车，途径建工小学、开发区，到达海兰江滑雪场，下午 15 时 30 分返回延吉。

延吉至梦都美滑雪场直通车　每日上午 8 时 30 分在延吉西市场始发，下午 15 时 30 分返回延吉。

【延吉至大连豪华旅游专列开通】 4 月 8 日起，延边中铁国际旅行社再次开通“延吉-大连豪华旅游专列”，也将俄罗斯符拉迪沃斯托克、延吉、大连穿成一线，三地可以互为旅游目的地，开拓更丰富旅游项目，促进延吉和大连两地旅游业发展。延吉至大连豪华旅游专列全程运行 19 小时，途经图们、延吉、敦化、吉林、长春、沈阳、鞍山、大石桥、瓦房店、大连 10 个站点。专列有 6 节车厢，配置软卧 64 个，豪华 4 人间 12 间、豪华两人间 8 间。同时，还配有多功能观光厅、酒吧、卡拉 OK、棋牌室等不同娱乐设施。4 月 23 日，来自俄罗斯滨海边疆区旅行商考察团 20 余人乘坐 “延吉-大连豪华旅游专列” 前往大连市进行旅游考察。该专列成为俄罗斯符拉迪沃斯托克、延吉、大连三地旅游合作桥梁。

【延吉至温州宁波航线开通】 2 月 13 日，延吉机场自通航以来首次开通延吉至温州直飞航线。延边康辉国际旅行社与温州、宁波两地旅行社共同推出延边冬季旅游产品，引进 4 架次温州至延吉往返包机，3 架次宁波至延吉往返包机，执飞机型为空客 A320，156 个座位。温州直飞延吉航线每隔 4 天 1 班，宁波直飞延吉航线每隔 5 天 1 班。2 月 17 日，第 1 批宁波地区游客抵达延吉。

【延吉推出 34 条境内外旅游线路】 4 月 16 日，延吉市 2015 年“五一”旅游产品推广新闻通报会召开，延吉市重点推出 6 条延吉周边短线度假线路、15 条国内旅游线路和 13 条出境游线路，满足市民出游需求。短线游主要包括延吉至长白山“游巴客”民俗小火车 1 日、2 日游、敦化 1 日游、珲春沙丘公园和防川景区 1 日游、蛟河 1 日、2 日游，以及延吉市内帽儿山、博物馆、千年松景区游览；国内游有延吉至华东、张家界、云南、台湾四个方向 15 条旅游线路；出境游主要以延吉到朝鲜、俄罗斯、韩国旅游为主，其中特色线路有延吉至俄罗斯、朝鲜跨国游、延吉至朝鲜南阳自行车一日游、延吉至俄罗斯哈桑度假游、延吉至朝鲜罗先自驾营地游等。5 月 1 日至 3 日，延吉市接待国内外游客 14.6 万人次，占全州 62.2%，比 2014 年增长 15%；旅游收入 2.1 亿元，占全州 61.8%，增长 16%。

4 月，延吉市召开大连—延吉—俄罗斯旅游座谈会

（翟宇佳 摄）

【“游巴客”品牌客车】 2 月，延边假日国际旅行社筹划将 2014 年开通的延吉至松江河旅游专列冠名“游巴客”，增加民俗元素，变身成 “移动迷你民俗馆”，3 月 1 日“游巴客”旅游民族小火车第一节车厢完工亮相。“游巴客”小火车在车内装饰上，从细节着手，选用具有民俗风情的窗帘、座椅和贴士等。除此之外，穿着民俗服装的“私人管家”对旅客进行点对点服务，让游客在车内感受到如家般温馨。3 至 5 小时车程里，游客们可以听着延边最时尚的音乐，品着延边小吃，喝着咖啡，观赏沿途美景。车内还装有 WI-FI，供旅客查阅信息，与亲朋好友分享旅途。每周二、四、六从延吉发车，发车时间为 7 时 43 分，途经龙井、白河，13 时 30 分到达终点站松江河，全程运行 5 小时 47 分。次日

下午18时12分从松江河返回。

（杜宇明）

旅游节庆活动

【第二届“海兰江”杯冰上高尔夫邀请赛】 1月24日，第二届“海兰江”杯冰上高尔夫邀请赛在延吉市小营镇河龙村海兰湖冰面上开赛，延边高尔夫球协会会员及嘉宾70余人参加比赛。高尔夫邀请赛以冰雪景观观赏、冰雪娱乐项目为主题，将比赛场地设置在冰面上，是一次别样的冰雪与高尔夫结合体验。冰场上设置18洞人造地毯果岭和十个发球台练习场，让参赛者尽情体验冰面挥杆击球惬意。对提高全民参与体育运动热情，推广延吉市利用冰雪资源，多层次开发各项活动具有积极作用。

【第七届百威英博延吉冰川·哈尔滨啤酒节】 7月18日至8月7日，2015第七届百威英博延吉冰川·哈尔滨啤酒节在延吉市金达莱广场开幕。啤酒节以“欢乐冰川、欢乐延边”为主题，除了啤酒畅饮、美食特供、民俗歌舞和俄罗斯风情表演，更有“延边啤酒达人”竞技赛等多项主题互动活动。通过举办啤酒节，弘扬延边朝鲜族民族文化，提高延边州和延吉市在国内外的知名度，丰富市民业余文化休闲生活。

【韦特恩国际自行车旅游节】 9月19日，2015延边·韦特恩国际自行车赛在延吉开幕，由吉林省旅游局、延边州政府主办，来自中国、意大利、瑞典、俄罗斯等20余个国家和地区选手参赛。活动以“骑吧！向生态文明出发”为主题，设3站，第二、第三站分别设在中国敦化及俄罗斯的符拉迪沃斯托克。本次赛事是为期一周的2015年延边·韦特恩国际自行车旅游节组成部分，活动期间举办延边美食及文化生态旅游等活动。赛事起源于有半个世纪历史的瑞典韦特恩环湖自行车赛，它不以竞速为目的，旨在休闲娱乐、享受运动，倡导“低碳、环保、慢交通”城市生活理念。瑞典韦特恩环湖赛每年吸引全球超过2万名自行车爱好者参与其中。

12月31日，第三届延吉国际冰雪旅游节在金达莱广场开幕，图为冰雕

（李军广　摄）

【第三届延吉国际冰雪旅游节】 12月31日，第三届延吉国际冰雪旅游节在金达莱广场正式开幕，延吉市旅游局举行民俗表演和烟火晚会迎接广大市民和游客。冰雪节以“冰雪金达莱”为主题，规划占地7.95公顷，规划冰雪景观27处，冰景15栋，雪雕12组，冰雪娱乐20项，总用冰量6000立方米，用雪量1万立方米。主场区分为5个功能区，包括金达莱冰歌雪筵、金达莱冰雪狂欢、金达莱冰雪之光、金达莱冰雪传说、金达莱冰雪童谣。突出展现朝鲜族民族特色，冰雕光源选择注重节能环保，降低工程造价。冰雪节期间免收冰雪景观区门票，市民和广大游客可免费观光游览冰雪游乐园。开放时间为2015年12月31日至2016年2月22日。冰雪节期间，开展“上元节”“中俄迎新年狂欢节”“国际雪联巡回赛”“冰雕雪雕大赛”“秧歌大赛”“迎新春书画展”，组织登山比赛等12项节庆活动。接待参观者56万人次。

（杜宇明）

住房与城乡建设

城乡规划

【规划管理】 执行《中华人民共和国城乡规划法》和《吉林省城乡规划条例》，本着“对外简化手续、缩短审批时限，对内严格流程、规范操作”原则，完善管理流程与技术规程，把好规划许可证发放关。全年核发建设项目选址意见书33件，合计126.7万平方米；建设用地规划许可证62件，合计115.7万平方米；建设工程规划许可证35件，合计108.8万平方米；乡村建设规划许可证143件，合计1.6万平方米；及时对行政许可项目进行批后公示，在规划管理局网站上公示403件；为便于批后管理工作，对已核发的建设工程规划许可证及材料及时移交给市城市管理行政执法局，移交57件。组织提交延边州规委会2次，通过建设项目6个、选址项目4个；组织提交延吉市规委会一次，通过审议项目7个、选址项目1个，规划条件项目5个。

【西部新区规划】 完善西部新区14平方千米控制性详细规划和城市设计，委托清华同衡规划设计研究院，对现状进行综合评价分析，确定规划主导功能和空间结构、用地布局、控制单元划分和规划指标，编制土地利用规划，道路竖向、给水、排水、电力等规划。结合延蒲高速连接线、高铁站前广场建设及棚户区改造，对高铁站前区与公园路北侧区域道路网、建筑布局、交通出路口方位、城市设计等进行设计。

【兴华新村控制性详细规划】 规划范围是东至太平街、南到延北路、西抵烟集河、北接兴安路，总占地面积326.91公顷。本次规划以前瞻性、综合性、操作性和可控性为四大原则，总体布局采用“一轴、四区、三中心”框架，进行全区规划布局。“一轴”为局子街，局子街是延吉市北部对外交通主要通道，是集中体现城市面貌的重要空间。“四区”为四个功能分区，局子街与大兴路交会，将整个区域分成四部分。“三中心”为局子街、参花街、清扬街与居住区形成三个商业服务中心。根据现状科学分析，确定用地控制指标、环境容量控制指标、交通控制内容、城市设计引导及控制、配套设施体系等控制体系，在满足规划区域内居民日常生活服务需求同时，满足兴华新村发展综合服务需求。

【新农村规划编制】 依兰镇台岩村规划　以发展农业经济为目标，加快建设现代农业，繁荣农村经济，提高农村生产力水平，在现有粮食作物种植上，推广新种植技术，发展农业机械化。规划范围村域包括辖区范围内9个小队14个自然屯，面积47.2平方千米；中心屯以村委会所在地台岩村五队和村民较密集的六、七、八、九、队合并为中心屯，规划用地面积为103.53公顷。

朝阳川镇平道村规划　优化村庄功能布局，提高农村生活水平，增加农民收入，改善消费结构，提高农民生活质量。规划范围包括辖区范围内8个自然屯、12个村民小组，面积1609公顷；中心屯平道村二、三、五、九队合并为中心屯，规划用地面积15.23公顷。

【农村危房改造】 1月，通过省委省政府对延吉市2014年度农村危房改造工作绩效考核。延吉市规划管理局根据《关于组织申报2015年农村危房改造计划的通知》文件精神，经各镇申请、进入村屯现场确认，组织各镇上报危房改造计划，获得省住房和城乡建设厅批复400户，工程全部完工。

【电力专项规划】 为解决延吉市人口增长及城市发展造成用电供给与需求间失衡，解决电网建设中变电站站址无预留用地问题，以实现城市社会经济可持续发展，编制延吉市电力专项规划，规模为整个延吉市区范围。

【延吉机场景观整治规划】 项目位于长白山路以南，机场候机楼北侧，规划总用地7.5公顷。为改造环境脏、乱、差现象，通过景观环境整治，体现民族特色、社会主义核心价值观。包括交通组织、绿化、硬化等内容。

【北大新村改造项目】 北大新村是延吉市第一批住房改造区域，位于城乡接合部。随着城市化发展，北大新村被周边高楼大厦所包围，成为主城区。但是因多年失修、基础设施落后、暂住人口集中等原因，成为环境恶劣、设施简陋、治安差的“多层棚户区”。项目位于新村路以南，局子街以东，规划总用地面积10.15公顷，总建筑面积23.4万平方米。设计内容包括规划设计、建筑设计、基础设施工程设计。

【规划编制】 与省规划设计院合作，进行《延吉市城市总体规划(2009~2030)》实施评估报告和专家论证；结合南出口景观改造规划，开展东新区控制性详细规划和城市设计；对棚户区B24地块(九中附近)、棚户区B25地块(十中附近)、棚户区C16地块(东七路附近)等区域进行规划；委托上海风语建筑公司完成城市展示中心延吉展厅布展工作，其中包括城市景观、城市记忆、规划沿革、总体规划、未来远景、西部新区沙盘等板块，为州馆中涉及延吉市规划方面进行衔接；按照省厅要求，制定27条长约106千米近3年延吉市地下管廊建设备选道路；结合延蒲高速征地拆迁工作，及时调整道路线型及涉及地块规划方案；把延吉市海绵城市试点城市实施方案中规划建设管控制度落实到各层次规划当中。

【规划宣传】 采取多种有效措施，加强规划宣传工作力度，在延边信息港、《延边晨报》、延吉新闻网等各媒体网站上发布信息9条；在延政信息及市府网站上发布信息4篇。参加州广播电台坐客直播间百姓热线和民生热线节目。开展“城乡规划法宣传日”“测绘法宣传日”活动，普及规划知识，提升规划影响力，增强全社会的规划意识和法制观念，维护城乡建设正常秩序和社会公共利益。

【规划服务民生】 办理延边州延吉市人大、政协提案22个，回复百姓热线336个，参加州市广播电台客座直播间百姓热线和民生热线节目各1次。接待群众信访案件20起，176人次，解决18件。其中世纪大厦挡光、市宾馆回迁户上访等遗留问题，经过多方努力，得到解决。

【勘测设计】 完成棚户区B22地块、延边州示范性综合实践基地学校等35项工程的岩土工程勘察任务，总进尺7340米，静载荷试验46点，剪切波速840米。

（聂伟明）

测　绘

【基础测绘】 完成地形图测绘201项，总面积12平方千米；竣工图测绘186项，596栋；规划定位放线验线、提供控制点105项；净空测量报告13项。

【测绘管理】 落实省测绘局重要会议和文件精神，报送主要工作信息和统计报表，完成省测绘局交办各项工作。在工作中，采取日常监管和专项检查相结合方法，对测绘行业单位开展测绘法律法规贯彻实施情况监督检查，避免各类测绘违法案件发生。开展2015年度测绘资质延续工作，所有测绘单位按时完成年度注册工作。制定资质日常监管制度，加强测绘资质日常监督检查，确保测绘单位达到相应资质标准要求。制订专项整治计划，组织专项整治行动，开展测绘单位自查自纠，进行普查和验收。

（聂伟明）

城市建设

【概况】 2015年，延吉市住建局围绕建设“繁荣、美丽、宜居、宜行”民族特色城市总体思路，推动“城市建设和管理的示范市”建设，1月29日，召开2015年度安全生产大会。中山路、光进东街等小街小巷开工建设；延吉市城市地下综

1 月 29 日,延吉市住建局系统召开 2015 年度安全生产大会
（住建局 提供）

合管廊系统工程开工建设。

【安居工程】 打造宜居城市。落实住房租赁补贴政策，切实进行安居工程建设。为 8 个棚改地块向国开行申请贷款 16.54 亿元。全年棚改任务 3000 户、6 个地块全部开工建设。其中货币补偿 488 户，回迁安置住房 2512 套 22.44 万平方米。开工建设公共租赁住房 200 套 1.10 万平方米。通过电脑摇号方式，公平、公正、公开分配公共租赁住房 273 套。开展住房租赁补贴发放工作，严格按“三审两公示”程序审核资格，发放住房租赁补贴 2305 户，449 万元。

【“暖房子”工程】 与吉林省住建厅沟通协调，取得“暖房子”改造指标 250 万平方米。建立健全“社区申报、街道统筹、暖房办审核”工作机制，按“开工条件、材料检测、施工质量”等方面要求，推进“暖房子”工程建设。完成节能改造 611 栋、272 万平方米；完成分户改造 90 万平方米；维修供热管网 106 千米；撤并分散供热锅炉房 8 座；新建热源 2 座，新增供热能力 116 兆瓦；开展“暖房子”工程“回头看”专项整治活动，排查、解决问题 106 个。

【城市景观建设】 克服高空作业等不利因素，完成气象雷达观光塔亮化工程；结合小巷改造，安装文学胡同、新丰胡同等小巷路灯 215 盏；根据亮化设施保修到期实际情况，完成全市亮化设施维护工程招投标工作，全市亮化维护工作由原施工单位保修过渡到中标单位统一维护，增强工作针对性和实效性。维修、维护全市 550 处亮化设施、3600 块牌匾、1.1 万盏路灯 2.1 万余次，亮化设施完好率 99.2%。

【建筑业管理】 受理报建项目 108 个，建筑面积 143.6 万平方米，公开招标项目 70 个，建筑面积 39.6 万平方米；直接发包 31 个，建筑面积 102.55 万平方米，依法应公开招标项目招标率 100%，合同备案率 100%。全年受理各类行政审批事项 1680 项，办理施工许可 87 件。克服人员少、车辆少、设备差等不利因素，全年检查在建、改造工程 92 项 4000 余家次，下发停工整改单 57 份，限期整改单 70 份，整改率 95%以上；开展“禁粘推新”(停止生产粘土制品，

6 月 1 日，国开行吉林省分行调研组调研延吉市 2015 年棚改工作
（住建局 提供）

推广新产品)工作,下发责令停工单2起,征收新型墙材专项基金2018万元,征缴率达100%。

【道路建设】 开展海绵城市建设,完成《延吉市海绵城市建设专项规划(2015-2030)》《延吉市城市排水(雨水)防涝综合规划(2015-2030)》,完成健康路路面施工;完成机场广场雨水综合利用系统方案设计。推进地下综合管廊建设,人民路、天池路和新民北街地下管廊建设全面开工。稳步推进道路建设,完成南滨胡同、康乐胡同等50条小街小巷改造工程;完成爱丹路等15万平方米道路加固工程;完成中山路道路、光进东街道路新建工程及健康路拓宽工程;新建雨水管网5千米、污水管网5千米,改造燃气管网30千米;完成长白路等路段人行步道10万平方米;南山路、新村路等10条棚改配套道路工程开工建设。

【城市管理】 严把"开标、评标、定标"等各关口,注重"事前、事中、事后"全方位监督,受理报建项目108个,建筑面积143.6万平方米,公开招标项目70个,建筑面积39.6万平方米;直接发包31个,建筑面积102.55万平方米,依法应公开招标项目招标率100%,合同备案率100%。全年受理各类行政审批事项1680个,办理施工许可87件。克服人员少、车辆少、设备差等不利因素,全年检查在建、改造工程92项、4000余家次,下发停工整改单57份,限期整改单70份,整改率95%以上;开展"禁粘推新"工作,下发责令停工单2起,征收新型墙材专项基金1760万元,征缴率100%。

【城市供热】 进行冬季供热准备。督促供热企业畅通购煤渠道,加大调运力度,严把煤炭质量关,确保冬季供热燃煤充足。截至12月,煤炭前期储备量超过全年计划用煤总量50%。要求各供热企业整改上年度采暖期存在的问题和隐患,维修、维护供热设施和供热管网。接待群众上访。采取广场宣传、进驻信访,设立投诉电话等多种途径,畅通群众诉求渠道,合理引导群众诉求。对待问题不回避、不怠慢,坚持三天内予以答复,并逐一解决。全年处理投诉供热问题809件,比2014年下降44.7%。做好供热行业监管,执行每日巡查制度,成立供热应急专家组和抢修队,制定供热周报、投诉排名、综合考评等一系列监管措施,强化供热监管力度,保障供热质量。出动3000余人次,排查安全隐患18件,保障市民用热需求,确保延吉市供热平稳健康发展。

【城区卫生】 以打造"全省乃至全国最干净的城市"为目标,从加大环卫资金投入力度入手,充分调动保洁人员积极性。保洁人员工资从1400元增加到1750元,一线作业人员增加350余人,增加到1500余人;新增保洁设备506台,新增垃圾桶2000个、果皮箱1100个。工作重心由主城区向城乡接合部和背街小巷等薄弱区域下移。增加城乡接合部2万余户垃圾收运、保洁,增加游园、广场83万平方米保洁面积,增加民主村到延吉西站及站前广场等计25万平方米清扫保洁。城区保洁面积645万平方米,庭院保洁面积191万平方米,重点区域保洁18小时。清除垃圾23万吨,洗刷道路隔离栏7万多米,生活垃圾无害化处理率100%以上,粪便无害化处理率100%以上。

【市政设施维护】 采取冷补工艺、方砖填补等方式修复破损路面3.4万平方米;采取新技术对长白路、朝阳街等10余条道路灌缝11万米;维修大理石2500平方米,调整边石800米;改善市民如厕环境,建设水冲厕所5座,装修

多功能柴油清扫车在进行作业 (王 栋 摄)

厕所 2 座；进行防洪排涝工作，清掏检查井 7300 座、雨水井 1.3 万座、排水管线 5 万米、排洪沟 1 万米，维修检查井 150 座、雨水井 380 座。

【数字化城市管理】 充分发挥数字化在城市管理中作用，调动市民参与城市管理热情，及时发现市容市貌、卫生环境、民生保障等方面问题。受理城市管理案件 1872 件，交办率 100%；受理 12319 城建服务热线 479 件，供热问题 302 件，供水问题 98 件，燃气问题 15 件，井盖问题 22 件，卫生问题 33 件，路灯问题 10 件，牌匾问题 9 件，转办案件 402 件，督察案件 343 件，回复率 100%；12369 环保热线 328 件，污水问题 6 件，废气问题 22 件，废物问题 1 件，噪声问题 277 件，其他问题 22 件，回复率 100%。

（曲长明）

工程建设

【北大新村棚改】 改造项目位于局子街东侧、新村路南侧，总建筑面积 28 万平方米，总投资 8 亿元，征收房屋总面积 8.3 万平方米。工程于 8 月初开工，地下工程完工，部分主体四层封顶。

【附属工程建设】 12 月 20 日，完成民安家园小区及华城廉租房小区附属工程。民安家园小区燃气、供电、供水等配套设施全部安装完毕，回迁居民已入住；华城廉租房项目地面硬化、庭院绿化、美化等附属工程完成。

北大新村棚改区内居民选房　　（城建集团 提供）

【延吉西站围挡建设】 9 月 10 日，延吉西站西出口围挡建设开工。在工程时间紧、任务重情况下，用 15 天完成延吉西站西出口围挡建设工程，在高铁开通前完成工程建设任务。

【万源项目】 11 月 11 日，万源新春改造项目一期工程开工建设。项目位于局子街西侧、兴旺路北侧，总建筑面积 1.8 万平方米。地下工程完工，部分主体 3 层封顶。

【前期棚改策划项目】 10 月，延边州政务中心西侧地块棚改项目征地工作开始启动。项目拟建区域位于延吉市卧龙街东侧，公园路北侧，总建筑面积 4.5 万平方米，回迁安置 220 户。东七路终点地块一期棚改项目征收工作启动。项目位于光进街西侧、爱丹路南侧。总建筑面积 5 万平方米，回迁安置 300 户。办理各项批件手续，与银行及上级部门沟通，进行建设融资。

（孙姝琪）

土地房屋征收

【概况】 全年进行 14 处(13 处跨年、1 处新增）棚户区改造地段房屋征收工作，完成 1952 户征收工作，征收总面积 10.7 万平方米，接收到《产权调换协议书》和《货币补偿协议书》1417 份，发放各类补偿款近 6.5 亿元。完成 13 处道路拓宽及 4 处拟增加棚改项目摸底调查工作，做出相应预算。2013 年至 2014 年度完成 4029 户被征收户征收工作，上半年基本以 13 处跨年棚改项目中剩余被征收户为主，下半年以新增 1 处棚改地段，对 4 处拟征收地段进行调查摸底和前期预算为主。

【征收执行】 配合相关科室审核项目申请，征收工作调查登记，评估机构的选定，拟定征收补偿方案 1 件，下发补偿决定 64 件，各种请示文书 21 件，申请法院强制执行43件，强制执行房屋7件，确保棚户区改造工作进行。

【重点项目征收】 延吉至大蒲柴河高速主线土地房屋征收 土地房屋全部征收完毕，征收房屋总户数182户，签订补偿协议，发放征收补偿款；征收土地总面积242公顷（红线内面积，包括林地面积），迁移坟墓数766座；签约国有土地或企业总户数3户；钢铁架子征收总面积25公顷，生产性大棚征收总面积2.5公顷，全部补偿完毕；林木和果树砍伐完，补偿款发放完毕；与通信5家企业签约完毕并支付相应改造所需费用，保障高速项目建设全线施工。

太东村至民主连接线土地征收 完成115户房屋，1.87万平方米房屋征收工作，剩余2家企业，养老院、熊厂征收协议在洽谈中。自2015年3月初接到市政府任务后，成立由征收局、朝阳川镇、小营镇、交通局4个征收推进组及法院、征收局有关人员组成的一个法律保障组。在各部门合作下全部完成征收任务。

高铁站前广场征收 房屋户数11户，1家企业鹏程砖厂全部签订补偿协议，发放完征收补偿款；征收土地总面积4.6万平方米，建筑面积6100平方米，为吉珲高铁的按时开通奠定基础。

【土地储备】 延蒲高速连接线延吉段土地征收 按照市政府指示，配合延吉市征收局对延蒲高速连接线延吉段周边村集体土地及国有土地进行征收工作，征收土地总面积32.86公顷，总补偿费1.62亿元人民币。经过多个部门配合，项目土地征收工作基本完成。

棚户区改造项目 延吉市棚户区改造项目是城市基础建设的一项重点项目。按照国有土地招拍挂程序，做好每块棚户区改造项目土地预审工作及招拍挂前期工作。完成32宗土地招拍挂前期土地预审工作，总面积64.1公顷，总成交额4.7亿人民币。

【征收法律法规起草】 加大“依法征收”政策宣传力度，强化司法监督支撑作用，加强同各乡镇及市区相关责任单位对接力度，探索、完善房屋征收各环节工作细节，重新修订《延吉市国有土地上房屋征收与补偿暂行办法》。8月初，对《延吉市国有土地上房屋征收与补偿暂行办法》进行修订，将《暂行办法》及修改意见函以文件形式投放到相关单位征求意见，市政府在第十七届人民政府第十八次常务会议上研究通过《延吉市国有土地上房屋征收与补偿暂行办法》，9月29日，以文件形式向全市各单位下发。规范延吉市国有土地上房屋征收与补偿活动严格执行政策标准，对征收补偿流程进行梳理，规范征收谈话笔录、补偿协议、征收决定、征收方案、补偿决定书等文书，确保程序正当，结果公开。

【征地拆迁信访事件处理】 严格执行《国有土地上房屋征收与补偿条例》，规范房屋征收补偿程序，保障被征收房屋所有权人合法权益。健全信访工作责任制，探索征地拆迁矛盾纠纷排查调处机制，妥善处理征拆工作中信访问题，确保大局稳定，维护公共利益。全年处理信访局转办案件3件，接待信访案件90余次，回复率100%，满意率98%，无重大群体性事件发生。

（金太官）

棚户区改造

【概况】 2015年，延吉市棚改模式由过去市场化运作为主转变为政府主导，在全市“片大、分散、开发价值小”地块集中建设回迁安

金达莱小区棚改项目新貌 （住建局 提供）

置房,改善棚户区居民生活水平。在棚改过程中,提高货币化安置比例,集中建设回迁楼,购买存量商品住房进行安置,实行 1:1.2 安置回迁房等一系列优惠政策,加快棚户区改造进程。通过多种媒体进行宣传,逐门逐户向百姓讲解棚改意义,讲清政策,讲明利害。对住房保障对象审核严格执行“三审两公示”程序,符合保障条件家庭信息在市政府网站和市住建局网站长期公示,接受群众监督。加强公共租赁住房分配后管理,定期检查公共租赁住房租赁户,及时清理不再符合住房保障条件或长期无人居住的家庭,重新分配,充分利用有限的房源。2015 年,延吉市棚改二期贷款申报 8 个项目(3 个任务项目和 5 个预备项目),总投资 20.68 亿元,申请贷款额度 16.54 亿元。6 个任务项目开工建设,开工建设回迁安置住房 2512 套、22.44 万平方米,货币补偿 488 户,开工率 100%,完成省下达改造任务。

【公共租赁住房建设】 延吉市建设城市公共租赁住房 200 套,约 1.1 万平方米,全部开工建设。

福泰佳苑　位于铁南路南侧、延南路北侧,12 套,800 平方米,总投资 244 万元,形象进度为基础施工。

惠润小区　位于天池路北侧、任坪街西侧,122 套,6500 平方米,总投资 2039 万元,形象进度为主体施工。

红树林小区　位于延南路北侧、南海街西侧,12 套,500 平方米,总投资 141 万元,形象进度为基本建成。

延河小区二期　位于大兴路南侧、烟集河西侧,42 套,2500 平方米,总投资 674 万元,形象进度为基本建成。

朝阳川地矿家园小区　位于朝阳川镇敬信街西侧、碧岩路北侧,3 套,100 平方米,总投资 28 万元,形象进度为竣工验收。

民安小区　位于建工街北侧、延南路南侧,9 套,600 平方米,总投资 170 万元,形象进度为竣工验收。

【住房租赁补贴】 延吉市将保障覆盖面由城市“最低收入”住房困难家庭扩展到“低收入”住房困难家庭。从 6 月 1 日起,城镇最低收入、低收入住房困难家庭开始申报,有 3000 户申请住房租赁补贴。市棚改局与各部门协作,通过对申请家庭按照“三审两公示”程序进行资格审核,符合条件保障对象 2306 户,发放补贴资金 460 万元。

【公共租赁住房管理】 加强公共租赁住房建后管理,定期调查公共租赁住房使用情况及公共租赁住房保障对象家庭成员变动情况,发现存在不符合住房保障条件但仍居住公共租赁住房、长期无人居住等现象。给不符合住房保障资格的 84 户家庭下发腾退房屋通知单,将整改当中不配合家庭移交市法院处理,全部整改完毕。将御翠园 98 套、华城小区 72 套及部分腾退公共租赁住房合计 273 套,通过电脑摇号方式,分配给符合配租条件家庭。为保障居民安心入住,及时组织人员维护公共租赁住房,投资 35 万余元维修公共租赁住房 400 户,改造康景小区 3、4 号楼化粪池、地沟管道及路面维修,东明新城 17、18 号楼防水修补、重新铺设一条下水管道。

【棚改专项资金使用】 向省开行申请棚户区改造项目资金贷款 2.3 亿元,全部到位。2012 年、2014 年城镇保障性安居工程专项资金到位 7500 万元,用于北大新村棚改项目 5500 万元、棚户区配套设施费 2000 万元;争取到位财政投入保障性安居工程专项资金 2490 万元;拨付棚户区改造征收资金 1.2 亿元;拨付保障性住房建设资金 3884 万元;收取廉租房异地建设费 322 万元;收取廉租住房抵押金 270 户、14 万元。

(杨静波)

房产管理

【房地产市场监管】 加大房地产市场监察力度。更新商品房网上登记备案系统和办件程序,形成新建商品房网上签约、网上备案、打印二维码合同、预售资金监管为一体的监管体系,专项检查 40 余家房地产开发企业咨询中心,对违规销售 3 家房地产开发企业下发限期责令整改通知书,对 5 家存在认筹或登记行为的房地产开发公司进行口头警告,清理整顿 47 家中介公司,对 14 家中介企业下发整改通知。审批预售许可 19 个项目,77 栋房屋,预售许可面积 61 万平方米。办理网上登记 6237 户,销售面积 127.181 万平方米。严格实施预售资金监管工作,对 48 个开发项目实施预售资金监管,监管金额 18.9 亿元,审批18亿元，审批34家房产中介公司房地产中介资质。

【房屋销售中心】 发挥延吉市房屋销售中心新建商品房集中展示、销售平台与载体作用，有效防范违规销售以及一房多卖等现象发生。建立健全工作流程和规章制度，管理规范开发企业销售行为，同时利用电视、广播、报刊、网站等媒体广泛宣传，并在公交汽车内张贴宣传海报，扩大销售中心社会效应，引导群众进入销售中心购买五证齐全楼盘的放心房、称心房。走访调研全部进场32家开发企业，全面深入了解延吉市新建房地产市场现状，存在问题及原因，形成事实清楚、有据可依的调查报告，为延吉市房地产市场趋势分析提供可靠依据。2015年，有3家开发企业新进中心，有35家房地产开发企业进驻中心销售商品房，推出销售房屋2.5万套，面积235.6万平方米，其中，签约备案15236户，149.66万平方米。“房屋超市”入驻5家开发企业提供房源600余套，“一元卖房”展示板可展示房源456个，展示房源440展次。

【物业管理】 及时指导全市新建竣工项目以及符合条件住宅小区实施等级式物业管理，截至12月末，新增物业管理面积134万平方米，增长率12%，延吉市等级式物业管理面积1260万平方米。推进老旧住宅小区实施基本物业管理，延吉市环卫作业公司（国有物业服务总公司）接管5个小区实施基本物业管理，总面积13万平方米；延边钧源物业企业接管建工街道天信小区、百合小区，面积18.3万平方米，老旧住宅小区实施基本物业管理总面积31.3万平方米。开元公馆、碧水园林、丽水宜家争创省优物业管理住宅小区。建立物业服务企业诚信档案系统，在延吉市房产局信息网上公示物业企业信息、物业管理项目信息、物业从业人员信息及物业管理相关政策法规，实现网上物业企业资质公示及审批。严格物业管理准入退出机制，实行物业服务保证金制度，收取保证金13份，99万元，主要用于对物业企业违约行为和弃管小区善后处理。开展物业管理专项整治活动，全力开展物业行业安全检查及指导工作，开展国家卫生城复检工作，指导街道社区组织召开业主大会，备案32个业主委员会。物业维修资金应收尽收，归集维修资金6283万元，受理审核维修资金使用申请109栋，使用金额1245万元。

4月23日，延吉市房产局召开2015年物业管理安全生产暨病媒生物防治培训会议 （房产局 提供）

【房屋交易登记】 进行各类房屋的受理、登记、发证工作。办理各类房屋登记5.25万件。其中预告登记4451件，抵押登记1.21万件，及时注销抵押登记7195件，协助司法冻结1208次，注销司法冻结703次。

【历史遗留问题产权证办照】 办完较难解决的大宇花园项目房屋初始登记，符合办照条件，1400余户房屋可以办理分户手续，年内解决历史遗留问题3032户，办理4.75万户。

【房产信息建设】 加快信息化建设，提高房产服务水平。整改开发房地产信息网站，实现物业企业、从业人员网上公示等功能，实现统一公示中心，一元售房、商品房预售许可、商品房网上签约、商品房网上备案、房屋证明预约查询及公示等功能。整合全局数据报送统计分析系统（OLAP），全局各部门报送表单、数据调取30余张表单全部实现一键生成表单，数据报送真实可靠。制订存量房网上备案系统建设计划，将实现存量房网上销售、租赁、差价换房、合同网上备案以及资金监管等业务。配合国土资源局做好不动产信息平台建设工作,调取依兰镇、进学街部分房产数据与国土数据进行整合。

【房屋档案利用】 提高档案利用效率,加强权属档案管理。开展登记大厅窗口、物理档案室及公检法查询室房屋档案信息查询工作,减少2项查询环节,压缩百姓办件时间。在出具房屋信息证明中加印防伪标记(水印)进一步规范查询程序,做到查询证明及相关档案证明"立等可取",受到群众好评。出具证明1.08万件,查询房屋信息3.6万余件/次。配合征收局、棚改局、城投公司等部门做好档案核实工作,核实房屋征收信息1000余件,核对低保信息8000件。做好新建权属档案电子归档和物理档案装订上架工作。办结档案4.8万件(其中抵押登记2.1万件,转移登记、初始登记、预告登记、补证登记等2.7万件),装订档案2.7万件,档案上架2.7万件,上架率100%。

【老楼危楼安全排查】 出台《延吉市老楼危楼安全排查整治工作方案》,成立由市房产局、市住建局、市规划局组成联合检查组对6个街道办事处和市工信局上报129栋、32.02万平方米、5281户房屋进行排查。经排查,疑似存在安全隐患房屋为9栋,3.0万平方米、458户。经延边州住建工程质量检测鉴定中心检测鉴定,确认危险房屋数量为:C级危房2栋、0.69万平方米、118户;无D级危房。参与并指导农村危房鉴定工作,鉴定127户朝阳川镇农村危房。严格按照国家法规、标准进行房屋结构安全鉴定工作,检查60多户,对符合要求的25户出具房屋结构安全鉴定书。10月27日,延吉市人民政府下发《关于开展老旧危房安全隐患再排查、再整治工作的紧急通知》。10月28日至11月10日,由各镇人民政府、各街道办事处、工信局排查所管辖范围内危旧房屋悬挑结构存在安全隐患的楼房,并填写汇总表后上报到市房产局。11月11日至12日,市房产局鉴定站工作人员对上报的59栋,19.1万平方米,3000多户房屋进行排查。经排查,疑似存在安全隐患房屋为2栋,0.95万平方米,84户。经鉴定,确认危险房屋数量为:B级危房2栋,0.95万平方米,84户;无C、D级危房。

(高惠丽)

城市供水

【概况】 全年计划制水量5516万立方米,全年完成制水量5300万立方米,比2014年下降3.92%,水质综合合格率98.5%;污水处理全年计划处理量3340万立方米,全年完成3260万立方米,下降2.4%,出水水质综合达标率98%;污水深度处理全年计划100万立方米,全年预污水深度处理量81万立方米,完成81%。全年营业总收入1.53亿元,超额完成5.68%。自来水水费收入9437万元,增长2.80%;水表收入680万元,增长131.29%;水表检定预收入95万元,增长40.04%;给水工程收入3500万元;污水处理费预收入1546万元,增长1.98%;污水深度处理费(中水费)收入81万元,增长32.14%。

【水务重点工程】 白石净水厂改扩建工程 原10万立方米/日净水厂改造工程。新建5万立方米/日净水厂工程。2015年7月全部完成征地、规划、设计等前期工作,投资600万元。9月底完成施工招标,10月中旬正式开工建设。投资460万元完成工程三通一平工作、净水间人工打孔桩基础工程以及原有10万立方米/日净水厂消毒系统和供暖系统改造。

朝阳污水处理厂工程 全部完成土建工程和工艺、电气自控设备供货安装;完成中央预算内资金申报工作;6月12日通水试运行,日处理量约2万立方米。

污水处理厂二期工程 污水二期项目于2012年6月25日正式开工建设。2014年3月市政府与延吉京城环保产业有限公司签订BOT投资建设特许运营协议,特殊运营期为30年。2015年项目投资1.2亿元,土建工程建设进度完成90%,设备供货安装完成70%。

延吉市西部新区供水管网改造工程 投资600万元,完成铺设延吉西站前供水管网2.6千米。

二次供水设施改造工程 投资8327万元,取消撤并6座二次供水加压泵站;新建6座泵站,改造10座泵站;完成二次供水管网改造34.87千米,改造楼内管道(含地沟管)43.23千米;水表改造4.85万块。

【惠民水利工程建设】 投资2760万元,完成公园路、爱丹路等区域

20.4 千米管道敷设及延伸改造工程。在依兰镇铺设配水管网 0.7 千米、更换水表 220 块，解决依兰镇 300 多户居民饮水难问题。

【节能降耗】 细化工作流程、完善供水科学调度、合理调整管网压力及进一步规范车辆管理等，推进精细化管理，持续降低和控制成本，仅二次加压电价“工转民”工作，年度节约电费支出 100 余万元，实现节支、降耗、挖潜和创效。

【水务技术创新】 成立专门探漏队伍，利用新技术新设备开展检漏工作，及时发现漏水和修复漏水，特别是及时发现不冒出地面暗漏 18 处，日减少漏损 0.7 万立方米，解决管网高漏损率问题；建设管网压力和流量监控系统，实现管网系统运行实时监控，为供水系统信息化和数字通信技术平台建设奠定基础。

（赵金龙）

园林绿化

【城市绿化】 实施城市绿化规划，先后完成滨河公园、阿里郎广场及新民南街、滨河路、公园路等 10 余条街路绿化改造设计及绿化施工；完成城市生态防护林带建设和主街路绿化、补植等绿化美化工程；完成城市空地、居民小区、单位庭院绿化，拓展绿化空间和视野。概算投资 6000 万元，完成栽植乔木 1.62 万余株，灌木 42 万株，鲜花上路 50 万株，实现新增绿化面积 7 公顷。养护管理公园绿地 120 公顷，修剪树木 1 万余株，补植乔木 1600 余株、灌木 20 万株，完成绿篱修剪、树木浇水、施肥、打药等多项常规管护工作。截至 2015 年年底，全市绿化面积 1290 公顷，绿地率 36.34%，绿化覆盖面积 1419 公顷，绿化覆盖率 39.97%，人均公园绿地面积 9.8 平方米。

延吉市西出口绿化景观图 （林业局 提供）

【村屯绿化】 开展“绿化美化村屯、创建绿色家园”行动，集中打造 4 个乡镇 8 个绿化美化村屯，绿化总面积 12.62 公顷，植树 4165 株，花草总面积 0.26 公顷，投入资金 94.49 万元，村屯绿化覆盖率 35%以上，新植苗木成活率 95%以上，完成率 100%；投入资金 28.70 万元，将三道湾镇打造成“森林小镇”，新植总绿苗木 945 株，花草面积 400 平方米，整理绿化地 400 平方米，种植土回填 120 立方米。

【森林公园】 延吉市有国家级森林公园 1 个——帽儿山国家森林公园，位于延吉市西南与龙井市交界处，距市区 5 千米，海拔 517 米，主体部分面积 1571 公顷（国家实际批复 1105 公顷）。因外形酷似草帽，故被称为“帽儿山”。公园森林覆盖率 76.1%，园区内分布着大量的乔木、灌木和珍稀野生植物，木本植物 165 种，草本植物 200 种，还有蛇、野兔、山鸡等野生动物资源。建有虎威广场、天然泉、观景平台等多个观景点和悬索桥、木栈道、人行步道、诚信路等多项便民设施，位于公园内的新一代气象雷达观光塔（延边州建设项目）完成主体构建工程，塔高 181 米，全国最高，竣工投入使用后，不仅可以预报预防自然灾害天气，还可以作为观光景点，俯瞰延吉市。

（李文涛）

教 育

教育行政管理

【概况】 延吉市教育局下设行政办公室、党委办公室、人事科、计财科、思想政治教育办公室、基础教育科、体卫艺科、成人职业教育科、法制科、行政审批办公室、学前教育办公室、信息科、安全科（校车办）13个行政科室和教育督导室、教师进修学校、招生考试领导小组办公室、学校后勤管理中心、教育技术装备中心、青少年活动中心、职业与成人教育中心、中小学实践教育基地校、教育基金会、关心下一代委员会10个直属事业单位。2015年，所辖各级各类学校51所，在校学生4.97万人，在岗教师4686人，党员1668人。适龄儿童入学率100%，高中段升学率96.05%，职业学校学生就业率97%以上。2015年，市教育局获得"国家义务教育质量检测实施优秀组织奖""全国红十字青少年自救互救知识竞赛最佳组织奖""吉林省未成年人思想道德建设工作先进单位""吉林省优秀妇女儿童维权岗""延边州教育工作目标管理责任制考核先进市""延边州妇女儿童工作先进集体""延边州民族团结进步示范集体""延边州安全生产工作先进单位""延边州消防工作先进单位"等称号。

【学校党建】 成立教育信息中心等3个党支部，下发《党的建设制度汇编》，规范基层组织建设。加强党章教育、理想信念教育和党性修养教育。提升校长及后备干部专业能力，组织中青年骨干校长高级研修班和新任校长高级研修班及后备干部和优秀青年教师培训班。组织延吉市教育系统268名青年教师开展社区爱心寒托班活动。组织教育系统全体党员学习《中国共产党廉洁自律准则》《中国共产党纪律处分条例》。召开全系统党风廉政建设工作会议，与各单位签订《党风廉政建设责任书》。组织基层单位主要负责人和机关干部参观延吉市反腐倡廉图片展览。

【教师队伍建设】 召开全市教师队伍建设现场会，探索新形势下教师队伍建设新理念、新途径。组织开展"长白山讲坛—文化超市"讲座系列活动200余场。挖掘教师师德典型，第五中学梁吉哲、向阳幼儿园伊萍两位教师获全市"青年好榜样"称号，国际合作学校李仙花、北山小学刘晓君、新苗幼儿园李今花3位教师获全市"最美母亲"称号。通过校园好故事等活动宣传教师先进事迹。丰富全市教职工业余生活，开展第四届教师风采展演和延吉市教师好声音比赛等活动。全面开展以网络培训为主全员培训。组织开展送教下乡、名师示范课、集中培训等活动。对全市近1200名中小学班主任进行中华优秀传统美德等专题培训。认定1647名教师为市级骨干教师。组织部分教研员赴辽宁师范大学挂职学习。开展大学区"名师工作室"建设，全市中小学建立119个"名师工作室"。完成2014年新聘42名幼儿园教师考察、落编和签订试用期合同手续。做好各学校教师队伍结构及需求情况调查和分析工作。2015年，招聘中小学教师105名（含2名特岗）。

【校园安全建设】 开展春秋季开学"安全第一课"等系列宣传教育活动；开展防溺水和消防安全教育活动；组织参加"全省第五届中

11 月 11 日，州暨延吉市“青少年自防自护”消防安全教育活动启动仪式在延吉市延河小学举行。图为学生参加消防演习（教育局 提供）

小学校安全知识网络竞赛活动”；联合市公安局对全市小学生及家长开展预防诈骗宣传教育活动，下发《预防诈骗宣传册》2.7 万册。联合相关部门组织 920 人次学校安保人员、校车驾驶人和随车照管人员安全培训；组织 8 次应急疏散演练，有 48 万余人次师生参与。开展春、秋季校园及周边安全联合大检查和幼儿园消防安全专项整治工作，出动 3059 人次，确保校园及师生平安。延河小学被中央综治委评为“平安校园”，六一幼儿园窦莲鑫教师课件《着火了，你别慌》被评为第二届全国中小学“消防安全示范课”优秀课件，中央小学等 5 所学校被州综治委评为平安校园创建先进单位，延新小学等 4 所学校被州公安消防支队评为“消防安全示范学校”，新兴小学和梨花小学被州应急办评为“应急管理示范学校”，市教育局被评为“延边州安全生产先进单位”。

（张　铁）

教育帮扶

【教育资助】　完成春季学前教育资助、春季普通高中国家助学金、春季中职助学金、应届毕业生考入普通高校资助工作、考入高校学生生源地信用助学贷款工作、朝鲜族学前 1 年免保教费、爱心助学金、乐扣乐扣全球性领导人才奖学金发放工作，资助总人数 9348 人，发放资金 1489 万元。发放朝鲜族普通高中免学费 70.28 万元、朝鲜族家庭第二胎子女生活补助 58 万元。完成家庭经济困难寄宿生生活费补助 8 万元，义务教育段贫困学生助学金 15 万元。

【营养改善计划】　乡镇学校营养改善计划全部转入供应午餐。下拨全年营养改善计划补助资金每生每天 4 元，下拨 348 万元，中央奖补资金 162 万元。市政府拨付上半年农村学校食堂运营经费补助每生每天 2 元，拨付 86.58 万元。农村学校学生全部享受免费营养午餐。

（张　铁）

德育工作

【中小学德育】　延吉市教育局坚持以立德树人为根本，以培育和践行社会主义核心价值观为统领，加强德育工作内涵建设，全面开展培育和践行社会主义核心价值观活动，通过融入教育教学、师德建设、主题教育、节庆教育、实践活动、家庭教育“六个融入”，使培育和践行社会主义核心价值观落到实处，在全州中小学培育和践行社会主义价值观现场会上交流工作经验。在坚持公正、公开、公平、透明原则下，经过基层学校评选、推荐和市级评审、考核等多个环节严格审查，最终评选出 100 名道德模范学生。全面加强德育队伍建设，对全市近 1200 名中小学班主任进行中华优秀传统美德等专题培训，提升德育队伍思想素养和育人能力。强化升旗仪式、毕业典礼等庄重仪式教育和学生在第二课堂、校园文化建设等方面主体作用。青少年心理咨询中心申报第九中学国家级心理健康特色学校，并与延边脑科医院建立中小学心理教师临床实习基地，青少年活动中心在吉林省未成年人校外活动保障和能力提升培训班上以专题培训形式，进行经验介绍。承办全省校外教育工作会议，在会上进行经验交流。

【德育宣讲】 启动以“身边人讲身边事，身边人讲自己事，身边事教身边人”为形式“校园好故事”宣讲活动，全市300余名教师、700余名学生利用升旗仪式、校园集会、校园广播等，讲述发生在自己身上、他人身上的先进事迹和感人故事，在校园中形成弘扬正气、颂扬真情、传递正能量氛围。

【主题教育活动】 开展“学雷锋，做一个有道德的人”主题教育活动，全市4800余名教职工，6万余名学生，围绕活动主题，撰写读后感、日记、征文等3万余篇；观看雷锋事迹书画展、手抄报、雷锋电影、展板等5万余人次；开展慰问孤寡老人、孤儿等特殊群体1400余人次；到社区、街路等区域开展义务劳动5000余人次；授予93名师生“校园雷锋”的称号。以清明节为契机，组织开展“缅怀革命英烈，继承革命传统”主题教育活动，各学校通过国旗下讲话、主题班团队会、入团入队仪式、祭扫烈士墓、网上签名寄语等活动，加强爱国主义教育。在“中国梦”主题教育活动中，开展“少年向上真善美伴我行”主题征文、演讲比赛。在“行走出一道风景”文明交通行动中，全市各中学300余名志愿服务人员，以街头倡导、文明乘车、劝阻不文明行为等方式，在延吉市重要路段、繁华街道、公共广场、公园开展“遵纪守法、文明出行”活动。举办首届以体验、创新、成长为主题“校园科技周”活动，通过科普宣教、教学研讨、课堂展示、科技发明，营造学生“爱科学、学科学、用科学”氛围。在“亲情月”情感主题教育活动中，以课程模块方式，固化亲情教育。

9月1日，延吉市举行中小学道德模范学生颁奖典礼

（教育局 提供）

【家长学校建设】 加大家长学校建设力度，开展“小手拉大手”活动，组织家庭专题教育近110余次，参与人数近3万人次，下发《致家长的一封信》近9万封，引导广大家长树立正确教育观。

【活力校园建设】 以“活力校园”建设为主题，推进学校100余个特色项目，700余个学生社团、第二课堂和13所乡村少年宫等建设，丰富学生校园文化生活。组织1000余名师生参加“快乐延吉大舞台”4个专场、70余个节目专场演出。组织全市中学开展纪念“一二·九”暨抗日战争胜利70周年历史知识竞赛。完成留守儿童数据库更新工作，通过“结对子”等形式有效解决个体存在实际困难，为留守儿童健康成长、快乐生活创造条件。

【中小学社会实践活动】 组织弘扬社会正气“吉林好人引领风尚——培育和践行社会主义核心价值观”主题实践活动，开展“身边好人”走进校园活动，让广大青少年在与身边模范面对面交流中受到教育。推进和完善区域校外课程实施与管理工作，组织小学三年级3000余名学生到中小学校外教育基地进行志愿服务和心理健康教育等活动；春秋两季组织小学四年级学生8000余人次到中小学实践教育基地校开展拓展训练和社会实践活动；组织7年级4000余名学生到污水处理厂进行环保教育课程学习；邀请老革命、老党员等“五老”人员，深入学校开展英雄事迹等宣讲工作。

（张 铁）

朝鲜族教育

【朝鲜族教学改革】 加快推进朝鲜族学校教育教学改革工作，加大教学改革培训力度，做好朝鲜族教师专业技能培训工作。巩固和提升朝鲜族学校小班化教育教学改革经验和成果，切实解决小班化教育发展中瓶颈问题，促进小班化教育内涵发展。组织朝鲜族学校校长、教导主任、班主任、骨干教师培训，开展小学和初中教育教学衔接活动。组织全市朝鲜族学校教育教学研讨会。注重加强双语学科教学改革，实现语言学科有效教学，创建良好双语学习环境，深化部分学科双语授课制实验，开展有效语言实践活动。充分发挥小班化教学优势，不断深化朝鲜语文和汉语课堂教学改革。朝鲜语文教学做到工具性和人文性统一，汉语教学突出工具性，强化语言训练和运用。组织开展全市中小学双语月活动及朝鲜族学生语言综合能力检查工作，拓宽学生双语实践平台，提升学校双语教育教学水平。

【朝鲜族民族文化教育】 通过民族文化课程，对学生进行民族文化教育，着力提高朝鲜族民族文化教育水平。根据延边州教育局《关于在全州朝鲜族中小学开展朝鲜族民族文化教育的指导意见》精神，把民族文化教育纳入地方课程，保障课时和教师配备。通过课堂上实际操作，学习制作朝鲜族特色餐饮，了解民族饮食文化。通过开展民族文化二课堂活动，了解民族体育、民族艺术。通过开展“民族文化月”“朝汉校手拉手”“民族文化知识竞赛”等活动，渗透民族团结教育，加强学生对民族文化认同感。结合民族区域特点，打造民族艺术教育特色。在注重学校艺术教育普及推广的同时，开展艺术活动，挖掘和培养各类艺术人才。

【朝鲜族教学改革研讨会】 11月4日，延吉市朝鲜族中小学课堂教学改革研讨会在公园小学举行，全市朝鲜族中小学校长、副校长、教导主任和教师代表110余人参加会议。与会人员以“走课”方式，走进公园小学43个教学班，听教师们展示朝文、数学、汉语等11个学科课堂教学。在学校会议室，与会人员集中观摩公园小学教师金红兰执教的数学课“商不变的性质”和金春姬老师执教朝文课“情”。参观公园小学伽倻琴、合唱、足球、排球、素描、创意生活、民族美食等30余个学生幸福社团活动，听取学校负责人《心文化育人理念下的教育教学改革》经验介绍。

11月4日，延吉市朝鲜族中小学课堂教学改革研讨会在公园小学举行

（教育局 提供）

【朝鲜族民族文化知识竞赛】 11月14日，由延吉市教育局主办、延边大学师范学院协办延吉市朝鲜族中小学民族文化知识竞赛在市青少年活动中心举行，全市17所朝鲜族学校170名学生参赛。竞赛分小学组和初中组两个组别。除学生答题外，还设有家长和教师参与环节。公园小学李炫佑获得小学组个人特等奖，公园小学金承俊获得小学组个人一等奖，公园小学获团体第一名。第十中学安哲龙获得初中组个人特等奖，第十三中学沈秀玭获得初中组个人一等奖，第十三中学获团体第一名。

（本刊编辑部）

学前教育

【幼儿园概况】 延吉市有各类幼儿园115所，国办幼儿园6所，学校附属幼儿园18所，民办幼儿园91所，在园幼儿1.67万人，教职工2353人。

【学前教育】 落实《3~6岁儿童学习与发展指南》，贯彻实施《第二期学前教育三年行动计划》。规范管理，不断规范办园行为。在管理制度、保教质量、经费支出等方面强化监管，促进其依法办园，提高保教质量。充分发挥省级示范性幼儿园引领作用,以创建优质园为抓手,不断提高优质资源覆盖率。强化特色,不断提升办园品味。以拓展教育内涵、创新教育形式、提升教育品牌等方式提炼各幼儿园教育特色;改革创新,不断激发办园活力。探索学前教育集团化管理新模式,采取整体与优化形式,完善办园新体制。加大投入,做好新建园管理工作。通过开展学校附属幼儿园保教质量评估、延吉市第二届幼儿艺术节、延吉市首届民办幼儿园艺术展演、学前教育宣传月、班主任经验交流、骨干教师送教下乡等活动,促进全市学前教育稳步、快速、健康发展。《中国教育报》整版刊登学前教育事业发展成果。六一、新苗、实验、三星、速算、爱星等6所幼儿园获延边州朝鲜族幼儿园环境创设评比一等奖。

【民办幼儿园建设】 创新管理模式,彰显区域特色。以行政区域街道为单位,进行划区管理。形成“联区互动、资源共享、协作提高”管理格局,在民办与民办幼儿园之间架构起一座合作研究、互惠互利桥梁,实现民办幼儿园办园水平和保教质量共同提高。组织民办幼儿园档案管理、消防安全、卫生保健等专项培训,开展学前教育宣传月、优质园开放、首届幼儿艺术展演、教师师德演讲活动、城乡帮扶活动、送教下乡、民办幼儿园“园区自主管理”现场会等活动,推进民办幼儿园均衡优质发展。落实省级奖补资金162万元。《幼教新视野》刊登延吉市民办学前教育发展成果。

【民办幼儿园师德师风专项培训】 12月14日,举行民办幼儿园园长及教师师德师风专项培训,91所民办幼儿园法人代表、园长及部分教师代表参加培训。以幼儿教师师德建设、突发事件应对、教育政策法规、民办教师队伍管理、安全事故预防与处理五个方面为主要内容,结合案例分析,采取理论讲授与现场答疑相结合,优质幼儿园园长代表现场讲解与互动相结合形式,强化民办幼儿教师师德师风建设,增强幼儿园教师教育法律法规意识。

（张 铁）

基础教育

【概况】 2015年,延吉市有小学27所,在校学生2888人。普通中学25所,在校学生22875人,其中普通高中在校学生9222人,毕业生3322人;初中在校学生13653人,毕业生4194人。

【课堂教学改革】 深化课堂教学改革,促进课堂教学转型发展,继续推进“高效课堂”教学改革,提升基础教育教学质量。召开全市中小学课改工作启动会议和课堂教学改革部署会,出台《关于进一步推进延吉市中小学课堂教学改革的实施意见》《2015年延吉市中小学课堂教学改革工作推进表》;调研课改工作动员情况,督导中小学课堂教学改革总体规划;组织全市初中校长、副校长赴珲春市第四中学学习考察;召开全市初中校长座谈会;检查各学校课堂教学改革五年规划及当年计划制定情况。开展高效课堂改革实

2015年延吉市学校基本情况一览表

学校名称	学生人数	教职工人数	学校占地面积（平方米）	学校地址
延吉市中央小学	1270	106	15565	延吉市局子街332号
延吉市建工小学	835	77	23924	延吉市建工街道延青社区
延吉市公园小学	1559	117	14234	延吉市公园街道园新社区
延吉市新兴小学	1308	107	13270	延吉市新兴街道民安社区
延吉市延南小学	794	70	11059	延吉市建工街道长生社区
延吉市延新小学	1343	114	10664	延吉市河南街道碧水社区
延边大学师范分院附属小学	1172	88	13786	延吉市局子街2861
延吉市北山小学	3217	140	28704	延吉市进学街道文明社区
延吉市进学小学	2598	112	12708	延吉市进学街道文新社区

续表

学校名称	学生人数	教职工人数	学校占地面积（平方米）	学校地址
延吉市河南小学	2722	131	17979	延吉市河南街道碧水社区
延吉市梨花小学	1892	81	9604	延吉市建工街道延华社区
延吉市朝阳小学	1935	101	11760	延吉市友谊路 1015 号
延吉市延河小学	1837	92	17017	延吉市河南街
延吉市东山小学	1500	84	13000	延吉市进学街道娇阳社区
延吉市兴安小学	237	50	15133	延吉市依兰镇兴安村委会
延吉市朝阳川朝阳小学	348	56	28055	延吉市朝阳川镇胜利社区
延吉市春光小学	570	55	20097	延吉市小营镇东新村委会
延吉市仁坪小学	114	22	19500	延吉市小营镇仁坪村 7 小组
延吉市小营镇中心小学	284	34	14452	延吉市小营镇民主村委会
延吉市北兴小学	495	47	11550	延吉市依兰镇兴安村委员会
延吉市锦城小学	207	31	15494	延吉市依兰镇台岩村委会
延吉市支边小学	36	14	17000	延吉市三道湾镇支边村
延吉市光华小学	825	69	16746	延吉市朝阳川镇文化社区
延吉市第三中学	912	153	13413	延吉市东进街 202 号
延吉市第四中学	1896	128	27000	延吉市新兴街道民盛社区
延吉市第五中学	601	124	16506	延吉市河南街道白桦社区
延吉市第六中学	1828	129	17160	延吉市建工街道延青社区
延吉市第七中学	1769	130	15403	延吉市友谊路 17 号
延吉市第八中学	506	105	20175	延吉市新兴街道民强社区
延吉市第九中学	1725	123	20485	延吉市北山街道丹春社区
延吉市第十中学	559	119	30000	延吉市北山街道丹虹社区
延吉市第十二中学	1314	96	20927	延吉市公园街道园法社区
延吉市第十三中学	529	123	18657	延吉市进学街道安阳社区
延吉市实验中学	569	126	18565	延吉市长白山西路 1133C
延吉市朝阳川一中	164	60	45014	延吉市朝阳川镇胜利街文化局 20 组 1 号
延吉市朝阳川二中	391	61	30034	延吉市朝阳川镇春光社区
延吉市三道学校	50	41	24700	延吉市三道湾镇中心村
延吉市煤矿学校	57	35	30107	延吉市三道弯镇煤矿社区
延吉市太阳学校	71	68	19857	延吉市朝阳川镇横道村委会
延吉市烟集学校	161	53	34262	延吉市依兰镇烟集学校
延吉市第一高级中学	2000	141	25000	延吉市团结路 1033
延吉市第二高级中学	1133	155	56963	延吉市延龙路 1435 号
延吉市第三高级中学	1878	148	9706	延吉市天池路 300 号
延吉市职业高级中学	2201	49	73000	延吉市兴安村
延吉市国际合作技术学校	243	319	62080	延吉市朝阳街 3051

（张　铁）

4 月 15 日,延吉市召开专项治理教育“三乱”工作会议

（教育局 提供）

验校建设工作。延吉市春光小学、延南小学、第五中学、第十二中学等四所学校承办全州高效课堂小学组、初中组教学联赛活动;第五中学承办全州高效课堂实践研究成果交流会;整学期分批组织高效课堂实验校参加未来教育家培训、思维可视化专项培训、卓越校长培训、名师进校、微课程专项培训等活动,加强高效课堂改革力度,构建课改工作长效机制。

【学校法治教育】 完善“每周一案”法治教育模式。结合“爱与法”法治教育宣传活动,下发 6 期“以案释法、法制伴我行”系列法治宣传教育案例和 4 部法治宣传教育视频。推进法律进校园活动。完成 2015 年全市中小学法制副校长和法律顾问调整工作,有 46 名法治副校长和 42 名法律顾问,开展 108 次“送法律进校园”法治宣传教育活动。做好依法治校工作。重新修订全市 50 所中小学、幼儿园章程。4 月,组织全市 51 所中小学校、幼儿园围绕“加大校园法治宣传力度,切实维护未成年人合法权益”活动主题,开展一系列法治宣传月活动。5 月初,向各中小学校下发预防性侵害教育为主题的 PPT 和教案,各学校结合自身实际对本校学生进行预防性侵害教育活动。开展法治教育主题活动。8 月,组织全市教师参加依法治市办公室举办关于举办普法工作 30 周年征文活动,获优秀组织奖。首次开展预防性侵害专题教育。12 月,开展“12·4”国家宪法日暨全国法治宣传日系列宣传活动。加强教职工法律知识学习。组织全市 4830 名教职工学习《中华人民共和国未成年人保护法》《中小学教师职业道德规范》,进行知识答卷。开展《中华人民共和国反间谍法》宣传月活动,组织机关干部学习《反间谍法》条例。完成“六五”普法验收迎检工作。召开全面开展法治学校创建工作推进会暨“六五”普法验收工作动员会议,完成“六五”普法规划的各项任务。

【教育行风治理】 与所属各单位签订《2015 年校园周边综合治理、安全维稳工作暨行风建设责任状》,下发《关于进一步落实教育行风建设领导包保责任制的通知》,要求各学校坚持教育行风建设一把手负责制,落实领导包保责任制,签订责任状,做到措施到位,责任到人。召开 2015 年延吉市专项治理教育“三乱”工作会议,把 2015 年定为教育“三乱”专项治理年,制定印发《延吉市教育局专项治理专项治理教育“三乱”工作方案》,与所属各学校签订《2015 年校园专项治理教育“三乱”工作责任书》,各学校和幼儿园在醒目处张贴治理“三乱”监督举报电话。根据《州教育系统开展“百日严查”整肃行风专项治理活动方案》,在 2015 年寒假、暑假等重点节假日期间专项督察;教育“三乱”现象。加大督察力度,进行 92 次专项查处行动,出动 265 人次,处理在职教师违规违纪案件 10 起,给予 7 名教师警告处分、3 名教师记过处分、1 名校长诫勉谈话。解答、解决群众来电、来信、来访及上级转办等 134 件,调解社会矛盾纠纷率 100%。答复延边信息港百姓热线问题 1136 件。6 月,使用全新吉林省信访信息系统,受理 5 件信访件,办结 5 件,结案率 100%。

【延吉第九中学获评全国“2015 最美校园书屋”】 12 月 30 日,延吉市第九中学图书馆获评全国“2015 最美校园书屋”,成为吉林省唯一获评的中小学图书馆,此次评选活动由中国图书馆学会中小学图书馆委员会主办,组织相关专家,对各省市报送的书面材料和电子材料进行审查,全国最终评选出

31 个中小学图书馆为“2015 最美校园书屋”。第九中学图书馆在硬件设施与软件建设方面均走在全省前列，学校图书馆面积 633 平方米，馆藏图书 10 余万册，拥有书架 142 个，期刊架 11 个；学生阅览室 1 个，座位 180 个；教师阅览室 1 个，座位 48 个；电子阅览室 1 个，电脑 32 台。建立系统化管理、电子查询检索、电子阅览室，完成图书馆现代化建设和管理等工作。

【图书流通站落户延吉仁坪小学】 12 月 25 日，延边图书馆“图书流通站”授牌仪式在延吉市仁坪小学举行，标志着“图书流通站”正式落户仁坪小学。仁坪小学有学生 124 名，98%学生为进城务工人员随迁子女，因阅读量小，存在学生知识面窄、知识体系过于零散、学习兴趣不足等问题。延边州图书馆在仁坪小学建立“图书流通站”，挑选适合小学师生阅读的经典文学、自然科学、人文教育、文化艺术等各类图书 1700 册送到学校。与学校签订《图书流通协议书》，定期为学校提供所需要的馆藏图书，每 3 个月流通一次，学校负责图书流通站具体管理工作，帮助学校发展图书室藏书规模，扩大学生阅读量，提升学生综合素质。

（张　铁）

职业教育

【职业教育学生状况】 2015 年，职业高中招生 828 名，国际合作学校招生 111 名；职业高中毕业学生 591 人，外事外语学校毕业学生 39 人，国际合作学校毕业学生 68 人，合计 698 人。

【职业教育投入】 加大职业教育投入，完成投入 2772.7 万元、建筑面积 1.5 万平方米职业教育培训中心项目。加强示范校建设四个重点专业人才培养模式改革和课程体系改革建设工作，成立信息技术类专业建设指导委员会，完成国家中等职业教育改革发展示范学校建设任务，通过吉林省教育厅验收。职业高中旅游、数控、动漫、计算机等四个专业被评为省级示范专业。11 月 5 日至 7 日，吉林省政府教育督导组，对延吉市中等职业教育进行督导评估。职业高中承办全州第八届职业院校技能大赛，有 214 名学生在省、州大赛中获奖，动漫专业 1 名学生参加国家级技能大赛。吉林省中职校教师职业技能大赛 2 名教师获得一等奖，1 名教师获二等奖。职业高中 12 个专业 1412 名全体学生参加阶段测试，参加职业技能鉴定学生数 537 名。

4 月 17 日，延吉市启动主题为“服务振兴，促进就业；人人皆可成才，人人尽展其才”职业教育宣传月活动　（教育局 提供）

【职业教育宣传】 根据吉林省延边州教育部门关于开展“职业教育宣传月”通知精神，4 月 17 日，在时代广场启动职业教育宣传月活动，向群众发宣传单、现场展示职业技能、职业教育咨询等形式开展多样职业教育宣传活动。完成 65 所民办教育培训机构 2014 年度年检评估工作。开展“冬春”送科技下乡培训，在北山街道丹岭社区成立成人文化教育学校。

（张　铁）

科学技术

科技管理

【概况】 2015年，延吉市科技产品项目16项。其中，列入省级项目9项，州级项目3项，市级项目4项。全市有9项科研成果获得省科学技术奖。全年专利申请量231项。全年专利授权131项。

【科技企业创新】 加强企业自主创新能力，7项科技成果获吉林省科学技术奖。“水稻钵苗移栽机的研制与示范”和“延黄牛核心群与产业化示范基地的建立与推广”等项目产业化规模进一步扩大，年产值在千万元以上。加快培育认定高新技术企业和科技型企业，延边创智科技有限公司通过高新技术企业复审，延边开城医药有限公司等5家企业通过吉林省科技企业复审，吉林紫鑫药业股份有限公司等2家企业新认定为吉林省科技企业，全市高新技术企业实现产值7.2亿元。产学研合作不断加强，延边三汉物产有限公司与吉林农业大学联合申报“朝鲜族特色蔬菜食品产业化科技示范与推广”后续项目获国家和省立项，争取上级无偿资金300万元。加快推进科技富民强县项目。延边金刚山食品有限公司的朝鲜族泡菜生产基地研发中心完成主体建设。支持朝鲜族特色蔬菜食品产业化科技示范与推广项目发展，重点安排引进新技术、新品种，扩大朝鲜族特色蔬菜种植示范基地规模，推广朝鲜族特色蔬菜无公害种植标准，开展朝鲜族泡菜加工技术等相关知识培训。加强对富民强县项目资金检查，组成项目检查组，先后对富民强县项目8家企业科技项目专项经费使用情况进行中期检查，确保财政科技经费管理规范和有效使用。延吉市科技局定期召开朝鲜族特色蔬菜食品产业联盟成员单位座谈会，通过座谈增强企业之间合作与交流，为联盟成员单位开展电商业务培训以及技术服务支持。

3月13日，延吉市科技局在依兰镇开展科技下乡培训活动

（科技局 提供）

【科技资金争取】 帮助和指导企业依靠科技进步快速发展和增强企业自主创新能力，指导企业熟悉、掌握申报科技计划项目的基本情况和申报程序，提升企业申报各类科技计划项目质量。组织

50 余家中小科技企业和 IT 企业参加有关科技项目申报培训，投融资对接说明会和产学研合作对接等活动 5 次。加大资金争取力度，把争取上级科技项目作为服务全市经济和社会发展的重点，研究吉林省科技厅发布《科技计划项目申报指南》精神，结合延吉市实际谋划科技项目申报。申报上级科技项目 12 个，其中州科技项目 4 个，省科技项目 8 个。按照《国务院关于大力推进大众创业万众创新若干政策措施的意见》精神，市科技局组织企业申报大众创业孵化基地项目，特别是延边朗逸创业咖啡孵化基地项目，促进带动一批有科技成果但缺少资金的小型企业或者个人创业发展。推进“吉林省科技大市场延边分市场”项目，促进科技成果转化。项目完成选址、实施方案编制等前期工作，上报至吉林省科技厅，拟争取上级专项资金 200 万元。

【科技审批规范】 推进集中审批、现场办理，对审批事项流程适时优化、动态提升，确保逐环节、逐岗位明确责任人和办理时限，增设直通车服务，缩短审批时限，节假日预约服务，加大为企业服务力度。严格落实首问负责制、一次性告知制、一审一核制和现场审批制，授予窗口人员充分的审批决定权、组织协调权和审批印章使用权等相关制度。审批环节简化，服务效率明显提高。完成民办非企业年检 14 家，省科技型企业复审 6 家。

2015 年延吉市获奖科技项目一览表

吉林省自然科学奖			
三等奖			
序号	项目名称	主要完成人	主要完成单位
1	基于聚环氧乙烷链的超分子聚合物的合成及其凝聚体的结构研究	金龙一、陈铁、钟克利、田立荣、王卓识	延边大学
2	Hedgehog 信号通路对宫颈癌的病理学意义	玄延花、崔演、林贞花、孙凤丹、任香善	延边大学
3	长白山珍珠梅黄酮有效成分抗肿瘤、保护肝脏作用的分子机制	张学武、崔立敏、刘超、李良昌、李晓莞	延边大学
吉林省科学技术进步奖			
二等奖			
序号	项目名称	主要完成人	主要完成单位
1	支气管哮喘免疫调节机制及天然药物的活性成分靶向治疗的应用研究	延光海、金光玉、李良昌、朴红梅、李光昭、郑明昱、郑昌吉、李官浩、金哲悟	延边大学
三等奖			
序号	项目名称	主要完成人	主要完成单位
1	抗病高产优质马铃薯延薯 6 号选育与应用	康哲秀、玄春吉、郎贤波、吴京姬、许震宇、南哲佑、姜成模、李玉子	延边朝鲜族自治州农业科学院(延边特产研究所)
2	外源性甲状腺素对胎儿酒精效果大鼠脑发育的研究	金福、金正勇、池永学、李今子、许春花	延边大学
3	延边地区人群 IL-13Ra1 基因多态性与特应性皮炎易感性的关系	金哲虎、方宇辉、朱莲花、金英姬、李周娜、李莲花、金承龙、王鹏	延边大学

（江义峰）

【知识产权宣传】 加强知识产权舆论宣传。在“3·15”国际消费者权益日当天，延吉市知识产权局联合延边州知识产权局在活动现场设立专利咨询台，接受有关专利申请、专利保护等方面咨询，并发放宣传单 200 余份。在“4·26”知识产权活动周期间组织形式多样活动，延吉市各社区展出内容丰富的板报 60 块，宣传画 40 幅，发放宣传单 5000 余份；4 月 24 日，

5月21日，邀请国家知识产权局专利局初审及流程管理部副部长何越峰到延边大学讲课 （科技局 提供）

延吉市知识产权局主办“知识产权媒体培训”活动在延吉市广电局举行；强化长吉图区域中韩专利技术服务平台作用，为企业提供交易平台和信息，促进专利交易发展；延吉市科技局协同市工商局到大型商场开展知识产权专项执法行动，重点开展打击侵犯知识产权和制售假冒伪劣商品专项行动。联系企事业单位、科研院所、高等学校等构建产学研合作及利益分享新机制，促进延边大学科技园建设，提高延吉市产业知识产权创造、运用能力，实现知识产权效益。完善现有专利技术交易平台，引进韩国专利，并在现场进行展示、演练网上交易等，加速技术的引进和转化。按照国家知识产权强示范（培育）城市考核指标，先后与工商、版权、专利代理公司联系调取数据及证明，完成国家知识产权强示范（培育）城市迎检相关工作。

【科技活动周】 在科技活动周期间，科学技术局将近几年科技创新成果在科技信息网、各商场、学校、主要街道等醒目位置进行滚动展示，激发广大群众对科技创新的热情，营造全社会关注和支持科技创新氛围。活动周期间，市科技局与延吉市教育局联合组织学生参观延边大学长白山植物标本实验室、生物解剖实验室等重点实验室，实验室人员现场向学生做生动讲解，使学生更贴近科技的前沿，培养其科学兴趣。各街道社区结合自身实际，邀请专家深入街道、社区对老百姓关心的空气质量、食品安全、地震避险、低碳节能、健康生活等热点问题开展培训和宣传。延吉市各学校利用校园广播、宣传栏、黑板报、校报等资源，通过国旗下讲话、主题班（队）会、知识竞赛、观看科普宣传视频宣传片、参观科普基地等形式开展各类活动。邀请农业专家为农民讲解作物营养与施肥技术等知识，实现培训农民2000人次，发放科技书籍1000余本，增强农民科技意识，提高科技增产致富能力。

【科技惠民】 扶持延吉市电子商务发展壮大，争取上级资金进行二维码追溯系统建设及分销平台建设，聘请专家为企业进行电商培训，为企业培训六期，140余人次；推进大田人参种植产业项目发展，协调延边州科技局成立大田人参种植示范基地，种植大田人参20余公顷；根据吉林省《关于开展2015年吉林省高新技术企业认定工作的通知》要求，组织延边创业软件申报高新技术企业；开展企业与高校、科研院所科技交流、技术合作，征集高校科技合作项目6个。组织企业参加创新创业大赛以及科技创新发展专题研讨培训班等，全面提升延吉市科技创新工作能力和水平。在吉林省创新创业大赛上，科创公司获大赛二等奖，代表吉林省参加全国比赛。

（江义峰）

科技普及

【“科普惠农”活动】 结合“三下乡”“科技之冬”培训等工作，制订“延吉市2014年至2015年度科技之冬活动方案”，组织开展送科技下乡重点活动。利用农民冬闲和农贸市场赶集时机，1月9日，联合农业局、畜牧局等涉农部门在延吉市万源批发市场组织开展延吉市“三下乡”暨“科技之冬”送科技下乡活动“科普大集”专场，为农民提供科普服务。现场展出科普宣传展板，向群众宣传科普知识；设立专家咨询台，面对面为农民答疑解惑，讲解种植、养殖技术；科普宣传员在人员密集处向群众发放科普光盘3000张，科普宣传单5000份，科普图书500册。按照省科协工作部署，申报“吉林省农村科技富民科普超市宽带终端进村工程”，争取到58台科普终端设备，1月28日，在小营镇举行发放仪式。通过“农村科技富民科普超市宽带终端进村工程”，以创新基层农技推广服务方式、服务理念和服务手段为抓手，切实解决农技推广服务“最后一公里”问题，为农民提供高效便捷、切实管用的科普服务，让科普服务走进村屯，走进农民群众生产生活，为切实提高农民群众科学素质服务。根据农民在生产、生活中热点、难点问题，丰富培训内容，满足农民需求。全市开展科技培训160余场次，参加活动农民总人数2万多人次；发放各类资料28种4.2万份；举办科普大集4次，受益农民4000多人次；举办科普展览28场，受益农民6000多人次；放映科教影视片86场，受益农民5000多人次。

【社区科普】 4月至11月，组织召开全市“社区科普益民科普专家行”活动启动仪式，制订活动方案，组织专家、学者及科普志愿者深入社区开展以“珍惜生命、关注空气、关注饮水健康”为内容科普讲座、科普报告会及现场会等活动，带动社区科普活动开展，营造科学、文明、健康、和谐生活氛围。活动期间，组织开展社区健康科普巡讲活动23期，展览教育24次，受益群众2万多人次。开展科普志愿者活动，组织志愿者到社区开展低碳、环保、健康等科普活动18次，参加志愿者人数1530人次，参与群众8000多人次。

【青少年科普】 1月16日，由吉林省科学技术协会与吉林省妇女联合会共同主办、省青少年科技中心承办首届吉林省中小学生4D空间结构科技创新大赛在长春市举办。延吉市科技馆从大赛组织、培训、器材等多个方面协助省青少年科技中心开展大赛工作。长春、延边、吉林、通化四个地区近200名学生参与竞赛。延吉市科技馆组织延吉市4所小学和1所中学52名学生参加比赛。中央小学代表队获小学组投石机项目一等奖，建工小学代表队获小学组桥梁项目二等奖，十中代表队获中学组汽车项目一等奖。

9月19日，“2015年全国科普日暨吉林省第十三届科普周”启动仪式在延边大学体育馆举行 （科协 提供）

【科普日活动】 9月19日，由吉林省科协、省教育厅、省科技厅、省工信厅和中科院长春分院等部门联合主办，延边州、延吉市科协联合承办的“2015年全国科普日暨吉林省第十三届科普周”启动仪式在延边大学体育馆举行。吉林省科协和新疆科协及州市领导参加活动。活动中表彰延吉市小营镇长东大葱协会、延吉市依兰镇申境赫等2015年度国家“基层科普行动计划”先进集体和先进个人。利用科普日活动平台，组织1000名学生开展“千人4D空间结构仿古风车模型制作表演”。

【网络科普知识有奖竞赛活动】 9月，组织参加2015年延边州“万众创新拥抱智慧生活”网络科普知识有奖竞赛活动，应用现代信息技术手段发动公众参与科普知识宣传活动，让公众了解大数据、云技术、人工智能、物联网等智能信息新技术。

（刘立娜）

科技服务

【气象业务现代化】 根据中国气象局相关文件要求，扩建地面气象观测场，规范地面观测场布局。完成平岗、莲花、三道、兴安等区域自动气象站升级改造，优化升级率超过20%，更新现用、备份2套自动站设备，提高为政府防汛防旱、地质灾害预警等服务能力。维护延吉市《气象综合服务平台》，新增短临预报和乡镇预报两个板块，提升监测预报软实力。延吉气象服务微信公众平台朝语菜单建设完成。加强技术骨干队伍建设，业务人员在核心期刊上发表技术论文3篇，2人参加吉林省气象学会第五届年会以及沈阳冰雪论坛交流会。

4月27日，延吉市气象局联合六一幼儿园开展幼儿社会实践科普教育活动 （气象局 提供）

【公共气象服务】 做好节假日、重要农时季节天气服务。年内，发布各类预警信息156期，气象周报52期，重要气象信息28期，气象信息32期，农业气象信息10期，利用短信服务平台向相关部门领导、农业大户、种养殖大户等发送气象服务短信2万余人次。加强部门联动，开展"直通式"服务。定期与农业局和乡镇农业技术推广站沟通，组成专家组到各乡镇开展调研，共同探讨气象对当前农作物的影响等情况，联合发表农业生产指导性意见。深入木耳种植基地、蔬菜大棚基地、养殖大户基地等开展"直通式"服务10次，为农业生产提质增效，提供气象保障。组织人员在严冬和酷暑季节克服困难实施人工增雨（雪）作业，全力保障水库蓄水，彻底解除城市供水压力。

【气象灾害防御体系建设】 出台《延吉市加快推进气象现代化建设的实施方案的通知》《延吉市加快推进气象现代化建设考核评价办法的通知》，以及延吉市关于加强防雷安全管理工作通知等。批准实施延吉市气象探测环境保护专项规划。调整气象灾害防御领导小组成员，在此基础上，全市4个乡镇先后发文成立气象灾害防御领导小组，明确工作职责，制订相应气象灾害应急预案，申报农村气象灾害防御乡镇。推进电子显示屏改造，实现资料共享。利用两年时间，先后在延吉市试点整合运行户外电子显示屏11家，每天发布气象实时数据、预警、预报、科普等资讯。完成"彩虹使者"注册工作。延吉"彩虹使者"气象防灾减灾志愿者队伍自成立以来有4000余人登记在册，完成相关注册工作，组织开展志愿服务活动4次，1人获得第四届吉林省优秀志愿者称号。联合开展防灾减灾应急演练。5月11日，联合建工街道、民政、人防、卫生等部门在长生社区开展防灾减灾应急演练，建工街道各社区居民代表近300人参加疏散演练。在整个演练过程中，居民撤离过程安全、迅速、有序，没有发生慌乱奔跑和争先恐后现象。

【气象法治建设】 制订年度法律学习计划，开展《延边州气象灾害防御条例》《信访条例》《政府采购法》以及"六五"普法等知识竞赛。根据省、州气象局和市安委会关于春、夏、秋季安全生产专项整治行动文件精神，对延吉市行政区域内企事业单位进行雷电安全隐患排查工作。检查两区企业、养老机构、人员密集场所，建筑行业等144家，下发整改通知书50份。按照上级部门要求，完善网上审批制度、流程。办理气象行政审批业务15件（设计审核13件，竣工验收2件）。接待咨询人员40余人次，按流程全部录入吉林省气象行政审批系统和延吉市行政服务大厅电子信息系统。依法保护气象探测环境，解决位于平岗村和理化村两起区域自动气象站遭到人为破坏案件。

5月11日，延吉市科技局在延吉市职业中学开展地震演练活动
（科技局 提供）

工作。5月15日，正式发布《延吉市地震应急预案》；对应急委成员单位的地震类应急预案进行修订和备案，包括政府部门类应急预案30个、企业6家、学校51所、医院2家、其他人员密集场所25个。

【防震减灾科普教育】 在“5·12”期间同北兴小学、北山街道丹吉社区、红十字会合作开展地震应急演练；同延边州地震局、州广电局合作，在金达莱广场和四中播放地震科普影片；在市电视台播放地震公益广告和防震减灾科普片；发放防震减灾科普资料500余份。组织河南街道白菊社区申报国家级地震安全示范社区，完成上报材料，组织北山街道丹吉社区开展防震减灾安全示范社区活动，争取省级地震安全示范社区称号。

（朴 军）

【气象科普宣传】 通过近两个月资料搜集、整理、排版，完成延吉市气象局宣传片及6个气象防灾减灾知识视频讲座制作。利用世界气象日、防灾减灾日等纪念日举办防灾减灾知识讲座和广场宣传，全年参加讲座人数400人次，发放宣传资料1000余份；以地面气象观测场为基础的气象科普教育基地，年内接待来自全市各个社区、街道、学校参观人员400余人次。

（唐惠慧）

【活断层探测项目】 继2014年完成活断层探测项目立项后，上级财政拨付首笔项目资金420万元。2015年，争取到国家地震局专项补助资金80万元，于年初正式开展探测工作。截至年底，完成基础资料收集与数字化处理工作，开展探测区勘选、活动断层探测数据库建设与管理系统建设等子项目。

【地震应急预案】 对市政府部门地震应急预案、企事业单位地震类应急预案进行预案修订和备案

3月21日，气象志愿者在帽儿山宣传“迎接世界气象日”活动
（气象局 提供）

卫生计生

卫生管理

【概况】 延吉市卫生和计划生育局(简称卫计局)设综合科、行政审批执法科、医政医管科、防保科、基层指导科、医改办公室6个内设机构。有17个下属单位:市医院、市中医医院、市疾控中心、市妇幼保健所、市急救中心、市肛肠医院、朝阳川镇中心卫生院、依兰镇中心卫生院、小营镇中心卫生院、三道湾镇中心卫生院、社区卫生服务管理中心、公园社区卫生服务中心、新兴社区卫生服务中心、进学社区卫生服务中心、北山社区卫生服务中心、河南社区卫生服务中心、建工社区卫生服务中心。

2015年,延吉市卫生和计划生育局创新“月工作推进制”和“周工作汇报制度”,副局长、局中层干部和下属单位每月上报工作推进情况,对重点工作任务跟踪督导。社区卫生服务中心增加编制18个,新农合增编1倍,充实4名骨干力量。完成固定资产投资4.3亿元、招商引资9000万元;加强新闻宣传和舆论引导,在国家、省媒体刊发宣传稿件62篇。完成600例免费白内障手术,让利患者150万元。延吉市获评“全省人口和计划生育综合先进市”“2014-2015年度县级公立医院综合改革试点工作先进市”;公园社区卫生服务中心微视频获评国家优秀奖;丙肝防治项目、心血管病高危人群筛查干预项目、雾霾健康影响监测项目、留守儿童关怀关爱项目在国家会议上做经验交流;吉林省卫计委在延吉市召开现场会,在全省推广实行“延吉市计生证件首接即办工作制”;12月,延吉市作为延边州县市唯一代表接受“2015年全省重点卫生计生工作目标责任制考核”。

【健康项目工作】 以惠民利民为目标,切实增强健康服务意识。延吉市作为国家心血管病中心批准的首批试点单位,争取国家心血管病中心投入1000万元资金,为2.06万人开展免费心血管疾病筛查,对于筛查出的高危对象,由市中医医院实施持续的健康风险改善和心血管风险监测

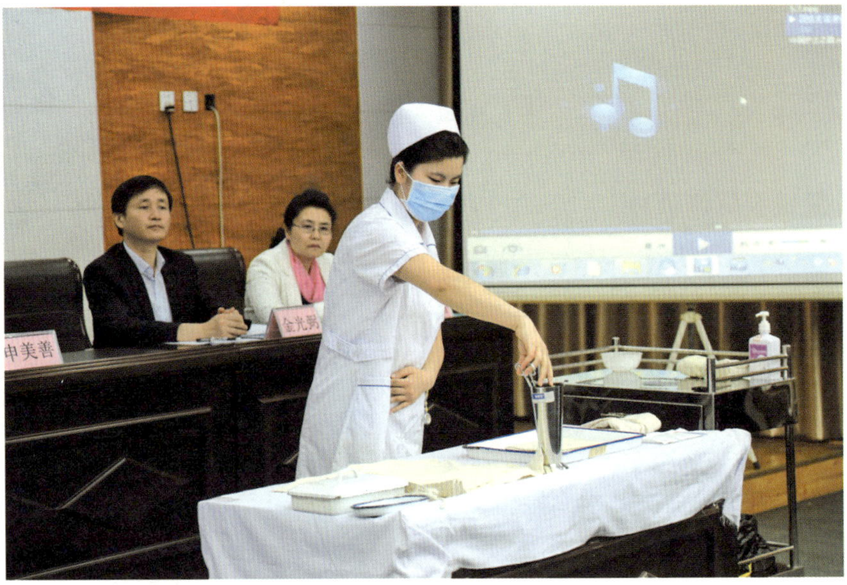

5月,延吉市组织开展社区卫生护理技能竞赛

(卫计局 提供)

与综合干预服务；开展全省唯一县级城市空气污染对人群健康影响监测点工作，完成基础数据采集和调查任务；承办国家丙肝防治项目延吉现场会；完成国家流动人口动态监测项目；为1万名儿童免费视力筛查。为1000人提供两癌筛查免费服务；为3379人提供免费婚检服务；免费避孕药具实现城乡全覆盖；加大卫生监督执法力度，开展公共场所、打击非法行医专项整顿，立案查处53家。

【疾病防控】 建立全市范围内的数字化免疫预防接种程序，完成5所规范化预防接种门诊建设，全年接种群众146243人次，继续保持高水平的基础免疫。报传染病1494例，比2014年下降37.31%；完成国家2015年度肿瘤登记数据上报；开展艾滋病防治工作，全市监测各类人群3.9万人；寄生虫与地方病防治工作有序开展；加强传染病防治监督，开展防控专项检查1200余次，立案查处医疗机构31次；迎接国家卫生城复审验收工作；开展吉林省健康教育公益广告项目推广活动；2015中国职业人群“健步走激励”干预项目在第二阶段竞赛中获全国第一名。以应急示范区标准建立传染病应急体系，完善埃博拉出血热及中东呼吸综合征转运预案。

【急救保障】 提高“120”急救中心应急事件处置能力；到电厂、建工社区及向阳幼儿园做急救知识培训；参加州卫计委组织的埃博拉出血热突发事件演练及建工街道长青社区防灾减灾演练，完成“集丹”公路、二道白河交通事故，东北亚、机场中东呼吸综合征接触患者转运及大千城坍塌事故等突发事件急救任务9次，完成足球比赛、万人长跑、中小学演出、抗战胜利交响乐会等保障任务32次；截至11月，“120”出车出诊9648次，无偿救助患者689人次。日平均接呼救电话200余次、出车33.26次、行驶里程369.64千米、行驶时间20.7小时。

（孙立兵）

医疗改革

【公立医院改革】 全面实行药品零差价销售，充分体现公立医院公益性，药品价格平均下降35%以上，为患者让利817万元；推进基层首诊、双向转诊、急慢分治、上下联动的分级诊疗模式；通过增设服务窗口、一站式报销服务、先住院后结算、节假日增加门诊、诊室、开展优质护理服务、优化诊流疗程等便民措施，方便患者66万人次。朝阳川镇中心卫生院获评“省级示范乡镇卫生院”“省级群众满意乡镇卫生院”，计划生育技术服务站获评“省级群众满意卫生计生机构”。

【医疗基础建设】 以建设“全省第一，全国一流”的三级甲等中医医院为目标，总投资为4260万的市中医医院综合楼项目进入二期建设；建成16个标准化村卫生室，实现全市44个标准化村卫生室全覆盖，农民就近即可获得有效、便捷、价廉的服务。

（孙立兵）

基本公共卫生

【社区卫生服务】 投入公共卫生经费2144万元全面开展健康服务，巩固2所国家级、4所省级示范社区卫生服务中心创建成果，开展健康大课堂活动，开展健康知识讲座219场，参与群众1.2万人次；为辖区居民建档41.85万份、建档率78%；为60岁以上老人开展免费体检1.35万人次，对慢性病患者规范化管理2.68万人；举办社区卫生服务中心纪念“5·12”护士节护理操作技能竞赛；选派基层医疗卫生机构全科医生学员到延边医院进修学习；推进社区精神康复工作，接受康复患者170人次，受到吉林省基本公共卫生服务项目考核组好评。

【新型农村合作医疗】 完善新型农村合作医疗补偿制度，简化参合患者转诊流程。在乡参合农民人数6.36万人，参合率100%。2015年，可使用资金2735.66万元，截至11月，补偿5.05万人次，占参合农民人数79.4%，补偿金额2370.33万元，占可使用资金86.65%。

（孙立兵）

计划生育

【计生奖励扶助】 为计划生育城镇奖励对象1513人发放奖励金302.6万元，为农村部分计划生育家庭2070人发放奖扶金198.72

7月，延吉市计生证件“首接即办”制度在吉林省推广

（卫计局 提供）

万元，为计划生育特别家庭1014人发放扶助金374.23万元。

【流动人口管理】 完善流动人口信息管理平台，对全市7万名居住6个月以上的流动人口个案信息进行全面摸底调查求实，推进流动人口卫生计生基本公共服务均等化工作。

【生育关怀】 投入200万元，在吉林省首家创新实行计生证件市、镇街、社区三级窗口及网上大厅“首接即办工作制”(计生证件哪级都能接，哪级都能办)，承办全省现场会，并指导来延学习的省内同行，在全省推广延吉市工作经验；投入25万元，继续打造“蒲公英之家”工作品牌，深入开展留守儿童关怀关爱活动；出生人口性别比102.5。在省卫计委“业务线”考核中被评为“综合先进市”；举办基层计生干部培训班，创新全员人口平台信息“批量处理”和“网格化管理”，全员人口入库率95%以上，个案主要信息项完整率99%以上。开发应用奖励扶助快捷申报系统，拓展便民服务领域。

（孙立兵）

健康延吉建设

【医疗便民服务】 开展主动服务、亲情服务、延伸服务，在“优”上顺民意。在创建“共产党员服务城”活动中，市医院推行“改善医疗服务行动计划”简化住院流程；市中医医院设置注射剂患者专用通道、实行中药饮片快递到家便捷服务；市急救中心开展“党员服务示范岗”“党员服务示范车组”“党员流动车”活动；基层支部组织党员参加“快乐延吉大舞台”、纪念“5·4”青年节文艺演出提升行业形象。李济生等7名医生获评延边州第一批“名中医”称号，朴荣、王成军被评为“三讲三爱感动延吉”最美劳动者；市医院获评“全州模范职工之家”“州五一巾帼标兵岗”“市结核病防治先进集体”，市中医医院获评“全州学习型组织标兵单位”。

【医德医风建设】 开展服务好、质量好、医德好、群众满意的“三好一满意”活动，在“好”上得民心。强化医德医风教育，为延吉市系统1219名医务工作者建立医德考评档案，对20个考核项目细化、量化考核标准，结合日常检查、患者满意度调查、投诉举报、表扬奖励等记录，对每位医务人员进行综合评价，将“以病人为中心”服务理念落实到优化服务具体行动上；强化党的建设和反腐倡廉工作，召开专题会议落实党风廉政建设责任制，并与系统单位“一把手”签订责任状，带领班子成员率先垂范，以身作则；高度重视“四风”问题，召开全市医疗系统“优化软环境、整治中梗阻工作动员大会”，切实解决“中梗阻”、不作为、慢作为、乱作为等突出问题；做好信访维稳、安全生产、政行风等各项工作，严防各类事故发生，营造稳定、平安、和谐医疗卫生环境。

【送医送药活动】 开展“送医送药、关怀关爱”活动，镇卫生院和社区卫生服务中心通过下乡义诊、入户随访等方式提供疾病诊治及健康指导，与6.03万户居民签订家庭医生责任制协议书。在包保帮扶活动中，投入20万元，与全市病患困难家庭、失独家庭、留守家庭结对，深入社区、农村、企业，开展“雪中送暖志愿服务活动”“温暖2015，爱心认领活动”，

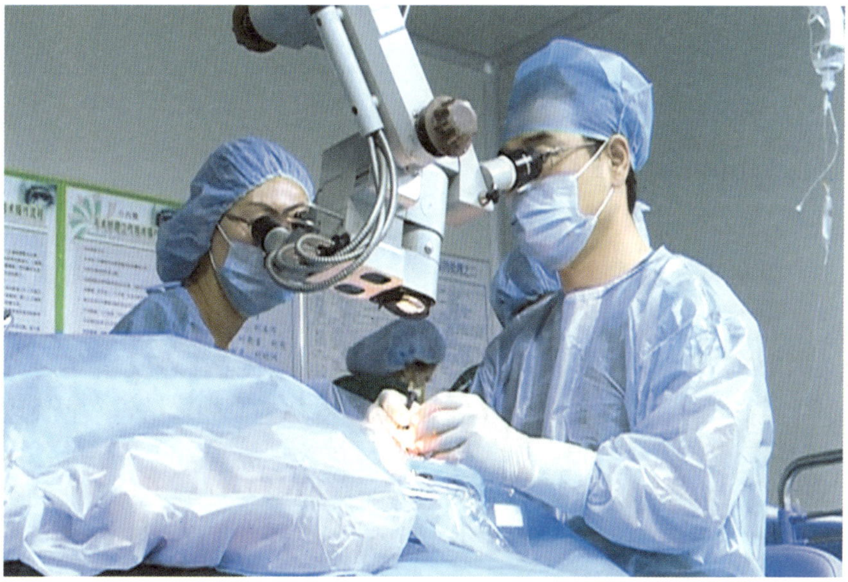

2015 年延吉市完成 600 例免费白内障手术，让利患者 150 万元
（卫生局 提拱）

发放宣传品 20 万份，发放免费药品 5000 余盒，解答咨询 3306 例；组织 78 名失独老人开展“人间有爱，相伴夕阳”新春联谊会，联系基层群众 1.02 万人次，办实事、解难事 1215 件次。

（孙立兵）

医疗机构

【延吉市医院】 是一所集医疗、教学、预防保健、康复为一体的综合性二级甲等医院。承担着延吉市近 60 万人民的医疗保健工作、急诊、急救、突发公共卫生事件应急处理任务。承担着延边大学医学部、延边大学护理学院临床教学及实习指导任务。医院占地面积 13600 平方米，建筑面积 3.2 万平方米，编制床位 400 张。在职人员 592 人。主任医师 46 人，副主任医师 38 人；博士 1 人，硕士 38 人；医生 197 人，护士 240 人，医技人员 48 人。设有 21 个临床科室，4 个医技科室，1 个药剂科，5 个后勤保障，10 个行政管理科室，固定资产（原值）近 2 亿元。拥有 64 排 CT 机和 1.5T 核磁共振、彩色多普勒诊断仪（彩色 B 超）、电子胃镜、多功能麻醉机、全自动生化分析仪等先进设备。

2015 年，重新审批准入腹腔镜微创手术、无痛胃镜、结肠镜诊疗技术等一类医疗技术，开展头颈部三维磁共振血管成像技术等 11 项新技术新项目。被评为“吉林省卫生系统深化医改标兵单位”“延边州精神文建明建设先进单位”“延吉市委先进基层党组织”“延吉市模范单位”“延吉市模范工会委员会”等称号。

【延吉市中医医院】 是延边地区唯一的一所集医疗、教学、科研、预防保健、康复为一体的国有综合性（三级甲等）中医医院，同时也是吉林省唯一一家“三级甲等”县级医疗机构，是延边大学附属中医医院、长春中医药大学、延边大学医学部教学医院。医院设有内科、外科、针灸科等 17 个临床科室和 6 个医技科室；拥有“全国名老中医药专家传承工作室”1 个；国家“十一五”重点专科 1 个（朝医脑病科）、“十二五” 重点专科 1 个（针灸科），省级“十二五”重点专科 5 个（脾胃科、肝病科、朝医肾病科、治未病科、心病科

12 月，延吉市医院获得国家级“糖尿病健康管理认证单位”
（李军广 摄）

12 月，延吉市中医医院正式挂牌成为延边大学附属中医医院
（卫计局 提供）

等），省中医药管理局重点研究室 3 个（朝医脑病、肝病、心病研究室）。全院职工 400 人，卫生技术人员占 74%，高级专业技术职务 74 人，全国老中医药专家学术经验继承工作指导教师 1 人，博士 5 人和硕士 68 人。医院总资产 2 亿元，拥有 1.5T 核磁共振、64 排 128 层 CT 等一流医疗设备。在建住院综合楼建筑面积 1.3 万平方米，新增床位 165 张。

2015 年，获批国家"中医药服务贸易骨干企业（机构）"项目、"自然科学基金依托单位"；成为"吉林省第四批博士后创新实践基地"；获批省中医药管理局重点专科 3 个、科研课题 5 项，完成省级继续教育项目 5 项。

【延吉市疾病预防控制中心】 是全市疾病预防控制和卫生监督工作的技术指导中心，设有 20 个专业和职能科室，在职人员 81 人，正高级 7 人、副高级 15 人、中级 28 人、初级 20 人，员级 5 人，工勤 6 人；研究生学历 2 人、大学学历 46 人、大专及以下学历 33 人；中心拥有原子吸收分光光度计、气相色谱仪、原子荧光分光光度仪、高效液相色谱仪、离子色谱仪、全自动生化分析仪、DR 等检验设备。

被授予"省计划免疫先进集体""全省地方病防治工作目标管理先进集体""州市卫生工作先进集体""州艾滋病防治综合考核专业目标优秀单位""吉林省肿瘤登记工作先进单位""慢性非传染性疾病登记先进集体""吉林省延边州丙肝防控项目工作先进集体"等称号。

【延吉市妇幼保健所】 是一所集保健、预防、医疗为一体的综合性妇幼保健服务机构。2015 年改造升级，基础设施完善，医疗设备先进，技术力量雄厚。有工作人员 67 人，主任医师 2 人，副主任医师 14 人，主治医师 8 人。

设立妇女保健中心、儿童早期综合发展服务中心、儿童视力防治中心。妇女保健中心设孕期群体保健科、乳腺科、孕妇营养科、孕前保健科、妇科、中医妇科、产后保健科、内分泌科、计划生育技术服务科、高危孕妇保健门诊、更年期门诊、青春期门诊；儿童早期综合发展服务中心设有儿童生长发育科、儿童群体保健科、儿童营养门诊、运动体质门诊、高危儿门诊、认知心理门诊、入园体检室、感统训练室、运动训练室、认知训练室、亲子活动室、婴儿游泳室、心理行为发育测评室；儿童视力防治中心设有儿童眼保健门诊、眼科候诊室、接触镜验配室、视觉电生理室、视功能检查室、学生近视治疗室；辅助科室设有检验科、影像科、药剂（具）科，行政科室设有信息科、综合科。拥有先进的全自动生化分析仪、四维彩超、钼靶机、妊高征监测系统、蓝丁格尔乳腺治疗仪、全自动血凝分析仪、红外线乳腺疾病治疗仪、多普勒胎心监护仪、牙科综合治疗机等先进仪器。获得国家级"妇幼健康优质服务示范县""吉林省医药价格信息网诚信单位""吉林省群众满意的卫生计生机构""吉林省标准化妇幼保健机构"等称号。

【延吉市肛肠医院（公园社区卫生服务中心）】 位于延吉市公园路 707 号，是隶属于延吉市卫生局的公益性事业单位，集医疗、教学、社区卫生服务为一体的综合性非营利性医疗机构。有 80 余名医务人员，获得医学硕士学位 6 人，副高级以上专业技术职称 11 人。

医院院业务用房面积 5400 平方米，设有住院病床 80 张。临床科室设有肛肠科、眼科、全科医学科、中医科、预防保健科、计划免疫科、妇女保健科、儿童保健科、康复科、健康教育科、计划生育技术指导科、精神卫生与心理咨询科等必设科室。配有血、尿分析仪、彩色B超、心电监护仪、全自动生化分析仪、数字化DRX光机,微量元素检测仪、眼底荧光造影仪、眼底激光光凝仪、OCT、两台治疗白内障的超声乳化手术议等诊疗设备,配有百级空气净化眼科手术室。医院与韩国西罗亚眼科医院、首尔松都医院建立协作关系,承办“视觉第一行动”“彭年光明行动”“中国三星爱之光行动”“百万贫困白内障复明行动”,为1万余名贫困白内障病人实施免费手术,减免治疗费2000余万元。

【延吉市朝阳川镇中心卫生院】是城镇职工基本医疗保险及新型农村合作医疗服务定点医院、担负着全镇医疗、预防、保健、计划生育、健康教育、康复等综合卫生服务。医院占地面积5664.80平方米,建筑面积4180.48平方米。有职工91名,高级卫生技术人员10名,中级卫生技术人员28名。设有内科、外科、儿科、皮肤科、妇科、耳鼻咽喉科、中医科、预防保健科等临床科室及病区3个,开放病床数90张。

2015年,改扩建医院急诊楼,改善医院环境、设施,医院主要医疗设备有数字化摄影机-DR、心电图机、B超机、全自动血球仪、电解质分析仪、半自动生化仪、尿液分析仪、手术室设备等各种配套设备。更好地服务患者,提高卫生服务质量,保障农民健康,方便患者。通过“全国群众满意乡镇卫生院”审核,成为延边州首家获得“全国群众满意乡镇卫生院”称号乡镇卫生院。

【延吉市依兰镇中心卫生院】 占地面积2500平方米,门诊楼面积1350平方米。依兰镇中心卫生院是集预防、医疗、基本公共卫生服务、保健、康复、健康教育一体的非营利性医疗机构,评审一级乙等医院,也是延吉市新型农村合作医疗服务定点医疗机构和城镇困难户救治定点单位。依兰镇卫生院编制40人,在职人员35人,医务专业技术人员32人,占总人数92%。卫生院设置有门诊、预防保健科、药局、护理部、公共卫生服务科、中医药服务区、放射科等科室。门诊开展项目有内科、外科、妇科、儿科等常见病诊治及预防。基本公共卫生工作有居民健康档案建立、老年人保健工作、健康教育、慢性疾病患者规范管理、重症精神病患者管理等工作。预防保健科主要承担对辖区内预防接种工作、传染病防治工作、0~6岁儿童管理及孕产妇管理等。

【延吉市三道湾镇中心卫生院】是州、市城镇职工基本医疗保险、新型农村合作医疗定点医疗机构。2015年,新扩建项目735平方米。医院有医务人员12人,副高级职称1人,中级职称4人,初级职称6人。有彩色B超机、心电图机、全自动生化分析仪、X光机、血球仪等辅助诊断设备。设有全科门诊、中医科、慢病科、中医康复治疗室、抢救室、妇女保健室、预防接种室、儿童保健室、登记室、健康教育室、卫生监督协管室、计划生育指导室、健康档案室、检验室、B超心电图室、X光室、药房、注射室、处置室、观察室、供应室等科室。

【延吉市小营镇中心卫生院】 是州、市城镇职工基本医疗保险、新型农村合作医疗定点医疗机构。有彩色B超机、心电图机、全自动生化分析仪、X光机、血球仪等辅助诊断设备。设有全科门诊、中医科、慢病科、中医康复治疗室、抢救室、妇女保健室、预防接种室、儿童保健室、登记室、健康教育室、卫生监督协管室、计划生育指导室、健康档案室、检验室、采血室、B超心电图室、X光室、药房、注射室、处置室、观察室、供应室等科室。

【延吉市新兴社区卫生服务中心】是集医疗、预防、保健、康复、健康教育、计划生育技术指导“六位一体”的非营利性医疗卫生服务机构,承担着辖区内5万多居民医疗保健任务。延吉市新兴社区卫生服务中心设有门诊、儿保科、妇保科、慢病科、康复科、中医药综合服务区等诊室,拥有CS-400A全自动生化分析仪、N-600尿液分析仪、BC-3600血液细胞分析仪、SSI-4000彩色多普勒超声诊断仪、温热中低频治疗仪、经络通治疗仪、滑轮吊环训练器、前臂旋转训练器等设备,形成体系健全、网络完善的标准化社区卫生服务中心。

对辖区内60岁以上老人、残疾人、特困户进行免费健康体检,35岁以上人群开展首诊测血压,对发现的高血压、糖尿病患者及时建立档案,纳入规范化管理。中心与延吉市残联联合筹建标准化康复教育通道。建立重性精神病人档案255份,定期对精神病人进行随访。定期开展0~6岁儿童健康体检和档案工作、坚持儿童计划免疫冷链、运转工作，做到儿童免疫“七苗”接种率99%，建证建卡符合率100%，新生儿乙肝疫苗接种率100%。

【延吉市进学社区卫生服务中心】中心立足于社区，以社区、家庭和居民为服务对象，以妇女、儿童、老年人、慢性病人、残疾人、贫困居民等为服务重点，开展基本医疗、预防保健、康复、健康教育、计划生育技术指导、卫生监督协管、重性精神疾病管理等服务为一体的基本医疗卫生服务。

开展内、外，妇、儿等全科医疗及老年慢性病管理和医疗保险慢病补助的药品发放。全年免费为辖区的社区居民进行健康知识讲座12次，免费发放健康教育宣传资料；开展健康咨询活动9次。

【延吉市北山社区卫生服务中心】中心建筑面积2650平方米，中心有人员50余人，副高级职称1人，中级职称4人，管理人员2人，后勤人员1人。中心下设全科诊室、中医诊室、预防接种室、儿童保健室、妇女保健室、健康教育室、慢病管理科、老年体检室、精防室、传染病管理室、卫生监督管理室等25个科室，拥有B超仪、心电图机、半自动生化仪、尿常规分析仪、电脑中频治疗仪、医学影像处理系统、口腔治疗仪、四维显示控制牵引床、多普勒胎音仪、激光采血仪、煎药机等仪器设备。开展医疗护理、家庭病床、输液换药、康复训练、转诊会诊、计划免疫，孕妇保健、儿童保健，传染病管理、卫生监督协管、健康指导、慢病防治、心理咨询、计划生育、常规体检、中医中药、针灸按摩、拔罐、养生保健等服务项目。被授予省级“示范社区卫生服务中心”称号。

【延吉市河南社区卫生服务中心】总建筑面积2183平方米，管辖面积约9平方千米。中心在岗职工48人，卫生专项技术人员35人，高级职称4人，中级资格12人，中心现设有全科诊室、计划免疫科、中医科、儿保科、妇保科、精防科、传控科、卫生监督协管科、计划生育管理科、口腔科、康复科、针灸科、体检中心、电诊科、化验室、信息管理科等科室。

中心拥有4支全科团队，分组管理河南街道12个社区居民，开展社区卫生服务建设中注重标准化，执行《全科服务团队岗位职责》《中心标准化建设》等多项工作规范。与延边第二人民医院和延吉市医院建立有序的双向转诊、对口支援关系，定期聘请延边第二人民医院医疗专家到中心坐诊，为社区居民提供更佳优质、便捷医疗服务，基本形成“小病在社区、大病到医院、康复回社区”分级医疗服务格局。建立居民健康档案7万余人，中心通过信息网络建设，居民健康档案管理达到电子信息化，2015年，中心成立中医药示范区，推进中医药在预防、医疗、保健、康复、健康教育等领域广泛开展。

【延吉市建工社区卫生服务中心】中心建筑面积1568平方米，中心职工55人，医务人员46人，中高级职称占全员总数20%。备有彩超、全自动生化分析仪、血球仪等补助诊断设备。中心设有全科诊室、中医诊室、外科诊室、蜂疗诊室、康复治疗室、妇女保健室、儿童保健室、预防保健室等20余个医疗保健科室。

（孙立兵）

爱国卫生

【国家卫生城市复审】成立迎接国家卫生城市复审工作领导小组，由市政府主要领导担任组长，制订迎审方案，制订“各委员单位复审工作周推进表”，调度各单位复审工作开展进度，组织召开各委员单位迎接国家卫生城市复审动员会、协调会；在全市范围内开展形式多样的爱国卫生宣传教育活动，广泛动员各镇、街道、机关、企事业单位积极参与，利用宣传栏、黑板报、横幅、LED屏等宣传形式营造氛围，在城市出入口设立国家卫生城市大型标识，设置宣传栏394个，宣传条幅274条，利用LED屏幕534条，公交出租车体宣传3641条，大型宣传牌36个，发放宣传资料1.2万份；加大对国家卫生城市达标工作监督检查力度；围绕市容环境卫生、社区卫生、食品卫生、病媒生物防制、城乡接合部环境卫生等国家卫生城市复审10大项内容，组织开展各项联合检查，全年组织联合检查118次，现场办公解决270处问题，下发督办单11份，下发检查通报4期。

创新建立微信环境卫生监督平台，下半年在全市6个街道建立环境卫生微信监督群，通过社区现场检查发现问题，现场把图片发到微信，环卫看到图片，在第

5月21日，延吉市召开接受国家卫生城市复审工作汇报会
（黄丽华 摄）

一时间解决问题。为监督促进监管力度，制定环境卫生微信监督群考核评比办法，每天对各街道和环卫进行打分，并通过微信群每天通报评分结果。通过微信发现处理42154条居民区环境卫生问题。加大对卫生城复审薄弱环节专项整治力度。开展市容环境专项整治活动。组织城管、住建等部门联合检查城区主次街路。

规范“门前四包”违章行为668处，清理落地牌匾200余块、清理乱挂条幅90余条；清理流动商贩2973人、清理违章占道769处；清理乱贴乱画34316张；清理卫生死角303处，清理乱贴乱画3000余张，场外市场监管53次，进一步规范市容环境。

开展市场卫生专项整治行动。组织市场监督、城管、环卫等部门，对西市场、东市场等十几家农贸市场的室内及周边卫生进行全面拉网式检查，重点解决市场内卫生环境差、垃圾桶无盖、食品未用防尘罩、蚊蝇多、无纱窗以及市场外乱摆摊点、占道经营、地面污浊等问题，保证农贸市场周边环境整洁、食品安全、秩序井然。

集中整治城乡接合部环境卫生。组织小营镇、依兰镇多次集中整治仁坪村、东新村等城乡接合部环境卫生，加强对环境卫生、乱贴乱画、乱堆乱放的治理和灭鼠工作，并加大监督检查和通报力度，及时检查出问题，及时要求其限期整改。

【城乡环境卫生整治行动】 年初，开展“干净整洁，健康文明”迎新春爱国卫生运动。为期一个月，参加环境卫生整治行动人员5000余人次，清除建筑垃圾、生活垃圾518.2吨，卫生死角565处，清理乱贴乱画3.65万处；3月，在全市范围内广泛开展为期一个月的以治理白色垃圾为重点的以整治城区积雪，背街小巷、居民区、游园广场、绿化带、河面、河岸白色垃圾，乱贴乱画，“门前四包”管理，驻街单位、市场及周边、城中村、城乡接合部环境卫生为重点的城乡环境卫生十项整治活动，促进全市环境卫生状况根本性好转；开展“美丽社区”“美丽乡村”检查评比活动，经申报、验收、评比程序，评选出进学街道文汇社区、河南街道白桦社区、建工街道延虹社区、新兴街道民昌社区、公园街道园艺社区、北山街道丹虹社区6个“环境好的美丽社区”和朝阳川镇勤劳村、八道村，依兰镇大成村、古城村，三道湾镇东沟村、小营镇小营村6个“环境好的美丽乡村”。

【春季爱国卫生运动】 4月，按照全国爱卫会统一部署，紧紧围绕“全民参与爱国卫生，共建共享健康延吉”为主题，开展全国第27个“爱国卫生月活动”。其间，动员机关干部、群众1.3万余人次，清理白色垃圾、卫生死角、建筑垃圾1300多吨，清理乱贴小广告10万余张，全面清理全市绿地、河道、公路边沟，解决群众反映问题96件。开展各式各样健康讲座71次，设置健康教育宣传栏394个，宣传条幅274条，发放宣传资料9700余份，统一投放鼠药10余吨。

【秋季爱国卫生运动】 全市动员参加8000余人，清理乱贴乱画9.45万余张，清理建筑垃圾、生活垃圾450余吨，卫生死角566处，清理枯草9万平方米，整治乱堆乱放360余处，动用各类运输车辆716车次，修复地沟口1559处；开展各类健康教育讲座21次，悬挂条幅26幅，黑板报宣传142期，LED电子屏72块，发放宣传品2600余份；投放鼠药4620吨，填补鼠洞2296处，修复和安

4月8日，延吉市举办全市爱国卫生病媒生物防制培训班

（爱卫办 提供）

置毒饵站1638个；以创建“美丽乡村”和“魅力乡村”活动为载体，清理垃圾7560立方米、粪堆1566个、边沟14035米、卫生死角1472处，拆除破旧建筑87个，全市农村环境进一步提升。

【健康城市创建】 开展健康教育促进活动，利用电视、广播、报纸、网络等媒体，通过设立专栏、举办专题、张贴宣传画、发送宣传品等形式，有针对性地开展爱国卫生、健康知识和健康素养宣传教育，倡导健康文明生活行为方式，开展各类健康讲座300余次，组织乡镇、街道320名健康促进志愿者队伍；以第27个世界无烟日为契机，组织开展丰富多彩的无烟日宣传活动，提高全社会对烟草危害的认识；清理两处城区明显的烟草广告，全市城区无烟草广告；开展创建无烟单位活动，学校、医疗卫生机构、大型公共场所、公共交通场所禁烟率100%；开展健康细胞创建活动，评选出健康社区6个、健康乡村5个、健康单位10个，健康家庭113家；开展“星级卫生单位”检查评比活动，在驻延各机关、企事业单位、窗口单位、旅宾招、饭店、饮食加工部、商场、市场、学校、医院、物业小区等单位中，开展“星级卫生单位”评比活动，评选出2家“五星级卫生单位”、5家“四星级卫生单位”、6家“三星级卫生单位”，星级卫生单位总数101家。

【病媒生物防制】 加强行业病媒防制业务培训，组织全市窗口单位、旅宾招行业、街道社区、物业、学校、工地、市场、驻街单位等行业基层工作人员业务培训，组织病媒生物防制培训班3次，参训人员500余人；延吉市政府加大病媒消杀资金投入，投入45万元开展全市统一的病媒生物消杀工作；开展春、夏、秋季全市统一灭鼠行动，投放20余吨鼠药，对居民区、学校、企业、绿化带、垃圾中转站、河堤坝、防洪沟等区域进行统一灭鼠3次；对全市垃圾箱、果皮箱、垃圾点、中转站、防洪沟等进行集中灭蚊灭蝇，向市民和五小行业发放3800余管蟑螂焦耳。通过系列病媒生物消杀工作，鼠、蚊、蝇、蟑螂等病媒生物得到有效控制，“四害”密度控制在国家规定标准以内，有效保障市民健康；加大灭鼠毒饵站建设力度，推广普及更为坚固耐用的新型灭鼠毒饵站1.25万个，居民区和单位毒饵站总数2.5万个；开展全市老楼破旧地沟盖修复工作，爱卫办以财政出资一部分、街道贴补一部分、社会赞助一部分等形式，组织各街道、社区进行周密的排查和测量，定制地沟盖1560余个，逐一进行更换，修复率90%以上，彻底解决困扰居民多年的难题；检查窗口单位、公共场所18家指导48次，农贸市场13家指导39次，旅宾招行业56家指导检查327次；百货商场、超市、饭店217家检查指导453次，对3家单位下发限期整改通知单。

（李忠恩）

文化·体育

文化管理

【文化市场管理】 加强市场管理，把日常监管和专项治理结合起来，加强与各相关部门协调配合，抓好“两节”“两会”期间文化市场专项治理工作。开展保护知识产权、校园及周边文化市场环境、盗版音像制品和印刷复制业专项整治；开展各类文化市场专项治理行动。部署节日期间文化市场管理工作。年初向市区各网吧、KTV等娱乐场所经营业主印发通知500余份，在每个文化经营场所内都增设执法人员检查登记簿。检查文化娱乐经营场所1000余家次，开展联合检查1次，出动执法人员500余人次，120余车次，检查网吧1200余家次、电子游戏室60余家次，警告20余家次，立案查处2家。

开展卫星电视地面接收设施专项清理整治行动。查出卫星接收器反弹6593余个，清理1454个。加强知识产权保护，巩固“扫黄打非”工作成果。针对出版物市场采取错时工作、责任包保，举报电话、突击检查、日常监督、联合执法等方式，开展“净网”“剑网”等专项行动，及时对巡查情况登记存档，建立行业违规查处档案，检查书刊、音像出租店37家次，销毁非法音像制品2300余张，图书2700余册，立案查处1家未从依法批准出版物进口单位进口图书推进软件正版化工作，完成软件正版化工作。

【文化安全生产检查】 把安全生产工作放在首位，做好春季文化娱乐场所消防安全工作，对延吉市范围内网吧、歌舞厅、游戏厅、剧院、酒吧等人员密集文化娱乐场所开展春季安全生产大检查，开展消防安全监管工作。针对全市文化广电新闻出版行业，进行全面彻底查清火患底数，逐一登记造册，建立工作台账，依法限期整改。加强“两会”“节日”期间消防安全工作，召开春季夏季2次文广新行业业主会议。开展消防安全“零点”夜查行动，落实消防安全网格化管理，明确网格化工作责任人、管理人，实行网格化排查和单位自查自纠，实行“实名制”监管。组织260余名业主召开消防安全应急演练1次，发放宣传材料1500余份，接收群众咨询23人次，出动执法人员330余人次，检查各类文化市场经营单位1500余家次。口头警告30多家次，下达责令整改通知书15余份。

【会展服务】 完善会展中心服务与管理水平，开展文化产业市场化运作、拓宽文化产业发展新局面。在室外广场设置4个配套服务项目，室内承接各种剧场活动、各类会议120余场次；举办展会40余次，专业展会17次。

（张思扬）

文艺创作

【概况】 2015年，创作作品70余部（音乐、舞蹈、美术、摄影、小说、随笔、小品等）；发表在省州各电台、电视台、报纸杂志等媒体上的作品有30余部。创作作品及辅导作品获国家、省级、州级获奖作品有30余项。深化对外服务与交流，坚持贯彻“走出去、请进来”原则，整合资源、形成合力，强化双向交流互动，与国内外各社会团体开展文化交流活动17次。

【群众文化创作】《四季如歌》通过组织专家组研讨，细化编排，举办推介会等方式精益求精，完成演出 78 场，免费演出 15 场，观众人数 1.5 万人次。开展其他公益性演出 30 余场。

【摄影作品创作】 在全省廉政微电影、廉政漫画、廉政微小说作品征集活动中，市文联上报的美术家协会会员李佳芯作品《擒》获廉政漫画类二等奖；在 2015 年首届中国长白山“雪之魂”国际摄影展评比活动中，市摄影家协会崔周范的摄影作品《长白魂》获特等奖，韩瓔等 4 人作品分别获得银奖、铜奖。在吉林省第 21 届摄影展活动中，市摄影家协会朱今哲等 12 人，分别获得金、银、铜奖。在 2015 年首届延边足球运动摄影大赛上，市摄影家协会吴俊吉等 8 人获得特等奖、金奖、银奖、铜奖。

群众文化

【快乐延吉大舞台专场演出】 5 月 31 日，2015 年群众文化品牌活动——快乐延吉大舞台，在青年广场正式开幕，活动以文艺演出、服装表演、群众歌手大赛、民俗娱乐等丰富多彩大众文化形式及高雅专业团体专场文艺表演为主，精选各镇、街道，文艺团体等部门和行业优秀节目，开展活动 168 场，参演单位 40 余个，演职员 1 万余人次，观众 50 余万人次。

【文化惠民活动】 坚持把文化下乡作为构建和谐社会和建设社会主义新农村一项重要责任。组织文化馆、艺术团本着贯彻贴近生

1 月 15 日，延吉市开展“文化惠农送欢乐下基层”活动 （荆 晶 摄）

活、贴近实际、贴近群众原则，编排适合农民口味的朝汉两套文艺节目，开展文化惠民下乡演出 60 场次，观众 1 万余人次，朝鲜族艺术团被吉林省政府评为全省“服务农民、服务基层”先进集体。举办各种培训班 60 余次，培训骨干 5000 余人次；基层辅导 80 余个单位，培训骨干一万多人次，辅导节目 100 余个；参加各种演出 20 余次；常年辅导培训 2 期 700 余天。抓好文化室辅导工作，在 6 个街道、4 个乡镇，辅导文化室 30 余次，辅导音乐、舞蹈节目 30 余个。组织开展《第二套延吉大众舞》培训，培训骨干 1 万余人。通过开展各种系列活动弘扬中国朝鲜族民俗风情，提高市民文明素质。

【农家书屋建设】 全面推进农家书屋及农村文化工作。图书馆全年免费开放、免费办证、免费借阅，入库新书 3614 种，1.05 万册，接待读者 11.25 万人次，流通图书、期刊、音像制品 9.60 万册/件，新增读者 1109 人；开展各类公益性文化服务活动，利用寒假、读书节、图书馆服务宣传周、节假日等开展各类读书活动 27 次，在延吉市文化共享工程基层服务点、农家书屋及分馆分别开展形式多样、内容丰富读书共享活动 18 次，为全市 56 家农家书屋送书 9011 册，向分馆和市民赠送图书 5235 册及期刊 1900 册，获得各级奖项 4 个。

【文化阵地建设】 争创全国公共文化服务体系建设。强化组织领导，完善公共文化服务组织支撑体系。成立领导小组，健全完善工作机制。加大资金投入和人才队伍建设，每年组织文化事业工作人员参加培训 1000 余人次，组建社区、民间艺术团等业余文化队伍 150 余个。丰富基层文化娱乐项目，突出基层公共文化品牌建设，推进“一街一特”民俗文化培育工程，建立农村远程教育网。依托乡镇文化站，整合“农家书屋”和农村文化信息共享工程资源，为农民提供优质文化信息。打造延吉市公共文化服

务品牌，形成群众文化活动经常化、制度化、普及面广、群众参与意识强特点；以加强思想文化核心阵地建设为重点，推进社区文化队伍建设，培育扶持业余文化骨干队伍，提高基层文化工作质量。制定和完善《文化大院建设实施细则》，为全市48个文化大院辅导培训50余次，辅导节目50余个。

（张思扬）

文化遗产保护

【文物保护】 完成60余处古遗址春秋两季普查工作；完成全市可移动文物影像资料电脑录入工作。延吉市博物馆第三展厅装饰完毕，9月底，展出纪念抗战胜利70周年《延吉市革命旧址主题图片展》。截至9月30日，免费开放225天，接待观众2万余人次。

【非物质文化遗产保护】 强化非遗项目传承保护。6月13日，在全国第十个"文化遗产日"期间，参加州文化局组织全州8县（市）非遗项目大型展演活动，全市6个街道200余名演员表演吉

2015年延吉市非物质文化遗产传承项目一览表

项目名称	项目申报单位	项目类别	级别
朝鲜族秋千、跳板	延吉市业余体育学校	杂技与竞技	国家级名录
朝鲜族民族乐器制作技艺	延吉市民族乐器研究所	传统手工艺	国家级名录
朝鲜族服饰	延吉市星月民族服装厂	传统手工艺	国家级名录
朝鲜族洞箫演奏	延吉市北山街道办事处	民间音乐	国家级名录
朝鲜族传统婚礼	延边民族传统礼节文化院	传统民俗	国家级名录
朝鲜族花甲宴	延边民族传统礼节文化院	传统民俗	国家级名录
朝鲜族回婚礼	延边民族传统礼节文化院	传统民俗	国家级名录
朝鲜族摔跤	延吉市业余体育学校	杂技与竞技	国家级名录
朝鲜族传统泡菜制作技艺	延吉市友谊有限公司考世贸民俗山庄	传统手工艺	国家级名录
朝鲜族冷面制作技艺	延吉金达莱民族餐饮有限责任公司	传统手工艺	省级名录
朝鲜族抓周	延边民族传统礼节文化院	传统民俗	省级名录
朝鲜族象棋	延吉市朝鲜族象棋协会	杂技与竞技	省级名录
朝鲜族传统大酱制作技艺	延边民德来生态产业研究有限公司	传统手工艺	省级名录
朝鲜族传统礼桌名点	延吉市北兴糕点厂	传统手工艺	省级名录
朝鲜族奚琴	延吉市朝鲜族艺术团	民间音乐	省级名录
朝鲜族崔氏正骨法	延吉市崔氏正骨医院	传统医药	省级名录
梅花针综合疗法	延吉市马文环梅花针门诊	传统医药	省名录级
王麻子传世秘方	延吉市王麻子综合门诊	传统医药	省级名录
朝鲜族"漫谈"和"才谈"	延吉市朝鲜族艺术团	曲艺	省级名录
朝鲜族传统丧祭礼	延边朝鲜族礼仪研究会	民俗	省级名录
朝鲜族刺绣	延边盛宇民族服饰有限公司（礼美韩服）	民间美术	省级名录
朝鲜族筝艺术	延吉市朝鲜族艺术团	传统音乐	省级名录
朝鲜族传统米糕制作技艺	延吉市友谊有限公司考世贸民俗山庄	传统手工艺	省级名录
朝鲜族传统马格力制作技艺	延吉市小营镇东光村李福德	传统手工艺	省级名录
朝鲜族传统民居建造技艺	延吉市依兰镇春光村黄浩林	传统手工艺	省级名录
朝鲜族传统臭酱制作技艺	延吉市延盛砂锅城	传统手工艺	省级名录
朝鲜族冬至红豆粥制作技艺	延吉市清香馆	传统手工艺	省级名录

续表

项目名称	项目申报单位	项目类别	级别
野山参鉴别技艺	国家参茸产品质量监督检验中心	民间知识	省级名录
朝鲜族农乐长短	延吉市朝鲜族艺术团	民间音乐	州级名录

（张思扬）

2015年延吉市国家、省、州级非物质文化遗产项目代表性传承人一览表

姓名	性别	民族	项目名称	申报单位	级别
金季凤	男	朝	朝鲜族传统乐器制作	延吉民族乐器研究所	国家级
赵基德	男	朝	朝鲜族传统乐器制作	延吉民族乐器研究所	省级
崔月玉	女	朝	朝鲜族传统服饰	延吉市新月服装厂	省级
崔基玉	女	朝	朝鲜族冷面	延吉市金达莱民族有限公司	省级
金哲洙	男	朝	洞箫演奏	延吉市北山街道	省级
池春兰	女	朝	朝鲜族秋千跳板	延吉市业余体育学校	省级
李　勇	男	朝	朝鲜族摔跤	延吉市业余体育学校	省级
李东春	男	朝	朝鲜族传统大酱制作	民德来生态产业研究有限公司	省级
金哲	男	朝	朝鲜族奚琴艺术	延吉市朝鲜族艺术团	省级
洪性彬	男	朝	朝鲜族象棋	延吉市朝鲜族象棋协会	省级
王照伟	男	汉	王麻子传世秘方	延吉市王麻子综合门诊	省级
金永植	男	朝	朝鲜族才谈、漫谈	延吉市朝鲜族艺术团	省级
李京华	女	朝	朝鲜族才谈、漫谈	延吉市朝鲜族艺术团	省级
崔宗河	男	朝	崔氏正骨疗法	延吉市崔氏正骨医院	省级
崔文一	男	朝	朝鲜族传统礼桌名点	延吉市北兴糕点厂	省级
马文环	女	回	梅花针综合疗法	马文环梅花针门诊部	省级
千寿山	男	朝	朝鲜族婚礼、花甲宴	延边民族传统礼节文化院	省级
洪美淑	女	朝	朝鲜族抓周、回婚礼	延边民族传统礼节文化院	省级
姜英玉	女	朝	朝鲜族传统乐器制作	延吉民族乐器研究所	州级
禹莲花	女	朝	朝鲜族传统服饰	延吉市新月服装厂	州级
高凤烈	男	朝	朝鲜族冷面	延吉市金达莱民族有限公司	州级
金莲善	女	朝	朝鲜族冷面	延吉市金达莱民族有限公司	州级
陈京洙	男	朝	农乐长短	延吉市朝鲜族艺术团	州级
王祉帮	男	汉	王麻子传世秘方	延吉市王麻子综合门诊	州级
王延钢	男	汉	王麻子传世秘方	延吉市王麻子综合门诊	州级
崔　华	女	朝	崔氏正骨疗法	延吉市崔氏正骨医院	州级
黄明学	男	朝	崔氏正骨疗法	延吉市崔氏正骨医院	州级
卞智荣	女	朝	朝鲜族抓周、回婚礼	延边民族传统礼节文化院	州级
李柱浩	男	朝	朝鲜族传统乐器制作	延吉民族乐器研究所	州级
金昌勋	男	朝	朝鲜族传统乐器制作	延吉民族乐器研究所	州级

续表

姓名	性别	民族	项目名称	申报单位	级别
朴哲浩	男	朝	朝鲜族秋千跳板	延吉市业余体育学校	州级
李金浩	男	朝	朝鲜族筝艺术	延吉市朝鲜族艺术团	州级
金松月	女	朝	朝鲜族传统糕饼制作技艺	延吉市考世贸民俗山庄	州级
刘松玉	女	朝	朝鲜族刺绣技艺	延边盛宇民族服饰有限公司	州级
李福德	女	朝	朝鲜族传统马格力制作技艺	延吉市小营镇东光村	州级
李淑	女	朝	朝鲜族冬至红豆粥制作技艺	延吉市清香馆	州级
许香顺	女	朝	朝鲜族传统臭酱制作技艺	延吉市延盛砂锅城	州级
黄浩林	男	朝	朝鲜族传统民居建造技艺	延吉市依兰镇春光村	州级
仲伟同	男	汉	野山参鉴别技艺	国家参茸产品质量监督检验中心	州级
李雪峰	男	朝	朝鲜族摔跤	延吉市业余体校	州级
李顺子	女	朝	朝鲜族漫谈、才谈	延吉市文化馆	州级
玄龙洙	男	朝	朝鲜族丧祭礼	延边朝鲜族组礼仪研究会	州级

（张思扬）

尼斯世界纪录项目《牙拍舞》。申报《朝鲜族臭酱制作技艺》《朝鲜族民族乐器制作技艺》《朝鲜族筝艺术》三个项目省级传承人。

（张思扬）

地方志编纂

【概况】 延吉市党史地方志办公室是市委、市政府直接领导，由市委组织部主管正科级事业单位，地方志办公室和党史研究室合署办公（简称史志办）。内设综合科、方志年鉴科、党史宣传教育科3个科室。12月30日，全国地方志机构主任会议在北京召开，延吉市地方志办公室被中国地方志指导小组办公室确定为全国10家“中国年鉴精品工程试点单位”之一。

【年鉴编纂】 1月16日，中共延吉市委办公室、延吉市人民政府办公室联合转发《延吉市地方志编纂委员会〈延吉年鉴〉(2015)编纂工作实施方案》的通知，正式启动《延吉年鉴(2015)》编纂工作。延吉市130多个单位撰稿人参与编纂工作。经过各撰稿单位上报材料，编辑部工作人员组稿、合稿、编稿、校对，市地方志编纂委员会终审专家审稿，于年底送印刷厂印刷。

【《延吉年鉴（2015)》出版】 12月底，由延吉市党史地方志办公室编纂、吉林文史出版社出版的《延吉年鉴》(2015)正式在全国出版发行。《延吉年鉴(2015)》全面、系统、翔实地记载2014年延吉市自然、政治、经济、文化、社会全领域基本面貌和发展情况。全书设有专文、大事记、概况、党政机构、工业、农业、金融、文化体育、乡镇街道、社会、人物等类目27个，卷首彩页图片41幅，随文图片158幅，表30个，文字量55万字。《延吉年鉴(2015)》首次采用全书彩版印刷。

【续志资料长编资料征集】 截至12月底，征集《延吉市志续志资料长编(2001~2020)》有关2015年度120多个单位的工作总结、大事记、图片、图表、文献、口碑、文件、先进集体、先进人物、媒体新闻等资料。征集各种文字资料50余万字，图片资料400余幅。

【地情资料室建设】 3月初，延吉市地情资料室正式对外开放。资料室投入近10万元，购置资料柜、电脑、复印机、相机、摄像机、桌椅等硬件设施。以购买、交换、接受捐赠以及与全国各地地方志系统资料交流等方式收集志书、年鉴、地情资料书3000余册。馆藏图书对外开放，免费为社会各界查阅资料者提供服务，接待查阅者30余人次，借阅各种资料书100余部。9月21日，吉林省方志委资料处处长于泳生一行对延吉市地情资料室工作进行指导并顺利地通过实地评估。

【志鉴交流】 延吉市党史地方志办公室与全国各地地方志工作机构联系，扩大志鉴对外交流，相互交换书籍。与延边州及珲春、图们、龙井、和龙、汪清、安图、敦化等州内县（市）交换各种志鉴 20 余部；与长春、吉林、梅河口等省内地区交换各种地情资料书 20 余部；同广东、江苏、河北等全国各地交换年鉴、志书、地情资料书 30 余部。

【地方志理论研讨】 4 月，地方志办公室参加延边州年鉴业务交流会，论文《图们年鉴点评》获二等奖；10 月 28 日至 30 日，延吉市地方志办公室 3 名业务人员参加吉林省年鉴业务交流培训班，在培训班上延吉市点评《乾安年鉴》；延吉市地方志办公室报送 3 篇论文参加吉林省地方志学会年会（2015）论文评奖，其中论文《浅谈当前统计数据在年鉴中的规范化运用》获三等奖；6 月和 12 月，按照省地方志编委会安排，选派一名地方志工作人员参加总纂培训班，交流学习方志理论；年末，延吉市地方志办公室在吉林省地方志工作座谈会上作经验交流，得到中国社会科学院院长、中国地方志指导小组组长王伟光肯定。

【省方志季领导到延吉调研资料年报工作】 9 月 21 日，以党组书记、副主任李云鹤为组长的吉林省地方志编纂委员会调研组一行 4 人到延吉市，调研资料年报工作。延吉市委常委、组织部部长李延军出席座谈会，史志办主任罗松玉向调研组汇报延吉市资料年报工作。调研组肯定延吉市资料年报工作取得的成绩。

12 月 29 日，延吉市地方志办公室被评为全国地方志系统先进集体
（史志办 提供）

【延吉市地方志办获国家先进集体】 经全国地方志系统先进集体和先进工作者评选委员会评选，并报国家表彰奖励办公室审批，延吉市地方志办公室被评为全国地方志系统先进集体。12 月 29 日，全国地方志系统先进模范座谈会在北京人民大会堂举行，表彰 32 个全国地方志系统先进集体和 10 个先进工作者，延吉市地方志办公室主任罗松玉代表延吉市到北京领奖，得到中共中央政治局委员、国务院副总理刘延东接见。

（本刊编辑部）

广播电视

【概况】 2015 年，延吉市有广播电台 2 座，广播节目 6 套；电视台 2 座，电视节目 4 套；中波转播发射台 2 座，调频转播发射台 3 座，电视转播发射台 3 座。

【广电行业管理】 全年开展工作纪律检查 26 次，刊发《广电督察》17 期，通报表扬、批评 19 个部门 98 人次。做好党务公开、政务公开和全局“三重一大”事务公开，接受群众监督，组织开展“廉政专题教育”“廉政风险防控”“五权建设”等活动。依照《中华人民共和国工会法》成立延吉市广电局工会，召开延吉市广电局第一届职工代表大会。举办广电局职工趣味运动大会、庆祝第十六个记者节活动。

【新闻宣传】 执行宣传月策划、周例会制度，围绕创建“共产党员服务城”活动、“三严三实”专题教育活动、两区项目建设、安全生产等重点工作搞好宣传报道，适时开办《走基层》《返乡创业》《东北最美高铁开通》《西市场搬迁》等各类专栏 30 余个。电台、电视台全年播发稿件1.09万条。承接全市各单位专题片25部，总时长1000余分钟，制作播出创建卫生城、弘扬社会主义核心价值观等公益广告及口号7000余次。

【广电宣传】 延吉市广电局局属各媒体在中央级媒体播发《东北最美高铁，串起最美风景》等稿件30条，在省州级媒体上刊发《国药（延边）林蛙系列产品开发项目奠基》等稿件265条，参加稿件评优，全年获得国家、省、州级作品143件，全局每人完成一件创优作品。《2015百姓春晚—盛开的金达莱》等21件作品获得中央级奖项，《延吉好声音—阿里郎歌谣大赛》等56件作品获得省级奖项，《狄仁杰断案新编》等66件作品获得州级奖项。

【广电事业建设】 扩大广播电视有效覆盖，提高收视质量，延吉市广电局向上争取资金605万元，更新设备、改造电视台播出部、转播台机房和电台交通之声办公室，改善硬件条件，提升延吉广播电视安全优质播出能力。实施“村村通”“户户通”工程，保证广播电视覆盖无盲区，做好已装设备维护服务工作。2015年，接听用户维修来电

8月14日，延吉人民广播电台阿里郎之声举办《走进音乐》栏目音乐会
（翟宇佳 摄）

200余个，维护平安村、平道村等20余个自然村设备100余套。

【延吉人民广播电台】 延吉人民广播电台分设朝汉语2个频率。朝鲜语频率（阿里郎之声88兆赫）下辖总编办、技术部、新闻部、社教部、文艺部、新媒体中心、广告部7个部门，自办“延吉新闻”“相约FM”“美好家园”“快乐广播”等栏目16个，每天播出时长20个小时，全年播发稿件3000余条。汉语频率（交通之声FM93.5）下辖总编办、新闻部、节目部、网络技术部、广告部5个部门，自办“‘935’延吉新闻”“非常来电”等栏目15个，每天播出时长20小时，全年播发稿件4000余条。

【延吉人民广播电台阿里郎之声】 电台阿里郎之声自2015年5月起，与中央人民广播电台朝鲜语部合作，每周制作“话题讨论”“音乐之乡”2档节目在中央台播出。9月，成立新媒体中心，开办“点击！信息”“生活常识”等移动广播直播节目。与中央电台、国

2015年延吉人民广播电台阿里郎之声节目时间表

节目时间	栏目名称	长度(分)	形式
4:30–5:00	开始曲+节目预告+音乐+广告	25+5	录播
5:00–6:00	转播中央电台节目	60	录播
6:00–6:30	小崔说新闻	30	录播
6:30–6:50	健康讲座	20	直播
6:50–7:00	每周一歌	10	录播
7:00–7:15	延吉新闻	15	重播
7:15–7:35	健康讲座	20	直播

续表

节目时间	栏目名称	长度(分)	形式
7:35-8:00	家庭教育	20+5	直播
8:00-8:40	气象信息+FM88 美好家园	40	直播
8:40-9:00	健康讲座	20	直播
9:00-9:05	经济新闻	5	录播
9:05-9:40	气象信息+走进音乐	35	直播
9:40-10:00	健康讲座	20	直播
10:00-10:30	广告	5+25	录播
10:30-11:00	广告+健康讲座+广告	5+20+5	录播
11:00-12:00	报时+转国际电台节目	60	录播
12:00-12:40	气象信息+快乐广播+广告	35+5	直播
12:40-13:00	健康讲座	20	直播
13:00-13:15	国内外新闻+广告	10+5	直播
13:15-14:00	健康讲座	45	直播
14:00-14:40	报时+歌谣大舞台	40	直播
14:40-15:00	健康讲座	20	直播
15:00-15:10	体育新闻+广告	5+5	录播
15:10-15:35	健康讲座+广告	20+5	直播
15:35-16:00	健康讲座+广告	20+5	直播
16:00-16:45	报时+信息广场+广告	45	直播
16:45-17:05	我爱我记团购	20	直播
17:05-17:40	广告+欢乐购物+广告	5+25+5	直播
17:40-18:00	健康讲座	20	直播
18:00-18:15	延吉新闻	15	录播
18:15-18:40	健康讲座+广告	20+5	直播
18:40-19:00	我的健康	20	直播
19:00-19:20	报时+少儿节目	20	直播
19:20-20:00	相约 FM 第一部	40	直播
20:00-21:00	广告+相约 FM 第二部+广告	5+50+5	直播
21:00-22:00	气象信息+幸福夜晚+广告	55+5	直播
22:00-22:20	FM 冥想+广告	15+5	录播
22:20-23:00	FM88 美好家园	40	重播
23:00-23:45	广告+歌谣大舞台	5+40	录播
23:45-24:00	音乐+明天节目预告+结束语	15	录播

（董志伟）

际台签订合办栏目协议，将移动广播打造成中国朝鲜族移动广播品牌。

【延吉人民广播电台交通之声】 电台交通之声制作并引进“935 延吉新闻”“晓声长谈”“麻辣二人转”“老梁故事会”“档案揭秘”等 10 余档优秀节目，联合市长公开电话、城市管理指挥中心以及延

2015年延吉人民广播电台交通之声节目时间表

节目名称	节目类型	节目形式	主持人	播出时间
延吉,你好+讲座	开机提示类	直播	导播	04:50-06:00
幸福剧场	评书故事类	录制	王大钊	06:00-06:25
新闻报纸摘要	转播中央台	转播	导播	06:30-07:00
935 延吉新闻	本地新闻类	重播	新闻部	07:00-07:30
一路畅听	交通资讯类	直播	王大钊、孟航	07:30-08:00
麻辣二人转	娱乐脱口类	引进	王　剑	08:00-09:00
品牌家装	房产服务类	直播	王春荣、龙柏希	09:00-09:30
龙泉直饮机	广告服务类	直播	胡乃荧、讲师	09:30-10:00
听众开大会	民生服务类	直播	刘　冲、于　美	10:00-10:30
爱上不老歌	经典音乐类	直播	佐　伊	10:30-11:00
935 欢乐购	购物专题类	直播	王大钊、佐　伊	11:00-11:30
晓声长谈	谈话情感类	引进	王　剑	11:30-13:30
环球故事会	新闻故事类	引进	王　剑	13:30-14:30
音乐万岁	音乐嗨唱类	直播	龙柏希	14:30-15:00
音乐微故事	音乐故事类	直播	金慧婕	15:00-15:30
935 欢乐购	购物专题类	直播	王大钊、佐　伊	15:30-16:00
听听资讯听听歌	信息发布类	直播	于　美	16:00-16:30
舞曲榜	劲爆舞曲类	引进	刘　冲	16:30-17:00
935 延吉新闻	本地新闻类	直播	王大钊、陈丽萍	17:00-17:30
波波有理	娱乐互动类	引进	胡乃荧	17:30-18:10
音乐榜样	音乐伴随类	录制	刘　冲	18:00-19:00
晓声长谈	情感心情类	引进	王　剑	19:00-21:00
麻辣二人转	娱乐脱口类	引进	王　剑	21:00-22:00
报天下	资讯评述类	录制	胡乃荧	22:00-22:30
档案揭秘	历史纪录类	引进	王　剑	22:30-23:00
法律讲堂	法律故事类	转播	中央电视台-12	23:00-23:30
百家讲坛	文史故事类	转播	中央电视台-10	23:30-00:10

（董志伟）

吉新闻网推出“民生热线”,及时反映市民关注热点难点问题。

【延吉中波转播台】 延吉中波转播台负责转播 639 千赫 10 千瓦中央人民广播电台中国之声、1530 千赫 10 千瓦吉林卫星广播、900 千赫 1 千瓦延吉阿里郎之声广播节目，全天播出 19.08 个小时。

【延吉电视台】 延吉电视台下辖总编办、新闻部、社教部、技术部、制作部、文艺部、广告部、播出部、控制室 9 个部门,自办栏目 11 个,每天播出时长 19 个小时,全年播发稿件 5000 余条。8 月 31 日，延吉电视台完成对 1 套、2 套节目全新改版，启用新的栏目包装和节目预告提示系统，首次推出频道 LOGO 颂,提升频道形象。新推出文艺自办栏目《诗歌欣赏》、棋牌类直播节目《延吉三打一》，丰富荧屏内容。《延吉三打一》是延吉电视台建台以来首次开办的棋牌类直播节目,填补延吉电视台无直播类节目的空白。10 月,延吉电视台节目改版经验在吉林电视台年度供片总结大会上进行全省经验交流。

2015 年延吉电视台一套节目白天播出时间表

播出时间	内　容	节目时间
04:58	开始曲节目预告	0:01:30
05:00	重播我唱我秀	0:05
05:07	重播逗你门	0:15
05:24:30	重播 My 秀	0:05
05:59:20	节目导视 1117(早)	0:00:10
05:59:30	重播 LOGO 颂	0:00:30
06:00	重播延吉新闻(朝)	0:15
06:23	重播栏目	0:10
06:39:30	重播 LOGO 颂	0:00:30
06:40	重播延吉新闻(汉)	0:15
07:00	重播健康有约	0:15
07:38:30	电视剧:(1)	0:44
08:33:30	电视剧:(2)	0:44
09:21	重播诗歌欣赏	0:05
09:26	综艺大舞台(一)	0:52
10:18	综艺大舞台(二)	1:31
11:49:30	重播诗歌欣赏	0:05
11:59:20	节目导视 1117(午)	0:00:10
11:59:30	重播 LOGO 颂	0:00:30
12:00	重播延吉新闻(朝)	0:15
12:20	重播栏目	0:10
12:30	重播衣食住行	0:25
13:03:30	电视剧:(1)	0:44
13:58:30	电视剧:(2)	0:44
14:46	重播诗歌欣赏	0:05
14:51	精彩乐翻天(一)	0:52
15:43	精彩乐翻天(二)	1:15
16:58	晚间节目开始	

（董志伟）

2015 年延吉电视台一套节目晚间播出时间表

播出时间	内　容	节目时间
16:58	开始曲节目预告	0:01:30
17:00	我唱我秀	0:05
17:07	逗你门	0:15

续表

播出时间	内 容	节目时间
17:24:30	My 秀	0:05
17:29:30	衣食住行	0:25
17:59:20	节目导视 1116(晚)	0:00:10
17:59:30	LOGO 颂	0:00:30
18:00	延吉新闻(朝)	0:15
18:23	栏目	0:10
18:39:30	重播 LOGO 颂	0:00:30
18:40	延吉新闻(汉)	0:15
19:00	转中央新闻联播	0:30
19:38:30	电视剧:(1)	0:44
20:33	电视剧:(2)	0:44
21:19:30	诗歌欣赏	0:05
21:29:30	重播 LOGO 颂	0:00:30
21:30	重播延吉新闻(汉)	0:15
21:50	健康有约	0:15
22:05	电视购物	0:15
22:20	重播栏目	0:10
22:38:30	电视剧:(1)	0:44
23:33:30	电视剧:(2)	0:44
00:20	结束	

(董志伟)

【百姓春晚】 1月20日，延吉电视台举办2015年百姓春晚，是时隔20年再度举办的规模最大一次春节联欢晚会，晚会立足本土特色，以反映当代百姓生活和延吉经济发展为特点，众多本土明星、群众演员汇聚一堂，表演朝鲜族歌舞、小品、合唱等节目，充分展现延吉市广电局举办大型文艺演出活动能力和水平，节目播出后，得到国内外观众广泛关注，网络点击量34万余人次。

【新媒体支持】 新媒体方面，延吉电视台对微信平台进行改版，增加直播、点播、咨询服务等板块。微信平台发布信息1077条，点击52万余次，提升平台服务

1月21日，延吉电视台拍摄录制《百姓春晚》 (刘寿日 摄)

功能。

（董志伟）

延吉新闻网

【概况】 延吉新闻网是由中共延吉市委、延吉市人民政府主办、延吉市委宣传部承办、延吉市互联网信息中心运营的一家新闻类综合网站。涵盖政治、经济、社会、文化、教育、旅游等领域，成为延吉市发布重要新闻、权威解读政策法规和沟通人民群众的重要平台。网站日均访问量 8.6 万次。参加 2015 年（第八届）全国地方新媒体发展高峰论坛暨中国地市新闻网联盟第八届年会，延吉新闻网获得“2015 全国地方网络媒体十大县级最具影响力品牌”，《拿什么拯救你来自星星的孩子》《回家》《回望 2014——社会救助编织民生“安全网”》3 篇报道获最佳新闻奖。

【亮点新闻宣传】 1 月，延吉新闻网以各种节点、热点及政策为切入点，开展专题专栏报道。每名记者均参与策划，加强深度报道的策划、采编，每位记者定期拿出一篇深度报道。围绕延吉卷烟厂成立 40 年，撰写《〈延烟赞歌〉“赤子”丹心“长白山”担社会大任》等 4 篇报道；围绕延边队冲超，报道《〈足球日记〉疯狂的“10”看台》等系列报道等 40 篇；对西市场重建进行跟踪报道，《〈重建西市〉一对一直面业主有啥想法敞开了唠》等报道 17 篇；针对感动人物，完成《〈身边正能量〉金恩华：18 年执著只为遇见彩虹》等身边正能量 96 篇；进行新媒体创作，完成《〈微·延吉〉用延吉做布料为你造出绝美衣裳》等微延吉 42 篇；完成《〈调查〉朋友圈拉票，投还是不投？》《〈关注〉DNA 鉴定，你了解多少？（文图）》等调查类 10 篇；完成《〈走基层〉延边时调唱团——传承民族文化瑰宝》等走基层系列 55 篇；完成《〈新春策划〉回家的人》等新春策划系列 6 篇；完成《〈看见〉 延吉的夜，耶！》等看见系列 48 篇；走入基层最前线，捕捉社会百态，创作出《拿什么拯救你来自星星的孩子》《重彩延吉天凉好个秋》《大爱无疆聚沙成塔为花季少女延续生命之花》《金秋十月秋收忙水稻飘香沁人心》《延吉首例造血干细胞捐献成功跨越千里挽救生命》《小西服淘宝网上做出大市场》等精品报道。

【宣传报道】 重点加强民生服务类报道，加大百姓衣食住行等方面报道，宣传报道力求贴近生活、贴近群众、贴近实际，发出社会民生类报道 3700 余条；结合全市重点工作和各类节庆活动，开设收获 2015、微·延吉、足球日记、聚焦提案、身边正能量、直击高铁、园丁赞、共产党员服务城、返乡创业、夕阳美、双拥共建、抗战记忆、创业之星、家有考生、致青春、民生在线、巾帼风采、新春走基层、新春送暖等专栏。继续完成走基层、调查、机关党建、双岗双责、看见、曝光台、微评论、美食美客、聚焦 315 等专栏。关注民生报道，针对秋收、人口普查、青春毕业季、高考、供热管道维修等热议话题采访策划。继续报道“快乐延吉大舞台”活动，从 5 月 31 日开始，每晚安排值班记者采写快乐大舞台，用镜头记录快乐大舞台精彩瞬间，第一时间上传延吉新闻网。围绕三讲三爱·感动延吉及各街道表彰，进行人物采写、跟拍等；跟踪报道高铁、重建西市场、延边队冲超、全面二孩等系列发生在延边、延吉的“大事件”，取得良好社会反响。完成市两会、党代会等大型报道。

【朝语新闻】 延吉新闻网朝语版，全年完成 2529 条新闻翻译、更新。延吉新闻 1320 条、社会民生 1067 条、公示公告 82 条、外媒看延吉 60 条。

（陆景雷）

体育行政管理

【概况】 2015 年，全市组织运动会 12 次。组织参加延边州运动会学生组 21 次，社会组 30 次。参加青少年省赛 16 次。获得省级比赛第一名 17 次。

【运动人才培养】 坚持训练工作系统性、科学性。根据不同年龄段制定切实可行训练计划，着重对速滑队、业余足球队进行专业指导。延吉市体校组织延吉市足球运动员到广西北海参加冬训，为足球普及与提高打下基础。为发扬好民族项目，在延北小学组建秋千和跳板训练队，科学指导、循序渐进，提高跳板队和秋千队技术。

【体育设施建设】 新安装健身路径 56 套，在金达莱广场新建一处健身广场。金大体育俱乐部投资新建室内足球场一处，有 2 块室内标准 7 人制草坪足球场、一块标准 5 人制草坪足球场、一处室

2015年延吉市举办体育活动情况一览表

项目	举办运动会或比赛		举办全民健身活动情况	
	举办综合运动会次数	举办单项比赛次数	举办全民健身活动次数	参加活动人数
延吉市	14	8	15	20000

（张思扬）

外标准11人制灯光足球场。为延吉市足球爱好者提供交流平台。总投资30亿元梦都美滑雪场继续进行扩建工程，新增四个高级滑雪道、一个中级滑雪道、一个初级滑雪道。

（张思扬）

群众体育

【全民健身活动】 贯彻落实《全民健身条例》，引导和激励群众经常性参加体育健身活动，以节庆、节点为契机，举办延吉市传统大型活动，包括春季万人长跑活动、6月12日“毛泽东同志全民健身题词”主题日活动、8月8日全民健身日千家万户健身跑活动、元宵节朝鲜族传统体育项目活动等。与教育局联合举行“市长杯”足球比赛。成立市代表团参加延边州第十九届州运会，1月至8月，组织全市运动员参加社会组全部比赛二十三大项比赛，取得社会组、老年组金牌排名位居全州第一位，总积分排名位居全州第一名成绩。

【“全民上冰雪”活动】 结合延吉市实际和自身特点，开展“全民上冰雪”活动。打造延吉市全民健身冰雪活动特色，提高广大市民体质健康水平。1月16日至18日，由吉林省体育局主办、延吉市文体局承办吉林省“体彩杯”雪地足球赛在延吉市举行。比赛分为社会组、青少年组两个组别。2月，与延吉市教育局在布尔哈通河冰场联合举办延吉市2015年中小学生速滑比赛，全市10所中小学56名选手参加比赛。举办2015延吉市社会组、老年组、青少年组速滑比赛，全市300余人参加比赛。

（张思扬）

竞技体育

【体育竞赛】 以体育竞赛为平台，开展全市青少年速度滑冰、全市青少年乒乓球比赛、全市足球业余联赛、延吉市田径运动会等全市各类体育项目不同年龄段竞赛活动，通过比赛不断提升延吉市竞技体育水平，选拔优秀运动员参加上一级竞赛活动。延吉市运动员参加全国少数民族运动会获得3枚金牌、5枚银牌，参加省级比赛获得4枚金牌、5枚银牌，女子曲棍球参加全国女子比赛获得第三名，足、篮、排球也在省级赛中取得冠、亚军。社会组第19届州运会周期年，组织各单项协会、俱乐部采取前期集训方式科学合理组队参加比赛，在9个月各项比赛中获得金牌总数第一、团体总分第一名成绩。

【国际体育交流】 加强国际体育交流，促进青少年体育发展，承办中俄室内五人制足球友谊赛活

1月，延吉市举办“全民上冰雪”社会组速度滑冰比赛

（全 哲 摄）

动。9 月 15 日，第八届韩国青少年体育交流活动在延吉开幕。韩国青少年体育交流代表团抵达延吉机场，中国延边州委常委、副州长、中方代表团团长付文飙，延吉市委常委、副市长郑权接机。中方代表团志愿者为韩国代表团送上鲜花表示欢迎。交流活动为期 7 天，中韩双方代表团 166 位青少年运动员，分组开展篮球、羽毛球、乒乓球 3 个项目联合训练，9 月 20 日进行正式比赛。

（张思扬）

学校体育

【校园足球建设】 延吉市小学、初中、高中段学校 45 所，学校足球代表队 41 支，班级代表队 663 支；国家级足球特色学校 10 所，省级足球特色学校 7 所。全市校园足球形成“校校有球队”“班班有球队”“周周有赛事”局面。全面推进校园足球建设工作，5 月，延吉市召开中小学校园足球工作会议，全面部署全市校园足球工作。以“普及+提高+特色”为建设思路，以“政府主导、行政推动、分段实施、全面推广”为工作策略，研究制定《延吉市校园足球三年发展规划》，明确发展校园足球指导思想和工作目标。要求延吉市中小学校体育课增设足球课教学，校园足球普及率 65%。加强足球场地建设，通过新建、扩建、改善和共享等多种措施解决场地不足问题，建立校外足球活动基地。

【校园足球课程培训】 全市 40 所中小学实施校园足球课程。以校园足球为突破口，深化学校体育改革，出台校园足球课程和训练工作指导方案，坚持文化教育与专业技能训练并重，促进学生全面发展，健康成长。延吉市构建“三横三纵”赛事体系，“三横”指按学段划分小学、初中、高中三个组别，“三纵”以班级为参赛单位“校长杯”足球赛、以学校为参赛单位“市长杯”校园足球联赛、以区域高水平运动队为参赛单位参加全国或国际邀请赛。制定校园足球兼职教师管理办法，面向社会聘请教练员和退役运动员担任足球兼职教师，开展“校园足球活动指导员”“校园足球教练员”培训。4 月至 6 月，开展非足球专业体育教师培训，培训 300 余人次，使教师掌握足球基本技术和基本理论。选派 9 名优秀足球教练员赴延边大学进行为期 3 个月脱产学习，提高教练员执教水平。7 月，选派 7 名优秀足球教师参加全国青少年校园足球骨干师资国家级专项培训；9 月，选派延吉市五中教师梁吉哲赴法国进行 3 个月足球进修；10 月，选派 7 名足球教师赴长春参加省特色学校足球教练员培训。

【“市长杯”校园足球联赛】 设立“市长杯”校园足球专项经费 160 万元。完善校园足球保险机制，提升校园足球安全保障水平。全面启动“市长杯”校园足球联赛，联赛分为小学组、初中组、高中组三个组别，小学组 8 人制，初中、高中组 11 人制。9 月 16 日，2015-2016 学年度中小学“市长杯”校园足球联赛正式开战，在延吉市 6 所校园赛场同时展开首轮争夺，12 支代表队参赛。通过举办联赛，提高延吉市校园足球发展整体水平。

【足球冬季训练营活动】 12 月 18 日至 21 日，延吉市教育局、市文化广电新闻出版局联合组织第二高级中学、第三中学、第五中学、第八中学、第十中学、实验中学、中央小学、公园小学、建工小学、新兴小学、梨花小学、延南小

5 月 27 日，延吉市中小学“市长杯”校园足球联赛在人民体育场开赛

（教育局 提供）

学、师范附小、延河小学、延新小学15所学校300余名品学兼优、热爱足球运动学生，分4批到广西北海开展为期40天冬季足球训练营活动。冬训期间，根据持久性、合理性、科学性原则，制定详细训练计划和保障措施，通过内容丰富、形式多样训练，激发学生对足球运动爱好与兴趣。

【河南小学“活力校园”篮球比赛】 4月13日至17日，河南小学组织6年级8个班举行“活力校园”篮球比赛。赛前学校教导处与体育组从程序安排、场地布置、后勤保障等方面做好准备工作。比赛采用淘汰赛，分上下半场，每场各15分钟。通过比赛把“每天锻炼一小时”阳光体育活动落到实处。

【中小学生男子篮球比赛】 7月14日，2015年延吉市中小学男子篮球比赛开幕。此次比赛由延吉市教育局和延吉市文化广电新闻出版局联合主办。比赛执行国家体育总局审定最新《篮球竞赛规则》，比赛采用单循环赛制，每场比赛胜一场得2分，负一场得1分。有7支代表队80余名运动员参加比赛。参加中学组比赛有第四中学、第六中学和第七中学3支代表队；参加小学组比赛有北山小学、进学小学、河南小学和延河小学4支代表队。第六中学获得中学组冠军，延河小学获得小学组冠军。第七中学和北山小学分别获各组第二名，第四中学和进学小学分别获各组第三名。

【延吉市获省青少年排球锦标赛亚军】 5月29日，2015年吉林省青少年排球锦标赛在珲春开幕。长春、吉林、通化、延边等地18支代表队，180余名青少年排球运动员参赛，比赛为期3天。延吉市第二高级中学、第八中学、第三中学三所学校队员们发扬团结协作、勇于争先运动精神，把平时训练技术灵活运用到比赛中，与各地区代表队、运动员互访交流、切磋球技。第二高级中学获女子甲组亚军，第八中学、第三中学分获女子乙组亚军、季军。

【延吉市参加全州中小学排球比赛】 8月27日，延边州教育局、州体育局主办，延边体育运动管理中心承办，延边体育中心协办2015年延边州中小学排球比赛。比赛设初中组、小学组，以县（市）学校为单位参加比赛。参赛选手年龄在13岁至19岁之间，比赛执行中国排球协会审定的《2013~2016排球竞赛规则》。延吉、珲春、图们、和龙等县市19所学校近200名中小学生参加比赛。延吉市第三中学、第八中学分获初中女子组第一名、第二名，延吉市新兴小学、延大师范分院附属小学分获小学女子组第一名、第三名。

【延吉市中小学生运动会】 6月24日，由延吉市教育局、延吉市文化广电新闻出版局共同举办“2015年延吉市中小学田径比赛”在延吉市体育场举行，全市37所学校600余名运动员参加比赛。比赛分为高中组，初中A组、初中B组，小学A组、小学B组，竞赛项目包括100米、200米、400米、800米、1500米、4×100米接力、4×400米接力、铅球、标枪、铁饼、跳高、跳远等。经过两天比赛，第三高级中学、第一高级中学、职业高中分获高中组前三名，第四中学、第六中学、第九中学分获初中A组前三名，朝阳川二中、朝阳川一中、烟集学校分获初中B组前三名，延河小学、中央小学、北山小学分获小学A组前三名，春光小学、北兴小学、光华小学分获小学B组前三名。

（本刊编辑部）

社会·民生

居民生活

【城镇居民人均可支配收入】 2015年，延吉市城镇居民人均可支配收入28500元，比2014年增长6.1%。单位从业人员7.98万人，工资总额37.79亿元，在岗职工平均工资47896元。

【城镇居民消费支出】 人均消费性支出25399元，全年居民消费价格指数比2014年下降0.3%，其中，人均食品支出6076元，增长4.90%，衣着支出3018元，增长3.25%，家庭设备用品与服务支出1557元，增长8.81%，医疗保健支出2111元，增长5.71%，交通与通信支出4333元，增长10.90%，教育文化娱乐服务等支出3298元，增长15.68%，居住类支出4290元，下降3.81%。

【农村居民人均纯收入】 延吉市农村居民人均纯收入12287元，比2014年增长3.8%。

【农村居民消费】 农村居民人均消费性支出9858元，农村居民家庭主要实物人均消费蔬菜25千克，比2014年增加2千克，植物油10千克，增加1千克，猪肉17千克，增加4千克，牛羊肉3千克，增加1千克，奶类10千克，增加3千克。

（孟祥宇）

社区建设

【社区基础建设】 争取省级社区办公用房建设资金215万元；依托“福利彩票公益金资助万家社区图书室援建项目”，分别向河南街道白山社区、依兰镇台岩村等6个社区、村委，发放援建图书5580册，丰富群众文化生活；加强和谐社区创建工作，延吉市北山街道、延吉市建工街道延青社区被民政部评为全国和谐社区建设示范街道(社区)；对延吉市第九次换届选举后离岗、年满50周岁(含50周岁)以上无固定收入社区主任(副主任)发放退养费。对1名工作年满20年离岗社区主任，按月定量发放退养费1744.5元；对14名工作不足20年离岗社

1月28日，公园街道开展“素质提升月”社区干部业务知识考试活动
（张云慧 摄）

区主任(副主任)发放一次性退养费合计18.41万元。

【基层民主制度】 坚持推行基层民主协商制度，全市78个社区、56个村委全部建立民主协商议事委员会，1月，由街道上报确定14个基层民主协商试点社区，制订下发实施方案，指导社区制订《基层民主协商目录》及社区民主恳谈、议事、听证、评议和咨询等制度，试点社区开展多种形式协商议事活动，每月报送工作开展情况。5月19日，吉林省民政厅基政处到延吉公园园城社区等4个试点社区进行协商工作开展情况调研，对延吉市工作给予高度评价。

【社区社会工作】 开展国际社工日主题宣传活动。3月17日至3月26日，以“发展社会工作，创新社会治理”为主题，组织街道社区开展主题宣传活动，公园街道联合延边大学继续教育学院挂牌成立“社会工作知识培训基地”和“大学生社会工作实践基地”，通过宣传活动，提高街道、社区干部和辖区居民对社会工作认知度。

【社工人才队伍建设】 2月，邀请吉林省社工专家张朝林和许围卡对全市社区大学生主任助理及相关工作人员158人，进行社区社会工作知识培训，延吉市优秀社区书记林松淑做经验介绍。5月，宣传动员各镇、街道社区工作者355人参加全国社会工作者职业水平考试。11月21日至23日，组织全市各街道(镇)相关负责人、社区书记及“三区”计划试点机构社工人员121人，参加民政部培训中心延吉社会工作培训班，培

6月17日，建工街道长新社区成立“爱心服务驿站” （季芳旭 摄）

训深圳市社区建设模式及社工发展现状、社区社会组织培育和发展及社工实务等内容。结合“三区”计划人才支持项目，提高本土社工服务技能，培育发展社区社会组织。组织召开全市三区项目推进会，制订项目实施方案，确定河南街道暖阳社工服务中心、进学街道新里程社工服务中心、公园街道老来乐社工服务中心承接社工项目，与吉林省知行社工中心签订协议，选派专业社工团队进驻3个试点机构，全程培训和督导社工实施项目，争取国家“三区”计划人才支持项目及项目资金22万元，培育发展延吉市暖阳社会工作服务中心、延吉市新里程社会工作服务中心和延吉市老来乐社会工作服务中心3家专业社工机构。选派专业社工人才11人，培养社工人才10人，开展社区社会工作服务21个、小组活动7个、个案服务6个，进行个案探访276个，受益人群3951人。11月20日，在吉林省民政厅中期督导评估中，评估组对“三区”计划人才培训工作给予认可，在全省民政工作会议中作经验交流。

（马 俊）

【社区文化节活动】 5月28日，延吉市建工街道延春社区携手延边老干部大学开展以“共创共产党员服务城，营造和谐幸福新生活”为主题第三届社区文化节。表演《共筑中国梦》《平鼓舞》《牙拍舞》等朝鲜族特色节目。

【社区干部培训】 4月13日，延吉市社区干部培训班正式开班，为期一周。市委常委、组织部部长李延军参加开班仪式。4名“五好社区”代表介绍党建工作经验。全体培训人员观看省外优秀社区书记工作案例纪录片，学习公文写作、礼仪、工作方式方法等8门课程。

【第十二届社区党员文化月开幕】 7月1日，延吉市第十二届社区党员文化月开幕。以“践行‘三严三实’要求，推进服务型社区党组织建设”为主题，以弘扬红色文化、

展示延吉形象、提升服务水平、夯实党建基础为主要目的。将党员文化月文艺演出与“快乐延吉大舞台活动”相结合,突出红色党建文化感召力和影响力。活动期间,延吉市各部门结合创建“共产党员服务城”活动,开展党员“亮身份,做承诺”、党员服务示范岗、社区服务示范户等创建工作。围绕自身职能开展各类便民利民服务和职业技能培训、供需双方洽谈会、返乡创业对接会等活动,突出“红七月”党建品牌辐射效应。把社区党员文化月活动与幸福社区建设结合,利用好延吉市直部门包保责任制、在职党员进社区等有效载体,主动为群众做好事办实事解难事,真正使社区成为居民的“幸福家园”。

(本刊编辑部)

新农村建设

【特色村寨建设】 扎实推进延吉市依兰镇春兴村、延吉市小营镇河龙村朝鲜族特色村寨建设。在完成朝鲜族特色民宅“民俗黄土房”建设项目和树莓采摘园特色产业项目基础上,完成新建2栋“民俗餐馆”建设项目(投资200万元、面积600平方米),8月中旬,野外民俗餐饮服务等部分服务项目投入运营。

【农村环境整治】 2015年新农村环境整治项目总投入4500余万元,新建农村水泥路57.9千米,修复沙石路8千米,植树5325棵,栽花22万株,新建围墙栅栏1万米,围墙粉刷1800米,改造农桥3座,新建12米长公路桥1座,8米长公路桥2座,新建排水渠1200米,清排水渠600米,清土方5000立方米,500米绿色景观带,完成小营镇新农游园二期绿化项目,水泥垃圾池10个,多功能村部3间1060平方米,休闲广场8000平方米,排洪沟浆砌石1000米,太阳能路灯430盏,健身器械15套。

【先进农村评选】 11月,吉林省举行2015年“美丽乡村”评选活动,朝阳川镇仲坪村和依兰镇春兴村被评为全省“美丽乡村”。延吉市朝阳川镇朝阳村书记崔永洙、小营镇仁坪村书记朴东洙被评为延边州“十佳美丽村干部”;三道湾镇北张芝村被评为延边州“十佳魅力乡村”;小营镇新农村等4个村被评为全州精品村,朝阳川镇光荣村等4个村被评为全州标兵村。

【美丽乡村建设】 以“美丽乡村”活动为载体,推进美丽庭院、干净人家创建工作。全市评选950户美丽庭院,朝阳川镇长胜村王秀香等280户,依兰镇兴安村郑玄哲等240户,小营镇新农村吴冬梅等260户,三道湾镇梨树村徐贵寿等170户。全市评选2860户干净人家,朝阳川镇横道村金玉松等920户,依兰镇台岩村高淑兰等720户,小营镇小营村金英春等760户,三道湾镇中心村白艳宁等460户。

【都市休闲河龙村】 延吉市小营镇河龙村以生态宜居、风光秀美闻名遐迩。河龙村位于延吉市东南角、海兰江与布尔哈通河下游交汇处,辖区有16个村民小组、471户、1486人,朝鲜族人口1074人,占总人口72%。溪流环绕,山岭连绵,绿树掩映,景色宜人,有国际标准高尔夫球场、国家AAAA级海兰湖风景区、城子山宋朝末年历史遗址、三棵千年古松树、风光无限的水上漂流探险、水库电站以及近百家朝鲜族民俗旅游休闲农家乐,每逢节假日、休息日,到河龙村休闲旅游的人络绎不绝,年接待游客30多万人次,旅游收入3000多万元,成为

小营镇新农村彩绘 (小营镇 提供)

村民增收的新亮点。2015年,长珲城际铁路开通第一个"十一"黄金周期间,河龙村路边15公顷蓝莓采摘基地和树莓采摘基地,更是迎来一拨又一拨游客,尽显休闲农业的巨大魅力。河龙村加快推进生态环境建设,生态环境效益日益凸显,被评为省级生态示范村。河龙村先后投资700余万元,完成4700米艺术栅栏、1500米围墙、1500米地下排污管网、2千米水泥路建设,种植景观松树410棵,栽花5万株,主干道两旁绿化95%,自来水、广播电视覆盖率100%,卫生厕所普及率100%。河龙村大力发展劳务经济,一些村民回国后搞起特色旅游餐饮,以景区、餐饮、度假、农家乐等旅游产业带动全村经济发展,村民年人均纯收入13195元,成为延吉市农民工返乡创业基地。

【人杰地灵北张芝村】 延吉市三道湾镇北张芝村四面环山,森林茂密,资源丰富;交通便利,安汪公路、延三公路擦村而过;人杰地灵,经济发展,村民富裕。北张芝村有耕地67公顷,林地210公顷,村民263户、572人。该村在巩固传统种植业基础上,以推进农业和农村经济结构调整为主线,以"发展新产业、培育新农民、建设新环境"为目标,大力发展绿色食用菌产业,先后成立多家食用菌合作社,村委会以出资入股形式加入合作社,既壮大村集体经济,又解决合作社融资难问题。食用菌产业成为北张芝村主导产业,地栽黑木耳规模100万袋,占全村经济总量60%。投入100万元,完成道路硬化并维修2千米村路,解决村民行路难和运输难问题;投入78万元,修建铁艺围栏3500米,安装路灯32盏;投入10余万元,种植绿化树苗1000株。自筹等方式投资37万元建设党爱公寓275平方米,解决6户贫困户住房问题。为确保村民吃上放心饮用水,村里投入200万元,铺设供水管道并修缮配套管网设施,为部分偏僻、难以入网住户打深水井,解决其吃水难问题。2014年,筹资30万元,修建占地800平方米文化娱乐广场,广场配有体育健身器材、坐凳、节能灯、绿化带等设施。2015年,筹资32万元,修建使用面积160平方米村级多功能办公室,促进政府服务网络向农村基层延伸。

(高　洁)

三道湾镇北张芝村村民家　　（三道湾镇　提供）

婚　姻

【婚姻登记】 作为国家AAA级婚姻登记机关,实现与法院共享婚姻信息,全年办理结婚登记4889对,网上预约82对,离婚登记2114对,补发婚姻登记证1409件,出具婚姻登记记录证明1.59万件,收养登记12件。未出现违规违法现象,未发生一例上访或行政诉讼案件,结婚登记准确率、合格率和群众满意率均100%。

【婚姻服务】 为方便婚姻登记当事人,为群众提供更加快捷、人性化服务,延吉市民政局婚姻登记处2015年5月1日起正式启用婚姻登记网上预约系统。婚姻当事人可在吉林省民政厅官网进入"吉林省婚姻登记网上预约系统",根据网上预约登记协议内容,准确填写相关信息后,准新人可凭预约单(预约号),持登记时所需证件材料原件前往婚姻登记处,经审核后办理婚姻登记手续;10月10日起,延吉市婚姻登记管理处根据民政部要求,除继续办理赴台湾地区和哈萨克斯坦等9个国家的公证事项证明外,取消出具(无)婚姻登记记录证明业务,对有法律法规依据的部门通过公函等方式核对婚姻登记信息。

【新人“5·20”领证喜结良缘】 5月20日是谐音“我爱你”的好日子，延吉市许多新人扎堆领“红本”。当天8时，延吉市民政局婚姻登记处人头攒动，排起长队。前来登记的情侣们穿着鲜艳，面带笑容，大家都希望能在这样一个特殊的日子里敲定终身。延吉市民政局婚姻登记处为应对高峰，提前作安排，采取提前上班、增加人手等措施，争取让每一对来登记的新人在这样一个特殊的日子里圆梦。截至17时，有113对新人在延吉市民政局婚姻登记处办理登记结婚手续，接近平时的4倍。

（马　俊）

3月25日，河南街道烟厂社区举行“新五好家庭”表彰大会

（河南街道　提供）

家　庭

【公园街道“好家风、好家训”评议活动】 5月19日，公园街道园建社区以第22个国际家庭日为契机，组织开展“好家风、好家训”评议活动。活动现场，社区工作人员向居民讲解“家风、家训”意义，同时向居民征集“家风、家训”。大家畅所欲言，互相交流自己的认识和体会，讲述自己的“家规”。活动中，社区工作者为居民发放《低碳生活进家庭》《健康生活方式伴你行》等宣传资料100余份，倡导广大家庭实行低碳生活方式，共建绿色生活环境。

5月22日，北山街道丹英社区举行“健康家庭”表彰大会

（丹英社区　提供）

【烟厂社区“新五好家庭”表彰大会】 3月25日，河南街道烟厂社区计生协会召开第二届“新五好家庭”表彰大会，在居民推荐和投票基础上，经社区综合评定，评选出5户“新五好家庭”，和睦好夫妻、教子好父母、最美楼道长、友善好邻居、互敬好婆媳各一户。每个家庭上台领奖时都会讲述自己的故事，展现当代家庭的思想道德素质、科学文化素质和文明健康素质，蕴含着尊老爱幼、邻里互助、节俭持家等高尚精神和品质。

【丹英社区“健康家庭”表彰大会】 5月22日，北山街道丹英社区举行“健康家庭”表彰大会暨北山社区卫生服务中心健康讲堂活动。市爱国卫生运动委员会、北山街道相关领导，受表彰的健康家庭及社区居民80余人参加活动。表彰10户健康家庭，为其颁发证书;健康家庭代表钦敏颖做表态发言;社区副主任贾剑华做动员讲话,倡议广大家庭树立健康观念,形成健康行为,为创造幸福生活而努力。以"健康家庭"为榜样,参与"健康家庭"创建活动,培养家庭成员积极向上健康心理。

【丹延社区"和谐家庭晒幸福"活动】 6月11日,北山街道丹延社区组织辖区居民40余人开展"和谐家庭晒幸福"活动。活动中,各个家庭纷纷晒出自己家的全家福,抒发对幸福家庭、和谐生活的真情实感,以及对美好生活的期待和憧憬,并讲述家庭小故事,朴实生动,真挚感人。传承夫妻和睦、尊老爱幼、科学教子、勤俭持家、邻里互助家庭美德,引导妇女和家庭在参与活动中接受道德教育、提升文明程度。

【园辉社区首届"最美家庭"颁奖仪式】 12月22日,公园街道园辉社区首届"最美家庭"颁奖仪式在公园街道"蒲公英之家"举行,社区全体工作人员及居民代表40人参加此次活动。社区党委书记林松淑对获奖的17个"最美家庭"做简单介绍,并简要说明每个获奖家庭的最美之处。社区工作者为其颁发证书及奖品。

(本刊编辑部)

老年事业

【《中华人民共和国老年法》宣传】 按照《延吉市"老年事业宣传月"活动方案》,组织各镇、街道在辖区采取条幅、标语、板报等载体宣传新修改的《中华人民共和国老年人权益保障法》《延边州老年人权益保障条例》《〈延边州老年人权益保障条例〉实施细则》。开展不同规模、形式多样敬老助老活动。举办全市老年人学习中共十八大精神暨《老年法》知识竞赛活动。发挥老年人法律维权工作站作用,依法保护老年人合法权益,协同老年人法律维权中心、维权站,接待老年人来信来访26人次,接访维权率100%。

【老龄工作宣传】 利用宣传媒体报道延吉老龄事业,国家老龄网对延吉市天一养老院院长李香兰获得"全国孝亲敬老之星"先进事迹进行宣传。吉林省老龄委办公室主办《吉林老龄》刊登《悉心指导、夯实基础,全面加强老年协会规范化建设》等5篇宣传稿件。全年报道稿件45件。延吉老龄网网站发布各类涉老信息,设置工作动态、健康百科、夕阳风采、敬老助老、服务指南等板块,全年延吉老龄网点击人数11.07万多人次。

【老年人优待政策】 按照老年优待政策项目及牵头落实单位职责,各涉老部门制定本部门针对老年人具体优待政策,在综合意见基础上,经法制办审核,市老龄委办公室制定《延吉市老年人优待办法》。为60周岁以上老人办理老年优待证2090个,协助保险公司、汽车公司为老人办理老年人意外伤害保险卡14552份。为户籍在延吉市有需求的70周岁以上老年人办理"夕阳红卡",享受免费乘坐公交车辆待遇;出资2万元为1000名贫困、空巢等老年人每人投保一份"国寿老年人意外伤害保险",解决部分老年人后顾之忧。2015年第三个国家老人节(重阳节)来临之际,携手中国电信股份有限公司为延吉市部分60周岁以上贫困、空巢、低保老人免费发放老人手机,购买老人机费用和电信话费补助63.1万元。

【居家养老服务大院建设】 年初,召开延吉市老龄工作会议,布置全年老龄工作,与参会街道、镇老龄委签订目标责任书,社区、村居家养老服务大院(中心)全覆盖基础上,重点提升农村居家养老服务大院日间照料室设施,要求老龄委各成员单位按各自职责,尽职尽责落实好涉老政策。延市老龄委《关于提高农村居家养老服务大院日间照料室标准化建设的意见》文件,对农村居家养老服务大院日照室标准进行规范,全年多次到4个乡镇,对村居家养大院添置设施进行实地指导,使54个行政村实现居家养老服务全覆盖,选出6个农村居家养老服务大院典型上报延边州老龄工作委员会办公室。

【爱心助老服务】 在两节期间充分利用无围墙养老院"爱心助老信息服务中心",组织开展向120名患有糖尿病特困老年人免费发放血糖仪活动,走访慰问30名高龄、空巢、贫困老年人,送慰问物品价值9000元。利用信息中心网络平台为2800多名老年人提供及时、便捷、优惠活动。信息中心录入新增老年人信息5000人、助老志愿者230人,信息中心采集老人信息4.3万人,为老服务部门、企业240家。"三节""老人节""重阳节"等节日期间,走访慰问高龄、贫困、失能、基层老协会长、新中国成立前老党员及养老机

6 月 10 日，延吉市举行老年服务中心揭牌仪式 （荆 晶 摄）

构、农村养老服务大院、城市日间照料室、老年协会，送慰问款物 32.1 万元。

【老年服务中心成立】 6 月 10 日，成立延吉市老年服务中心，承担着爱心助老信息服务平台运营服务职能，宗旨是帮儿女尽孝、替政府分忧、让居家老年人的生活更方便、晚年更幸福。举行延吉市老年服务中心启动仪式，开展“助老下社区活动”，在政府网站延吉新闻网首页设立延吉市爱心助老信息服务平台公益形象广告及简介。

【高龄敬老金发放】 截至 12 月，延吉市百岁以上老年人数 9 人，90 岁以上老年人数 544 人，全年计发放百岁敬老金 11.1 万元，90 岁以上敬老金 218.79 万元，总数 229.89 万元，发放率 100%。

【老年人生活丰富】 与长白国旅联合利用 3 天时间，出动 16 辆大客车，组织千名老人“踏青赏梨花、喜迎母亲节”大型户外活动。与秧歌协会举办延吉市老年人秧歌表演赛活动。敬老月期间延吉市老龄委办公室与延吉市老年协会、延吉市老年书画协会等部门联合举办“全市老年人广场舞比赛”“纪念抗日战争胜利 70 周年红歌赛”“延吉市第二十届中老年人书画展”“延吉市第三届柔力球比赛”等主

2015 年延吉市 90 岁享受敬老金老年人一览表

序号	单位	1 月份	2 月份	3 月份	4 月份	5 月份	6 月份	7 月份	8 月份	9 月份	10 月份	11 月份	12 月份
		人数	人数	人数	人数	人数	人数	人数	人数	人数	人数	人数	人数
1	河南街道	90	91	91	95	92	91	92	92	91	90	89	86
2	北山街道	37	41	36	37	35	37	35	38	38	39	38	36
3	公园街道	58	63	65	65	64	65	67	66	65	64	62	57
4	进学街道	117	119	118	116	115	115	115	115	114	110	110	109
5	新兴街道	75	74	73	73	73	72	73	70	70	69	68	68
6	建工街道	60	62	61	61	63	63	63	63	61	60	58	60
7	依兰镇	25	25	27	27	27	25	21	21	21	22	20	19
8	小营镇	44	45	45	45	43	42	41	42	42	42	42	42
9	三道湾镇	18	17	16	16	16	16	15	14	13	13	13	12
10	朝阳川镇	64	66	68	68	69	68	69	68	66	65	65	64
合 计		588	603	600	603	597	594	591	589	581	574	565	553
百岁以上		11	11	10	10	9	9	9	9	9	9	9	9
90 岁合计		577	592	590	593	588	585	582	580	572	565	556	544

（李爱兰）

8月15日 延吉市在青年广场举办“8·15”纪念延边州老人节31周年表彰大会暨文艺汇演活动 （老龄委 提供）

题活动。“8·15”老人节来临之际，发放2000份致老年朋友一封信，在延吉新闻网上刊登《敬老助老倡议书》；组织镇、街道老龄委开展“学雷锋，助孝行”为老志愿服务活动；延吉市青年广场举办庆“8·15”老人节暨夕阳欢歌主题活动，表彰延吉市20个“敬老文明号”模范集体和37名先进个人。

【老年大学】 深入社区（村）指导老年学校教育工作，各社区（村）老年学校采用资源共享等方式解决30~100平方米不等教室，悬挂校牌、课程表、规章制度等，配备必要教学所需用品，在课程安排上，针对城市、农村老年学校办学条件不同，以及学员来自各行各业，年龄结构、文化层次、心理特点、兴趣爱好等实际需求，开设声乐、舞蹈、乐器、书画、摄影、保健、计算机、心理慰藉等专业课程，城市社区老年大学覆盖率100%，农村覆盖率95%。

【基层老年协会规范化建设】 加强基层老年协会老年人自我管理、自我教育、自我服务老年服务组织规范化建设，加快推动延吉市老龄事业健康发展，制订《延吉市基层老年协会规范化建设实施方案》，指导基层老年协会开展规范化达标创建活动，延吉市基层老年协会规范化建设率95%。协助吉林省老龄委办公室完成在延吉市召开的“全省老年协会规范化建设现场会”工作，延吉市老龄委办公室在大会上做经验报告，延吉市仲坪村、长青村老年协会规范化建设得到吉林省同行肯定。

（李爱兰）

外来务工人员

【外来务工人员技能培训】 改善外来务工人员技能培训管理，强化实际操作技能培训，运用竞争机制促进培训质量提升，加强培训资金监管。延吉市农村务工人员4.54万人，培训农村务工人员1.78万人，发放培训补贴资金近35万元。组织2215名外来务工人员参加职业技能鉴定考试，合格1895人；通过开展农村劳动力阳光工程培训外来务工人员3900人，培育新型职业外来务工人员450人，发放补贴近230万元。以冬春农业科技服务活动为平台，举办各类

4月，延吉市组织开展外来务工人员就业政策宣传活动 （人社局 提供）

培训班和现场指导785期，培训外来务工人员9.3万人次。

【外来务工人员就业】 加强农村劳动力转移就业工作示范县建设，做好土地流转后农民保险、转移就业工作实现农村劳动力转移就业3.31万人。按地理位置，全市街、镇劳动保障服务平台组建成城乡就业共建小组，开展交流活动13次，提供就业岗位4100余个，达成就业意向1000余人；推进家庭服务业规范化、职业化建设，加强城市家庭服务体系建设，支持外来务工人员在市场需求大的家政服务、养老服务和病患陪护等家庭服务业领域创业就业。根据培训对象特点和需求组织外来务工人员开展创业培训人744次，培训合格率95%以上。对符合条件，按规定给予创业培训补贴近11万元。

全面实施农村劳动保障平台标准化建设，全市54个村全部建立劳动保障服务站，建立17个村劳动保障服务总站，形成镇所、总站、分站三级农村就业服务网络体系，建立各类创业基地（市场、一条街）28个，扶持安置各类创业实体1463家，带动就业1.23万余人，为40名外来务工人员创业者发放贷款329万元。

【外来务工人员工资支付】 实施外来务工人员工资支付方式改革，健全外来务工人员综合服务体系。重点做好春节前外来务工人员工资支付保障工作。结合最低工资标准导向，企业和重点行业工资指导线促进外来务工人员工资合理增长，通过全市统一以及专项监督检查活动及时掌握并处理企业外来务工人员用工和工资支付情况。移交公安机关涉嫌拒不支付劳动报酬罪案件16件，为4500余名外来务工人员追讨工资近1.13亿元；加强对劳动争议多发重点行业、企业监控，及时采取相应措施，将纠纷化解在萌芽状态。加强涉及外来务工人员劳动争议特别是拖欠外来务工人员工资等矛盾纠纷调解工作。受理外来务工人员案件82起，为外来务工人员挽回经济损失690余万元；加大日常巡视检查范围，畅通举报投诉渠道，集中开展外来务工人员工资支付情况、清理整顿人力资源市场秩序及用人单位遵守劳动用工和社会保险法律法规情况专项检查，对发现侵害外来务工人员权益的违法行为尽快立案，及时做出行政处理决定。劳动保障监察部门检查用人单位280余次，涉及用人单位1300余家，检查建筑工地570余次，开展全市联合检查5次，涉及外来务工人员用人单位430余户。

（陈世超　朴丽燕）

民族事务

【民族团结进步创建活动】 开展民族团结进步进机关、进社区、进村屯、进学校、进企业、进军警营“六进”活动，评选表彰20个民族团结进步示范点。6月8日，在全省民族工作会议暨第六次民族团结进步表彰大会上，延吉市北山街道丹山社区被授予模范集体，延吉市民宗局副局长金京锡、延吉市北山小学校长安维民、延吉市建工街道延青社区姜金花被授予模范个人。推进少数民族流动人口服务管理体系建设，选树6个示范社区。7月20日，协助做好全国民族自治州全面建成小康社会经验交流现场会工作，现场会后，接待各省市参观考察团500余人次。8月13日，组织开展“民族情，圆学子梦”助学活动，资助参加高考的20名少数民族贫困大学新生，给每人发放2000元助

9月17日，黑龙江、吉林、辽宁、内蒙古自治区“三省一区”民族团结进步“互观交流”考察团到中央小学参观　（民宗局 提供）

学金。9月2日,市民宗局在延吉市青年广场举办民族团结进步宣传月启动专场演出。9月17日,黑龙江、吉林、辽宁、内蒙古自治区民委在延吉开展“三省一区”民族团结进步“互观交流”活动。开展选树2015年国家级和省级模范工作,延吉市中央小学和延吉百货大楼申报第三批全国民族团结进步示范学校和示范企业,延吉市北山街道丹山社区申报省级民族宗教示范社区。

【民族团结宣传】 加大民族团结进步创建活动和民族政策宣传力度,在《延边日报》上开设“民族政策理论讲坛”栏目,在《延边晨报》上开设“并蒂金达莱·100个民族团结进步创建示范点事迹”栏目,刊登稿件60多篇。利用延吉新闻网、延吉电视台、延吉广播电台、吉林省民族宗教网、《中国民族画报》《中国民族报》、国家民委网站等媒体加大对外宣传力度,宣传民族团结进步先进事迹和创建工作中所取得成绩,先后刊登信息及经验材料123篇,国家级5篇、省级35篇、州级70篇、市级13篇。

【民族政策落实】 加大扶持,助推少数民族特色产业快速发展。争取国家民族政策扶持资金879万元,比2014年增长27.8%,少数民族发展资金662万元、技术改造补助资金217万元。做好2015年少数民族发展资金项目筛选、论证、申报、审核等工作,确定延吉市依兰镇九龙村树莓储藏加工、春兴村特色村寨建设等8个项目为扶持项目。深入中、小民营企业宣传国家对民品民贸企业优惠政策,主动为企业申报民贸民品资格提供优质政策咨询服务,为延吉百货大楼、延吉市海金蒲民族婚被有限公司争取技术改造补助资金217万元。

【朝鲜族语言文字规范管理】 开展市面用语物整治“巩固年”活动第三阶段工作。调查摸底延吉市北出口、西出口擎天柱广告,与18个不规范广告责任单位沟通教育进行整改。走访延吉机场、延吉高铁西站、客运分流站、延吉百利城等大型新建建筑单位,宣传《延边朝鲜族自治州朝鲜语言文字工作条例》,免费提供朝鲜语言文字翻译网络服务。与住建局等单位联合加强广告牌匾源头管理,为“信得过单位”无偿翻译9000余条市面用语物,扩展“牌匾制作申报管理系统”软件服务范围,截至10月末,审批新广告牌匾1766件。

【民族语言翻译服务】 先后为延吉市党代会、人代会等大型会议和图洽会、中韩青少年运动会、中韩残疾人贡献活动提供50万余字朝汉翻译服务。及时翻译与人民群众切身利益密切相关政策性文件。为市属各部门翻译会标、宣传条幅260条,为窗口单位、服务行业提供翻译服务10万余字。

(孟红吉)

宗教事务

【宗教领域依法管理】 组织召开全市宗教活动场所消防安全工作会议,与全市宗教活动场所签订《2015年消防安全责任书》,邀请市公安消防大队官兵开展消防安全知识及逃生技能培训,开展“夏季攻坚”消防安全专项整治活动,深入各宗教活动场所全面排查安全隐患,对存在安全隐患3家宗教活动场所要求限期进行整改,全年未发生一起安全生产责任事故。

【宗教服务】 组织宗教界开展“慈善吉林·五教同行”慈善捐助活动。组织宗教界为延吉市新兴街道、进学街道、小营镇、延边一中等困难群众、孤寡老人和贫困学生送去总价值3.3万余元大米及慰问金。协调相关部门稳妥解决太平天主教堂、北山基督教堂、园法基督教堂动迁重建等一批信访案件,为庆贺基督教堂减免供暖入网费20万元。创新基督教堂“以堂带点”管理方式,对全市“以堂带点”场所进行复查登记,对复核后30家“以堂带点”颁发牌匾,进行编号备案。

【宗教工作会议】 3月15日,召开2015年以“教风”为主题和谐寺观教堂创建活动总结表彰大会,对创建活动中表现突出10个宗教活动场所和5名个人进行表彰。通过创建活动,提高宗教教职人员队伍素质。

【东来寺建设项目】 推进千年松旅游风景区东来寺建设。建设单位累计投入1.6亿元。山门、钟楼、天王殿、药师殿、大雄宝殿、藏经殿建设完毕,踏步、护栏即将铺设完毕,寺院佛像落座贴金,山门前村民住宅动迁重建工作稳步推进。

(孟红吉)

社会救助

【社会救助制度】 加强管理体系建设，完善延吉市《关于开展“救急难”工作的实施意见》《社会救助部门联席会议制度》《社会救助暂行办法实施意见》《社会救助“一门受理、协同办理”工作实施方案》《城乡居民最低生活保障实施办法》《城乡贫困家庭收入评估测算办法》《关于落实〈吉林省最低生活保障经办人员和村(居)民委员会成员近亲属享受最低生活保障备案管理办法〉的通知》《城乡居民临时救助实施细则》《低收入家庭经济状况信息核对系统数据采集更新管理制度》《居民家庭经济状况信息核对系统监控管理制度》10个配套文件，确保各项“阳光救助”工作依法顺利开展。

【困难人群社会救助】 增扩社会救助覆盖范围，延吉市有城乡低保对象1.23万户、186万人，发放低保资金9053.3万元。建立城乡最低生活保障标准自然增长机制，按2014年度全市城乡常住居民人均可支配收入计算，从7月份起，将城市低保标准由每人每月430元，提高到每人每月480元；农村低保标准由每人每年3000元，提高到每人每年3600元。新标准执行后，延吉市城乡最低生活保障标准均居吉林省前列。健全临时救助工作制度，全年救助1812人次，发放临时救助资金75万元。

【低保认定动态管理】 为确保低保认定准确性，全年比对8.61万人次家庭经济状况信息，房产局委托廉租房、租赁补贴人员8119人，委托认定低收入家庭62户、120人，教育局委托89人；申请新增低保家庭成员4187人，临时救助474人，城乡在保户73124人次，比对结果有信息2430人。全市城乡低保救助新增1091户、1747人，注销896户、1664人，上下调整2464户、2894人，做到“应保尽保，应出尽出”，实现动态管理下城乡低保制度全覆盖。

4月10日，延吉市民政局慰问进学街道正阳社区困难群众

（民政局 提供）

【城乡医疗救助】 建立“一站式”结算平台，10家定点医院、59家定点药店全部做到即时垫付救助金。救助5.33万人次，发放医疗救助资金950.16万元，较2014年同期分别增长48.5%和30.2%；规范实施《延边州医疗救助实施意见》，启动困难群众重特大疾病救助制度，制定出台《延吉市城乡医疗救助实施细则》，确保符合条件患者在政策范围内，自付医疗费用救助比例70%以上。

【公益慈善救助机制】 开展“助困、助医、助学、助孤”等慈善救助工作，通过“情暖万家”“慈善助春耕”“圆梦大学”三项载体活动，救助1542户、108.75万元；日常救助733户、120.43万元，投入230万元，资助建设450平方米新兴慈善超市，通过发放慈善卡实现对低保户和困难群众零利润销售；全年慈善救助2275户、229.18万元。

【救灾救济】 加强基层灾情报告制度建设，全市4个乡镇、6个街道办事处均配备1名灾情报告员，负责通过国家报灾网报告辖区灾情；组织各乡镇、街道基层灾情信息员参加业务培训25人次，完善基层灾情直接报送制，确保灾情报告及时准确，全年发放自然灾害生活补助资金165万元，救助灾民5767户、1.26万人，所有救灾资金全部实行社会化发放；加强救灾储备物资管理，做到专库专储，专人负责，定期检查补充救灾物资；严格执行汛期值班制度，实行24小时应急值守，保

5月，建工街道长生社区被评为“全国综合减灾示范社区”

（侯婧琪 摄）

证信息畅通；做好“5·12”防灾减灾宣传活动，确定5月11日至17日为防灾减灾宣传周，组织减灾委26个成员单位开展形式多样宣传周活动，发放宣传手册700册、宣传单8600份，制作宣传展板131块，组织应急演练42次、知识讲座25场，提高市民防灾减灾意识；制订全市应急救灾预案，加大防灾减灾宣传力度，整理完成全市应急救灾预案，组织各街、镇、社区开展防灾减灾宣传周活动，建工街道长生社区获国家级“综合减灾示范社区”，北山街道丹英社区、公园街道园月社区、河南街道烟厂社区获省级“综合减灾示范社区”。

【乞讨人员救助管理】 采取民政街道社区联动、设立公开电话、加强街头巡逻救助相结合方式，对市区流浪乞讨人员有针对性开展流动救助、劝导救助等日常救助工作，组织专门救助队伍开展“寒冬送温暖”活动，全年对符合救助条件465人给予救助，提供医疗救治87人、外省护送22人、提供返乡车票216张，救助率100%；通过聘请专家教授与受助人员交流、到受助人员流出地查访、媒体公开长期滞留受助人员信息、启用全国救助寻亲网等方式，加大长期滞留人员清理工作力度，全年清理长期滞留人员15人；规范救助档案管理工作，完成档案室密集架建设，对2004年至2014年1.08万份救助档案进行归档整理，按照国家救助档案管理标准完成2015年救助档案归档工作。5月8日，承办延边州救助档案工作现场会，全州各救助管理站站长及档案管理人员22人参加。

（马 俊）

社会福利

【社会福利机构】 做好省级“居家养老示范中心”及“养老服务信息平台建设”试点工作，投入195万元，完成10个农村“幸福大院”和43个社区日间照料站建设；采取日间照料中心和居家养老服务相结合，志愿服务和社会组织介入相结合，无偿、低偿和有偿服务相结合方式，提升居家养老服务水平。加强社会福利机构安全管理工作，与全市55家民办养老机构层层签订责任书，联合延吉市消防大队、食药监局、气象局等部门，出动83人次对全市社会养老福利机构集中开展安全隐患排查整治。组织25名民办养老机构负责人参加集中培训，优秀率90%以上。

【社会福利政策】 出台《延吉市加快养老服务业发展的实施方案》，支持和确保养老体系建设发展。发放民办养老机构困难老人入住补贴资金15万元，一次性建设补贴128万元；发放社区居家养老服务中心建设补贴148万元、农村幸福院建设补贴60万元；发放特困居家失能老人护理补贴6.7万元；发放66名孤儿生活补助金38万元。

【社会福利院新建项目】 延吉市社会福利院“社会养老服务示范中心老年养护楼”新建项目位于延吉市依兰镇龙渊村，占地面积1.38万平方米，建设面积1.01万平方米，设置床位300张，工程总投资5287.24万元，2015年4月5日正式开工，8月19日完成主体建筑封顶。土建工程、外墙保温及喷漆工程全部结束，完成电气及消防工程主体，室内装饰施工图在设计中，完成庭院建设施工清单。

【社会福利企业管理】 根据《社会福利企业认定办法》规定，2015年1月起，对全市福利企业进行初检，参加吉林省年检，合格率100%。延吉市有福利企业13家，职工总数625人，残疾职工人数243人，占职工总数38.9%，1月至10月份，全市福利企业实现总产值1.37亿元，销售收入1.36亿元，退税金额560万元，残疾职工月平均工资1950元。与全市福利企业签订《延吉市福利企业诚信自律承诺书》，在福利企业考勤机使用基础上，采取月检、季检和重点抽查等形式对福利企业检查12次。

【福利彩票销售】 多措并举，加大福利彩票销售力度。在河南市场、西市场、步行街等人员密集场所新设4个即开型彩票销售厅；在各彩票站，利用LED显示屏进行福彩公益宣传，提高百姓对福利彩票"扶老、助残、救孤、济困"发行宗旨认知度；加强销售员队伍建设，集中培训全市200余名销售人员，提高从业人员综合素质。全年实现福利彩票销售1.67亿元，占全州福利彩票销售额度40%以上，即开型彩票销售1276万元、电脑型彩票销售1.13亿元、中福在线及开乐彩销售4161万元。

【福彩公益资助】 全年筹集福彩公益金1298万元，按照福彩公益金使用有关规定，支出1312万元，社会福利院大楼建设资金967万元、社区（村）居家养老建设200万元，农村幸福院建设145万元，助推延吉市社会福利和公益事业发展。

（马　俊）

社会保障

【社会保障体系建设】 受理用人单位及受伤职工提起工伤认定申请123件，完成认定120件；组织开展省级养老保险统筹在职职工、国有改制企业解除劳动关系人员和残疾人劳动能力鉴定申报工作，申请参加鉴定152人；审核办理未参保城镇集体企业退休人员15人，办理2544人；办理工资审批4.64万件，市直机关、事业单位因公出国人员政审7件，企业退休2346件；城乡居民养老保险工作方面：参保4.64万人，享受待遇2.49万人；"城居保"参保4.64万人，享受待遇2.16万人；认定基本医疗保险定点医疗机构4家；开展城镇居民基本医疗保险州级统筹政策宣传活动、参与百姓热线等广播电视节目。通过电台、电视台、报纸、网络、走访等多种方式普及社会保险知识，提高人民群众对社会保险认识。基本医疗保险参保工作逐步推进，基本医疗保险参保38.6万人，城镇职工基本医疗保险13.1万人，城镇居民基本医疗保险25.5万人，工伤保险参保7.5万人，生育保险参保7.5万人。

【基本养老保险】 2015年，延吉市养老保险参保人数100352人，完成年度计划100.12%；征缴养老保险费9.29亿元，完成年度计划104.51%。延吉市社保局继续为缴费困难人员申请办理政府贴息续保贷款，为118人发放贷款103万元。

【失业保险】 失业保险参保人数67703人，完成年度计划101.5%；征缴失业保险费4533万元，完成年度计划150.34%。

【社会保险金发放】 延吉市离退休（退职）人数62268人，发放基本养老金14.43亿元（含丧葬费）；发放失业金817万元（含失业人员医疗保险）。

【缴费基数核定】 2015年，有1286户参保单位完成基数申报工

福利彩票投注站　　　　（本刊编辑部　提供）

5月19日,延吉市开展"人脸建模"工作 （杨东山 摄）

作，申报人数4.28万人，申报率95.61%。对1286个参保企业进行年检,年检率90%。对全市1345户企业进行缴费基数实地核查,实地核查率100%。核查出少报漏报养老保险缴费基数1.13亿元,核增养老保险费2261万元，少报漏报失业保险缴费基数1.53亿元,核增失业保险费204万元。对234个欠费企业下发催缴通知书,与4户暂时没有缴费能力欠费企业签订缓缴社会保险费协议。清收养老保险历史陈欠1703万元，失业保险历史陈欠1310万元。全年新增扩面人数5025人,完成年度计划138%。

【社会化管理服务】 在社保局大厅、建工街道社保分理站、新兴街道社保分理站设立建模地点;组织社会化管理科工作人员分批次到延吉市各个社区集中为退休人员建模，对社区工作人员开展培训;针对行动不便离退休人员,采取上门认证方式，满足建模认证工作需要，截至2015年年末,为离退休人员人脸建模5.25万人，完成总发放人数87%，其他方式认证人数5227人，有2442人未做认证为工资止付状态，完成2015年退休人员生存认证工作。

【城乡居保开展】 推进城乡居保"十百千示范工程"，申报吉林省"十百千"街道级8个单位,申报吉林省"十百千"村(社区)级53个单位,获得"第二批城乡居保经办服务示范工程省级示范县(市、区)"称号。提高街道、乡镇城乡居保经办人员业务水平,制订《城乡居保学习资料》,以街道、乡镇、社区为单位开展培训3次，培训人数64人次。落实享受待遇人员资格担保认证工作。根据《关于印发〈领取养老保险待遇资格保证(担保)认证实施方案〉的通知》文件要求,延吉市社保局组织工作人员深入村屯进行走访座谈，掌握第一手信息，在小营镇五凤村和依兰镇九龙村试行方案。2015年,城乡居民养老保险应参保4.18万人，参保4.64万人,参保率111.15%;城乡居民养老保险应参保缴费人数2.45万人，足额到账2.20万人，缴费率89.77%;发放城乡居保养老金2.16万人,发放金额2245.37万元。

【机关事业单位养老保险启动准备】 做好机关事业单位养老保险启动前期准备工作，摸底调查全市273家事业单位，对单位财政供款方式、分类类型、编制内在职人数、编制内退休人数、参加养老保险情况、个人账户情况、养老保险待遇计发办法及月基本养老金等进行细致分类汇总，疏理机关事业单位养老保险工作可能存在特殊问题情况，提出建设性意见和建议，为全面启动此项工作打下基础。

【惠民政策宣传】 11月17日,吉林省人力资源和社会保障厅下发《关于促进城乡居民参加城镇职工基本养老保险有关问题的通知》,做好宣传工作,让更多群众受益,成立政策宣传工作组,由副局长王斌带队，抽调各业务科骨干先后分批次到3个镇为45个村135人次以及6个街道78个社区156人次做政策宣传解读工作,发放宣传资料1万份。解答群众疑问，宣传工作组先后到5个村、5个社区做追踪调研工作,搜集反馈信息。通过电视、报纸、广播、网络全方位做好宣传工作。利用一周时间，在延吉电视台连续宣传新政策；综合业务科科长邓少华、农保科科长李罡连续参加2次百姓热线栏目,通过广播、电视同步直播,实时为群众答疑解惑;将政策全文刊登在《延边晨报》上,让更多群众了解惠民新政策。有163人按照新政策参加城镇职工基本养老保险，征缴养老保险费 1318 万元。

【在职人员档案影像化处理】 2015 年年初，延吉市社保局对全市参保单位在职人员档案进行影像化处理和基础数据清理工作，制订详细工作方案和计划，利用一周时间，对全市各参保单位分期、分批次传达工作要求。全面审档确认和档案影像化处理，逐项梳理核对参保人员档案，深化和完善基础数据质量，规范操作流程，确保社会保险数据管理和数据应用规范化、制度化、科学化和实用化。完成在职人员档案扫描和基础信息数据清理 2.83 万份，完成延边州社保局下达任务指标。

（马云飞）

就业与劳动

【和谐劳动关系构建】 签订劳动合同 7678 份，新签 6607 份，续签 81 份，补签 990 份，终止（解除）7251 份；征缴用工企业外来务工人员工资保证金。审批 66 家建筑开发单位，收缴外来务工人员工资保证金 4722.88 万元；多次开展以“外来务工人员工资保证资金专项检查”“劳动合同签订”“劳动用工备案”“外来务工人员工资支付”以及用人单位遵守劳动法律、法规情况等为主要内容专项执法检查。检查用工单位 465 家，对检查中发现问题，要求相关单位限期整改；处理投诉举报案件，维护劳动者合法权益。受理各类投诉举报案件 247 起，涉及劳动者 1294 人，涉案金额 1999 万元；全面贯彻落实《全国民事审判工作会议纪要》关于劳动争议案件审理相关规定，规范仲裁程序，保证案件审理公开、公平、公正。全年立案受理 57 件，处理 52 件，劳动人事争议仲裁结案率 91.23%；接待政策咨询 1000 余人次，为劳动者挽回经济损失约 144.55 万元。

【就业安置】 全市公益性岗位稳定数量 1990 人，利用公益性岗位新安置就业困难人员 531 人，发放岗位补贴 2671 万元，公益性岗位人员灵活就业补贴 326 万元。实现失业人员再就业 1.72 万人，就业援助对象就业 6750 人。解决零就业家庭 264 户，安置就业 273 人，保持零就业家庭动态为零，城镇登记失业率控制在 0.81%。

【创业就业服务】 全面落实小额担保贷款扶持政策，发放贷款 4379 万元，扶持创业 508 人；强化城乡就业统筹，继续实施城乡就业服务对接活动，实现农村劳动力转移就业 3.38 万人，城镇新增就业 1.99 万人；坚持每周二定期举办现场招聘活动，组织各类招聘会 45 场，提供岗位信息 2.45 万条，9880 余名求职者入场求职，达成就业意向 2282 人；组织开展创业指导服务活动 12 场次；大力开展创业典型事迹宣传活动，发放各类政策宣传材料 3800 余份；对已有创业基地实施规范管理，加大创业扶持政策落实力度，为创业者营造更加宽松的发展环境。全市建立各类创业基地（市场、一条街）28 个，孵化各类创业实体 1463 家，带动就业 1.23 万余人。

（陈世超　朴丽燕）

慈善事业

【慈善救助活动】 发挥延吉市慈善总会功能，开展一系列扶贫、助医等多种形式关爱救助活动。5 月，在中国农工民主党中央社会服务部联合延边州慈善总会发起的“杏林春雨”行动全国小儿脑瘫义诊筛查救助公益活动中，北京

5 月 6 日，延吉市慈善总会在小营镇政府开展“慈善助春耕”活动

（民政局 提供）

知名专家现场为延吉市32名小儿脑瘫患者听诊、体检,针对每名患者具体情况,提出建议,符合救助条件的小儿脑瘫患者前往北京接受免费治疗。“六一”节期间,延吉市慈善总会为52名小儿脑瘫患者,每人发放500元慈善救助金,为患病儿童度过一个快乐节日。联合山宝科技发展有限公司开展为期20天的疾病慈善救助活动,捐赠价值5万元医疗药品。

【慈善救助情暖万家活动】 1月初开始,延吉市各社区筛选出城乡低保户、低保边缘户、贫困户及重点优抚对象报至各街道,再由各街道筛选后报送至市慈善总会,最终由市慈善总会审批。2月6日,延吉市慈善总会召开2015年“情暖万家”慈善救助金发放仪式,延吉市人大常委会副主任朴光石、市政协副主席金京春参加仪式。此次活动为963户困难家庭发放总计48.15万元救助资金。并为每户困难家庭发放500元救助金。

【“慈善助春耕”活动】 5月6日,延吉市慈善总会“慈善助春耕”救助款发放仪式在小营镇政府举行。延吉市人大常委会副主任朴光石,副市长、市慈善总会会长朴林虎,市政协副主席金京春出席仪式。活动现场发放救助款40万元,全市500户农村特困户,每户可领取800元,帮助困难农民解决春耕生产难题。

【新兴街道“慈善超市”成立】 7月1日,延边州首家“慈善超市”在延吉市新兴街道正式挂牌营业。新兴街道“慈善超市”历时11个月建成,位于新兴街道民盛社区北侧参花街康安胡同。总面积450平方米,设有日用品销售区、免费捐赠区、洗衣房、爱心接收站、爱心传承教育基地等,是一个社会救助综合性、非营利性的公益组织,主要为州、市低保户、残疾人等困难人群及街区居民提供便民服务。“慈善超市”随时接受延吉市各机关单位以及社会各界团体、个人捐赠物品。超市商品销售价格分为零售价和慈善价。零售价面向全体居民,比市面正常售价略低;慈善价接近批发价,主要面向低保户、残疾人。营业所得用于日常运营、偿还建设费用,剩余部分进入救助账户或用于发放购物券形式等进行二次救助。

【“慈善爱心银行”启用】 10月28日,延吉市新兴街道民富社区“慈善爱心银行”正式启用。延边州及延吉市直机关部分在职党员和社区居民在活动现场办理“爱心存折”。“爱心存折”和普通银行存折类似,记有姓名和联系方式,用于储存爱心储户奉献的时间、地点、奉献事项、具体内容等。爱心储户可将奉献事项兑换成“爱心存款”存入存折。“爱心存款”可在社区兑换相应的物品和社区服务,同时也作为年末社区评选“先进个人”等荣誉的重要凭证。活动当日,部分党员向社区及社区贫困老人捐助善款和生活慰问品,党员和居民选择在慈善超市购物,累积自己的“爱心存款”。

【“延吉丰茂”捐赠公益慈善金】 11月19日,延吉丰茂餐饮有限公司将店庆日近27万元总收入全部捐赠给延吉市慈善总会,用于民政公益事业,帮扶困难群众,履行企业社会责任。捐赠仪式上,延吉市慈善总会与延吉丰茂餐饮有限公司签订《捐赠协议》。延吉市民政局局长李揆代表延吉市慈善总会向延吉丰茂餐饮有限公司赠送感谢牌。

【慈善光明行公益活动】 12月9日,河南街道白玉社区携手延吉眼科医院开展慈善光明行公益活动。眼科医院免费为白玉社区居民进行白内障及其他眼病筛查,对眼睛有问题的居民提出解决方法和注意事项,普及健康知识。

(本刊编辑部)

殡 葬

【文明殡葬倡导】 加强殡葬宣传,通过媒体对市民进行移风易俗、文明、绿色祭祀宣传,在清明节和中秋节期间引导群众用鲜花换烧纸,推进绿色殡葬。在馆区安排引导员、设置指示牌和警示提醒牌,通过广播、电视、报纸、倡议书、悬挂标语等形式广泛宣传文明祭祀、安全防火等知识。保证清明和中秋节期间群众祭扫活动安全顺畅。

【殡葬服务】 加强政策落实,殡仪馆火化遗体5970具,其中低保户火化430具,落实政策减免23.3万元。

(马 俊)

小 营 镇

【概况】 延吉市小营镇地处延吉市布尔哈通河两侧，环绕延吉城区，东与图们市长安镇相邻，南与龙井市东盛涌镇、石井乡相连，属于典型的城郊型乡镇。辖区面积168.63平方千米，辖13个行政村，2个农场，1个社区，总人口5.53万人，农业人口1.79万人。

2015年，小营镇生产总值40亿元，比2014年增长8%；农业总产值2.22亿元，增长8%；农民人均纯收入1.57万元，增长8%；完成固定资产投资11.18亿元，增长8%。完成招商引资3.94亿元，增长8%。完成大连万达、机场跑道扩建、广泽地产征地拆迁工作。

【特色产业发展】 发展“一村一品”模式，并根据实际，培育以蔬菜、高效经济作物、畜牧业、旅游业为主要内容的主导产业。年初，做好春耕备耕工作，引导农民发展现代农业，为农业增效、农民增收打下坚实基础。转变经济发展方式，探索土地流转模式，打破传统农业的生产经营理念，打造精品农业，成立延吉市富农百姓果蔬种植专业合作社，发展集旅游、采摘、观光一体化的特色农业。

【农村项目建设】 河龙村东来寺项目投资2.5亿元，完成主体建设、彩绘及基础配套设施。民主村盈景上海城三期工程投资3亿元。协助延边州、延吉市两级政府做好征地拆迁工作。完成延吉至大蒲柴河高速公路连接线民主段及新民北街征地拆迁任务，推进新机场、天池路延伸、梨花路延伸、金达莱北街、公园路拓宽、万达、广泽等征地拆迁任务。

【农村环境建设】 以国家卫生城复检为契机，全面实施“绿化、亮化、美化”工程，提高人居环境质量，维护村容村貌整洁。投入800万元，重修4.2千米爱丹路小营村路段，解决村民出行难问题。

【小营镇民生服务】 统筹推动社会事业建设，发放粮食直补61万元，综合直补201万元，大豆补贴7万元；新型农村合作医疗参保率逐年提高，参保人数1.63万人；发放低保金524.1万元，为城镇310户503人发放低保金213.4万元，为农村871户1259人发放低保金310.7万元，发放各类救助款17万元、抚恤金94.3万元；开展各类帮扶活动，在春节、“七一”等节庆期间走访慰问新中国成立前老党员、贫困党员等特殊人群，慰问45人次，发放各类慰问金5万元。

【平安小营创建】 加大信访工作力度，在全国“两会”、纪念抗日战争胜利70周年阅兵式及十八届五中全会等重大会事期间，组织专人做好驻京信访工作，维护首都社会和谐稳定。开展社会管理创新工作，完善“三站统管”模式，创建平安小营。加大安全生产检查管理力度，为镇辖区内433户个体工商户及企业发放并张贴“安全生产网格化公示板”。顺利通过“六五”普法终期检查。

【群众民俗文化】 重视丰富群众业余文化生活，挖掘朝鲜族深层次文化底蕴，营造浓厚群众民俗文化氛围。4月3日下午，室内版“快乐延吉大舞台”小营镇专场在延吉市广电局演播大厅上演。表演舞蹈《美丽的延边》、二人转《墙里墙外》、舞蹈《小苹果》、男女二重唱《生活在故乡》等节目。组织辖区内13个行政村、2个农场、1个社区及洞箫队开展2015年度“快乐延吉大舞台”节目编排工作，经过历时近2个月准备，编排涵盖独唱、表演唱、舞蹈、洞箫、器乐合奏等类型36个备选节目。8月23日，“快乐延吉大舞台”——小营镇专场演出在延吉市青年广场开演。表演舞蹈《阿里郎》《吉祥》、女声独唱《木兰峰》等节目。

【房屋交易管理】 小营镇房产管理所创新和改进服务举措，完善服务功能，坚持服务大厅上门服务、“一条龙”“一站式”服务等制度，切实方便群众办事。对外公开相关政策、公开操作程序，出台规范性的规章制度，确保产权登记工作有章有序，实行阳光操作、规范管理。完成发放房屋所有权证120件，其中交易53余件，扩建、翻扩建12件，继承、赠予35件，丢失补发20件。

【城乡困难人员救助】 小营镇有城镇低保家庭310户503人，农村低保家庭871户1259人，发放救助金524.1万元；受理城乡医疗特困救助419人次，发放救助金50.9万元。为231户373人发放燃煤补贴、为84户131人发放供热补贴；为76户住房困难城市低保家庭申请办理住房补贴，为6户无房城保家庭申请廉租住房。为12户“五保”供养对象发放资金6.06万元；发放冬春自然灾害生活补助资金43万元，救助灾民3000余人。争取农村福利建设项目资金18万元，完成3个村屯居家养老大院项目建设工作。开展“助行圆梦”活动，向残疾人发放手杖、轮椅等各类康复器材17个，为1.63万人办理新型农村合作医疗保险，比2014年增加65人，参保率100%。

【双拥帮扶活动】 对164名优抚对象发放抚恤金94.3万元，慰问10户优抚对象家庭，发放慰问金2.2万元。按照“着眼对方所需、奉献自己所能”基本原则，组织镇属村屯开展形式多样双拥联谊帮扶活动。长东、东新、新农、河龙、吉兴、仁坪等村屯主动与结对部队沟通，结合本村产业种植特点，多次为结对部队送慰问农产品，折合人民币1.4万元；东阳社区组织社区红枫艺术团、舞蹈队等志愿者团体与65334部队开展军民共建活动，中央七台进行宣传报道。

【农业技术推广】 完成农业科技培训7100人次，刻制发放科普光盘200张，发放资料5000份，下发生产所需农业生产资料信息及气象信息；良种补贴面积1355.54公顷，补贴资金21.06万元，科学粮仓补贴发放50栋；完成上级主管部门下达的推广体系建设工作，全镇示范户20户；培训驾驶员16名，复训316名，落实农机购置17台，补贴农机具25万元。

【小营镇畜牧防疫】 结合全年防疫工作计划，实行常年防疫同春秋两季普防相结合，推广双耳标和牛、羊、猪口蹄疫病、家禽禽流感免疫工作，确保挂标率和应防率100%，在两季普防中严格按照“村不漏组、组不漏户、户不漏畜、畜不漏针”标准要求，防疫生猪6.3万头、牛870头、羊7500只、禽类8.5万只。口蹄疫病、猪瘟、蓝耳病、禽流感、新城疫的防疫密度达到规定要求，无重大疫病发生。

【司法调解】 推进人民调解进家门。建立镇、村、组三级矛盾纠纷排查调处机制，组织村“三委”成员及村小组成员定期走访排查所管辖辖区矛盾纠纷，将矛盾化解在“家门口”，有效避免群访、上访等重大事项发生；9月，小营司法所按照分类管理原则，对本辖区在册矫正人员，开展走访排查活动。提高社区矫正对象管理水平，确保生活困难社区矫正对象和安置帮教对象思想稳定、生活安定。

【森林资源管理】 人工植树造林20公顷，全面完成2015年度退耕护还林补助对象基础工作；严格执行森林限额采伐，实行专人办理林木采伐许可证；加大森林资源管理力度，严厉打击破坏野生动物资源违法行为；完善林权登记发证前期工作，及时化解林权纠纷；帮助村民发展林禽模式、林苗模式、林菌模式、林药模式、特种养殖模式、山野菜种植模式等多样林下经济，提高林地利用率，给村民带来丰厚利润。出台《延吉市小营镇2015年春季森林防火工作实施方案》。3月15日至6月15日，开展严禁烧荒活动，扑灭大小火情15次，确保30年无重大森林火灾。按照延吉市林改办要求，进行林改、查缺补漏工作，清收还林28块，42.86公顷。

【农村水利工程及防汛】 投资115万元，完成5个村饮水安全工程项目；投资1700万元，完成河龙村提防右岸2700米护堤工程；投资170万元，完成河龙村灌溉渠道两处1470米。全镇有五凤罐区和河龙罐区，水田灌溉面积120公顷，

6月，小营镇长东大葱协会被评为2015年“全国科普惠农兴村先进单位”
（小营镇 提供）

年初到现场了解五凤罐区因为上游水库缺少原因，不能及时供水，协调上级部门，修建临时性拦河坝，保证农田正常用水。做好防汛工作，6月1日至9月30日，遵守防汛值班制度，安排水利所24小时轮流值班，及时了解和传达雨情、水情、暴雨预警、灾情并上报。

【安全生产隐患排查】 全面落实安全生产目标责任制，与个体工商户逐户签订安全生产责任书，推进安全生产网格化工作，全镇辖区700余户个体工商户统一悬挂安全生产公示栏，覆盖率100%。专项整治重点行业领域，组织开展“两节”期间、“春季行动”“夏季攻坚”“秋冬会战”等安全生产隐患大排查、大整改活动，对出现安全隐患的各企业第一时间进行整改，并进行复查，全年出动人员256人次，车辆180台次。

【长东大葱协会获奖】 长东村是延吉市大葱、芽葱的重要生产基地，大葱、芽葱生产占全市供应量70%以上。2015年6月，延吉市小营镇长东大葱协会被中国科协、财政部命名为“全国科普惠农兴村先进单位”。

（刘昱成）

依兰镇

【概况】 依兰镇位于延吉市北部，镇政府所在地距市区10千米。东与图们市长安镇交界，南与延吉市城区相连，西与朝阳川镇接壤，北与汪清县百草沟镇相邻。地形以山地、丘陵为主，山势呈西北、东南走向，海拔在200~500米之间，地形由北向南倾斜，除西部少量河谷平原外，其余多为山坡地。（“依兰”一词来源于满语，是三岔口之意。依兰原为满族聚居地。）2015年，依兰镇辖12个行政村、45个自然屯，辖区总人口3.93万人，其中农业人口26192人，占总人口67%。朝鲜族1.41万人，占总人口36%，汉族人口2.36万人，占总人口60%，其他少数民族人口1572人，占总人口4%。全镇辖区面积655平方千米，耕地总面积4485公顷，常用耕地面积3760公顷。水田面积350公顷，旱田面积3410公顷，林地面积1789.45公顷，草原面积9700公顷。

依兰镇交通发达，长珲高速公路、延吉市环城公路横贯东西，长珲高速公路在镇内设有出入口，省道汪延公路纵穿南北。是延吉市与东、北部县市交往的必经通道，有延吉市北大门之称。距延吉机场7千米、火车站10千米，距图们口岸50千米，珲春边境口岸200千米。

【依兰镇自然资源】 林地面积20731公顷，主要有红松、落叶松、柞木、白桦等品种。林木蓄积量103962立方米。草原资源较为丰富，有优质草场7600公顷。旅游资源丰富。依兰镇素有“延吉市北花园”之称，民族民俗风情浓郁，有屏风山古长城遗址、九龙森林浴场；田园山庄、抗日战迹地等景观。镇域内矿产资源主要有煤、硅石、沸石、粘土矿等。已探明储量主要有珍珠岩（2000万吨）、伊利石黏土（4000万吨）。生态环境良好，无污染企业。

【依兰镇人文资源】 依兰镇是多民族乡镇，有朝鲜族、汉族、满族、蒙古族、回族等，各民族文化同时存在，朝鲜族民俗风情浓郁。以春兴、九龙、古城村为主的农家乐远郊生态民俗旅游，以大成、龙渊村为主的近郊民俗美食服务，以及农村聚集的朝鲜族传统建筑，具

依兰镇春兴村古村落景观（依兰镇 提供）

产业以传统的商贸、居民服务和文教卫生等为主。发展旅游和商贸物流，第三产业有较快发展。北部养殖区包括台岩、利民、春兴、九龙、古城5个村，主要以猪、牛、鸡、鹿养殖为主。中部种植区：主要以大豆、水稻、玉米、经济作物种植为主。南部工业区、商贸区：工业区主要分布在兴安、平安、大成、兴农等4个村，企业291家，其中规模以上企业5家；商贸区主要分布在4个村，有庄园汽车贸易有限公司、东北机电设备有限公司等商贸企业，重点开展商贸、居民服务等。

有丰富的文化内涵；古城里、王隅沟等抗日游击根据地遗址，具有优良革命传统。

【依兰镇党建工作】 开展党员服务城活动，争做优秀党员。以各种先进事迹为载体，深入开展创先争优活动和党员服务城工作，创建先进基层党组织，争做优秀共产党员；采取“六抓”，即抓学习、抓调研、抓示范、抓机制、抓试点、抓落实，多措并举，配强班子，提高基层组织凝集力和战斗力。组织党委班子成员定期到基层为群众上党课，每人每年不少于2次；组织开展“进党员门、知党员情、解党员难、暖党员心”为主要形式关爱活动，使党员感受到党组织关怀与温暖；加大非公企业党组织建设，切实掌握企业党组织和工会组织建立情况；基层党组织每年召开一次组织生活会，通过批评和自我批评方式，自我解决问题，促进团结，共同发展。坚持标准广泛培养，确保发展党员质量，壮大党员队伍。2015年，发展党员13人。

【依兰镇经济指标】 2015年，全镇社会生产总值完成38.35亿元，比2014年增长8.5%；农业总产值完成2.46亿元，增长8%；工业总产值完成29.83亿元，增长8%；第三产业总产值完成6.06亿元，增长9%；农民人均纯收入1.46万元，增长10%。招商引资到位资金4.02亿元；固定资产投资完成8.5亿元。

【依兰镇产业结构】 农业以种植业为主，主要品种有大豆、水稻、玉米，经济作物主要有苹果梨、甜叶菊、苏子叶等；牧业主要以猪、牛、鸡养殖为主，种养比重6:4。形成农产品加工、木材、建材三大支柱产业。农产品加工业成为依兰镇优势产业，主要品牌有“真味”食品、“可利亚”酱菜、“三农”渍菜、“伟业”食品、“九龙”酱业等。明太鱼和泡菜加工量占全市85%以上；酱业产量占全市95%以上，产品远销国内外，供不应求。第三

【依兰镇项目建设】 2015年，项目建设包括总投资83万元灾后重建项目，总投资96万元春兴村排洪沟项目，总投资50万元九龙村排洪沟项目，总投资120万元兴农村排水渠项目，总投资1820万元春兴村星光河、依兰河护堤项目，总投资250万元利民村排洪沟项目以及总投资2.3亿元梦都美温泉宾馆项目。争取退耕还林奖补资金，完成东北亚民俗食品有限公司冷藏库改造、格林满屋种植专业农场葡萄大棚建设。争取300余万元新建村级活动场所1个，改扩建8个，建设便民服务大厅9个。总投资22万元东兴村村路修复工程和总投资160万元的龙渊村300盏太阳能路灯建设工程竣工。

【农业生产服务】 加大农业支持力度，免费发放化肥6吨，半价化肥29吨，补贴资金5.31万元；在利民村建立示范田1块，示范品种12个；发放储粮仓110个，补贴资金35.2万元；落实种植示范户17户，入户指导100人次；检修拖拉机

720台(套),检修率80%;开展科技培训5000人次，发放农业技术资料5000余份;创建科技示范户10户;测土配方施肥取土样200个;农机具补贴21台套,补贴金额37.2万元。

【林地清收】 扎实开展林地清收工作,清收林地203块,面积185.8公顷,完成测量以及排查摸底工作,完成全部造林任务;完成147.5公顷蚕食林地工作。开展农村土地确权工作，完成清查实测5个村,57个村民小组,调查农户2722户，测量地块4999块，测量面积2318.9公顷。

【森林防火】 防火工作实行包保责任制,层层签订责任状,悬挂防火旗400面，条幅10面，袖标200面,宣传标语800张,发放旗帜200面;对各村进行实地测量、排查,发放禁烧标语500份,与村民签订防火区禁烧承诺书282份;扑火队救火130余次,依兰镇防火工作万无一失。

【惠农民生服务】 惠农补贴落到实处,发放大豆补贴33万元,粮食直补112.5万元,农资综合补贴360万元。农村承包经营权抵押贷款政策得到落实，向27户发放贷款172万元。发放城乡低保救助金892.9万元，新农合参保人数1.74万人,转移劳动力就业人数8550人。

【信访调解】 受理各类纠纷112件,调解成功110件,调解率98%。处理信访案件67件。2015年,未发生一起因纠纷调解不及时、工作不到位、处理不公正进而转化成治安行政类的案件，保障地方安定和谐。

【农村环境整治】 加强农村环境整治工作，总投资22万元东兴村村路修复工程，工程全部竣工并通车。总投资160万元龙渊村300盏太阳能路灯建设工程,10月份开始招投标,11月中旬竣工。为迎接国家级卫生城复检，创建美丽村屯,各村发动群众1000余人次,动用大型机械520台次,清理卫生死角300余处，清理小广告600余处,清理排洪沟30余次,收集清运生活和建筑垃圾3万余吨,村容村貌明显改善。

【玉米高产培训交流会】 9月23日，在利民村举行玉米高产培训交流会，延边宏大农资公司工作人员为全镇农民发放玉米高产方面书籍，深入农田为农民讲解各个高产品种的特征，与会者现场参观高产玉米品种。通过现场观摩增强种子经销商和农民之间沟通与交流，使农民熟悉各个品种特征与特性。

【农机具检修】 依兰镇农机站以早谋划、早部署、早动员、早落实,加大宣传力度，全面开展2015年度农机车辆年检工作。审验中,农机技术人员对大中(小)型拖拉机的外观、发动机性能、传动系、转向系、制动系、机架及行走系等项目进行审验,并开展技术咨询、农机安全知识专场培训、安全技术检验、收费、办证等一条龙服务,对符合规定的农机一次性办完检审手续，对检验不合格的耐心说明原因,减少办事环节、方便机手使用,确保年检质量,从源头上预防和减少农机事故发生。

【依兰镇文体活动】 3月20日,室内版“快乐延吉大舞台”——依兰镇专场在市电视台举办;8月9日，在延吉市青年广场专场演出;3月30日，在依兰镇政府五楼会议室举办“新生命”杯朝汉象棋比赛暨第一届老年人象棋大赛,辖区象棋爱好者踊跃参加，取得良好效果。

(陈忠国)

9月23日,依兰镇专业人员向农民们进行玉米高产培训

(依兰镇 提供)

三道湾镇

【概况】 三道湾镇位于延吉市西北部高寒山区，处于延吉、汪清、安图三县（市）交界处。距延吉市城区46千米、安图县28千米，汪清县75千米，交通较为便利，下游是延吉市44万城市居民饮用水水库库区。辖区面积563.69平方千米，辖9个行政村（中心村、五道村、南张芝村、北张芝村、屯田村、支边村、东沟村、平岗村、梨树村），2个社区，6个自然屯，总户数3639户，总人口8344人，其中农业人口4719人。2015年，三道湾镇地区生产总值实现7338万元，比2014年增长8.5%；实现农民纯收入1.00万元，增长13.2%。

【三道湾镇自然资源】 辖区自然资源丰富，不仅有原始森林，还有丰富的煤、铜、铝等矿产资源，有玄武岩、石灰岩等矿产。镇内河流纵横，交通便利。三道湾镇以种植业为主，粮食作物主要有水稻、玉米、大豆，粮食基本实现自给自足。林副产品丰富，如榛蘑、猴头、元蘑、松茸，木耳等食用菌；人参、五味子、黄芪、党参等中药材；山核桃、山梨、松子、山葡萄等山野果；薇菜、蕨菜等山野菜，一年四季不断，丰富群众的生活，带来丰厚的经济收入。每年生产的木材有红松、椴木、核桃楸、黄菠萝等优质树种，销往全国各地，地下的煤炭销往州内各地。

【三道湾镇党建工作】 以党的群众路线教育活动为基础，以创建共产党员服务城为契机，扎实推进“三严三实”教育活动深入开展，加强思想建设、作风建设和组织建设。健全完善干部包村制度，通过“亮身份，做承诺”活动，党员干部公开承诺130余份。规范村级组织，投资46万元，完成7个村村部规范化改革、扩建工作，补选党支部书记2人，全面实现一站式服务。规范党务、政务、村务“三公开”，切实保障群众知情权、表达权、参与权和监督权。加强勤政廉政建设，推行“两代表一委员”接待制度、村“第一书记”制度、领导班子信访接待日等制度，深入基层一线听民意、解民忧。严格执行“一事一议”“三重一大”上报制度，各村大额资金使用严格按照“六步工作法”操作，2015年安排5个项目，涉及资金9.76万元。

5月27日，三道湾镇召开创建“共产党员服务城”动员大会

（三道湾镇 提供）

【特色生态产业发展】 引导和扶持农民由传统产业向特色生态产业转型，全镇地栽木耳种植保持在1000万袋，实现产值3000万元；蜜蜂保持在4000箱，实现产值700万元。园参基地、小块葡萄园、林下参种植、林蛙养殖等特色产业发展见成效。举办各类实用技术培训班，培训农民3000人次，发放各种科技书籍、资料8000余份，提高农民综合素质和科技致富能力，农作物产量和人均收入实现稳中提高。

【农村基础设施建设】 加大农村基础设施建设力度，改善农村群众生产生活条件。投资16万元，完成中心村门球场建设；投资62万元，完成梨树村、南张芝村、东沟村、支边村、煤矿社区文化休闲广场建设，建设面积5100平方米；投资28万元，修建北张芝村居家养老大院和卫生场所。

【生态镇建设】 围绕水源生态镇展开工作，加大环境整治力度，巩固国家卫生镇及生态镇创建成果。投资10万元，对全镇进行绿化美化，种植树苗300棵，栽种鲜花5000株；投资10万元，清理梨树村河道100米；投资10万元，在中心村、煤矿社区新建6个垃圾池；出动人员800余人次，车辆700余台次，清运各类垃圾800余吨。

【三道湾镇安全生产】 落实安全生产责任制，开展安全生产工作春夏攻坚战，对镇域内100余家超市、饭店、食用菌发酵大棚、发酵室进行安全生产及消防大检查9次。实行安全生产网格化管理，制作市级安全生产网格化管理公示板11块、镇级公示板102块。

【森林防火】 三道湾镇政府与农户签订森林防火区农田秸秆禁烧承诺书216份，在各村、林场道路两侧安插防火旗260面，制作森林防火宣传光盘12张，宣传单500张，森林防火警示悬挂横幅12条，实现全镇2015年无一起重大火灾。

【民生保障】 全面落实各项惠农政策，下发粮种补贴20.8万元，扶贫救济补贴4.2万余元。促进就业再就业，为下岗失业人员办理就业失业登记证22件。关注贫困弱势群体，落实农村特困群众医疗、生活救助制度，新型农村合作医疗参保率100%，发放低保127万元，发放各类救助、救济、补助55万元。完成5个村土地确权工作，测量面积574.87公顷。农业保险涉及267户，参保面积454公顷，完善社会保障体系，扩大覆盖面。

【平安三道湾建设】 推进平安村镇、平安家庭建设，构建"横到边、纵到底"综治网络。调解组织排查矛盾纠纷96起，调成率100%；镇政府领导班子成员接待群众来信来访70件，办结58件，协调、衔接12件，救助刑满释放特困人员6人，救助金额3500元。推进"六五"普法，坚持依法治镇，开展法制宣传20次，发放各类宣传资料1000余份，悬挂标语40余条，增强村民法制意识。严厉打击违法犯罪活动，接出警92起，出动警力267人次，受理刑事案件3起、治安案件6起，查处网上逃犯1人，取保候审5人。全年未发生危害社会稳定重大刑事、治安案件和群体性事件，公众安全感和满意度提升。

（刘嘉霖）

朝阳川镇

【概况】 朝阳川镇位于延吉盆地中心，地处延龙图一体化延吉西部新区，是延边州重要交通枢纽。辖区面积398.09平方千米，辖20个行政村、5个社区，户籍人口4.79万人，常住农业人口9662户2.95万人，朝鲜族人口占61.4%。辖47个党组织，党总支3个，党支部44个，农村党组织20个。有党员2046名，农村党员898名。朝阳川镇政府设党政办公室、经济发展办公室、社会管理办公室、财政局。行政编制人员60人，领导职数7名。镇政府下辖局、站、办、所25个，建设局、水利所、农机技术推广站、农村经济服务中心、畜禽防疫中心、农业技术推广站、文化站、环卫站、房产所、劳动保障站、消防队镇属站所11个，事业编制人员110人；有国土站、林业站、司法所、派出所、交警中队、法庭、学校、医院市垂直管理部门8个；工商局、国税局、地税局省垂直管理部门3个。2015年，生产总值实现12.8亿元，比2014年增长10%；完成全口径财政收入5926万元，镇级财政收入4476万元，分别增长15.5%和18.8%；完成固定资产投资8.5亿元，招商引资4亿元；朝阳川镇被列为"吉林省扩权强镇示范试点镇""吉林省建制镇示范试点乡镇""全国建制镇示范试点乡镇"。

【朝阳川镇产业基础工作】 依托延边新兴工业区初步形成以人参、民族食品、生物医药产业为核心的工业体系，被确定为省级食品安全示范园区；大力发展棚膜经济、绿色有机农产品和现代畜牧养殖业为主的优势产业，成为延吉市的蔬菜、肉类主要供应地。

【朝阳川镇党建工作】 落实"书记抓、抓书记"总体思路，召开镇党委会、领导小组会8次，把基层党建工作与中心工作同谋划、同部署、同考核。建立党内关怀激励机制，与党员干部谈心交心100余人次，为20余名农村党员解决实际困难30多件。明确班子内部主管、分管党建工作领导责任。建立党委委员党建工作联系点制度，镇党委委员全年到村检查指导工作300余次，人均每月2次以上，每季度至少召开2次党委专题会议，听取党建工作汇报，研究解决重要问题。突出抓好阵地建设，投资465万元新建村部2个、修缮村部5个、社区异地改造1个，完成14个村"一站式"办公服务平台建设。解决个别村软弱涣散党组织问题，2个软弱涣散党组织全部整顿升级。农村党员培训20余场次，培训人员1200余人次。开展党内帮扶活动，结成帮扶对子45个，走访基层2300余人次，梳理问题79件，提供各类帮扶资金70余万元。

【农业实用技术推广】 推广促使农业增产增收新技术，建成两个1万亩（水稻、玉米）粮油高产基地（吉林省农委项目）。发展扩大水稻优质生产基地建设，培育绿色品牌大米，延边绿色水稻种植面积1600公顷。推广水稻抗冷害性栽培技术结合无公害、绿色、有机稻标准化生产技术2567公顷，推广土壤诊断，测土配方施肥技术面积5000公顷，推广白菜抗根肿病技术。举办各类实用技术培训7200人次，下发各类科普培训、宣传材料和光盘5800多份，技术咨询1.1万多人次。

【镇村财务管理】 严格农村财务制度，规范会计人员专业化、账簿表册统一化、会计资料管理标准化、财务管理制度化和财务公开经常化等工作。完成村报账9次、财务公开3次。支付2015年村干部工资119.2万元，村级管理费94万元。

【林地清收】 做好退耕还林宣传工作，与村民签订清收还林协议书及退耕还林合同书，查收开荒地块还林面积。延吉市政府和朝阳川镇政府抽调精干人员组成清收还林监督检查组，对复耕、兼做的农户进行约谈，进行政策和法律规定解读宣传，引导百姓正确认识清收还林工作。张贴《延吉市人民政府关于开展清收非法侵占林地实施停耕还林工作的通告》，制定清收林地告知书，并与复耕、兼种的农户签订告知书。

【护林防火】 建立健全森林防火责任制，实施领导带班值班制度，责任具体落实到人、到村、到块、到户，并与村民签订《森林防火责任书》《森林防火区农田秸秆禁烧承诺书》。村、社区设置专职巡逻防火人员，成立1支扑火队伍，全镇防火人数200余人。召开森林防火动员大会及火灾应急预案会议，分析研判防火形势。对吉成、三成、凤林、八道、太阳路口等重点林区实行防控，形成靠前驻防、加强巡防的良好势态。开展森林防火宣传，实行森林防火日报告及责任追究机制。

【农田水利基本建设】 完成吉成、柳新、太东、仲坪等主干渠浆砌工程20.129万米、勤劳灌渠改造、八道水南干渠涵洞工程及吉成水库下游小型拦河坝工程；修建平道排洪沟1280米、横道向阳排洪沟1700米；新建布尔哈通河太东新桥左右岸3000米护堤工程、高速西4500米、半啦管支渠工程27千米、桥东渠道衬砌、太兴干渠倒虹吸工程、太兴干渠涵洞工程、太兴干渠渡槽工程等。

【朝阳川镇房屋产权登记管理】 朝阳川镇房产管理所简化办事程序，提高办事效率，对房屋产权登记、抵押、测绘、办证等业务实行一站式办理，重点解决年老体弱、身体残疾客户不能到场签字办理产权手续困难，主动上门服务，实现客户服务零缺陷、办事流程零阻碍，缩短办证时间，提供高效优质办证服务。全年办理各项房屋交易976件，转移登记738件，抵押登记238件，交易量比2014年下降58%。

【村屯环境整治】 完善农村基础设施建设，加大投入力度，改善村容村貌。投资2100万元，修建农村公路44.9千米，合成村7.88千米、吉成村9.06千米、横道村8.036千米、八道双凤西山4.97千米、柳新村6.5千米、太东村3.9千米、龙盛村1.375千米。开展村屯美化绿化亮化工程，全面提升农村生产生活环境，打造美丽宜居乡村。投资92万元，新建太兴、柳新等铁栅栏5600米，旧院墙改造1500米。改造274户农村危房并全部完工。

【特色城镇化建设】 加大项目建设力度，推进延川北街、东海路道路工程建设项目，完成项目报建工作。继续推进镇区城中村光荣村棚户区改造和光石村高铁新区建设。完成计划投资1.5亿元光荣小区（农民集中居住区）项目二幢楼封顶；投资8万元修复图们江大街、火车站及园丁街、新华街、槿民街破损、塌陷路面。在镇内道路两侧栽种树木896棵，完成绿化带修剪、养护5210平方米。协助州、市两级政府做延蒲高速、公园路连接线、光石及太东征地工作，保障延吉西站、延吉客运综合枢纽等重点工程顺利实施。

【朝阳川镇民生服务】 落实农资综合直补补贴资金和良种补贴1640万元，发放大豆补贴14.9万元，受益户数7992户；发放低保金662.45万元、救助款85.97万元、抚恤金243.73万元；为2.51万名群众办理新型农村合作医疗保险，在籍人口参合率89%，在村人口参合率100%。为1398户1942人城乡困难群众（城保：573户808人）申请最低生活保障，为有需求困难群

12 月 30 日，朝阳川镇召开全面推进脱贫攻坚动员会议（王舒慧 摄）

体新建廉租房57套，入住36户。审核上报计划生育农村奖励147人，城镇奖励39人，特别家庭奖励16人，解决就医、养老、生活保障和惠农政策落实等问题。

【朝阳川镇安全生产】 落实安全生产责任制，分别与各村（社区）委员会及30家企业签订安全生产目标责任状，明确分工，责任到人；开展安全生产教育活动，全社会安全生产法制观念和安全意识增强；开展安全生产隐患大排查，在“两节”“两会”期间进行安全生产大检查，突击检查辖区内各类企业30余家，排查一般隐患75条，隐患整改率95%。

【文化建设】 开展“弘扬中华民族传统美德、践行社会主义核心价值观”迎新春秧歌大赛、“喜迎元宵佳节，共庆美好生活”慰问演出、室内外版快乐延吉大舞台、第二届中国（延吉）民间艺术博览会演出、吉图珲高铁开通庆典演出、朝阳川镇老年大学建校十周年庆典演出等文化娱乐活动100多场次，丰富群众业余文化生活；与市少儿图书馆联合举办长青村“学习社会主义核心价值观及留守儿童快乐猜成语竞赛”活动及镇三点半课堂“国学经典知识竞赛”。配合宣传部门组织“三讲三爱·感动延吉”之朝阳川好榜样颁奖典礼演出；组织健美操爱好者参加延吉市“中国朝鲜族民俗园杯”群众广场舞大赛，获得优秀奖及最佳服装奖。

【平安村镇建设】 做好全国“两会”和抗战胜利70周年重大节点维稳信访工作，接访走访重点人员28人次，召开座谈会7次，达到稳控目的。抓好信息严判工作，掌握东丰村、八道、长青等有上访事件重点村动向，妥善处置好越级上访事件，以防止在北京发生骚动事件。完善各村（社区）“三站统管”模式，镇司法所、来信来访办、维稳办共同协调化解矛盾纠纷70多起。

【朝阳川镇红十字活动】 开展“红十字博爱送万家”活动，元旦、春节期间为120户特困家庭发放3000千克大米、300千克豆油；救助火灾、特困、重病等家庭46户，送去救助款物折合人民币2.4万元；为15名特困学生发放学习用品等；筹集红十字会费4.5万元；组织6名献血志愿者参加献血活动。

【关爱妇女儿童活动】 以各节日

6 月 11 日，在延吉市广电局举办“三讲三爱·感动延吉”之朝阳川好榜样颁奖典礼，表彰朝阳川好榜样 10 人（金洪石 摄）

为契机，开展关爱贫困妇女儿童活动，慰问贫困妇女儿童50名，送上慰问金8300元，为14名贫困母亲发放“母亲邮包”生活必需品；开展关爱妇女健康活动，为60名妇女办理中国人民健康保险阳光关爱女性特重大疾病保险；组织各村、社区700余名妇女到延边妇幼保健院参加妇科免费筛查活动；为2名贫困母亲申报“全国贫困母亲两癌救助”项目；开展应急卫生救助培训1场，参加妇女55人，提高居民家庭急救自救能力。

【朝阳川镇劳动保障】 开发就业岗位1000个，组织现场招聘会1次；城镇新增就业355人，公益性岗位稳定数量99人；外出劳动力1.60万人，城镇劳务输出2251人，农村劳动力转移就业人数1.37万人，其中异地转移就业人数9389人；劳动力创业培训人数30人，技能培训人数385人；征集创业项目5个，创业成功项目完成2个；开展建设创业型示范村屯活动，建立农民工创业基地1个；全镇新农保参加人数1.53万人，城镇居民医疗保险参保7222人。

（柴玉杰）

8月14日，进学街道“邻里情”老年服务中心正式投入使用

（进学街道 提供）

进学街道

【概况】 进学街道地处延吉市东部，东至延铝家属楼与小营镇接壤，南以布尔哈通河划分与建工街道和开发区隔河相望，西以局子街为界与新兴街道相邻，北以爱丹路为界与北山街道为邻。街道辖区面积6.68平方千米，居民总户数4.30万户、11.39万人，流动人口（寄住、暂住、空挂户）1.68万户、4.57万人；汉族7.38万人，占64.8%、朝鲜族3.72万人，占32.66%、其他少数民族2883人，占2.53%；街道下辖文庆、文汇、文明、文新、文河、文化、向阳、南阳、娇阳、丽阳、安阳、春阳、旭阳、正阳14个社区居民委员会，680个居民行政小组，61名社区干部（另有27名主任助理）、其他公益性岗位工作人员228人，社区实行民生服务站、综治信访站、群众工作站“三站”统管；党工委下设3个党委、12个党总支、57个党支部，党员2168人；街道办事处内设党群办公室、宣传科、社会事务科、城市管理科、综合科、综合治理办公室和安全生产办公室7个科室，在编人员22人，其中副局级以上领导干部6人；下设劳动保障事务所，在编人员16人；驻街机关事业单位101家，企业单位541个，个体工商业户3249家。

【居家养老服务】 全面推进全国“敬老文明号”争创工作，进学街道邻里情老年服务中心正式投入使用。通过助老直通车、孝心帮办、助老一条街、居家养老服务日、发放邻里守望卡、建立邻里情爱心楼栋等多种形式，为辖区60岁以上老人提供家政便民、医疗保健、人文关怀、物业维修、娱乐学习五大类服务2800多人次。街道获“全国首届敬老志愿服务模范单位”称号。

【进学街道计生服务】 发放一胎生育情况证明185件，再生育证审核94件，流动人口婚育证明44件，中期以上终止妊娠审批7件，开具计划生育各类证明195件，解答群众政策法规问询近190件。加强社区计生队伍建设，换届后抓计生干部岗位练兵，开展业务培训12次，组织参加全市业务培训7次，全面实行首接即办工作制，实现网上办理一步到位，提高服务群众能力和水平。为127名机关及无职业城镇独生子女父母兑现奖励费。开展关怀关爱活动，组织10名特别扶助失独对象参加失独联谊活动，结合各大节点开展特别家庭慰问和帮扶等关爱活动，慰问特别扶助家庭28户、困难家庭26户，帮助1名病残儿申请鉴定。录入新生儿330人、新婚人员533对、死亡126人，迁入人口4791人、迁出人口2210人，完善各项数据信息，确保逻辑关系准确无误，数据评估100分。文新、安阳、春阳、丽阳4个社区完成全国流动人口动态监测工作，完成问卷调查84份，新增流入人口184人、流出人口34人。

【进学街道环境卫生整治】 组织开展“世界无烟日”“世界知识产权日”“世界环境日”“世界地球日”“绿色清明”“全国低碳日”重大卫生日宣传活动6次，组织开展讲座68次。做好辖区绿化，自购花苗花种，组织在职党员、义工绿化空地5.6万平方米。开展“绿地种菜”专项治理，修复绿地4000平方米。清除乱贴乱画、卫生死角及越冬垃圾890余处，街道出资帮助居民安装楼道地沟盖400余处，社区工作人员、四叶草义工、一包四单位、居民，参与劳动人数6300余人次。

【平安进学建设】 街道及社区受理信访件151件，调处各类矛盾纠纷150件，调解率99.3%。安全隐患排查力度增强。与14个社区签订安全生产和消防安全目标责任书；制订安全生产春季行动、安全生产夏季攻坚、安全生产月宣传方案及防震减灾、安全生产应急预案；开展各个重点时期的安全隐患排查工作，排查780余家小微企业，发现安全隐患16处并全部进行整改，加大街道安全生产网格化监管管理工作，向小微企业发放网格化监管公示板3300张，加强安全生产宣传工作，发放各类宣传单3500张。

【进学街道就业服务】 开发公益性岗位58个，新增就业2614人，其中就业困难人员再就业576人，动态消除“零就业”家庭58户，办理参加城镇居民医疗保险2160人，社会养老保险1558人。开展“春风行动”活动，援助就业困难对象。在社区设立“春风行动”活动窗口，向重点服务对象提供岗位信息、政策咨询和业务指导，完善各级服务功能，为帮扶对象提供优质、高效的“一站式”服务。以春风行动为依托，组织招聘会一次，提供近500个就业岗位，促进失业及返乡农民工、大学生等就业困难群体充分创业就业。

【扶贫救助】 在元旦、春节期间，为1526户2324人低保户发放节日补助金69.72万元，发放电价补贴金9.23万元。为105人发放慈善“情暖万家”救助金5.25万元。为39名重病住院的困难人员和低保户申请慈善救助金4.73万元。为113户重病、残疾困难家庭申请临时救助金8.5万元。“七一”前夕，为28名困难党员送上大米56袋，豆油56桶。至10月，全街低保户1521户2285人，新增低保户95户146人，因家庭收入超出低保标准或低保户因病死亡，注销153户255人，变更1052户1121人。发放低保金992.66万元。为低保住院和透析人员办理医疗二次救助191人次，组织143名低保人员到河南医院体检，为体检重病人员增加分类施保；为140人办理日常救助。对462户享受2015年租赁补贴人员登记，对706户住廉租房的人员信息登记，并与延吉市住房保障办进行信息核对。4月1日至6月10日，针对全街道14个社区1536户低保对象开展复查整顿工作。范围是已享受的低保对象，重新入户核查，重新鉴定有劳动能力的青壮年低保对象。

【老年人文化活动】 开展群众文化活动，设立老年之家、快乐驿站，组建进学阳光健身协会，成立老年健身秧歌、柔力球、太极功夫扇6支老年文艺队伍。老年健身秧歌队先后获延边州第19届运动会社区组健身秧歌比赛冠军。街道储备舞蹈、独唱、民乐、管乐等各类节目75个，演员350人。

【法治街区建设】 街道以法制宣传教育和法律服务为切入点，以提高辖区居民法律意识为核心，加快推进法治街区建设进程，在社区设立28个法制宣传栏，定期开展法治教育活动，宣传法律法规、案例。为社区图书室配置法律图书，免费为居民开放，居民养成遇到事情找法、解决问题靠法、严格依法办事的良好习惯。成立14个司法调解委员会，充分发挥社区调委会作用，受理居民涉法求助，开展便民利民服务，在社区筑起“第一道防线”。在街道、社区、学校、楼栋调解组织，把矛盾纠纷化解在源头。健全社区帮教安置工作机构和工作制度，不断探索安置帮教工作新思路、新举措。建立4个“民主法治示范社区”，将法治创建工作与社会治安综合治理、建设平安社区、基层法律服务等工作相结合，社区各类矛盾纠纷大幅减少。

【四叶草志愿服务】 四叶草义工协会先后启动“橙色关爱”“走进大山里的孩子”“三点半课堂”“夕阳助老”“亲子联盟”等10余个公益项目，为贫困家庭、留守儿童、空巢老人、贫困母亲送去关爱和温暖，受助人数3万余人次。“四叶草”义工协会和“新里程”社会工作服务中心启动“母亲的微笑”项目，为500余名贫困、独居、残疾母亲完成“微心愿”；开展“热饮暖心寒冬不冷”热饮派送活动；举办“你我是雷锋情暖元宵节”主题活动，向外来务工人员、环卫工人免费派送元宵；举办“勿忘国耻—爱国主义教育图片展”100余场，观展人数3万余人；开展“亲子联盟”主题活动，拉近亲子距离；成立“公益拍客”义工服务队，为行动不便老年人免费拍摄全家福和婚纱照；举办“橙色关爱”主题系列活动，向环卫工人赠送爱心水杯1000个，赠送爱心豆浆1500余杯，护手霜1000余支；成立四叶草义工协会文新、安阳、文庆、娇阳四个社区分会，吸纳义工600余人，受帮扶人数1500人次；成立四叶草“爱心企业联盟”，为200余家爱心企业搭建奉献爱心的平台；走访慰问“三无”、独居、失独、空巢老人900余人，为老人送去关怀与温暖；四叶草爱心企业联盟组织开展“致敬抗战老兵”主题活动，向老兵赠送价值3万余元慰问品；四叶草义工走进春光小学、兴安小学、锦城小学、细鳞河小学等10余所乡镇小学开展“快乐成长，与爱同行”关爱留守流动儿童活动，慰问1300余名留守流动儿童。

（王 雪）

河南街道

【概况】 河南街道位于延吉市西南部，东起河南街，西至外环路、与小营镇新丰村五组接壤，南起长图铁路，北至布尔哈通河，辖区面积约8平方千米，居民户数4.19万户，常住人口9.52万人，流动人口9287人，朝鲜族占58.68%，汉族占40.32%，其他民族占1%。街道党工委下设12个社区党组织，1个社区党委，11个社区党总支，35个党支部，在册党员3196人，街道办事处下设10个科室，12个社区居委会，905个行政小组。河南街道是延吉市委、市政府所在地，辖区内延吉机场、延吉火车站、东北亚客运站等窗口单位形成延吉市主要交通枢纽。2015年，河南街道先后获全国法制社区建设示范社区、国家地震安全示范社区、吉林省科普示范社区、第四届吉林省志愿服务优秀组织、吉林省综合减灾示范社区、全省社区侨务工作明星示范社区等省级以上称号12项。

【河南街道创建“共产党员服务城”活动】 街道党工委按照创建“共产党员服务城”活动总体部署和要求，围绕“亮身份，做承诺”“设岗创星”“命名授牌”等环节，要求党员佩戴党徽亮身份，公开承诺接受群众监督，并在街道、社区及两新组织设立28个党员服务岗，引导党员立足本职岗位，充分发挥服务作用。举办朝、汉双语言社区班子及工作人员培训班11期，参训132人次，提升街区工作人员理论素养和服务群众水平。结合“1带4”网格化管理模式，各社区党组织设置党组织和党员承诺栏，在办公场所及辖区显著位置悬挂宣传条幅18个，LED屏全天候显示32处。

【在职党员进社区活动】 开展“在职党员进社区”活动。举办延边州直机关在职党员干部“双岗双责”对接仪式；延边州、延吉市直机关在职党员到社区报到人数1300余人，认领服务项目570余个，为辖区孤寡老人、困难家庭、留守儿童提供帮扶活动200余次，帮扶群众2600余人。

【河南街道基层党组织建设】 全面提升服务型基层党组织建设水平，利用每周政治学习日和社区书记例会，组织机关干部和社区书记，重点学习中共十八大、十八届五中全会及习近平总书记系列重要讲话精神。举行街区庆“七一”系列活动，组织辖区党员、积极分子到烈士陵园重温入党誓词，开展抗战胜利70周年文艺会演、重走抗联路等红色主题活动，强化街区党员队伍的党性党风党纪观念。新成立两新党支部3个，新发展党员10人，预备党员转正14人，寻找失联党员206人，补缴党费5961元，增强党组织的凝聚力和战斗力。

【小微企业党群服务中心】 在白山社区成立吉林省“小微企业党群服务中心”，为小微企业提供党建服务、培训交流、开展活动平台。设立培训中心、学习室以及法律咨询室，为小微企业提供党建指导、培训交流等服务活动20余次，参与人数860余人，提升非公企业党建工作水平。

【阳光义工志愿服务】 连续第七年启动街区阳光义工服务群众活动，每月第二周星期五下午为固定“阳光义工服务日”，在12个社区开通“阳光义工服务热线”，对群众合理需求“件件有回音，事事有着落”，全年举行参与人数600人以上阳光义工服务群众活动10余次，依托在职党员进社区、阳光义工“红色星期五”服务日等载体，组织5000余名阳光义工开展便民服务、医疗保健、环保护绿等帮扶活动330余次，受益群众1.36万人，街道获“第四届吉林省优秀志愿服务组织”称号。

【民生服务】 投入50万元，在白山社区打造集娱乐、休闲、餐饮为一体的多功能居家养老日间服务中心，12个社区为8200余名老人提供服务。开展“第四届助寒门学子圆梦”活动，为14户低保家庭学生发放助学金2.6万元；为200余名优抚对象发放230余万元抚恤金、保健金和节日补贴；为461人发放医疗救助54万元；开展“学雷锋、助孝行、情暖夕阳”等活动，为100名贫困老人参加意外伤害保险。投入3.5万元，为12个社区配备84台便民自行车，打造“十分钟便民服务圈”，全面提升社区公共服务水平。

【河南街道特色载体活动】 在烟厂社区成立延吉市暖阳社会工作服务中心，为弱势群体提供专业化服务，开展大型活动7次，受益群众1000余人。以白菊社区“科普大学”为阵地，组织8名老党员成立科普大学教师团，为辖区居民开展法律、科普、健康等知识讲座40余次，受益群众2000余人。在白丰社区开设“道德银行”，80余名义工注册成为“储户”，开展帮扶活动10余次，受益群众300人次。在白玉社区成立“圆梦团”党员义工服务队，为居民提供防水工程、家电维修、马葫芦清淘、义剪、义诊等服务30余次，受益群众360人次。组建阳光义工党员“爱心妈妈帮教组”，教育街区刑释解教人员30余人。白山社区和谐教育文化院邀请专业心理辅导老师免费为老年人和未成年人开展心理辅导50余次，开展以促进家庭和谐为主题的活动60余期，受益群众1800余人。

3月12日，河南街道第七届阳光义工服务活动启动仪式在延吉国际会展·艺术中心举行 （河南街道 提供）

【河南街道创业就业】 依托阿里郎创业就业扶持基地和白川社区就业一条街、碧水早市等，帮助2900余名失业人员实现再就业，在“双困人员”创业扶持基地安置56名低保和残疾人员。举办14期创业培训，征集创业项目18个，创业成功项目11个。召开街区返乡创业人员座谈会，建立返乡创业人员信息台账，登记980余人，挖掘11名返乡创业人员的典型事迹和创业经验，充分激发返乡人员的创业热情。

【河南街道社会主义核心价值观建设】 培育和践行社会主义核心价值观，投入资金8.5万元，在白山、白丰等社区设立90余个宣传栏，打造特色宣传阵地。以“共筑中国梦、争做文明人”为主题，开展市民大讲堂290余次，参与人数1.23万人，发放社会主义核心价值观倡议书1万余张。深入挖掘身边的好人好事及返乡创业人员先进事迹，在媒体上宣传街区先进人物18人。举办第二届“图书漂流”活动，街区图书漂流站和各社区图书角藏书8000余册，借阅书籍600余册，阅读1000余人次。携手阿里郎律师事务所举办“律师进社区”活动，聘请12名律师与12个社区对接，开展宣讲活动28期，免费为困难群众提供法律援助服务

30余次，受益群众920余人。

【平安河南创建】 开展“平安创建”宣传活动140余次，制作并发放朝汉双语宣传单3万余份，清除反宣品1800余份。对街区30余名重点信访人员实行“六包一”稳控措施，街区全年无非法进京上访人员。对辖区877栋居民楼和38栋电梯楼进行全面排查，妥善处理32处安全隐患。发放“五落实、五到位”公示板2300余张，为群众构建平安和谐家园提供坚实基础。

【河南街道环境卫生整治】 投资200余万元，改善8个社区活动场所环境，动员辖区党员义工、保洁员、居民和社区干部7500余人次，集中整治街区、居民小区，清除卫生死角260余处，集中清理街区越冬垃圾、建筑垃圾820余吨。投入资金6万余元，对小区绿化带进行规范化治理。在临街设立宣传栏24个，顺利完成创卫复检工作。配合相关部门做好223栋楼房、100余万平方米“暖房子”工程改造工作，81栋居民楼实施供热分户改造，拆除外扩阳台等违章建筑358处，改善群众居住环境。白桦社区、白玉社区获市级“美丽社区”和“健康社区”称号。

【群众文体活动】 编排群众文体节目82个，参加街区“快乐延吉大舞台”启动仪式和4场专场文艺演出。举办“快乐河南大舞台”“迎三八文艺会演”“抗战胜利70周年文艺演出”等群众文艺演出93场，在市电视台录制并播放2台精彩文艺节目。以“三讲三爱”为主题，组织举行第四届“河南好榜样”评选表彰活动，评选表彰出“孝老爱亲模范”“创业自强模范”“爱岗敬业模范”“志愿服务模范”14人。街道代表延吉市参加全州运动会老年项目，获健身球项目第一名；组织辖区体育爱好者参加中、俄、韩国际软式排球赛、延吉市海兰江花园广场舞比赛，开展街区群众性文化、体育活动。

【第四届睦邻文化节】 以“聚民心、树品牌、共创党员服务城”为主题，举办街区第四届睦邻文化节，相继开展排球、文艺演出等文体活动；举办首届“我运动、我快乐”乒乓球比赛，辖区200余名乒乓球爱好者同台竞技，以球会友，在街区开展全民健身活动。

【微信公众服务平台】 为拓宽居民获取信息渠道，创建河南街道公众微信服务平台，通过微信平台深入宣传党的路线、方针和政策、宣传街区先进人物的典型事迹、发布就业信息及与群众相关的通知和公告，对外发布信息200余条。

【象帽舞培训基地】 成立象帽舞培训基地，对象帽舞爱好者进行免费培训，组建由老中青三代业余舞者组成的舞蹈队，在中央电视台的《非常6+1》《我要上春晚》《向幸福出发》及全国各大卫视中出镜，多次参加国家、省、州、市的各项大型演出和比赛，象帽舞表演成为河南街道的品牌表演节目。5月6日，举办首届“象帽舞动梨花雪”主题摄影大赛，将自然风光与民俗风情融为一体，展现街区“象帽舞”风采。

（牟男梅）

5月6日，河南街道在帽儿山梨花园举办首届象帽舞动梨花雪主题摄影大赛 （河南街道 提供）

北山街道

【概况】 延吉市北山街道位于延吉市区东北部，北邻依兰镇、南邻进学街道、西邻新兴街道、东临小营镇，辖区面积10平方千米，下辖丹延、丹明、丹山、丹英、丹华、丹虹、丹岭、丹春、丹光、丹吉、丹进11个社区居民委员会，256个行政小组，总户数4.64万户，9.05万人，朝鲜族占总人口的50%、其他少数民族占1.63%。街道党工委建立2个党委、9个党总支和49个支部（其中非公18个），有2170名党员。街道内有5个团以上驻地部队，12所大中小学校，38个驻街单位，26个驻街企业，个体工商业户1344户，素有“文化街”“拥军街”“平安街”之称。2015年，北山街道获得“全国法治社区建设示范街道”“全国禁毒工作先进集体”2项国家级荣誉称号，吉林省“民族团结进步先进集体”“综合减灾示范社区”“优秀外国人管理服务站”等7项省级荣誉称号，延边州“民族团结进步示范集体”“消防志愿服务活动先进集体”等32项州、市级荣誉。

【北山街道党建工作】 北山街道以创建“共产党员服务城”活动为契机，通过“亮身份、做承诺、付行动、促发展”，巩固扩大群众路线教育实践活动成果，基层党组织的领导核心作用和党员干部的为民服务意识不断增强。加强政治理论学习，党员党性修养显著提升。坚持每周政治学习，集中学习党章、宪法及习近平总书记等各级领导系列讲话精神，组织46场次，提高街区工作者的政治理论水平。开展法治进街区知识讲座23场次，组织引导机关干部自觉学法用法，提高党员干部的法治思维和依法执政能力。邀请延边州委党校教师讲解“从党史中汲取智慧和力量”等主题党课，开展“三严三实”专题教育讲座、优秀党员先进事迹座谈会、廉政文化进社区等系列活动25场次，增强党员干部的党性修养。加强思想作风建设，党群干群关系更加密切。出台《北山街道关于加强作风建设和严明工作纪律的若干规定》，严明纪律、转变作风、改进服务、加强管理。深入开展“共产党员服务城”创建活动，亮化宣传墙体，营造浓厚氛围。以构建“幸福社区”为目标，牢固树立为民服务的宗旨，全体党员主动佩戴党徽，亮明身份，做出承诺。开展“设岗创星”活动，广泛设置“党员服务岗”，抓好党员服务效能建设。建立起“社区党总支——楼栋党支部—单元党员联络员”三级社区党组织网络，开展“党员承诺点亮‘微心愿’”、党员示范楼栋、共产党员示范岗、示范窗口等创建活动，成立党员便民服务队、在职党员爱心车队，充分发挥党员服务群众的优势。帮扶困难群体4672人，着力解决群众关心的热点难点问题。

加强基层组织建设，党组织服务功效明显增强。加强党建活动阵地建设，投资50余万元对丹岭、丹春等社区进行改造，投入30余万元为各社区配备电脑等硬件设施；成立全州第一家“丹岭社区文化教育学校”，丰富居民物质文化生活，服务社会、造福百姓；通过笔试、面试公开招聘社区干部，选优配强社区班子成员；将丹虹社区党总支升格为党委，提升社区党委组织功效；扎实推进州市在职党员进社区履行“双岗双责”工作，835名党员走进社区认领服务1762项，与服务对象交换联系卡、结成对子，开展关爱特殊群体、清洁家园、助力高考、文化服务等活动，充分发挥在职党员干部推动发展、服务群众、凝聚人心、促进和谐的作用，增强党员服务群众的整体合力。

【民生服务】 推进服务民生工作，为辖区居民提供全方位、贴心式服务。创新服务百姓新举措。制定下发《北山街道“社区网格”管理模式实施意见》，推行“社区网格”管理模式，包干划分辖区，打造“一口清”的服务民生新格局，为居民提供针对性强的主动式服务，实现服务民生全时段、全员额、全覆盖。通过民情民意直通车，收集百姓关注的热点、难点问题，解决民生实事5600余件；探索服务民生新方式，率先建立北山街道及11个社区微信公众平台，定期向居民发送最新的街区动态和便民信息，通过微信平台及时处理居民的大事小情，实现实时接收、实时解决，为辖区居民提供更便捷及时的服务。成立12支“红十字应急救援队”，弘扬“人道、博爱、奉献”的红十字精神，增强居民对灾害避险及急救知识的学习掌握，解决紧急情况急救需求；成立基层民主协商议事委员会，保障居民民主权利，扩大居民的知情权、参与权、建议权和监督权，推进社区居民自治工作；全面开展“人脸建模”工作，通过电脑联网摄像完成自助身份认证，为居民提供方便；延时错时服务常态化，确保便民服务无缝隙对接。为特殊群体送去关爱。定期上门为辖区高龄、空巢、残疾人代办生存认证、代缴各类费用等服务；发挥丹英社区“蒲公英之家”辐射带动作用，开展“文化志愿者进社区”“六一儿童趣味运动会”等活动，鼓励志愿者走进社区关心流动留守儿童；定期走访慰问辖区贫困妇女，组织妇女参加技能培训和维权知识讲座；完善日间照料中心设施，实行家庭化管理模式，为辖区老年人提供休闲、娱乐等全方位服务，打造“清雅、温馨、舒适”的老年人幸福家园；丹春社区全员接受外国语培训消除语言交流障碍，对624名外国人登记建档，组织外国朋友一同过传统节日，促进彼此间文化与情感交流。

【诚信北山街区建设】 深化“三讲三爱”，创建“吉林好人引领风尚”主题实践活动示范点，开展“北山好榜样”表彰活动，发现、挖掘好人典型30余人，姜学琴、金美顺被评为“吉林好人”，戴晓彬被评为“延边好人”；组织“吉林好人”开展“六走进”宣讲15场，用身边感人事迹影响身边人；成立丹英社区道德银行，倡导个人奉献社会、社会回报个人互助精神，量化好人好事，将无形的道德资本变成有形的道德资产；打造核心价值观广场，通过设置主题展板、提示牌、LED屏等方式，宣传身边好人好事，弘扬社会正气，传递社会正能量；开展“传承优秀民俗文化践行社会主义核心价值观”、中国传统文化知识竞赛等主题活动，提高居民的文明素质和诚信意识；延伸图书漂流活动，举办第二届社区读书节，建立2个图书漂流站和12个诚信读书角，营造书香北山全民阅读的浓厚氛围；依托“我们的节日”主题活动，开展“缅怀革命英烈弘扬核心价值观”“感恩母亲巧手制花献给您”等活动73场次；举办长白山讲坛、孔子学堂、道德讲堂等199场次，参与人数8128人次，为居民提供共享学习平台；大力推广志愿服务，登记注册北山街道雷锋班志愿服务协会，创办北山街道首届“雷锋文化节”，开展雷锋班四季志愿服务活动304场次，参与人数9544人次，捐款捐物14.55万元。

【北山街道创业就业】 做好全国1%人口调查工作，完成固定资产投资1.36亿元；开展弱势群体关爱帮扶活动，为508人发放慰问金、慰问品折合人民币21余万元；利用微信公众平台定期发布企业用工信息、政策咨询，为辖区居民提供社保、就业等便捷服务；推进返乡创业工程，通过举办“返乡创业交流会”、创建“返乡创业一条街”、开展“返乡创业援助一日行”活动；大力开展“春风行动”“就业援助月”和“劳动保障政策宣传”等系列活动，营造良好就业氛围。开发岗位1929个、新增就业3003人。

【平安北山建设】 创建“全国民主法治示范街道”，巩固“六五”普法成果；争取资金，建成全州唯一的社区法治广场——“丹虹法治文化公园”；开展“知法守法促和谐”知识竞赛等活动9场次，提高街区工作者和辖区居民法律法规意识；开展“平安北山”建设，加强治安巡逻队伍训练，提高队员业务素质，加大辖区重点区域及重点地段巡逻防控力度；强化信访机制，实行“六位一体”包保责任制，全力做好各级“两会”期间及各敏感期的维稳工作和重点人员的稳控工作；利用网格管理，关注民生诉求，开展矛盾纠纷排查调处工作，深入辖区入户排查走访2.32万户，解决纠纷753起，调解成功率95%，确保辖区稳定和谐。落实安全生产“一岗双责”和消防安全“网格化”机制，对2592处高危行业、人员密集场所、老年活动站、加气站、回收站、危楼老楼等重点领域进行排查，发现隐患32处，整改32处，整改率100%；开展安全、消防宣传培训39次，未发生群死群伤重特大人身安全和健康事故。

【北山街道环境卫生整治】 做好国家卫生城复查迎检工作，开展环境卫生专项整治，栽植花苗5000株、花籽5千克，先后组织辖区居民、驻街单位、绿色志愿者、雷锋班成员和党员干部4000余人，车辆63车次，清理420余处卫

8月5日，北山街道建立“返乡创业一条街” （北山街道 提供）

7月22日，北山街道举行“丹虹法治文化广场”揭牌

（北山街道 提供）

生死角，乱堆乱放90余处，乱贴乱画2万余张，乱堆乱放95处，解决群众反映的环境卫生热点难点问题150余件；开展“周末卫生日”活动，清除绿化带垃圾近1000平方米，道路两侧白色垃圾700余袋，托运垃圾7车，教育引导居民群众养成文明卫生的行为习惯，提高参与整治脏、乱、差的积极性；扎实做好病媒生物防制工作，新安装1650个“老鼠屋”，集中发放鼠药24袋；建立北山街道环境卫生监督群，加强对辖区环境卫生的监督检查力度，及时处理环境卫生问题；完成77栋楼“暖房子”空房户信息采集及换窗、供热分户动员工作；普及健康教育，组织300余名居民到社区医院进行免费体检，开展健康教育讲座7次，增强市民卫生意识。以创建健康家庭、健康社区、健康学校活动为载体，开展慢性病防治等内容丰富的健康教育活动，创建绿色健康社区和宜居生活环境。

6月10日，北山街道举办快乐周末大舞台暨创建“共产党员服务城”专场演出

（北山街道 提供）

【北山街道文化建设】 开展北山街道“快乐周末大舞台”，投资3万余元搭建广场舞台，利用每周五傍晚黄金时间，为居民展示文艺节目。开展专场演出、小广场演出43场次，参与人数2万余人次，丰富居民精神生活；投资12万元建设北山街道文体活动中心，为居民提供休闲、健身的新场所；开展党员文化月、第十届“邻居节”、第五届社区合唱节等活动，增进邻里和谐；开展文化共建活动，邀请市文化馆教师走进街区编排大型舞蹈，策划包装100个精品文艺节目；参加延吉市广场舞大赛，取得第一名；举办纪念抗战胜利70周年音乐会，铭记历史，缅怀先烈；开展门球赛、广场舞、柔力球、秧歌赛等群众文化体育活动，倡导健康文明的生活方式；传承洞箫艺术，弘扬朝鲜族传统文化，打造朝鲜族洞箫传习所，成立民俗艺术团、草根艺术团、心悦扑克、心怡乒乓球等16个协会，丰富居民文化生活。按照全国公共文化服务体系创建要求，打造社区文体中心，为辖区居民提供良好的文体活动场所。

（邵培冬）

公园街道

【概况】 延吉市公园街道位于延吉市西北部，辖区面积6.58平方千米。总人口8.7万人、户数4万户，其中朝鲜族4.78万人，占总人数54.96%，汉族和其他民族3.92万人，占总数45.04%。集行政中心、文化中心、人才聚集中心于一体，具有独特的区位优势和鲜明的服务特色。公园街道办事处内设党群办公室、群众文化办公室、综治科、综合科、城建科、社会事务科、督察；与安全生产管理办公室、劳动保障所8个科室。下辖12个社区、913个居民行政小组。社区分别是：园辉社区、园艺社区、园新社区、园纺社区、园月社区、园建社区、园法社区、园航社区、园城社区、园校社区、园锦社区、恒润社区。设有1个社区党委、11个社区党总支，37个非公企业党支部，在籍党员2455人。2015年，街道先后获"中国社区发展奖""吉林省军警民共建先进单位""吉林省刑满释放人员安置帮教工作先进集体""第二批城乡居保经办服务示范工程——省级示范社区"称号。

5月19日，公园街道开展共产党员服务活动，与社区签订服务承诺书 （张云慧 摄）

【创建"共产党员服务城"工作】 5月19日，公园街道召开创建"共产党员服务城"活动暨"亮身份、做承诺"启动仪式，开展"共产党员服务城"创建工作，设置党员服务示范岗48个，党员办实事320余件。依托"双岗双责"、在职党员进社区等载体活动，按照"居民点单、支部下单、党员接单"的服务模式，组织广大党员认领群众"微心愿"，分批次帮助群众圆梦，认领心愿247个。开展"三帮扶""百户特困户结对救助""民生帮你办"等载体活动，先后组织开展"孝文化节""睦邻节""千寿宴"等特色活动30余场次，走访慰问贫困党员、新中国成立前老党员、失独家庭、贫困母亲等520余户，发放慰问物资近16万元。

【干部队伍素质提升工程】 启动社区干部队伍素质提升工程，建立辖区党组织考核台账，创新实施社区工作者选聘考核实施办法，对民主测评结果差、谈话了解缺点多、职能科室不认可的社区工作者进行末位淘汰，全年淘汰18人。实施基层人才储备工程，建立社区书记及后备人才储备库，组织230余名社区工作者进行业务及综合能力考试，对考试成绩不合格、民主测评不达标、群众满意率低的工作人员进行解聘、调岗，解聘、转岗83人。选派优秀大学生担任社区副书记，充分发挥基层党组织负责人在社区管理和服务上的核心作用。实行首问负责、限时办结等制度，规范低保、社保、医保、经济适用房、廉租房、计划生育等工作的审核、办事流程，并于10月组织街区近50名人力资源和社会保障服务站工作人员开展为期一个月的岗位练兵，有效增强工作人员干事创业的积极性和主动性，方便辖区单位和办事群众。

【社会主义核心价值观培育】 街道投资一万余元在园法社区建立社会主义核心价值观宣传阵地，设有12组宣传图展板和"三个倡导"优秀践行者事迹长廊，成立由12个社区挂职干部组成的"核心价值观"宣讲团。组织居民开展以"延吉精神""核心价值观""市民文明公约"等为主要内容的市民大讲堂、道德讲堂等活动398场，宣讲团开展宣讲及道德实践活动12次，参与人数2.59万余人次，选树"三讲三爱·感动延吉之公园好榜样"10人，并对其事迹进行广泛宣传。

【人居环境改善】 组织开展"扮靓公园"环境卫生专项整治行动，组织辖区党员干部和蒲公英志愿者清运垃圾，清理小广告，硬化美化道路、庭院，拆除乱搭乱建，制止乱停乱放行为，清运各类垃圾180吨，清除乱贴乱画15万余张。开展植树栽花种草靓丽公园行动，种植树木2300余株、投放花籽25千克，绿化、美化绿地面积5万余平方米。与棚改局协调确定五处棚改区域，制订《街道棚户区改造工作方案》，实行班子成员、科室、社区及工作人员包保机制，走访入户宣传相关政策，掌握3055户居民回迁区域安置意愿等。走访“暖房子”工程涉及区域，发放宣传单及征求意见表，全面了解掌握居民群众改造同意率。搭建“天翼云”网络平台，完成辖区所有物业管理、小街小巷、散旧楼盘及低保信息录入工作，实现信息共享。

【社会管理】 完善党工委领导、办事处负责、社会协同、居民参与的“四位一体”社会管理工作格局。加大投入力度，完善12个社区“三站”及13处服务设施，社会管理能力明显提升；组建志愿者服务队，形成民间组织、团体和驻街单位齐抓共管的良好局面，社会管理力量明显增强。健全维稳信访包保机制，在国家“两会”、纪念反法西斯战争胜利70周年及中共十八届五中全会期间，对21名重点信访人员及25名十一类重点人员实行24小时稳控及管控，实现重大敏感期非正常集体进京上访为零的目标。做好刑释解教人员矫正帮扶工作，街道和社区分别获得吉林省刑满释放人员安置帮教工作先进集体。完善安全监管体系、社会治安防控体系、应急管理体系，构建网格化防控模式，编组应急救援、舆论战、抗洪抢险和反恐排4支分队，增强处理应急突发事件的能力，加强流动人口管理，实现流动人口及外国人社区化管理；加强基层社会管理，健全“三站统管”服务模式，创新实施街区网格化管理，将辖区589栋居民楼的2213个单元划分为119个网格，绘制社区网格化服务整体示意图，推行网格员、片区民警、综合执法人员和监督员的“一格四员”管理模式，协调解决各类邻里纠纷210余起，解决民生问题890件。

【公园街道就业创业】 启动“春风行动”，进行求职登记362人，登记招聘信息513条，推介就业312人。开展4050人员、失业人员、大学生、农村剩余劳动力就业再就业援助工作，认定零就业家庭35户，新增就业2510人，其中下岗失业人员再就业1897人，就业困难人员再就业670人。举办大学生就业创业交流会5次，为30余名大学生提供社区实训机会，大学生自主创业能力和社会实践能力明显增强。

【居家养老服务】 投入360余万元，通过改扩建的方式建成1240平方米的街道居家养老服务中心，争取“三区”社工项目落户公园街道，全力打造“老来乐社会服务中心”。依托政府购买服务模式，整合延边小棉袄家政公司服务资源，引导家政服务成为居家养老服务的实施者，充分发挥家政公司的专业化优势，联合开展家政打包服务、爱心餐桌服务、爱心团购服务及“乐享金钱柜”服务。每月会员日携手市内知名美发企业、蒲公英志愿者开展爱心义剪，先后组织百名老人开展“公园好声音”卡拉OK大赛、“皓首老人历奇之旅”乘高铁游防川、“九九重阳季，白首欢乐行”秋游活动、“居家养老服务中心岁末大联欢”“味典小厨烘焙”等活动。探索建立线上线下养老服务平台，依托社区网格入户调查的大数据库，建立居家养老服务信息化管理平台，依据居民点单—平台接单–中心下单，初步建成信息化、智能化的“无围墙式”网络养老运营模式。居家养老服务模式得到吉林省延边州民政部门认可，民政部部长李立国、中国社会福利协会副会长冯晓丽、韩国社会福祉协议会会长车兴奉等先后进行考察调研。

【专业社工服务】 引入“老来乐”社工服务中心、“蒲公英”社工协会，推进居家养老服务的专业化运营。与延边大学携手建立校地双方社工培训和实践基地，聘请长春大学等社工前沿单位开展社工培训，鼓励社区工作者报考社工师，组织70余名社区工作人员参加社会工作师考试，16人通过考试。园辉社区成为延边州社区工作典范，并在第五届全国社会发展论坛上获得社区发展奖，成为社会工作示范社区。联合延边大学社会学系学生在园月社区创建助老社会工作基地，投入资金购买电动自行车，开展助餐、助洁、代交、代办、维修等上门服务，有效打造社区“十分钟便民服务圈”，取得较好社会效果。5月21日，街道举办“挥洒青春，奉献公园”为主题的“我行·我show”青年社工风采大赛，展示街区青年工作者及挂职干部生活工作状况。

【公园街道群众文化】 组建阿里

5月21日，公园街道举行“我行·我 show”社工风采歌舞表演

（张云慧 摄）

郎艺术团、枫叶艺术团、青年艺术团等6个特色民俗群众文化艺术团体，排练精品节目146个，演员300余人，人数比2014年增长130%。继续推行快乐延吉大舞台及公园街道快乐大舞台“双台演出”计划，举行共驻共建演出活动，演出24场，参与演员近1500余人次。继续开展“千寿宴”“睦邻节”“孝文化节”等特色载体活动。街道首届“向上向善好青年”评选出街区模范、创业、敬业、团干部、志愿服务等方面的10位优秀青年。开展群众性文体活动，华生电器杯老年人乒乓球比赛、“梦连祖国·放歌公园”百人红歌合唱比赛、“温馨老人节，浓浓敬老情”演出活动、组织老人赴龙井参加梨花节开幕仪式等，丰富辖区居民业余文化生活，提升居民幸福指数。

（张忠域）

4月28日，公园街道举行“向上向善好青年”评选活动

（张云慧 摄）

建工街道

【概况】 延吉市建工街道地处市区东南部，东至溪洞铁路线，南靠帽儿山，西以空军部队、河南街为界，北至布尔哈通河南岸，辖区面积8.87平方千米。街道办事处设有党群办公室、宣传科、社会事务科、计生科、城市管理科、综合科、综治办、安全生产科、人力资源和社会保障所9个科室，辖11个社区居民委员会，722个小组，总户数4.5万户，总人口8.5万人，朝鲜族占61%。街道下设延青社区等3个社区党委、长新社区等8个社区党总支、34家“非公”党组织，在册党员2638人。街区内有延边州林管局、州财政局、延吉市地税局、市建设局、市房产局等驻街单位65个。2015年，建工街道获得“全国社区服务型党组织建设示范街道”等7项国家级称号，“吉林省优秀志愿服务组织”等17项省级荣誉，“民族团结进步示范集体”等17项州、市级荣誉。

【社区干部培训】 建工街道组织社区干部学习贯彻中共十八届四中、五中全会精神和习近平总书记系列重要讲话精神，采取“以会代训”等形式，加强机关、社区干部的教育。实施“社区书记梯队培养”工程和“社区工作者素质提升”工程，举办各类培训32次，培训人数300余人。2015年，全街有23人持社会工作师证上岗。

【辖区居民服务】 把创新工作载体作为激发基层工作活力、提升党建水平的重要手段，广泛开展创建“共产党员服务城”、在职党员进社区履行“双岗双责”“党员之家”等活动，建立“社区爱心服务驿站”“连心桥”党员服务队，通过上门服务、错时服务、预约服务，党员文体服务队、党员助老服务队、党员家政服务队、党员爱心服务队，全方位服务辖区居民。帮助群众实现微心愿87件，排查化解矛盾纠纷144起，收集社情民意198件，帮助群众解决实际问题194件，其他各类好事295件。

【非公党组织发展】 发挥非公组织党建联合会和非公组织党建指导员的作用，狠抓非公组织工作。街道有34家非公党组织，其中，2015年新成立10家，占全市街道新建非公党组织的62.5%。召开非公企业党建工作推进会3次、集中成立大会2次，组织“欧尚家居”“铁南集中供热”等非公企业参与到“七彩虹”志愿服务活动中，年内帮扶资金近20万元。全年发展党员9人，其中非公组织5人。

【民生投入】 完成固定资产投资1.23亿元，改建长青社区办公用房，新建长新社区残疾人康复中心、延青社区“億未来”儿童运动馆、长生社区科普之家、长生社区、延春社区日间照料中心，长海、南苑高标准门球场，延虹社区、长生社区文化体育大院。改版“建工365民生服务网”平台，完善“数字社区”及微信公众平台建设。为38户残疾人家庭申请救助款4.2万元；医疗救助55户；为20名残疾人个体工商户进行养老保险补贴；为符合条件的160名残疾人办理社会养老保险。通过红十字、慈善、残联、民政、住房保障等救助资源，为街区内400余户困难群众发放救助金19.5万元，大米4100千克、豆油820千克，为296户发放租赁补贴、41户分配廉租房。

【创业就业服务】 开展创业就业培训20期，460余人次；开发创业项目18个，宣传创业典型11个；联合“延边淘宝园”集中组织2次电商培训，200余名下岗失业人员参加；为695家企业和个体工商户送政策；为就业困难和下岗失业人员家中开展“四送”230余次；发挥创业就业孵化基地和“创业者之家”功能，搭建就业平台，安置就业319人。

【建工街道双拥共建】 与93011空军部队合作开展迎新春军民文艺会演、“三严三实”专题教育讲座、“八一”建军节、“相约青春”联谊等活动。节日期间到93011部队慰问演出15次、参加人数500余人次，慰问金额1.8万余元。

【“七彩虹”品牌活动】 针对留守儿童、自闭症儿童、空巢老人、独居老人等弱势群体，广泛开展“七彩虹”系列活动，为骨癌患者黄思婷、白血病患者郎晓锐、烧伤患者张家宝筹集捐款35万余元。打造延华社区七彩虹“蓝色公益”关爱自闭症儿童志愿服务品牌。“七彩虹”志愿服务分队有45支，志愿者人数4663人，开展活动780余次，帮扶人数7000余人次，帮扶资金45万余元。建工街道“七彩虹”家政服务公司为居民提供清掏马葫芦、维修下水道管、更换居民区防盗单元门锁、清理小区卫生等服务，低偿或无偿服务300余次。

【周末环境卫生日活动】 开展周末环境卫生日活动，巩固创建国家卫生城的成果，动员50家物业公司、30家驻街单位、1000余家商户和4所学校清理各类垃圾1300余吨、卫生死角860余处、乱贴乱

11月26日，建工街道“七彩虹”志愿者慰问新希望养老院

（建工街道 提供）

画6.3万余张、乱堆乱放460余处，整治铁路沿线2000余米，清理排洪沟沿线1500米，清理绿地3万平方米、清除各种杂草3200平方米。动员“七彩虹”志愿者，种植花苗、灌木，做好小区绿化、美化工作。

【物业管理模式创新】 提升物业水平，以延春社区为试点，成立10个业主委员会，举办“手拉手参与小区管理、心连心共建美丽家园”表彰大会。为无物业小区安装12个“七彩虹邻里互助工具箱”，放置清雪、清扫工具，免费供居民使用。加强物业管理机制，实现有物业小区和无物业小区居民参与小区管理的积极性，提高居民在小区内文明生活的主动性。

【文体品牌建设】 参与“快乐延吉大舞台”演出活动，组织“建工周末快乐大舞台”专场演出11场。打造建工“大众舞”品牌，参与全市大众舞比赛，获全市第二名。壮大“美阿里艺术团”队伍，营造全民参与的群众文化体育活动氛围，创编精品节目35个，于11月赴韩国演出获银奖。6月，街道挖掘辖区民间资源，组建成立“腾飞”毽子协会。举办“人保杯”毽子竞技比赛、“钧源杯”排球比赛、“欧尚家居”杯排球比赛等活动，推进文化体育事业发展。

【媒体宣传】 完善“数字社区”及微信公众平台建设。充分利用“365”民生服务网、微信平台及各级媒体广泛宣传，发布稿件3010余篇，其中，国家级媒体发表240余篇，省级媒体发表420篇，州级媒体发表550篇，市级媒体发表377篇、建工365民生服务网1423篇，上报30篇舆情信息。

【平安建工创建】 开展矛盾纠纷排查调处工作，受理调解矛盾纠纷242件，调处231件，调解成功率97%；开展“平安街道”“平安社区”、社区创建活动，完善人防、物防、技防相结合的治安防范机制。强化对社区矫正人员、刑满释放人员、严重精神障碍患者等特殊人群的服务管理，防止失控漏管现象发生；建立健全街区信访维稳机制和应急处置机制，强化“六包一”维稳机制，确保在重大节日、敏感时期无非正常进京访、越级访和重复访现象。开展“法治街道”“法治社区”创建活动，以社区服务中心、延边大学法律硕士咨询服务站为依托，构建网格化普法新模式，利用社区宣传栏、LED电子屏幕，开展“六五”普法、“法律六进”活动，强化辖区群众法律意识。建立隐患排查台账、隐患整改台账、新增台账和注销台账、重点领域排查台账、街区电梯楼摸底排查台账、建立以街道社区为主的网格化责任分工台账、三位一体的网格化监管台账8个台账。街道与社区、辖区各成员单位层层签订安全目标责任状。形成横向到边、纵向到底、责任到人、不留死角的安全工作格局。开展辖区安全隐患排查与整治、“安全生产月”宣传活动、新安全生产法考试等活动。

（纪剑桥）

4月10日，建工街道邻里互助工具箱揭牌仪式　（建工街道 提供）

新兴街道

【概况】 延吉市新兴街道位于市中心，辖10个社区居民委员会、辖区面积6.34平方千米，居民2.2万户，人口6.2万人，朝鲜族约占80%。新兴街道党工委有委员单位39个，下设2个社区党委，8个社区党总支，29个非公企业党支部。在籍党员1858人。

【新兴街道党员队伍建设】 深化党章教育、忠诚教育、理想信念教育，广泛开展“学好党章，做好党员”系列活动，组织党员各类学习培训20余次。作为全市处置不合格党员工作的试点单位，通过开展处置不合格党员工作，对143名党员做停止党籍6个月和停止党籍一年的处置，对5名党员做除名处理。开展“三严三实”专项整治基层干部不作为乱作为等损害群众利益问题整改工作，查找出领导干部、各科室、各社区在不作为、乱作为方面的问题20多条，并逐条进行整改，建章立制13项。

7月1日，新兴街道开展“庆‘七一’创建共产党员服务城党员帮扶活动” （新兴街道 提供）

【新兴街道党建载体活动】 开展机关干部服务基层、在职党员进社区等载体活动，州、市259名在职党员进社区，认领服务岗位293个，开展社区公共服务、便民利民服务等活动82次，为群众解决96件实际困难。全面推进创建“共产党员服务城”活动，辖区内623名党员参与“亮身份做承诺”“设岗创星” 等各项活动，设立116个党员示范岗，为群众办实事、解决问题1354件。开展“寻找身边感动”等系列活动，评出金香兰等10名新兴好榜样。利用“市民大讲堂”“文化超市”等平台，宣传社会主义核心价值观，参与群众8000余人次。建立民盛社区爱国主义教育基地，组织辖区干部群众300人参与大型话剧观看、图书展、报告会等活动。

【新兴街道创业就业服务】 举办“春风行动”“就业援助月” 活动，开发各类就业岗位3282个，安置1972人，帮助就业困难人员就业461人，认定零就业家庭26户，援助登记26人，成立街道返乡创业工作站，发放宣传册660余份，接待咨询170余人次。成立延吉市现代职业技术学校返乡创业基地，选树4名返乡创业典型，组织工作座谈会与群众互相交流经验。建立健全创业就业信息档案，推荐80名求职者到辖区内的技能培训学校参加培训、创办返乡创业技能培训班，参与200余人次，推进创业就业帮扶工作。

【慈善公益服务】 推进“五有一创”工程，投资325万，建立900平方米的“新兴爱心传承教育基地”，打造运行规范的城乡基层公益慈善综合服务平台——新兴街道慈善超市。超市建成后为897户低保户发放慈善卡，为300名困难群众及部队官兵送去慰问物资2.5万元，建设多功能居家养老服务中心，设居家养老服务室、理疗康复室、舞蹈室、健身室，为空巢老人及弱势群体提供贴心服务。

【新兴街道生活环境整治】 定期开展周末卫生日活动，清理乱堆乱放1500多处，清运垃圾、杂物500余吨，清理乱贴乱画、小广告9.8万余张。清掏马葫芦184个，化粪池100个，更换下水管线35处，铺设彩砖8700平方米。解决暖房子工程遗留安全隐患问题30件，完成33栋居民楼暖房子改造工程。举办“小区物业专项维修资金及物业管理”培训会，协调解决雅苑小区管道老化问题。在都市花园种植500棵山杏树，打造延吉市第一条“赏花一条街”，对街区30处绿化带进行补种补栽，美化和绿化街区。

【民生帮扶活动】 充分发挥“365”民生热线作用，接听热线电话5550余次，收集意见和建议110件，解决各类民生问题67件，接听、回复率100%，居民满意率98%。做实“金达莱”志愿服务品牌，建立民生、党员、青年志愿者等5支服务队，开展免费义诊、送医送药、帮扶等志愿服务活动437次，1月至6月新增低保51户，发放各类救助金5.3万元，全面帮扶弱势群体。建立街道健康小屋，为

9月22日，新兴街道举办第三届居民运动会暨第五届睦邻节活动（新兴街道 提供）

6000余名居民进行免费体检。开展全民健身活动140余次，健康知识讲座8场，参与人数8000余人，居民整体健康水平提高。

【民俗文化活动】 举办“迎三八暨快乐延吉大舞台舞蹈歌曲才艺甄选大赛”，启动“新兴街道党员文化月”，参与“快乐延吉大舞台”，举办“快乐新兴大舞台”等活动85场。开展“第七届迎新春送福送春联”活动，举办街道第三届元宵佳节“尤茨大赛”，街道“天使杯全国老年人第一届朝鲜族象棋大赛”，街道第三届居民运动会暨第五届睦邻节活动；参加延吉市广场舞比赛，并获得季军。改造菜地，安装健身器材，建成820平方米健身小广场，满足街区群众文化娱乐需求。

【“智慧化”工程】 落实社区57个基础网格的监管责任，利用手机终端系统向指挥中心系统输入辖区内需要排查解决的问题，日更新100条，利用平台视频会议系统，与空军部队实现远程会议对接，进行互上党课、互相观摩学习活动，节省人力和物力，满足军地随时随地沟通需求。开通“智慧新兴微信平台”“社区微信平台”等，提升服务群众工作效率。

【平安新兴建设】 落实信访维稳工作责任制，确保“两节”“两会”期间和敏感期无非正常上访。坚持日常排查、定期排查、专项排查和“零报告”制度，与社区、驻街单位签订责任状50份。实行“2+2”巡逻防控工作机制，充分发挥“4050”巡逻队、百名义务志愿者巡逻队作用，及时收集、反馈辖区内苗头性信息，排查各类矛盾纠纷和不稳定因素81件，化解成功率100%，没有出现突发群体性事件。围绕“百千万”创建活动，开展小手拉大手反邪教“小小志愿者”成立启动仪式，吸纳500名小小志愿者；投入320万元创办“阳光爱心家园”，为街区转化人员及弱势群体提供居家式服务；在新兴广场建设反邪教宣传警示教育基地，开展宣传活动，播放教育片12场，参与群众1000余人。清理各类非法宣传物品2165件；拆除反弹非法卫星地面接收设施261个。深化“四化融合、三位一体”安全监管防控体系建设，开展专项整治活动，出动检查组140组，人数300余人，检查验收企事业单位2624家，各社区排查率100%。为2286户个体工商户免费制作发放安全生产网格化管理公示板，健全安全生产工作台账。完善应急管理体系，重新编组应急救援、抗洪抢险两支队伍，实行汛期领导带班值班制度，保障居民群众生命财产安全。开展应急演练、消防知识讲座15次，知识竞赛1次，参加人数1000余人次，发放安全常识宣传单2000余份。

（李方源）

人物

全国劳动模范

刘志国 1965年生，吉林省汪清县人，中共党员。延吉市吉兴洋葱专业合作社社长，延吉市小营镇洋葱协会会长。

刘志国积极投身农业和农村经济建设，在种植、加工、销售等方面有独到的生产经营方法。洋葱是小营镇出口创汇的主产业，产品远销省内外以及俄罗斯、韩国、东南亚、蒙古等国家，已形成以延吉市小营镇为龙头的北方最大洋葱主产区及出口创汇基地，是农民增收的支柱产业。他带领农民大力发展洋葱产业，在“良种引进、技术指导、市场信息、产品销售”等方面为农服务，形成“基地+合作社+农户”生产经营模式，如今农民足不出户，坐在家中就可以将洋葱出售。

刘志国为延边洋葱的“统一品种、统一标准、统一销售”等产业化经营做出了突出的贡献，产生较显著的社会效益和经济效益。2008年，成立吉兴洋葱合作社，固定资产153万元，在册307户，成员辐射延边11个乡镇、1000户农民，成为农民增收致富的带头人。2011年，成立延边吉兴蔬菜合伙专业农场，规模化流转经营土地260公顷，其中10年期以上的土地60公顷，有3000平方米的蔬菜贮藏库，有大型农用车、农机具等7台。2012年，洋葱价格再创历史新高，让农民收入也“爆棚”式巨幅增长，他在延边及牡丹江等地租地种植洋葱16公顷，合作社统购销售洋葱2万多吨，创产值3000多万元，农民人均收入3.5万多元，带动全州1000多户葱农，共同致富。2013年，在国内外洋葱市场价格低迷的情况下，他积极帮助农民找市场，拓宽销售渠道，保障洋葱的销售顺畅。刘志国是一名土生土长的农村实用人才，是名副其实的农村经济强人、致富带头人，他不仅富了自己，还带领农民共同致富，推动了延边洋葱产业化发展。2015年4月，被国务院授予“全国劳动模范”称号。

（总工会 提供）

“吉林省五一劳动奖章”获得者

许录春 1950年8月生，朝鲜族，中共党员，延边东北亚客运集团有限公司总经理。1993年，许录春从延边州交通局调到延边东北亚客运集团有限公司担任总经理。

2001年，将延边东北亚客运集团改制为民营企业。当时，承接原国有企业所有的债权、债务，并接收安置原企业职工1100人，企业负债1.8亿，负债率为120%。改制后在企业负担重，资金周转困难，推进各项工作困难难度最大的时候，许录春凭借着良好的人格魅力率领广大干部职工，把东北亚客运集团由走投无路的老运输企业改头换面，打造成集旅客运输、公交客运、汽车租赁、酒店、客运服务、小件、驾校、汽车维修、汽车零配件销售、出租车营运、旅行社、旅游运输、广告社、物流等为一体，拥有10个分公司、3个子公司的企业

集团。

2002年，公司在国家认证机构审核通过ISO9001:2000国际质量管理体系认证，获得国家二级道路运输企业资质。2008年，为北京奥运会提供服务用车，公司被奥组委、交通部、北京市政府授予“北京奥运会交通保障车队”称号。自2006年集团公司位列交通运输百强企业开始，企业名次每年都稳健上升，2014年，集团公司位列第68位。2008年、2009年获“全国交通运输企业文化建设优秀单位”称号；2010年，获国家一级道路运输企业资质；2012年，被吉林省交通委员会评为吉林省文明交通安全企业；2013年，被延边州政府授予全州安全生产工作先进单位。经过许录春全体员工的共同努力，2015年企业负债率由原先的120%下降到零负债，企业资产总额达到5.4亿，注册资本1.07亿元，拥有员工1119人，年产值8200万元，年上缴税410万元。近几年来，许录春个人捐款汶川地震、安图水灾、社会困难人员和企业职工定期不定期补助资金36万元，公司成立爱心出租车队10年，资助社会困难人群。2009年，被授予延边州劳动模范、三届州市人大代表、市人大常委、省运输协会副会长。2015年4月，被吉林省总工会授予“吉林省五一劳动奖章”。

郑国勇　1965年5月生，中共党员，延吉市公安局刑侦大队法医。1998年，郑国勇从部队转业入警，在延吉市公安局当了4年基层民警，后调到刑侦大队成为一

名法医。近10余年间，他不幸患上尿毒症，每周2次血液透析，后又经历换肾、心脏支架、摘除癌肾3次大手术。他以顽强毅力与癌魔抗争，带着病痛出现场2000余次，年平均出现场150次。出具法医鉴定书1500余份，年平均出具100份以上。他凭着坚定理想信念，对党无限忠诚，对事业无比热爱，出色地完成每一项工作任务。

他参与破获大案要案上百起，从未争功要奖，默默无闻，任劳任怨。他同情弱者，胸装大爱，默默为百姓办实事。2009年，延吉市依兰镇一村民被人打伤，家中特别困难，郑国勇自掏腰包为其鉴定，使案件顺利进入法院诉讼，拿回医疗赔偿费用。这样的好事做了多少他自己也说不清，只有那些受助者，默默记在心中。繁重的工作，过度疲劳，郑国勇病倒了。2006年5月，他被确诊为尿毒症，病情很重，为了不影响工作，他调整时间给工作让路，轻伤不下火线。治疗17个月，病情恶化，郑国勇不得不接受换肾手术。2007年10月，在北京解放军总院手术后，还没有完全康复就返回工作岗位。郑国勇以自己过硬的业务素质和崇高的敬业精神，实现鉴定结论零差错目标，为延吉市公安局法医事业做出了巨大的贡献。2015年4月，被吉林省总工会授予“吉林省五一劳动奖章”。

（延吉市总工会　提供）

“中国好人”榜
敬业奉献好人

金　旭　1971年3月生，延吉市育龙电脑培训中心校长。23岁那年，金旭为救人而导致自己高位截瘫、生活不能自理。但他乐观自信、坚韧不拔，用勤劳的双手创造财富。2000年，创办延吉市育龙电脑学校。办校几年来，培训近万名学员，为党员提供就业机会与安排就业达上千次。为残疾人、贫困学员免收、减免学费以及扶贫济困、捐资助学60余万元。2007年8月，金旭创办延边残疾人爱心协会。2010年，创办艺术培训中心，培训会员与残疾人子女300多人次；设立2个残疾人康复中心，5年来接待残疾人1800余人次。2011年，他投资100多万元建起爱心水厂，安置6名残疾人、2名待业青年、1名下岗工人，带动帮扶创业就业226人。2014年，他又办起残疾人婚姻介绍所，为残疾青年搭建“鹊桥”。

2006年，金旭先后被吉林省人民政府授予“吉林省残疾人自强创业(就业)优秀个人”称号，被共青团延吉市委授予“青年创业明星”称号，被中共延边州委、州政府授予“延边特等劳动模范”称号。同年，金旭被批准加入中国共产党。2008年，金旭又先后被选举为吉林省、延边州残疾人代表；2009年5月，被评为“延边十大杰

出青年”;2009 年 9 月，被吉林省人民政府授予“吉林省劳动模范”;2012 年,被中共延边州委、州政府授予“残疾人创业标兵”称号;2015 年 1 月 29 日,被评为“中国网事·华御农业·感动吉林 2014”年度网络人物。2015 年 2 月，被中央文明办选入“中国好人”榜,评为“敬业奉献好人”。

吉林省优秀团干部

马龙冬 1986 年 12 月生，共青团延吉市委副书记。他在工作中他始终保持谦虚谨慎品格，干工作勤勤恳恳,对人热情主动,并积极完成了各项工作任务。广泛组织开展“红领巾相约中国梦”“争做向上向善好少年”“与人生对话”等活动。主办“三讲三爱·感动延吉”之青年好榜样颁奖典礼。深入开展“1+X”大学生实训计划。积极联合各镇、街道开展就业创业技能培训。推进共青团特色工作项目创新,开展“四关爱”“爱心寒托班”“雪中送暖”活动。获 2015 年度“吉林省优秀共青团干部”称号。

吉林省三八红旗手

吕爱辉 女,硕士研究生,中国民主同盟盟员,1978 年 3 月出生。英国萨里大学管理学理学硕士，2000 年 8 月参加工作,现任延边畜牧开发集团有限公司董事长。吉林省第十届、十一届政协委员。在吕爱辉的参与和积极推动下,公司与延边州牧业管理局、延边大学、州家畜繁育改良工作总站、种公牛站、州农科院、吉林省农科院、吉林大学等单位共同研发出肉牛新品种——“延黄牛”,于 2008 年 1 月 14 日通过了国家畜禽品种遗传资源委员会的审定，是中国第二个专业化肉牛品种，同时获得吉林省科技进步一等奖。在吕爱辉的主导下,集团公司取得在供应商控制、到货检查、储存、加工、制备、送货、可追溯及招回、个人卫生及培训、设施、设备、校正等 48 个环节的第三方国际认证，与美国万豪集团签订长期采购供应协议，结束了延边黄牛产业数十年困守本地市场的历史，树立了延边黄牛产业发展的一个新的里程碑。2012 年 9 月，在北京举行的首届中国牛肉美食烹饪大赛暨中国优秀牛肉品牌联展上，吕爱辉率公司团队获得最高奖“特优食材奖”。2012 年 5 月,获得中国畜牧业协会,畜牧行业先进工作者荣誉称号。2013 年 7 月，在全国妇联妇女发展部、中国就业促进会指导,中国妇女外文期刊社、亚洲女性发展协会主办的女性创业研讨会上,获得“女性创业之星”称号。2015 年,获得“吉林省三八红旗手”荣誉称号。

新任副县级以上领导干部

姜虎权 朝鲜族,1962 年 12 月生,吉林省和龙市人,1978 年 9 月参加工作,中共党员,研究生学历。1978 年 9 月至 1986 年 2 月，任和龙县邮电局报务员、会计、团委书记;1986 年 2 月至 1989 年 1 月，任共青团和龙县青工部部长;1989 年 1 月至 1990 年 3 月,任和龙县委组织部组织科科员;1990 年 3 月至 1991 年 1 月，任共青团和龙县委副书记;1991 年 1 月至 1994 年 9 月,任共青团和龙县(市)委书记;1994 年 9 月至 1999 年 1 月,任和龙市广电局局长:1999 年 1 月至 2001 年 9 月，任和龙市政府办公室主任;2001 年 9 月至 2003 年 4 月,任和龙市委常委、组织部部长;2003 年 4 月至 2004 年 8 月，任敦化市委副书记;2004 年 8 月至 2008 年 3 月，任延边州委组织部副部长;2008 年 3 月至 2008 年 12 月,任珲春市委副书记、副市长、代市长;2018 年 12 月至 2011 年 11 月,任延吉市委副书记、副市长、代市长;2011 年 11 月至 2013 年 10 月,任延吉市委副书记、市长;2013 年 10 月至 2014 年 12 月,任延吉市委副书记、市长、延吉高新技术产业开发区党工委书记;2015 年 1 月,任延吉市委书记、市长、延吉高新技术产业开发区党工委书记。

宋旭日　朝鲜族，1972年1月生，吉林省汪清县人，1994年8月参加工作，中共党员，硕士研究生学历。1994年8月至1996年3月，任延边兴华集团公司职员；1996年3月至1997年11月，任延边州政府办公室科员；1997年11月至2002年7月，任延边州政府办公室综合处副主任科员、副处长、主任科员；2002年7月至2004年2月，任延边州政府督查室主任（副县级）；2004年2月至2006年8月，任延边州直机关党工委副书记；2006年8月至2008年12月，任汪清县委常委、纪委书记；2008年12月至2011年8月，任汪清县委常委、副县长；2011年8至2011年11月，任汪清县委副书记、副县长、代县长；2011年11月至2015年1月，任汪清县委副书记、县长；2015年1月，任延吉市委副书记、市政府市长。

暴　刚　1971年9月生，吉林省九台市人，1995年7月参加工作，中共党员，硕士研究生学历。1995年7月至2001年12月，任延边大学中文系助教、讲师；2001年12月至2003年11月，任延边州委办公室科员、副主任科员；2003年11月至2007年1月，任延边州政府办公室副主任科员、主任科员；2007年1月至2007年8月，任延边州纪委干部；2007年8月至2009年1月，任延边州纪委办公室副主任；2009年1月至2011年12月，任延边州纪委案件监督管理室副主任、主任；2011年12月至2013年11月，任延边州纪委常委、案件监督管理室主任；2013年11月至2015年8月，任延边州纪委常委、秘书长；2015年8月，任延边州纪委常委，延吉市委常委、纪委书记。

钟世久　1976年11月生，吉林省敦化市人，1999年10月参加工作，中共党员，硕士研究生学历。1999年10月至2000年7月，任延边人民广播电台节目主持人；2000年7月至2005年2月，任延吉卷烟厂办公室秘书、副处长；2005年2月至2009年4月，任延边州政府办公室综合二处秘书、副主任科员、副处长、主任科员；2009年4月至2010年12月，任延边州商务局办公室主任；2010年12月至2015年10月，任图们市副市长；2015年10至2015年11月，任延吉市委常委；2015年11月，任延吉市委常委、宣传部部长。

郑　权　朝鲜族，1970年6月生，硕士研究生学历，1998年7月，加入中国共产党，1992年7月，参加工作。1992年7月至1993年10月，任长春市双阳水泥厂技术员；1993年10月至2003年11月，任延吉市建筑设计院科员、副主任、副院长；2003年11月至2006年3月，任延吉市开发区规划建设局副局长（主持工作）；2006年3月至2007年1月，任延吉市建设局副局长；2007年1月至2008年6月，任延吉市规划局局长；2008年6月至2011年8月，任延吉市教育局党委书记、局长；2011年8月至2012年2月，任延吉市政府副市长、市教育局党委书记、局长；2012年2月，任延吉市人民政府副市长。其间：2008年9月至2008年10，延边州中青年后备干部学习班学习；2008年7月至2010年10月，上海复旦大学挪威管理学院教育管理专业学习；2010年10月至2010年11月，全国第20期县市教育局局长培训班学习。2015年8月，任延吉市委常委、市政府副市长。

李根刚　朝鲜族，1961年8月生，黑龙江省东宁县人，1980年12月参加工作，中共党员。1980年12月至1981年10月，东宁县农机厂工人；1981年10月至1983年9月，在黑龙江省水产学校学习；1983年10月至1988年9月，任东宁县水产局干部；1988年10月至1991年10月，任东宁县民族事务委员会科员；1991年10月至1992年7月，任延吉市人事局科员；1992年7月至1995年6月，任中共延吉市委办公室科员、副科长、科长；1995年7月至

1997年1月，任中共延吉市委办公室副主任科员；1997年1月至1999年3月，任延吉市委办公室副主任。1999年3月至2001年10月，任延吉市建设局党委副书记、纪检书记、2001年10月至2002年8月，任延吉市建设局党委副书记、副局长、纪检书记。2002年8月至2004年1月，任延吉市总工会主席、党组书记。2004年1月至2007年1月，任延吉市政府办公室主任、延吉市政府党组成员。2007年1月至2007年10月，任延吉市财政局局长。2007年11月至2010年12月，任延吉市市长助力、市财政局局长。2010年12月至2011年4月，任延吉市市长助力、市财政局党委书记、局长。2011年4月至2011年7月，任延吉市财政局党委书记、局长。2011年7月至2011年12月，任延吉市财政局党组成员、市财政局党委书记、局长。2011年12月至2012年2月，任延吉高新技术产业开发区管委会副主任，市财政局党委书记、局长。2012年2月，任延吉高新技术产业开发区管委会副主任。2015年12月，任延吉市人大常委会副主任。

盖映红 女，1979年1月生，吉林省桦甸市人。

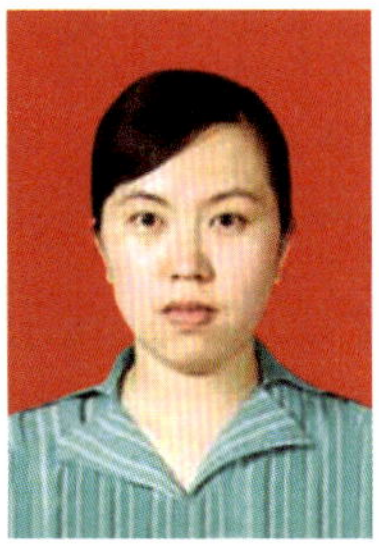

2001年6月加入中国共产党。1998年9月至2002年7月，就读于延边大学法律系，获得法学士学位。2002年7月至2005年11月，任延边职工大学教员、校长办公室秘书，其间：2002年9月至2005年7月，就读于延边大学法学院并获得硕士学位。2005年11月至2007年9月，任延边州检察院干部处书记员、助检员。2007年9月至2008年1月，任延边州检察院办公室助理检察员。2008年1月至2008年8月，任延边州检察院反贪局综合指导处助检员。2008年8月至2009年1月，任延边州妇女联合会副主席。2011年8月，任延吉市委宣传部部长。2015年11月，任延吉市政府副市长。

朴林虎 朝鲜族，1966年2月生，吉林省延吉市人，

1988年7月参加工作，中共党员，大学学历，1988年7月至1997年3月，任延吉体改委科员、科长；1997年3月至2001年5月，任延吉市委办公室督察室主任；2001年5月至2001年10月，任延吉市粮食局副局长；2001年10月至2003年11月，任延吉市科学技术局副局长；2003年11月至2005年4月，任延吉市发展和计划局副局长；2005年4月至2005年12月，任延吉市发展和改革局副局长；2005年12月至2007年1月，任延吉市经济开发区经济局局长；2007年1月至2012年2月，任延吉市发展和改革局局长、西部开发办主任；2012年2月至2014年3月，任延吉市财政局党委书记、局长；2014年3月至2015年4月，任延吉市委常委。2015年4月，任延吉市政府副市长。

崔昌铉 朝鲜族，1965年2月生，吉林省珲春市人，

1988年10月参加工作，中共党员，研究生学历。1988年10月至2000年1月，任珲春市公安局刑警大队科员、副大队长（副主任科员）、大队长；2000年1月至2002年4月，任珲春市公安局交警大队大队长；2002年4月至2009年11月，任珲春市公安局副局长（主任科员）；2009年11月至2011年1月，任延边州公安局派出所工作指导处副处长（主持工作）；2011年1月至2014年9月，任和龙市公安局党委书记、局长；2014年9月至2015年8月，任延吉市政府党组成员，公安局党委书记、局长、督察长；2015年8月，任延吉市政府副市长，公安局党委书记、局长、督察长。

宋述山 1970年10月生，吉林省珲春市人，

1991年9月参加工作，中共党员，大学学历。1991年9月至1993年6月，任通化市政府调研室副主任科员；1993年6月至1997年11月，任珲春边境经济合作区管委会办公室副主任科员；1997年11月至1998年3月，任珲春市委宣传部精神文明办副主任科员；1998年3月至2003年6月，任珲春市委办公室

副主任、主任科员；2003年6月至2007年2月，任延边州委办公室综合一处副处长（主持工作）、综合二处处长；2007年2月至2011年12月，任延边州政府办公室综合二处处长、秘书二处处长；2011年12月至2015年9月，任延边州住房公积金管理中心副主任；2015年9月，任延边州住房公基金管理中心副主任，延吉市政府副市长(挂职)。

王英民　1978年12月生，山东省莱州市人，2004年9月参加工作，中共党员，博士研究生学历。2004年9月至2014年11月，任中国国际经济贸易仲裁委员会案件经办秘书；2014年11月至2015年12月任中国海事仲裁委员会业务拓展处副处长；2015年12月任中国海事仲裁委员会业务拓展处副处长，延吉市政府副市长(挂职)。

李　克　1962年5月出，吉林省汪清县人，1981年7月参加工作，中共党员，大专学历。1981年7月至1992年8月，任汪清林业局高中教师；1992年8月至1997年10月，任汪清县民宗局科员；1997年10月至2000年12月，任延边州物资局科员；2000年12月至2007年8月，任延吉市信访局科员、科长、副局长、局长；2007年8月至2009年2月，任延吉市信访局局长、市长助理；2009年2月至2009年10月，任延吉市建设局党委书记、局长；2009年10月至2011年12月，任延吉市住房和城乡建设局党委书记、局长；2011年12月至2015年11月，任延边州住房和城乡建设局副局长（正科级）、延吉市住房和城乡建设局党委书记、局长；2015年11月，任延吉高新技术产业开发区管委会副主任。

（组织部　提供）

逝世副县级以上领导干部

李桂树　女，朝鲜族，1929年12月25日出生，1946年4月参加革命，1947年5月加入中国共产党，东北军政大学吉林分校第一期毕业，参加东北军政大学土改工作队，历任延吉县光开区团区委书记，延吉县语文专门学校党支部书记，延吉妇女联合会主任，延吉市委财贸政治部副部长，延吉市上山下乡知识青年办公室主任。1983年12月至1986年2月任延吉市人大常委会主任，1986年2月离休。因病于2015年7月10日在延吉逝世，享年86岁。

金龙浩　朝鲜族，1934年12月29日出生，珲春市人。1951年1月加入中国人民志愿军后勤四分部，1952年2月参加延边政治干校学习，1953年2月在延吉县林政科任科员，1955年9月5日在三道湾森林经营所入党，1959年延边州委农林工作部干事、副科长，1973年4月在龙井果树农场种蓄场任主任、书记，1977年3月在延吉市农工部、农委任部长、主任，1987年2月任延吉市人大常委会副主任，1991年1月退休，因病于2015年10月16日在延吉逝世，享年81岁。

（老干部局　提供）

附 录

延吉市 2015 年国民经济和社会发展统计公报

2015 年，是“十二五”收官之年，面对持续加大的经济下行压力及各种挑战，市委、市政府带领全市各族人民主动适应经济发展新常态，坚持以科学发展观为统领，坚持改革开放，坚持稳中求进工作总基调，抢抓机遇，攻坚克难，国民经济保持中高速增长，社会事业取得持续进步。

一、综合

初步核算，全年实现延吉生产总值 309.47 亿元，按可比价格计算，比上年增长 6.9%。其中，第一产业增加值 5.76 亿元，增长 4.2%；第二产业增加值 128.32 亿元，增长 4.0%；第三产业增加值 175.39 亿元，增长 9.5%。按户籍人口计算，人均生产总值 57455 元，增长 5.8%。三次产业结构为 1.9:41.5:56.6。

全年公共财政预算全口径收入完成 78.49 亿元，比上年增长 0.4%；公共财政预算收入 29.45 亿元，增长 2.8%。其中，税收收入完成 21.68 亿元，下降 0.3%。全年公共财政预算支出 56.01 亿元，增长 25.7%。其中，教育支出 8.90 亿元，增长 17.3%；社会保障和就业支出 7.20 亿元，增长 17.4%。

全年居民消费价格总指数累计上涨 1.6%。八大类商品及服务项目价格“七升一降”。其中，食品类价格上涨 0.7%、烟酒及用品价格上涨 2.0%、衣着类价格上涨 2.2%、家庭设备用品及维修服务价格上涨 1.9%、医疗保健和个人用品价格上涨 0.3%、娱乐教育文化用品价格上涨 0.2%、居住价格上涨 6.0%；交通和通讯价格下降 0.4%。

二、农业

全年实现农林牧渔业总产值 9.56 亿元，比上年增长 4.4%。其中，农业产值 6.64 亿元，增长 4.0%；林业产值 0.46 亿元，增长 3.5%；牧业产值 2.03 亿元，增长 6.0%；渔业产值 0.03 亿元，增长 1.9%；农林牧渔服务业产值 0.41 亿元，增长 3.0%。

全市农作物播种面积 18213 公顷，比上年下降 3.0%。其中，粮食播种面积 15732 公顷，下降 1.8%。在粮食播种面积中，水稻播种面积 2484 公顷，占粮食播种面积的 15.8%；玉米播种面积 12142 公顷，占比 77.2%。全年粮食产量 97104 吨，增长 11.2%；蔬菜产量 85877 吨，下降 10.0%；水果产量 25932 吨，增长 13.5%；烟叶产量 391 吨，下降 14.1%；油料产量 401 吨，下降 0.2%。

全年肉类产量 4679 吨，比上年增长 2.5%；水产品产量 195 吨，增长 2.6%；禽蛋类产量 2467 吨，增长 19.0%；奶类产量 353 吨，增长 24.6%；鹿茸产量 170 公斤，下降 1.2%。

年末全市拥有农业机械总动力 15.00 万千瓦，比上年增长 0.4%；大中小型农用拖拉机 5630 台，增长 28 台；农用化肥施用量 11395 吨，下降 0.6%。

三、工业和建筑业

全年规模以上工业企业实现增加值 114.05 亿元，比上年增长 4.0%。其中，市属企业增加值 54.19 亿元，增长 17.4%。全年规模以上工业企业总产值339.03亿元。其中,市属企业产值256.60亿元。全年工业企业产品销售率96.6%,比上年下降1.0个百分点。其中,市属企业产品销售率96.6%,提高0.2个百分点。

全年规模以上工业企业实现主营业务收入316.14亿元,比上年增长6.9%;实现利润16.95亿元,下降8.6%;实现利税总额65.16亿元,下降6.2%。全市规模以上工业企业亏损面9.0%,亏损额0.18亿元。

全年实现资质以上建筑业总产值56.19亿元,比上年下降7.6%。

四、固定资产投资

全年完成全社会固定资产投资252.03亿元,比上年增长14.7%。从产业结构看,第一产业投资5.30亿元,增长12.7%;第二产业投资113.92亿元,增长15.8%,其中工业投资110.80亿元,增长13.6%;第三产业投资132.81亿元,增长13.8%。全年施工项目246个,其中新开工项目203个。

全年房地产开发投资43.01亿元,比上年增长32.2%。房屋施工面积468.76万平方米,下降9.3%;竣工面积44.57万平方米,增长1.3倍。全年商品房销售面积67.60万平方米,下降12.7%。

五、国内贸易

全年实现社会消费品零售总额226.32亿元,比上年增长9.7%。分行业看,批发和零售贸易业零售额174.78亿元,增长8.3%,占社会消费品零售总额的77.2%;住宿和餐饮业零售额51.54亿元,增长14.6%,占比22.8%。在限额以上商品销售中,汽车类实现零售额22.63亿元,增长3.9%;石油及制品类实现零售额15.76亿元,增长8.4%;食品类实现零售额10.65亿元,下降3.1%。

六、对外经济

全年招商引资项目(含续建)259项,合同投资总额486.80亿元,到位资金186.30亿元,完成年计划的102.4%,比上年增长12.9%;当年新批外商投资企业11户;实际利用外资3679万美元,完成年计划的108.0%。

全年实现外贸进出口总额28586万美元,比上年增长5.0%。其中,出口总额21790万美元,增长2.7%,占比76.2%;进口总额6796万美元,增长13.5%。

七、交通、邮电和旅游

全年完成货物运输量1418.4万吨,比上年增长6.9%。其中,铁路发送量4.7万吨,增长27.0%;载货汽车货运量1413.0万吨,增长6.9%;民用航空发送量0.7万吨,增长16.7%。全年完成旅客发送量1299.0万人次,增长2.7%。其中,铁路发送量224.7万人次,增长30.6%;公路发送量1000.0万人次,下降2.9%;民用航空出港人数74.3万人次,增长17.7%。民用航空旅客吞吐量145.8万人次,增长17.4%。

全年实现邮政业务总量9027万元,比上年增长2.5%。发送特快专递信件与物品10.4万件;报纸订阅793.0万份;杂志订阅45.0万份。全市固定电话用户20.0万户;移动电话用户71.4万户;互联网用户18.2万户。

年末全市拥有星级宾馆12家,其中四星级宾馆4家,三星级宾馆6家。旅行社130家,其中出境组团社23家。全年接待海内外游客750.12万人次,比上年增长15.3%。其中,接待国内游客704.47万人次,增长15.7%;接待入境游客45.65万人次,增长10.0%。全年实现旅游总收入170.33亿元,增长23.4%;旅游外汇总收入1.98亿美元,增长23.8%。

八、金融和保险业

年末全市金融机构本外币各项存款余额641.34亿元,比年初增加66.79亿元。其中,境内存款余额639.31亿元,其中住户存款余额404.17亿元,增加24.89亿元;境外存款余额2.03亿元,减少0.01亿元。全市金融机构本外币各项贷款余额338.76亿元,比年初增加52.93亿元。其中,境内贷款338.74亿元,其中住户贷款101.04亿元,增加22.64亿元,非金融企业及机关团体贷款237.70亿元,增加30.28亿元;境外贷款0.02亿元,增加0.01亿元。

年末全市拥有各类保险公司27家,全年实现保费收入24.60亿元,比上年增长24.9%。其中,人身险保费收入20.92亿元,增长25.9%;财产险保费收入3.69亿元,增长20.2%。全年各类保险赔款支出4.41亿元,增长40.0%。其中,人身险赔款2.85亿元,增长63.8%;财产险赔款1.55亿元,增长9.9%。

全年证券市场股票、基金交易总量1499.50亿元。

九、教育和科学技术

全市拥有2所高等学校。其中,招收研究生1286人,在校研究生3540人,毕业研究生1160人;在校大学生21024人,毕业大学生4439人。中等专业学校6所,在校学生1874人,毕业生716人。普通中学25所,在校学生22875人,其中普通高中在校学生9222人,毕业生3322人;初中在校学生13653人,毕业生4194人。职业中学3所，在校学生2362人。小学27所，在校学生28888人。幼儿园在园儿童15607人；特殊教育学校1所，在校学生116人。

全年扶持科技含量较高的产品项目16项。其中，列入省级项目9项，州级项目3项，市级项目4项。全市有9项科研成果获得省科学技术奖。全年专利申请量231项。其中，发明专利94项，实用新型专利113项，外观设计专利24项。全年专利授权131项。其中，发明授权28项，实用新型84项，外观设计19项。

十、文化、卫生和体育

年末全市拥有艺术表演团体1个，文化站10个，公共图书馆2个，体育场馆3个，博物馆4个。广播电台2座，广播节目6套；电视台2座，电视节目4套；中波转播发射台2座，调频转播发射台3座，电视转播发射台3座。广播综合人口覆盖率100.0%，电视综合人口覆盖率99.6%。

年末全市拥有各类卫生机构542个，其中各类医院33个。拥有专业卫生技术人员5942人。其中，执业医师2446人，注册护士2586人。卫生机构拥有病床5153张。

全年共组织全市运动会12次。组织参加全州运动会学生组21次，社会组30次。参加青少年省赛16次。共获得省级比赛第一名17次。

十一、人口、人民生活、就业和社会保障

年末全市户籍人口54.13万人，比上年增加5382人。其中，城镇人口49.54万人，乡村人口4.59万人。人口出生率9.70‰，死亡率6.69‰，自然增长率3.01‰。在总人口中，朝鲜族人口30.84万人，占总人口的57.0%。

全年城镇常住居民人均可支配收入28500元，比上年增长6.1%。年末延吉市城镇私营企业劳动者6.74万人；城镇个体劳动者18.72万人。年末全市城镇登记失业人员2085人，比上年减少3183人；登记失业率为0.9%，比上年下降1.3个百分点。

年末全市参加基本养老保险人数16.26万人，比上年增长3.0%。其中，参保职工10.03万人，增长0.9%；参保离退休人员6.23万人，增长6.6%。参加失业保险人数7.80万人，增长3.0%。参加基本医疗保险人数46.13万人，增长0.1%。其中，城镇职工参保人数21.99万人，增长2.5%；城镇居民参保人数24.13万人，与上年持平。工伤保险人数13.25万人，增长11.5%；生育保险人数12.81万人，增长0.9%。

年末参加新型农村合作医疗人数6.36万人，参合率92.3%；医疗补偿人数5.57万人次，补偿总金额2622.54万元。其中，普通门诊补偿0.96万人次，补偿金额49.41万元；一般慢性病补偿3.64万人次，补偿金额413.72万元；特殊疾病补偿0.33万人次，补偿金额205.67万元；住院补偿0.65万人次，补偿金额1953.74万元。

全市共有社会福利机构54个，收养人数2400人。其中，民办福利院50所，收养2179人；农村福利服务中心3个，收养193人。全市享受城镇低保人数13774人，农村最低生活保障人数4867人。

十二、城市建设、环境和能源消耗

全年城市建设资金财政总支出4.59亿元，其中建设维护与管理支出4.57亿元。新增道路4公里；新建改造小街小巷50条；道路清扫保洁面积620万平方米；燃气用户15.29万户；供热面积3303万平方米；年水质综合合格率100%；污水处理率98.6%；建成区绿化覆盖率40.0%。

年末全市城市公交运营车辆740辆，其中公交车辆679辆；城市出租运营车辆2649辆；公路旅客运营车辆757辆，其中旅游客车508辆；公路货物运营车辆9919辆；危险货物运输车辆136辆。

全年AQI指数好于国家环境空气质量二级标准天数为314天。布尔哈通河溪洞断面水质基本达到国家地表水Ⅳ类水体标准，集中式饮用水源地水质达标率100%。工业企业排放的二氧化硫、COD等主要污染物基本实现了达标排放。

全年用电量10.96亿千瓦时。规模以上工业企业工业生产能源消耗93.33万吨标准煤，下降2.8%；万元增加值能源消耗0.818吨标准煤，下降6.5%。

（统计局 提供）

2000年至2015年部分年度延吉市社会经济主要指标统计表

指标	单位	2000年	2005年	2010年	2014年	2015年
一、年末总人口	万人	38.95	42.04	51.31	53.59	54.13

续表

指标	单位	2000年	2005年	2010年	2014年	2015年
二、年末从业人员	万人	18.91	17.27	24.44	33.61	37.02
#在岗职工人数	万人	8.54	7.40	7.39	6.96	6.99
三、延吉生产总值	亿元	41.29	74.64	187.65	293.97	309.47
第一产业	亿元	1.08	1.61	4.04	5.41	5.54
第二产业	亿元	17.75	30.88	83.26	129.34	128.84
#工业	亿元	14.81	25.83	76.37	118.08	117.67
第三产业	亿元	22.46	42.15	100.35	159.22	175.09
四、固定资产投资额	亿元	15.15	34.08	213.58	218.96	244.03
城镇固定资产投资额	亿元	14.48	34.05	181.62	214.54	241.40
#房地产开发投资额	亿元	1.93	12.61	12.22	32.53	43.01
农村固定资产投资额	亿元	0.67	0.03	31.96	4.42	2.63
五、财政、金融						
公共财政预算全口径收入	亿元	3.81	8.22	46.44	78.17	78.49
公共财政预算支出	亿元	3.08	8.56	25.85	44.56	56.01
金融机构各项存款余额	亿元	65.77	165.47	338.15	574.55	641.35
#住户存款	亿元	72.48	124.12	238.57	366.51	404.17
金融机构各项贷款余额	亿元	65.71	112.40	159.25	285.83	338.76
六、人民生活						
在岗职工工资总额	亿元	8.15	12.95	20.15	32.89	34.53
在岗职工平均工资	元	9286	17052	25917	45215	47896
城镇常住居民人均可支配收入	元	5526	10001	17469	26860	28500
农村常住居民人均可支配收入	元	2586	4149	7867	11837	12287
七、农业						
农林牧渔业总产值	亿元	1.74	2.60	6.69	9.34	9.56
八、工业						
工业总产值	亿元	34.58	51.22	150.78	317.14	340.89
九、运输、邮电						
货运量　铁路	万吨	22.0	20.0	7.4	3.7	4.7
公路	万吨	536.0	627.0	641.0	1322.0	1413.0
航空	万吨	0.2	0.4	0.9	0.6	0.7
客运量　铁路	万人次	219.8	153.0	181.6	172.1	224.7
公路	万人次	631.0	742.0	3267.0	1030.0	1000.0
航空	万人次	17.1	31.8	48.3	63.1	74.3
邮电业务总量	万元	43253	61732	74616	107933	87195
十一、国内外贸易						
社会消费品零售总额	亿元	33.65	43.00	130.15	212.18	226.32
#批发零售贸易业	亿元	24.93	34.73	108.07	166.83	174.78

续表

指标	单位	2000 年	2005 年	2010 年	2014 年	2015 年
住宿和餐饮业	亿元	2.82	8.23	22.08	45.35	51.54
进出口总额	万美元	—	9641	17409	22899	22681
进口额	万美元	—	2459	3751	4786	5856
出口额	万美元	—	7182	13658	18113	16825
十一、教育、文化						
在校学生数						
高等学校	万人	0.99	1.65	2.12	2.01	2.10
中等专业学校	万人	0.67	0.68	0.41	0.28	0.19
普通中学	万人	2.98	3.24	2.71	2.35	2.29
小学	万人	3.23	2.64	2.63	2.76	2.89
出版数量						
图书	万册	2003	3032	3575	4225	6052
杂志	万册	100	63	50	46	50
报纸	万份	3160	2637	2832	1374	2629
十二、卫生						
医疗床位数	张	2432	2751	3716	4463	5153
卫生技术人员	人	3937	3425	4941	5645	5942
# 医生	人	1623	1388	2077	2207	2446

注：1. 从 2004 年开始，工业指标和社会消费品零售总额为新口径，下同；2. 从 2010 年开始，金融机构各项存贷款余额、居民储蓄存款余额口径改为本外币；3. 从 2011 年开始，固定资产投资额为新口径，下同；4. 从 2013 年开始，城、乡居民收入口径调整，下同；5. 从 2010 年开始，生产总值各项数据与第三次全国经济普查衔接进行调整，下同；6. 2014 年进出口额数据进行调整。

关于延吉市老旧住宅楼房物业管理情况的调研报告

——政协延吉市委员会

老旧住宅楼房的物业管理问题一直是个棘手的难题，它不仅反映出城市的整体管理水平，也关乎百姓居住环境的改善。为了进一步加强延吉市物业管理工作，建设干净整洁、安全文明、优美宜居城市，根据市政协常委会2015年工作要点安排，市政协常委会组织部分政协委员组成专题调研组，对延吉市老旧住宅楼房（10年以上）物业管理情况进行了调研，现将调研情况报告如下：

一、基本情况

近年来，在市委、市政府的高度重视下，经房产、住建、街道等相关部门的不懈努力，延吉物业管理工作取得显著成效。大力实施“暖房子”工程和小区环境整治工程，老旧住宅楼房脏乱差问题大为改观；加强对物业企业、业主委员会的监督指导，物业管理工作有序推进；及时成立国有物业公司，对无物业管理的老旧住宅楼进行基本保洁和部分小区清掏服务，为促进老旧住宅楼房物业管理工作打下了坚实的基础。

(一)物业管理覆盖情况。目前延吉现有住宅小区627个(含大厦、单体楼)，住宅总面积约2800万平方米。其中，等级式物业管理231个，面积约1260万平方米，覆盖率约45%；业主自管、单位和社区代管41个，面积约268万平方米，覆盖率约9.6%；无物业管理的老旧住宅楼房，国有物业公司(市环卫作业服务公司)接管基本保洁和部分清掏服务355个，面积约1270万平方米，覆盖率约45.4%。全市物业管理和基本保洁实现了全覆盖。

(二)物业管理从业情况。全市登记备案有物业管理项目的物业企业109家，其中，二级资质3家(延边天宇、长春赢时、吉林荣和)，三级资质73家，暂定三级资质33家，从业人员约2300人(不包括国有物业公司从业人员)，登记备案的小区业主委员会104个。

3. 无物业管理的老旧住宅楼房情况。据2013年6月份完成的调查摸底情况，全市现有无物业管理的老旧住宅楼房2386栋，户数为12.1万户，庭院面积222.21万平方米，其中破损139.6万平方米，下水井1.28万个，其中破损1225个。单元门、单元窗共计5.06万扇，其中破损1.17万扇。

二、存在的问题

(一)物业基础配套设施不完善。老旧住宅楼房建设年代久，规划布局不合理，多年没有彻底整治改造，且没有物业维修基金，历史遗留问题较多。如新兴街道青年湖以北至健康路为老旧城区，基础设施老化陈旧，住宅楼多为单体楼和火炕楼，相对分散，空房率高，居住人员多为流动人口，实施物业服务管理较为困难。同时，一些开发单位片面追求投资效益，尽量压缩配套设施项目。即使是规划配套的项目，也常常拖延实施，先交付后配套，给物业服务管理造成很多无法回避的矛盾和问题。

(二)物业承接验收程序不规范。老旧住宅楼房前期物业服务企业多为开发单位和建设单位的下属企业，他们既是裁判员又是运动员，随心所欲。在物业工程项目承接验收时，没有街道社区参与，也没有进行物业服务企业招投标。部分未经承接验收合格的物业服务工程交付使用，遗留物业工程质量差、小区配套设施设备不齐全、不到位等隐患，还存在未服务先收费，业主拿房屋钥匙前强行收缴物业服务费，不交物业服务费就不给房屋钥匙现象，引发物业服务企业与业主间的矛盾。此外，等级式物业管理的小区由物业企业负责清掏马葫芦，市环卫作业服务公司接管的无物业老旧住宅楼，大多数只负责清运垃圾、打扫楼道和庭院保洁。清掏马葫芦需由社区工作人员另外收费，这是困扰社区和业主多年的难题。

(三)部分物业企业服务能力差。对老旧住宅小区管理的一些物业企业经营规模偏小，服务项目单一，缺少专业的物业服务人员，服务能力差，经营效益差。据统计，在全市109家物业服务企业中，约三分之一的企业亏损经营，管理老旧小区的物业企业亏损面较大。有些物业服务企业难以经营时，开始动用物业维修基金，物业维修基金用完马上弃管，不是推给街道社区管理，就是交给国有物业公司(市环卫作业服务公司)接管基本保洁和部分清掏服务。

(四)部分物业服务企业收费难。目前，延吉住宅小区大多数实施三级物业管理服务，物业企业收费标准每月每平方米在0.5元至0.7元之间，物业费收缴率需保持在80%以上，才能维持物业管理的基本运作。但实际情况，物业企业收费率较低，难以维持高质量的物业服务，结果导致业主对物业企业的服务不满意，反过来又影响了物业服务费的收缴，形成一个恶性循环的怪圈，这点老旧住宅小区尤为突出。究其原因，一是棚户区改造的回迁户和从未缴纳过物业服务费的部分业主，没能树立物业服务的商品消费观念，不及时或不愿意缴纳物业服务费；二是外出劳务造成空房率和租房率较高，找不到房主，物业服务费无法收缴；三是低保户和困难户没有能力缴纳物业服务费用；四是物业企业对不缴费的业主起诉到法院后，诉讼期长且执行难。

(五)大部分业主物权法观念差。只注重私有财产，家里精装修干净整洁，对共有财产漠不关心，对公共区域的环境、卫生不管不问，不参加业主委员会，不参与物业管理事宜。多数小区业主委员会组建难，发挥不出作用，不积极协助物业企业向业主追缴物业服务费用。老旧住宅楼房多数为敞开式无封闭的单体楼,这些楼房和不规范的无物业小区整治难,绿地种菜现象较为普遍,私搭乱建的问题非常突出。而这些问题又触及到了其他居民的利益,清理工作难度大,绝大多数涉事业主抗拒拆除清理,处理不好往往激化了矛盾。由于社区工作人员没有执法权,没有执行力度,往往无法解决好小区的综合整治工作。

三、几点建议

(一)加大改造力度,完善物业基础配套设施。建议实行循序渐进、分类施治。一是对已经完成“暖房子”改造的区域进行综合整治,整合各类资源,加大力度实施硬化、绿化、亮化工程,彻底改善基础设施和居住环境。二是用好“棚户区”改造政策,鼓励开发企业对未改造的老旧单体楼房和火炕楼房进行开发改造,为实施物业服务管理提供坚实基础。

(二)明确职责划分,规范物业承接验收程序。明确划分房屋的主体工程和物业服务工程的界线。规范前期物业管理,研究制定前期物业管理招投标管理办法,组织街道社区参与指导监督物业服务企业做好物业管理承接验收工作。禁止未经承接验收合格的物业服务工程交付使用,杜绝物业配套设施设备不齐全、不到位等现象发生,避免重走老旧住宅小区的路子。划清市环卫作业服务公司与物业公司责任,将马葫芦清掏费用增加到居民缴纳的卫生费中(可以适当提高卫生费标准),由市环卫作业服务公司在负责全市袋装垃圾清运的同时,对住宅楼的马葫芦定期清掏,解决这项困扰社区和业主多年的难题。

(三)完善体制机制,提高物业企业服务能力。进一步明晰物业管理部门和住建、园林、行政执法、爱卫办、街道、社区的职责,充实管理队伍力量,加大行业管理、监督、检查和服务力度,促进物业管理工作顺利开展。完善激励和制约机制,建立和完善物业服务企业诚信管理档案,鼓励物业服务企业接收老旧住宅楼房物业管理,并适时予以奖励。实行诫勉谈话和黑名单制度,对业主投诉多并查证属实的物业企业,进行诫勉谈话并限期整改,对拒不改正的予以降级,对屡次弃管的物业企业列入黑名单,对情节严重的物业企业清除物业服务市场。加大业界整合力度,引导物业服务企业通过兼并、联合、改组等方式进行企业重组,逐步建立信誉好、专业化程度高、服务能力强的大型物业服务企业、示范小区,打造品牌物业服务商品,不断提高物业企业的服务能力和服务质量。

(四)保障收费顺畅,提高企业物业费收缴率。加强业主委员会建设,研究制定《延吉住宅小区业主委员会选举成立程序》《业主大会议事规则》示范文本,将业主委员会建设和业主管理与社区建设结合起来,并将业主委员会纳入社区居委会的指导和管理体系,优化基层管理,进一步明确业主委员会、业主大会和业主的责任、权利和义务,完善业主、业主大会及业主委员的行为规范,有效化解物业企业与业主委员会、业主之间的矛盾。不断提高物业服务水平,赢得业主支持和认同。对于低保户困难户没有能力交纳物业服务费的,政府采取以奖代补的方式支持物业服务企业。改善物业服务企业生存环境,针对物业企业作为微利服务行业的现状,适时调整收费标准;小区内供电、供水、供热等经营部门收费标准和维修界限严格执行《吉林省物业管理办法》相关规定,减轻物业企业负担。

(五)加强宣传引导,增强业主的物权法观念。充分利用各种宣传媒体,大力宣传《物业管理条例》等相关政策法规,强化业主的物权法意识,树立物业服务的商品消费观念,引导广大业主主动支持参与物业管理服务活动,制止小区绿地种菜现象发生,严厉打击私搭乱建行为。党代表、人大代表、政协委员和全体党员要带头履行业主义务,支持业主委员会、物业公司工作,带头爱护公共财产,维护公共环境卫生。加大缴费力度,及时收缴物业服务费用,有效化解物业管理服务活动中发生的服务纠纷,营造规范有序的物业管理服务环境。加强对无物业小区管理,街道社区和国有物业服务公司继续推进基本物业服务全覆盖工作,通过选择试点,立足现实,谋划长远,经过不懈努力,待条件成熟时,对基础好的老旧住宅小区实行等级式物业管理。

(2015年11月10日)

郭　嵩(市长助理,8月任)

领导干部名录

中国共产党延吉市委员会

书　　　记:姜虎权(朝鲜族)
常务副书记:吴　健(5月免)
副　书　记:
宋旭日(朝鲜族,1月任)
常　　　委:
邓开举(8月免)
廉京燮(朝鲜族,1月免)
秦晓明
高　鹏
曹永吉(朝鲜族,4月任,8月免)
暴　刚(8月任)
盖映红(女,10月免)
李延军(朝鲜族)
钟世久(10月任)
郑　权(朝鲜族,8月任)
尹大勇(朝鲜族)
朴林虎(朝鲜族,4月免)
施　歌(挂职,10月免)

延吉市人民政府

市　长:
宋旭日(朝鲜族,1月任)
常务副市长:秦晓明
副市长:
廉京燮(朝鲜族,1月免)
曹永吉(朝鲜族,8月免)
郑　权(朝鲜族)
曲建军
盖映红(女,10月任)
高　帆(女,4月免)
朴林虎(朝鲜族,4月任)
崔昌铉(朝鲜族,8月任)
杨文升(挂职,11月免)
施　歌(挂职,10月免)
宋述山(挂职,8月任)
王英民(挂职,11月任)
王正权(市长助理,8月任)

延吉市人民代表大会常务委员会

主　任:李俊杰
副主任:
尹　林(朝鲜族,8月免)
朴光石(朝鲜族)
乔　嘉
李光镐(朝鲜族)
李根刚(朝鲜族,10月任)

中国人民政治协商会议延吉市委员会

主　席:安范虎(朝鲜族)
副主席:郭　毅
徐成鹏
金京春(朝鲜族)

中国共产党延吉市纪律检查委员会(监察局)

书　记:邓开举(8月免)
暴　刚(8月任)

延吉高新技术产业开发区

党工委书记:
姜虎权(朝鲜族)
党工委副书记、管委会主任:
金光振(朝鲜族)
管委会副主任:
刘文明
董志刚(1月免)
金　花(女,朝鲜族)
李根刚(朝鲜族,10月免)
李　克(11月任)

延边新兴工业集中区管理委员会

党工委书记、管委会主任:
李福祥
管委会副主任:
车光进(朝鲜族)
许洪奇

先进集体和个人名录

(以获奖时间为序)

中共中央国务院(部委局室)表彰的先进集体

延吉市建工街道延青社区:全国社区侨务工作明星社区

延吉市北山街道:全国和谐社区建设示范街道

延吉市检察院驻看守所检察室:国际一级规范化检察室

延吉市河南街道白川社区:全国社区侨务工作明星社区

延吉市工商局:2014年度全国个体私营经济监督管理调研工作先进联系单位

延吉市人民法院:2014年度网络宣传先进单位

延吉市国税局:全国文明单位

延吉市青少年活动中心:欧洲中国艺术节杰出组织奖

第十五届全国校园春节大联欢“百佳艺术教育特色单位”

第十五届中国校园春节大联欢上海专场“梦圆东方·我们在上海”特等奖

“魅力校园”第十五届全国校园春节大联欢《长白阿里郎》特等奖

“青春中国大型国际系列活动”最佳组织奖

欧洲中国艺术节杰出组织奖

延吉市水务集团有限公司营销分公司:全国青年文明号

延吉市六一幼儿园:“七巧板”快乐宝贝合唱季最佳创编奖

延吉市公安局公园派出所：2013~2014 年度全国青年文明号

延吉市看守所：全国公安监所管理系统和武装警察看守执勤部(分)队“三共”(共建、共管、共保安全)活动成绩突出单位

延吉市：第四批“全国节水型社会建设试点”

延吉市科学技术馆：2015~2019“全国科普教育基地”称号

延吉市公园街道园辉社区：社区发展奖

延吉市六一幼儿园：国际生态学校

延吉市梨花小学：全国素质教育示范校

延吉市：全国电子商务进农村综合示范县

延吉市向阳幼儿园：国际生态学校

延吉市北山街道丹英社区：全国禁毒工作先进集体

延吉市小营镇长东大葱协会：全国科普惠农兴村先进单位(基层科普行动计划)

延吉市延河小学：“中华情·校园梦”主题征稿活动荣获才艺类团体一等奖

延吉市青少年活动中心：全国青少年“中华情、中国梦”主题征文、摄影、书画、才艺征稿活动优秀组织奖

延吉市红十字会：2015 年全国红十字青少年自救互救知识竞赛活动最佳组织一等奖

延吉市教育局：2015 年全国红十字青少年自救互救知识竞赛活动最佳组织一等奖

延吉市延河小学：2015 年全国红十字会青少年自救互救知识竞赛活动最佳组织二等奖

延吉市职业高级中学：2015 年度中国职业教育百强

延吉市朝阳川镇：全国建制示范试点镇

延吉市少年儿童图书馆：全民阅读示范基地

延吉市：阿里巴巴满天星“点亮中国”溯源计划试点城市

延吉市民政局：民政宣传工作先进单位

延边人民革命烈士陵园：国家级抗战纪念设施、遗址

延吉市青少年活动中心：“我的中国梦”中国青少年宫文化艺术节优秀组织奖

延吉市青少年活动中心：表演唱《长白阿里郎》和钢琴二重奏《阿里郎》获“我的中国梦”中国青少年宫文化艺术节银奖

声乐组合《长白阿里郎》《小白船》获“相约浪漫大连，同唱中国梦”第六届中国校园合唱节一等奖

延吉市少年儿童图书馆：优秀组织奖”

延吉市互联网信息中心《延吉新闻网》：第八届全国地方新媒体发展高峰论坛暨中国地市新闻网联盟第八届年会“十大县级最具影响力品牌”

延吉市：中国职业人群健步走激励干预项目三等奖

延吉市：全国推进吸毒人员网格化服务管理首批试点地区

延吉市梨花小学：第十七届“天才杯”全国儿童绘画、涂鸦大赛“全国儿童画集体一等奖”

延吉市进学小学：中国·白银第十五届 PHE 国际青少年书画大赛美术教育成果特等奖

延吉市延河小学：第二届全国平安校园建设优秀成果三等奖

延吉市关工委：全国关心下一代工作先进集体

延吉市进学街道办事处：全国首届敬老志愿服务模范单位

延吉市中央小学：东北三省朝鲜族小学信息技术与《数学》整合课展示会议优秀组织奖

延吉市公园街道公园社区卫生服务中心：提升社区卫生服务“微视频”优秀奖

延吉市公园街道园法社区：国家级百千万无邪教示范社区

延吉市中央小学：“我爱足球”中国足球民间争霸赛大区赛(北区·天津赛区)5 人制娃娃组冠军

延吉市侨务工作办公室：全国社区侨务工作先进单位

延吉市党史地方志办公室：全国地方志系统先进集体

延吉市新兴街道：国家级无邪教创建示范街道

延吉市司法局：全国法治社区建设示范单位

延吉市北山街道：全国法治社区建设示范街道

延吉市河南街道烟厂社区：全国法治社区建设示范社区

延吉市建工街道延春社区：全国法治社区建设示范社区

延吉市延河小学：第二批节约型公共机构示范单位

延吉市建工街道：全国法治社区建设示范街道

延吉市科学技术协会：吉林省科普示范县

延吉市国土资源局：全国国土资源管理系统先进集体

延吉市委宣传部：2015 年度宣传工作先进单位

中共中央国务院（部委局室）表彰的先进个人

辛盛花（延吉市妇幼保健所）：全国妇幼健康服务先进个人

李贞姬（延吉市卫计局）：群众满意的社区卫生工作者

金　明（吉林烟草工业有限责任公司延吉卷烟厂）：全国劳动模范

王会林（吉林敖东延边药业股份有限公司）：全国劳动模范

刘志国（延吉市吉兴洋葱经济专业合作社）：全国劳动模范

王玉雪（延吉市延河小学）：日内瓦国际发明展金奖

韩玉今（延吉市科技局）：2015 年全国知识产权系统人才工作先进个人

潘月玲（延吉市第三高级中学）：英语课堂教学观摩课一等奖及最佳教学设计奖

国　颖（中国银行）：全国公安系统“好警嫂”

刘清艳（延吉市外事办）：全国社区侨务工作先进个人

王淑清（延吉市北山街道丹英社区）：第二届全国模范小巷总理

崔美香（延吉市建工街道长青社区）：第二届全国模范小巷总理

吉林省委、省政府（直属部门、系统、行业）表彰的先进集体

延吉市建工街道延青社区：全省社区侨务工作示范单位

延吉市民政局：优抚双拥工作先进单位

延吉市检察院：十佳行政执法检查监督基层院

延吉大地单板有限公司：全省示范彩虹基地

延吉市民宗局：2014 年度全省民族宗教系统信息宣传工作先进单位

延吉市工商局：吉林省工商行政管理系统先进集体

延吉市北山街道丹春社区：优秀外国人管理服务站

延吉市人民法院：全省法院 2014 年度学术讨论会组织工作先进单位

延吉市延河小学：吉林省中小学生 4D 空间结构科技创新大赛小学组投石机项目团体第三名

延吉市梨花小学：吉林省首届小学生“说文解字”大赛优秀组织奖

吉林省首届小学生“说文解字”大赛亚军

延吉市公安局出入境管理大队：吉林省公安系统优秀基层单位

延吉市进学街道文河社区：平安家庭示范社区

延吉市：第二批城乡居保经办服务示范工程省级示范县（市、区）

延吉市建工街道延春社区：第二批城乡居保经办服务示范工程省级示范社区

延吉市建工街道延青社区：第二批城乡居保经办服务示范工程省级示范社区

延吉市建工街道长海社区：第二批城乡居保经办服务示范工程省级示范社区

延吉市建工街道延虹社区：第二批城乡居保经办服务示范工程省级示范社区

延吉市建工街道延盛社区：第二批城乡居保经办服务示范工程省级示范社区

延吉市建工街道长青社区：第二批城乡居保经办服务示范工程省级示范社区

延吉市建工街道长生社区：第二批城乡居保经办服务示范工程省级示范社区

延吉市建工街道延兴社区：第二批城乡居保经办服务示范工程省级示范社区

延吉市建工街道长新社区：第二批城乡居保经办服务示范工程省级示范社区

延吉市公园街道园法社区：第二批城乡居保经办服务示范工程省级示范社区

延吉市公园街道园城社区：第二批城乡居保经办服务示范工程省级示范社区

延吉市进学街道向阳社区：第二批城乡居保经办服务示范工程省级示范社区

延吉市建工街道延盛社区：省级高质量就业示范社区

延吉市妇幼保健所：吉林省 2013~2014 年度“群众满意的卫生计生机构”

延吉市北山街道丹山社区：吉林省残疾人文化体育活动示范点

延吉市朝阳川镇供销社：吉林省供销系统先进基层社

延吉市朝阳川镇供销社八道分社：吉林省供销系统先进服务社

延吉纪委监察局：“政务微博工作”先进单位

延吉市检察院反渎职侵权局：办案工作优胜单位

延吉市新兴街道民和社区：三零示范社区

延吉市依兰镇司法所：全省法律援助工作先进集体

延吉高新区：“吉林省引智示范区”

延吉市看守所：吉林省公安监所管理系统深挖犯罪工作成绩突出单位

延吉市河南街道白山社区：吉林省社区科普益民工作“科普示范社区”

延吉市审计局：吉林省审计系统先进集体

延吉市卫计局:2014 年度全省人口和计划生育目标管理责任制“计生线”考核综合先进县(市)

延吉市公安消防大队:2014 年消防工作先进单位。

延吉高新区:“省级电子商务示范基地”

延吉市建工街道“七彩虹”志愿者协会：第四届吉林省志愿服务优秀组织

延吉市河南街道阳光义工服务队：第四届吉林省志愿服务优秀组织

延吉市职业高中初阳志愿者服务队：第四届吉林省志愿服务优秀组织

延吉市河南街道：第四届吉林省志愿服务优秀组织

吉林博森律师事务所：实施“五大工程”助推民营经济发展法律服务活动优秀团队

吉林达公伟业律师事务所：实施“五大工程”助推民营经济发展法律服务活动优秀团队

延吉市朝阳川镇中心卫生院:省级示范乡镇卫生院

延吉市司法局：吉林省刑满释放人员安置帮教工作先进集体

延吉市公园街道:吉林省刑满释放人员安置帮教工作先进集体

延吉市公园街道园辉社区：吉林省刑满释放人员安置帮教工作先进集体

延吉市北山街道丹山社区：吉林省刑满释放人员安置帮教工作先进集体

延吉市六一幼儿园:2014 年度吉林省五四红旗团支部

延吉市中央小学：吉林省国防科技体育锦标赛优秀奖

延吉市科学技术协会：全省 2014~2015 年“科技之冬”送科技下乡活动先进集体

延吉市科学技术馆：吉林省青少年第二十三届科技艺术大赛优秀组织单位

延吉市北山街道丹山社区：吉林省民族团结进步先进集体

延吉市少儿图书馆：吉林省第十二届“青青草”杯原创作品大赛最佳组织奖

延吉市少年儿童图书馆:吉林省第五届农民工子女书画作品大赛最佳组织奖

延吉市依兰镇北兴小学:吉林省第五届农民工子女书画作品大赛最佳组织奖

延吉市蓓蕾幼儿园：吉林省教育厅吉林省青少年第二十三届科技艺术大赛先进组织单位

延吉市梨花小学：吉林省青少年第二十三届科技艺术大赛先进组织单位

延吉市新苗幼儿园：吉林省青少年第二十三届科技艺术大赛先进组织单位

延吉市气象局：全省气象部门“创先争优”先进基层党组织

延吉市青少年活动中心：2015 年科技活动周先进科技传播群体奖

延吉市职业高级中学：吉林省第五届职业技术院校“多媒体教育教学课件大赛”优秀组织奖

延吉市第二高级中学:2015 年吉林省青少年男子足球锦标赛第二名

延吉市建工街道长新社区：吉林省第十三届科普周千人健身广场舞风采奖

延吉市公园小学:2015 年“我爱足球”中国足球民间争霸赛——吉林省五人制总决赛体育道德风尚奖

延吉市河南街道白新社区：第十三届科普周千人健身广场舞风采奖

延吉市河南街道：第十三届科普周千人健身广场舞风采奖

延吉市卫计局:2014~2015 年度县级公立医院综合改革试点工作先进市

延吉市人民政府新兴街道办事处:2013~2015 年度全省文明单位

延吉市公安局交通警察大队：2013~2015 年度全省文明单位

延吉经济开发区国家税务局：2013~2015 年度全省文明单位

延吉市市场监督管理局：2013~2015 年度全省文明单位

延吉市财政局:2013~2015 年度全省文明单位

延吉市向阳幼儿园:2013~2015 年度全省文明单位

国网吉林省电力有限公司延吉市城郊供电分公司:2013~2015 年度全省文明单位

延吉市少年儿童图书馆：2013—2015 年度全省文明单位

延吉市中央小学:2013~2015 年度全省文明单位

延吉市六一幼儿园:2013~2015 年度全省文明单位

延吉市文化广电新闻出版局：2013~2015 年度全省文明单位

延吉市春光小学:2013~2015年度全省文明单位

延吉市第四中学:2013~2015年度全省文明单位

延吉市地方税务局:2013~2015年度全省文明单位

延吉市北山街道丹英社区:2013~2015年度全省文明单位

延吉市朝阳川镇:2013~2015年度全省文明镇

延吉市三道湾镇中心村:2013~2015年度全省文明村

延吉市朝阳川镇勤劳村:2013~2015年度全省文明村

延吉市三道湾镇北张芝村:2013~2015年度全省文明村

延吉市公安消防大队—延吉市公园街道办事处:全省军(警)民共建先进单位

武警延边州森林支队—延吉市河南街道办事处:全省军(警)民共建先进单位

93011部队(驻延空军部队)—延吉市建工街道办事处:全省军(警)民共建先进单位

延吉市公园小学:2015年“我爱足球”中国足球民间争霸赛娃娃组吉林省五人制总决赛第一名

延吉市公园街道办事处:全省军(警)民共建先进单位

延吉市广播电视管理局:2015年省电视节目统一供片工作先进单位

延吉市残联:吉林省残疾人文化活动示范点

延吉市:吉林省综合减灾示范社区

延吉市河南街道白山社区:全省社区侨务工作明星社区

延吉市河南街道烟厂社区:吉林省综合减灾示范社区

延吉市北山街道丹英社区:吉林省综合减灾示范社区

延吉市至诚公证处:全省诚信公证处

延吉市广播电视管理局电台交通之声:2015年省发稿量名列全省市(县)级广播电台第一名

延吉市经合局:2015年网络信息工作优秀集体

延吉市新兴街道:2013~2015年度吉林省文明单位

延吉市档案局:全省档案工作先进集体

延吉市公安局交通管理大队:2013~2015年度吉林省文明单位

吉林省委、省政府(直属部门、系统、行业)表彰的先进个人

仲跻祥(延吉市北山街道丹春社区):全省离退休干部先进个人

赵　勇(延吉市进学街道):民兵预备役基层干部标兵

崔　逸(延吉市公安局治安管理大队):2014年“吉林省公安荣誉勋章”

葛宝森(延吉市公安局交通管理大队):2014年“吉林省公安荣誉勋章”

禹昌旭(延吉市公安局交通管理大队):2014年“吉林省公安荣誉勋章”

李银锡(延吉市看守所):2014年“吉林省公安荣誉勋章”

林红月(延吉市公安局刑事犯罪侦查大队):2014年“吉林省公安荣誉勋章”

申　玲(延吉市公安局出入境管理大队):2014年“吉林省公安荣誉勋章”

王春生(延吉市公安局户政管理大队):2014年“吉林省公安荣誉勋章”

金河权(延吉市公安局):2014年“吉林省公安荣誉勋章”

河美兰(延吉市看守所民警):2014年“吉林省公安荣誉勋章”

岳自新(延吉市公安局交通管理大队):2014年“吉林省公安荣誉勋章”

王荣海(延吉市看守所民警):2014年“吉林省公安荣誉勋章”

赵松林(延吉市公安局刑事犯罪侦查大队):2014年“吉林省公安荣誉勋章”

田　刚(延吉市看守所民警):2014年“吉林省公安荣誉勋章”

太良艳(延吉市市场监督管理局):吉林省工商行政管理系统先进个人

金　兰(延吉市公安局户政管理大队):吉林省公安系统优秀基层民警

杨成阁(延吉市公安局进学派出所):吉林省公安系统优秀基层民警

王红梅(延吉市公安消防大队):个人三等功

金　兰(延吉市公安局户政管理大队):吉林省公安机关“巾帼建功”标兵

金　兰(延吉市公安局户政管理大队):吉林省公安机关省“三八红旗手”

金　兰(延吉市公安局户政管理大队):杰出女警官、2015年春运交通管理工作成绩突出个人

王新刚(延吉市公安局交通管理大队):2015年春运交通管理工作成绩突出个人

吴兴德（延吉市公安局交通管理大队）：2015年春运交通管理工作成绩突出个人

任　峰（延吉市公安局交通管理大队）：2015年春运交通管理工作成绩突出个人

赵庆隆（延吉市公安局国内安全保卫大队）：吉林省公安机关国内安全保卫系统优秀专业教官

张　静（延吉市纪委）：优秀网络评论员

吕　晶（延吉市纪委）：优秀新闻通信员

戚　霞（延吉市供销社）：吉林省供销系统先进个人

黄林星（延吉市水利局二次供水设施管理处）：2014年度吉林省城市二次供水改造工程先进个人

潘莎莎（延吉市妇联）：全省妇联系统优秀信息员

郑国勇（延吉市公安局刑事侦查大队）：2015年吉林省五一劳动奖章获得者

付青山（国电龙华延吉热电有限公司运行部主任）：2015年吉林省五一劳动奖章获得者

李婉薇（延吉市四叶草义工协会）：2015年第一季度吉林好人

姜学琴（延吉市慈惠夕阳院）：2015年第一季度吉林好人

朱万涛（延吉市司法局依兰司法所）：实施"五大工程"助推民营经济发展法律服务活动优秀个人

李成峰（吉林首泰律师事务所）：实施"五大工程"助推民营经济发展法律服务活动优秀个人

扈玉海（吉林诚途律师事务所）：实施"五大工程"助推民营经济发展法律服务活动优秀个人

李婉薇（延吉市四叶草义工协会）吉林省优秀志愿者

徐淑子（延吉市四叶草义工协会邻里情老年义工队）：吉林省优秀志愿者

王艺霏（延吉市四叶草义工协会）：吉林省优秀志愿者

杨丽珍（延吉市四叶草义工协会邻里情老年义工队）：吉林省优秀志愿者

南　寿（延吉市北山街道丹延社区）：吉林省优秀志愿者

戴晓彬（延吉市北山街道丹华社区）：吉林省优秀志愿者

郑金花（延吉市北山街道）：吉林省优秀志愿者

张　伟（延吉市北山街道）：吉林省优秀志愿者

朴海燕（延吉市公园街道园辉社区）：吉林省优秀志愿者

张春颖（延吉市公园街道园建社区）：吉林省优秀志愿者

葛振先（延吉市河南街道晨光社区）：吉林省优秀志愿者

郑义超（延边大学科学技术学院）：吉林省优秀志愿者

吕信颖（延吉市建工街道延华社区）：吉林省优秀志愿者

亓冬梅（延吉市建工街道延春社区）：吉林省优秀志愿者

于佩瑶（延吉市委宣传部）：吉林省优秀志愿者

曲忠磊（延吉市文明办）：吉林省优秀志愿者

崔太男（延吉市职业高级中学）：吉林省优秀志愿者

崔艳荣（延吉市职业高级中学）：吉林省优秀志愿者

朴　善（延吉市青年志愿者协会）：吉林省优秀志愿者

崔秀虎（延吉市青年志愿者协会）：吉林省优秀志愿者会长

李青日（延吉市国家税务局）：吉林省优秀志愿者

唐惠慧（延吉市气象局）：吉林省优秀志愿者

李志艳（延吉市依兰镇锦城小学）：吉林省优秀志愿者

张　虎（延吉市司法局）：全省安置帮教工作先进个人

李弘莲（延吉市妇联）：吉林省农村妇女"双学双比"竞赛活动工作先进个人

孔　瑞（延吉市第一高级中学）：吉林省美德少年

崔太男（延吉市职业高级中学）：吉林省美德少年

金丽娜（延吉市第二高级中学）：吉林省美德少年

许金强（延吉市第三中学）：吉林省美德少年

高　莹（延吉市第三高级中学）：吉林省美德少年

韩爱玲（延吉市第六中学）：吉林省美德少年

李贞丹（延吉市公园小学）：吉林省美德少年

黄意现（延吉市河南小学）：吉林省美德少年

王雨洁（延吉市春光小学）：吉林省美德少年

金劲霖（延吉市兴安小学）：吉林省美德少年

李恩进（延吉市第十中学）：吉林省美德少年

王敬蕾（延吉市进学小学）：吉林省美德少年

金达垠（延吉市梨花小学）：吉林省美德少年

沈铉东（延边大学师范学院附属小学）：吉林省美德少年

赵桂雪（延吉市朝阳川光华小学）：吉林省美德少年

李原震（延吉市第三中学）：

吉林省美德少年

陈姝颖（延吉市北兴小学）：吉林省美德少年

金靖武（延吉市建工小学）：吉林省美德少年

姜金花（延吉市建工街道延青社区）：吉林省民族团结进步先进个人

朴吉花（延吉市医院）：优秀医院感染管理者

何敞兵（延吉市公安消防大队）：2015年第二季度吉林好人

池日权（延吉市公安局便衣侦查大队）：个人二等功

王晓刚（延吉市公安消防大队）：优秀基层指挥员

周应科（延吉市公安消防大队）：优秀基层指挥员

敖　博（延吉市公安消防大队）：优秀基层指挥员

李　杨（延吉市公安消防大队）：优秀基层指挥员

金仁鹤（延吉市住建局）：吉林省住房和城乡建设系统先进工作者

崔香淑（延吉市公安局出入境管理大队）：吉林省公安出入境服务管理工作成绩突出个人

崔京惠（延吉市公园社区卫生服务中心）："2014年吉林省心血管病高危人群早期筛查与综合干预项目"先进个人

田　田（延吉市北山社区卫生服务中心）："2014年吉林省心血管病高危人群早期筛查与综合干预项目"先进个人

李崇辉（延吉市公安消防大队）："吉林省公安消防部门监督执法岗位适应性评价"活动先进个人

许亚涛（延吉市公安消防大队）："吉林省公安消防部门监督执法岗位适应性评价"活动先进个人

窦战军（延吉市公安消防大队）："吉林省公安消防部门监督执法岗位适应性评价"活动先进个人

崔周范（延吉市文联）：中国长白山"雪之魂"国际摄影展特等奖

韩　璎（延吉市文联）：中国长白山"雪之魂"国际摄影展银奖

王肖松（延吉市文联）：中国长白山"雪之魂"国际摄影展银奖

梁广林（延吉市文联）：中国长白山"雪之魂"国际摄影展铜奖

于长馨（延吉市文联）：中国长白山"雪之魂"国际摄影展铜奖

孙海龙（延吉市黑七龙美容美发学校）：2015年三季度吉林好人

杨丽珍（延吉市进学街道"四叶草"老年义工服务队）：2015年三季度吉林好人

王晓刚（延吉市公安消防大队）：2015年三季度吉林好人

李光俊（延吉市河南街道人民调解委员会）：全省"我最喜爱的人民调解员"

苏　蕾（延吉市道路交通事故损害赔偿纠纷人民调解委员会）：全省"我最喜爱的人民调解员"

黄绪娟（延吉市妇联）：吉林省优秀巾帼志愿者

张五多（延吉市委宣传部互联网中心）：2015年网络评论工作先进工作者

苏胜军（延吉市公安局公园派出所）：个人二等功一次

金　宇（延吉市经合局）：2015全省经合系统信息报送组织奖

金镇禹（延吉市经合局）：2015全省经合系统信息报送组织奖

刘晓虹（延吉市经合局）：2015全省经合系统信息报送组织奖

王　杰（延吉市公安局经济犯罪侦查大队）：2015年"吉林省公安荣誉勋章"

王永生（延吉市公安局朝阳川派出所）：2015年"吉林省公安荣誉勋章"

玄勇善（延吉市公安局刑事犯罪侦查大队）：2015年"吉林省公安荣誉勋章"

韩　星（延吉市公安局指挥中心）：2015年"吉林省公安荣誉勋章"

元银玉（延吉市公安局出入境管理大队）：2015年"吉林省公安荣誉勋章"

崔承龙（延吉市公安局侦审大队）：2015年"吉林省公安荣誉勋章"

于德君（延吉市看守所民警）：2015年"吉林省公安荣誉勋章"

张慧莉（延吉市公安局交通管理大队）：2015年"吉林省公安荣誉勋章"

刘　媛（延吉市公安局交通管理大队）：2015年"吉林省公安荣誉勋章"

赵志田（延吉市公安局交通管理大队）：2015年"吉林省公安荣誉勋章"

张明根（延吉市公安局禁毒大队）：2015年"吉林省公安荣誉勋章"

延边州委、州政府（直属部门、系统、行业）表彰的先进集体

延吉市检察院公诉部门：集体三等功

延吉市人民法院：全州优秀法院

延吉市人民法院民一庭:集体三等功

延吉市建工街道延青社区:延边州民族团结进步示范集体

延吉市北山街道丹山社区:延边州民族团结进步示范集体

延吉市文体局:延边朝鲜族自治州第六次全国体育场地普查先进单位

延吉市公安消防大队:2014年度全州安全生产工作先进单位

延吉市公安局交通管理大队:2014年度延边州安全生产工作先进单位

延吉市公安局刑事犯罪侦查大队:2014年延边州公安机关“打击侵犯财产犯罪、抓逃犯”专项行动先进集体

新兴派出所:2014年延边州公安机关“打击侵犯财产犯罪、抓逃犯”专项行动先进集体

进学派出所:2014年延边州公安机关“打击侵犯财产犯罪、抓逃犯”专项行动先进集体

延吉市公安局经济犯罪侦查大队:2014年延边州公安机关经济犯罪侦查“打假”工作优胜单位

延吉市公安局国内安全保卫大队:优秀“临侦单位”

延吉市公安局国内安全保卫大队:“网上斗争”先进单位

延吉市:全州民政工作先进县(市)

延吉市广电局:2014年度安全生产工作先进集体

延吉市文体局:2014年度新闻出版工作先进集体

延吉市妇联:2014年度服务妇女、关爱儿童工作创新奖

延吉市妇联:2014年度基层组织建设工作优胜奖

延吉市妇联:2014年度创业就业技能培训工作创新奖

延吉市公安局:2014年度“命案全破”先进局

延吉市公安局进学派出所:集体三等功

延吉市公安局交通管理大队:集体三等功

延吉市公安局小营派出所:集体嘉奖一次

延吉市公安局经济犯罪侦查大队:集体嘉奖一次

延吉市公安局侦审大队:集体嘉奖一次

延吉市公安局出入境管理大队:集体嘉奖一次

延吉市公安局户政管理大队:集体嘉奖一次

延吉市看守所:集体嘉奖一次

延吉市公安局新兴派出所:延边州优秀派出所

延吉市看守所:2014年度延边州监所管理系统突出贡献奖

延吉市看守所:2014年度延边州监管场所安全奖

延吉市公安局交通管理大队河北中队:2015年度春运安保工作先进中队

延吉市公安局朝阳川中队:2015年度春运安保工作先进中队

延吉市文体局:先进单位

延吉市文体局:延吉市全民健身中心先进集体

延吉市新兴街道民平社区:城乡居保经办服务示范社区州级示范社区

延吉市新兴街道民安社区:城乡居保经办服务示范工程州级示范社区

延吉市新兴街道民昌社区:城乡居保经办服务示范工程州级示范社区

延吉市公园街道园艺社区:城乡居保经办服务示范工程州级示范社区

延吉市公园街道园校社区:城乡居保经办服务示范工程州级示范社区

延吉市公园街道园纺社区:城乡居保经办服务示范工程州级示范社区

延吉市公园街道恒润社区:城乡居保经办服务示范工程州级示范社区

延吉市公园街道园月社区:城乡居保经办服务示范工程州级示范社区

延吉市公园街道园辉社区:城乡居保经办服务示范工程州级示范社区

延吉市公园街道园新社区:城乡居保经办服务示范工程州级示范社区

延吉市公园街道园航社区:城乡居保经办服务示范工程州级示范社区

延吉市公园街道园锦社区:城乡居保经办服务示范工程州级示范社区

延吉市公园街道园建社区:城乡居保经办服务示范工程州级示范社区

延吉市公园街道办事处:城乡居民基本养老保险工作先进单位

延吉市医院:州五一巾帼标兵岗

延吉市医院急诊观察室:州五一巾帼标兵岗

延吉市民政局:2014年消防工作先进单位

延吉市进学街道办事处:2014年消防工作先进单位

延吉市财政局：州劳动模范集体

延吉市文化馆：州劳动模范集体

延吉市中关电子科技大厦有限公司:州劳动模范集体

延吉市医院:模范职工之家

延吉市老龄工作委员会:“全州敬老文明号”先进集体

延边市进学街老年文体协会:先进街道老年文体协会

延吉市河南街道：中韩俄国际软排邀请赛女子组第三名

延吉市河南街道：延边州第十九届运动会社区组健身路径比赛第二名

延吉市公安局治安管理大队:“1522”警卫工作先进集体

延吉市公安局建工派出所:“1522”警卫工作先进集体

延吉市公安局交通管理大队:集体三等功

延吉市公安局巡逻警察大队:集体三等功

延吉市河南街道白山社区:全州门球比赛(城镇组)第四名

延吉市进学街老年文体协会：延边州第十九届运动会社区组健身秧歌比赛第一名

延吉市河南街道：全州老年健身展示比赛健身球单项第一名

延吉市司法局安置帮教科:全州安置帮教知识竞赛团体第一名

延吉市建工街道延青社区:敬老服务爱心组织

延吉市河南街道白山社区:敬老服务爱心组织

延吉市河南街道白山社区:敬老服务爱心组织

延吉市四叶草邻里情老年义工服务队:敬老服务爱心组织

延吉市新兴街道民泰社区:延边州科普示范社区

延吉市北山街道丹山社区:2015年度消防志愿服务活动先进集体

延吉市新兴街道民平社区:消防志愿者服务活动先进集体

延吉市妇联：延边州吉林大姐家政比赛优秀组织奖

延吉市四叶草义工协会:延边好人团队

延边州委、州政府（直属部门、系统、行业）表彰的先进个人

金忠国(延吉市安全生产监督管理局):全州安全生产先进个人

崔　云（延吉市公安局):个人三等功

金成一（延吉市公安局朝阳川派出所):个人三等功

金　勇（延吉市公安局进学派出所):2014年延边州公安机关“打击侵犯财产犯罪、抓逃犯”专项行动先进个人

金　虎（延吉市公安局建工派出所):2014年延边州公安机关“打击侵犯财产犯罪、抓逃犯”专项行动先进个人

杨榆林（延吉市公安局河南派出所):2014年延边州公安机关“打击侵犯财产犯罪、抓逃犯”专项行动先进个人

池日权（延吉市公安局便衣侦查大队):2014年延边州公安机关“打击侵犯财产犯罪、抓逃犯”专项行动先进个人

王守军（延吉市公安局经济犯罪侦查大队):2014年延边州公安机关经济犯罪侦查“打假”工作先进个人。

金　虎（延吉市公安局):个人三等功

秦元兴（延吉市公安局经济犯罪侦查大队):个人三等功

李长浩（延吉市公安局经济犯罪侦查大队):个人三等功

金　刚（延吉市公安局经济犯罪侦查大队):个人三等功

魏玉良（延吉市公安局进学派出所):个人三等功

崔洪哲（延吉市公安局刑事犯罪侦查大队):个人三等功

金火星（延吉市公安局刑事犯罪侦查大队):个人三等功

张海龙（延吉市公安局刑事犯罪侦查大队):个人三等功

赵庆隆（延吉市公安局国内安全保卫大队):个人三等功

吴亨默（延吉市公安局国内安全保卫大队):个人三等功

佘志彬（延吉市公安局经济犯罪侦查大队):个人三等功

胡友军（延吉市公安局进学派出所):个人三等功

崔红星（延吉市公安局新兴派出所):个人三等功

玄俊万（延吉市公安局新兴派出所):个人三等功

韩　浩（延吉市公安局公园派出所):个人三等功

赵云柱（延吉市公安局建工派出所):个人三等功

智金国（延吉市公安局交通管理大队):个人三等功

苏胜军（延吉市公安局公园派出所):个人三等功

李　鹏（延吉市公安局朝阳川派出所):个人三等功

车玉花(延吉市妇联):优秀

妇联干部

李　慧(延吉市妇联):优秀妇联干部

朴香淑（延吉市公园街道园城社区):延边州巾帼建功标兵

金升日（延吉市公园街道):党管武装工作好领导

霍文明（延吉百货大楼股份有限公司):延边州特等劳动模范

金太哲(延吉市金星塑料彩印有限公司):延边州特等劳动模范

王淑清（延吉市北山街道丹英社区):延边州特等劳动模范

李美善（延吉市集中供热有限公司):延边州劳动模范

元东日（延吉市规划勘测设计院):延边州劳动模范

金尚龙（延吉市公共汽车公司车队):延边州劳动模范

李世明（延吉市中医医院):延边州劳动模范

刘贵德（延吉市十二中学):延边州劳动模范

许花月（延吉市公园小学):延边州劳动模范

朴恩周（延吉市殡葬管理服务中心):延边州劳动模范

田学明（延吉市物资储运有限责任公司):延边州劳动模范

温立群（延吉市征收局):延边州劳动模范

许龙哲（延吉市审计局):延边州劳动模范

李红伟（延边伟业食品有限公司):延边州劳动模范

许明顺(延吉市朝阳川镇龙盛村):延边州劳动模范

李美玉（延吉市小营镇吉兴村):延边州劳动模范

康峰镐（延吉市发改局):延边州劳动模范

姜金花（延吉市建工街道延青社区):延边州劳动模范

李贞姬（延吉市公园社区卫生服务中心):延边州劳动模范

胡友军(延吉市公安局进学派出所):延边州公安机关优秀所领导

赵云柱（延吉市公安局建工派出所):延边州公安机关优秀社区民警

李文杰（延吉市公安局新兴派出所):延边州公安机关优秀社区民警

朱天学（延吉市公安局公园派出所):延边州公安机关优秀治安民警

郑鹏远（延吉市公安局河南派出所):延边州公安机关优秀治安民警

孙英芳(延吉市公安局北山派出所):延边州公安机关优秀内勤。

鱼明镇（延吉市拘留所):2014 年度延边州监所管理系统优秀监管领导

朴成浩（延吉市看守所):2014 年度延边州监所管理系统优秀监管民警

王荣海（延吉市看守所):2014 年度延边州监所管理系统优秀监管民警

朴东辉（延吉市拘留所):2014 年度延边州监所管理系统优秀监管民警

于厚水（延吉市公安局交通管理大队):2015 年度春运安保工作先进个人

孙永范（延吉市公安局交通管理大队):2015 年度春运安保工作先进个人

崔永哲（延吉市公安局交通管理大队):2015 年度春运安保工作先进个人

石贵丞（延吉市公安局交通管理大队):2015 年度春运安保工作先进个人

梁智伟（延吉市公安局交通管理大队):2015 年度春运安保工作先进个人

洪　连（延吉市国税局):2015 年第一季度延边好人

殷孝忠(延吉市建工街道长青社区):2015 年第一季度延边好人

王　喆(延吉市雅典娜养生美学馆):2015 年第一季度延边好人

何敢兵（延吉市公安消防大队):2015 第一季度延边好人

吴向东（延吉市公安消防大队):嘉奖一次

李俊学（延边州公安消防支队延吉市大队):优秀干部

邵泊彰（延吉市公安消防大队):优秀干部

王靖淇（延吉市公安消防大队):优秀干部

成　辉（延吉市北山街道):“敬老文明号”先进个人

李　哲（延吉市公安局便衣侦查大队):个人三等功

金学哲（延吉市公安局禁毒大队):个人三等功

郑　虎（延吉市公安局特警大队):个人三等功

金文日（延吉市公安局朝阳川派出所):个人三等功

邹志国（延吉市公安局经济犯罪侦查大队):个人三等功

金　华（延吉市公安局刑事犯罪侦查大队):个人三等功

黄英才（延吉市公安局刑事侦查大队):个人三等功

秦　强（延吉市水务集团有限公司):延边州“青年岗位能手”

李紫琦（延吉市东山小学):延边美德少年标兵

尹俊熙（延吉市中央小学):延边美德少年标兵

李　震（延吉市国际合作技术学校):延边美德少年

刘玉欣（延吉市第四中学):

延边美德少年

方琳渊（延吉市第五中学）：延边美德少年

徐梦崎（延吉市第七中学）：延边美德少年

朴美琳（延吉市第八中学）：延边美德少年

王佳龙（延吉市第九中学）：延边美德少年

马　雅（延吉市第十二中学）：延边美德少年

张智荣（延吉市第十三中学）：延边美德少年

徐银研（延吉市实验小学）：延边美德少年

杨斯凯（延吉市北山小学）：延边美德少年

陈　可（延吉市延河小学）：延边美德少年

金奎利（延吉市建工小学）：延边美德少年

安娜颖（延吉市新兴小学）：延边美德少年

阚明宇（延吉市朝阳小学）：延边美德少年

郑舒瑛（延吉市延新小学）：延边美德少年

李智贤（延吉市延南小学）：延边美德少年

王为上（延吉市小营小学）：延边美德少年

陈姝羽（延吉市仁坪小学）：延边美德少年

代姝宁（延吉市烟集学校）：延边美德少年

邢　馨（延吉市北兴小学）：延边美德少年

何潞潞（延吉市锦城小学）：延边美德少年

王婉竹（延吉市三道学校）：延边美德少年

季晨曦（延吉市支边小学）：延边美德少年

徐晨焜（延吉市煤矿小学）：延边美德少年

金　兰（延吉市朝阳川朝阳小学）：延边美德少年

朱晓宇（延吉市朝阳川第二中学）：延边美德少年

韩　玥（延吉市朝阳川镇太阳学校）：延边美德少年

蔡琳（延吉市朝阳川第一中学）：延边美德少年

李明阳（延吉市中央小学）：延边美德少年

韩勋杰（延吉市第十中学）：延边美德少年

司马千惠（延吉市北山小学）：延边美德少年

解佳佳（延吉市第九中学）：延边美德少年

丁　莹（延吉市第三高级中学）：延边美德少年

李　颖（延吉市实验中学）：延边美德少年

杨　超（延吉市公安消防大队）：优秀共产党员

杨成阁（延吉市公安局进学派出所）：个人三等功

何敞兵（延吉市公安消防大队）：优秀党务工作者

孙海龙（延吉市黑七龙美容美发学校）：2015 年第二季度延边好人

杨丽珍（延吉市进学街道“四叶草”老年义工服务队）：2015 年第二季度延边好人

王德征（延吉市公安局北山派出所）：2015 年第二季度延边好人

金香兰（延吉市新兴街道民旺社区）：2015 年第二季度延边好人

王伟伟（延吉市公安消防大队特勤中队）：2015 年第二季度延边好人

李振雨（延吉市公安局指挥中心）：“1522”警卫工作先进个人

李佳宁（延吉市公安局指挥中心）：“1522”警卫工作先进个人

孙长福（延吉市公安局指挥中心）：“1522”警卫工作先进个人

李风涛（延吉市公安局指挥中心）：“1522”警卫工作先进个人

许敬波（延吉市公安局治安管理大队）：“1522”警卫工作先进个人

王盛海（延吉市公安局进学派出所）：“1522”警卫工作先进个人

万利军（延吉市公安局治安管理大队）：“1522”警卫工作先进个人

黄文荣（延吉市公安局交通管理大队）：“1522”警卫工作先进个人

金　哲（延吉市公安局交通管理大队）：“1522”警卫工作先进个人

金万寿（延吉市公安局交通管理大队）：“1522”警卫工作先进个人

崔东海（延吉市公安局交通管理大队）：“1522”警卫工作先进个人

许福子（延吉市公安局）：“1522”警卫工作先进个人

王力升（延吉市公安局）：“1522”警卫工作先进个人

承　鑫（延吉市公安局视频侦查大队）：“1522”警卫工作先进个人

李喜延（延吉市公安局）：“1522”警卫工作先进个人

刘　冰（延吉市公安局刑事犯罪侦查大队）：“1522”警卫工作先进个人

方永波（延吉市公安局国内安全保卫大队）：“1522”警卫工作先进个人

郑　虎（延吉市公安局特种警察大队）：“1522”警卫工作先进个人

刘洪利（延吉市公安局网络安全保卫大队）：“1522”警卫工作先进个人

李善凯（延吉市公安局巡逻警察大队）：“1522”警卫工作先进个人

刘全龙（延吉市公安局新兴派出所）：“1522”警卫工作先进个人

刘振铎(延吉市公安局新兴派出所):“1522”警卫工作先进个人

蔡志远(延吉市公安局公园派出所):“1522”警卫工作先进个人

朱莹灿(延吉市公安局建工派出所):“1522”警卫工作先进个人

左永鹏(延吉市公安局建工派出所):“1522”警卫工作先进个人

李　林(延吉市公安局城建派出所):“1522”警卫工作先进个人

金明珠(延吉市公安局森林保卫大队):“1522”警卫工作先进个人

何洪涛(延吉市公安局小营派出所):“1522”警卫工作先进个人

车明日(延吉市公安局小营派出所):“1522”警卫工作先进个人

金红星(延吉市公安局小营派出所):“1522”警卫工作先进个人

金　虎(延吉市公安局河南派出所):“1522”警卫工作先进个人

曲凤杰(延吉市公安局河南派出所):“1522”警卫工作先进个人

李　鹏(延吉市公安局朝阳川派出所):“1522”警卫工作先进个人

金吉龙（延吉市公安局朝阳川派出所):“1522”警卫工作先进个人

金学文(延吉市公安局便衣侦查大队):“1522”警卫工作先进个人

智金国（延吉市公安局交通管理大队):个人三等功

朱　军（延吉市公安局交通管理大队):个人三等功

金永文（延吉市公安局交通管理大队):个人三等功

郭锡志（延吉市公安局治安管理大队):个人三等功

边　江（延吉市公安局治安管理大队):个人三等功

薛正罡（延吉市公安局指挥中心):个人三等功

乔　鹏（延吉市公安局北山派出所):个人三等功

徐东巍（延吉市公安局北山派出所):个人三等功

王春生（延吉市公安局户政管理大队):个人三等功

曹凤发（延吉市公安局户政管理大队):个人三等功

金香玉（延吉市医院):2015年度州医德标兵

朱俊卿（延吉市公园街道武装部):2015年国防教育工作先进个人

朱俊卿（延吉市公园街道武装部):2015年延边州“中国梦、我的梦”主题演讲比赛优秀奖

李　杨(延吉市公安消防大队河南中队):优秀基层指挥员

金美顺（延吉市北山街道办事处社会事务科):2015年第三季度延边好人

戴晓彬(延吉市北山街道丹华社区):2015年第三季度延边好人

金凤玉（延吉市依兰镇东兴村卫生所):2015年第三季度延边好人

王艳梅(延吉市朝阳川镇光华小学):2015年第三季度延边好人

李秀兰（延吉市依兰镇利民村):2015年第三季度延边好人

袁柏琦（延吉市公安局刑事犯罪侦查大队):个人三等功

程　真（延吉市公安局新兴派出所):个人三等功

刘全龙（延吉市公安局新兴派出所):个人三等功

金　焰（延吉市公安局刑事犯罪侦查大队):个人三等功

贾　伟（延吉市公安局刑事犯罪侦查大队):个人三等功

乔正林（延吉市公安局刑事犯罪侦查大队):个人三等功

齐丽欣（延吉市北山街道丹山社区):消防志愿者先进个人

权立丽（延吉市新兴街道民泰社区):优秀消防志愿者

林松淑（延吉市公园街道园辉社区):延边州道德模范

何敢兵（延吉市公安消防大队):延边州道德模范

王　鑫（延吉市公安消防大队):第四季度延边好人

王晓刚（延吉市公安消防大队特勤中队):个人三等功

周应科（延吉市公安消防大队特勤中队):个人三等功

王　鑫（延吉市公安消防大队特勤中队):个人三等功

敖　博（延吉市公安消防大队):个人嘉奖

李　明（延吉市公安消防大队):个人嘉奖

刘　淼（延吉市公安消防大队):个人嘉奖

刘　悦（延吉市公安消防大队):个人嘉奖

李　杨（延吉市公安消防大队):个人嘉奖

张　翔（延吉市公安消防大队):个人嘉奖

郑国勇（延吉市公安局刑事犯罪侦查大队):崔光日式优秀人民警察、个人三等功

曹明哲（延吉市公安局北山派出所): 崔光日式优秀人民警察、个人三等功

吴俊杰(延吉市公安局进学派出所):崔光日式好民警、个人嘉奖

刘全龙（延吉市公安局新兴派出所):崔光日式好民警、个人嘉奖

李　强(延吉市公安局新兴派出所):崔光日式好民警、个人嘉奖

蔡勇杰(延吉市公安局河南派出所):崔光日式好民警、个人嘉奖

朴日光(延吉市公安局建工派出所):崔光日式好民警、个人嘉奖

关宏伟（延吉市公安局小营派出所）：崔光日式好民警、个人嘉奖

李庆丰（延吉市公安局依兰派出所）：崔光日式好民警、个人嘉奖

于　斌（延吉市公安局特警大队）：崔光日式好民警、个人嘉奖

林光洙（延吉市公安局网络安全保卫大队）：崔光日式好民警、个人嘉奖

张洪臣（延吉市公安局交通管理大队）：崔光日式好民警、个人嘉奖

金　日（延吉市公安局交通管理大队）：崔光日式好民警、个人嘉奖

金青松（延吉市公安局刑事犯罪侦查大队）：崔光日式好民警、个人嘉奖

王立新（延吉市公安局警务督察大队）：崔光日式好民警、个人嘉奖

金永斌（延吉市公安局禁毒大队）：崔光日式好民警、个人嘉奖

邹治国（延吉市公安局经济犯罪侦查大队）：崔光日式好民警、个人嘉奖

何云飞（延吉市公安局便衣侦查大队）：崔光日式好民警、个人嘉奖

刘曾峰（延吉市公安局视频侦查大队）：崔光日式好民警、个人嘉奖

郑昌日（延吉市公安局法制大队大队长）：崔光日式好民警、个人嘉奖

李彻虎（延吉市看守所）：崔光日式好民警、个人嘉奖

崔凤光（延吉市公安局治安管理大队）：崔光日式好民警、个人嘉奖

屈海涛（延吉市公安局三道湾派出所）：崔光日式好民警、个人嘉奖

（本刊编辑部）

“三讲三爱·感动延吉”道德模范

“诚实守信”道德模范

陈仁香（女）　延边滋仁堂药业有限公司董事长

李方旭　延吉市智能设备有限公司董事长

李圣龙　延吉市李圣龙溥利文化用品商店经理

马凤玲（女）　富祥防水公司总经理

朴明玉（女）　延吉市人民检察院刑事检察部主任检察官

苏国富　延吉市司法局依兰司法所专职人民调解员

王照伟　延吉市王麻子综合门诊院长

许香顺（女）　延吉市延盛传统饮食有限公司总经理

杨文武　延边交通文艺广播爱心车队队长

张百成　延边交通广播电台主持人

“爱岗敬业”道德模范

楚春宝　延吉市给水工程有限公司副经理

洪美善（女）　延吉市文化馆副馆长

李智敏　延吉市国税局纳税服务科科长

雒秀芝（女）　延吉市环境卫生作业有限公司工人

倪海忠　延吉市公共汽车有限公司一车队驾驶员

朴莲花（女）　延吉市疾病预防控制中心艾滋病防治科科员

王万喜　延边州邮政分公司延吉市三道湾镇邮政支局乡邮员

谢久清（女）　延吉市北山小学教师

许　真　延吉市消费者协会副秘书长

俞龙泽　延吉电视台新闻中心主任

“创业自强”道德模范

崔立业　吉林省祯元翰通科技有限公司董事长

杜建华（女）　延吉市仁达商贸有限公司经理

刘　军　延吉市天利门业总经理

朴哲洙　新美服装加工部经理

史凯成　延吉市融汇地板总经理

孙克钰　依兰镇平安村治保主任

翁桂新（女）　延边韩食府民俗食品有限公司总经理

徐仁淑（女）　假日国际旅行社有限公司总经理

杨艳梅（女）　延吉市家欣家政服务有限公司总经理

尹海青　延边华侨永大实业有限公司经理

“志愿奉献”道德模范

安英姬（女）　延吉市英学机电有限公司总经理

崔仁淑（女）　朝阳川镇胜利社区5—6组组长

韩成利（女）　公园街道园航社区居民

雷明军　延吉市东亚出租车股份有限公司雷锋车队队长

李　杰　依兰镇利民村卫生

所执业医师

吕信颖（女） 建工街道延华社区副主任

孙海龙 延吉市黑七龙美容美发学校校长

张莲玉（女） 新兴街道民昌社区居民

郑 义 延吉市四叶草义工协会义工

朱伟欣（女） 延吉市朝阳川镇幼儿园教师

“孝老爱亲”道德模范

季艳芳（女） 延边州残联智障亲友协会主席

金香兰（女） 新兴街道民旺社区居民

李桂兰（女） 进学街道正阳社区居民

李相富 延吉市灵通按摩院院长

李秀兰（女） 依兰镇利民村新岩一队村民

刘香荣（女） 进学街道文河社区丰美委居民

刘晓君（女） 延吉市北山小学教师

朴道政 小营镇仁坪村村民

王慧艳（女） 河南街道白桦社区居民

张玉琴（女） 三道湾镇中心村退休教师

（宣传部 提供）

2015 年延吉市旅行社一览表

序号	旅行社有限公司名称	业务电话	地址	经营范围
1	延边海峡国际旅行社有限公司	6017444	朝阳街朝阳小区 3 号楼	境内、入境、出境、边境（中朝中俄）
2	延边海外国际旅行社有限公司	2550522	光明街 121 号	境内、入境、出境、边境（中朝中俄）
3	延边中国国际旅行社有限公司	2710022	延西街 558 号	境内、入境、出境、边境（中朝中俄）
4	延边大信国际旅行社有限公司	2568888	光明街 136 号	境内、入境、出境、边境（中朝中俄）
5	延边白山国际旅行社有限公司	2508885	东方花园 A 座 1 楼	境内、入境、出境、边境（中朝中俄）
6	延边假日国际旅行社有限公司	2806657	兴融公寓 1 号楼 1006 号	境内、入境、出境、边境（中朝中俄）
7	延边天波国际旅行社有限公司	2535111	鑫田大厦北侧	境内、入境、出境、边境（中朝中俄）
8	延边青年国际旅行社有限公司	2536188	参花街 17 号	境内、入境、出境、边境（中朝中俄）
9	延边天池国际旅行社有限公司	2558377	金鼎商务中心 508 号	境内、入境、出境、边境（中朝中俄）
10	延边康辉国际旅行社有限公司	5081041	新兴街 126 号	境内、入境、出境、边境（中朝中俄）
11	延边泰达国际旅行社有限公司	2569911	延虹大厦 408 号	境内、入境、出境、边境（中朝中俄）
12	延边曙光国际旅行社有限公司	2915955	局子街 45 号	境内、入境、出境、边境（中朝中俄）
13	延吉市天马国际旅行社有限公司	2453777 8351515	倍达大厦 182 号 207 室	境内、入境、出境、边境（中朝中俄）
14	延边远东国际旅行社有限公司	5016699	河南商务中心 B 座 906	境内、入境、出境、边境（中朝中俄）
15	延边安达国际旅行社有限公司	2556777	光明街 13 号	境内、入境、出境、边境（中朝中俄）
16	吉林省外事国际旅行社有限公司	2818818	政务大厅 419 号	境内、入境、出境、边境（中朝中俄）
17	延边光大国际旅游有限公司	2530229	金鼎商务中心 710	境内、入境、出境、边境（中朝中俄）
18	延边大篷车国际旅行社有限公司	2909799	站前街 809 号	境内、入境、出境、边境（中朝中俄）
19	延边春天国际旅行社有限公司	2704111	延边日报社 B 座 10 楼	境内、入境、出境、边境（中朝中俄）
20	延边东北亚客运集团旅游公司	2909344	长白山路 2319 号	境内、入境、出境、边境（中朝中俄）
21	延边中铁国际旅行社有限公司	5001518	河南街兴融商务 B 座 402 号	境内、入境、出境、边境（中朝中俄）
22	延边祥运国际旅行社有限公司	2758833	站前街 809 号	境内、入境、出境、边境（中朝中俄）
23	吉林省红星国际旅行社有限责任公司	2536868	东北亚客运站西侧	境内、入境、出境、边境（中朝中俄）
24	延边文化国际旅行社有限责任公司	2537676 2796666	新兴街世纪酒店 8 楼	境内、入境
25	延边天宇国际旅行社有限公司	2906789	新兴街 162 号	境内、入境、边境（中朝中俄）
26	延边太平洋国际旅行社有限公司	5017222	公园路 656-12-23 号（博士园）	境内、入境、边境（中朝中俄）

续表

序号	旅行社有限公司名称	业务电话	地址	经营范围
27	延边金星国际旅行社有限公司	2530717	光明街明光胡同 61 号	境内、入境、边境(中朝中俄)
28	延边中国旅行社	2532580	参花街 138 号	境内、入境、边境(中朝中俄)
29	吉林省东方国际旅行社有限公司	2765111	站前街 28 号	境内、入境、边境(中朝中俄)
30	延边观光国际旅行社有限公司	5089222	爱丹路延弘大厦一楼	境内、入境、边境(中朝中俄)
31	延吉市亚细亚旅行社有限公司	2633111	鑫田公寓 313 号	境内、入境、边境(中朝)
32	延边白头山国际旅行社有限公司	2522527	局子街 1558-9 号	境内、入境、边境(中朝中俄)
33	延边阳光假期旅行社有限公司	2760033	海兰路 1019 号	境内、入境、边境(中朝中俄)
34	延边金达莱之旅国际旅游有限公司	2452440	建材大厦 926 室	境内、入境、边境(中朝中俄)
35	延边华信国际旅行社有限公司	2810097	长白山西路 2562 号	境内、入境、边境(中朝中俄)
36	延边世纪旅行社有限公司	2900068	新世纪购物广场 1516 号	境内、入境、边境(中朝中俄)
37	延边九州旅行社有限公司	2458899	延西街 35-3 号	境内、入境、边境(中朝中俄)
38	延边安谊旅行社有限公司	6117288	北山街丹宁胡同 2-5-1 号	境内、入境、边境(中朝中俄)
39	延边金马国际旅行社有限公司	2869168	明豪现代城 4 号楼 1 单元 301	境内、入境、边境(中朝中俄)
40	延边林业国际旅行社有限公司	2909669	金山嘉园 4 号楼 3008 号	境内、入境
41	延边大众旅行社有限公司	2722461	公园路 10-3 号	境内、入境
42	延边春秋旅行社有限公司	2510678	进学街团结路 196 号	境内、入境
43	延边中信旅游有限公司	2523999	鑫田公寓 338 号	境内、入境
44	延边华侨旅行社有限公司	2567776	进学街道人民路(千盛楼上一幢一单元)	境内、入境
45	延边天鹅旅行社有限公司	2513878	人民路 90 号	境内、入境
46	延边铁达旅行社有限公司	6112228	站前街 63 号	境内、入境
47	延边风光旅行社有限公司	4385888	开元公馆 8 号楼 2 单元 402	境内、入境
48	延边新华旅行社有限公司	8928006	天池路金帝家园 2 号楼	境内、入境
49	延边和平旅行社有限公司	2537779	局子街 158 号	境内、入境
50	延边国大国际旅行社有限公司	5086006	延西街 558 号	境内、入境
51	延边神舟旅行社有限公司	2568881	河南国际商务中心 B 座 1012	境内、入境
52	延吉高山旅行社有限公司	2823168	河南街 57 号	境内、入境
53	延边华夏旅行社有限公司	2514400	开元酒店 1 楼	境内、入境
54	延边国泰旅行社有限公司	6908898	大洲酒店 1 楼	境内、入境
55	延边中侨旅行社有限公司	6117388	北山街丹宁胡同 2-5-1 号	境内、入境
56	延边白山大厦旅行社有限公司	2581177	友谊路 66 号	境内、入境
57	延边大洲国际旅游有限公司	2816899	远航大厦 N1501	境内、入境
58	延边友好旅行社有限公司	8391666	光华路 21 号	境内、入境
59	延边大翔旅行社有限公司	2723315	瑞元大厦西座 506 号	境内、入境
60	延边方圆旅行社有限公司	2755656	翔宇酒店一楼	境内、入境
61	延边爱丽恩旅行社有限公司	5087977	河南国际商务中心 A706 号	境内、入境
62	延边金桥国际旅行社有限公司	2515577	朝阳街 369 号	境内、入境
63	延边康泰旅行社有限公司	2827758	河南远航商务中心 1015 号	境内、入境
64	延边国韩国际旅行社有限公司	2554880	鑫田大厦 1101 号	境内、入境

续表

序号	旅行社有限公司名称	业务电话	地址	经营范围
65	延边畅游旅行社有限公司	5115588	太平街名仕苑 8#1101	境内、入境
66	延边凯撒旅行社有限公司	23992660	远航大厦 1416 室	境内、入境
67	延边海洋国际旅行社有限公司	8899700	信息产业大厦 2 楼	境内、入境
68	延边喜洋洋旅行社有限公司	4319333	牛市街 12-4-1 号	境内、入境
69	延边威铭旅行社有限公司	5011193	爱丹路敖建 1 号楼 1-21 号	境内、入境
70	延边金都旅行社有限公司	8939977	公园路 1798 号	境内、入境
71	延边长白松旅游有限公司	2551555	公园路 588 号	境内、入境
72	延边华荣旅行社有限公司	8389995	中行小区 2 单元 202	境内、入境
73	延边鹏龙国际旅行社有限公司	2522527	局子街 1558-9 号	境内、入境
74	延边信缘旅行社有限公司	6057484	建工街金山家园 13-14 号	境内、入境
75	延边中韩旅行社有限公司	6936888	梨花路梨花小学对面	境内、入境
76	延边东亚国际旅行社有限公司	8900077	千盛购物广场 2 楼	境内、入境
77	延边安泰旅行社有限公司	2850606	新世纪 1236 号	境内、入境
78	吉林省多源国际旅行社有限公司	2535050	延弘大厦 510 号	境内、入境
79	延边海天国际旅行社有限公司	8351555	倍达创业大厦 204 号	境内、入境
80	延边企航国际旅行社有限公司	2617775	局子街 190-4 号	境内、入境
81	延边诚信旅行社有限公司	2919011	公园路 707 号	境内、入境
82	延边兆丰旅行社有限公司	13904435198	河南街 18 号	境内、入境
83	延边汉江国际旅行社有限公司	5013422	倍达创业大厦 205 号	境内、入境
84	延边瑞通国际旅行社有限公司	6100000	长白路 78 号金山嘉园 13-7-14	境内、入境
85	延边越环球国际旅行社有限公司	2736111	鑫田公寓 436 号	境内、入境
86	延边交通国际旅行社有限公司	2214555	倍达创业大厦 206	境内、入境
87	延边北国国际旅行社有限公司	2322000	佳城宾馆 301 号	境内、入境
88	延边昊天国际旅行社有限公司	6028888	长白山西路 1824 号	境内、入境
89	延边北方假期旅行社有限公司	4285551	新世纪大厦 1235 号	境内、入境
90	延边星辰国际旅行社有限公司	2500022	延弘大厦 A410 室	境内、入境
91	延边彩虹国际旅行社有限公司	8359996	河南街 318-13-21(远航大厦 S1304)	境内、入境
92	延边爱希希国际旅行社有限公司	2454777	军民路 1202 号	境内、入境
93	延边宇麟国际旅行社有限公司	8356661	天池路(白兰小区门市 2 楼)	境内、入境
94	延边商旅国际旅行社有限公司	5004440	太平街 207-1 号	境内、入境
95	延吉市大自然旅行社有限公司	4355566	远航商务大厦 N602 室	境内、入境
96	延边未来国际旅行社有限公司	2622227	河南街 365-1-39 号	境内、入境
97	延边华天国际旅行社有限公司	6113777	远航商务大厦 1403 室	境内、入境
98	延边益民国际旅行社有限公司	2294444	中关电子大厦 6 楼 648B	境内、入境
99	延边金运国际旅行社有限公司	2800222	长白西路金山小区 6 号楼 7002	境内、入境
100	延边一家人国际旅行社有限公司	5003300	民强路 531 号 1 号楼 1007	境内、入境
101	延边航天国际旅行社有限公司	2657167	北苑小区 358	境内、入境
102	延边国先国际旅行社有限公司	2897787	长白路 133-7 号 1 单元 106	境内、入境

续表

序号	旅行社有限公司名称	业务电话	地址	经营范围
103	延边乐途国际旅行社有限公司	4391999	双阳小区北门 1 楼门市	境内、入境
104	大美文化旅游传媒有限公司	8921046	州广电局 9 楼	境内、入境
105	延边神州行国际旅行社有限公司	8996699	人民路 51 号 90031	境内、入境
106	延边九游国际旅行社有限公司	8999991	人民路 51 号新世纪 1231	境内、入境
107	延边天佑国际旅行社有限公司	—	人民路 746 号	境内、入境
108	延边赞美国际旅行社有限公司	2528880	延龙路 456 号	境内、入境
109	延边万兴国际旅行社有限公司	2528577	人民路 51 号新世纪 1211	境内、入境
110	延边侨安国际旅行社有限公司	8995616	长白路 119-11	境内、入境
111	延边天缘国际旅行社有限责任公司	2556366	人民路 183 号	境内、入境
112	延边凯力国际旅行社有限公司	2810202	建工街伟辉 C 区 6 号楼	境内、入境
113	延边中视国际旅行社有限公司	2899966	河南街长白山西路 2445-2 号	境内、入境
114	延吉旅游集散中心有限公司	15568072233	铁北路 816 号	境内、入境
115	延边信成国际旅行社有限公司	2211777	局子街 1155-3-2	境内、入境
116	延边大林国际旅行社有限公司	4378255	光华路 13-1 号	境内、入境
117	延吉市嘉年华国际旅行社有限公司	8383061	解放路 131 号潘多拉酒店 305 号	境内、入境
118	延边新晟国际旅行社有限公司	2727722	长白山西路 2319 号	境内、入境
119	延边东北行国际旅行社有限公司	3777888	工委小区 5 号楼 3 单元 101	境内、入境
120	延边路安旅行社有限公司	2711530	新柳花园 6 号楼 2 单元 413	境内、入境
121	延边国程国际旅行社有限公司	2258889	天池路时代家园 14-12-386-1/2	境内、入境
122	吉林省供求世界国际旅行社有限公司	2828780	河南街 24 号 2004	境内、入境
123	延边韩诚国际旅行社有限公司	4357777	公园街发展一队恒大一品 F-910-2-215	境内、入境
124	延边华商国际旅行社有限公司	8900222	公园街 888 号爱心公寓 3 楼	境内、入境
125	延边驴妈妈国际旅行社有限公司	5082981	河南街延边国际商务中心 12 层 1207	境内、入境
126	延边青春国际旅行社有限公司	4376969	太平街美好家园 4 号楼二层 27 号	境内、入境
127	延边多美途旅行社有限公司	2510404	站前街 300-4-28	境内、入境
128	延边阳帆国际旅行社有限公司	2860628	站前街 300-4-20	境内、入境
129	延边易路行旅行社有限公司	4317996	局子街西河滨路北侧皇朝凯越一座 B 单元 1106 号	境内、入境
130	延边大典国际旅行社有限公司	2239996	光明街 876-13(中关村 648B)	境内、入境

（杜宇明）

索 引

说 明

本索引是全书条目和条目内容的主题分析索引。本索引按汉语拼音字母(同音字按声调)顺序排列。索引主题之后的阿拉伯数字是主题内容所在的页码,数字之后的小写字母表示索引内容所在的版面区域,正文的版面区域划分代码分别为 a、b、c(即版面的 1、2、3 栏)。相同名称条目采用"附见"系统,置相关条目下行缩后一格所示页码,表示"附见"内容所在位置。表格用(表)说明,图片用(图)说明。

A

B

C

D

E

F

G

H

J

K

L

M

N

O

P

Q

R

S

T

W

X

Y

Z